国际工商管理精选教材

Principles of Responsible Management
Glocal Sustainability, Responsibility, and Ethics

翻译版

责任管理原理
全球本土化过程中企业的可持续发展、责任和伦理

〔德〕奥利弗·拉什（Oliver Laasch）
〔美〕罗杰·N. 康纳威（Roger N. Conaway） 著

秦一琼　曹毅然　译

北京大学出版社
PEKING UNIVERSITY PRESS

著作权合同登记号 图字：01-2015-0612号

图书在版编目(CIP)数据

责任管理原理：全球本土化过程中企业的可持续发展、责任和伦理/（德）奥利弗·拉什(Oliver Laasch)，（美）罗杰·N. 康纳威著；秦一琼，曹毅然译. —北京：北京大学出版社，2017.8
（国际工商管理精选教材：翻译版）
ISBN 978-7-301-28549-7

Ⅰ.①责… Ⅱ.①奥… ②罗… ③秦… ④曹… Ⅲ.①企业经济—可持续性发展—研究②企业责任—社会责任—研究③企业伦理—研究 Ⅳ.①F270②F272-05③F270-05

中国版本图书馆CIP数据核字(2017)第173152号

Principles of Responsible Management: Glocal Sustainability, Responsibility, and Ethics,1st Edition Oliver Laasch, Roger N. Conaway
Copyright © 2015 by Cengage Learning
Original edition published by Cengage Learning. All Rights Reserved.
本书原版由圣智学习出版公司出版。版权所有，盗印必究。
Peking University Press is authorized by Cengage Learning to publish and distribute exclusively this simplified Chinese edition. This edition is authorized for sale in the People's Republic of China only (excluding Hong Kong, Macao SARs and Taiwan). Unauthorized export of this edition is a violation of the Copyright Act. No part of this publication may be reproduced or distributed by any means, or stored in a database or retrieval system, without the prior written permission of the publisher.
本书中文简体字翻译版由圣智学习出版公司授权北京大学出版社独家出版发行。此版本仅限在中华人民共和国境内（不包括中国香港、澳门特别行政区及中国台湾地区）销售。未经授权的本书出口将被视为违反版权法的行为。未经出版者预先书面许可，不得以任何方式复制或发行本书的任何部分。

本书封面贴有**Cengage Learning**防伪标签，无标签者不得销售。

书　　　名	责任管理原理：全球本土化过程中企业的可持续发展、责任和伦理 ZEREN GUANLI YUANLI
著作责任者	〔德〕奥利弗·拉什〔美〕罗杰·N. 康纳威 著　秦一琼　曹毅然 译
策 划 编 辑	徐　冰
责 任 编 辑	徐　冰　　周　莹
标 准 书 号	ISBN 978-7-301-28549-7
出 版 发 行	北京大学出版社
地　　　址	北京市海淀区成府路205号　100871
网　　　址	http://www.pup.cn
电 子 信 箱	em@pup.cn　　　QQ：552063295
新 浪 微 博	@北京大学出版社　　@北京大学出版社经管图书
电　　　话	邮购部 62752015　发行部 62750672　编辑部 62752926
印 刷 者	北京大学印刷厂
经 销 者	新华书店
	787毫米×1092毫米　16开本　28.75 印张　717 千字 2017年8月第1版　2017年8月第1次印刷
印　　　数	1—4000册
定　　　价	68.00元

未经许可，不得以任何方式复制或抄袭本书之部分或全部内容。
版权所有，侵权必究
举报电话：010-62752024　电子信箱：fd@pup.pku.edu.cn
图书如有印装质量问题，请与出版部联系，电话：010-62756370

前　言

欢迎阅读《责任管理原理：全球本土化过程中企业的可持续发展、责任和伦理》。尽管在责任管理教育的领域已涌现了不少实践活动，也取得了可观的成效，但以往成果对整个责任管理课程框架结构的搭建和基本内容的把握都相对滞后，本书希望能够填补这一空白。

我们借助联合国责任管理教育纲领(United Nations Principles for Responsible Management Education, PRME)倡导机构的成员网络，接触了大量从事与责任管理教育有关的同仁，发现有一些趋势上的改变。比如：学校传统的课程会侧重"企业该是什么样？该做什么事？"而现在，课程会更聚焦于个体层面，向个体管理者发问："谁能够成为管理者？他该做什么？怎么做？"另外，从可持续发展向可持续发展管理、从商业责任到责任管理、从企业责任到责任管理的转变都在逐步深化。很多商业伦理或"企业和社会"等传统的课程，目前正在经历着从企业视角切换到个体视角的探索，原先纯粹从组织视角出发的课程都被注入了个体视角的讨论，阐述员工尤其是管理者如何成为一个企业内部的创业者，使组织更具责任关怀意识。本书希望能够为这一重要转型有效地提供帮助。

组织视角仍然是本书的重要基础，而且书的体例也还保留了不少传统的管理议题，但是有相当比重的篇幅我们是用来讨论如何迎接责任管理教育的下一步转变的，也就是如何在责任管理者的努力之下，通过成功的管理和运营，实现组织的责任愿景。我们希望本书能够为资深的教育工作者和刚刚涉及责任经营和管理的入行者提供帮助，为遍及全世界的成千上万的学生日后成为负责任的管理者和变革代理人打下基础，他们是未来责任经营的中坚力量，是构成诚信社会经济体系和可持续发展社会的生力军。

方法、概念框架和专用语

《责任管理原理：全球本土化过程中企业的可持续发展、责任和伦理》一书旨在为商科学生日后成为负责任的管理者提供必要的知识、工具、技能，并实现自我认知。为达到这一目标，我们着力纵览了责任经营和管理领域的概念形成和发展，在撰写和教学过程中，我们力求在概念上和教学上有所突破、创新和重整，这些尝试最后都在本书的体例、内容和基调上有所体现。

首先，也是最为明显的一点，是我们把责任经营和管理的三个范畴，也就是可持续发展、责任和伦理三个专题，既看作相辅相成、互为补充，同时又在核心概念和组织实施中相对独立、各司其职。我们发现那些有关三个专题的高低层级及孰轻孰重的争议对于学生而言过于纷繁复杂，干扰了学习，且阻碍了理论研究的进展，所以我们选择用一种简化的方式探讨这三个范畴：

- 可持续发展主要围绕三重绩效的核心概念，企业力求创造至少三重绩效的中值，最好是正值。
- 责任主要以利益相关者为核心概念，企业力求优化利益相关者价值。

- 伦理主要探讨伦理问题和机遇,企业追求道德卓越。

我们相信一旦就这一点达成共识,我们就应该不难对这三个范畴有更为深入的理解。书中有三章对这三个范畴分别做了讨论,并且它们也贯穿于全书其他章节,下图是本书的重要概念图。

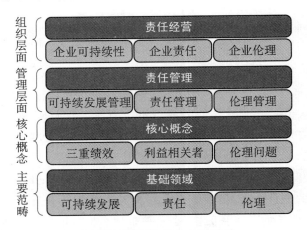

责任管理框架和其他主要术语

结构中出现的这三个范畴需要有一个统领概念,我们就用"责任经营"(responsible business)和"责任管理"(responsible management)这两个相对比较新的提法作为可持续发展、责任和伦理的上层概念。我们也意识到这样的抽象化概括也只是权宜之计,希望日后能诞生更为精准的释义。同样,请不要把子概念"企业责任"(business responsibility)等同于"责任经营"和"责任管理"。如上图所示,"责任管理"和"责任经营"中的"责任"指的是针对利益相关者的责任(企业责任)、三重绩效(企业可持续发展)和伦理问题(商业伦理)的责任,而在子概念"企业责任"中的责任是指学界通常用的狭义理解,也就是企业和利益相关者互动关系中的责任。

本书书名中的"原理"是想表明本书是一本通俗易懂的入门书,类似于《经济学原理》和《营销管理原理》等书。另外,我们还希望责任管理能够发展并成为一方成熟的学术领域,有特定的概念和原理。也许出于巧合,本书英文书名的首字母缩写 PRM 与 PRME 非常接近,PRME 这个机构对本书的出版举足轻重,我们得到了该组织关系网络的大力支持,同时其关系网络中的 500 多位教育工作者都有共同的目标,希望能够创造出有价值的教学资料,为高校教育助力。本书既能成为企业可持续发展、伦理和责任等领域的入门和进阶教材,也可以作为传统商业课程的补充教材。

第二个考虑是书名中的"全球本土化"(glocal)一词,也许读者会认为选择这个词是出于时髦,然而事实并非如此。经过慎重考虑,我们认为很多学者和实业界人士所习惯的"全球化"一词不足以对应责任管理的思想。"本土化"与"全球化"同等重要,我们在书中的"世界之窗"栏目中列举了全球开展的各种责任管理活动,它们既满足了全球化的需求,也兼顾了本土化的需求,对世界各地都具有实践和借鉴意义。

篇章结构

本书前 5 章首先探讨了责任管理所处的情境,之后逐一介绍了可持续发展、责任和伦理的理论。后面的 10 章以主要的管理职能为出发点,深入阐述了战略管理、创业管理、组织管理、运营管理、供应链管理、人类资源管理、营销和沟通管理、国际商务、会计和财务管理与责任管理的可结合点。每个专题独立成章,针对每一个管理职能,我们均提供可持续发展、责任和伦理的概念和应用

工具,并包含以下栏目:
- 将主流管理和责任管理的概念进行融合
- 精练的章节内容提示
- 开篇案例"责任管理实践"
- 世界之窗/伦理思考/专家角/深度挖掘
- 先锋人物专访和践行者速写
- 章节思考题

教材使用及课程设计

首先,本书最主要的使用对象是商学院开设的**企业可持续发展、责任和伦理**课程的选课学生。其次,本书也适用于商科学位的攻读者,因为它既涵盖了主流的商业职能——战略管理、会计、人力资源等,同时又注入了可持续发展、责任和伦理的丰富内涵。再次,由于本书的体例基本是按照主流管理学概念的逻辑而展开的,所以还有第三种可能性,把它作为第一年导入课程的参考教材,如"管理学基础"。我们曾经讲授过类似的课程,对第一次接触管理学并同时学习责任管理的学生来说是非常有意义的学习体验。最后,面向企业培训课程,书中所涉及的管理工具和实践案例正好顺应了企业管理人员的需求。本书作者在这四类阅读对象中均使用过本教材。非常欢迎对教学法感兴趣的教师与本书作者联系,共同探讨责任管理的教学思路和教学设计。

书中大量的术语也许会在一开始让学生和教师产生一定的陌生感,有一些术语尚未形成约定俗成的表述,个别术语在不同的理论和实践中甚至有完全不同解释的含义。为本书设计一个框架并找到其内在逻辑并非易事,在这个过程中我们和许多学者和企业界人士进行了反复的探讨和思量,最终定下了这样一个逻辑框架:责任管理和责任经营是统领概念,下面分别包括了三重绩效责任(可持续发展)、利益相关者(责任)和伦理问题和机遇(伦理)三个范畴。我们建议授课教师尝试一下这个分析框架,并在课程中和学生一起摸索其内在逻辑。我们已使用这一框架讲授过几十次课程,越来越体会到这一分析框架的亮点和优势。

合作者和未来设想

《责任管理原理:全球本土化过程中企业的可持续发展、责任和伦理》是多人合力的结晶,本书作者撰写了其中三分之二的部分,另有将近五十多名合作者共同参与了本书的写作,他们或撰写部分章节,或搜集和整理案例,或记录访谈内容。我们对在责任管理研究领域中的翘楚所做的很多独家专访,是本书值得一提的精彩之处。

尼克·托赫斯特(Nick Tolhurst)在企业社会责任领域著作颇丰,他对本书的思路设计功不可没,并为我们的"先锋人物专访"牵线搭桥。责任管理的内容在不断地延伸和丰富,所以我们希望日后有更多的学者和管理者参与进来丰富学习资源。我们也希望使用本书的教师和我们取得联系,师生的直接反馈对我们很重要。通过责任管理教育中心(Center for Responsible Management Education, CRME),我们建立了一个由教师、学者、商界从业人员共同组成的实践基地,我们希望有新的合作者参与,不断扩大并加强力量。

另外,我们也意识到本书一定存在着局限之处。我们斗胆跨越了哲学、环境学、社会学、管理学等很多学科,且涉及了从战略到会计几乎所有的管理职能,所以盲区和错误在所难免。但我们深信,涉猎诸多学科是为了让学生拥有足够的学科背景去深刻理解责任管理,以应对快速变化的环境,教师可以有足够丰富的资料库,游刃有余地根据自己的课程做调整。我们非常努力,但一定有很多不足,欢迎大家批评指正。本书作者的邮箱是 olaasch@ responsiblemanagement. net。

致谢

本书在正式出版之前已颇受好评,来自美国、荷兰、南非、新加坡、印度、英国、新西兰等地知名学府的教授给出了很多积极的评价,如概念严谨、具有实用性以及结构合理等。

这里尤其要感谢的是 PRME 的工作团队,自始至终都给了我们大力的支持。非常感谢 PRME 前任秘书长马努尔·埃斯库德罗(Manuel Escudero)先生首先认可了本书的价值,他的接任者约纳斯·哈特尔(Jonas Härtle)进而正式将本书列入 PRME 的出版计划,并给我们提供了宝贵的建议。感谢 PRME 秘书处的费雷拉(Lisle Ferreira)和苏里(Merrill Csuri)的细心协调。感谢 CRME 的工作团队和遍布全世界的同仁热情地与我们分享知识,使这本书最终能够顺利完成并出版。

最后,感谢朋友和家人,感谢你们在这五年中的包容、理解和支持。

关于 PRME 与 CRME

责任管理教育纲领（PRME）

责任管理教育纲领倡导机构的使命是在全球范围内激发责任管理教育、研究和思想的引领作用。

《联合国全球契约》（United Nations Global Compact）的纲领中所推崇的价值观受到全世界的认可，责任管理教育纲领得益于它的启发，致力于在全球管理教育机构中建立起持续改善的流程，培养新一代的商务领袖，应对21世纪的商业和社会所面临的复杂挑战。

在当前学界，企业责任和可持续发展议题已有所提及，但尚未嵌入主流的商业教育中。所以责任管理教育纲领倡导机构的诞生吹起了响亮的号角，希望全球的高校能够在课程设置、研究、教学方法和机构战略等各个方面有所变革，适应新的商业挑战和机遇。

网址：http://www.unprme.org/

责任管理教育中心（CRME）

责任管理教育中心于2010年由蒙特雷科技大学可持续发展和责任中心成立。2011年，为了推动责任管理教育，并支持联合国责任管理教育纲领的实施，责任管理教育中心转为独立运行的机构，至今为止一直由一支常驻柏林的专业团队管理，依托来自全球的教育工作者、学者和商业管理者所构成的专业网络，提供线上线下的交流和服务。CRME还非常擅长设计各种网络学习和教学活动。

网址：http://responsiblemanagement.net/

目 录
contents

第 1 部分 基础

第 1 章 背景:驱动力、作用力、议题 3
1.1 责任管理的背景 4
1.2 责任管理的议题和作用力 5
1.3 大趋势及其驱动力 9
1.4 阻力、抑制因素和批评 13

第 2 章 管理学:基础和流程 22
2.1 责任管理 23
2.2 管理学基础和卓越管理的演进 24
2.3 责任管理者 33
2.4 责任管理流程 36

第 2 部分 范畴

第 3 章 可持续发展:打造三重绩效 49
3.1 可持续发展:打造三重绩效 50
3.2 商业可持续发展的缘起 51
3.3 可持续发展的概念 56
3.4 经济发展和可持续发展 60
3.5 管理可持续发展 63

第 4 章 责任:管理利益相关者价值 76
4.1 商业责任:追求利益相关者价值 77
4.2 商业责任的缘起 78
4.3 可持续发展的概念 81
4.4 以利益相关者管理为核心的责任管理 90

第 5 章 伦理管理:追求道德卓越 104
5.1 道德经营和伦理管理 105
5.2 商业伦理的缘起 106
5.3 商业伦理的基本概念 109
5.4 商业伦理的范畴 115

第 3 部分 计划

第 6 章 战略:责任竞争力 145
6.1 战略和责任管理 146
6.2 目标:责任竞争力 148
6.3 第一阶段:制定使命、愿景和战略目标 149
6.4 第二阶段:分析战略环境 151
6.5 第三阶段:建构战略 157
6.6 第四阶段:执行和评估战略 162

第 7 章 创业精神:增值型企业 171
7.1 社会企业和责任管理 172
7.2 目标:增值型企业 173
7.3 第一阶段:理解社会创业和社会创新 174
7.4 第二阶段:设想创建路径 181

第 4 部分 组织

第 8 章 组织:责任型企业架构 203
8.1 责任管理和组织理论 204
8.2 目标:责任型基础架构 205
8.3 第一阶段:理解组织 206
8.4 第二阶段:为责任经营重建组织结构 209
8.5 第三阶段:负责任的组织发展 218

第9章　运营:责任型企业优化　230
- 9.1　运营和责任管理　231
- 9.2　目标:责任型企业优化　232
- 9.3　第一阶段:流程描述　233
- 9.4　第二阶段:通过精益化方式改善企业效率　241
- 9.5　第三阶段:通过质量管理取得效果　246
- 9.6　用六西格玛创新和设计法获得突破式改善　251

第10章　供应链:责任型供给与需求　262
- 10.1　责任管理和供应链　263
- 10.2　目标:责任型供给与需求　264
- 10.3　第一阶段:理解供应链　265
- 10.4　第二阶段:从内部管理供应链　272
- 10.5　第三阶段:建立闭合循环　278

第5部分　领导

第11章　人力资源:责任人力资源管理　291
- 11.1　人力资源与责任管理　292
- 11.2　目标:HR-RM 协同效应　293
- 11.3　预备阶段:理解 HR-RM 协同效应　294
- 11.4　第一阶段:招聘　299
- 11.5　第二阶段:培训与发展　301
- 11.6　第三阶段:绩效管理　308
- 11.7　第四阶段:薪酬福利与员工健康　312
- 11.8　第五阶段:员工关系与沟通　314

第12章　营销沟通:建立商誉　320
- 12.1　营销沟通与责任管理　321
- 12.2　目标:建立商誉　322
- 12.3　第一阶段:确保有效的整合营销传播　323
- 12.4　第二阶段:责任营销传播工具的应用　332
- 12.5　第三阶段:定制营销传播信息　338

第13章　国际商务与管理:本土化的国际责任企业　347
- 13.1　责任管理和国际商务　348
- 13.2　目标:全球本土化责任企业　350
- 13.3　第一阶段:理解全球本土化商务背景　350
- 13.4　第二阶段:分析负责任的国际商务　358
- 13.5　第三阶段:勾画国际商务活动　364
- 13.6　第四阶段:在全球化商务环境中的责任管理　373

第6部分　控制

第14章　会计控制:利益相关者责任　387
- 14.1　会计与责任管理　388
- 14.2　目标:利益相关者责任　389
- 14.3　预备阶段:会计基础　390
- 14.4　第一阶段:确认对象并收集数据　393
- 14.5　第二阶段:数据评估与细化　397
- 14.6　第三阶段:会计报告　404
- 14.7　第四阶段:管理控制　410

第15章　财务管理:负责任的投资回报　417
- 15.1　负责任的财务管理　418
- 15.2　目标:负责任的投资回报　419
- 15.3　预备阶段:了解财务管理　420
- 15.4　第一阶段:负责任的企业融资　423
- 15.5　第二阶段:资本预算与内部规划　432
- 15.6　第三阶段:成果与治理　439

第 1 部分

基 础

第 1 章 背景：驱动力、作用力、议题
第 2 章 管理学：基础和流程

第1章 背景：驱动力、作用力、议题

> **学习目标**
> - 理解可持续发展、责任和伦理的主要议题
> - 勾画责任管理中的主要作用力及其作用
> - 寻找你所在企业责任管理的主要驱动力
> - 应对责任管理中的障碍、批评和抑制因素

引言

占世界排名前 50 位的 MBA 项目中有 1/3 都要求在核心课程中涉及三个专题：可持续发展、责任和伦理，而且，规定至少在一门课中涉及这三个专题的占 84%。[1]

97% 的企业责任管理者希望他们所在的企业能拓展他们责任经营的范畴。其中，通过覆盖更多区域的占 57%，拨更多预算的占 21%，让更多员工参与进来的占 19%。[2]

大多数企业（74%）把降低成本的可能性视为责任经营措施的主要驱动力。[3]

责任管理实践
壳牌公司在尼日利亚："我们做对了吗？"

"我们做对了吗"，这个问题也许是最初激发荷兰皇家壳牌公司建立全面的可持续发展、责任和伦理基础设施和活动的催化剂。到 20 世纪 90 年代末，壳牌公司是责任管理最为活跃的跨国企业之一。壳牌公司八大经营原则奠定了这一活动的基础，这些原则定义了公司对其主要利益相关者的责

任(股东、员工、合作伙伴和社会),通过三重绩效(环境、社会和经济绩效)的概念,提出了对可持续发展的承诺,通过强调道德原则的重要性(不行贿受贿、尊重法治),承诺恪守伦理规范和价值(诚实、正直和尊重)。这些经营原则在1976年时形成,之后为应对变化的环境,不断与时俱进。

有这样长的时间为企业的责任经营定下高基调,也许我们会认为壳牌公司在实践中也历来会是一个楷模。然而,这家英国—荷兰跨国企业却有着一段不堪的历史,特别是有关公司在尼日利亚经营状况的负面报道常常见诸报端。在非洲国家,公司要面对一系列不同性质的问题和阻碍/推动因素。Hennchen和Lozano(2012)的书中对其有详细描述,让我们深入了解壳牌公司所处的环境是如何造就了公司日后责任管理活动的。

公司在尼日利亚所遇到的问题是多方面的,他们在三个方面均受到严厉指责:经济绩效方面,作为全世界最为盈利的公司之一,却对东道国的经济发展和减少贫困鲜有贡献;社会绩效方面,公司的工艺流程(天然气放空燃烧)造成了很多健康危害;环境绩效方面,钻油采油严重破坏了当地的生态系统,更别提石油及其相关产品造成的全球影响。利益相关者问题,尤其是和当地社会的关系问题也接踵而至,壳牌公司被指控有腐败行为,甚至被指责参与了对反对派首领Ken Saro Wiwa施行的绞刑。这些问题牵缠着壳牌公司、民间社会活跃分子(奥干尼族人以及尼日尔河三角洲解放运动)和政府部门(尼日利亚政府立法机构)。

于是,一股股驱动壳牌公司新一轮责任管理的力量悄然萌生。首先,从利润角度考虑,有深刻的商业依据敦促企业改善其原有的实践。壳牌公司的确需要面临一个选择,是离开尼日利亚这片战略要地和利润沃土,还是虚心认错,树立责任管理的更高标杆。当地利益相关者对尼日利亚社会的诉求和需求常常通过示威抗议和频繁的蓄意破坏等方式暴露出来,很大程度上干扰了正常的经营活动。与此同时,法律制度的震慑力(如石油开发法案)、流程标准的规范化(如开采业的透明措施),以及国际组织的监督(如联合国环境规划署、国际透明组织)都在与日俱增,这些力量同时都将目标指向了壳牌公司。

与之相反,还出现了一些抑制因素、批评声和责难。有证据显示,公司的游说和腐败大大减缓了责任管理在尼日利亚的具体实施。在国际范围,公司被指责有漂绿嫌疑,或者说故意诱导外界对其责任经营的表现产生幻觉。也许对壳牌公司责任经营活动的最大挑战在于可持续发展层面。石油本身是不可持续的资源,把石油作为其核心业务,只要业务性质不发生改变,公司所花费的努力还将继续受到牵制。

资料来源:Shell(2010). *Shell general business principles*; Hennchen, E., & Lozano, J. M. (2012). Mind the gap: Royal Dutch Shell's sustainability agenda in Nigeria. Oikos *Global Case Writing Competition*.

1.1 责任管理的背景

"需注意的是,企业的社会责任是由特定的历史、政治、经济和文化因素决定的……"[4]

我们何以将迪士尼公司有目的的营销活动和壳牌公司对环境危害的补救措施相提并论呢?两者都可以放在责任管理的范畴内讨论,但很明显,责任管理的具体实践活动千差万别。组织间、部门间甚至不同管理者的责任管理风格都各不相同,这些差别不仅源自企业内部机制的各异,更受制于遇到的不同问题和主导作用力。而那些占据主导地位的驱动力和最强有力的抑制因素更会增加责任管理的差异性。如图1.1所示，识别出那些外在因素至关重要，这有助于为每一个管理挑战找到正确的解决方法。他们定义了特定情境下责任管理的一般趋势。

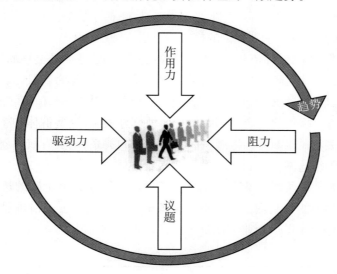

图 1.1　责任管理背景：驱动力、作用力和议题

本章第一部分将详述责任管理中可持续发展、责任和伦理这三个方面所面临的主要问题。我们将讨论责任管理是如何联动民间社会、公共部门等非商业部门来提出这些问题的。

第二部分主要讨论企业责任管理活动的驱动力。基于其主要的驱动力，企业所执行的责任管理的具体方法和活动会千差万别。比如，对一个意欲通过责任经营进入新市场的公司，和一个疲于应付来自强势机构要求责任管理的压力的公司，它们的责任管理侧重点一定是不一样的。

第三部分阐述了企业在责任管理中通常会遇到的阻力、批评和挑战。有很多这样的负面因素，如诺贝尔经济奖得主弗里德曼的著名论调"在商言商"，还有责任管理者本身遇到的来自企业内部的实践挑战。

1.2　责任管理的议题和作用力

"……责任体现在以下七个核心议题，即公司治理、人权、劳工问题、环境、公平经营、消费者、社区参与和发展。"[5]

任何责任管理活动的环境最主要是由责任管理所提出的问题或议题来决定的，另一个重要的决定因素是构成问题的那些共同发生的作用力，或间接的作用力。责任管理者应该清楚地了解这些情境因素，进而调整他们的行动。接下来的讨论我们只能粗略地勾勒一下这些作用力，责任管理者的任务就是在他能影响的范围内去获取解决一系列问题所需要的专业知识。

1.2.1　议题和背景学科

人权、全球回暖、腐败、生物多样性、劳工权利、公平竞争、社会福祉……这一长串责任管理的议题(或称问题或起因)可以不断续写。它们可以被归类成责任管理的三大主要基础领域:可持续发展、责任和伦理。这一框架将贯穿全书,每一章节都会补充具体的应用。

可持续发展、责任和伦理有很多交叉的地方,同时也互为影响,但他们有各自明确的核心概念,足以使他们将不同的议题纳入各自麾下。表1.1 说明了与责任管理有关的各种议题是如何被归类到三大基础范畴的,用的是基础理论的核心概念。

- **可持续发展**通常和社会、环境和经济的系统问题有关,这些问题会威胁到当代甚至未来人类的福祉甚至生存。[6]这类系统问题包括全球变暖,在商业层面就诠释为二氧化碳管理,以及全球水资源危机、生态系统的恶化、地球人口过剩。在企业层面诠释为社会、环境和经济的三重绩效。[7]
- **责任**从根本上讲是指如何与企业相关的群体处理好关系,这些群体和企业互为影响,我们通常把他们称为利益相关者。[8]比如劳工标准就涉及与员工的关系,消费者权利就和消费者有关,而供应链管理和供应商有关。这些都是很重要的利益相关群体。
- **伦理**从根本上讲是在两难的情境下,[9]以道德哲学为依据做出正确的选择。例如,人类权利和自然权利与伦理哲学中的权利理论和公平正义理论密切相关。公司治理总是围绕着道德困境,委托—代理机制中究竟应该保护企业主还是企业管理者的利益?

表1.1　责任管理议题

可持续发展 (三重绩效)	责任 (利益相关者)	伦理 (道德困境)
• 世界水资源和海洋危机	• 劳工标准	• 人类及自然权利
• 全球变暖	• 消费者权益保护	• 收入不平等
• 森林退化、土壤流失	• 职场多元化	• 公司治理
• 人口过剩	• 社会福祉	• 公平竞争
• 贫困和饥饿	• 供应链管理	• 腐败
• 生态恶化	• 企业好公民	• 营销伦理
• 生物多样性消失	• 遵纪守法	• 会计伦理

当然,如表1.1所示的分类法不会完全准确。比如公司治理,一方面它满足了道德困境的分类标准,但同时它也牵扯着企业主和企业经理等利益相关者的关系。另外还有贫困问题,它具有可持续发展所代表的威胁当代及未来人类的福祉的特征,同时,它也具有责任方面的关系特征,即和社会的关系,为社会谋利的作用。接下来,我们来看看这些议题和来自商界、民间社会(civil society)和政府的作用力的关系。

1.2.2　部门作用力

上述问题既不能全部归罪于企业,企业也无力解决所有这些问题。还有其他一些作用力影响着这些问题,我们把他们称之为部门作用力。如图1.2所示,来自政府、民间社会和商业的不同作用力在参与解决上述问题时具有不同的力量。

政府的作用力来自立法,制定本地公共政策,以及搭建基础设施,能对国家和地区构成影响的政府作用力相对有限,当有紧急事务出现时,决策速度往往也不够迅速。

民间社会的作用力是指公民具有投票权,可以影响另两个作用力。民间社会就是指"大多数人",由于数量众多所以影响深远。民间社会可以决定由谁执政,可以通过购买行为或不购买行为

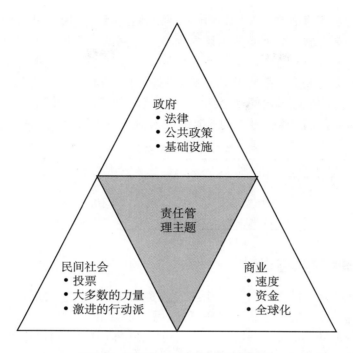

图 1.2　部门作用力:力量来源和层级

来选择支持哪家企业,可以选择受雇于哪家企业。在有些情况下,民间社会甚至可以成为责任经营项目的积极参与者或反对者。但是,民间社会的力量经常因为缺乏组织性、专业性和统一性而被大大削弱。

商业的作用力非常强大,因为他们有很大的自主权决定和安排他们的经营活动,所以他们决策非常迅速。只要这些活动有利可图,商业经营者就会找到各种融资渠道,进行投资。当今的商业大都在全球范围内经营,所以他们能够提供适用于全球的解决方案。出于利润最大化这一最为普遍的动机,如果发现不盈利,商业也会做出放弃的选择。

孟加拉国:跨部门合作赋能于农村妇女

联合利华在孟加拉的分公司开创了一套新型的渠道系统,向农村地区覆盖,鼓励当地妇女建立直接的消费者销售渠道网络,他们称之为 Joyeeta(孟加拉语,意为妇女的成功——译者注)。联合利华与当地政府和 NGO(非营利组织)合作,联手为招募来的妇女提供支持和培训。这个项目从 2003 年开始试点,最初只有 25 名妇女参与,到 2009 年队伍壮大至 3000 人,他们将产品销售到了 180 万个家庭。

资料来源:ProSPER. Net. (2011). *Integrating sustainability in business school curricula project: Final Report*. Bangkok: Asian Institute of Technology.

表 1.2 将上面提到的三个部门进行了分层,微观(个人)、中观(组织)以及宏观(体制)。虽然

责任管理者是处在商业环境中的个人(微观层),但他们的行为时时受到他们所在的企业和经济体制的牵制。责任管理者的一个重要角色是成为整个体制的变革代理人,形成更大的影响力,让三个层面和三个部门都担当起更多的责任。这样的变革需要经济体制的全方位进化,需要宏观、中观和微观层各项活动的配合。[10]责任管理者在履行他们管理职责时一般与公务员和普通公民接触较多,他们所在的企业和政府、民间社会部门经常合作,所以社会、政治和经济体制交互活跃,责任管理者必须理解这些作用力和这些部门是互为嵌入、互为关联的。

表1.2 部门层级分类

部门↓/层级→	政府	民间社会	商业
微观(个人)	公务员	公民	雇员
中观(组织)	政府组织	民间组织	企业
宏观(体制)	政治体制	社会体制	经济体制

1.2.3 责任管理者的"道场"

责任管理者任职的企业的性质对其工作内容的实施和工作风格的形成至关重要。虽然责任管理者也会在政府部门或民间社会组织工作,但本书的重点落在商业组织,我们也会在适当的时候提供我们对其他两个部门责任管理的见解。我们将创业精神纳入讨论中来,它会对我们理解三个部门责任管理和社会创业的不同理由带来启迪。

在图1.3中,我们用两个问题将企业组织进行分类:

(1)这个组织的使命强调自我利益吗?比如追求利润最大化或股东价值最大化,还是主要出于慈善动机运营?

(2)组织所创造的价值向外增长(惠及更多利益相关者),还是向内增长(企业主)?

根据这两个基本问题,我们把商业组织分成四种类型,责任管理者因此也有不同的工作策略与之相对应,如图1.3所示。

第一,责任管理者在一个没有责任担当的企业工作,这类企业的特征是纯粹的利己,追求利润,主要的任务就是为企业创造内部价值。这样的责任管理者处境较为艰难,他们要么选择离职,要么(理想的情况)成为一个变革代理人,推动企业承担起应有的责任。

第二,大多数的责任管理者应该在一个负责经营的企业中工作,追求利润的使命感不明显,既为企业创造内部价值,也不忘让外部利益相关者受益。只要有一定的商业依据,能为企业带来好处,责任管理者就会按原则办事。

第三,社会企业家一般有较强的慈善使命感,基本上是为了创造外部价值,但至少能保持盈利状态,使企业得以长期成长。如果社会企业家是责任管理者,他们的目标应该在能平衡好日常经营收支的条件下,尽可能将外部价值最大化。

第四,商业基金会具有纯粹的慈善使命,将企业的一部分资金预算用于预先安排好的各种活动中。企业基金会一般都是独立的组织,和主营业务平行运行。基金会的责任管理者应该将企业的资金有效地投资到他们组织的各项活动中,最大限度地创造较高的"社会投资回报率"。这些管理者也要开始识别哪些措施能为基金会产生收入,进而从一个依附于企业的基金会蜕变成一个能自给自足的社会企业。

这四种形式的组织都在用不同的方法为企业增值,且都有其存在的理由。从纯粹的实践角度出发,我们认为企业向图 1.3 的中间靠拢比较合理,使命和价值创造有比较好的平衡。事实上在现实中,我们也可以观察到这个现象正在发生,越来越多的基金会和民间社会组织转变为能自给自足的社会企业,原来没有责任担当的企业也开始担负了一些社会责任。那么,从全球范围内观察,我们能看到这一运动的驱动力何在,以及责任经营的大趋势如何呢?

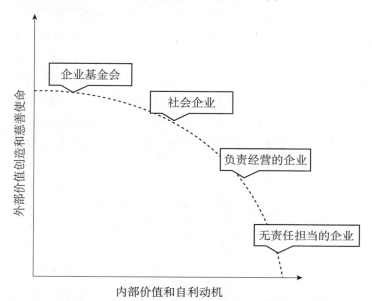

图 1.3　以价值创造和使命为标准所区分的企业组织

1.3　大趋势及其驱动力

"主流商业确定了八大驱动力……负责任的企业行为势在必行,不仅要坚持不懈,而且是重中之重,它将会持续几十年。"[11]

责任经营已然成为商业的大趋势和战略。[12]所有的行业近年来都经历了"责任浪潮"的洗礼,发展的潮流将商业推到了可持续发展、责任和伦理这一边。汽车行业由于其内在的性质决定了它的起点并不具备太强的可持续性,但它在新世纪伊始的十年中取得了长足的进步和跨越,包括引擎和制动器在内的核心科技的技术更迭,从新的定价方案到商业模式的改变,整个行业发生了颠覆性的变化。[13]绿色 IT 成为信息科技的主流话题。[14]社会负责型投资在金融业成为热点。可持续施工成为建造大多数新建筑的标准。各行各业都在发生改变。联合国全球契约以及埃森哲咨询公司的一份报告显示,大多数(54%)的 CEO 都相信,企业将在 2010 年至 2020 年间达到一个引爆点,可持续发展将被完全纳入企业的核心战略。[15]

泰国:水资源短缺引发可持续发展工程

干旱危机和水消耗量预测值的增高,使泰国的石化公司——PTT 化工集团与当地政府和社区合作,在泰国拉永省开始了一系列水资源管理工程,监测水资源短缺风险,再造供水系统,提取净水为当地居民和工厂企业使用。

资料来源:ProSPER. Net. (2011). *Integrating sustainability in business school curricula project: Final Report*. Bangkok: Asian Institute of Technology.

不管是企业本身还是整个行业参与了责任经营的实践,这些变化都离不开一系列的重要驱动力。[16]我们把这些驱动力分成五个类别,即利益相关者的诉求和需求、新兴市场和商业依据、全球危机的汇集、互联网和透明度和新的制度力量,如图1.4所示。图的上半部分描述了这五种驱动力,下半部分则罗列了安永公司在2012年就可持续发展的趋势所做的一份调查报告的结果,分别对应了上半部分的五个驱动力。这项调查收集了272位业内人士对推动可持续发展因素的看法,有趣的是,报告中提到的所有推动因素都恰到好处地出现在上述五种驱动力中。

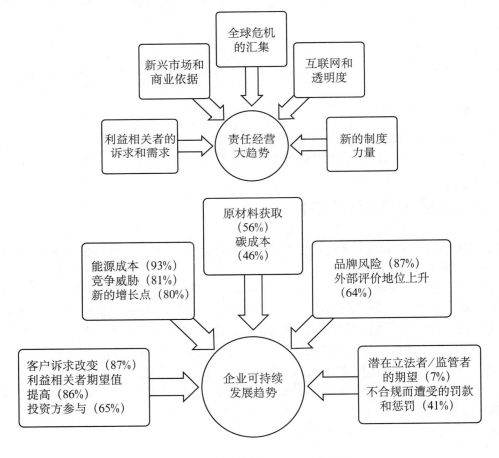

图1.4 责任经营的驱动力:理论和实践

资料来源:Adapted from Ernest & Young (2012). *Six growing trends in corporate sustainability*. Ernest & Young.

1.3.1 利益相关者的诉求和需求

安永公司调查报告的受访者发现,86%的企业可持续发展专员都提到利益相关者的期望是推动他们工作的最主要动因。最重要的利益相关者是客户,责任管理87%的主要议题是来自客户的诉求,65%来自投资者的参与。毕马威公司2011年的一份研究也显示,企业责任经营的动力还来自员工(52%),以及改善与供应商的关系(32%)。

如果企业是出于客户的驱使投入责任经营的活动,那责任管理者的主要决策和行为就是评估、阐明和满足利益相关者的需求。之后有章节我们会专门详述利益相关者对可持续发展的诉求和需求,企业又是如何调节利益相关者之间关系的。在责任管理的范畴,客户被企业列为最有影响力的利益相关者。[18]基于这一事实,加上在主流消费群体中日益形成的对责任经营的关注,只购买负责任企业的产品,我们自然就引申到了第二个驱动力——新兴市场和商业依据。

1.3.2 新兴市场和商业依据

理性消费、健康可持续的生活方式(LOHAS)、自愿简约型生活方式(LOVOS)、必需型购物、负责任的消费观、生态消费主义、公平消费主义等,构成了一场场消费主义运动,推动可持续、负责任和符合伦理观的消费模式的进步。2012年安永公司的研究报告提到,80%的参与者认为,这些消费主义运动可能带来的创收也是推动责任管理活动的另一个主要原因。在更早的一份研究中,企业高管提到,他们预期责任经营能带来多种好处或优势:吸引新客户、保留老客户、改进产品质量等。[19]

从责任经营中所收获的新市场优势,仅仅是许多显性经济优势中的一种,其他优势还包括对员工的吸引力、激励和保留,节省开支,降低风险,吸引新投资,增加利润等。我们把这些优势统称为责任经营的商业依据。企业遵循这些依据通常会进入一个良性循环:当责任管理是有利可图的,企业就会更有动力去更负责任地运营。[20]当责任管理的议题不具备商业依据,那么它就很可能被忽略,所以只有商业依据作为支撑是不够的。

对每个企业而言,支撑他们各自责任经营的商业依据各有不同。无论是对内还是对外,建立和宣传这些商业依据是推动责任经营的主要抓手,要让参与方看到责任经营所带来的经济价值,在一个责任经营环境良好的企业中工作的责任管理者,应该有能力找到责任管理的"甜区",实现企业和利益相关者的共赢。[21]

1.3.3 全球危机的汇集

当世界跨入新的千年,我们不仅目睹了更多的问题和危机,而且这些危机互为关联、汇聚集中,由多种原因的触发转而形成了全球范围的大危机。这些隐含在体系内的挑战变得越发牵缠,解决起来的复杂程度也越高。[22]

很自然,商业也备受影响。之前提到的安永公司的报告说,46%的受访者认为不断提高的碳成本,直接导致的全球气候变化,是责任管理的重要驱动力。全球契约和埃森哲的报告也要求企业的CEO回答:对他们企业未来的成功产生最大威胁的全球挑战有哪些?有趣的是,答案中全球教育挑战列在第一,气候变化紧随其后,第三才是贫困,其他还有多元化、水资源和良好的卫生状况、食品安全、饥饿等问题。有29%的CEO表示,这些全球性的挑战和发展缺口是驱动他们从事责任管理的动力。环境的挑战更为重要,2012年有超过76%的高管预测自然资源的短缺会影响他们的主营业务。

责任管理者如果在一个受外在挑战或危机驱动的企业工作,那么他必须要通晓那些和危机相关的问题。很多像联合国千禧年发展目标(MDGs)和世界银行这样的国际机构都对世界现状拥有非常强大的数据库和指导工具。[24]还有一些机构专攻某一种问题,如透明国际(Transparency International)力图打击腐败问题[25],世界野生动物基金(WWF)力图保护生物的多样性[26],全球足迹网络(Global Footprint Network)则专门针对环境资源问题。[27]责任管理者可以在了解和熟悉全球挑战议题时充分利用这些优质的资源。

1.3.4 互联网、透明度和全球化

责任经营有助于为企业信誉增色,而不负责任的行为则会给企业带来巨大的损失,先是声誉毁于一旦,进而品牌价值甚至公司价值会严重受挫。如果我们从企业信息流的角度考察企业的经营环境,威胁就更加迫在眉睫了。一个企业在社会、环境或伦理方面的不当行为会在短时间内迅速被传遍全世界,使公司价值受损。有87%的企业高管认为,他们投入责任经营活动的动机是减少这样的品牌风险。还有64%的受访者表示,他们还想借助于责任经营,提高企业在外部评价中的知名度。责任管理者在类似强调透明度和信息流的企业中工作,必须要特别注意避免道德失范,必须确保企业知行合一,在利益相关者关系管理和沟通方面更胜一筹。

国际标准化组织(ISO)所规定的企业社会责任规范 ISO 26000 表明,因为全球化、移动通信技术和互联网的广泛应用,审查变得更为细致。[28]此外,我们更容易将企业不同的行为实践放在一起比较,好消息和坏消息传播得更快,利益相关者有渠道和企业直接沟通。很多机构都能以一整套全新的分析框架和基础,提供企业各种活动的正负面信息,这些信息在全球范围内都可获取,而且质量上乘。这些机构包括全球报告倡导组织(GRI)、全球契约(GC)和问责组织(AccountAbility)等。

1.3.5 责任管理的制度化

2011年,国际标准化组织推出了 ISO 26000 标准,作为企业社会责任的规范。许多之前对责任经营没有什么经验的企业,因为这份文件的出台,开始注意和研究这一话题。2013年,全球报告倡导组织推出了撰写社会、环境和经济报告的新标准。这些标准成为企业出具会计报表和绩效报告的主要参考。这两个机构在许许多多推动责任经营向前发展的机构中很具有代表性。

很多国家也纷纷出台法律法规,努力将责任经营制度化。一些国际机构,如联合国全球契约、世界可持续发展商业委员会(WBCSD)等建立起了庞大的网络。ISO 26000(社会责任)和 ISO 14000(环境管理)等规范为责任经营的操作、认证和排名提供了指导原则。一些证券市场也推出了相当规模的可持续发展指数,比如伦敦证交所的 FTSE4Good 指数系列、美国道琼斯可持续发展指数,以及中国的企业可持续发展恒生指数系列。

企业内部的责任经营基础也逐渐牢固起来,很多公司创建了正式的参考文本(行为规范、可持续发展手册),设立了专门的岗位(首席责任执行官、可持续发展副总裁),充实了组织架构(公司基金会、可持续发展部),这些仅仅是制度建设方面许多努力和尝试中的一部分,由于本章篇幅的限制,我们不一一赘述了。

责任管理者在这样一些由外部一个或几个机构推动其责任经营的企业中工作,首要任务是先达到这些机构所要求的标准。如果企业还希望在责任经营的评分上排名比较靠前,那么就还有积极性完成各项对应的指标。对即将出台的法律法规,责任管理者必须保证企业行为要合法合规,

并且根据规范适时调整企业的行动。

马来西亚：全球影响驱动可持续发展领导力

亚洲陆路旅游服务公司的总部设在马来西亚,当它努力将联合国全球契约的逐条方针落实到自己企业中时,企业 CEO 的领导力和远见就格外重要。尽管环境保护早就在企业的生态旅游业中有所体现,但将这些流程制度化之后,公司在资源保护和员工参与方面激发出了不少新的灵感,直接降低了运营成本,增进了信任,拉近了员工之间、公司与社区的关系。

资料来源：ProSPER. Net. (2011). Integrating sustainability in business school curricula project, Final Report. Bangkok: Asian Institute of Technology.

1.4　阻力、抑制因素和批评

"企业德行积累的阻力有哪些？企业如何消除这些阻力？……这里缺位的似乎是企业和管理者的想象力和内在动力。"[29]

不管驱使企业从事责任经营的力量有多强,责任经营的理念以及责任经营的行为都会遭受阻力、抑制和批评。责任管理者必须熟悉这些负面因素,才能有效执行责任管理的活动。责任管理者必须对来自利益相关者的质疑态度有所准备,并特别注意自己的行为,否则会招致外界对公司言行不一或漂绿粉饰的指责。如果责任管理者对运营中的一些抑制因素有充分了解,如企业内部知识和技能的薄弱、跨部门推行责任经营的复杂性等,那么他们就会在责任经营行为受到阻碍之前就提出这些问题。图 1.5 总结了责任经营领域中典型的六大阻力、抑制因素及批评。

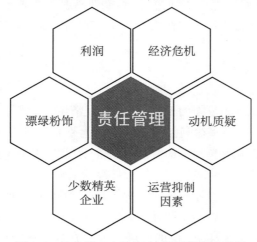

图 1.5　责任管理中的阻力、抑制因素和批评

1.4.1 利润

关于责任经营的可盈利性和不可盈利性问题,会伴随很多抑制因素,主要可以归结为两大论点:

一是企业着重责任经营只是为了获取更多利润,美其名曰为责任管理,实则为谋取利润。

二是商业的主旨就是为股东产生更多利润,对其他利益相关者不存在应当的责任。

第一个论点对企业及其管理者的责任经营动机提出质疑;第二个论点则从反向假定责任经营不是最为盈利的行为,如果企业管理者不去追求利润最大化,那就是对企业主的失职。

这两种观点都会对责任管理者的工作带来妨碍。第一个论点会使他们失去利益相关者的宝贵支持;第二个则是一种典型的"格言论证"(thought-terminating cliché),通常企业的高管层在还未开始企业经营的讨论之前就抛出这些陈词滥调,试图一言堂,阻止话题的展开。

责任管理者该如何应对这些论点呢?我们看看这些观点的缘起,再提出相应的回答:

回应一 第一个观点来自美德伦理学(virtue ethics)的领域,一个行为只有动机正确才是道德的行为。责任管理者可以借用以结果为判断依据的功利主义伦理学(utilitarian ethics)的观点来回答。如果企业参与责任经营,我们可以看到这一行为为企业所带来的所有好处,且不管这一行为的动机是善还是非善的。

回应二 第二个论点追溯到诺贝尔奖得主密尔顿·弗里德曼的名句"企业的唯一职责是盈利"(the only responsibility of business is profit)[30],弗里德曼认为企业管理者首要负责的对象是企业主和股东,如果将钱花在慈善活动上,管理者就没有在为企业主和股东谋利。他认为,唯一一个可以决定是否将钱花在慈善活动上的人就是企业主,慈善活动增加了企业成本,势必会降低员工的工资或提高产品/服务的价格由顾客埋单。

责任管理者可以轻而易举地推翻弗利德曼的论调,因为20世纪70年代弗里德曼提出这一观点的时代和当今的商务环境已不可同日而语。已有种种迹象显示,责任管理不仅在短期内可以带来更丰厚的利润,而且还有助于企业长期的发展,这对企业股东来说都是核心利益。弗里德曼也许不知道,我们当今的消费者甚至非常愿意支付"责任溢价",也就是为负责任的企业生产出来的产品支付更高的价格。弗里德曼也许不知道,许多就业者甚至更愿意为一个更负责任的企业工作,而放弃更高的工资。弗里德曼的名言在当时掷地有声,但时至今日,我们必须要与时俱进,对企业责任做出新的诠释。

1.4.2 经济危机

一直以来,我们有着一种根深蒂固的偏见,认为在经济困顿时期,责任经营活动就难以为继。这个论点有一定道理,至少对那些不盈利且和企业主营业务无关的活动的确如此。但正如弗里德曼的论点一样,这两种情况变得越来越不契合现在的企业管理,更多的企业已经能够通过落实在其主营业务战略和运营上的同时,开展盈利性的责任经营活动了。

至于经济危机会导致企业更关注还是更忽略责任经营活动,完全取决于企业的观察视角。企业高管层在危机时刻把企业社会责任视为威胁还是机会?[31]假设一个企业在运营过程中非常重视生态效益(ecoefficiency),通过节省原材料、水、电的使用而降低成本。那么在经济危机时期,这样的企业通过提高企业的生态效益的活动可以更进一步地减少成本。我们再来比较另外一家企业,比方说某家银行的责任管理项目中有一项是赞助艺术文化类活动。在经济危机时期削减这部分花费对企业来说是比较合理的行为,因为这部分经费的削减不会影响企业的核心业务。而且,中止这些项目可以降低企业在经济困难时期的成本,虽然赞助艺术文化活动不会为企业带来显著的经济收益。

有趣的是,大多数企业的责任经营似乎都采用了第二种方法,有一份对财富500强企业随机抽取100家企业的调查显示,2008—2009年全球经济危机爆发后这些企业的责任经营活动大为减少[32],但问题是,和其他活动相比,它们减少了多少?2010年的一份问卷调查报告陈述,19%的企业其责任经营的预算比其他部门的预算缩减幅度更小,19%的企业则比其他部门增加幅度更大,57%的企业保持预算不变,只有4%的企业部门的预算被全部消除或者比其他部门的增幅小。[33]这就显示了在经济危机时期,责任经营活动要比其他主营业务部门的活动表现更胜一筹。所以,对一个责任管理者来说,要使责任经营活动在经济危机时期更为有效,一定要尽可能把责任经营活动落实到主营业务战略和运营上,提高它们的可盈利性。

1.4.3 漂绿粉饰

漂绿粉饰也许是对责任经营行为最构成威胁的说法。当企业让利益相关者误解了其社会、环境和伦理绩效,企业或许就会指责公司在为自己漂绿或粉饰。很多出于善意(或者初衷并不太纯粹的企业)都掉入了"漂绿陷阱"。[34]企业一旦使利益相关者丧失信心,那就很难再重获共同合作的基础和友善的默契。我们后面有一章关于营销沟通的内容,将对此进行详细的讨论。

为避免招致漂绿的指责,责任管理者应该总是将责任经营活动如实地向公众传递,既不要夸大其词,也不要误导公众,这样责任经营才能名副其实。

只是"纸上谈兵"吗?

一个企业的行为被贴上"漂绿"的标签,就是指这家企业的行为与其说是出于伦理的考虑,更不如说是为了赢得更多的利润。Guy Pearse在他的《漂绿》(*Greenwash*)一书中提到一个例子:澳洲能源公司(Origin Energy)在赞助"绿色足球"一系列设备的同时,却计划将液化天然气的出口增加3倍。

资料来源:Pearse. G.(2012). *Greenwash References*:Retrieved February 2, 2013 from GuyPearse:www.guypearse.com/?p=101;The Australian.(2011, September). *Santos, Origin forecast LNG exports to triple by* 2017. Retrieved 2013,from the Australian:www.theaustralian.com.au/business/mining-energy.

1.4.4 动机质疑

利益相关者也许会质疑或批评一个企业所标榜的动机。有一群比较活跃的人士曾一度怀疑责任管理是打着"全球变暖"的旗号。否认环境或社会现实应该是一个比较大的抑制因素在严重制约责任管理的变革。[35]类似的评判行为会伴随各种理由出现,不管这些理由的依据充分与否。如果理由不充分,我们很有必要理解一下这些批评的深层动机,比如批评者本身的兴趣和游说行为是不是为了保护那些已经落伍的不负责经营的行业,这是那些不合理论据中最为普遍的动机,另外一个动机是意识形态上的误读。

责任管理者应该就事论事地逐一分析和解决这些批评。有些批评不无道理,如果是这样,责任管理者应该有勇气重新审视企业的行为,并积极敦促变革。

1.4.5 只适用于那"少数精英企业"

另外一个经常听到的反对责任经营的理由是,它只适用于那些发达国家的大型企业,且生产的产品面向最终消费者。企业经营者也许会找借口说,他们的企业太小,他们不面对最终消费者,他们在发展中国家经营,等等。从我们稍后的分析中可以看到,这些借口不是都有道理的。

● **中小企业和大企业**。在考虑责任经营对中小企业是否有意义之前,我们先要问另外一个问题:如果中小企业参与责任经营,是否对社会有意义?答案是肯定的。[36]中小企业在全球商业中构成了相当大的比例,平均来说,产值超过国家 GDP 的一半。[37]如果缺省了中小企业的责任经营,那么责任经营的议程就无法完成。幸好,大多数的中小企业都认可责任经营活动的重要性,其中大多数已经在责任管理方面有了良好的记录。[38]有很多案例显示出责任经营为中小企业带来的好处,以及责任经营为其增强竞争力提供了很多渠道。[39]中小企业的责任管理者与大企业责任管理者的工作作风一定是不同的。[40]对中小企业的责任管理已有不少具体的建议。其中有一条是利用"背驮式"("piggy-back")的方法,将责任管理依附于原有的管理体系,减少企业投入和执行成本。[41]另外还有要特别注意企业主的价值观和影响力所能发挥的作用,在中小企业中,企业主往往就是企业的高管层。还有一点,就是要考虑到一般中小企业更倾向用一些非正式的责任管理项目。[42]我们之后有一章将讨论供应链管理,届时我们会再就中小企业的责任管理做进一步阐述。

● **B2B 和最终消费者企业**。有一种观点是责任经营只和那些直接面向最终消费者的企业相关,这些企业提供产品和服务,良好的声誉会直接转化为销量和品牌价值。如果面向最终消费者的大型跨国企业对它的供应商不是提出越来越高的责任要求,那么这一说法有一定道理。88% 的 CEO 都坚信他们应该将责任管理整合到供应链管理中,但只有 54% 的 CEO 认为他们的企业已达到了目标。[43]供应链的上游不断地对下游施压,责任经营在 B2B 营销中愈发成为一个热点。[44]B2B 企业中的责任管理者应该将他们的管理活动视为和客户建立关系的关键组成部分,也是提高竞争力的重要因素。

● **发达国家和发展中国家**。责任管理对主流化商业成功的重要性在发展中国家较发达国家体现得更为明显。当被问及责任经营的考虑是否对企业的成功很重要时,亚太地区 98% 的受访企业、南美地区和非洲地区受访企业 97% 的 CEO 都给出了肯定的回答。[45]但由于所处的环境不同,责任经营在发达地区和发展中国家的重点有很大区别。[46]发展中国家的责任管理常常是以慈善活动为特征的,直接为当地最急需之处或宗教社区服务提供捐赠。这些国家的责任管理活动通常是受市场、跨国企业客户和商业依据的思维驱动。[47]所以,发展中国家的企业责任管理者面临着一个严峻的挑战:在本地法律基础缺位、商业文化不太支持责任经营的条件下,如何向国际标准靠拢。

MDGs 和发展中国家的企业社会责任

在发展中国家经营的跨国公司常常用联合国千禧年发展目标(MDGs)来识别和确定利益相关

者。公司从千禧年发展目标中挑选出自己要致力于发展的那些方面,随后再确认利益相关者。比如印度尼西亚 Astra 国际公司把社会绘图(social mapping)作为企业社会责任规划的第一步。绘图的目的是明晰周边社区的人口统计学特征,了解周边社区中有哪些问题和千禧年发展目标相关。

资料来源:Astra International(2011). *Sustainability report.* Jakarta:Astra International—Indonesia.

1.4.6 运营抑制因素

如果责任管理者在执行工作时已经解决了外部问题,但还存在着很多内部问题该怎么办?如图 1.6 所示的内部问题是根据全球契约对 CEO 的一份调查总结而成的,也许是由不同的观点造成的。其中有一条很简单,31% 的受访 CEO 无法对责任经营的定义达成共识。还有其他很多异见与我们之前谈到的阻力和抑制因素有关。比如,在那些就责任管理达成共识的 CEO 中,30% 的人表示很难发现这个话题和价值驱动因素有何关系,他们很难找到足够的商业依据。那些决定认真开始执行责任管理的企业,49% 的 CEO 认为很难将竞争战略中的重要事项融合到责任经营战略中,48% 的 CEO 认为他们如果把责任管理实践贯穿到企业的所有职能部门,将会面临高度的复杂性。其他还有一些执行上的困难,比如经理人缺乏责任管理的技能(24%),与外部群体缺少协调(30%)。哪怕责任经营活动执行后,有部分 CEO 还相信金融市场未必会充分认可这些努力的重要性(34%)。

作为一名CEO,哪些因素会阻碍您在全公司贯彻落实一套针对环境、社会和公司治理的完整战略议案?

回答者所列的最重要的三个选项是:

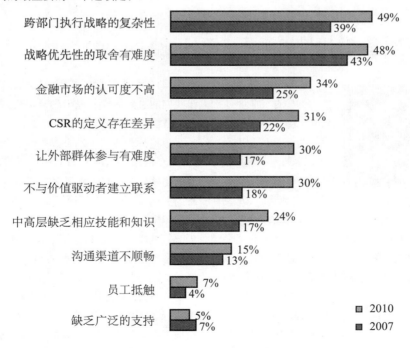

图 1.6 责任管理的内部制约因素

资料来源:Lacey,P.,Cooper,T.,Hayward,R.,& Neberger,L. (2010). *A new era of sustainability*:*UN global compact-accenture CEO study 2010.* Accenture Institute for High Performance.

类似的运营阻力可能会成为很大的障碍,在相当程度上削弱责任管理者的劳动成果。本书重在为责任管理者提供足够的技能去克服这些阻力,为可持续发展做出贡献,为企业和所有利益相关者创造价值,成就道德上的卓越。

思考题

1 归纳与整理

1.1 请列出责任经营管理的五个主要驱动因素。

1.2 请归纳责任经营的主要障碍、抑制因素和批评。

1.3 请定义责任管理的三个基础范畴:可持续发展、责任和伦理,描述它们的异同点。

1.4 请解释以下术语及之间的关系:漂绿、商业依据、弗里德曼的批评。

2 应用与体验

2.1 就一个全球问题或危机做一份调研,深入了解其形成根源,然后再找出另外两个与第一个危机相关的全球危机或问题,探求它们之间的关联性。

2.2 请关注一个从事 B2B 营销活动的发展中国家的中小型企业,观察他们是否开展责任经营活动?

2.3 请为图 1.3 中的四种类型组织各找一个典型实例,收集信息后解释为什么它们具有示范效应。

3 分析与讨论

3.1 在你所处的环境中,你发现利益相关者有哪些新的诉求和需求?人们作为员工、消费者和社群一分子等不同的角色时对企业各有什么期望?

3.2 你认为互联网增加了透明度吗?请就透明度问题谈一谈互联网对企业所产生的正反面影响。

3.3 请随机选择一个公司的网页,阅读企业的报告,找出一个责任经营的抑制因素,以及该公司责任经营的主要驱动因素。

4 改变与行动

4.1 请选择一个全球问题并思考:三个不同部门的行为人如何通过合作解决这一问题?撰写一份一页纸的战略规划。

先锋人物专访:比昂·斯蒂格森(Björn Stigson)

比昂·斯蒂格森在 1995 年创立了 WBCSD(世界可持续发展商业委员会),至 2012 年期间一直担任总裁,在他的任期内,他首创并推广了生态效益等一些重要的概念,并从商业的角度为可持续发展提供力证。WBCSD 2050 年的愿景志在"建立起商业的新议程,它将引领人类迈入新世界,到 21 世纪中叶,在地球资源不被过度消耗的前提下,90 亿人口都能过上幸福的生活"。(资料来源:WBCSD.[2010]. Overview, Retrieved January 29, 2013, from *Vision 2050*:www.wbcsd.org/vision2050.aspx.)

你认为我们会达到你在 2050 愿景中所描绘的目标吗?

是的,如果我们遵照报告所提出的建议去实施,我认为完全有可能。2050 愿景是我们达成共识的纲要性措施,希望企业都能够考虑将之纳入企业的决策中,如果我们能贯彻纲要所提出的改进建议,那我们就在为全球范围内实现可持续发展铺设道路。

2050 愿景提出了雄心勃勃的发展路径,到 21 世纪中叶,全世界 90 亿人口将利用地球的有限资源过上幸福的生活。这一报告的独特之处在于,它既现实又可行,它是由来自 14 个不同行业的全球 29 家领导型企业共同制定完成的,他们深信我们已经拥有了必要的知识、科学、技术、技能以及资金来实现 2050 愿景。接下来的一步就是要在 10 年内迅速地、大规模地打好基础。

WBCSD 认为在可持续发展这一新领域所孕育的商机,到 2050 年可达到 3 万亿—10 万亿美金,您认为企业正在接受这个挑战,最终能实现这一增量吗?

越来越多的企业开始意识到向可持续发展商业模式转型所带来的好处,并看到直接的收益增长。比如,WBCSD 首创了一套《企业生态系统评估指南》(Guide to Corporate Ecosystem Valuation)的分析工具,帮助企业理解和评价生态系统所提供的产品和服务。企业运用这套指南,对砂石矿山环境恢复治理,有利于增加野生动物栖息地,控制洪水,或再建重建,预测收益达140万美金。或者将蓝莓生产基地蜜蜂保护项目的潜在投资回报率量化,预计会有每英亩40美金的增值。另外还有将原有的水处理厂更新为人工湿地,既可以控制现场的水量,也可以做水处理用,当期成本将节省20万美金,长期收益更不可小觑。

在您看来,企业可以通过2050愿景中提出的可持续发展活动获取哪一个最为重要的商业机会?

当全世界所面临的挑战变成战略驱动力,各种商业机会也就应运而生。人口增加和人口分布特征的变化加剧了对资源的争夺,这也就为企业打开了一个突破口,企业必须创新,必须领先一步制造清洁技术,提供更多、更新的产品和服务。

企业社会责任和可持续发展的商业依据是否已经得到印证?您认为当今大概有多少比例的企业已经为它们的可持续发展活动找到了实实在在的商业支持依据?

我认为可持续发展的商业依据已然形成:到21世纪中叶,地球人口将增加30%,这将萌生出一个非常有潜力的市场,人们对教育、医疗、能源、通信和消费者产品的需求将陡然剧增,这些都会产生巨大的商机。在这个空间商业是重要的驱动力,因为它能创造新科技,助力未来的增长。

您认为可持续发展和企业社会责任的议题会在今后的二十年如何改变企业的本质?

在2050愿景中我们创造了一个新词汇"激荡十余载"(Turbulent Teens),用以描述目前到2020年的这段时间,哪些是我们志在必得的结果,哪些是我们必须推动的进步,让可持续发展步入轨道。最终,我们将脱离原有的商业模式,采用新的视角审视价值链的上上下下。比如建立碳交易价格机制和碳排放交易体系的网络,制定政策避免森林滥伐,促进农业研究,等等。我们需要更好的生态系统服务管理,需要有效改善生态效率和生物多样化的技术部署。这些仅仅是我们力推的变革中的一些举措,如果得以实施,它们将会带领我们实现愿景中所描绘的目标。

践行者速写:娜琳·阿拉斯坦杨(Narine Arustamyan)

就职企业:
VivaCel-MTS(K-Telecom CJSC)属于VivaCell品牌旗下的GSM-900/1800双频网络公司。公司拥有2G/3.75G/4G宽带网络,在亚美尼亚本国传输声音和数据。2013年1月的数据显示,它向200多万用户提供服务,占有64%的市场份额。

职位描述:
企业社会责任领导专员;企业社会责任顾问委员会主席

教育背景:
目前攻读德国柏林斯泰恩拜斯大学企业责任管理学院责任管理艺术硕士学位

实际工作

您的主要职责是什么?

我从2006年起一直担任企业社会责任领导专员,同时还是企业社会责任顾问委员会的牵头人,负责协调企业社会责任的一切事宜。我负责企业社会责任的战略制定、执行和报告。我们根据GRI 3.1的可持续发展报告指南及通信业的补充原则的要求来制定我们企业的报告。我们的使命是将企业社会责任的理念融入企业日常的运行中,我们运用了全球契约中的十条原则和ISO 26000标准的指导方针来评估在责任经营方面的组织绩效和改进。

您每天工作的典型事务有哪些?

我们每天用大量的时间和人沟通,与不同的利益相关方打电话开会是我比较固定的工作,处理内外部利益相关方的提议和投诉,对它们进行评估,并为日后管理的进一步改进提出设想。一方面,我们密切关注本地和国外的和企业社会责任相关的新闻报道;另一方面,我们团队会巩固、加强我们企业的数据和政策,做对比分析。我们为员工和在校大学生准备各种宣讲,开发培训课程,还有社区发展项目也是我每天的工作项目之一。

可持续发展、责任和伦理在您的工作中扮演什么角色?

在我看来,可持续发展、责任和伦理基于强烈的个人意识,我们可以在工作和家庭场所从环保节能的点滴小事做起,还有一个方面是考虑到不同利益相关方的问题,尊重企业的伦理规范。

考虑到对环境的影响，我们公司将所有公用车辆改造成沼气发动，并配备 GPS，车辆跑了同样的公里数，但对环境的影响却大相径庭，这一举措既减少了环境危害，也为公司节省了开支。

我们还与野生动物和文化资产保护基金会合作，促进社区发展。我们积极参与自然资源保护项目，旨在保护亚美尼亚的生物多样性。我们国家是全球 34 个生物多样化保护完好的地区之一，这 34 个宝库包含了全世界 50% 以上的植物种类以及 42% 的陆地脊椎动物种类，因此，保护好亚美尼亚的自然环境对我们而言至关重要。

我们的人力资源管理部门还通过企业伦理规范的宣传和监管，给员工提供福利计划。因此，我们大多数员工忠诚度很高，服务期高达 6 年以上。我们的伦理规范设定了员工的应尽职责以及职业的道德操守。这些原则和标准是指导我们日常行为的准则，当我们工作中遇到具体问题时，他们就是规范的指导原则。

经验分享

您会给您的同行什么样的建议？

我认为，要对企业社会责任有一个比较好的认识，我们需要将经济学、管理学、领导力、政治学、社会科学、通信、外交、环境管理和财务等学科融会贯通。我一直希望能和朋友、家人和同事分享和交流企业社会责任的信息，这样就会凝聚更多有共同语言的人参与进来。

您工作中的主要挑战是什么？

一开始在公司上下推动企业社会责任的理念阻力很大，挑战就在于要让其他人也拥护企业社会责任的理念和措施。我们花了好几年时间才证实了它的有效性和相关性。目前，这一理念在我们公司已经相当成熟，乃至我们国家总体来说，也是一个热门的话题。其他的挑战诸如不把企业社会责任简单地等同于慈善事业，更好地理解资源和环境的管理远远不止于生物物理学层面的操纵和控制。它将是一种互惠共利管理模式，是用一种全局观去缔造未来。

您还有什么其他的想法和我们分享？

"你加入了许许多多爱心人士的行列。有多少组织和群体在为当今凸显的问题而努力着：气候变化、贫困、森林滥伐、和平、水资源、饥饿、大自然保护，人权，等等。这是全世界最具规模的一场运动，它寻求合作和连接，而非控制；它希冀将集权分散化，而非由某一方主导。就像提供人道主义援助的国际美慈组织（Mercy Corps）一样，它们总是默默地低调地去完成一项项工作。我们都知道这是一场浩大的运动，但不知道究竟规模有多大，它为几十亿人带来了希望、援助和意义。相比于力量，它的影响力更在于它的宏大理念。"（保罗·霍肯）。我想说的是，笃信不疑，永不放弃！

参考文献

1. Christensen, L., Peirce, E. H., Christensen, L., Peirce, E., Hartman, P., Hoffman, M., Carrier, J., & Carrier, J. (2007). Ethics, CSR and sustainability education in the *Financial Times* top 50 global business schools: Baseline data and future research directions. *Journal of Business Ethics,* 73(4), 347–368.
2. Corporate Responsibility Magazine. (2010). *Corporate responsibility best practices: Setting the baseline.*
3. Ernst & Young. (2012). *Six growing trends in corporate sustainability.* Ernst & Young.
4. Desta, I. H. (2010). CSR in developing countries. In M. Pohl & N. Tolhurst, *Responsible business: How to manage your CSR strategy successfully* (pp. 265–278). Chichester: Wiley.
5. ISO. (2010). *International Standard ISO 26000: Guidance on Social Responsibility.* Geneva: International Organization for Standardization.
6. Brundtland, G. H. (1987). *Presentation of the report of the World Commission on Environment and Development to UNEP's 14th governing council.* Nairobi.
7. Elkington, J. (1998). *Cannibals with forks: The triple bottom line of 21st century business.* Gabriola Island: New Society Publishers.
8. Freeman, R. E. (1984/2010). *Strategic Management: A Stakeholder Approach.* Cambridge: Cambridge University Press.
9. Crane, A., & Matten, D. (2010). *Business ethics,* 3rd ed. New York: Oxford University Press.
10. Dopfer, K., Foster, J., & Potts, J. (2004). Micro–meso–macro. *Journal of Evolutionary Economics,* 14(3), 263–279.
11. Hollender, E., & Breen, B. (2010). *The responsibility revolution: How the next generation of businesses will win.* San Francisco: Jossey-Bass.
12. Lubin, D. A., & Esty, D. C. (2010). The sustainability imperative. *Harvard Business Review* (May 2010), 1–9; Waddock, S. A., Bodwell, C., & Graves, S. B. (2002). Responsibility : The new business imperative. *Academy of Management Executive,* 47(1), 132–147.

13. Orsato, R., & Wells, P. (2006). The automobile industry and sustainability. *Journal of Cleaner Production, 15* (11–12), 989–993.
14. Murugesan, S. (2008). Harnessing green IT: Principles, practices. *IT Pro* (January/February), 24–33.
15. Lacey, P., Cooper, T., Hayward, R., & Neuberger, L. (2010). *A new era of sustainability: UN global compact-Accenture CEO study 2010.* Accenture Institute for High Performance.
16. Campbell, J. L. (2007). Why would corporations behave in socially responsible ways? An institutional theory of corporate social responsibility. *Academy of Management Review, 32*(3), 946–967; Prätorius, G. (2010). Sustainability management in the automotive sector. In M. Pohl & N. Tolhurst, *Responsible business: How to manage your CSR strategy successfully* (pp. 193–208). Chichester: Wiley.
17. KPMG. (2011). *KPMG international survey of corporate responsibility reporting 2011.*
18. Lacey, P., Cooper, T., Hayward, R., & Neuberger, L. (2010). *A new era of sustainability: UN global compact-Accenture CEO study 2010.* Accenture Institute for High Performance.
19. Economist. (2008). *Doing good: Business and the sustainability challenge.* London: Economist Intelligence Unit.
20. Laasch, O. (2010). Strategic CSR. In W. Visser, D. Matten, M. Pohl, & N. Tolhurst, *The a–z of corporate social responsibility,* 2nd ed. (pp. 378–380). Chichester: Wiley.
21. Savitz, A. W. (2006). *The triple bottom line: How today's best-run companies are achieving economic, social and environmental success—and how you can too.* Chichester: Wiley.
22. Laszlo, C., & Zhexembayeva, N. (2011). *Embedded sustainability: The next big competitive advantage.* Stanford: Stanford University Press.
23. Lacey, P., Cooper, T., Hayward, R., & Neuberger, L. (2010). *A new era of sustainability: UN global compact-Accenture CEO study 2010.* Accenture Institute for High Performance.
24. United Nations. (2012). Retrieved June 8, 2012, from Millennium Development Goals: www.un.org/millenniumgoals/; Worldbank. (2012). *World development indicators.* Retrieved June 8, 2012, from The Worldbank: http://data.worldbank.org/data-catalog/world-development-indicators
25. Transparency International. (2012). Retrieved June 8, 2012, from Transparency International: www.transparency.org/
26. WWF. (2012). *Our living planet.* Retrieved June 8, 2012, from WWF global: http://wwf.panda.org/about_our_earth/all_publications/living_planet_report/
27. Global Footprint Network. (2012). Retrieved June 8, 2012, from Global Footprint Network: Advancing the science of sustainability: www.footprintnetwork.org/en/index.php/GFN/
28. ISO. (2010). *International Standard ISO 26000: Guidance on Social Responsibility.* Geneva: International Organization for Standardization.
29. Martin, R. (2002). The virtue matrix: Calculating the return on corporate responsibility. *Harvard Business Review, 80*(3), 68–75.
30. Friedman, M. (1970). The only responsibility of business is profit. *New York Times Magazine*14,2.
31. Fernández-Feijóo Souto, B. (2009). Crisis and corporate social responsibility: Threat or opportunity? *International Journal of Economic Sciences and Applied Research, 2*(1), 36–50.
32. Karaibrahimoglu, Y. Z. (2010). Corporate social responsibility in times of financial crises. *African Journal of Business Management, 4*(4), 382–389.
33. Corporate Responsibility Magazine. (2010). *Corporate responsibility best practices: Setting the baseline.*
34. Taubken, N., & Leibold, I. (2010). Ten rules for successful CSR communication. In M. Pohl, & N. Tolhurst, *Responsible business: How to manage a CSR strategy successfully.* Chichester: Wiley.
35. Feygina, I., Jost, J. T., & Goldsmith, R. E. (2009). System justification, the denial of global warming, and the possibility of system-sanctioned change. *Personality and Social Psychology Bulletin, 36*(3), 326–338.
36. Morsing, M., & Perrini, F. (2009). CSR in SMEs: Do SMEs matter for the CSR agenda? *Business Ethics: A European Review, 18*(1), 1–6.
37. Ayyagari, M., Beck, T., & Demirguc-Kunt, A. (2007). Small and medium enterprises across the globe. *Small Business Economics, 29,* 415–434.
38. Department of Trade and Industry. (2003). *Engaging SMEs in community and social issues.* London: DTI.
39. Mandl, I. (2005). *CSR and competitiveness: European SMEs good practice.* Vienna: KMU Forschung Austria.
40. Perrini, F. (2006). SMEs and CSR theory: Evidence and implications from an Italian perspective. *Journal of Business Ethics, 67,* 305–316; Perrini, F. (2007). CSR Strategies of SMEs and large firms: Evidence from Italy. *Journal of Business Ethics, 74,* 285–300.
41. Castka, P., Balzarova, M. A., Bamber, C. J., & Sharp, J. M. (2004). How can SMEs effectively implement the CSR agenda? A UK case study perspective. *Corporate Social Responsibility and Environmental Management, 11,* 140–149.
42. Perrini, F. (2007). CSR Strategies of SMEs and large firms: Evidence from Italy. *Journal of Business Ethics, 74,* 285–300.
43. Lacey, P., Cooper, T., Hayward, R., & Neuberger, L. (2010). *A new era of sustainability: UN global compact-Accenture CEO study 2010.* Accenture Institute for High Performance.
44. Kubenka, M., & Myskova, R. (2009). The B2B market: Corporate social responsibility or corporate social responsiveness? *WSEAS Transactions on Business and Economics, 7*(6), 320–330; Vaccaro, V. L. (2009). B2B green marketing and innovation theory for competitive advantage. *Journal of Systems and Information Technology, 11*(4), 315–330.
45. Lacey, P., Cooper, T., Hayward, R., & Neuberger, L. (2010). *A new era of sustainability: UN global compact-Accenture CEO study 2010.* Accenture Institute for High Performance.
46. Visser, W. (2008). Corporate social responsibility in developing countries. In A. Crane, A. McWilliams, D. Matten, J. Moon, & D. Siegel, *The Oxford handbook of corporate social responsibility* (pp. 473–479). Oxford: Oxford University Press.
47. Desta, I. H. (2010). CSR in developing countries. In M. Pohl & N. Tolhurst, *Responsible business: How to manage your CSR strategy successfully* (pp. 265–278). Chichester: Wiley; Raynard, P., & Forstater, M. (2002). *Corporate social responsibility: Implications for small and medium enterprises in developing countries.* Vienna: United Nations Industrial Development Organization.

第 2 章　管理学：基础和流程

学习目标

- 理解传统的管理如何演变成责任管理
- 认识责任管理者必须掌握的专业技能
- 负责任地实施传统管理中的计划、组织、领导和控制等步骤

引言

70%的企业认为可持续发展在管理议程中永远占有一席之地。[1]

大多数 CEO（88%）认为管理者的思维模式和专业技能是创建可持续发展企业最为重要的条件。[2]

49%的 CEO 把跨部门执行全公司一整套可持续发展方案的复杂性视为最主要的障碍。[3]

责任管理实践
瑞士 AXA Winterthur 公司：走近责任管理者

责任管理者的工作是什么？他有什么任务？他需要什么工作技能？他如何改变企业的环境？他如何计划、组织、领导和控制责任经营的绩效？我们来问问一个责任管理者，他的名字叫托马斯·赫格力，瑞士全球保险集团 AXA 旗下分公司 AXA Winterthur 的首席沟通和企业责任执

行官。这家瑞士分公司收取的保费占集团总保费收入的一成有余,在企业责任方面更是处于本国的领先水平。

多年来托马斯一直负责企业的内外沟通,2009 年开始,他又承担起 AXA Winterthur 责任管理的新重任。他领导公司的企业责任部,一个中型的员工团队,其中不乏责任管理方面的专才,他们与企业指定的运营、采购、人力资源和营销等部门的经理(CR network,企业责任网络)联手推动一项项责任经营措施。托马斯强调他的管理实践涵盖了责任管理的全部范畴:可持续发展、责任和伦理。他大部分(60%)的工作和利益相关者管理(责任)有关,30% 放在经营三重绩效(可持续发展),还有 10% 左右则事关企业价值和道德决策(伦理)。他说他未来还要更好地平衡三者的侧重。

对比新旧工作职责,托马斯意识到作为一个责任管理者,他的工作和原来传统的管理有着很大的区别,他说他目前的工作需要更多地进行"说服和销售"。让相关决策者理解这些责任议题与公司业务的关联性和重要性。他还花很多时间在会议中宣传"企业责任",并指导别人如何落实。期间遇到各种抵触在所难免,所以托马斯认为,责任经理在能力上就要比传统经理更胜一筹,比如自身能力和社交能力至关重要。对他本人和他的团队而言,托马斯认为坚韧、激情、自信敢言、领导力等品格以及变革能力是重要资产,精通专业领域知识,了解责任管理范畴,对具体步骤有执行力,这些对责任管理的成功也很关键。托马斯尤其强调了号召力的重要性,这样可以富于建设性地挑战高管层和员工,让更多利益相关者参与,还有通晓传统管理学知识和责任管理议题。托马斯和不同的人打交道,有律师、拥有责任管理学位和环境科学学位的专业人才。他自己的学位是商业和沟通,他认为是非常理想的组合。

AXA Winterthur 的责任管理绩效主要是以道琼斯可持续发展指数(DJSI)排名分值为标准的。目标是 2015 年达到 DJSI 评分的 69 分,2011 年时为 59 分。这个指标以 46 个问题为依据,每个问题按 1—5 级给绩效完成情况打分,1 为最低,5 为最高。AXA Winterthur 责任管理的这一计划意味着需要提高每一项问题的分值,从而提高总体评分。组织责任经营包括安排每年的"企业责任周",协调责任管理部和其他掌管利益相关者的职能部门之间的关系。托马斯的主要领导工作是他作为高层企业责任指导委员会主席的角色,每年召集两次会议。委员会由公司 CEO 以及很多部门的负责人组成,是一个强有力的领导工具。公司治理的结构赋予了这个指导委员会和其他风险控制委员会、定价委员会等有同等级别的重要性。对于责任管理的控制环节,托马斯指的是每年评估责任管理措施的执行情况,并对不满意之处制定相应的改正措施。

对托马斯未来的工作挑战是达到 DJSI 的 69 分,之前的努力和改进基本上是围绕着员工参与、合规和政策。现在他的管理活动已经达到了一个成熟期也是一个缓坡期,因为接下来要求在核心业务上有更深、更广的变革,包括传统业务结构和产品服务组合,这些都是企业的基础。

资料来源:Hügli, T. (2012, June 6). Responsible Management at AXA Winterthur. (O. Laasch, Interviewer).

2.1 责任管理

"对社会影响负责是管理的责任之一,不是因为那属于社会责任,而是因为那属于商业责任",并且"管理者应该将社会的需求转化为企业赢利的商机"。[4]

如果我们把当代最著名的管理学学者彼得·德鲁克的这句引言当回事,那么管理学本身就是一组不太有意义的堆砌之词,就像我们平时说的"幽深的黑暗""炙热的火焰"等。德鲁克认为,管理活动考虑社会影响是好的管理的自然组成部分,无须做特别强调。德鲁克想表达的是,管理者必须把促进积极的社会影响力作为企业管理的基本职责,主动地探求社会需求并将之转化为商机。实践中的管理者是否遵循了德鲁克的建议呢?为回答这个问题,我们首先要了解管理者必须尽到哪些职责,然后分析他们该做些什么来履行他们的职责。本章主要讨论的是以下问题:传统的管理学和责任管理学有什么区别?管理者该做些什么才让他们"责任管理者"的头衔名副其实?

本章中,我们首先解释管理学理论中的一些主要内容,并说明为达到责任管理实践的目标,我们该如何诠释和调整这些理论。核心的问题有:对责任管理者而言,绩效、效率和效果意味着什么?管理的对象是谁?对不同的层级来说,责任管理有何差异?其次,我们将在个体层面近距离观察责任管理者,这样的经理人应该具备哪些知识、技能和态度?最后,我们将重新审视传统管理学中的四个职能——计划、组织、领导和控制,并系统地将责任管理嵌入这些职能中去。这部分要回答的问题有:管理者该如何在自己的职责范围内利用影响力来规划和组织活动,使责任经营绩效达到最大化?管理者该如何将责任管理融入领导和控制环节中去?

20 世纪 30 年代的责任管理和经营

总部在意大利的 Olivetti 公司于 1932 年首次推出了第一台便携式打字机。Adriano Olivetti 设计了一系列新颖的计划给公司的运行注入了现代化的气息。为实施他的计划,他非常注重企业和社区的关系,投资了新的生产设备,建造了办公室、员工住房、食堂和托幼所,并构建起了复杂的社会服务系统。新的变革为公司带来了生产力和销售量的显著增长,公司拥有 36000 员工,遍布全球主要的市场。

2.2 管理学基础和卓越管理的演进

"管理学就像一个内燃机,是成熟的技术,但现在必须重新改造才能适应新的时代。"[5]

现代商业和社会的责任管理应该是怎样的?因为当前社会上出现的病态、问题和危机,包括受到全球关注的社会不公平和环境破坏等问题,主流管理学实践一直受到指责。批判管理学这一领域的研究近来的发展势头有所上扬,大家从不同的角度对传统管理学进行了批评。[6] 本章我们将用较为积极的态度将那些批评转化成对管理学的现状和实践的改革提议,我们内心深信管理学以及它对商业的影响可以让引发的问题转变成解决方案。

我们将从可持续发展、责任和伦理三个范畴提出变革建议,这三个范畴折射出当今管理实践改革最为迫切的思想。每个范畴都提供了各自独特的视角,但同时在管理效果上又相互印证、相互补充,下面将概括一下这三个议题的主要指导作用。

- **可持续发展**:管理活动必须以健全的、积极的三重绩效为目标,保护、创造和维持社会的、环境的和经济的商业价值。管理实践中必须包括三重绩效的最优化(triple bottom line optimization)。

- **责任**：管理活动必须以最优化利益相关者的利益(stakeholder value optimization)为目标,而不是狭隘地只照顾股东的利益。
- **伦理**：管理决策必须在过程和结果中都是有道德追求的。管理实践必须包括符合伦理的决策(ethical decision making),成就道德卓越(moral excellence)。

图2.1是商业的三要素(基础、管理者和流程),责任管理活动必须要包含这些要素才能达到卓越管理(prime management)。图2.2显示出责任管理三个范畴存在高度的相关性、互补性,以及在某些情况下的交叉性。第5、6、7条则详细描述了责任管理的三个范畴:伦理、责任和可持续性。从第2、3、4条可以看出之间有理论的交叉,比如第4条可持续发展伦理,是可持续发展和伦理两个领域的混合构成。第1条则是理想状态下的责任管理,三个范畴都达到满意状态。责任管理最终会走向卓越管理,也就是指管理实践优秀卓著,社会、环境和经济绩效都呈可持续发展态势,利益相关者利益达到最优化,道德高尚。第8条恰恰相反,不负责任的经营,指三个范畴的发展都不理想。

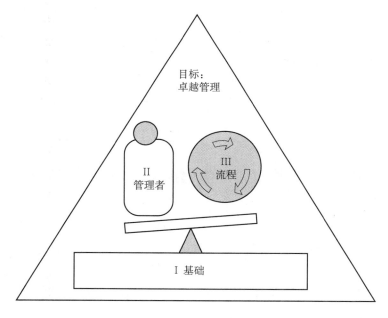

图2.1　概念图:责任管理的要素

这个责任管理的综合模型可以被视作责任经营思想演进过程中的最高层次,因为它包含了可持续发展、责任和伦理这些基础的范畴,把它们作为责任经营的互有区别且同等重要的基础。这个模型也契合了当今的理论和实践发展,责任经营受到这三个范畴的影响。我们与其把责任分成经济、法律、伦理和慈善四个性质[7],不如将责任划分为三重绩效责任、利益相关者责任和道德责任,只有当企业是负责经营的企业,满足了上述三个条件,我们才可以把企业认定为当之无愧的卓越企业。

为了推动主流管理向责任(卓越)管理的演进,管理实践必须要将可持续发展、责任和伦理嵌入它的基础要素、流程和结果中。下面一部分我们将回顾一个经典的老问题,什么是管理学?进而继续追问,从可持续发展、责任和伦理的角度看,管理学又应该是什么样的?

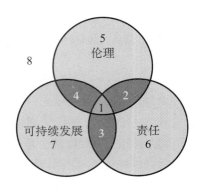

图 2.2 责任管理的维度

种类	#	具体说明
最负责	1	卓越:可持续、负责任、伦理的
高度负责	2	负责的、伦理的:体现功利伦理思想和利益相关者价值,最大幸福原则
	3	负责的、可持续的:如通过履行利益相关者职责达到 ISO 26000 所指出的可持续发展目标
	4	伦理的、可持续的:如遵从严格的环境伦理要求,环境可持续性是主导的利益相关者价值,构成更宽泛的利益相关者价值最优化的一个部分
比较负责	5	伦理:道德卓越
	6	责任:最优的利益相关者价值
	7	可持续发展:最优的三重绩效
不负责的	8	不负责:不可持续,无良,无责

2.2.1 什么是管理学?怎么让管理学有担当?

理解管理学需要先了解管理学的基础要素。这些要素可以分成三个方面:管理投入、管理流程、管理结果(见图 2.3)。管理的主要投入是指管理流程中所需要动用的资源和希望达到管理目标所需要配置的资源。在流程阶段,效果和效率是两大评估标准,效果是指管理活动是否能引向预先制定目标的实现,而效率是指管理目标的达成是否动用了最少的资源。管理流程的结果我们一般称为管理绩效。绩效的考核一般是与管理投入阶段的预设目标做对比。

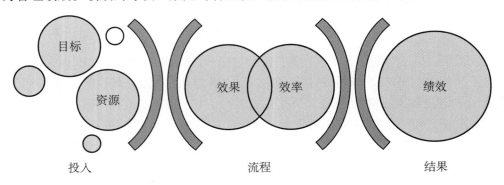

图 2.3 管理学要素

如果将管理学进一步推进到责任管理学,我们必须重构管理学的流程,将可持续发展、责任和伦理融入原有过程中。那会发生些什么变化呢?我们将结合管理投入、流程和结果这三个方面中的所有要素,先做一些初步的探讨,后面的章节我们会更深入地回答这一问题。

目标 传统管理学的目标最终是为了提高竞争力,为企业获取超额利润,实现股东价值最大化。所以对一个销售经理来说,他的目标就是带领他/她的团队增加销售量。在责任管理学中,这样单一的目标必须被拓展,责任管理的目标要与可持续发展、责任和伦理三个范畴保持一致。从责任管理的视角就要求管理目标必须要让管理活动创造最优化的价值,惠及所有利益相关者,而不仅仅为股东。比如,销售经理有必要考虑他们所销售的产品是否为消费者、环境乃至整个社会、所有和产品相关的人带来益处。从可持续发展的视角考量,对公司目标一个最基本的考虑是,它是否在社会、环境和经济方面可持续;从伦理视角考量,它必须符合伦理精神。如果这些方面都有所顾及且管理过程合理到位,那么企业目标就扩展成了社会目标,企业就会远离那些道德失范的行为,在为所有利益相关者创造价值,在为创造一个健康发展的社会做出贡献。

印度:通过 e-Choupal 融合社会和经济目标

ITC 有限公司是总部设在加尔各答的印度大财团,通过建立 E-Choupal 这一市场中介,把印度农产品交易中的不诚信行为转化成为企业和农民的新商机。"Choupal"在印度语中意指"村里的集散地",e-Choupal 在互联网上为田间的种植者和买家直接搭起了桥梁,斩断了原来的中间人环节。这显示了"责任驱动的目标"可以跨越相关的供应链成为竞争力的源泉。

资料来源:Mukherjee,W. (2012). ITC's e-Choupal boosting company's FMCG business.

资源 主流管理学把为完成企业目标所做的投入称为资源,它们被分为技术、社会、财务和人力资源等。责任管理学的资源还要从可持续发展、责任和伦理三个方面考察。从可持续发展的角度来看,资源是社会、环境和经济的资本,在管理过程中应该可以持续甚至再生成。责任管理学不把资源仅仅视为达到企业目标的手段,资本思维为资源赋予了更宽泛的意义。我们需要源源不断的资本,但资本同时又有其存在的目的。责任管理者不应该过量使用石油和其他一些开采而得的工业品,那是不可再生的环境资源,使用它们就意味减少而不是维持这些环境资本的存量。责任管理者会为其员工提供教育机会和福利保障,这样会增加社会资本的总量。最后,责任管理者不会参与一些不当的金融财务交易,将企业的经济资本置于巨大的风险中,甚至销蚀企业的经济资本。从责任视角来看,资源配置贯穿在整个管理流程中,使利益相关者创造的价值达到最优化。例如,产品开发团队的责任经理会充分利用其团队的人力资源创造力,开发出一款为企业带来最高财务回报的产品,并同时考虑这一设计给客户带来的价值,生产过程中员工是否感到安全和满意,新的产品是否有可能会用到或开发一些本已被边缘化的供应商。从伦理的角度来看,资源思维其本身是值得商榷的,把人仅仅当作一种资源,为处于强势地位的企业辛勤劳作,在道德上是值得探讨的。同样,从伦理学中的权利角度分析,环境有其自身的权利,远远超过我们管理学把它仅仅看作对资源的理解。

效果 效果需与预先设定的目标相衡量才可知。问题是管理流程是否和预设目标的达成有关系呢? 如果在管理投入期设定目标时已经考虑了可持续发展、责任和伦理,那么管理时只要瞄准目标的最高标准去完成就可以了。然而,管理目标通常没有交叉考虑责任,所以很多情况下,管理效果竟然还会是不负责任的。假定有一家烟草公司成功进入一个非洲国家的市场,这个国家之前很少有人吸烟,毫无疑问,如果纯粹评估公司是否达到设定的目标,回答是肯定的。但从责任管理角度来评估其效果,结论是反面的。从可持续发展的角度剖析,这样的市场营销管理过程导致的结果并不理想,因为它破坏了一种社会资本,即无烟环境下的健康生活方式。从责任角度看,我们需要考察这样的市场拓展所带来的总体收益,对企业股东和当地经济带来了哪些福利,但同时又因为可能给消费者造成的肺疾和其他健康危害等使利益相关者的利益受损。从伦理角度看,特别用伦理学中的公平论分析,这样的市场进入是不公平、不道德的,因为公司会让千万人染上肺疾,以此为代价而使自己赚得盆盈钵满。

效率 效果是考核管理目标是否实现,而效率则审视管理过程中使用的资源和达到的结果之间的关系。在主流管理学中,如果使用最少的资源获得同样或更好的管理结果,那么管理流程就是高效的。在责任管理学中,对效率的传统理解也同样适用。可持续发展观要求企业维持甚至再生社会、环境和经济资本,所以,越少使用资源就越好。比如,我们有生态效率这一说法,指的是企业为生产产品或提供服务所投入的水、能源和原材料等自然资源的数量。同样,责任管理者也可以把社会效率看作企业自身管理流程的一个评估标准。企业创造了多少社会福祉?我的团队是否享受工作?员工在工作中是否有成长,还是备受剥削、是社会资本的损失?从责任角度看,效率可以被定义成每生产单位的正/负利益相关者价值。从伦理角度考虑效率,就是把每个单位的生产或服务的不道德行为降至最低。以上对效率的重新解释为传统管理学提供了不同的选项。

老挝:投入"能力建设",收获责任绩效

在老挝南部的 Bolaven 农庄一直种植和销售高质量的咖啡,同时还大力投入能力建设项目,为当地农民提供专门的可持续生产的技能培训,为有困难的家庭提供住房和三餐,为小孩提供英语培训,承担 30% 的医疗费用。培训毕业后,这些受训农民可以获得贷款以自建农场或承包农场。这样的社会企业为消除贫困、发展可持续农业以及通过有机种植的方式保护生物多样性等做出了巨大的贡献。

资料来源:ProSPER. Net. (2011). *Integrating sustainability in business school curricula project*: *Final Report*. Bangkok: Asian Institute of Technology.

绩效 从狭义上说,管理流程的结果或绩效是短期利润。对责任管理者来说,短期的财务绩效必须要和其他标准放在一起考量,才可以确认管理成功与否。可持续发展观要求规划长期的财务绩效,有些决策如销售次级贷款,短期收益非常可观,但长此以往,公司以及整个经济体系的可持续性会受到威胁,2007 年开始蔓延的全球经济危机就是例子。责任管理者的绩效不仅仅只有经济绩效一个维度,而是社会、环境和经济绩效的综合考量,也就是我们之前提到的三重绩效。从责

任管理角度看,管理者需要为利益相关者的绩效考虑,管理活动要为所有群体创造价值。伦理角度则要求管理者全面审视企业管理结果中的所有切面,杜绝那些潜在的不道德因素。我们经常会遇到这样一个偏见:相较主流管理学的经济绩效,责任管理绩效很难衡量、很难评估。表2.1 解释了责任管理绩效的基本评估框架。

表 2.1 责任管理中的绩效维度和指标

范畴	绩效范畴	具体指标
可持续发展绩效	社会、环境和经济价值（绩效）（三重绩效）	传统经济绩效 社会价值创造 环境价值创造(例如水、二氧化碳、废弃物、生物多样化)
责任绩效	利益相关者价值（绩效）	利益相关者投诉数量 单个利益相关者满意度调查的评分（例如组织氛围或客户满意度调查）
伦理绩效	道德卓越	道德失范的次数 定性指标清单上符合项的占比

2.2.2 管理学思想的演进

2009年,德高望重的管理学思想家加里·哈默尔将35位声名卓著的管理专家召集到了一起,他们把自己称为"变节者"精英团队(renegade),包括谷歌、瑞士联合银行集团和麦肯锡的掌门人和其他一些企业的 CEO,以及亨利·明兹伯格、彼德·圣吉等管理学家。他们相聚一堂,共同为管理学的未来发展出谋划策,最后形成25条建议。他们达成的一条共识是,管理学必须要向前迈进一步,有趣的是,他们建议的前三条都和伦理、可持续发展和责任有关:

(1)确保管理的工作要为更高的目标服务。无论是理论还是实践,管理学必须要以实现崇高并富有社会意义的目标为导向。

(2)将社会群体和公民意识的概念完全嵌入管理体系中,管理流程和实践都需要反映所有利益相关者互依互存的关系。

(3)重建管理学的哲学根基。建立企业组织不仅仅只追求效率,我们还要借鉴生物学、政治学、神学等其他学科领域,并从中汲取精粹。[8]

如果这是管理学的未来,那么管理学的过去是怎样的呢？在这里我们不对传统管理学的理论做冗长的讨论。限于篇幅,我们用图2.2做了一下概括。每个管理学流派都为管理学的不同流程提供了有价值的洞见。有趣的是,很多责任管理实践的理念不是根植于这些传统的管理学理论,就是和这些理论提出的批判假设(rebuking assumptions)有关。所以,谁若想成为管理学演进的推动者,必须首先熟悉经典。

如表2.2所示,主流管理学理论可以为责任管理提供很多洞见,包括哪些是应该推动的实践,哪些是应该避免的实践。尽管很多现有的管理学理论包括了一些责任管理的元素,但进入了21世纪,责任管理的重要性才越发得以彰显。管理学学术界有一个基本的共识,那就是责任管理将"扎下根来",并呈持续发展的趋势。这仅仅是主流管理学派生出来的一个新侧面,还是优秀管理者推动管理学向前发展而迈出的一大步,时间将给出证明。

表 2.2 管理学主流思想及对责任管理的意义

思潮	流派	提出者	主要思想	对责任管理的意义
科学和管理	管理学习	法约尔（Henri Fayol）（1841—1925）	管理过程包括计划、组织、命令、协调和控制。管理应该有一套原则作为指导，从第一条原则的工作分工到第十四条原则的团队精神	责任管理必须探索如何将可持续发展、责任和伦理纳入所有管理任务中，管理的十四条原则必须延伸内涵，涵盖责任管理的理念
	科学管理	泰勒（Frederick Winslow Taylor）（1856—1915）	管理必须用科学的方法分析工作任务的效率，然后给予工作者恰当的激励（通常是货币），以期获得更高的效率和生产力	只从效率和外部运作机制看待员工会形成过于强势的管理作风，与利益相关者价值中提倡对人的发展的要求背道而驰
	福特主义	福特（Henry Ford）（1863—1947）	管理应该专注于通过流程和产品的标准化来提高生产效率	尽管标准化和机械化的生产流程会带来自然资源使用的生态效率，但对工人的价值值得关注和质疑
	官僚化	韦伯（Max Weber）（1864—1920）	组织的理想形式是威权官僚主义，它的特征是工作被细分成基本的任务，由专业人员完成，他们的职位按等级划分，受制于一套抽象的制度。晋升的依据是在企业的资历和对企业的贡献	官僚化管理所设计的僵硬结构和利益相关者观点下的企业架构截然不同，后者必须包括灵活性、多视角、蛛网关系和沟通渠道
权变和结构	组织权变	劳伦斯（Peter Lawrence）和罗什（Jay W. Lorsch）	组织必须面对变化的环境条件调整其结构和管理实践，称为权变	全球问题和危机影响着整个社会和组织，根据情境管理学，这些突发因素要求企业寻求新的负责任的组织形式
	领导力权变模型	费德勒（Fred E. Fiedler）（1922—）	不同的情境要求运用不同的领导风格（领导力测分LPCs）才能奏效。领导必须和情境相匹配，反之亦然	责任管理中的组织转型要求具备有效的领导力，适应不同的情况
	战略和结构	钱德勒（Alfred Chandler）（1918—2007）	组织架构必须顺应组织战略	责任管理必须将三重绩效、利益相关者和道德融合到战略中，同时建立起相应的业务结构将战略贯彻落实到实践中

续表

思潮	流派	提出者	主要思想	对责任管理的意义
人际关系和行为	人际关系	梅奥（Elton Mayo）（1880—1949）	社会和心理过程对员工生产力的产生的作用大于货币刺激。群体中的人际关系必须得到管理，威权型领导风格应被民主型领导风格替代	群体中的人际关系方法可以被扩展成企业在更大范围内的利益相关者群体。利益相关者民主化是民主型领导风格在责任管理中的对应
	X理论和Y理论	麦格雷戈（Douglas McGregor）（1906—1964）	管理者对员工的态度决定了管理者的行为。管理者认为员工天性就是懒惰的（X理论），就会形成威权型和控制型的领导风格。管理者认为员工有自我动力的（Y理论），就会创造一个充满信任的环境，员工可以充分发展自己，尽职尽责地工作	Y理论反映了责任管理中的利益相关者价值，强调员工价值和组织价值的共创
	领导力理论	巴纳德（Chester Barnard）（1886—1961）	组织是社会系统，系统中的管理者应该要在以员工为本还是以绩效为本之间找到平衡	在责任管理中，员工一词应该被替换成利益相关者，必须在以利益相关者为本和以绩效为本之间找到平衡。这两者的关系在责任管理中并不太冲突，绩效的定义针对的是利益相关者总体，而不单指股东
	激励理论	赫兹伯格（Frederick Herzberg）（1923—2000）	赫兹伯格用满意因素（职业成功，赏识）和非满意因素（工作条件，公司声誉）来解释员工激励因素	责任管理实践必须对员工具有高度的激励性，因为它们会减少非满意因素（如企业不良声誉，恶劣的工作环境），增强满意因素（工作的意义，工作中得到自我实现）
数学	管理科学	布莱克特（Patrick Blackett）（1897—1974）	管理科学又称运营研究，以科学的、基本上是数据分析和数学建模的方式进行管理决策	管理科学可以成为一个有价值的建模工具，测量和管理决策中复杂的社会和环境效果
	决策理论	西蒙（Herbert A. Simon）（1916—2001）	管理中的正确决策依靠数学模型	决策理论要求将三重绩效、利益相关者价值和道德考量融入决策模型中

续表

思潮	流派	提出者	主要思想	对责任管理的意义
系统、动态性和复杂性	进化管理学和混沌理论	维克(Karl Weick)(1936—)圣吉(Peter Senge)(1947—)	管理和组织架构应该做分权化处理,增加灵活性,减少科层,减少按部就班的操作,促进学习,保留有效的流程	灵活而变化的管理系统一般能更快适应执行责任管理实践所要面对的变化
	系统理论	温特(Norbert Wienter)(1894—1964)奥里奇(Hans Ulrich)(1919—1997)	企业是作为一个自律的、有组织的、复杂的和具有内在关系的系统存在,它同时还与市场、政府和社会等外部系统相关联	基于系统的管理在执行责任管理活动时具有一定的价值,因为它旨在引发全方位的管理,照顾到所有利益相关者系统以及周边环境,并使之受益
	工作环境	勒温(Kurt Zadek Lewin)(1890—1947)	工作环境和管理行动可以被分成威权型、民主型和放任型	民主的工作环境更能激发最佳责任管理效果,因为它更能促进利益相关者的平等参与
	实证成功研究	德鲁克(Peter Druchker)(1909—2005)	好的管理原则应该从实证经验中衍生出来。在实践中奏效的就是好的管理	责任管理需要有好的实践发展,遵循可持续发展、责任和伦理的原则
效率	精益管理	大野耐一(Taiichi-Ohno)(1912—1990)	精益管理的目的是摒除那些不增加客户价值的资源使用,精益管理目标是在流程中减少废弃物,改善质量,两者都有利于提高运营效率	精益管理可以被用在责任管理中,用利益相关者取代客户,注重创造利益相关者价值,并在生产流程中节约自然资源
战略	竞争优势	波特(Michael Porter)(1947—)	管理必须发掘有利的战略定位建立竞争优势,也许是依靠特殊的资源(资源观)或特殊的市场定位(市场观)	责任管理可以用来创造特殊的资源(忠诚有效的客户)和特殊的市场定位(可持续的创新产品)

资料来源:Barnard, C. I. (1939/1968). *The functions of the executive*. Cambridge: Harvard University Press; Chandler, A. D. (1977). *The visible hand: The managerial revolution in American business*, Cambridge: Belknap Press; Fayol, H. (1947). *Administration industrielle et générale: Prévoyance, organization, commandement, coordination, contrôle*. Paris: Duod; Fiedler, F. E. (1964). A contingency model of leadership effectiveness. *Advances in Experimental Social Psychology*, 1, 149-190; Herzberg, F. (1987). One more time: How do you motivate employees? *Harvard Business Review*, 65(5), 109-120; Hillier, F. S., & Lieberman, G. J. (1986). *Introduction to operations research*, 4th ed. San Francisco: Holden-Day; Lawrence, P. R., & Lorsch, J. W. (1969). *Organization and environment: Managing differentiation and integration*. Irwin: Homewood; Lewin, K., Lipitt, R., & White, R. (1939). Patterns of aggressive behavior in experimentally created social climates. *Journal of Social Psychology*, 10(2), 271-301; Malik, F., & Probst, G. J. (1982). Evolutionary management. *Cybernetics and Systems: An International Journal*, 13(2), 153-174; March, J. G. (1978). Bounded rationality, ambiguity, and the engineering of choice. *Bell Journal of Economics*, 9(2), 587-608; Mayo, E. (1933). *The human problems of an industrial civilization*. New York: Macmillan Company; McGregor, D. (1960). *The human side of enterprise*. New York: McGraw-Hill; Senge, P. (1990/2010). *The fifth discipline: The art and practice of the learning organization*. New York: Random House; Stürm, J. R. (2005). *The new St. Gallen management model: Basic categories of an approach to integrated management*. New York: Palgrave MacMillan; Taylor, F. W. (1911). *Principles of scientific management*. New York: Harper; Weber, M. (1978). *Economy and society*. Berkeley: University of California Press; Weick, K. (1995). *Sensemaking in organizations*. Thousand Oaks: Sage.

2.3 责任管理者

"'商业'承担着责任,这句话是什么意思?只有其中的人才负有责任。"[9]

有42%的CEO提到他们的个人动力是他们企业可持续发展措施的推动力。[10]强有力的高管层认为,他们领导企业将责任管理视为企业活动的内在部分是基于他们本身向善的倾向。个体在责任管理过程中至关重要,推动社会走向一个更美好的全球化世界。

这些表达也许听上去有些言过其实。我们是否在过度放大管理是去"行善"的必要性和能量?图2.4解释了管理者在更广范围内责任管理系统性改变中所发挥的作用。如图2.4所示,三个改变机制完全可以被管理者一个要素的改变而触发,实现真正的责任管理。首先,管理者有能力在他们可以影响的范围内发起变革,不管他们处在科层的哪一级。基层经理可以在他管理的团队中创造可持续发展、责任和伦理建设氛围。高层经理则可以在公司上下如是铺开。一旦企业凸显转变后的成功,业内同行企业也会出于竞争考虑而加以效仿,其他行业也会跟进,最终形成整个经济的良性循环。当经济发生改变,责任管理对社会的影响,对整个经济体制的影响和单个公司的影响都变得显性化了。比如,消费

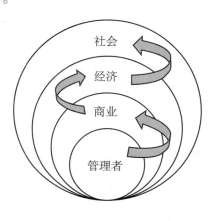

图2.4 管理影响力的分层模型

者在公司的宣传和引导下有了更多具有可持续理念和负责任经营的产品选择,员工在企业里学习到了责任经营的实践,也许会将它们移植到个人生活中。在发展中国家,循环利用废弃物的文化先来自企业,然后渗透到民间社会。那些负责任管理的领导常常会游说和敦促政府去加强可持续发展、责任和伦理的公共政策。

上述的连锁反应当然是理想化的状态。现实生活中的变化过程常常是由多点触发的,我们也可以认为消费者或政府部门各自引发了一些特定的变革,促成了更好体系的形成,但是,我们上面提到的一系列变化完全可以由管理者发起。

我们是否真的需要科层制?

最新的管理学派认为科层制是一种过时的机构,这种观点会深刻改变管理者的角色。网络化的组织形式代替了传统的科层制,灵活的项目团队代替了固定的小组成员,它们使工作角色发生了改变,并以大量的协作为特征。我们需要深入研究网络—中心化组织(network—centric organizations),并分析这样的结构将对责任管理产生什么影响。

资料来源:Bartlett,C. A. ,& Ghoshal,S (1997). The myth of the generic manager: New personal competencies for new management roles, *California Management Review*, 40(1),92-116.

2.3.1 管理科层制的作用

上一节中我们提出了责任管理在组织各个层级的普遍适用性。管理者个体的影响范围一般是由他们在组织层级中的地位所决定的。最底层的基层经理(运营经理)直接面对的是非管理型员工,照看着企业的日常运营。中层经理(战术经理)将组织的目标和战略拆解成具体的任务和目标,他们管理着基层经理这个团队,并从公司高层获得指导。高层经理(首席总监级)负责制定企业的规章结构和总体战略。

在这三个级别中,存在着两种责任管理者:

- **主流管理者**关注的是营销、研发和会计等传统部门的经济运营状况。如果主流管理者又同时兼任责任管理者,他们需要将可持续发展、责任和伦理嵌入他们的传统角色中去。
- **专业责任管理者**具有正式的义务,将可持续发展、责任和伦理作为他们的核心工作,在公司高层,这个角色会被定位成可持续发展首席执行官(CSO)、责任经营副总裁、首席伦理官等。中层经理会被称为可持续发展和环境保护部主任,还有诸如环境经理或社群关系经理等职位。

很有可能在不久的将来,这两种类型的管理者最终会合成为一种管理角色,真正地将责任管理和主流管理糅合成一体。

表2.3中,不管哪一种类型的责任管理者,他们所执行的任务会有所不同,这取决于管理者各自的层级。我们会在本章最后一部分详述管理中的四大职责——计划、组织、领导和控制,所有级别的管理者都具有这些职责,但在不同层级,他们所承担任务的表现形式完全不同。比如,可持续发展首席执行官(高层经理)的控制环节应该是鸟瞰式地监管所有部门的业务,而工厂的环境、健康和安全责任管理者(基层经理)的控制职责体现在勤勉地检查工厂的各个区域,甚至是每个员工的相关职责上。

表2.3 科层制管理和责任经理典型任务描述

	高层经理	中层经理	基层经理
计划	部署战略性计划,将企业转型为负责任经营的企业(高)	战术行动计划,将总体责任经营战略转化成具体的目标和行动(中)	计划如何有效使用资源,并让基层员工参与完成由企业中层制定的责任经营目标(低)
组织	创建组织机制和责任,配套变革流程,成为负责任经营的企业(中)	重新安排基层的管理,授以基层更多权力参与责任管理(高)	根据责任经营的需要调整员工的工作(中)
领导	树立正确的基调,把负责任经营放在优先考虑的位置(中)	领导基层经理贯彻责任经营的目标(高)	领导员工实施责任经营的日常工作要求(高)
控制	监管组织重点区域的责任经营状况,调整总体战略(低)	观察基层经理责任管理绩效,决定战术部署,改进绩效(中)	经常监督员工的行为和责任管理的结果,追求更优化的群体绩效(高)

2.3.2 卓越管理者的能力

从上面的讨论中可以看出,每个责任管理者都受到主导着他们工作的外部条件的影响,科层制只是其中的一个例子,另外还有组织文化,内在能力和外部条件具有同样重要的作用。在传统管理转型成为责任管理或者卓越管理的过程中,责任管理者必须寻求内在的改变,获取一整套新的管理能力。一个卓越管理者必须拥有新的态度、理念、技能和知识,在很多情况下与传统意义上的管理者已经不可同日而语。

　　能力可以被分成四个群组(称为能力支柱):通晓(专业领域能力)、行动(方法能力)、交流/共处(社交能力)、状态(自身能力)。[12]图2.4概括了这些方面的重要能力,既涉及主流管理,也包括责任管理中的新能力。有趣的是,这两套能力是取长补短、不相矛盾的。例如,传统管理学中所要求的专业领域知识应该是指某一学科,比如营销和会计,在责任管理中,它们会得以扩展并加上责任管理的工具,主流管理学中施加政治影响这一项能力会转化成责任管理实践中的变革代理人技能。只有在少数情况下,一些重要的主流管理能力会和卓越管理能力发生矛盾,卓越管理中的自身能力是指用一种元视角——中立、局外人的角度——来观望自己、自己的工作和自己的企业,这也许会很容易和主流管理学中的忠诚度产生冲突,但在某些情况下,它会让管理者对自己企业存在的缺陷引起高度警觉。

表 2.4　卓越管理者的重要能力体现

能力组	主流管理的能力	卓越管理的能力
专业领域(通晓)	某一领域的技术知识和资质	责任管理背景知识:可持续发展(三重绩效)、责任(利益相关者)、伦理(道德正确的决策) 管理者影响范围内的责任管理工具
方法(行动)	概念和诊断能力,分析复杂的情况,提供足够的应对措施	系统思考 跨学科工作 伦理、可持续和责任决策力
社交(交流)	政治影响力 沟通 领导力 授权	利益相关者社交和沟通 变革代理人技能(领导力) 批判能力
自身(状态)	坚韧(超强度工作和高压力情况) 效率 效果 忠诚	元视角 同理心(对责任事务和利益相关者) 主动迎接的态度(责任管理实践) 问题意识 紧迫感 对权力的自我认知

　　专业领域能力　责任管理者必须要掌握的专业领域能力和责任管理的三大基础范畴有关:可持续发展、伦理和责任。责任管理者必须要通晓可持续发展观,以及阻碍其发展的全球和当地的社会、环境和经济问题,这样才能将三重绩效整合到管理过程中。责任管理者还需要认识和理解利益相关者,这样才能实现利益相关者最优价值。只有当责任管理者能够理解道德哲学的主要思想,他才能运用这些思想做出符合伦理的决策并在员工中推广。了解了这些背景知识,责任管理者就可以将责任管理的三个范畴落实在他能影响的范围内:自己的工作、管理职能、所服务的企业乃至整个行业。

　　将责任管理在管理者的工作部门中落实,管理者需要首先意识到各个部门可用到的责任管理工具。比如营销经理需要了解社会营销、善因营销或在面向低收入人群营销时应适当调整传统的营销组合概念。会计部门经理则应该了解一下社会和环境会计方法、可持续发展报告和可持续发展记分卡。高管层应该理解战略责任的基本面,用责任管理去区分产品或节约成本。

方法能力 相比于传统管理,责任管理要求责任管理者具有系统的和跨学科的思考能力。他们必须能够理解在一个互为关联的复杂系统中,他们的行为会导致什么样的后果。系统思考能促使责任管理者从社会、环境和经济维度来评估他们行为的后果,梳理好利益相关者关系的庞大网络。跨学科思考能力也是另一个基本的能力。责任管理者应该能将众多学科融合到他们的管理过程中,和不同的专业人士合作,包括伦理哲学家、生物学家和社会学家等。可持续发展议题通常还要和工程师一起讨论技术诀窍。

社交能力 责任管理中涉及的社交技能必须是技高一筹的。利益相关者管理过程中要求管理者有能力和一系列不同的利益相关者群体打交道、沟通并共同创新,对不同群体有不同的社交策略。大多数的责任管理者都身处尚未真正蜕变成负责任经营的企业工作,所以他们必须具有管理变革的技能,首先对不甚理想的现实进行批判,然后开始积极地为企业转型做出贡献。

自身能力 这和社交能力同样重要。对责任管理者尤为重要的是具有元视野,能像一个旁观者一样中立地审视自己的行为,对一个致力于改善社会、环境和伦理问题的责任管理者来说,能对上述情景感同身受是非常关键的。责任管理者会出于助人的真诚愿望去帮助利益相关者,努力成为一个道德的人,或为一项特殊的环保事业出力。还有一项属于自身能力的是管理者具有紧迫感,对变革的使命感和强烈的参与感。

阿联酋:中小型企业急需培养责任管理的意识和技能

在阿联酋运作的大多数跨国企业在企业社会责任、可持续发展和商业伦理方面表现活跃,但这一趋势对中小型企业来说就非常陌生了。中小型企业只注意不违法,对责任管理的议题所知甚少。诸如"迪拜在乎"等政府措施对阿联酋整个国家产生了巨大的影响,迪拜商会下面专门设立了一个"责任经营中心",支持在迪拜的企业推行企业社会责任、可持续发展和员工志愿活动。阿联酋的中小型企业应该向本国商会寻求支持和合作,在他们的企业中践行企业社会责任、可持续发展和商业伦理。

2.4 责任管理流程

"结合核心管理流程和职能……使企业能取得可持续的发展,并且将影响企业的市场和非市场力量汇集起来。"[13]

"责任"如何才能融入管理中？显而易见的回答是：从管理者的工作开始。首先，管理者必须要定位自己的角色、确定工作职能和工作流程。亨利·明兹伯格将管理角色定位成人际型、信息型和决策型。[14]管理者需要和他人互动、评估并转达信息，作决策。为了不和之后的讨论重复，我们在此不再赘述，而更多地阐述同样构成管理流程的管理职能。

如图2.5所示，管理职能（managerial functions）一般被分成四种类型，分别是计划、组织、领导和控制，合在一起构成了管理流程（managerial process）。之前我们解释过这些职能的起源，现在我们着重讨论我们将如何应用它们到责任管理实践中去。我们将围绕责任管理的可持续发展、责任和伦理三个范畴，逐一解释每一个管理环节的新意义，责任管理是如何转变了这些传统管理流程的。

图2.5　责任管理流程

钱怎么啦？

粗粗一看，也许责任管理和商业的财务方面没什么关系，但这非常不切实际。可持续发展的核心是三重绩效，其中的经济绩效是重要组成部分。在责任管理中，财务因素不会变得不相关，相反，它和社会和环境因素恰恰同样重要。

2.4.1　计划

责任管理者的计划环节是怎样的呢？计划是要决定企业的未来目标和活动。计划可以分成战略型任务和决策型任务。管理者需要勾勒总体的战略，也就是获取竞争优势的规划，与此同时，他们还要做许多分散的决策，对日常管理做战术的部署。计划必须考虑责任管理的短期因素和常常会被忽略的长期因素。之后在以战略为主题的一章中，我们会专门介绍计划中的战略部分，本章我们主要探讨的是不太复杂但很重要的战术和运营决策。

决策分四个步骤：分析形势，生成各种解决方案，评估各种解决方案，然后挑选执行方案。[15]原来这个过程还包括最后的执行和控制，我们这里就省略不述了。

管理决策的第一个步骤是分析形势。主流管理者主要会关注那些有潜在财务收益的因素。这一决策将会如何影响收入？考虑到所有法律因素了吗？决策将会如何影响日常运营？我们的上司希望我做什么？在责任管理决策（responsible decision making）中，这些问题仍然很重要，但责任管理者需要做更为复杂、更为多维的分析。从可持续发展的角度出发，责任管理者必须预测当前的情况将如何在短期和长期内影响社会、环境和经济资本，必须分析利益相关者组成的复杂网络和目前的状况有何关系,并且对企业的伦理现状提出质疑。

在生成各种解决方案时,我们需要运用同样的思路进行创造性的劳动。责任管理者必须对合格的解决方案设定一个最低标准,这样一个最低的标准可以在第一时间就将那些可能会引起伦理纠纷的情况排除在外,这些伦理纠纷或许会对主要利益相关者产生负面影响,或许会削减社会、环境或经济资本。创造性地找到解决方案非常重要。责任管理者通常要扮演变革代理人的角色,这也就是说,他们通常要跳出传统管理的既定模式,只有这样各种解决方案才有可能纳入那些貌似离经叛道、和传统商业观截然不同的革命性行动。

决策环节的核心是评估各种解决方案。表2.5的矩阵图是一套评估工具,这套工具既考虑了主流管理中的条件——方案有效性(solution effectiveness,SE),又考虑了责任管理的条件——三重绩效影响(triple bottom line impart,TI)、利益相关者价值(stakeholder value,SV)、道德价值(moral value,MV)。在操作时,责任管理者可以用这个矩阵来评估每一个提议方案,用0—5的分级表示每个部分的完成情况,0表示未达标,5表示完全达标。在方案有效性维度中,一个完全有把握解决手中问题的提议方案被评为5级,而那个不可能解决问题的方案则被评为0级。当环境、社会和经济资本会被严重破坏时,三重绩效影响这项就被评为0级,反之,当所有资本都获得保护时,评分为5级。如果主要利益相关者价值遭到巨大损害,评分为0级,反之则5级。完全不道德的方案被评为0级,而不会招致负面道德后果的提案则获5级评分。

管理者接下来要评估表格中每一项的权重,他将为每一项规定一个百分比,所有分项权重加起来应该是100%。如果他们同等重要,那么各为25%。在严格的主流管理中,管理者会给方案有效性赋予100%的权重,而其他均为0,只考虑是否能解决组织的问题,不管其他后果。假设有一个非政府机构的执行总裁,他的目标是消灭艾滋病,他的决策导向将完全是考虑是否为艾滋病患者创造利益,也许他会给利益相关者价值100%的权重。在很多情况下,一般不会有这么极端的权重分配,具体的计划要考虑组织目标、文化、管理者的个人偏好以及其他一些因素。

表2.5 责任管理决策矩阵

方案	方案有效性 (SE) × wc_{SE}	三重绩效影响 (TI) × wc_{TI}	利益相关者价值 (SV) × wc_{SV}	道德价值 (MV) × wc_{MV}	总和
A_1					
A_2					
A_3					

决策流程的最后一个步骤是最终定夺解决方案。在评估阶段,管理者会遵循三种行为模式:最大化、满意化和最优化。管理者如果在决策阶段就追求总体价值最大化,他会挑选一个能产生最大综合利益的方案,而出自主流管理的管理者会强调满意化,选择最能实现预设目标的方案。比如,企业原来的问题是生产过程污染了附近的水质,传统管理者就会挑选那个不再产生污染的方案。然而,责任管理者通常会试图在一系列互为对立的论证中做出决策,所以,对责任管理者来说最有效的选择是最能满足不同论据的最优化方案,也许会要求他在不同选项间做出让步和取舍。还有一种可能是,所有的方案都和责任管理背道而驰,那么责任管理者不仅要做出唯一的决定,还要重新考虑这个决定背后的个人及组织背景。最为极端的情况是责任管理者不得不决定离开企业,或者如果具有变革的力量,就主动发起深刻的变革,推动建设一个更为负责任的基础

设施。

以上所描述的计划流程是适用于任何级别的管理者的一个通用总结,不管是对个体、部门还是组织层面。战略这一章,我们会着重阐述组织层面的责任管理计划,提供更广泛的工具和案例。而创业精神和商业模式创新这一章,我们将会把计划置于一些特定的情境中,如捕捉商业机会,展望组织的发展,充分规划使之能在实践中得到落实。

实例演示

现场会议还是网络会议:困难的决定

假设你是跨国咨询公司的 CEO 助理,你要组织一个和北美、欧洲、拉丁美洲和澳亚四个业务区域的执行总裁共商年度预算的会议。此前,这些会议历来在公司总部巴黎召开。近几年公司责任经营这块咨询业务的收入有了显著提高,CEO 决定将可持续发展、责任和伦理价值观也纳入企业的核心业务,确保他们自己在言行一致地践行公司所推崇的理念。这次预算会议是开启这一设想的标志性事件,你的任务不仅是制定一个成功的会议计划,还要将会议决策力争做到三重绩效、利益相关者价值和道德价值的最优化。可以有三种形式供参考:

A_1 "传统的现场会议" 所有的执行总裁都飞赴总部。考虑因素:飞机旅行的碳足迹,面对面交流的好处,没有践行可持续发展理念(非道德)。

A_2 "现场 + 碳补偿计划" 所有执行总裁赴总部参会,但公司支付碳补偿,尽量中和碳消耗带来的影响。考虑因素:碳补偿成本。

A_3 "网络会议" 公司投资复杂的"连线会议"设备,无须旅行。考虑因素:节省的时间,失去面对面交流机会,"老派管理者"的不便和缺乏经验,周围环境的干扰。

根据 CEO 的指令,考虑责任管理的所有要素,你分别给予四个分项同等权重,各 25%。最后得出如图 2.6 的分析,你的倾向是选择第二个方案,因为它在满足 SE(执行有效会议)的同时还提高了三重绩效(大大降低二氧化碳排放,碳补偿稍稍增加了成本),利益相关者价值保持不变但因为企业言出必行的行为使道德价值得到提升。

方案	方案有效性 (SE) × wc_{SE}	三重绩效影响 (TI) × wc_{TI}	利益相关者价值 (SV) × wc_{SV}	道德价值 (MV) × wc_{MV}	总和
A_1	5 × 0.25	1 × 0.25	2 × 0.25	1 × 0.25	2.25
A_2	5 × 0.25	2 × 0.25	2 × 0.25	3 × 0.25	3.00
A_3	2 × 0.25	3 × 0.25	1 × 0.25	5 × 0.25	2.75

图 2.6 应用责任管理决策矩阵

2.4.2 组织

计划之后的第二个管理任务是组织。之后的章节我们会深入探讨组织、运营和供应链管理。所以这里我们只是对管理中的组织环节进行一个笼统的介绍,应该适用于所有管理者。

组织是指设立公司架构,建立公司体系,并营造公司文化的一个过程,是执行战略的必备条件。[16]在自己所能影响的范围内,管理者拥有自由权选择最有利于完成组织目标的方式开展工作。组织设计一般包括科层、权威、工作职位和职能,以及确定沟通渠道、指派任务和责任并建立信任。主要的考虑包括以下方面:

- **机械化组织和有机型组织**　我是选择高度官僚化、机械化、角色和职责固定、以效率为目标的组织形式,还是以有机生长的形式布局我的管辖范围,进行角色灵活、结构扁平、高度分权化的管理? 从责任管理的角度来看,有机组织方式能获得更多支持论据。单个员工的个体、平行关系和责任处在有机型组织形式的核心。有机型组织结构能促进责任管理所需要的社会交往,并且为员工和利益相关者的联结提供再好不过的先天条件。在一个有机型的组织中,员工在做可持续发展、责任和伦理决策时会体验到更高的个人责任感。最为重要的是,机械化的组织结构在变革时期几乎没有弹性,而具有核心变革代理人特征的责任管理,在机械化的组织中很难得以推广和落实。[17]

- **差异和整合**　我能创造多少专业化的分工,既把组织任务完成,同时又能将不同人、不同部门的贡献重新凝聚成完整的结果? 管理要求管理者明确他管辖范围内的职能区域。差异化和泰勒所定义的劳动分工如出一辙,意指每个员工用其擅长之处参与劳动。差异化形成了员工个体或整个职能的专业化。责任管理由于其新颖的特点和跨学科的性质常常要求管理团队有专业级的水平。整合则将分散的专业化成果重组成一个圆满的整体,以产品、服务或流程的形式得以呈现。责任管理者的整合工作通常很复杂,不仅需要将具有不同态度、不同技能的员工或部门的劳动成果汇集起来,还要加上外部利益相关者的贡献。也就是我们接下来要讨论的一点。

- **授权、合作和分权制**　我该将多少责任委派给他人? 如何组织合作? 责任管理者不太可能事必躬亲,但责任管理中的授权不同于主流管理,制约的因素是专业知识而不是时间。责任管理者不仅要学习如何授权,还要学习如何在利益相关者之间建立合作型、分权型的网络,以获得所需的专业知识。

2.4.3　领导

领导力比较通俗的理解是指影响他人达成目标的能力。目标可以是领导者所在组织的目标,也可以是领导者跟随者的目标,或者两者兼而有之。[18]这里有个关键问题:谁是跟随者? 在主流领导力思维中,跟随者一般就是下属,而在责任领导力思维中,跟随者的范围要扩大至利益相关者。

责任管理者领导着一群有着不同背景的人,比如,他们的跟随者可以是消费者,管理者引导着消费者趋于更负责任的消费模式;可以是政府官员,管理者不断向他们游说以期出台更有利于可持续发展、责任和伦理的公共政策;可以是供应商,引领他们的企业投入负责经营的潮流中。责任领导力是一个多利益相关者的流程,所要求的社交技能和头脑灵活性和主流管理者的能力大不相同。图2.7总结了一个责任领导者的多种角色,有幻想家、讲述者、仆人和干事等。[19]

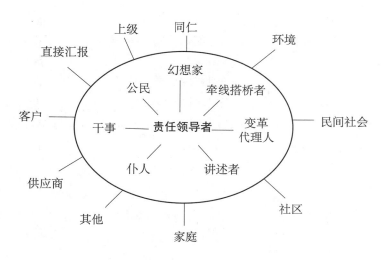

图 2.7 责任领导者的角色

资料来源：Maak, T., & Pless, N. M. (2006). Responsible leadership in a stakeholder society: A relational perspective. *Journal of Business Ethics*, 66, 99-115; Pless, N. M. (2007). Understanding responsible leadership: Role identity and motivational drivers. *Journal of Business Ethics*, 74, 437-456.

对于一个想成为有责任领导力的管理者，他所面临的问题是：我怎么建立起正当性，并获得他人的认可？特别是想到，和经理—雇员的关系相比，责任领导者和大多数利益相关者之间并没有法律和契约的服从义务，这个问题就更为突出了。责任领导者一般都不是指定的，而是在权威和关系自然的建立过程中，在信任的建立过程中，在领导正当性逐渐获得的过程中，慢慢锻炼形成的。[20] 核心问题是，责任领导者从哪里获得权力去领导一大批利益相关者呢？

弗伦奇和雷文[21]将权力的来源分成五类，每一种对责任领导力都有意义：

（1）法定权力（法律或企业关系）：责任领导者可能会与员工、供应商甚至客户之间存在着契约关系，使他们能在跟随者中施加影响，有利于责任经营活动的执行。

（2）强制权力（控制惩罚）：责任领导者有可能直接或间接地惩罚那些导致不负责经营行为的跟随者，哪怕在没有契约关系的情况下。典型的例证是中止合作关系，比如武器生产商不再向一个亵渎人权的党派提供武器。

（3）奖励权力（控制奖励）：责任领导者也许会因为利益相关者的负责行为而给予奖励。比如，一个向政府游说加强环境立法的企业，可能会选择支持类似法案通过的政党的竞选活动。

（4）感召权力（个人性格魅力）：管理者可能因为他自身的个人魅力被视为责任领导者。比如那些商业楷模：Body Shop 的 Ann Roderick、InterfaceFlor 公司的 Dean Anderson 都是因为他们的责任经营实践而成为业界同行纷纷效仿和仰慕的对象。

（5）专家权力（专长和知识）：在责任经营这一新颖而复杂的领域，利用专长而获得权力是很常见的现象，目前这样的专家还为数寥寥，利益相关者应该非常愿意跟随那些专业知识渊博的领导者投入到责任经营中。

非洲:迈向可持续发展

松海中心坐落在贝宁最大城市科托努,由一位尼日利亚牧师在1985年创设,旨在培养农民创业家。多年来为创建"可持续发展的非洲"持续努力,一直走在前列。通过一体化的种植方式,这个组织将人类和地球的利益做了令人称道的结合,它提供了就业,从而减少了失业和贫困;它充分利用了种植过程中所产生的废弃物,实行闭环式系统;它让参与者在经济上自立。大多数非洲国家的农业是发展的基础,所以在面对食品安全、消除贫困、乡村地区的经济解放等社会需求时,松海中心的出现成了独一无二的价值倡导。它在全国四个地方提供为期18个月的培训课程,到目前为止已建立了500个农场,这些农场都由那些接受完培训的农民创业者打理。

资料来源:Songhai. (2013). Retrieved February 2,2013,from Songhai:Africa stands up:www.songhai.org/english.

一旦建立了领导权力,就可以启动领导过程了,如图2.8所示。责任领导者是利益相关者(跟随者)和责任管理者(领导者)一起达到共享愿景的转变过程,首先必须是挑战现状,质疑和批评目前存在的不负责任的产品、结构和行为。其次,挑战要转变成具体的改善建议,最终浓缩成具体的愿景和单个目标。再次,跟随者必须被赋能以完成设定的愿景和目标。利益相关者必须获得相应的工具(如基本知识、财务资源和平台等)去实现目标。最后,领导者必须在运营层面上确保利益相关者做正确的事情,使实现愿景成为可能。

之后的章节我们将详述如何从更宽泛和包容的角度审视领导力,说明如何通过有效的市场沟通指引员工并发挥领导力。领导多个利益相关者是达到责任管理目标的重要先决条件。

2.4.4 控制

管理流程的最后一个环节是确保达到预期的绩效。当责任经营活动被中止时,通常听到的理由是"上级看不到价值"。如果责任管理和经营的结果无法由预先设定的绩效标准评测,那么这些活动就难以持续下去,所有的经营活动都有对其合理性的要求。

在责任经营中的控制环节比主流管理中的控制更为复杂,因为责任管理者要将隐形的社会、环境和伦理绩效目标转化为可测量的绩效指标。图2.9是控制流程,一开始是设定绩效标准,这些标准是之前讨论过的计划环节的产物;第二步是衡量那些绩效指标;第三步是对照绩效标准测量所取得的绩效;最后一步是采取修正行为,完成绩效指标,或者在完全不达标情况下开始从无到有的努力,这两种情况都要重新修订和设定绩效标准。在责任管理中,控制是一个动态的持续过程,而且应该通过定期地提高绩效标准把控制变成责任管理和经营的驱动力,比如使用一些更为复杂的测量工具,积极推动责任经营管理的全面发展。

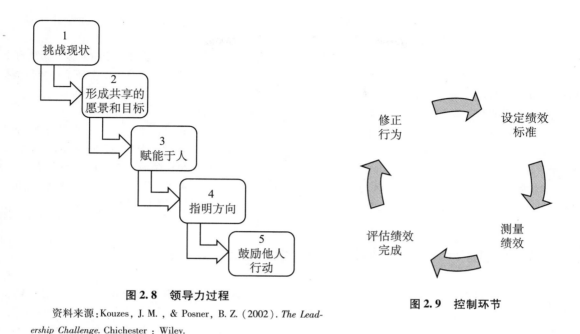

图 2.8 领导力过程

资料来源：Kouzes, J. M., & Posner, B. Z. (2002). *The Leadership Challenge*. Chichester: Wiley.

图 2.9 控制环节

大多数企业用的是官僚式的控制（bureaucratic control）系统，特征是严格的规章、科层和政策。但是我们还有其他一些成熟的控制机制，可以为责任管理提供有效的控制手段。其中一个机制是市场控制（market control），在企业内部建立内部市场，各个部门将本部门的服务出售给其他部门。另一个机制是小集团控制（clan control），通过社会流程和组织文化实现绩效目标。[22] 对责任管理而言，小集团控制是令人比较看好的方法，因为管理者要依赖多个利益相关者才能真正领会责任管理的行动和结果是否实至名归地达到最优化的利益相关者价值、合理的三重绩效和所希冀的伦理决策。而且，这样通过共享责任文化的控制能有助于超越企业的界限和影响范围，树立责任行为，比如组织文化可以渗透到供应商、客户甚至竞争对手等其他团体，而企业通常很难通过官僚式的控制影响这些团体。

后面的章节我们会介绍责任管理者的控制环节主要涉及的会计和财务两个基础学科。计划和控制将介绍把责任管理的隐形因素转化为显性指标的具体方法，并把这些指标和传统的财务报表、审计和管理信息系统结合起来。涉及财务这章的内容或许也可被称为"超越财务"（beyond finance），介绍如何将非财务的因素纳入传统财务工具中，比如社会负责型投资和投资的社会回报率。

思考题

1　归纳与整理

1.1　描述责任管理的三个范畴并说明每个范畴所涉及的核心概念。

1.2　描述管理影响力的不同层面对形成责任型社会的作用。

1.3　请解释责任管理者所必备的能力：知识跨度、工作条理性、社交和自身能力，试举例说明。

1.4　请简要描述管理流程的四个主要任务。

2　应用与体验

2.1　请对照表 2.4，您是否具有成为责任管理者的潜质？您是否还可以想出表中未列出的潜质？

2.2 请找一位经理交流，询问利益相关者价值、三重绩效及道德决策如何影响他的工作。

2.3 请查阅全球商务管理者宣言（Global Business Oath for Managers，www.globalbusinessoath.org/business-soath.php），这个宣言和本章内容有什么联系？

3 分析与讨论

3.1 分析你在2.2中的谈话记录，并评价他是否是一个负责任的管理者。

3.2 请搜索最近一个受到公众批评的管理决策，即公司丑闻。请用表2.5的责任管理决策矩阵图分析该管理情境并为其决策评分，如果你处于那样的情境会如何做？

3.3 如果你可以把管理理论重新改写成责任管理理论，你会整合表2.2中的哪一个理论？会完全摒弃哪一个理论？

4 改变与行动

4.1 采访经理之后，就如何成为一个责任管理者在可持续发展、责任和伦理三个方面提出一些具体的建议。

4.2 假设你想招聘一位责任管理者。请写出一页纸的职责概述、具体工作、所需技能和经验。这是一份招聘广告，所以尽可能提高其吸引力。

先锋人物专访　约纳斯·哈特尔（Janas Haertle）

约纳斯·哈特尔是PRME的秘书长。PRME聚集了全球500多家有着共同诉求的商学院，这些商学院都有志于培养服务于全球和可持续经济体系的管理者。

为什么PRME网络聚焦于管理教育？为达到可持续发展、责任和伦理，管理者的角色有什么特殊性？

PRME之所以强调管理教育，是因为它和实践的发展脱节太多。教育目前处在一个连接社会、商业和世界的十字路口，是造就未来领导者最为重要的途径之一。通过PRME的课程设置、教学实践和研究的转变，我们可以预想一条培养未来管理者的道路，这些管理者将对可持续发展议题更具意识和敏感性。和过去的时代不同，管理者当今的责任不仅仅是"完成任务"，而是自问，我们应该如何负责任地完成任务？

责任管理者应该具备哪些能力？

除了拥有良好的职能管理知识，他们还应该：

- 有创新力
- 开放的持续学习的心态
- 对企业所有的利益相关者和组织的环境影响高度敏感
- 充分理解跨文化交流

如果我们对责任管理者的教育获得成功，也就是他们"成了可持续和包容式经济体系的变革人"，

你认为未来的管理者和今天典型的管理者有哪些不同？

明兹伯格说过，管理是大量匠术（经验）、一定量艺术（洞见）和一些科学（分析）的组合体。现在的行业总是强调管理者积累的经验，但新知识的涌现，要求管理者不仅训练有素，同时也需要学习创新思维和科学思维。这些管理者不再局限于一个领域，他们善于将不同知识的分支融会贯通，找到独特的解决方案。而且，这些管理者不会局限于单一的工作，相反，他们乐于参与对话、讨论和辩论。他们以多种方式做出贡献，有些是业余创业者，有些和智库合作，有些则组成协会。背后的共同点是他们探求体系的改变，而且管理者言行一致。

如果您对管理教育寄托一个希望，那会是什么？

我希望是激进的变革。PRME签署人已经证明了我们能够推出前沿的研究、创新的课程和新的教学法，所以我们现在到了启动"行动模式"的时候了。我会说管理教育应该去经历一种"颠覆式"的创新，在PRME的基础上形成管理教育的新范式。

还有其他什么想说的？

我们PRME和联合国全球契约都笃信合作和对话，而且总是善于接受新观念。从我们的角度出发，我们总是鼓励和赞赏管理机构为引领责任管理所做的一切努力。

特别视角:大音希声——老子

我们以不可持续的生活方式对待我们居住的星球,我们希望向可持续发展的文明进化,这一转变不可能只靠改变几个习惯、采用若干新的经营方式就可以完成。这需要我们先建立起具有深远影响意义的可持续发展观,这一思维模式代表着我们对以往习惯模式的巨大颠覆,还昭示着我们未来前进的方向,我们将重拾那些在过去五六十年中有些迷失和淡忘但依然深植于内心的价值观。这将是人类挑战和机遇并存的一大进步:想象它将是个大爆炸时代。

星球的大爆炸形成了宇宙,单体的能量转化成分子然后急剧扩散。人类大爆炸顺应的是同样的节奏、同样的结构。它先从个体经验开始,某一刻的怦然心动,促使我们审视自己的目的——那是智慧的瞬间迸发,仿佛有一个声音在我们耳边轻语:"这不太对",突然间我们就有了机会稍加改变。有些事情不经意间向外辐射,被其他人留意到,尽管他们相距甚远,但也许就会触动他人,也许会被他人传播,就像一个推特的信息可以制造一场革命。这种微不足道的连接就像病毒一样扩散传播,个体的脉冲变成集体的共振,最终聚沙成塔,构成一个整体。

十步开启通向大爆炸时代的旅程

第一步:准备出发

你是否对旅程充满着好奇?为什么它这么重要?你需要做什么?它将会产生什么样的影响?非常好。第一步就是要忘却以往的期望,打开心扉接受一切不曾预料的事物。当你在听地球上所发生的劣行,请关注你的感觉,进入共情的节奏,不用脑而用心,和你的感觉共处。

第二步:知道这将"困难重重"

好,你真的想做些事情来改善这些问题,而不仅仅是目睹它们的发生。那些商业领袖之所以有冲动率先发起可持续发展活动,是因为他们内心有着强烈的使命感在敦促他们行动。和你的开拓先锋、你的战士、你的战略家,甚至是在世界穿行的无畏幼童建立连接,找到那些充满勇气和创意的地方,因为我们的任务就是和主流对抗。准备好了吗?好,记住,你并不孤单,很多人都与你一起对抗主流。

第三步:拓展你的思维

爱因斯坦说,一开始就制造问题的思维永远不可能帮我们找到解决方案。我们需要重新改造和设计我们的产品,我们所用的资源,以及生产方式。让"假如……"成为我们的口头禅,当我们展开想象时,我们会完全进入另一个世界。将你的负面唠叨一笑了之,搁置一旁。请超越眼前,探索未知未来,有很多循环、很多模式、很多连接。你走对方向了,标记会提供证明,继续坚持。

第四步:回观你的状态

先问自己:我是谁?我有什么目的?加入公平贸易的有机咖啡烘焙机 DeansBeans 公司的创始人 Dean Cycon 说,"我希望之前有人问我这些问题"。有时候我们会忙于应付眼前的事务而忘了初心。为什么我会在这儿?我的人生意义是什么?我今天的生活是否充实?

第五步:为可持续发展提速

我们遇到阻力的原因不是因为缺乏兴趣,而是我们之前信奉的价值观让我们故步自封,落入了不可持续发展的窠臼。我们甚至对此毫无知觉!花些时间去细细思考经济发展、财富、安逸、独立、竞争和速度的含义,你可以从中看出不可持续的一面吗?

第六步:找到推手

那些牵绊我们、阻挡我们的价值观不仅仅来自个体,还有不少当代社会特有的推动和诱发因素,比如媒体的力量和作用,对"客观"科学和万能技术的依赖,以及"全球化"这条覆盖地球的神毯。这些现代化的东西固然很好,但是,万一我们生活在一个巨大的气泡中并且认为这就是一切,那会怎样?是不是集体的信念就一定是正确的解释?

第七步:重新定义和塑造

你认为要达到繁荣和增长还有什么其他方法可以融入你的生活中?你对那些不可持续的安逸已经习以为常?我们的习惯一旦变成身份符号就很难去改变,

请回到第四步思考。

第八步：开发全脑

我们的文化已经完全将理性分析、逻辑、客观性、可测量事实、科学和数学等放在了首要位置。这些都属于左脑管辖特征。但很多社会、环境和经济问题似乎源于我们缺乏系统化地理解右脑管辖的特征，全局观、同理心、同情、复杂性和先祖的智慧，更不消说直觉、创意、诗情画意。为什么我们会有大脑两片区域？在决策时尽可能倾听头脑中的两种声音，如果你这样做，效果会如何？你感觉如何？

第九步：把握机会精进

有一位佛祖说过，困难和痛苦是我们的良师。抓住机会放慢节奏，细细思量一下什么对你来说是重要的，去感觉那种内在的连接，我们是大自然的一部分，既不凌驾它，也不超越它，如果你可以成为一个不同的你，那会是怎样的？

第十步：掀起涟漪

你已经穿越了你的状态：感知你的体验，明确你的思维模式、价值观和习惯，重新定义和找到机会精进，现在该做什么？有趣的是，在你还未开始做任何事之前，你已经掀起了涟漪，你已经用内观行为彰显了你的立场，你是大爆炸时代的楷模。不管你决定做什么，都将是走向新天地的正确之举，现在，就付诸行动吧。

资料来源：Rimanoczy, I.（2013）. *Big bang being: Developing the sustainability mindset*. Sheffield：Greenleaf Publishing.

参考文献

1. BCG. (2012). *Sustainability nears a tipping point*. North Hollywood: MIT Sloan Management Review.
2. Lacey, P., Cooper, T., Hayward, R., & Neuberger, L. (2010). *A new era of sustainability: UN global compact-Acccenture CEO study 2010*. Accenture Institute for High Performance.
3. Lacey, P., Cooper, T., Hayward, R., & Neuberger, L. (2010). *A new era of sustainability: UN global compact-Acccenture CEO study 2010*. Accenture Institute for High Performance.
4. Drucker, P. (2001). *The essential Drucker* (p. 55). New York: Harper Collins.
5. Hamel, G. (2009). Moon shots for management. *Harvard Business Review*, 87(2), 91–98, p. 91.
6. Adler, P. S., Forbes, L. C., & Willmott, H. (2007). Critical management studies. *The Academy of Management Annals*, 1(1), 119–179.
7. Carroll, A. B. (1991, July–August). The pyramid of corporate social responsibility: Toward the moral management of organizational stakeholders. *Business Horizons*, 225–235.
8. Hamel, G. (2009). Moon shots for management. *Harvard Business Review*, 87(2), 91–98.
9. Friedman, M. (1970). The only responsibility of business is profit. *New York Times Magazine*, 11, 2.
10. Lacey, P., Cooper, T., Hayward, R., & Neuberger, L. (2010). *A new era of sustainability: UN global compact-Acccenture CEO study 2010*. Accenture Institute for High Performance.
11. Kakabadse, N. K., Kakabadse, A. P., & Lee-Davies, L. (2009). CSR leaders road-map. *Corporate Governance*, 9(1), 50–57; Lindgreen, A., Swaen, V., Harness, D., & Hoffman, M. (2011). The role of "high potentials" in integrating and implementing corporate social responsibility. *Journal of Business Ethics*, 99(1), 73–91.
12. Delors, J., Mufti, I. A., Amagi, I., Carneiro, R., Chung, F., et al. (1996). Highlights: Learning: The treasure within. *Report to UNESCO of the International Commission on Education for the Twenty-First Century*. Paris: UNESCO Publishing; Erpenbeck, J., & Heyse, V. (2007). *Die Kompetenzbiographie: Wege der Kompetenzentwicklung*. Muenster: Waxmann.
13. Upton, D. M., & Fuller, V. (2003). ITC e-Choupal Initiative. *HBS Premier Case Collection*.
14. Mintzberg, H. (1973). *The nature of managerial work*. New York: Harper & Row.
15. Bateman, T. S., & Snell, S. A. (2011). *Management*. New York: McGraw-Hill.
16. Daniels, J. D., Radebaugh, L. H., & Sullivan, D. P. (2013). *International business: Environments and operations*, 14th ed. (p. 563). Upper Saddle River, NJ: Pearson Education.
17. Lawrence, P. R., & Lorsch, J. W. (1969). *Organization and environment: Managing differentiation and integration*. Irwin: Homewood.
18. Bateman, T. S., & Snell, S. A. (2011). *Management*. New York: McGraw-Hill.
19. Maak, T., & Pless, N. M. (2006). Responsible leadership in a stakeholder society: A relational perspective. *Journal of Business Ethics*, 66, 99–115; Pless, N. M. (2007). Understanding responsible leadership: Role identity and motivational drivers. *Journal of Business Ethics*, 74, 437–456.
20. Maak, T., & Pless, N. M. (2006). Responsible leadership in a stakeholder society: A relational perspective. *Journal of Business Ethics*, 66, 99–115.
21. French, J. R., & Raven, B. H. (1959). The bases of social power. In D. Cartwright, *Studies in social power* (pp. 150–167). Ann Arbor: University of Michigan Press.
22. Ouchi, W. G. (1979). A conceptual framework for the design of organizational control mechanisms. *Management Science*, 25(9), 833–848.

第3章 可持续发展:打造三重绩效
第4章 责任:管理利益相关者价值
第5章 伦理管理:追求道德卓越

第 3 章 可持续发展:打造三重绩效

> **学习目标**
>
> - 理解可持续发展的历史
> - 了解管理可持续发展所需的主要工具
> - 打造企业的三重绩效
> - 展望企业可持续发展的理想目标

引言

2010 年地球上 70 亿人口使用了 1.7 倍的地球资源。[1]

到 2050 年全球人口将增至 90 亿人。[2]

93% 的 CEO 认为可持续发展问题对他们企业的未来成功至关重要。[3]

超过半数(53%)的中高级管理者认为他们企业对可持续发展的投资在 2012—2015 年会有所增加;39% 的管理者认为他们的可持续发展投资至少会维持在现有水平。[4]

责任管理实践

"攀登可持续发展的高峰":InterfaceFLOR 公司的使命?

InterfaceFLOR 专门生产和销售小块拼装地毯。我们会猜测地毯业务要开启真正的可持续发展旅程应该不是一个容易的出发点,地毯生产过程中使用的塑料通常是石油制品,胶水也含毒。生产过程中涉及很多热能并释放大量二氧化碳。然而,1994 年,InterfaceFLOR 发出"零危害使命"的宣言，目标是经营真正意义上的可持续发展业务，到2020年不产生任何社会、环境和经济方面的负影响。企业的最终目标不仅是成为一个无公害的公司，还应该产生积极的正影响，也就是成为一个具有环境修复能力的公司。InterfaceFLOR 的创始人 Ray Anderson 把这项使命称为"攀登可持续发展的高峰"——艰难但并不是不可能。

让我们从头开始说吧。InterfaceFLOR 从1973年开始生产小块地毯。1994年，公司宣布将遵循"少就是多"的理念，一开始就有了大刀阔斧的动作，一年下来节省了平均10%的纤维。早期，他们执行了全新的再循环工程（reentry），从客户处回收旧的地毯，然后再循环使用生产新的地毯。直至今日，InterfaceFLOR 一直是责任经营的创新典范。另一个是酷地毯活动（cool carpet），客户参与碳补偿计划，用来支付地毯的一部分费用被投入到可更新能源计划和碳中和措施中。在生产中，公司使用智能化的流水线（intelliveyor），当线上没有移动的产品时，传送带会自动停止，以节约能源。

不管这些计划和措施看上去多么引人注目，在攀登可持续发展高峰的路上，最重要的工具当属产品生命周期评估法（product life-cycle assessment, LCA）。公司所有的产品都伴有一份报告，详细地记录了产品在生命周期中生产、使用和消费三个阶段对环境造成的所有影响。公司的一份被称为《产品环境宣言》的报告更是将产品所造成的影响做了极为细致的分类，如全球变暖、臭氧、不可再生资源的消失等。这份评估还包括产品水足迹的记录，每个具体阶段的影响程度。这样的评估在让客户了解情况的同时，也便于公司跟踪和改进。

成绩很斐然。企业从1994之后减少了78%的废弃物，减少了44%的能源消耗，从填埋垃圾里提取了10万吨原材料，节省了4.33亿美元的废弃物成本。这些都是健康和正向的环境及经济指标，只有一个未知数还阻碍着企业的攀登之路，那就是社会影响的信息还不到位。要成为一个真正的可持续发展企业，环境、经济和社会完整的三重绩效不可为负，至少中和，最好为正。

资料来源：Bradford Metropolitan District Council. (2012). *Case study：Inteface FLOR*；Ethical performance. (2010). *InterfaceFLOR' new era in sustainability reporting：Full product transparency*；InterfaceFLOR. (2007). *Squarely focused on cool programs for a warm planet*. LeGrange：InterfaceFLOR；InterfaceFLOR. (2011). *Carpet tile：GlasBac, type 6 nylon*. LaGrange：InterfaceFLOR；InterfaceFLOR. (2012a). *Environmental*；InterfaceFLOR. (2012b). *History*；InterfaceFLOR. (2012c). *Giving you the complete picture-InterfaceFLOR's EPDs*；InterfaceFLOR. (2012d). *Mount sustainability*. LaGrange：InterfaceFLOR.

3.1 可持续发展：打造三重绩效

"通过衡量企业给世界造成的影响，三重绩效抓住了可持续发展的精髓。"[5]

企业是不是应该把保护人类在地球上的生存视为自己最高的目标？不管这听上去多么富有哲理，这恰恰就是企业要追求的可持续发展的目标。从图3.1可以看出，三重绩效是可持续发展管理的基本要素。如果管理奏效，那么企业就能持续发展，甚至具有修复能力，重新加固我们地球所建立的社会、环境和经济体制。可持续经营对全球范围的可持续发展和人类在地球上的生存有着非常必要的贡献。

本章第一部分将系统地概述造成当今地球不可持续局面的因素，描述现状，并预想未来可持续发展的前景和非可持续发展的恶果。同时我们还会回顾一些重要的历史事件,是这些历史事件推动了理论概念和全球机制的形成和发展,为可持续发展铺设了道路。

第二部分着重介绍我们在分析可持续发展时必须要用到的重要理论概念。我们还会提到布伦特兰对可持续发展的定义以及对可持续发展的一些不同诠释方法。主要的议题有可持续发展所采用的系统和全面的方法,达到可持续发展所需要做出的改变及其程度,以及经济增长是否能帮助实现可持续发展。本节中我们会提出,减缓增长(de-growth)是否应该成为新的范式。最后我们会介绍社会、环境和经济这三种资本,并阐述为什么只有当社会、政府、商业和民间社会都实现各部门的可持续发展时,实现可持续发展才会成为可能。

第三部分主要讨论商业部门的可持续发展,以及实现商业部门可持续发展的核心工具——可持续发展管理。而可持续发展的核心又是社会、环境和经济这三重绩效。通过使用元工具足迹记录法,我们可以计算出每一个专项的影响量,如用水量、创造的就业机会。我们再运用产品生命周期评估法,分别计算在产品的生产、使用和使用后的各个阶段这些影响的总和,用上述方法,我们有可能达到总体绩效的中值甚至正值。每个工具都可以用来计算三重绩效中任意一项。

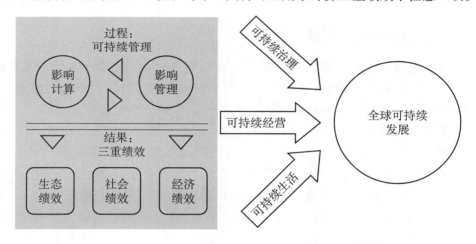

图 3.1　可持续发展管理:可持续经营和可持续发展

3.2　商业可持续发展的缘起

"分析到最后,我决定接受挑战——面对未来的挑战,以及守护下一代利益的挑战。因为这已经再清楚不过:我们需要硬性的改变。"[6]

上述引语中提到的挑战是指世界的可持续发展,由于面临着当前社会、环境和经济危机给地球带来的震荡,这个挑战似乎很难完成。提出要守护下一代利益的倡导者是布伦特兰(Gro Harlem Brundtland)女士,世界环境和发展委员会(World Commission on Environment and Development,WCED)主席。1987年时,在联合国一份以她名字命名的报告《布伦特兰报告》中出现了"可持续发展"这一术语,并把它放上了政治、商业和个人的议事日程。这一重要的历史性时刻从此激发了新一轮的关于可持续发展的讨论和活动,但《布伦特兰报告》绝非可持续发展的源头,如表3.1所示,古老的文化就对可持续发展怀有浓厚的兴趣。表3.1把可持续发展这个话题做了一个历史回顾。

表 3.1 可持续发展的历史标示

历史标示	事实
根源	古代例证:原住民的可持续生存法则,复活节岛和提科皮亚岛 历史原因:殖民主义,工业革命,绿色革命 古代警示:克里印第安人的预言
理论	预言家:马尔萨斯有限制的增长,卡逊的《寂静的春天》,罗马俱乐部《增长的极限》 分析:生态,外部效应和科斯定理,巴比耶文恩图,支柱模型 解决方案:《布伦特兰报告》,生命周期评估法,足迹记录法
制度化	开拓者:罗马俱乐部 政治:联合国会议,千禧年发展目标,京都议定书 商业:可持续发展世界商业委员会
现状和未来	全球:人类的足迹 问题:社会和环境挑战 理论:四种场景 实践:可持续发展世界商业委员会愿景2050

3.2.1 根源:原住民的可持续发展

尽管全球非可持续化发展是从20世纪才开始出现的问题,但可持续和非可持续的行为方式伴随着人类文明的萌发就已经存在了。在我们走向全球可持续发展的道路上,先辈的实践也可以为我们人类提供非常宝贵的借鉴。澳大利亚南伽巴拉原住民部落在一个环境受到很多限制、生态系统非常脆弱的地方生存了几千年,留下了很多可持续生活方式的真实记录。这个部落得以存在至今的主要原因得归功于一系列非常广泛的"法则故事"(law stories),它们用社会、环境和生态规则定义了他们可持续生存的行为。[7] 位于新西兰的波利尼西亚毛里人也有一套完整的奖惩体系,以确保社会和环境的可持续发展。这套体系遵从的是某些领地和社会群体的"守护观",基于社会环境资源管理的体系,和今天的可持续发展管理活动不同。保护生态社群可持续性的迫切性已经到了相当严峻的程度,有些濒危动物被部落声明为"不可触碰",谁违反了规则,谁就被施以死刑。[8]

我们还可以从复活节岛和提科皮亚小岛的历史对比中得到借鉴。就像当今的地球一样,两个小岛在公元1500年时都遭遇了资源的破坏和人口过剩的危机,但它们采用了两种不同的应对方式。复活节岛的岛民为了运输造筏和雕刻大型木雕滥伐森林,直接导致土壤和淡水的流失,岛上居民为争夺资源而展开战争,人口锐减三分之二。相反,当提科皮亚小岛的人口已经增长到了极限,当地人采用的是另一种方法:用可持续耕种法替代"滥伐滥烧",甚至一些快速减少人口增长的方式,比如只让家中长子生育以传宗接代,允许堕胎弑婴等。他们还杀死岛上所有的猪,尽管这些猪之前很值钱,但它们却对岛上的资源产生了大量负面影响。[9] 这两个故事只是许多后殖民时代生存场景的反映,但却给我们宝贵的经验和教训,对我们在全球范围内推广和实现可持续发展助益良多。

3.2.2 非可持续发展的历史开端

上文中我们描述了某些孤岛在资源稀缺等极端环境下如何因为可持续发展的方式得以被拯

救。虽然今天全球资源出现匮乏,落入了非可持续发展模式,但之前却从来没有人真正质疑过人类是否可以在地球上存活下去,或者怀疑过社会存在有任何的脆弱不堪。如果没有人类历史中的几次重要发展阶段,人口总量和生活方式应该不会超过地球的承受力。

第一个重要的发展阶段是15世纪到18世纪新大陆的发现和殖民主义的盛行。这个时期形成了一个总体的认识,那就是,自然资源是取之不竭的,财富和增长是无极限的。一旦欧洲本国的资源出现了稀缺,殖民地的资源就会被输送过来。这种行为直至今日还可以见到,跨国公司将污染转移到环境立法薄弱的发展中国家,甚至会完全将高污染产业外包给发展中国家。[11]

第二个重要的发展阶段是始于18世纪中叶生产方式的大规模改进。手工劳动被机器生产取代,新的就业机会大增,平均工资上扬,生活条件改善。这些变化导致了工业化国家人口骤增,把这些国家推向了今天大家目睹的非可持续化发展模式。之后我们会讨论,这个地球长此以往承载不了如此庞大的人口基数。

第二次工业革命从19世纪中叶开始,特征是使用大量的非再生燃料——汽油。这一革命促使我们从此开始依赖化石燃料。使用化石燃料会带来一些问题,比如燃烧时污染环境,而且不可再生。在高地质压力下经过多年形成的石油,目前以惊人的速度在被消耗。结果就是我们的社会在使用能源的过程中入不敷出。我们依靠着"古代的阳光",这些不可再生的资源是我们经济和制造物品的基础,是我们用来满足更多人口的必需,但按照目前地球的承受力,将很难维持下去。

绿色革命也许可以被称为农业的工业革命。20世纪40—60年代,因为采取了使用化学药物和杀虫剂、单一栽培和新的耕作技术,农产品产量经历了几何级数的增长。这一发展对世界可持续发展产生了两个影响:第一,它降低了食品的成本,催生了过度消费和更多的人口增长;第二,它造成了环境的恶化,最瞩目的是化工品造成的水污染,以及使用杀虫剂和大规模单一栽培方式造成的生物多样性的消失。

3.2.3 理论推进

可持续发展的理论推进可以被进一步分为可持续发展必要性的预言、理解可持续发展特征的分析框架,以及可持续发展解决方案的形成框架,如图3.2所示。

森林和可持续发展

或许最早阐述可持续发展理论的著作是1713年出版的Hans Carl von Carlowitz的《森林经济》(*Silvicultura Oeconomica*)一书。他认为,德国的森林状况非常堪忧,在书中提出了对林业资源实行社会、经济和环境可持续管理的战略。

资料来源:Carlowitz, 1713/2000, as cited in Kloepffer, W. (2008). Life cycle sustainability assessment of products. *International Journal of Life Cycle Assessment*, 13(2), 89-95.

马尔萨斯（Thomas Malthus）（1789） 飞速增长的世界人口将超出生存所需的自然资源供给	卡逊（Rachel Carson）（1962） 绿色革命会导致生物多样化的消失和生态系统的破坏
马奎斯·孔多塞（Marquis De Condorcet）（1794） 由于有些较开明的人和家庭的自主选择，人口增长会自动停止	爱德华·巴比耶（Edward Barbier）（1987） 可持续发展可以被细分成社会、环境和经济发展
西雅图酋长（约1850） 人类如果污染和滥用自然资源，必将自取灭亡	布伦特兰夫人（Gro Harlem Brundtland）（1987） 可持续发展必须满足当代人的需求，不损害下一代的需求。
海克尔（Ernst Haeckel）（1866） 生态学是研究环境和社会体系依赖关系的科学	埃尔金顿（John Elkington）（1999） 企业必须要关注三重绩效
庇古（Alfred C. Pigou）（1920） 经济活动有内部成本和外部成本，合计社会成本	威廉·麦克多纳（Wruiam McDonough）和迈克尔·布朗加斯（Michael Braungarth）（2002） 经济活动应该成为一个封闭的循环，从摇篮到摇篮，杜绝废弃物。

图3.2 "可持续发展"的贡献者及其主要思想

在英国学者和牧师马尔萨斯1798年发表的有关人口原理的论文中，他对人口过剩造成的危险做了大胆的警示，他的警示基于这样一个事实，那就是当时人口呈几何级数增长，而食物的生产却缓慢很多。马尔萨斯预言未来会发生饥荒和灾害，食品的供给远远赶不上人口的需要。[13] 马尔萨斯的观点可以和当今两位学者放在一起做个对比。马奎斯·孔多塞提出，人口的增长会自动停止，因为有些开明而有知识的人或家庭会自愿或有意识地放弃生育很多孩子。[14] 这个立场和英国小说家威廉·戈尔丁的观点不谋而合，戈尔丁认为一个追求自我完善的人会最终选择抵御非可持续化的人口增长。[15]

早期断言西方式的生活方式不可持续的先知是19世纪50年代美国克里土著部落的预言。预言如下："当地球被掠夺和污染，森林被砍伐，飞鸟会从空中掉落，河水会被染黑，溪中的鱼类会被毒死，树木不复存在，我们所认识的人类将会消失殆尽。"[16] 这个预言被更多有科学根据的资料印证。

类似这类传统警示的现代版本是1972年罗马俱乐部出版的《增长的极限》。罗马俱乐部是由一群外交家、商人和科学家组成的具有开拓意义的可持续发展组织。《增长的极限》提出了"过度使用"的概念，由于我们以非可持续方式使用大自然的资源，经济和社会最终会出现崩盘。[17] 1962年，雷切尔·卡逊撰写的《寂静的春天》一书问世，之后成了生态可持续发展领域的经典之作。卡逊用一幅没有鸟叫、没有蝉鸣的"寂静的春天"的图景告诫人们，绿色革命会对环境造成不可逆转的破坏，有可能引起生物多样化的消失。

早期分析可持续发展有一个重要的概念，叫"生态学"，这一词是由德国生物学家恩斯特·海克尔1866年提出的。生态学领域分析了社会和环境因素互依互存的关系。[19] 如果分析一个企业对社会和环境造成的影响，还有一个概念很重要，叫"外部效应"。

外部效应最早由庇古构想出来，作为社会成本。我们之前提到过，可持续发展一词是由布伦特兰委员会在1987年提出的，开启了可持续发展的新视野。同年，爱德华·巴比耶提供了用文恩图表描述几个要素之间的重叠关系，成为可持续发展视觉化描述最常用的手段。[22] 2005年，联合国世界峰会用支柱模型描绘了可持续发展的框架，三大支柱分别是经济发展、社会发展和环境保护，它们互为依赖的同时又共同推动全球范围的可持续发展。[23]

到20世纪末期，人们陆续建立了好几个应对可持续发展的解决方案框架。1969年出现的生命周期评估法，能够根据产品生命周期包括生产、使用到丢弃在内的所有阶段，对产品在社会、环境和经济方面的影响做详细的分析。[24] "从摇篮到摇篮"的框架则要求建立循环经济，不产生任何废弃物。[25] 三重绩效的方法将社会、环境和经济的三重绩效都记入在内，而不仅仅是财务绩效。[26]

3.2.4 可持续发展的制度化

和可持续发展相关的全球和当地机构大量涌现，从以下一些最具影响力的机构可以窥见其制度化的过程。

大多数全球可持续发展机构都由联合国发起。最早可以追溯到1972年在斯德哥尔摩召开的联合国人类环境发展会议（UNCHE），联合国倡议我们需要"寻求共同的前景和共同的原则，激发和引导世界人民保护和健全人类的环境"[27]，之后取得了一些小小的进步，包括1987年对可持续发展给出了明确的定义。再之后到1992年的里约地球峰会，已经有了很多实质性的行动计划。具体的成果包括《里约环境和发展宣言》（*Rio Declaration on Environment and Development*）、全球可持续发展行动计划《议程21》、(*Agenda 21*)，《生物多样化条约》（*Convention on Biological Diversity*）。[29] 另外一个成果是《气候变化框架性条约》（*Framework Convention on Climate Change*，UNFCCC）的建立，是1997年出台的《京都议定书》的前身。[30] 2005年《千禧年发展目标》（*Millennium Development Goals*，MDG）建立，主要围绕消除贫困的议题，制定了八大国际社会和环境目标。[31]

还有另外两个机制和联合国没有太直接的关系，但也很重要。1990年建立的世界可持续发展商业委员会（World Business Council for Sustainable Development，WBCSD），标志着企业开始将可持续发展管理目标和实践嵌入到组织的战略部署和流程控制中。WBCSD是一个CEO领导的组织，旨在从商业的领域切入，让企业为可持续发展做出可量化、可视化的贡献。[32] 全球报告倡议组织（Global Reporting Initiative，GRI）由CERES网络在1999年发起，为制作可持续发展报告提供指导原则。GRI的纲要现在已成为世界上最主要的报告框架，被数千家公司采纳用来汇报其企业的三重绩效。[33]

3.2.5 现状和未来

大多数社会、环境和经济的问题都阻碍世界可持续发展，但社会总体来说处在什么状态？是不是真到了生死攸关的时刻？

现状的确如此，一点都不为过。我们可以说人类社会在地球上以可持续发展的节奏生存的时间点是1975年，总体环境足迹是1，也就是我们使用的自然资源正好等于地球正常的供给。[34] 到2010年，人类足迹达到了地球的1.5倍，也就是说我们正在慢慢走向灾难。水和食物等环境资源变得越来越稀缺，而人口却在持续增长。到2011年，世界人口达到70亿人，照此推测，2050年将增至90亿人。[35]

未来前景如何？存在着很多种假设。比如，著名的科学家詹姆斯·拉夫洛克持有的观点是那些为可持续发展所做的努力，尤其是阻止气候变化的努力都将付之东流。他认为，社会应该未雨绸缪，准备应对那些不可避免的灾难，而不是去终止它。[36]WBCSD则推出了他们的《愿景2050》，代表了完全相反的观点，90亿人口完全能够在有限的地球资源供给下，以可持续的方式代代繁衍下去。[37]WBCSD还提出，2010年至2020年是"激荡的十年"，在社会不同层面的能量、动力和活动的推动下，通往可持续发展的道路会变得更为清晰。2020年到2050年，将是一个转型期，社会各个领域都会发生频繁的变化，可持续发展将会实现。在这两种对立的观点之间，还有其他一些预想，我们基本概括为四种可能性：

场景1：**社会和环境双赢**。我们处在完美的可持续发展景象中，人类在一个健康运行的地球上生活，不超过地球的资源供给。

场景2：**社会胜出，环境落败**。发展中国家会大大改善经济福利，但是以牺牲全球生态系统为代价，最终使发展不可持续。

场景3：**社会落败，环境胜出**。发达的精英国家会达到稳定的状态，而贫困国家的经济仍然发展落后，生活窘迫，几乎不刻环境足迹，却允许发达国家刻下更多环境足迹，不必限制消耗。这样的结局也许环境得以持续，但却不利于维持社会的长期存在。

场景4：**社会和环境双输**。由于社会和环境危机的共同恶化而导致的连环下滑，使发展不可持续，最终致使我们所熟悉的社会和环境全面崩溃瓦解。

3.3 可持续发展的概念

"可持续发展的基本点是要认识、理解和遵循社会、经济和自然环境的内在联系，可持续发展一定要有全局思维。"[39]

3.3.1 可持续发展的定义

进入21世纪，可持续发展变成了一个时髦术语。然而，对一个词语的反复使用并不意味着我们对它的理解也因此加深了，可持续性和可持续发展也是如此。我们第一步先要给这个词语下个定义。

所幸的是，归功于联合国《我们共同的未来》这份报告（即前文所说的《布伦特兰报告》），我们对可持续发展还算有一个比较明确的共识。这份报告提出，可持续发展意味着"既满足现在的需求，又不损害后代的需求"。[40]这个简单明了的定义很快得到大家的认同，但它要比字面意思蕴含着更深的意义，这就牵扯到另外一个术语：代际公平（intergenerational justice），意指我们今天的所作所为既满足了我们自身一代的需要，还不应该损害未来世世代代的需求。尽管这意味着考虑后代的需求会影响我们现代人过上养尊处优的生活，此处的"需求"是一个模糊的词语，我们并不知道后代的需求究竟是什么，所以我们可以做的只是不破坏人类生存最基本的必备需求，也就是留给我们子孙的基本品。需求（needs）还不应该和诉求（wants）混为一谈。我们完全可以假设现代社会的很多设施都是服务于人们浮夸的诉求，而不是食物、住宿和归属等基本的需求。

当某种情况得以为继，我们就说它是可持续的，就像我们所说的可持续发展，当代需求得到满足的同时还要使后代的需求也得到满足。可持续性就是指社会、环境和经济资本维持的程度。我们可以指社会可持续性,只要顺着考虑社会资本是否可以得到维持,同理,我们可以指环境可持续性和经济可持续性。需要注意的是,此处的可持续性并不指保持现有状态,而是用资本去创造这一状态。

可持续发展的社会维度常常会被忽略,尽管我们生活和工作方式的好坏不见得会对人类在地球上的生存至关重要,但这关乎我们当代和下一代如何满足自身的需求。

3.3.2 可持续发展的三个维度

《布伦特兰报告》为我们勾勒了满足后代需求所必要的一些社会、环境和经济条件,主要的议题是生态系统、人口增长和产业发展。[41] 1987年,爱德华·巴比耶用他著名的文恩图归纳了可持续发展的三个维度,以及这些维度是如何交互作用形成了真正的可持续发展(见图3.3)的。[42]

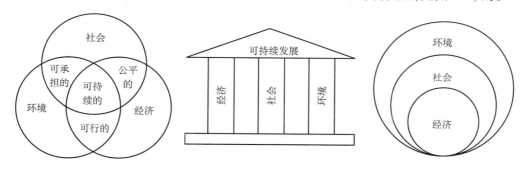

图 3.3　可持续发展三维度模型

资料来源：Barbier, E(1997). The concept of sustainable economic development. *Environmental Conservation*, 14(2), 101-110; United Nations. (2005). 2005 *World Summit outcome*(p. 12). New York: United Nations.

如图3.3所示,巴比耶强调只有当社会、环境和经济共同协调发展时,我们才得以实现真正的可持续发展。如果一个国家只是关注经济和社会发展,结果也许是公平的(对社会和私人部门来说),但它不可行也不可持续。环境发展和环境质量的缺失会导致大城市出现不可忍受的雾霾,用不可再生的资源推动经济的发展。这样的话,甚至经济增长最终也不可行,因为维持经济增长的国内资源被消耗殆尽,只能以天价通过对外贸易购买国外的资源。

左侧的文恩图模型可以用一个更为简单的支柱图来描述三者互为依赖的关系,三根支柱都必不可少,这样才能支撑起"可持续发展"的屋顶(见图3.3中间)。这个模型是2005年联合国峰会时提出的,[43]这对精确理解可持续发展三大支柱的关系至关重要,不管发生在什么层面,全球、商业抑或是个体。

图3.3中右边的模型展示了经济活动是如何受到社会消费的制约,而社会发展又是如何受到地球环境资源的制约的。我们可以用资本对应三个维度对这个模型做更为深入的分析,简而言之,经济发展是财务资本在质量和数量上的增加,社会发展是社会资本在数量和质量上的增加,而

环境发展则是环境资本的增加。所以,可持续发展必须是三种资本的同时增加,或者至少没有一种资本被减少。[44]

我们再进一步理解一下"资本"的概念,这三种资本分别是:

社会资本是嵌入在社会人之中的定性价值。社会资本一方面包含个体的人力资本,如知识、技能、价值、健康的体质以及个人的幸福;另一方面,社会资本还包含由社会群体互动交流而共同创造的财富,如共同的价值观、文化和集体福利,社会资本还可以用人口增长或人口数量来作为衡量指标。

环境资本(通常又称自然资本)从数量上看包含所有可再生和不可再生的自然资源。这里的资源不仅仅指物质生产资料,还应该包括那些自然环境提供的非物质馈赠,如享受大自然美景时的愉悦感,蜜蜂授粉等。在衡量自然资本时应避免狭隘的工具化方式,而应该包括生态所具有的内在价值特征,如生态体系的回弹力,高程度生物多样化能体现出的物种内在连接的丰富性等。

经济资本用货币的形式体现出来。从定量的角度来看,它包括有形资产(又称人工资本),比如机器和生产设备,还包括客户忠诚度、品牌价值等无形资产;以及财务资源,如现金流和一定的收入空间。经济资本可以附着于一个企业也可以附着于整个经济体系。从定性的角度看,它还可以指一个企业或整个经济体系的稳定性。

这三种资本构成了企业可持续发展三重绩效的根基[45],我们还会在后面的篇章中有更为详细的解释。接下来的小节是对可持续发展的诠释,我们将着重介绍一些对上述三种资本和可持续发展总体概念的不同解读。

罗伯特·考斯坦扎:生态经济学的领头羊

我们应该都认识到有四种资产或资本对可持续的人类幸福和可持续的经济发展起作用:

(1)传统的"建设"资本,如建筑和厂房——那些企业经常费神忧心的资本;

(2)人力资本——构成社群和企业的个体,以及他们所拥有的技能、知识、健康和创造力;

(3)社会资本——联结人们的网络、关系、文化和制度,嵌入在区域、国家和全球文化中的企业文化;

(4)自然资本——我们的经济和社会所依靠的生态系统,能提供一系列珍贵而基本的物质和服务;

所有人类福利都需要这些资产的组合,可持续的商业实践必须要认识和理解它们之间的互动关系,尽管大多数的社会和自然资本都不记入账上。

资料来源:Costanza, R. (2012, March 30). Short interview. (O. Laasch, Interviewer)

3.3.3 可持续发展释义

《布伦特兰报告》对可持续发展的定义是发展必须是满足当代人的需求并且不损害后代的需

求，可持续发展中提到的三种资本也开始融入主流的商业和社会中。大多数企业和机构都认可这些概念。但对于如何诠释可持续发展，如何实现可持续发展，大家仍然还有很多探讨，有些要点对理解可持续发展并以可持续的方式经营企业很重要。

在面对可持续发展的讨论时，我们通常会遭遇如下迥然不同的观点[46]：

（1）割裂和整体两极观。可持续发展是否可以通过割裂的方式解决问题？比如经济学家试图让经济可持续发展，社会学家试图让社会可持续发展，生态学家来应对自然环境问题。这样的割裂方式和整体观形成了对比，整体观认为可持续发展中的三个维度均存在于母系统之下，只有对它们进行整体的分析和改变，才有可能实现可持续发展。

（2）替代和互补两极观。我们是否可以用一种资本替代另一种资本？被污染破坏的环境资本是否可以被对修复环境新技术的经济资本投资所替代？可持续发展思维模式有一个很好的例证，出自著名宏观经济学家罗伯特·索洛的引言，"物品和服务可以被替代"，以及"可持续发展并不要求某一种猫头鹰、某一种鱼或者某一片森林要被保留下来"。[48]互补的观点则将社会、环境和经济系统看作互相强化的网络，其中所有的要素都很重要。

（3）维持原状和改变现状两极观。我们是否可以在现有的经济和社会体制下实现可持续发展？这一观点的支持者希望通过对组织进行渐进式的变革，对现有的体制和结构进行简单的效率提升来实现可持续发展。而积极变革派则认为现行体制非常无效，所以提倡激进的体制变革达到真正的世界可持续发展。

（4）大自然主人和众生平等两极观。人类是大自然的所有者和主人，还只是全球生态系统中的一分子？现代科学先父弗兰西斯·培根曾说过"造物为人，而非人为造物"，反映的正是人为大自然的主人这一观点。而持有"人只是生态系统中的平等的一分子"观点者会问，自然界所有的一切，动物、森林和生态系统是否都拥有其各自的权利，我们都应该负责任地、充满敬畏地对待它们，就像我们善待其他人一样？[49]

这四种对立的观点能有助于我们理解人们对待可持续发展的基本态度，此外，我们还需要了解在实践过程中应该关注的一些问题，下面将相关的六个思路罗列于此：

（1）过程还是结果。我们通常所讲的可持续发展可以指实现可持续发展的努力过程，也可以指期望达到的最终状态。所以，可持续发展可以是一种发展过程，或者最终的结果。[53]

（2）代际公平还是代内公平。《布伦特兰报告》对可持续发展的定义很好地描述了代际公平的概念，当代和后代能过着体面的生活这样一种公平的状态。批评家认为，要经历真正的可持续发展过程，我们必须考虑代内公平和正义。"公平发展"（equitable development）的提出就是强调可持续发展的这一社会特点，致力于在同一代人中追求公平的发展，主要的议题是性别平等、弱势群体的平等待遇，以及财富和福利的公平分配等。[54]

（3）短期还是长期考虑。个人生活、商业和政治生涯的短期思维都不会带来可持续发展的结果，我们必须从长计议，因为它最能引导我们走向可持续发展的未来，建立可持续发展的行为模式。

（4）物欲横流还是幸福安康。我们可以论证物质享乐、贪婪和多多占有的追求是不可持续的，个人的生活方式更应该受内在品质的驱动和提升，而不是填补了还想再多的消费黑洞。

（5）发展还是增长。可持续发展通常被误解为可持续的经济增长。我们需要用更开阔的发展视角来理解可持续发展，它是对生活质量的提升，而不只是数量的增长，这样我们才更容易达到可持续发展的状态。[56]

（6）增长还是减缓增长。经济生活就是为了促进增长，一个国家追求 GDP 的增长，一个企业追求收入的增长都是无可厚非的目标和范式。但很显然，经济的增长受制于社会的消费能力，受制于地球所拥有的资源数量。这一事实促使我们考虑应该如何把减缓增长当作一个有力的工具来实现可持续发展。[57]

可持续发展的渐进派学者和实践者会认为我们上面提到的这些分化的观点是一个老生常谈的辩论。今天的可持续发展的辩论重心不应该落在采取其中任何一个极端的观点与否可行，而是寻求一个集大成的方法，既有利于社会和环境，又同时保证商业、产业和全球经济的可持续增长。

SAP：今年情况如何？

2012 年年初，SAP 的可持续发展副总裁 Rami Branistzky 说："2011 年是我们业务最为辉煌的一年。"公司的经济收入增长了 25%，但这一喜讯的另一面是 SAP 没能在环境保护上获得同样的成绩。2011 年，SAP 的排放绝对值增长了 7.4%，而在 2010 年，收入增长 17%，但排放量却下跌了 5.7%。

资料来源：O'Connor, M. C. (2012). *SAP sustainability update: Energy use grew with revenue in 2011.*

3.4　经济发展和可持续发展

目前阻碍可持续发展步伐的重要因素是世界人口的持续增长，以及落后国家为追求经济增长而对环境造成伤害的结果。大多数发达国家的出生率接近或低于 2.0（每个妇女生育两个子女），如德国为 1.41、美国为 2.06、新加坡为 0.78，这就意味着这些国家的人口在减少。大多数经济最为落后的国家，生育率远远超过替换率 2.0，如柬埔寨为 2.78、阿富汗为 5.64、尼日尔为 7.52、洪都拉斯为 3.01。[58]如果我们把社会经济发展的生育减少效应视为既定，我们可以假设，为减少全球资源的压力，我们只需将社会发展和经济发展放到发展中国家：他们的生育率将会下降，人类对环境造成的影响也会减弱，世界人口也会萎缩到一个可持续的水平。但这一假设也存在着问题，接下来我们仔细分析一下。

经济学家西蒙·库兹涅兹颠覆了我们对经济发展和财富不均关系的理解，著名的库兹涅兹曲线就是以他的名字命名的。库兹涅兹曲线帮助我们理解了贫困国家所希望的未来经济发展和可持续发展之间的效应，曲线评估了经济发展对可持续发展两大关键要素所产生的影响，一个是环境恶化[59]，另一个是贫富之间财富分配的平等程度。[60]图 3.4 显示，经济发展以倒 U 形的模式对财富不均和环境恶化造成影响。在经济不发达国家，经济发展导致收入不均的扩大，加剧了贫富差距，经济活动活跃，人口增加，环境遭到更为严重的破坏。可持续发展临界点标志着将使未来陷入不可持续发展状态的不平等和污染的程度。因此,库兹涅兹曲线(K_1)处在可持续发展临界点上面的部分是不可持续的:污染超过了地球的承受力,财富不均超过了社会所能承受的限度。

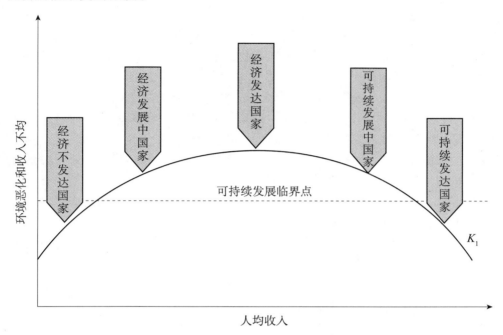

图3.4　可持续发展库兹涅兹曲线和国家发展阶段

我们假设一般情况下,每个国家会先重视经济发展,然后再重视社会和环境发展,因此到了经济发展的顶峰,我们假设这些国家会开始强调减少对环境的负面影响,并改善社会的贫富差距,我们把在这样的发展道路上处于不同阶段的国家分成五类。

(1)经济不发达国家。这类国家没什么不平等,大多数人都一样贫穷,因为消费力低下,经济活动停滞,国家对环境的影响在地球资源的可供给范围内。以柬埔寨和尼日尔为代表的国家处在这一阶段。

(2)经济发展中国家。这类国家的不平等现象开始显露,经济发展中的一些有利可图的创业机会逐渐使社会中的极少数人致富,经济活动迫使人们开始大刀阔斧地攫取自然资源,生产方式也非常生态低效化,因此,国家对环境产生的影响开始超过了自然资源的限度,明显的例子是泰国、墨西哥和巴西。

(3)经济发达国家。这类国家弱化收入的不均,着手创建一个以中等收入阶层为主的社会。这个中等收入群体分享经济发展的社会福利,薪资相差不悬殊,享受就业保障计划。由于生产过程的生态效率提高,环境负效应逐渐减少。代表性国家有韩国及美国等。

(4)可持续发展中国家。这类国家已经建立了坚实的中等阶层,所以社会平等程度很高。国家的环境足迹也大为减少,归功于可持续的生产方式和消费模式已成为社会主流。类似的国家有日本、德国和英国。

(5)可持续发达国家。这类国家的特征是财富平等分配达到社会能接受的程度,全球环境足迹控制在地球资源的限度之内,生活水准高。这样的国家会在未来出现。

实现可持续发展有两个障碍:第一,世界大多数的人口都分布在落后或发展中国家,如果我们认可库兹涅兹曲线,这些国家在开始减少社会和环境的负面影响之前已经开始变得很难持续了。这里有一个关键的问题:地球系统能抵抗不断加剧的社会和环境压力吗? 如果不能,那么我们正在走向全球危机的爆发。第二,尚未有发达国家转型成可持续发达国家,而这对全球可持续发展很有必要。发达国家真的能得以成功转型吗? 有幸的是,一大批专家认为库兹兹社会和环境曲线可以通过公共政策得以修正。[61]

以下两种策略是为前四类国家推荐的,旨在推动它们最终跨入可持续发达国家的行列。

(1)经济不发达和发展中国家(第1、2类)应该善加利用那些经济发达和可持续发展中国家的经验和教训。他们应该在推动可持续发展方面成为快速的学习者,大胆采用那些已经被第3类和第4类国家尝试和检验过的方法和技术。政策目标是在确保经济和福利增长的同时,将社会不平等和环境污染控制在可持续发展的临界点之内。

(2)经济发达和可持续发展中国家(第3、4类)遵循的主要目标是,促进社会平等,将产业和市民对环境的影响控制在地球可使用资源的限度之内。

不同部门的可持续发展足迹

接下来我们进一步从理论上探讨实现可持续发展的必要先决条件和实践意义。我们先来看一看商业、政府和民间社会不同部门的贡献。

为实现可持续发展,不同部门需要付出努力,这一点恐怕不言而喻。如图3.5所示,只有当人们选择可持续发展的生活方式,企业采取可持续发展的经营方式,国家运用可持续的治理方式,我们才有可能实现全球的可持续发展,缺一不可。[62]

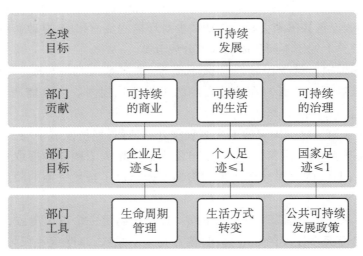

图3.5 不同部门对可持续发展的贡献

我们需要怎样的承诺呢? 足迹计算法为我们提供了一个明确的答案:每一个"实体",包括人、组织和国家,都不应该过多占用环境可提供的资源。足迹计算法可以测量某一特定环境影响的具体足迹,如水足迹(如每个产品的用水量)或者二氧化碳足迹(如每个员工的二氧化碳排放量)。这一方法可以被用来评估社会、经济和环境的维度,企业也可以用来测量对社区形成的影响(如每个员工的志愿服务小时数)以及经济回报(如1美元的投资回报率)。

还有一种特殊的足迹计算法考察每个实体的资源使用情况和可取用的地球资源之间的关系。如果一个人和一个企业所刻下的足迹与地球资源的恢复和补充能力(又称生物承载力)相当,就用数字1来表示,也就是说用了"1个地球的资源量"[63],属于可持续中值状态(neutrally sustainable)。如果足迹低于1,说明使用的资源少于地球需补充和恢复的资源数量,属于有恢复力的可持续状态(restoratively sustainable)。如果自然资本的使用量超过了生态所能修补的能力,足迹超过1,那就属于不可持续状态。所以,每个实体就应该将足迹控制在等于1或小于1的范围内,这样商业、政府和民间社会各个部门才有望达到可持续发展的状态。

这一理想状态和现实还相去甚远。2007年全球公民平均的足迹是1.5,非常不可持续。[64]这一倾向还反映在自然资源的足迹上。到目前为止,大多数的发达国家的资源消耗都超过了自然疆土的生物承载力,有些国家因为环境破坏严重,消费量增长惊人,使原本已经捉襟见肘的生物承载力越发不堪重负。[65]商业部门的足迹记录不太明确,基本的共识是真正可持续发展的企业还只是空中楼阁。

扭转这一堪忧状况的重要问题是,每个部门需要借助于什么工具来管理可持续发展呢?对政府部门而言,形成可持续发展的公共政策是治理的利器。个人部门的可持续发展努力必须围绕可持续生活方式的建立,而商业部门必须加强管理产品的生命周期,如此这般,社会、环境和经济的影响才有可能达到可持续发展中值或者可修复状态。

南非:可持续体系范例

南非的 Lynedoch 生态村是可持续发展、治理和商业一体化发展的小规模试验基地。生态村有25户家庭,有小学、有机种植田、废弃物处理场和可持续发展学院。它在食品、废弃物处理和能源使用上基本做到自给自足,作为一个具体的范例,村里还设有"交换商店",将社会和环境可持续发展合二为一,低收入家庭可以将不用的但可循环使用的旧物送到商店,换取积分,用来购买教科书、鞋子、牙膏等必需品。

资料来源:Cain, J. (2010). *Lynedoch EcoVillage: A journey towards sustainable living.* Day, M. (2009). *The Swop Shop Kids*, 3-minute cut. Sustainability Institute. (2005). *Lynedoch EcoVillage development.*

本章前半段我们深入讨论了可持续发展的背景、理论和概念。这些知识的铺垫有助于我们接下来进一步阐述企业的可持续发展管理。

3.5 管理可持续发展

"我们致力于用更具启发性的方法来经营企业,我们愿意承担责任,顾及企业对社会和环境的影响,力争将这些影响从负面变成中值,最好变成正值。我们希望成为真正的可持续发展企业,为我们周围的世界带来净值正效应。"[66]

以上是英国水果冰沙公司 Innocent 的可持续发展使命宣言,它展示了可持续发展管理对商业运营的意义。这家公司给了可持续经营(Sustainable business)一个完美的定义,"产生净值的正效应"。Innocent 还给出了衡量工具——商业、社会和环境这三重绩效。为了测量这三重绩效,可持续发展管理必须考虑所有这些方面所带来的影响,如 Innocent 所说的"为这些影响承担起责任"。

图 3.6 描述了走向可持续经营的步骤,企业必须及时测量和管理这些影响结果,创造一个中值或正值的三重绩效。

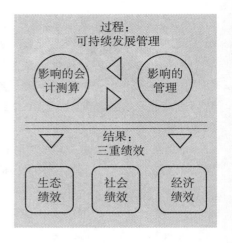

图 3.6　可持续发展管理的步骤和结果

3.5.1　目标:实现三重绩效的中值到正值

三重绩效通常用 TBL 或者 3BL[67]来表示,有时候用可持续的 3P(人、地球和利润)来替代。三重绩效是可持续发展管理活动的重要基石。[68]当企业测量这三个方面的影响时,如何才能准确知道自己的企业已经达到了可持续发展的状态呢?下述几点列举了五种不可持续、可持续和可修复的经营状态,分别对应三种不同的绩效结果:三重绩效的负值、中值及正值。

(1)**平均水平以下的不可持续经营**。在经济、社会和环境三方面的影响都呈净负值,低于同类企业的水平。

(2)**达到平均水平的不可持续经营**。在经济、社会和环境三方面的影响都呈净负值,和大多数同类企业的结果相当。

(3)**可持续经营**。在三重绩效上显示较小的负值,没有超过地球资源系统的复原能力。

(4)**中值经营**。企业在社会、环境和经济方面的影响处在中值状态,盈亏互抵。

(5)**可修复经营**。绩效成净正值,说明企业没有破坏其中任何一种资本,还在一种资本上具有修复能力。

可持续发展管理在线辞典

《可持续发展管理辞典》(www.sustainabilitydictionary.com)是有关三重绩效管理的一本知识大全,内容新颖,您还可以对其中的词条和定义提供评论和修改意见。

资料来源:Presidio Graduate School. (2010). *Sustainabilitydictionary.com*. Retrieved from The Dictionary of Sustainable Management: www.sustainabilitydictionary.com/about.php

是否意味着,如果一个企业的经济利润非常高,社会效益中值,而环境只是"稍显不足",它属于可修复经营吗?我们的答案是否定的。对一个真正可持续甚至可修复经营的企业,它必须在三方面都可持续发展才行。假如一个企业善待所有的利益相关者,环境影响也达到中值,那么这个企业社会效益呈可修复状态,环境效益呈可持续发展状态,但假设这个企业过多的慈善活动拖累了它的经济效益,致使企业破产,那么它的经济效益是不可持续的,总体上来说,这是不可持续的企业经营。此类分析适用很多场景,所以可持续发展的宏伟任务是平衡好企业的经营,使三种资本都可持续运作。[70]

当企业的一种资本不可维系,就会威胁到可持续发展的整体管理活动和整个企业的运营。如果社会资本不可持续,会导致社会团体群起而攻之。当企业过于剥削和专制,就会诱发工会的抗议活动。如果没有平衡好三种资本的关系也会埋下很多隐患,因为它们是互相依赖的。这里的平衡是指创造社会、环境和经济资本的协调和互补,最终目标是实现约翰·埃尔金顿(John Elkington)[71]所提出的企业、社会和环境的三赢。

在这一小节中,我们阐述了企业如何才能使三重绩效达到正值甚至具有修复力。可持续发展管理者需要和三重绩效的基本单位"影响"(impart)时刻打交道。可持续发展管理在实际工作中需要逐个计算和管理企业经营的社会、环境和经济的积极和消极影响。总之,每一项活动都是为了能让最终的绩效呈中值或正值,接下来两小节我们将介绍用什么工具对这些影响做会计测算,并就如何为社会、环境和经济带来福利提供一些影响管理(impact management)方面的指导。

世界之窗

苹果公司:管理是进步还是倒退

2011年,苹果公司开始提供一份详细产品周期报告,解释他们所销售的产品给环境带来的影响,这说明企业在将其影响公开化的方面迈出了重要的一步。《经济学人》的西班牙版本比较了苹果公司iPad2和iPad3的环境影响结果,并陈述了对比结果:"新的iPad3在环境绩效上提高了38%。"但公司的社会绩效还面临相当的挑战,苹果公司一段时间下来不得不承认其中的很多问题,比如在其主要代工厂富士康发生的自杀事件等。在经济方面,iPad3被预计在商业上会大获成功。

资料来源:Apple. (2011). *iPad 2:Environmental report*;Apple. (2012). *Product Environmental reports*;Economista España. (2012). *EI nuevo ipads incrementa en un 38 por ciento su impacto medioambiental*. Vascellaro, J. E. (2012). *Audit Faults Apple supplier:Outside audit finds health, safety violations at Foxconn*.

3.5.2 过程I:影响的会计测算法

三重绩效曾被批评为只是个"信条""含糊、混淆不清还经常自相矛盾"。[72]为经济绩效做会计测算已经存在着不少困难,还曾引发过相当数量的商业丑闻,更不用说为这三个互为关联的绩效做测算,其复杂程度可以想象。

接下来，我们来介绍一些可以被用来评估三重绩效的工具。我们可以用这些工具来管理社会和环境影响，我们还会提供社会和环境指标的概览，这样"可持续发展就可以被操作了"。[73] 在此之前，我们有必要先勾勒一下全景，图 3.7 是经历完整过程的产品所产生的影响，企业必须在产品生命周期的所有阶段勾勒和测量其社会、环境和经济的影响。勾画的最终目的是建立产品生命周期影响的完整盘存档案，将企业所有产品的影响加总汇合。表 3.2 是以三星电子公司为样本，将其产品生命周期三个阶段的三类影响做了分析[74]，是该企业 2011 年三重绩效的一个速写。

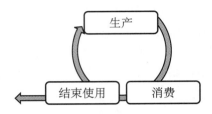

图 3.7　产品生命周期模型

企业的总体生命周期评估是其产品和服务生命周期的累计测算（虽然生命周期评估适用于产品和服务，但为简便起见，我们用产品一词来同时包含产品及服务）。以前产品生命周期评估法只用在测量对环境的影响，但为了管理可持续发展，这个方法也被延展到测量社会和经济的因素。[75]

表 3.2　三星电子:产品生命周期影响组合图

	社会	环境	经济
生产	2010 年为 29 300 名员工提供了培训，平均每人 87 小时，每人培训费用为 977 美元	GHG 的排放比 2008 年减少了 31%，每 88 000 美元的收入对应 5.11 吨的 CO_2 排放	直接产生 1 300 亿美元的经济价值，其中 990 亿美元给供应商，120 亿美元给员工，剩余再投资和分配给其他利益相关者
使用	客户咨询和投诉：5700 万	生态产品的比率:91% 的产品被列为生态产品，在材料减少、能源使用和毒性方面的表现超过平均水平	给客户带来的经济节省：节能 17%—88%；返修率降低，适用寿命延长——返修设最高限价，带来激励和节省
使用寿命终止	2011 年之后的型号，手提电脑都不再使用 PVC/BFR（对人体有害的化学含毒物质）	将超过使用寿命的 106 万部手机回收到韩国，并刷新系统；公司在 61 个国家设了 2 000 多个回收站	给低收入群体提供实物捐赠，如旧的电子产品

资料来源:Greenpeace. (2010). *Why BFRs and PVC should be phased out of electronic devices*; Samsung. (2012) *Global harmony with people, society & environment: 2011 sustainability report.* Suwon: Samsung Elextronics.

环境生命周期评估（environmental life-cycle assessment, ELCA）所汇总的是对包括水、空气质量和生物多样性等在内的典型影响。经济因素的评估通常又称生命周期成本核算（life-cycle costing, LCC），包括薪酬、经济增值的价值及生命周期内每个阶段的利润。社会生命周期评估法（Social life-cycle assessment, SLCA）要比前两种评估法需要更为复杂的测量指标,我们可以从全球报告倡议组织(GRI)和道琼斯可持续发展指数[76](Dow Jones Sustainability Indexes)中寻求帮助,确定一些指标。SLCA 在将社会因素纳入可持续发展管理的过程中逐渐成了重要的工具。

生命周期评估法(Life-cycle assessment,LCA)可以被细分为四个阶段,如图 3.8 所示。这些阶段基本已经得到了一些制定国际标准的组织的认可,比如国际标准组织(ISO)就提供了 LCA 标准非常详细的描述。[78]接下来分别来阐述这四个阶段。[79]

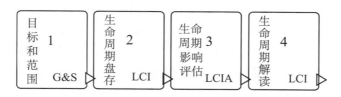

图 3.8　LCA 的四个阶段

目标和范围(goal and scope G&S)。这个阶段主要建立对 LCA 的理解。在可持续发展管理的情境中,首要的目标应该是完整地描述企业的社会、环境和经济影响,为之后规划责任管理活动奠定基础。其次的目标可以是和其他产品或其他行动进行对比。比如,如果一个企业考虑在流程中用生物柴油取代汽油或柴油,那么它可以在做出改善可持续绩效这个决策之前,先将两种产品所产生的三重绩效进行对比分析。另外,还有一个次要的目标是出于对外交流的需要,建立 LCA 的数据可以提高企业管理的透明度。

确立评估的范围需要先明确哪些产品系统需要分析,然后划定 LCA 的边界,也就是确定产品系统中的哪些部分会被评估。图 3.9 描述了周期的三个阶段可以被分成不同的功能环节(functional units),这些环节构成了产品系统。采料、供货、生产、配送和零售环节贯穿了整个生产的流程。使用阶段可以分成初次使用和二次使用。到了产品的寿终阶段,功能环节可以包括丢弃或者再生,也就是将产品又整合到周期的前期阶段。LCA 的范围就是要明确哪些周期和哪些细节需要考虑。为确保高质量的可持续发展管理,理想的范围是覆盖从头到尾的所有环节,并且越深化越好。

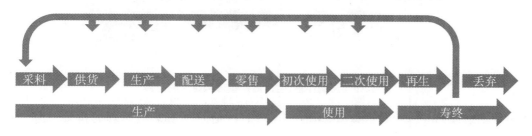

图 3.9　供应链的内在联系和产品系统的生命周期

生命周期盘存(Life-cycle inventory,LCI)。对一个产品的生命周期进行盘存,是为了量化产品生命周期内的投入和产出,包括数据采集、数据计算以及数据的分布(流动和释放)。数据采集阶段的核心是建立和测量企业在三个方面的投入和产出的定量指标。投入可以指员工的数量(社会)、用水量(环境)和资金投入(经济)。而产出可以指员工的安康(社会)、生产流程之后的水质

（环境）和获取的利润（经济）。在数据计算阶段，已经获取的测量数据将和相关的流程、功能环节联系起来。很少有流程只导致一个产品的产出，所以最后将数据分别对应到流程中的不同产品就可以使单个产品的影响一目了然了。

生命周期影响评估（Life-cycle impact assessment, LCIA） 这是为了评价盘存列表中的那些影响所产生的意义，并综合起来为分析和管理用。这一阶段的影响是指产品周期所产生的实质性结果。图3.10描述了数据组织的不同类型。比如可持续发展管理也许需要特别了解产品的"水足迹"，而企业可以用新的节能产品所带来的经济利益作为日后营销的依据，所以它更关心"每个客户节省的经济效益"的影响数据。或者企业可以重新设计其产品的寿终阶段，这需要先了解产品在这一阶段三方面有什么影响。LCIA的目标是将生命周期的盘存数据按重要性分类，重要性可以是影响的力度、影响带来的积极和消极的外在结果，以及对企业的工具价值。

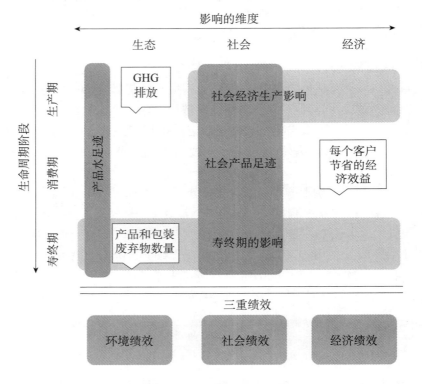

图 3.10　影响评估、生命周期管理和足迹的应用

生命周期解读（Life-cycle interpretation, LCI）。这是LCA和影响管理的桥梁。这一阶段的任务是根据生命周期流程的分析结果制订行动方案。

达能：碳足迹信息系统

"现在你可以理解草莓酸奶中所隐含的碳和香蕉酸奶中隐含着的碳以及草莓—香蕉酸奶中所

隐含的碳是什么意思了。"SAP 可持续发展方案副总裁如是说,他刚刚和乳品业巨头达能公司共同开发了新产品的碳足迹信息系统。碳足迹是达能公司决心在 2008—2012 年这 4 年中降低 30% 二氧化碳排放这一计划的主要内容,全球 1400 多位经理要在各自管辖的区域内减少碳足迹,他们 30% 的奖金将和他们所取得的成绩挂钩。

资料来源:Bardelline, J. (2012). Greenbiz. *How Danone is pushing carbon further down its ingredients list.*

3.5.3 过程II:影响管理

　　管理社会、环境和经济影响的基础是有一个合理的产品生命周期评估,它构成了可持续发展管理的核心任务。为达到可持续发展管理的结果,影响管理的基本目标是让任何管理活动都要达到可持续发展结果的中值甚至可修复状态。可持续经营需要企业各个层级、各个部门所有人的参与,和财务绩效一样,经营活动中的所有结果最后都会汇总在可持续发展的绩效中。所以,企业每一个人的行为都必须遵守以下简要原则。

- **优化三重绩效的影响,走向可持续发展**。优化影响并不意味着总是减少负面影响,增加积极影响,很多经济效益丰厚的企业也许是通过牺牲社会和环境的绩效来赚取高额利润的,在这种情况下,企业应该将经济利润投资到提升社会和环境绩效的经营活动中去。
- **以任何方式减少废弃物**。资源的浪费会致使社会、环境和经济资本的无效流失,从而降低了企业的三重绩效。
- **扩大可持续管理实践的规模**。发展企业自己的活动,并向企业内外人士分享你的这些实践,激励更多人的参与。

　　当可持续发展管理实践是以合理的产品生命周期分析以及社会、环境和经济因素的系统理解为基础,管理者就会有能力将这些影响持续下去,造福于人类、地球和社会财富。

思考题

1　归纳与整理

1.1　解释《布伦特兰报告》的可持续发展定义及其主要构成内容。

1.2　描述可持续发展管理的两个过程。

1.3　解释以下术语:三重绩效、部门可持续发展、可持续发展管理。

1.4　解释并区分以下术语:不可持续、可持续、可修复环境。

2　应用与体验

2.1　请去网站查阅一家公司的可持续发展报告,列出报告中所涉及的社会、环境和经济绩效指标。

2.2　挑选一个产品类型(衣服、咖啡或汽车),请通过产品生命周期的三个阶段勾画其典型的社会、环境、和经济生命周期的影响。

3　分析与讨论

3.1　请对比两个品牌的两个具体产品,对题 2.2 的初步评估继续做深入调研。其中哪一个产品更为可持续化?为两个产品打分,0 分为非常不可持续,10 分为高度修复环境。

3.2　分析并简要概括你所研究的企业产品,将它们归纳为不可持续、可持续和可修复三种。写出你对这家企业可持续发展产品组合的研究发现,归纳公司产品所产生的主要影响。

4　改变与行动

4.1　利用你在题 3.2 所收集的资料,为最不可持续的三个产品提出具体的影响改进建议,为其中环境可修复型的产品提供一个战略规划。

4.2 请描述什么是环境可修复型经营,侧重讨论这个经营方式是如何通过其产品和流程修复社会、环境和经济资本的。

4.3 请接触一家公司,向他们展示你之前完成作业过程中所得到的一些可持续发展改进的想法,你可以通过公司的热线电话、网上联系方式以及可持续发展报告中所提供的联系方式和他们交流,记录公司的反应和反馈。

先锋人物专访　约翰·埃尔金顿

约翰·埃尔金顿也许称得上可持续经营领域最具有影响力的作家和思想领袖了。他提出的人、地球和利润(3P)的三重绩效考核成为可持续发展领域耳熟能详的术语。

曾经在一个访谈中,您提到环境保护和可持续发展运动一浪接着一浪,您认为什么时候会是最后一次大浪潮,可以将我们推向真正的可持续发展的彼岸?这个浪潮会带给我们什么东西,促使我们实现理想的目标?

在世界的某些地方,这最后一浪也许永远不会到来,而在另一些地方,也许会冲击一下,继而消失。可持续发展是一个动态的状态,是各种力量角逐的结果,所以这取决于一段时间里领导力和执行力的质量和效果。从根本上讲,这是一个文化和文明的挑战,思维的改变并不保证行为的改变,那种锁定在不可持续发展模式的文化也许需要一个范式变革才能突破窠臼。

我们认为第五个突破性的浪潮需要2年到3年的时间蓄力,也许会在2020—2022年席卷世界,目前CSR、SRI和其他一些类似措施的失败和缺陷也会使我们越挫越勇,起到推波助澜的作用。

在您《零危害探索者》(Zeronauts)一书中,您说我们如何可以通过追求归零目标"突破可持续发展的障碍"成为一个优秀的人,请问:零排放、零浪费、零无良行为对任何企业都适用吗?还是说,这只适用于一小部分企业?一个企业要做些什么才能使之奏效?

归零化对任何企业、任何行业都适用,只是按照美国陆军工程兵团常说的,"它可能需要一段时间"。这取决于领导力和适时的推动力,也许在这一方面大多数领导者都是被动防御型的,改革的步子比较小,而在其他领域,情况可能是突破性的变革一阵接着一阵。归零化的目标将把企业领导和高管层从自我满足的安逸状态中甩出来,同时还需要有相应的财务激励机制和奖惩措施配套,确保变革在一定的层面持续进行。

"不按常理出牌者的力量"是您书中的一个标题,不按常理出牌有什么优势?我们需要依靠不按常理出牌者来实现可持续发展吗?

剧作家萧伯纳曾说过,问题在于,理性人总是调整自己以适应世界,而不按常理出牌的人则会自己构建一个世界,假想一个现实。所以在早期阶段,任何一个想改变当前人们已经习惯的体系的人都会被视为异类,我们的未来要依靠其中那些积极的异类所取得的成功。

您认为运营和供应链管理如何能将企业的顶线战略(公平、经济和生态)转化成三重绩效的行动和结果?

我曾在开往巴黎的欧洲之星火车上回答过类似的问题,当时赶赴由供应链管理企业EcoVadis组织的培训课程,面向其不断扩大的主要客户群。这样的组织通过供应链的渠道在积极地推进三重绩效的建设,比如像沃尔玛这样的市场守门人推出了"可持续发展指数",玛莎百货有其"A计划",还有最近出现的一个措施,叫"有害化学物质零排放",由绿色和平组织的"脱毒"计划发展而来。现在有越来越多的厂家、零售商和其他企业参与到这些活动中,推动他们在中国的供应链重视并改进其脱毒流程。

您认为产品、系统和服务创新和设计会如何有助于提升三重绩效?可持续经营需要什么样的创新?

可持续经营需要所有类型的创新。克里斯滕森提到过创新的可能性、持续性和效率,我认为在这里都有其发挥的空间。但我们处在这样一个交叉点,渐进式创新应该越来越让位于或者越来越引向系统变革式的创新,这也是那些不按常理出牌的领导者亮相的舞台。

您还有什么想要说的?

我们接下来要应对的议程是:"突破:商业领袖,市场革命",它将出现在3月初我们要出具的一份最新报告中,也会出现在我和Puma公司前任首席执行官Jochen Zeitz共著的新书《明天的绩效》(*Tomorrow's Bottom Line*)中。

践行者速写　朱迪思·鲁珀特(Judith Ruppert)

就职企业:

360环境是澳大利亚西部的一家环境管理咨询公司,提供一系列环境管理服务,比如碳和能源管理、环境影响、工厂和污染检测、动植物调研、合规报告以及环境监测和培训等。

职位描述:

环境顾问

教育背景:

德国法兰克福哥特大学商业学士,新西兰基督城林肯大学环境政策和管理硕士。

实际工作

您的主要职责是什么?

我主要负责评估环境的影响(EIAs),制定和执行环境管理计划,安排审计,管理和减少我们客户的碳足迹,同时还确保我们的客户遵守相关的环境法律,辅助他们起草需要提交给环保局的合规文件。此外,我还要开发、组织和讲授环境培训课程,增强全公司的环保意识。除去日常的办公室工作,我还到野外进行动物调研,我们对有些特殊物种有专门的保护项目,所以我也要评估这些影响。

您每天工作的典型事务有哪些?

比如说评估环境的影响,我会对需要评估的场地进行基础调查,包括了解该场地的生物、水文、地质、社会/文化的情况。然后我再做一份风险评估,分析项目的可行性和潜在结果。之后我会就如何减少潜在的副作用提出建议。对大多数商业话题,我会对改善能源效率、减少碳/水足迹提供不同的研究方案。然后准备一份管理计划和宣讲,和客户联系并商讨如何将这些信息有效传达给他们的员工。当然这里面有很多枯燥的工作要做,录入数据,检查能源或碳数据,确保所有的事情都是在正常轨道运行并合乎规定。当我到野外考察时,我会到那些环境敏感的地区,清点动物的排泄物,寻找动物的痕迹和巢穴,这样可以估测某些物种出没的规律。

可持续发展、责任和伦理在您的工作中扮演什么角色?

我们的企业是以三重绩效为目标的。事实上,我们的口号是:人、地球和利润。每天我们都要把客户的经济利益和他们大型基础设施的环境和社会影响搅和在一起,这些项目不是矿业就是油气行业。特别在澳大利亚,资源行业是经济的重头,环境和社会影响就会很重要。而且澳大利亚西部的很多项目都牵涉原住民群体,这就不仅仅是邻居普通的地产问题,而完全是另一个级别的社会影响。作为环境管理的从业人员,我们有义不容辞的责任尽可能完好地保护环境,同时不遏制国家的资源产业,在某种时候,这变成了很严峻的挑战。比如巴罗岛是西澳北海岸以外的一个A级自然保护区,现在开始开采石油和液化天然气,成为目前澳洲最具争议的一个项目,需要在经济利益和环境利益之间取得很好的平衡。

本章中的哪些概念、工具和议题与你的工作最相关？

当和客户一起工作的目标是提高能源效率，减少碳足迹时，我们的决策基本围绕着环境或者更多的是财务因素。我们有一个客户，在全澳大利亚有很多售车场，且拥有一家冷冻卡车物流公司，我必须要找到可行的节能机会。在这个案例中，我们找到七个地方有望提高能源效率：将压缩机负载分段化，这样大的压缩机只有在高峰期才进入工作状态；升级更换更高效的节能设备；改进整个照明系统；等等。我一开始先从一个项目的周期来计算可节省的能源成本，再减去初期投资成本、整个项目的长期维护成本、评估的成本和其他一些合规成本，然后再除以这个项目的年限，这样我就可以比较七个改善点的年节省净值。

初期投资成本包括，购买新压缩机的费用，更节油的卡车，保养费用包含所有检修新设备所产生的成本，评估的费用是指咨询费、能耗定量费，或者员工采集数据交流结果的工作时间，合规费用包括聘请顾问撰写合规报告的支出，以及自己员工和外部顾问沟通联络的时间。

尽管这一方法没有考虑折旧，但它可以大概给我们一个概念，哪个项目最有利可图。对那些在澳大利亚清洁能源机制（碳税）备案的企业，以每吨二氧化碳 23 美元的交易价买卖碳所产生的成本增减并没有计入上述的测算。不管怎样，用这种方法时，我们先要把能源消耗转化成二氧化碳排放量，然后才能进行财务计算。

经验分享

您会给您的同行什么样的建议？

当你和决策者交流时，你很少会面对一个有环境或企业社会责任教育背景的人，你更多地会是面对一个充斥着商业头脑的人。在这种情况下，非常关键的一点是要用商业语言来说服你的客户，为什么他们该把大量钱砸在非核心业务上，一些比较好用的指标是投资回报率、成本节省、法律诉讼的减少，公众信誉的提升，销售额增加，等等。当然，这要看你和谁交流，对很有环境和社会意识的人，不要采取这种生硬的商业化做派，而是用激情打动他们。同样，和企业的财务执行官说话时，不要去大谈特谈如何爱护树木。能以情动人当然很好，但辅以数字佐证往往更能使项目得以贯彻落实。

您工作中的主要挑战是什么？

作为一个环境顾问，最主要的挑战是在三重绩效之间找到平衡点，最理想的情况是你希望取得最好的环境和社会成效，但这经常会受到经济和财务利益的限制，在澳大利亚西部，市场竞争非常激烈，项目的预算通常很紧张，所以决策往往都是在"所能获取的最多信息"和"对资源产业来说是最佳解决方案"的条件之下，而不是考虑对环境和原住民群体带来最好的结果。

参考文献

1. WWF. (2010). *Living planet report 2010: Biodiversity, biocapacity and development*. Gland: WWF International.
2. WBCSD. (2010). *Vision 2050: The new agenda for business in brief*. Geneva: World Business Council for Sustainable Development.
3. Lacey, P., Cooper, T., Hayward, R., & Neuberger, L. (2010). *A new era of sustainability: UN global compact-acccenture CEO study 2010*. Accenture Institute for High Performance.
4. Ernst & Young. (2012). *Six growing trends in corporate sustainability*. Ernst & Young.
5. Savitz, A. W., & Weber, K. (2006). *The triple bottom line: How today's best-run companies are achieving economic, social, and environmental success—and how you can too*. San Francisco: Jossey-Bass.
6. United Nations. (1987). *Our common future*. United Nations, World Commission on the Environment and Development. New York: United Nations.
7. Sveiby, K.-E. (2009). Aboriginal principles for sustainable development as told in traditional law stories. *Sustainable Development, 17*(6), 341–356.
8. Kamira, R. (2003). Kaitiakitanga: Introducing useful indigenous concepts of governance. In E. Coiera, S. Chu, & C. Simpson, *HIC 2003 RACGP12CC : Proceedings* (pp. 499–507). Brunswick East:

Health Informatics Society of Australia;Kawharu, M. (2000). Kaitiakitanga: A Maori anthropological perspective of the Maori socio-environmental ethic of resource management. *Journal of the Polynesian Society, 109*(4), 349–370; Morad, M., & Jay, G. M. (2000). Kaitiakitanga: Protecting New Zealand's native biodiversity. *Biologist, 47*(4), 197–201; New Zealand in History. (2008). *The Māori*. Retrieved March 13, 2012, from New Zealand in History: http://history-nz.org/maori6.html

9. Cairns, J. (2004). Sustainability ethics: Tales of two cultures. *Ethics in Science and Environmental Politics, 4*, 39–43.
10. Maragia, B. (2006). The indigenous sustainability paradox and the quest for sustainability in post-colonial societies: Is indigenous knowledge all that is needed? *Georgetown International Environmental Law Review, 18*(2), 198–234.
11. Cole, M. A., Elliott, R., & Okubo, T. (2011). *Environmental outsourcing*. Discussion Paper Series RIEB Kobe University, DP2011(12), 1–39.
12. Hartmann, T. (1999). *The last hours of ancient sunlight: Waking up to personal and global transformation*. New York: Harmony Books.
13. Malthus, T. R. (1798/2011). *An essay on the principle of population: A view of its past and present effects on human hapiness*. Forgotten Books.
14. Cohen, J. E. (1995). Population growth and earth's human carrying capacity. *Science, 269*(5222), 341–346; Condorcet, J.-A.N. (1794/1979). *Sketch for a historical picture of the progress of the human mind*. Westport: Greenwood Press; Issar, A. S. (2007). Whose forecast will be verified in 2025: Malthus' or Condorcet's? *Hydrogeology Journal, 15*(2), 419–422.
15. Philp, M. (2009). William Godwin. In E. N. Zalta, *The Stanford encyclopedia of philosophy*, Summer 2009 ed. Palo Alto: Stanford University.
16. Cree indian prophecy. (2004). *Cree indian prophecy: Warriors of the rainbow*. Retrieved August 30, 2008, from Bird Clan of East Central Alabama: www.birdclan.org/rainbow.htm
17. Meadows, D. H., Meadows, D. L., Randers, J., & Behrens, W. W. (1972). *The limits to growth*. New York: Universe Books; Meadows, D. H., Randers, J., & Meadows, D. L. (2005). *Limits to growth: The 30-year update*. London: Earthscan.
18. Carson, R. (1962/2002). *Silent spring*. New York: Houghton Mifflin.
19. Haeckel, E. (1866/1988). *Generelle morphologie der organismen [General morphology of organisms]*. Berlin: Gruyter.
20. Pigou, A. C. (1920/2005). *The economics of welfare: Volume 1*. New York: Cosimo.
21. United Nations. (1987). *Our common future*. United Nations, World Commission on the Environment and Development. New York: United Nations.
22. Barbier, E. (1987). The concept of sustainable economic development. *Environmental Conservation, 14*(2), 101–110.
23. United Nations. (2005). *2005 World Summit outcome*. New York: United Nations.
24. U.S. Environmental Protection Agency. (2006). *Life cycle assessment: Principles and practice*. Ohio: U.S. Environmental Protection Agency.
25. McDonough, W., & Braungart, M. (2002). *Cradle to cradle: Remaking the way we make things*. San Francisco: North Point Press.
26. Elkington, J. (1998). *Cannibals with forks: The triple bottom line of 21st century business*. Gabriola Island: New Society Publishers.
27. UNEP. (1972). *Declaration of the United Nations Conference on the Human Environment*. Retrieved March 15, 2012, from United Nations Environment Programme: www.unep.org/Documents.Multilingual/Default.asp?documentid=97&articleid=1503
28. United Nations. (1987). *Our common future*. United Nations, World Commission on the Environment and Development. New York: United Nations.
29. United Nations. (1997). *UN Conference on Environment and Development (1992)*. Retrieved March 15, 2012, from Earth Summit: www.un.org/geninfo/bp/enviro.html
30. UNFCCC. (2012). *Kyoto Protocol*. Retrieved March 15, 2012, from United Nations Framework Convention on Climate Change: http://unfccc.int/kyoto_protocol/items/2830.php
31. United Nations. (2012). *Millennium development goals*. Retrieved March 20, 2012, from www.un.org/millenniumgoals/
32. Timberlake, L. (2006). *Catalyzing change: A short history of the WBCSD*. Retrieved August 30, 2011, from World Business Council for Sustainable Development: www.wbcsd.org/DocRoot/acZUEFxTAKIvTs0KOtii/catalyzing-change.pdf; WBCSD. (2011). *About WBCSD*. Retrieved November 6, 2011, from WBCSD: Business Solutions for a Sustainable World: www.wbcsd.org/about.aspx
33. Global Reporting Initiative. (2011). *Global Reporting Initiative*. Retrieved August 30, 2011, from www.globalreporting.org/Home
34. WWF. (2010). *Living planet report 2010: Biodiversity, biocapacity and development*. Gland: WWF International.
35. WBCSD. (2010). *Vision 2050: The new agenda for business in brief*. Geneva: World Business Council for Sustainable Development.
36. Lovelock, J. (2010). *The vanishing face of Gaia*. New York: Basic Books.
37. WBCSD. (2010). *Vision 2050: The new agenda for business in brief*. Geneva: World Business Council for Sustainable Development.
38. SustainAbility. (2007). *Raising our game: Can we sustain globalization?* London: Pensord Press.
39. United Nations. (2012). *Resilient people, resilient planet: A future worth choosing* (p. 16). New York: United Nations Publications.
40. United Nations. (1987). *Our common future*. United Nations, World Commission on the Environment and Development. New York: United Nations.
41. United Nations. (1987). *Our common future*. United Nations, World Commission on the Environment and Development. New York: United Nations.
42. Barbier, E. (1987). The concept of sustainable economic development. *Environmental Conservation, 14*(2), 101–110.
43. United Nations. (2005). *2005 World Summit outcome*. New York: United Nations.
44. Laasch, O., & Conaway, R. (2013). *Responsible business: Managing for sustainability, ethics, and citizenship*. Monterrey: Editorial Digital ITESM.

45. Elkington, J. (1998). *Cannibals with forks: The triple bottom line of 21st century business*. Gabriola Island: New Society Publishers; Elkington, J. (2011). *What is the tripple bottom line?* Retrieved October 14, 2011, from Big Picture TV: www.bigpicture.tv/?id=3456
46. Goodland, R. (1995). The concept of environmental sustainability. *Annual Review of Ecology and Systematics, 26*, 1–24; Sveiby, K.-E. (2009). Aboriginal principles for sustainable development as told in traditional law stories. *Sustainable Development, 17*(6), 341–356.
47. Jones, A. (1987). From fragmentation to wholeness: A green approach to science and society (Part I). *Ecologist, 17*(6), 236–240.
48. Solow, R. M. (1993). Sustainability: An economist's perspective. In R. Dorfman, & N. S. Dorfman, *Economics of the environment: Selected readings* (pp. 179–187). New York: Norton.
49. Stone, C. D. (1972). Should trees have standing? *Southern California Law Review, 45*.
50. Naess, A. (1973). The shallow and the deep, long-range ecology movement: A summary. *Interdisciplinary Journal of Philosophy, 16*(1–4), 95–100; Neumayer, E. (2003). *Weak versus strong sustainability: Exploring the limits of two opposing paradigms.* CheltenHam: Edward Elgar.
51. Kearins, K., & Springett, D. (2003). Educating for sustainability: Developing critical skills. *Journal of Management Education, 27*(2), 188–204, p. 190.
52. Kearins, K., & Springett, D. (2003). Educating for sustainability: Developing critical skills. *Journal of Management Education, 27*(2), 188–204, p. 193.
53. Strange, T., & Bayley, A. (2008). *Sustainable development*. Paris: OECD.
54. Blackwell, A. G. (2001). Promoting equitable development. *Indiana Law Review, 34*(4), 1273–1291; Goodland, R. (1995). The concept of environmental sustainability. *Annual Review of Ecology and Systematics, 26*, 1–24.
55. Fromm, E. (2005). *To have or to be?* London: Continuum; Goodland, R. (1995). The concept of environmental sustainability. *Annual Review of Ecology and Systematics, 26*, 1–24.
56. Schneider, F., Kallis, G., & Martinez-Alier, J. (2010). Crisis or opportunity? Economic degrowth for social equity and ecological sustainability: Introduction to this special issue. *Journal of Cleaner Production, 18*(6), 511–518.
57. Schneider, F., Kallis, G., & Martinez-Alier, J. (2010). Crisis or opportunity? Economic degrowth for social equity and ecological sustainability: Introduction to this special issue. *Journal of Cleaner Production, 18*(6), 511–518.
58. Adserà, A. (2004). Changing fertility rates in developed countries. The impact of labor market institutions. *Journal of Population Economic, 17*(1), 17–43; CIA. (2012). Central Intelligence Agency. Retrieved March 22, 2012, from *The world factbook*: www.cia.gov/library/publications/the-world-factbook/rankorder/2127rank.html; Janowitz, B. S. (1971). An empirical study of the effects of socio-economic development on fertility rates. *Demography, 8*(3), 319–330.
59. Grossman, G. M., & Krueger, A. B. (1995). Economic growth and the environment. *Quarterly Journal of Economics, 110*(2), 353–378.
60. Kuznets, S. (1955). Economic growth and income inequality. *American Economic Review, 45*(1), 1–28.
61. Panayotou, T. (2002). Demystifying the environmental Kuznets curve: Turning a black box into a policy tool. *Review of Economics and Statistics, 84*(3), 541–551; Stern, D. I., Common, M. S., & Barbier, E. B. (1996). Economic growth and environmental degradation: The environmental Kuznets curve and sustainable development. *World Development, 24*(7), 1151–1160; Yandle, B., Bhattarai, M., & Vijayaraghavan, M. (2004). Environmental Kuznets curves: A review of findings, methods, and policy implications. *Research Study, 2*(1), 1–16.
62. Laasch, O., & Conaway, R. (2013). *Responsible business: Managing for sustainability, ethics, and citizenship*. Monterrey: Editorial Digital ITESM.
63. GFN. (2011). *Global Footprint Network*. Retrieved March 22, 2010, from Footprint Basics: www.footprintnetwork.org/en/index.php/GFN/page/footprint_basics_overview/; Wackernagel, M., & Rees, W. (1996). *Our ecological footprint*. Canada: New Society.
64. WWF. (2010). *Living planet report 2010: Biodiversity, biocapacity and development*. Gland: WWF International.
65. Moore, E. B., Goldfinger, S., Oursler, A., Reed, A., & Wackernagel, M. (2010). *The ecological footprint atlas 2010*. Oakland: Global Footprint Network.
66. Innocent. (2012). *Being sustainable*. Retrieved March 3, 2012, from Innocent: www.innocentdrinks.co.uk/us/being-sustainable
67. Blackburn, W. R. (2007). *The sustainability handbook: The complete management guide to achieving social, economic and environmental responsibility*. Washington: Earthscan; Norman, W., & MacDonald, C. (2003). Getting to the bottom of "triple bottom line." *Business Ethics Quarterly, 14*(2), 243–262.
68. Elkington, J. (1998). *Cannibals with forks: The triple bottom line of 21st century business*. Gabriola Island: New Society Publishers; Elkington, J. (2011). *What is the tripple bottom line?* Retrieved October 14, 2011, from Big Picture TV: www.bigpicture.tv/?id=3456; Savitz, A. W., & Weber, K. (2006). *The triple bottom line: How today's best-run companies are achieving economic, social, and environmental success—and how you can too*. San Francisco: Jossey-Bass.
69. Laasch, O., & Conaway, R. (2013). *Responsible business: Managing for sustainability, ethics, and citizenship*. Monterrey: Editorial Digital ITESM.
70. Laasch, O., & Conaway, R. (2013). *Responsible business: Managing for sustainability, ethics, and citizenship*. Monterrey: Editorial Digital ITESM.
71. Elkington, J. (1994). Towards the sustainable corporation: Win-win-win business strategies for sustainable development. *California Management Review, 36*(2), 90–101.
72. Norman, W., & MacDonald, C. (2003). Getting to the bottom of "triple bottom line." *Business Ethics Quarterly, 14*(2), 243–262, p. 1.
73. Hunkeler, D., & Rebitzer, G. (2005). The future of life cycle assessment. *International Journal of Life Cycle Assessment, 10*(5), 305–308.
74. Samsung. (2012). *Global harmony with people, society & environment: 2011 sustainability report*. Suwon: Samsung Electronics.

75. Kloepffer, W. (2008). Life cycle sustainability assessment of products. *International Journal of Life Cycle Assessment, 13*(2), 89–95; LCI. (2010). *Starting life cycling*. Retrieved March 28, 2012, from Life Cycle Initiative: http://www.lifecycleinitiative.org; Zamagni, A. (2012). Life cycle sustainability assessment. *International Journal of Life Cycle Assessment, 1–4*.
76. Dow Jones Indexes. (2011). *Dow Jones Sustainability World Indexes guide book*. Zurich: SAM Indexes.
77. Dreyer, L. C., Hauschild, M. Z., & Schierbeck, J. (2006). A framework for social life cycle impact assessment. *Journal of Life Cycle Assessment, 11*(2), 88–97; Jørgensen, A., Finkbeiner, M., Jørgensen, M. S., & Hauschild, M. Z. (2010). Defining the baseline in social life cycle assessment. *International Journal of Life-Cycle Assessment, 15*(4), 376–384; Swarr, T. E. (2009). Societal life-cycle assessment—could you repeat the question? *International Journal of Life-Cycle Assessment, 14*(4), 285–289.
78. ISO. (2006). *ISO/FDIS 14040 Environmental management: Life cycle assessment, principles and framework*. Geneva: International Standardization Organization;ISO. (2006). *ISO standards for life cycle assessment to promote sustainable development*. Retrieved March 28, 2012, from International Standardization Organization: www.iso.org/iso/pressrelease?refid=Ref1019
79. ISO. (2006). *ISO standards for life cycle assessment to promote sustainable development*. Retrieved March 28, 2012, from International Standardization Organization: www.iso.org/iso/pressrelease?refid=Ref1019; Rebitzer, G., Ekvall, T., Frischknecht, R., Hunkeler, D., Norris, G., Rydberg, T., et al. (2004). Life-cycle assessment part 1: Framework, goal and scope definition, inventory analysis, and applications. *Environment International, 30*(5), 701–720; SAIC. (2006). *Life cycle assessment: Principles and practice*. Reston: Scientific Applications International Corporation.

第4章 责任:管理利益相关者价值

> **学习目标**
>
> - 了解商业责任的历史
> - 了解责任经营所需的主要工具
> - 创造利益相关者价值
> - 进行利益相关者评估,打造利益相关者的卓越化管理

引言

96%的大型企业都有正式的企业责任部门。[1]

有三个群体对企业责任经营的积极性影响最大。37%的管理者认为受客户影响最大,22%认为是员工,15%提到了股东。[2]

2011年,95%的世界前250强公司都出具企业责任活动的正式报告,而在1999年,这样的企业才占到35%。[3]

责任管理实践
乐高:一个关注利益相关者的品牌

丹麦乐高公司的彩色拼砌塑料积木家喻户晓,它们把自己称作关注利益相关者的品牌,以"负责任方式经营"的成功企业。那么,一家企业要做些什么才能成为一个关注利益相关者的品牌呢?

乐高有四个品牌承诺。"趣味承诺"和公司的产品直接关联;"地球承诺"致力于提高社会和环境影响力;"合作伙伴承诺"是指和利益相关者团结一致,共创价值;最后,"人员承诺"特指和员工一起互荣成功。有趣的是,每一个承诺都和公司确立的某一个利益相关者相对应。乐高将客户(趣味承诺)、员工(人员承诺)、合作伙伴(合作伙伴承诺)和环境(地球承诺)确定为他们的主要利益相关者。每一个承诺都是对其他重要利益相关者价值主张的补充。为创造利益相关者价值,乐高确定了清晰的战略。

乐高是如何与利益相关者一起努力,为他们也为企业创造共享价值的呢?第一步是具体化的评估,乐高提出一些需要共同处理的问题,然后和利益相关者一起评价。从58个可能的问题中,乐高挑选了36个相关(具体)的问题、15个最急待解决的问题和8个最重要问题,通过和利益相关者的"友好对话"分析利益相关者的需求,从而鼓励利益相关者的积极参与,增进合作。

乐高又是如何与利益相关者沟通交流的呢?
- **客户**:乐高努力将满足客户和培训客户合二为一,公司让孩子(乐高积木搭建者)和父母一同参与,传递产品安全、寓教于乐(学习宣言)等信息,和父母开展广泛合作。
- **员工**:乐高积极就多元化、激励和满意度、工作—生活平衡、健康和安全议题与员工密切合作。
- **合作伙伴/供应商**:与合作伙伴共同关心的问题是材料的可持续,反腐败政策、审计,供应商与自己上游供应商的责任。
- **环境**:乐高在环境方面面临的挑战是节约能耗、减少废弃物、再循环以及对寿终产品的处理。

除了和公司的四大主要利益相关者保持联系之外,乐高还和二级利益相关者经常沟通,比如通过乐高基金会与社会保持互动,通过游说和政府保持对话,通过社区建设项目为公司经营所在地提供帮助。在年度报告中,乐高将所有利益相关者的绩效数据都一一列出。2003年,乐高加入世界最大的企业责任机制《联合国全球契约》,成为首批签署的企业之一。

资料来源:LEGO, Progress Repor(2011),pp.6,8,9.

4.1 商业责任:追求利益相关者价值

"又一次该问问我们自己一个最基本的问题:商业的目的是什么?"[4]

商业和管理者的责任是什么?商业带来什么好处?它该为谁创造价值?它应该取悦谁?回答这些问题时只考虑企业主,还是应该同时考虑客户、员工、政府及非政府机构?为这些问题给出答案当然是见仁见智的一件事。本章中我们所描述的商业应该是为一大批利益相关者带来福祉,商业的目的是追求利益相关者的长期价值最大化。当企业承担它对各种利益相关者的责任时,我们称之为商业责任。要担当商业责任,企业必须将责任管理实践建立在利益相关者评估和利益相关者管理两大基础之上(见图4.1)。

本章第一部分我们先浏览一下商业责任领域的发展过程。你会了解我们对商业责任的发展

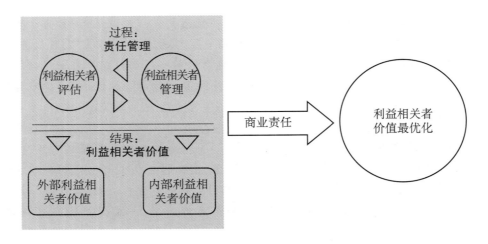

图 4.1　责任管理和利益相关者价值

过程以及发展框架,比如了解慈善、企业公民和企业社会责任等词汇。我们还会介绍一些相关概念和学术讨论,比如密尔顿·弗里德曼反对商业责任的观点,阿奇·卡罗尔的责任金字塔模型等。对商业责任现状的描述会有助于我们厘清商业责任目前的实施状况和我们对它的普遍理解,为未来的发展提供预测。

第二部分强调对商业责任一些核心概念的深度剖析,我们将对企业社会责任、公信力、回应度以及绩效做一下区分,并对利益相关者理论做一些原创性的探究。

第三部分阐述责任管理的核心内容:利益相关者关系的评估和管理。责任管理的理想结果是创造最大化的利益相关者价值。

请注意本章中贯穿始终的"商业责任"一词是一个中性术语,涵盖企业与利益相关者有关的商业实践,以避免和一些已经约定俗成的术语(如企业社会责任、企业公民性等)混淆,或受到一些偏见和定见的干扰。

4.2　商业责任的缘起

"企业的核心问题是要发展、加强和不断增加有社会关怀的商人。"[5]

上述引语说明企业和企业从业者的责任是一个老生常谈的话题。1927 年,华莱士·多翰姆(Wallace Donham)曾在文中发出警示,如果企业领导者不"在行使他们的权力和责任时,学着去为社群中的其他群体考虑",那么"文明完全会陷入衰退"。[6]在那之后不到两年,大萧条开始席卷美国。历史不断在重演,2009 年由于对次级贷款的不良管理诱发了又一场金融危机,在这之前,企业社会责任已经开始成为一个时髦的词语,并且成为社会热点。难道企业真的没有在上一个世纪学会如何好好承担自己的责任吗?在以下小节中,我们将梳理一下商业责任的发展脉络,为理解商业责任及其管理打下基础,表 4.1 罗列了一些重要的标志,我们也会用文字做进一步的说明。

表 4.1　商业责任发展的历史标志

标志	事实
历史根源	存在于宗教中的商业道德 慈善 商人的责任 企业社会责任 企业公民 企业责任 企业社会型创业
概念和机制	弗里德曼的批评:"企业的唯一职责是商业" 卡罗尔的企业社会责任金字塔模型 利益相关者理论 欧盟企业社会责任政策 全球契约
现状和未来	事实和数据 责任势在必行 CSR 2.0

4.2.1　新兴学科的宗教起源

在商业责任研究领域形成之前,宗教伦理为企业的行为责任奠定了根基。中国的儒家学说强调人具有深厚的社会性,对管理实践很有启示。[7]犹太教和基督教都推崇乐善好施的美德,撒玛利亚好人的故事和把收入的十分之一捐掉的理念[8]都是很好的证明。伊斯兰教对商业责任的理解主要围绕着公平、平衡、信任和善意等词语,和当今的利益相关者理论很有呼应。[9]直到今天,宗教仍然影响着很多商业责任实践中的不同的群体(管理者、客户等)。

到了 20 世纪早期,宗教中的商业道德开始出现在商业理论和商业学科中,从此之后,商业责任的概念和框架形成进入下一个阶段。早期从 1925 年到 1955 年,商业责任被称为商人的责任,在多翰姆撰写的文中[11],以及霍华德·鲍恩(Harward Bowen)1951 年出版的《商人的社会责任》[12]一书中都有提及,也被认为是"商业责任"[13]一词的正式诞生,商人对商业负有不可推卸的责任。

从 20 世纪 60 年代开始,个人的责任越来越朝着企业社会责任的方向发展,企业社会责任强调大企业的作用,直到跨入 2000 年,它在有关商业责任的讨论中仍然占有重要的地位。尽管在术语上出现了很多变化,比如企业捐赠主要是指企业通过捐赠和慈善活动为社会做贡献。20 世纪 90 年代,全球化的兴起和社群思想催生了"企业公民"这一词语,强调企业在社会中的政治作用。

21 世纪第一个 10 年,开始出现了一股企业社会创业精神(CSE)的潮流,企业用创业的方法解决一些迫在眉睫的利益相关者问题。同时"企业责任"(CR)一词也开始出现,意味着企业不仅需考虑社会问题,环境责任也义不容辞。上述术语到今天为止仍在以不同的程度、在不同的地区、以不同的方式被使用。

4.2.2 理论演进和制度建设

令人费解的是,经济学家弗里德曼撰写的一篇文章[14]强烈反对企业承担社会责任,是关于企业社会责任引用最多的文献之一。1970年,在《纽约时报》上刊登的弗里德曼的文章,论述"企业只有一个也是唯一的职责,就是用企业的资源参与能促使利润增加的经营活动"。[15]弗里德曼是1976年诺贝尔经济学奖得主,被称为"20世纪后半叶最具影响力的经济学家"。[16]有这样一位声名显赫的经济学家做后盾,难怪对商业责任的反对声在相当长一段时间内,应该说在过长的一段时期里(20世纪20年代始,一直持续到50年代)[17]一直挥之不去。[18]

商业责任理论奠基石的出现是在20世纪80年代,它并没有出自商业责任的领域,而是从战略管理领域横空出世。1984年,爱德华·弗里曼(Edward Freeman)出版了著作《战略管理:利益相关者方法》(*Strategic Management: A Stakeholder Approach*),形成了利益相关者理论的专业领地。他把利益相关者定义为"任何受到企业影响或对企业产生影响的个人和群体"。[19]换句话说,商业责任意味着对各种群体和不同类型利益相关者的责任。七年之后,阿奇·卡罗尔(Archie B. Carroll)创建了他的企业社会责任金字塔模型[20],迄今为止仍是我们采用的分析框架,该模型把商业责任分成经济、法律、伦理和自愿四种责任。这些帮助形成商业责任理论的贡献者都被列举在图4.2中。

霍华德·鲍恩(1951)
首次正式提到商人的社会责任

爱德华·弗里曼(1984)
利益相关者是所有对企业产生影响或受到企业影响的个人和群体

密尔顿·弗里德曼(1970)
企业的唯一职责就是盈利,企业不应该承担除此之外的其他责任

阿奇·卡罗尔(1991)
企业责任包括经济、法律、伦理和自愿责任

图4.2 "商业责任"的贡献者及其主要思想

随着理论概念的逐步形成,以及分析框架的逐渐成熟,各种制度建设不断涌现,开始参与到商业责任的发展过程中。在这里我们主要介绍两个:一个是欧盟委员会,它起草了欧盟的企业社会责任战略,面向所有欧盟经济区。[21]这一行动是引发一系列重要变化的开始[22],欧盟所提供的企业社会责任的定义被频繁使用,因为它给出了一个非常完整的有关商业责任的描述。欧洲多利益相关者论坛(European Multi-Stakeholder Forum)为欧洲企业提供了一个非常独特的制度化的社会反馈机制。[23]欧洲企业社会责任联盟(CSR Europe)是欧盟地区的商业责任网络。欧洲社会商业学院(European Academy of Business in Society,EABIS)联手学术界和商业界共同推动商业责任。[24]

另外一个重要的制度建设是2000年联合国建立的全球契约。它迅速成为商业责任领域最大的全球网络,吸引了很多大型跨国企业参与。全球契约的成员承诺遵循商业责任的原则,定期发布执行的阶段报告。[25]全球契约下的PRME全球倡议也是类似的一个聚集了很多商学院的网络,致力于培养负责任的管理者。[26]此外,国际标准组织在2010年推出了针对企业社会责任的

ISO 26000 标准,又称 ISO SR,将现有的讨论商业责任的不同路径整合到一起,并期待能够产生深远的影响。[27]

4.2.3 现状和未来

进入 21 世纪,承担利益相关者责任成为真正的商业使命。[28]到 2010 年为止,全球契约的签署成员超过了 6000 家。欧洲企业社会责任联盟仅在欧洲就和 3000 多家企业建立了合作。[29]参与行动的企业数量似乎越来越多,性质上的缺陷也逐渐显露出来。发展中国家的落实情况以及中小型企业的认可程度是两个推进比较迟缓的地方。[30]

未来商业责任的前景如何?很多学者和商界人士预计,商业责任会出现一个新的版本,称为 CSR 2.0。[31]这一新的 CSR 有以下显著特征:

- **一体化**:利益相关者责任将被视为核心业务的一个部分,将会成为构建核心业务战略时考虑的因素。零敲碎打的慈善活动会慢慢减少。将利益相关者的责任融入商业的主流责任,两者的边界将逐渐模糊,呈现一体化的趋势。
- **转型**:当传统的责任被赋予新的商业责任,常常会引发一系列结构、流程和产品的转型,这样才能更好地承担利益相关者责任。
- **规模**:当利益相关者责任越来越具有一体化和转型特征时,利益相关者所找到的解决方案越有效,这些解决方案的规模就越大。
- **创业特征**:利益相关者问题将会日益通过创业式的方法得以突破,也就是有系统地找到有针对性的解决方案。这样的创业活动可以是通过大型企业的 CSE 部门,也可以是完全建立一个新的企业,常称社会企业(social business)。

联合利华:小规模配送诠释 CSR 2.0

这里我们举个例子来说明 CSR 2.0 的四个特征。联合利华历来是在大型超市和商店中出售产品,但近来它们培训当地的居民成为企业产品的直接配送者,提高了当地居民的就业率和收入。这一活动成为联合利华商业的构成部分,依附于主流业务的销售和配送环节。同时它带来了新的转变,因为这和传统配送体系所建立的流程完全不同。2011 年仅在印度,45000 个这样的小型配送者向 300 多万家庭销售了产品,规模相关可观。最后,这一模式很具有创业性,每个配送者代表一个独立的微型企业。

资料来源:Unilever. (2012). *Unilever sustainable living plan*:*Progress report* 2011. Rotterdam:Unilever.

4.3 可持续发展的概念

"企业社会责任(CSR)的概念是指企业自觉自愿地将对社会和环境的关怀纳入企业的运营以及和利益相关者的互动中。"[32]

4.3.1 商业责任的定义

给商业责任下定义并非易事。目前用来描述商业责任最常用的术语是 CSR（企业社会责任）和 CR（企业责任），后者更大范围地包括了环境和经济的责任，不只是社会责任。最近有一份调查显示，1980 年到 2003 年，不管是出自理论还是实践，全世界对企业责任的定义不少于 37 种，但概括起来有五个共通之处，括号中的百分比表示这五个特性被提及的频次[34]，即利益相关者思维（88%）、社会维度（88%）、经济维度（86%）、承担责任的自愿性（80%）及环境维度（59%）。

根据这五个共性，我们可以逆推一个"商业责任"的定义。我们尽量避免使用"corporation"一词，因为它常常被认为是大型企业。我们使用"business"一词，旨在将不同规模的业态都涵盖进去，我们还加入了理想化的目标，也就是为利益相关者创造最大化的价值，所以我们给商业责任下的定义是"自愿承担社会、经济和环境的责任，追求利益相关者的最优化价值"。这一定义描述了企业通过不断完善自己的责任管理活动，最终达到商业责任行为的理想化结果。这样的商业只是乌托邦式的存在，在无良经营的企业和上述的责任经营的理想状态之间有一个很长的发展过程。我们在下一节中做详细描述。

不负责的产品——连白送都不要！

德国最大的日报《图片日报》（*Bild-Zeitung*）一直被各种团体批评为新闻水准低劣的报纸，常常混淆视听。报纸给社会造成的危害不断受到质疑，2012 年这份饱受诟病的报纸遭遇了强烈的抗议，有 17 万德国市民在网上联名声讨这份日报，拒绝报纸发起的向德国每家每户免费派送样报的活动。请思考，《图片日报》的行为处在上述商业责任发展过程的什么阶段？

资料来源：Halberschmidt, T. (2012). Netz-Kampagne macht gegen Bild-Zeitung mobil（Net campaign mobilizes against Bild-Zeitung）. Schutttenberg, S. (2012), 170,000 "Menschen meinen: BILD? Nein, Danke！"（More than 170,000 people say: "No thank you, BILD"）*Blog. Compact. de: Demokratie in Aktion.*

4.3.2 相关术语

第一次进入商业责任领域的新手常常会遇到一连串令人头晕的专有名词。[35]遗憾的是到现在为止，大家对商业责任的理解和规范定义都尚未形成一致意见。在本节中我们力图将商业责任和一些常用术语联系起来，如图 4.3 所示。

有三个含义最接近的词语是商业责任、企业责任和企业社会责任。用社会一词是想体现利益相关者的社会特征。企业责任一词在企业从业人员中使用较为广泛，主要是为了避开只偏向社会责任，所以它还包括和环境相关的利益相关者。相比之下，商业责任较少被使用，但它是最具包含力、最实用的说法，因为它既包括社会也包括环境责任，还对所有类型的企业都适用，不管企业处于何种规模和成熟度，采用何种组织架构。除了它们之间略微的差别，这三个词可以

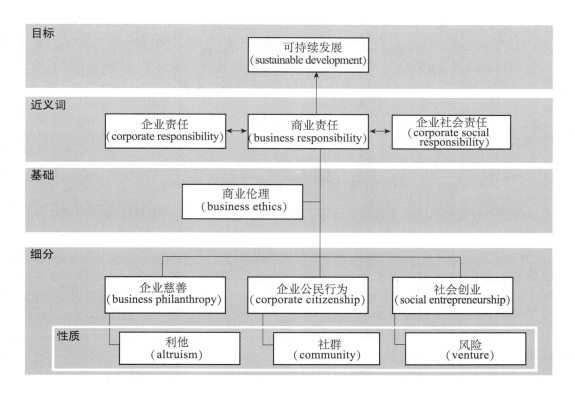

图 4.3　描述商业责任的常用术语

互为替代。

还有一个商业责任的近义词是企业可持续发展(business sustainability)。但在本书中,我们想对这两个词做一个郑重的区分,因为可持续发展在管理执行中的意义和商业责任有着明显的差异。我们在之前的章节中已经讨论过,企业可持续发展是建立在三重绩效的管理上,而商业责任则围绕着对利益相关者的管理。如果两者执行有效,都将为可持续发展的长远目标做贡献。企业可持续发展通过合理的三重绩效直接迈向目标,而商业责任则通过把后代作为主要的利益相关者间接地通向目标,这一点体现在布伦特兰对可持续发展的定义中。[36] 另外,从 ISO 26000 为企业设立的组织责任规范中可以看出,商业责任是达到可持续发展的重要工具。[37] 所以必须强调,可持续发展只是目标中的一个,它只指一个利益相关者群体,并且是指未来的责任。我们接下来继续讨论,对当代的利益相关者承担起责任也是同等重要的目标。

还有一个意思相近的词语是商业伦理(business ethics)。商业伦理的核心要素是在商务决策中关注道德的合理性,它是所有良性利益相关者关系的基石,利益相关者的管理也必须遵循伦理原则。[38] 但是,商业伦理也不应该被理解成商业责任的近义词,甚至不应该更具有优越性。两个术语在商业中的操作完全不同。

商业责任可以被进一步细分,涵盖利益相关者责任的各个方面。比如企业慈善(business philanthropy)一词的历史比较悠久,这一词语希腊语词根的意思是"对人类的爱",企业慈善就是一种利他行为,企业慈善活动的动机是出于对人类的关爱,意愿是帮助他人和社会,真正的慈善活动是无私助人的行为,也就是说,战略慈善(strategic philanthropy)和战略捐赠(strategic giving)³⁹这类概念暗含内生的矛盾。企业慈善一般是指企业在做捐赠时不图收到正向回报。一项对英国企业展开的有关慈善活动动机的调研表明,60家企业中只有一家具有真正意义上的利他动机,这一结论使本书作者怀疑企业慈善是否真正存在。⁴⁰实际上的商业责任活动就是在慈善的名义下安排捐赠、基金会和志愿者服务等项目。

经济危机时期:商业责任弹性波动

有一个惯用的假设就是商业责任成本高昂,所以商业责任的活动随着经费的多寡起起伏伏。一项对2007—2008年金融危机影响的调查显示,这一时期商业责任的项目减少了约55%。可以估计,类似的慈善性活动因为被纯粹视为成本而更容易在危机时期被淡化,而一体化的企业社会责任活动因为被看作对主要利益相关者关系的投资,具有潜在回报能力,所以容易被保留。此外,一些创业类的项目因为对社会绩效产生利润且有长远影响,所以也不会在危机阶段受到过强的影响。

资料来源:Karaibrahimoğlu, Y. Z. (2010). Corporate social responsibility in times of financial crises. *African Journal of Business Management*,4(4),382-389.

企业公民(corporate citizenship,CC)行为是把企业理解为政治作用力,需要在当地社群、国家或者世界范围内成为一个好公民。所以,对企业公民行为的定义要素是群体思维。企业公民行为是企业慈善活动的延伸,超过了后者的利他行为,兼顾了公民拥有的权利和义务对等关系。这样,企业公民行为就很好地化解了之前提到的"战略慈善"所隐含的内在矛盾。⁴¹企业公民行为包含三层含义:局限的企业公民行为是指对当地社群的战略慈善活动;常用的企业公民行为是指企业社会责任和企业与所有利益相关者的关系,公民行为是品牌重建,是所有企业社会活动的总称;延伸的企业公民行为被赋予强烈的政治作用,企业成为个人的能量场和保护伞,促进和帮助公民行使他们的公民、社会和政治权益。⁴²

进入21世纪,社会创业(social entrepreneurship)的重要性日益凸显,社会创业的核心是引进风险意识解决或缓和贫困及教育等利益相关者问题。社会创业的组织载体可以是成熟的企业,也可以是新成立的企业,它们形态各异,取决于所服务的目标(社会或环境问题)、组织的类型(非政府机构、中小型企业、大型企业)以及企业的新旧。相关度最高的应该是企业社会型创业(CSE),也就是那些力图解决社会利益相关方的大型成熟企业。⁴³这些企业积极地调动资源为企业及其利益相关者谋福利,而其他企业只是在被动地回应利益相关者的不满及投诉。⁴⁴

4.3.3 分类和解读

不同群体对商业责任有各自的理解,最常用的分类法是将商业责任划分四个范畴⁴⁵:
(1)工具化的理解——把商业责任看作产生利润的工具;
(2)政治理论——强调商业的责任是为社会创造价值;

(3) 整体化的理解——主张商业只有把利益相关者的要求融入它的活动才会生存、繁荣和增长；
(4) 伦理理论——在伦理的框架下分析商业和社会的关系。

这一分类有助于我们理解从学界和业界的不同视角定义的商业责任。一个企业如果从工具的立场出发，会强调企业责任活动的战略重要性。企业从政治的立场出发，会为其所处的社区和社会创造价值。NGO 等群体发起活动抗议企业在社会和环境方面的不良行为，采取的是整体的立场，强调如果企业不承担利益相关者职责，就会遭到社会的抵制。

虽然这个分类法得到公认，但不是唯一的分类。以下分类对商业责任进行了不同的诠释，但是各有侧重。

- **显性和隐性**：企业应该顺应各自的路径，自愿地适应单个利益相关者群体的诉求（显性），还是在贯彻责任活动时遵循基于社会和制度共识铺就的统一路线？
- **趋同和发散**：公司应该"从众"，采用通用的、被检验过的利益相关者实践（趋同），还是应该通过寻求创新的方法推出自己的利益相关者实践（发散）？[47]
- **眼前和未来的责任**：企业对当前形势下的利益相关者责任应该聚焦到什么程度（眼前）？它们对后代的利益相关者责任应该考虑到什么程度（未来）？
- **社会和非社会利益相关者**：企业责任应该只考虑客户、NGO、政府等利益相关者（社会）的诉求？还是应该另外考虑动物、自然环境等其他利益相关者（非社会利益相关者）的诉求？[48]
- **担责和问责**：企业应当自愿承担责任（担责），还是应该出台强有力的措施让利益相关者可以对不自愿承担责任的企业追问其责任（问责）？[49]
- **柔性和硬性/激进**：在承担责任的过程中，企业应该是按照游戏规则办事（柔性），还是应该积极推行经济体系规则的根本性改变（硬性），抑或是力图创造一个全新的经济体制（激进）？[50]

本节描述了对商业责任的不同诠释，下一小节我们会阐述企业社会绩效框架，我们用这个评估法来评价企业在责任经营方面所取得的成绩，可以具体到个案。

占领运动！

2012 年，一场规模浩大的抗议银行业无视社会责任的运动拉开了序幕。这场发起于草根的活动将全世界几百万抗议者推向各自城市的街头。如果把"占领运动"对商业责任的理解和主流银行对商业责任的理解做一番比较会很有意思，其中一个重要的区别是：占领者希望出台一个更为激进的方法让银行业承担责任，他们起草了新建"占领银行"的倡议书，希望新的银行可以更好地为 99% 的人服务（他们称只有 1% 的人认为现存的体制是令人满意的。）

资料来源：Occupy NYC. (2012). Retrieved April 25, 2012, from The Occupy Bank：http//theocupybank. wordpress. com/gods-mission.

4.3.4 评估企业社会绩效

对于企业所承担责任的程度,通常称为企业社会绩效(corporate social performance,CSP),已有不少方法和概念来对此加以分析。接下来的小节着重概括一些衡量 CSP 的主要框架,它们可以被应用于评估单个的企业责任活动,也可用于对整个企业运营加以评估,分为定量评估和定性评估两种。[51]

定性评估

我们这里列举的定性方法和概念包括:(1)责任分类,依据阿奇·卡罗尔的企业社会责任金字塔模型;(2)利益相关者响应,评估企业如何应对利益相关者的诉求;(3)成熟度,评估企业所关注的问题是否有前瞻性;(4)组织执行阶段,显示利益相关者的责任被嵌入企业组织流程的深度。如图 4.4 所示,结合这四种概念,我们可以全方位地了解企业 CSP 的程度,但注意,这四种方法只是很多定性方法中的一部分。

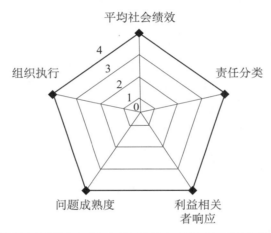

应对的层次	责任分类	利益相关者响应	问题成熟度	组织执行
1	经济	被动应付(R)	制度化	散乱的
2	法律	防御(D)	强化	管理的
3	伦理	顺应(A)	萌发	战略的
4	自愿	积极主动(P)	潜在的	民间化

图 4.4 CSP 的维度

CSP 的第一个维度是责任分类(responsibility category),回答的问题是"这个企业履行了哪一种类型的责任?"卡罗尔用金字塔模型(见图 4.5)[52]描述了企业责任的四个层次:经济、法律、伦理和自愿,把企业在责任管理上的进步划分成四个阶段。第一,企业必须承担经济责任确保生存(盈利,支付工资)。第二,企业要履行法律责任(守法合规,如那些有关雇佣关系和环境方面的法规)。第三,企业开始担当伦理责任,也就是遵守高于法律要求的道德准则(建立高于法律规定水平的工作环境安全标准)。最后一个阶段是自愿义务,超过以上三个层次,比如纯粹的善举和义举(为灾区捐赠钱物等)。

CSP的第二个维度是利益相关者响应(stakeholder responsiveness),回答的问题是"企业如何对待利益相关者的诉求?"最低的层次是被动应付,企业否认利益相关者合理的主张,以及因此须承担的相应责任。接着是防御的层次,企业承认这些责任但总是极力逃避。顺应的层次是指企业认可利益相关者的诉求,并且承担相应的责任。最高的层次是企业积极主动应对,它们对利益相关者的诉求了然于胸,甚至在利益相关者还未表达之前就已经有所行动。这个响应度的层次我们用四个英语单词的首字母代表,即RDAP等级(见图4.4)。[53]

图4.5　卡罗尔企业社会责任金字塔模型

资料来源:Carroll. A. B.(1979). A three-dimensional conceptual model of corporate. *Academy of Management Review*. 4(4). 497-505;Carroll, A. B.(1991, July-August). The pyramid of corporate social responsibility:Toward the moral management of organizational stakeholders. *Business Horizons*,225-235;Schwartz, M. S., A. B.(2003). Corporate social responsibility:A three-domain approach. *Business Ethics Quarterly*,13(4),503-530.

CSP第三个维度问题成熟度(issues maturity)是指企业在应对社会、经济和环境问题时有多前瞻。问题成熟度的维度要回答的问题是"企业在应对这些责任问题时有多老练?"企业在提及这些问题时,仅仅是蜻蜓点水、触及皮毛,还是直击要害、勇闯创新前沿?[54]如果企业介入问题只是停留在制度建设层面(如避免人权问题,这是很多国际组织的基本规范),那么这个企业应对问题的成熟度水平是最低的。高一级的表现是企业参与一些焦点问题,虽然这些焦点问题还没有纳入制度管辖的范围,但已经成为商业的惯例(如披露碳排放信息等)。达到更高一级的企业是那些开拓型企业,已经在着手应对那些才刚刚萌发的问题,而大多数企业还对之没有觉察。成熟度最高的企业指的是那些已经遥遥领先的企业,开疆辟土,提出一些公众还很陌生的潜在问题。[55]

CSP的第四个维度组织执行(organizational implementation)描述的是企业执行利益相关者责任的几个阶段,它所依据的问题是"利益相关者责任在企业的组织流程和文化中的嵌入程度有多深?"在初级阶段,企业的政策零敲碎打,随意地依附在流程上(比如生产厂在环境管理上一般按照客户或母公司的要求遵守当地的法规和ISO 14000规范)。[56]第二个层次是管理执行到位,企业将利益相关者责任纳入了核心流程。在战略执行层面,企业将利益相关者责任融合在战略规划的流程中(比如软饮料公司为客户提供健康的饮品,将产品成分从人造糖转化成有机果汁,然后从战略上做出新的定位)。到了民间阶段,企业不仅自身成功地履行了对利益相关者的责任,还同时转型成为外部商业责任实践的变革代理人,激励着它的商业伙伴、供应商甚至客户一起担当商业责任。

印尼 Pertamina 公司的战略定位：从石油到地热

这家印尼的国有传统石油公司在多元化经营后将产品扩充到了地热资源。Pertamina 创立了 Pertamina Geothermal，专门管理开采印尼的可再生资源，公司生产发电用的蒸汽，并将产品销售给印尼的独家电力配送商——国家电力。该公司为印尼输送 24.15% 的地热发电电力。

资料来源：Pertamina Geothermal. (2011). Geothermal energy sustainability report. Jakarta：Pertamina.

定量评估

定性的维度不仅给商业责任的优秀实践提供了指标，还为评估企业 CSP 的定量分析提供了灵感。定量指标有信誉度得分、责任指标、企业档案的内容分析、利益相关者项目开支和投资的社会审计等。但是，把利益相关者的评估指标定量化是项很艰巨的任务。[57]

CSP 的定量指标通常用于分析企业的 CFP（财务绩效）和 CSP 之间的关系。研究者认为两者之间存在着关系，在大多数情况下，CSP 和 CFP 有相关性，最广为接受的解释是，关心利益相关者事实上最终会受益，特别是关心那些和企业最为接近的利益相关者，他们被称为主要利益相关者。受众最小的解释是，关心利益相关者至少不会有损 CFP。[58] 在"国际酒店集团和星巴克"这篇阅读材料中，我们可以看到 CSP 的定性框架可以转化成定量的评估，这有助于企业规划和评估商业责任的措施。

下一节我们将继续说明在创造利益相关者价值和抓住商业责任管理核心时如何使用这些工具。

责任管理实践
国际酒店集团和星巴克：CSP 挑战

我们怎么将全球最大的连锁酒店集团和世界最大的品牌咖啡馆放在一起比较？CSP 可以为我们提供有效的框架对来自不同行业的企业做对比分析。两个企业都涉及责任采购的项目，这也是我们对比分析的主题。

星巴克遥遥领先的责任管理体现在供应链中对利益相关群体的关注，他们的"咖啡及种植商公平实践"项目为咖啡来源地的小种植商和社群发展提供支持，将他们纳入星巴克的公平贸易网络中，给他们带来不俗的收入。2011 年，星巴克通过"咖啡及种植商公平实践"项目采购了 36 700 万磅咖啡（占公司全球采购量的 86%）。而国际酒店集团在供应链中对利益相关者群体的关注是通过他们的旗舰项目"国际酒店集团学院"体现的。这个培训中心为当地欲进入酒店业的劳动力提供职业培训，每年培训 5 000 名学生，大多数在中国，也有在英国、美国和俄罗斯。培训结业后这些学生会成为国际酒店集团的永久员工。

图4.6是一个CSP的分析,我们发现两家企业的数据完全不同。在责任方面,星巴克处在第四阶段,也就是自愿阶段,因为企业早已超越了伦理的要求。而国际酒店集团只停留在第一阶段,因为他们提到创建并执行学院培训项目的理由是"他们发现很难在当地(主要指中国)吸引和留住人才"。

星巴克的利益相关者响应可以被列为积极主动的(第四层),当星巴克开始推行"咖啡及种植商公平实践"项目时,农业领域的"公平贸易"凤毛麟角,星巴克的特立独行也是任何其他营利性企业都无法企及的,星巴克非常主动地迎合了小群体的需求。国际酒店集团跟随了其他企业的最佳实践(比如思科的网络学院),这表明国际酒店集团处在顺应(第三)的层次。

星巴克的责任管理问题成熟度可以被列在强化(第二)层次,在咖啡行业通过公平贸易的方式为社区谋求发展是一个成熟的问题,在利益相关者中不断被强化。而在酒店业,为当地社区带来经济发展却是一个刚刚萌发(第三层)的新问题。

星巴克责任项目的组织执行已超过了战略层次,可以说跃上了民间化的层次(第四层),因为它多年来早已成为影响行业内外其他部门的楷模,促进共同的改善。国际酒店集团尚处在管理(第二层)层次,他们的活动嵌入在核心的管理流程中(比如人力资源管理和运营管理环节中),但还没有被提到企业的战略层面。

所以,国际酒店集团的CSP平均得分是2分(满分4分),而星巴克的平均得分是3.5分(满分4分)。

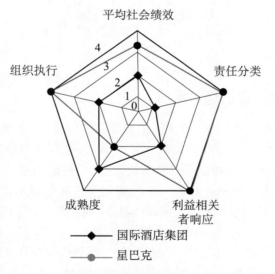

图4.6 国际酒店集团和星巴克的CSP

资料来源:Baer, E. (2012). Lessons from Starbucks: Building a sustainable supply chain. *GreenBiz*; IHG. (2012) *Corporate responsibility report*. International Hotels Group; Ashley, C., et al. (2007). The role of the tourism sector in expanding economic opportunity. *Corporate Social Responsibility Initiative Report*, 23; Cisco. (2012). Cisco Networking Academy. *CISCO*.

4.4 以利益相关者管理为核心的责任管理

"利益相关者管理的目的是设计一些方法管理这些群体和他们之间的关系,最终形成一种战略形式。"[59]

商业责任管理把利益相关者管理作为它的核心,正是这些企业如何管理这些"不同群体和他们之间的关系"[60]才会最终产生我们之前讨论的企业社会绩效。本书定义的利益相关者管理的最终目标是为企业"这些影响他人和被他人影响的"群体创造价值。[61]利益相关者管理实践可以被进一步细分为利益相关者评估和利益相关者互动,两者的共同目标是创造利益相关者价值,如图4.7所示。

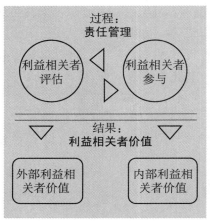

图 4.7 责任管理流程

4.4.1 目标:利益相关者价值优化

究竟什么是利益相关者价值?对每个利益相关者群体而言,这个抽象的词语可以被转化为一系列指标,比如客户满意度对应客户,员工福利对应员工,投资回报率对应股东等。对非政府组织、政府机构以及媒体等其他一些利益相关者来说,建立一些能衡量企业对其产生价值的对应指标可能更为复杂。这里要回答的一个关键问题是:他们在企业中押了什么注?一旦一个特定的利益相关群体和企业的共同关系明确下来,那么企业就容易确定如何为他们创造价值,反之亦然。有一点很清楚,利益相关者价值对不同的利益相关者意味着不同的意义,因此利益相关者管理也就非常具有复杂性,是一项多维度的工作。我们当前对利益相关者管理的理解是"不要再纠结'他们是谁'和'哪些关系',而应该思考利益相关者关系中的价值是'如何得以创造的'"。[62]

利益相关者价值是否意味着最后得益的都是外部相关者,而企业本身并没有从这个过程中受益?有足够的证据表明,利益相关者管理卓越的企业在财务绩效上的表现也相当不俗。[63]好的管理使两者都受益,实现的是共享价值。[64]

这样既为企业也为社会创造福祉,内外部群体利益均沾的理念固然很理想,但管理层在创造共享价值的时候有没有一些指导原则可以遵循呢?第一,任何管理活动的首要目标必须使利益相关者的价值长期得到优化;[65]第二,这样的价值优化必须考虑"企业大家庭",也就是在企业影响范围内的利益相关者关系的一个复杂网络;[66]第三,管理者必须具备全局思维,理解这些关系之间的互联性和协同性。第三条原则也可以说是"没有孤零零的利益相关者"[67],可以窥见创造利益相关者价值的复杂程度。这些粗线条的原则当然有效果,但我们还需要更为精细的决策框架,帮助我们将创造利益相关者价值转化为具体的操作实践。

图4.8解释了内外部利益相关者之间的关系以及互为创造的价值。左边的图形表示共享价值的交叠,内外部利益相关者都在价值创造中做了比较平均的贡献。右侧的图形是由三个不同的决策选项而产生的价值,用数量表示内外部利益相关者创造价值的合成。

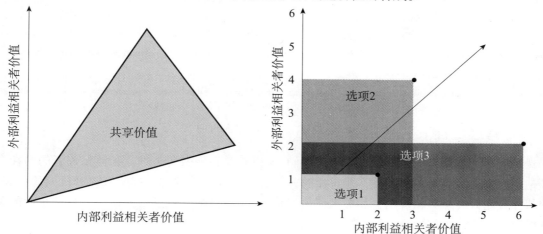

图4.8 共享价值和利益相关者利益最优化

资料来源:(left) Adapted from Porter, M., & Kramer, M. (2002). The competitive advantage of corporate philanthropy. *Harvard Business Review*, 80(12), 56-68; (right) author elaboration.

我们来举一个具体的例子,假设一个类似于谷歌、SAP或微软这样的IT(信息技术)型公司的企业责任负责人拿到了部门的一份预算,选项1是社区志愿服务活动;选项2是为移动服务开发新的应用体系,为客户带来更为环保的生活方式;选项3把企业服务器设备系统改造得更为节能。面对三个选项,管理者该如何做出选择?我们这里介绍两个主要的优化标准:最大化原则和公平原则。

(1) **利益相关者价值最大化**:如图4.8中右图所示,选项1不理想,因为它所产生的总价值2均低于选项2和3,而选项2和3的价值量都是12,那我们该如何在后两者中做出选择呢?

2. **公平分配**:面临两个较为相似的选项时,管理者可以参考公平分配的原则。偏向公平的决策者会选择选项2,比较接近内外部利益相关者利益分配的45度斜线(注意,传统的新古典主义经济学会倾心于选项3,因为企业的内部利益相关者才被视为价值的创造者和所有者,所以当然要让他们最受益)。

关于利益相关者价值创造的机制,我们发现有很多种,上述决策模式只是其中一个。其他还包括利益相关者民主[68],利益相关者应该在企业价值创造的决策过程中有发言权;利益相关者治理,把为利益相关者创造价值调整为公司治理机制的主旋律,而传统的公司治理主要是为股东价值服务的。[69]

不管我们如何定义利益相关者价值最大化,在实践中的第一步是对利益相关者做一个全面的评估,我们在接下来的小节中详细描述。

弗里曼说弗里德曼

您对利益相关者的理念感兴趣吗？弗里曼在一个系列采访中回答了提问者对利益相关者管理的一些"刁钻"问题，网上可以搜索到。采访的亮点是弗里曼拒绝被冠以"利益相关者理论原创者"的头衔，他的猜想是，商业责任的最强反对者密尔顿·弗里德曼如果还在世，他或许才是利益相关者理论的奠基人。

资料来源：Freeman, E. (2008). Interview transcript: R. Edward Freeman on stakeholder theory. *Masters Seminars in Business Ethics Video Series*. Retrieved April 22, 2012, from www.darden.virginia.edu/corporate-ethics/Video_Stakeholder_Theory/tramscript_freeman_stakeholders.html.

4.4.2 管理过程 I：利益相关者评估

让利益相关者参与的基础是首先了解他们，这说起来容易做起来难。利益相关者的内在个性以及他们的对外关系都各不相同。对忠诚的客户群和咄咄逼人的客户群或者政府机构的代表，管理的战略一定是有差异的。利益相关者评估就是一个了解他们的过程，为他们和自己企业的关系把脉的过程，一般可以分为利益相关者确认和利益相关者排序两个步骤。

利益相关者确认一般先框定利益相关者以及和他们的关系。图4.9大致做了解释，是利益相关者确认的主要工具。AA1000利益相关者参与标准是提醒利益相关者确认方关注以下问题[70]：

(1) **依赖性**：哪些群体或个人直接或间接地依赖本企业的活动、产品、服务和连带行为？本企业须依靠谁才得以运行？

(2) **责任**：在目前或者将来，本企业对哪些群体或个人会负有法律、商业、运营、伦理/道德责任？

(3) **紧张程度**：在财务、总体经济、社会和环境问题等方面，本企业需立即关注哪些群体或个人？

(4) **影响力**：哪些群体或个人对本企业或利益相关者的战略及运营决策产生影响？

在这张图谱中，我们很快就找到几个主要的利益相关群体。内部利益相关者是构成企业内部组织结构的成员，如员工和企业主。和他对应的是外部利益相关者。[71]首要的利益相关者是和企业有直接关系的群体，他们与企业连接的性质各不相同，如法律上的（如政府）、买卖上的（如直接供货商），或者空间距离上的（如当地社群）等。与之对应的是次一级的利益相关者，但重要性不相上下甚至有过之而无不及。比如，一个三级供应商如果因为其非人道的工作条件而爆出丑闻，也许造成的后果比一个直接控制的供应商的闪失更为恶劣。[72]社会利益相关者是指当今的人类，非社会利益相关者是指动物、自然环境和未来的人类。两者的差别是社会利益相关者具有发言权，这对管理利益相关者关系意义重大。[73]自然环境在利益相关者当中的地位也被反复提及；关键是大自然是否应当具有自身的权利，所以需要受到保护，还是大自然只是满足我们人类需求的工具。[74]最外圈那个分类更为宽泛，利益相关者和非利益相关者，后者指和企业不发生关系的群体。[75]

接下来我们继续介绍三个逻辑步骤，来勾画利益相关者图谱。

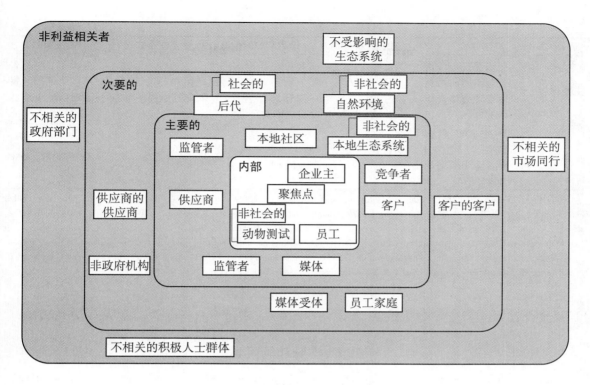

图 4.9 利益相关者分类图谱

(1)确定利益相关者图谱的聚焦点。聚焦点决定了这次利益相关者分析的视角,可以是有关企业或政策、产品的一个单个决策,也可以针对整个公司。

(2)从类型或与聚焦点的紧密度方面逐一列举这些利益相关者。

(3)将利益相关者按上述定义分类,并制图。

一旦完成了利益相关者的确认,我们还要对其分析并进行排序。我们用利益相关者排序模型可以窥探利益相关者思维的"黑箱"。[76]目前已开发出不少为利益相关群体排序的模型,表 4.2 描述的是 2007 年至 2012 年的五个大规模调研所汇总的关于如何给利益相关者群体排序的结果。

有三个有趣的事实值得特别关注一下。第一,有一些显著的群体会被重复定为重要级:客户、员工、投资人和政府。第二,利益相关群体的重要性会随时间和环境而改变(比如是宏观经济稳定期还是动荡期),同时还取决于调研的具体对象(是中级经理还是 CEO)。第三,非社会利益相关者和激进的非政府组织,曾经对企业的成败产生过关键性的影响,在现在的企业眼中已经不再是重要的利益相关者。这三个发现为我们不再盲从公认的利益相关者排序提供了重要的支撑依据,反之,我们应该按具体的情况,分别应用利益相关者排序的分析工具并经常更新结果。

表 4.2 实践中的利益相关者影响

调研/年份	经济学家/2008	IBM/2008	埃森哲/2010	企业责任杂志/2010	安永/2012
排位 1	政府	员工	客户	客户	客户
排位 2	竞争者	商业伙伴	员工	员工	员工
排位 3	客户	投资人	政府	投资人	投资人
排位 4	监管者	社群	社群	政府	政府

续表

调研/年份	经济学家/2008	IBM/2008	埃森哲/2010	企业责任杂志/2010	安永/2012
主要内容	在未来五年,谁会对你们的可持续发展战略产生影响?	在企业社会责任项目中和企业合作的利益相关者	在未来五年,你认为哪个利益相关者会在你管理社会期望时对你影响最大?	最留意本企业责任的前五位关注者是	挑选三个对贵公司推动可持续发展项目最重要的利益相关者
受访者	超过1200名高管,一半以上都是最高层,26%是全世界各地的CEO	250家跨国企业的领导人	766名全球契约成员企业CEO	全球650家企业的企业责任执行官	272名高管和思想领跑者,85%在美国

资料来源:Economist (2008). *Doing good*:*Business and the sustainability challenge*. London:Economist Intelligence Unit;Pohle, G., & Hittner, H. (2008). *Attaining sustainable growth through corporate social responsibility*. Somers:IBM Institute for Business Value;Lacey, P., et al. (2010). *A new era of sustainability*:*UN Global Compact −Accenture CEO study* 2010. New York:Accenture Institute for High Performance;Corporate Responsibility Magazine. (2010). The state of corporate responsibility:Setting the baseline. *Corporate Responsibility Magazine*. Retrieved September 4,2011,from www.thecro.com;Eanst & Young. (2012). *Six growing trends in corporate sustainability*:*An Earnst & Young survey in cooperation with GreenBiz group*. London:Earnst & Young.

深度挖掘

神灵、山脉和阿凡达

如果你认为这三个词语和商业责任风马牛不相及,那你就错了。印度东部有一个部落叫Dongria Kondh,不久前他们向电影《阿凡达》的导演卡麦隆呼吁,电影中有一处情节正在他们生活中上演,影片中因为一些矿业公司肆无忌惮的开采行为而使原来住在山上的异族部落的生存受到了威胁,而现在,他们居住地附近被他们奉若神明的一座圣山也将要被Verdanta资源公司变成开矿地,据说这座山上富藏着铝矾土,可以用来提取金属铝,相当于价值20亿美金。请思考,山脉、神灵和土族部落也是利益相关者吗?

资料来源:Hopkins, K. (2010). Indian tribe appeals for *Avatar* director's help to stop Vedanta. *The Guardian*;Cernansky, R. (2012) Foreign companies eye sacred mountains in Montana and India for mine. *Treehugger*.

图4.10概括了利益相关者排序最为常用的三种方法。Mitchel,Agle和Wood[77]使用了文恩图(见图4.10a)从三个维度解释利益相关者的轻重程度:力量(利益相关者对公司的潜在影响力有多强)、合理性(利益相关者的诉求有多正当)、紧迫性(如果诉求未得到迅速回应,后果会多严重)。根据这个被广为接受的理论,最重要的利益相关者就是涵盖了这三个维度的群体,又称绝对的利益相关者。

Savage等学者使用的另一种方法是合作—危害坐标图(见图4.10b),该图把利益相关者对企业造成威胁的可能性(大/小)与利益相关者和企业合作的力量(大/小)结合在一起。针对区分好的四类利益相关者,学者们还对如何参与提出了建议。比如,对第四类"喜忧参半"型利益相关者,应该采用合作的方式,因为与这个利益相关者合作的空间非常大,另外还要对他们"随时留意",确保他们不会对公司形成破坏力。[78]

最为简洁和有力的利益相关者排序法是核心—战略—环境框架(见图4.10c)。核心利益相关者是最为重要的群体,因为直接关系到公司的存亡。仅次于他们的是战略利益相关者,如果照顾

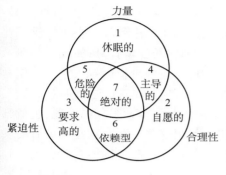

图 4.10 主要的利益相关者排序方法

不周,也许不会威胁到企业的存亡,但会影响企业的成败。第三类是环境利益相关者,请不要与自然环境这个利益相关者混淆,环境利益相关者是指所有存在于企业周围的群体,重要但与企业的存亡兴衰无关。

这些不同的分类排序法适用不同的功能,如果能结合使用往往会带来更好的收效。请记住,利益相关者排序是一个持续的过程,利益相关者的重要性随着时间或公司的生命周期而改变,利益相关者更有能力对企业施加影响。[79]对利益相关者进行了划分和排序,接下来该开始讨论如何让相关的利益相关者一起参与到企业的责任管理中来。

4.4.3 管理过程Ⅱ:利益相关者参与

利益相关者参与分为两个平行进行的阶段:利益相关者沟通和共建活动。利益相关者沟通是为了深入了解各种不同类型的利益相关者,促进合作和共建活动,所以应该是采用辩证的方法。企业应该既向所有利益相关者表达,同时又倾听他们的心声。[80]我们将在后面的沟通和营销章节中再做详细阐述。

开口问利益相关者!

你如何才能真正知道哪个问题对利益相关者最重要?《卫报》给了一个实用的回答:"我们来问问!"这份英国报纸于是乎在它的网页上开展了一项网上调查,询问利益相关者,在未来的可持续发展报告中,您希望看到他们涉及哪些议题?

资料来源:Confino, J. (2010). Can you help us with our latest sustainability report? *Guardian News and Media*.

有一项沟通任务是询问利益相关者哪些是他们认为比较重要的问题,有多重要。这个对话构成了重要性评估的一个部分,企业确认一些对利益相关者来说重要的事物,并和对本企业的重要性做一个对比,整个过程对理解如何为利益相关者创造价值很重要,隐含的逻辑就是,如果一个问题或议题对利益相关者意义越重大,那么企业处理好这个问题对他们创造的价值就越大。为了创造最大的利益相关者价值,那些重要问题应当被转化成具体指标,测量企业在对待这些问题上利益相关者所达到的满意度。[81] 图4.11介绍的是一个重要性分析工具,列举了商业责任的议题,也就是典型问题。其中横轴代表这些问题对企业的总体重要程度,纵轴代表这些问题对利益相关者的重要程度。这样的评估可以为企业决策提供参考依据,哪些问题是企业要首先提上议事日程的。

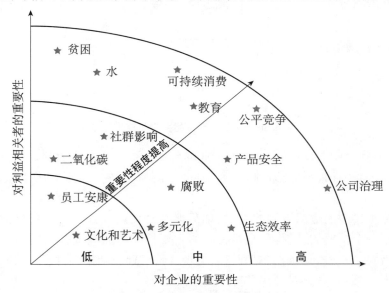

图4.11 典型问题的重要性评估

利益相关者管理的最终目标是企业和利益相关者联手共建活动来应对这些问题。我们建议企业建立一套完整的问题档案,和利益相关者一起跟踪记录,最终消解了哪些问题,为利益相关者创造了哪些价值。本章我们不对可以展开的具体活动做赘述,因为从本书第三部分开始,我们将从管理的各个具体环节出发,对利益相关者管理的具体实践做一番细致的描述。

保加利亚:"融入活动"

奥地利公用事业公司EVN在保加利亚的分公司遭遇了一批问题客户,主要是罗马人。在与这些利益相关者进行了大量的沟通之后,EVN终于明白了他们偷电行为的根源在于由来已久的种族歧视文化,他们总是被另眼相看。后来公司推出了具有诚意和尊重的利益相关者融入活动,在企业和客户之间建立起了积极和有益的关系。

资料来源: EVN. (2013). The Stolipinovo project. *EVN.*

表4.3勾勒了利益相关者参与的不同层次，第一行中，我们可以发现参与程度从纯粹单向的信息传递到紧密的支持关系不等。对每一项列出的参与程度，表格中提供了可以借鉴的方法，并且还包括了一些基础的准备资料、理想的态度，以及发起者可能碰到的问题和带来的收益。[82]

表4.3 理解利益相关者参与的层次

层次/姿态	信息	咨询	共同决策	联手行动	支持
惯常步骤	陈述和宣传	沟通和反馈	达成共识	建立合作	社群发展
常用方法	宣传单 媒体 录像	调研 会议	工作坊 规划战略选择	合作机构	咨询 支持 提供资金
发起者态度	"这是我们打算做的。"	"这是我们提出一些选项，你们怎么看？"	"我们希望一起形成解决方案，一起行动。"	"我们希望一起把决策贯彻落实下去。"	"我们想借助这些指导原则帮你们一起实现愿望。"
发起者收益	明显最省力	多一些机会成功	从他人那里获得新的灵感和承诺	获得更多资源	开发社群的潜力，减少应急服务的需要
发起者难题	别人是否愿意一起商量？	这些选项是否现实？还有其他选项吗？	我们是否有类似的决策？我们是否互相了解和信任？	如何找到控制的平衡点？我们可以一起共事吗？	我们的目标和他人的利益是否都能实现？
起始点	清晰的愿景 明确的观众 共同语言	现实的选项 有能力应对他人的反应	愿意接受新的观念并与时俱进	愿意学习新的工作方法	承诺提供持续的支持

资料来源：Wilcox, D. (1994). *The guide to effective participation*. London: Partnership.org.

思考题

1 归纳与整理

1.1 解释以下术语及之间的关系：企业责任、利益相关者和共享价值。

1.2 请解释卡罗尔企业社会责任金字塔模型中的四类责任。

1.3 请阐述企业责任与可持续发展、企业责任与商业伦理之间的关系，包括异同点。

1.4 请列举利益相关者的四层责任并举例。

2 应用与体验

2.1 以下例子分别说明了企业责任中的哪些责任：慈善、公民、社会创业？

(1) 思科系统公司创建了网络学院项目，当地的居民可以学习网络知识和技能。

(2) 微软创始人比尔·盖茨将他个人的一大笔财产转入了以他和夫人命名的基金会。

(3) 创立伊始，Body Shop就把握了责任型的市场机会，专注于有机化妆产品，不用动物测试。

2.2 请选择一个企业的社会责任报告，并找出该企业是如何对利益相关者排序的。

2.3 在这份报告中，继续给公司的利益相关者分类，可参考图4.10的利益相关者排序框架。

3 分析与讨论

3.1 请选择一个企业责任活动,用图4.4和图4.6分析它在四个责任上的企业社会绩效。

3.2 请挑选一个你较为熟悉的企业准备一份图表。首先找出他们经营中碰到的典型问题。其次,评估这些问题对企业以及利益相关者的重要性,参考图4.11。

3.3 请在你所处的地区找出一个在责任经营上颇有建树的公司,应用本章4.3.3"分类和解读"这一小节中的考虑因素,分析是这家领先型公司是如何诠释企业责任的。

4 改变与行动

4.1 假设你是某首都城市的一家郊区小杂货店主。请制作一份完整的利益相关者评估报告,包括利益相关者图示、利益相关者排序、重要性评估等。基于这份分析报告,设计三组行动执行计划,目的是创造更多的利益相关者价值。

4.2 接触一个企业责任部门(很多企业社会责任报告中注有联系方式),就创造附加的利益相关者价值提供一个具体的建议。简明扼要,跟踪并记录公司的反馈。

先锋人物专访　爱德华·弗里曼

爱德华·弗里曼被称为利益相关者理论的教父。1981年他的专著《战略管理:利益相关者视角》(Strategic Management: A stakeholder Perspective)甫一出版,便彻底地改变了我们的商业思维,并为我们今天所了解的商业责任的理论和实践奠定了基础。

既然最终让股东和客户满意是管理者的根本,其他利益相关者真的有那么重要吗?

是的,其他也很重要。因为他们的利益是互相捆绑在一起的,你如果不为供应商、员工和社群创造价值,就无法为股东和客户创造价值。对大多数企业来说,这五个利益相关者都至关重要。对有些企业来说,也许先从为客户创造价值着手,而对另一些企业,则从考虑员工、供应商和投资商开始。

利益相关者管理中具有创新意义的价值创造战略管理和风险管理有什么不同?

利益相关者管理需要你去思考企业如何为利益相关者创造价值。任何商业模型的发展都会包含风险的概念,但有一点很重要,不要把"利益相关者管理"和商业模式割裂开来。

在利益相关者的关系管理中,公司最应该关注哪些问题才能释放最大的战略竞争优势?

这里最重要的是企业的目的是什么。管理利益相关者暗含一个假设,企业是带有目的(通常不只是盈利)运转的,所以我们看待企业最好是为了实现这一目的,而不仅仅是为了获取战略竞争优势。

企业能够衡量利益相关者政策的财务回报吗?

企业的财务回报反映了企业为利益相关者创造价值的结果。更好的问题是,"利润"是否能够帮助管理者抓取所有的细微差别,去了解如何为利益相关者创造更可能多的价值。

您如何定位利益相关者管理在今天战略管理流程中的作用?

如果不是为了改善商业模式,那战略管理流程还可以是什么?无非是为客户、员工、供应商、社群及投资者创造价值,任何不以创造这些价值为导向的战略管理流程恐怕都需要做出改善。

您认为它应该在商学院中被赋予更高的优先序?

在商学院中存在很多迷思。其中一个是利益相关者价值和股东价值是相悖的。有相当一部分学者已经澄清了这个认识误区,商学院应该予以重视。在我们的新书《利益相关者理论:前沿》(Stakeholder Theory: The State of the Art)中,我和合著者力图向大家证明利益相关者管理可以在商业领域发挥更大的作用,并且大有可为。

践行者速写　苏迪亚·库马·西纳(Sudhir Kumar Sinha)

就职企业：

1935年创办的西普拉(Cipla)有限公司是全球最大的普通制药公司之一，触角伸向170多个国家。它以生产低价的但达到世界水平的药品闻名业界，为很多患者带来了福音。

职位描述：

公司高管——CSR

教育背景：

LEAD（环境和发展领导组织）成员，农村发展专业研究生

实际工作

您的主要职责是什么？

● 管理和领导企业/企业社会责任的运作，制定企业责任政策和步骤，为管理层就责任管理事务提供建议，比如企业责任/可持续发展的标准、精益化管理企业责任的流程，并确保遵守企业责任的标准。

● 构思和执行社群发展项目。

● 管理财务/法务合规/行政部门的运行。

● 建立和经营良好的企业形象，和高层及员工保持高度的协调。

● 落实评估研究，负责信息披露和撰写企业责任/可持续发展报告。

您每天工作的典型事务有哪些？

● 以可持续发展为参数评估企业的商务决策和活动，然后和高管层/董事会沟通。

● 和团队、员工和高管层密切合作，找出企业在可持续发展方面的强项和盲区，规划并改进政策、战略、行动计划和测量过程。

● 和外部利益相关者联络，讨论具体问题，并制定战略面对这些问题。

● 定期监控和管理管理信息系统(MIS)，分析并推论，为管理层建言献策。

● 对所有的沟通负责，对利益相关者负责，顾及他们的期望和担忧。

● 根据企业目标，设计和执行财务系统、政策和流程，协助内部的财务控制。

● 筛选新的项目，评价项目报告，评估项目的可行性、预测现金流以及增长潜力。

● 和外部利益相关者建立关系。

● 推动员工的志愿服务，并将之融入企业的文化建设。

● 将企业责任部门的团队和在企业生产厂的团队对接，加强总体的企业责任和社会承诺。

● 代表企业和行业参加国内外的企业责任论坛、学生讨论，并在国内外相关委员会中占有一席之地。

可持续发展、责任和伦理在您的工作中扮演什么角色？

可持续发展、责任和伦理是企业负责任经营的核心价值。他们互为补充，对我而言，它们是任何企业的三个支柱，为企业的长存提供源源不断的力量。

人口激增、经济发展和对自然资源的消耗无意中为我们社会、经济和环境带来一些不良后果，出于忧患意识，我们开始萌生可持续发展的理念。如果我们为企业的经济目标赋予战略意义，不要再给地球和人类带来负面的影响，那么我们还有望保持一种良性平衡。因此，组织中企业责任的领导者要让企业上下全员参与，使可持续发展成为组织的内在驱动力。

企业责任的概念和企业对一系列的利益相关者所造成的负面影响有关，从这个角度看，企业的责任应该是缓和这些负面影响以及外部性。因此，企业责任领导者的作用是去研究企业（产品/服务）的"生命周期"，然后对影响做出评估，进而再将它们整合到企业的战略/规划中。

只要在企业中、在市场上、在社群中展现伦理的最高标准，"做正确的事情"总是有保障的。企业责任领导者必须要和不同的利益相关者合作，为员工和供应商建立伦理规范，并且还要协助董事会和管理层推动企业树立对社群、员工和客户的正确行为。

经验分享

您会给您的同行什么样的建议？

给CSR定位：努力让企业责任/企业社会责任部门成为董事会或CEO直接领导下的组织中具有战略地位的部门。

企业社会责任和企业责任：不要去认可以慈善为驱动的企业社会责任模式。哪怕是慈善也要上升为战略慈善。扩展企业社会责任的视野，瞄准企业责任对

利益相关者的战略模式。

提高门槛：随时更新和掌握信息，公众对企业责任的理解达成了哪些共识，有些什么好的实践，进而一步步提高标准，为本企业的责任设立相应的新目标。

挺身而出：发挥"举报者"的作用，而不仅仅是企业社会责任的管理者，勇敢地挺身而出，并坚持不懈，直到组织上下完全明白这些问题。

建立人脉：加入一些本地或国际的专业网络，积极参与讨论。为专业网络做出贡献的同时还从中吸收学习。鼓励你们的 CEO 和高管层多多参加企业责任/可持续发展等论坛/公共对话，促进他们对企业责任的认识更为深远。

您工作中的主要挑战是什么？

对 CSR 的认识始终存在着全球和本地的冲突。全球对企业责任的理解已经进化到涵盖伦理、治理、人权、供应链、环境、社群和员工等议题，而我们印度本地对 CSR 的认识还很大程度上停留在它是对社会的慈善义举。在印度，总体上对 CSR 管理者的挑战是改变管理层的观念，从慈善为主导，到慢慢接受把企业的影响作为首要也最重要的"强制责任"，然后再把为所有人创造共享价值作为希冀的责任。

参考文献

1. Corporate Responsibility Magazine. (2010). The state of corporate responsibility: Setting the baseline. *Corporate Responsibility Magazine*. Retrieved September 4, 2011, from www.thecro.com
2. Ernst & Young. (2012). *Six growing trends in corporate sustainability: An Ernst & Young survey in cooperation with GreenBiz group*. London: Ernst & Young.
3. KPMG. (2011). *KPMG international survey of corporate responsibility reporting 2011*.
4. Handy, C. (2002). What's a business for? *Harvard Business Review*, 80(4), 49-54.
5. Donham, W. B. (1927). The social significance of business. *Harvard Business Review*, 5(4), 406–419.
6. Donham, W. B. (1927). The social significance of business. *Harvard Business Review*, 5(4), 406–419.
7. Sprunger, M. (2011). An introduction to Confucianism. *VI. Confucianism: The religion of social propriety*. Retrieved August 29, 2011, from http://urantiabook.org/archive/readers/601_confucianism.htm
8. Melzer, U. (2011). *50 biblische Erfolgsgrundlagen im Geschäftsleben—23. Kapitel—Gib den Zehnten!* Retrieved April 10, 2012, from Word Press: http://50-erfolgsgrundlagen.de/blog/?p=274
9. Beekun, R. I., & Badawi, J. A. (2005). Balancing ethical responsibility among multiple organizational stakeholders: The Islamic perspective. *Journal of Business Ethics*, 60(2), 131–145; Siwar, C., & Hossain, M. T. (2009). An analysis of Islamic CSR concept and the opinions of Malaysian managers. *Management of Environmental Quality: An International Journal*, 20(3), 290–298.
10. O'Brien, T., & Paeth, S. (2007). *Religious perspectives on business ethics: An anthology*. Lanham, MD: Rowman & Littlefield; Hemingway, C. A., & Maclagan, P. W. (2004). Managers' personal values as drivers of corporate social responsibility. *Journal of Business Ethics*, 50(1), 33–44; Ramasamy, B., Yeung, M. C. H., & Au, A. K. M. (2010). Consumer support for corporate social responsibility (CSR): The role of religion and values. *Journal of Business Ethics*, 91(1), 61–72; Brammer, S., Williams, G., & Zinkin, J. (2007). Religion and attitudes to corporate social responsibility in a large cross-country sample. *Journal of Business Ethics*, 71, 229–243.
11. Donham, W. B. (1927). The social significance of business. *Harvard Business Review*, 5(4), 406–419.
12. Bowen, H. R. (1953). *Social responsibilities of the businessman*. New York: Harper. Retrieved from http://books.google.com/books?id=4y0vAAAAMAAJ&q=The+Social+Responsibility+of+the+Business+Man&dq=The+Social+Responsibility+of+the+Business+Man&hl=es&ei=m2hdTpKSN8LlsQKWgZlg&sa=X&oi=book_result&ct=result&resnum=1&ved=0CDAQ6AEwAA
13. Carroll, A. B. (1999). Corporate social responsibility: A definitional construct. *Business & Society*, 38(3), 268–295.
14. In a Google scholar search conducted on March 18, 2012, the *New York Times Magazine* article by Friedman (see note 15) was cited 5,216 times, while the second-most frequently cited paper, Carroll's article on the responsibility pyramid (see note 20), was cited merely 1,830 times. The third most-cited (1,764 times) article was Porter and Kramer's article on strategy and society: Porter, M., & Kramer, M. (2006). Strategy and society: The link between competitive advantage and corporate social responsibility. *Harvard Business Review*, 84(12), 78–92.
15. Friedman, M. (1970). The only responsibility of business is profit. *New York Times Magazine*, 14, 2.
16. Economist. (2006). A heavyweight champ, at five foot two: The legacy of Milton Friedman, a giant among economists. *The Economist*. Retrieved April 10, 2012, from www.economist.com/node/8313925?story_id=8313925
17. Levitt, T. (1958). The dangers of social responsibility. *Harvard Business Review*, 36(5), 41–50.
18. Husted, B. W., & Salazar, J. D. J. (2006). Taking Friedman seriously: Maximizing profits and social performance. *Journal of Management Studies*, 43(1), 75–91.

19. Freeman, R. E. (1984/2010). *Strategic management: A stakeholder approach* (p. 25). Cambridge: Cambridge University Press. First published in 1984.
20. Carroll, A. B. (1991, July–August). The pyramid of corporate social responsibility: Toward the moral management of organizational stakeholders. *Business Horizons*, 225–235.
21. Commission of the European Communities. (2006). *Implementing the partnership for growth and jobs: Making Europe a pole of excellence of CSR*. Brussels: European Union.
22. Habisch, A., et al. (2005). *Corporate social responsibility across Europe*. New York: Springer.
23. Commission of the European Communities. (2012). Sustainable and responsible business: Multi-stakeholder forum on corporate social responsibility (CSR). *Enterprise and Industry*. Retrieved April 9, 2012, from http://ec.europa.eu/enterprise/policies/sustainable-business/corporate-social-responsibility/multi-stakeholder-forum/index_en.htm
24. EABIS. (2012). *Academy of Business in Society*. Retrieved April 9, 2012, from www.eabis.org/; CSR Europe. (2012). CSR Europe: The European business network for CSR. *CSR Europe*. Retrieved April 9, 2012, from www.csreurope.org/
25. Global Compact. (2011). The United Nations Global Compact. Retrieved August 30, 2011, from www.unglobalcompact.org/.
26. PRME. (2011). Principles of responsible management education. Retrieved August 30, 2011, from www.unprme.org/
27. ISO. (2010). *International standard ISO 26000: Guidance on social responsibility*. Geneva: International Organization for Standardization.
28. Waddock, S. A., Bodwell, C., & Graves, S. B. (2002). Responsibility: The new business imperative. *Academy of Management Executive*, 47(1), 132–147.
29. CSR Europe. (2012). National partner network. *CSR Europe: The European business network for CSR*. Retrieved April 9, 2012, from www.csreurope.org/nationalpartnernetwork.php
30. Spence, L. J. (2007). CSR and small business in a European policy context: The five "C"s of CSR and small business research agenda 2007. *Business and Society Review*, 112(4), 533–552; Jenkins, H. M. (2004). A critique of conventional CSR theory: An SME perspective (2004). *Journal of General Management*, 29(4), 37–57; Visser, W. (2006). Corporate social responsibility in developing countries. *Millennium Development Goals*, 11(1), 473–499; Raynard, P., & Forstater, M. (2002). *Corporate social responsibility: Implications for small and medium enterprises in developing countries*. Vienna: UNIDO.
31. Visser, W. (2010). *The age of responsibility: CSR 2.0 and the new DNA of business*. Chichester: Wiley; Laasch, O., & Flores, U. (2010). Implementing profitable CSR: The CSR 2.0 business compass. In M. Pohl & N. Tolhurst, *Responsible business: How to manage a CSR strategy successfully* (pp. 289–309). Chichester: Wiley; Visser, W. (2008). CSR 2.0: The new era of corporate sustainability and responsibility. *CSR Inspiration Series*, 1.
32. Commission of the European Communities. (2006). *Implementing the partnership for growth and jobs: Making Europe a pole of excellence of CSR*. Brussels: European Union.
33. Additional terms, such as *corporate citizenship (CC)*, *philanthropy*, and *social entrepreneurship*, will be dealt with in the next section, entitled "Interpreting Responsible Business".
34. Dahlsrud, A. (2006). How corporate social responsibility is defined: An analysis of 37 definitions. *Corporate Social Responsibility and Environmental Management*, 15(1), 1–13.
35. Valor, C. (2005). Corporate social responsibility and corporate citizenship: Towards corporate accountability. *Business and Society Review*, 110(2), 191–212.
36. United Nations. (1987). *Our common future*. World Commission on the Environment and Development. New York: United Nations.
37. ISO. (2010). *International standard ISO 26000: Guidance on social responsibility*. Geneva: International Organization for Standardization.
38. ISO. (2010). *International standard ISO 26000: Guidance on social responsibility*. Geneva: International Organization for Standardization.
39. Fioravante, P. L. (2010). Corporate philanthropy: A strategic marketing consideration. *Journal of Applied Business and Economics*, 11(3), 91–96; Bruch, H., & Walter, F. (2005). The keys to rethinking corporate philanthropy. *MIT Sloan Management Review*, 47(1), 49–55; Porter, M., & Kramer, M. (2002). The competitive advantage of corporate philanthropy. *Harvard Business Review*, 80(12), 56–68; Godfrey, P. C. (2005). The relationship between corporate philanthropy and shareholder wealth: A risk management perspective. *Academy of Management Review*, 30(4), 777–798.
40. Moir, L., & Taffler, R. (2004). Does corporate philanthropy exist? Business giving to the arts in the U.K. *Journal of Business Ethics*, 54(2), 149–161.
41. Matten, D., & Crane, A. (2005). Corporate citizenship: Toward an extended theoretical conceptualization. *Academy of Management Review*, 30(1), 166–179; Altman, B. W., & Vidaver-Cohen, D. (2002). A framework for understanding corporate citizenship: Introduction to the special edition of *Business and Society Review* "corporate citizenship for the new millennium." *Business and Society Review*, 105(1), 1–7.
42. Matten, D., Crane, A., & Chapple, W. (2003). Behind the mask: Revealing the true face of corporate citizenship. *Journal of Business Ethics*, 45(1–2), 109–120; Matten, D., & Crane, A. (2005). Corporate citizenship: Toward an extended theoretical conceptualization. *Academy of Management Review*, 30(1), 166–179.
43. Austin, J., & Reficco, E. (2009). *Corporate Social Entrepreneurship*. HBS Working Paper Series, Vol. 101, No. 9.
44. Matten, D., & Moon, J. (2008). "Implicit" and "explicit" CSR: A conceptual framework for a comparative understanding of corporate social responsibility. *Academy of Management Review*, 33(2), 404–424.
45. Garriga, E., & Melé, D. (2004). Corporate social responsibility theories: Mapping the territory. *Journal of Business Ethics*, 53, 51–71.
46. Matten, D., & Moon, J. (2008). "Implicit" and "explicit" CSR: A conceptual framework for a comparative understanding of corporate social responsibility. *Academy of Management Review*, 33(2), 404–424.
47. Misani, N. (2010). The convergence of corporate social responsibility practices. *Management Research Review*, 33(7), 734–748.

48. See an extensive illustration of the difference between social and nonsocial stakeholders in the section later in this chapter entitled "Management Process 1: Stakeholder Assessment (Planning)".
49. FOE. (2005). *Briefing: Corporate accountability*. London: Friends of Earth;Valor, C. (2005). Corporate social responsibility and corporate citizenship: Towards corporate accountability. *Business and Society Review*, 110(2), 191–212; AccountAbility. (2008). *AA1000 accountability principles standard 2008*. London: AccountAbility.
50. Vanberg, V. J. (2007). Corporate social responsibility and the "game of catallaxy": The perspective of constitutional economics. *Constitutional Political Economy*, 18(3), 199–222.
51. Wood, D. J. (1991). Corporate social performance revisited. *Academy of Management Review*, 16(4), 691–718; Wartick, S. L., & Cochran, P. L. (1985). The evolution of the corporate social performance model. *Academy of Management Review*, 10(4), 758–769.
52. Carroll, A. B. (1979). A three-dimensional conceptual model of corporate performance. *Academy of Management Review*, 4(4), 497–505; Carroll, A. B. (1991, July–August). The pyramid of corporate social responsibility: Toward the moral management of organizational stakeholders. *Business Horizons*, 225–235; Schwartz, M. S., & Carroll, A. B. (2003). Corporate social responsibility: A three-domain approach. *Business Ethics Quarterly*, 13(4), 503–530.
53. Clarkson, M. B. E. (1995). A stakeholder framework for analyzing and evaluating corporate social performance. *Academy of Management Review*, 20(1), 82–117.
54. Martin, R. (2002). The virtue matrix: Calculating the return on corporate. *Harvard Business Review*, 80(3), 68–75.
55. Zadeck, S. (2004). The path to corporate social responsibility. *Harvard Business Review*, 82, 125–132.
56. Zadeck, S. (2004). The path to corporate social responsibility. *Harvard Business Review*, 82, 125–132. Note that Zadeck divides the first level into two levels, called *compliant* and *defensive*, but we have altered those features in order to integrate the model into the overall CSP framework provided here.
57. Waddock, S. A., Bodwell, C., & Graves, S. B. (2002). Responsibility: The new business imperative. *Academy of Management Executive*, 47(1), 132–147.
58. Orlitzky, M., Schmidt, F. L., & Rynes, S. L. (2003). Corporate social and financial performance: A meta-analysis. *Organization Studies*, 24(3), 403–441; Waddock, S. A., Bodwell, C., & Graves, S. B. (2002). Responsibility: The new business imperative. *Academy of Management Executive*, 47(1), 132–147.
59. Freeman, R. E., & McVea, J. (2001). *A stakeholder approach to strategic management*. Darden Business School Working Paper, Vol. 1, No. 2, p. 4.
60. Freeman, R. E., & McVea, J. (2001). *A stakeholder approach to strategic management*. Darden Business School Working Paper, Vol. 1, No. 2, p. 4.
61. Freeman, R. E. (1984/2010). *Strategic management: A stakeholder approach* (p. 25). Cambridge: Cambridge University Press. First published in 1984.
62. Myllykangas, P., Kujala, J., & Lehtimäki, H. (2010). Analyzing the essence of stakeholder relationships: What do we need in addition to power, legitimacy, and urgency? *Journal of Business Ethics*, 96(1), 65–72.
63. Hillman, A. J., & Keim, G. D. (2001). Shareholder value, stakeholder management, and social issues: What's the bottom line? *Strategic Management Journal*, 22(2), 125–139; Berman, S. L., et al. (1999). Does stakeholder orientation matter? The relationship between stakeholder management models and firm financial performance. *Academy of Management Journal*, 42(5), 488–506; Preston, L. E., & Donaldson, T. (1999). Stakeholder management and organizational wealth. *Academy of Management Review*, 24(4), 619–620.
64. Porter, M., & Kramer, M. (2002). The competitive advantage of corporate philanthropy. *Harvard Business Review*, 80(12), 56–68; European Commission. (2011). *A renewed EU strategy 2011–14 for corporate social responsibility*. Brussels: European Union.
65. Jensen, M. C. (2002). Value maximization, stakeholder theory, and the corporate objective function. *Business Ethics Quarterly*, 12(2), 235–256; Freeman, R. E. (2010). Managing for stakeholders: Trade-offs or value creation. *Journal of Business Ethics*, 96(1), 7–9.
66. ISO. (2010). *International standard ISO 26000: Guidance on social responsibility*. Geneva: International Organization for Standardization; Sachs, S., Post, J. E., & Preston, L. E. (2002). Managing the extended enterprise: The new stakeholder view. *California Management Review*, 45(1), 6–28.
67. Berman, S. L., et al. (1999). Does stakeholder orientation matter? The relationship between stakeholder management models and firm financial performance. *Academy of Management Journal*, 42(5), 488–506.
68. Crane, A., Matten, D., & Moon, J. (2004). Stakeholders as citizens? Rethinking rights, participation, and democracy. *Journal of Business Ethics*, 53(1–2), 107–122; Matten, D., & Crane, A. (2005). What is stakeholder democracy? Perspectives and issues. *Business Ethics: A European Review*, 14(1), 6–13.
69. Freeman, E., & Reed, D. L. (1983). Stockholders and stakeholders: A new perspective on corporate governance. *California Management Review*, 25(3), 88–106; Freeman, E., & Evan, W. M. (1990). Corporate governance: A stakeholder interpretation. *Journal of Behavioral Economics*, 19(4), 337–359.
70. AccountAbility. (2008). *AA1000 accountability principles standard 2008*. London: AccountAbility.
71. Freeman, R. E. (1984/2010). *Strategic management: A stakeholder approach*. Cambridge: Cambridge University Press. First published in 1984; ISO. (2010). *International standard ISO 26000: Guidance on social responsibility*. Geneva: International Organization for Standardization; Carroll, A. B., & Buchholtz, A. K. (2008). *Business and society*, 7th ed. Scarborough, Canada: Cengage.
72. Clarkson, M. B. E. (1995). A stakeholder framework for analyzing and evaluating corporate social performance. *Academy of Management Review*, 20(1), 82–117.
73. Carroll, A. B., & Buchholtz, A. K. (2008). *Business and society*, 7th ed. Scarborough, Canada: Cengage. Fitch, H. G. (1976). Achieving corporate social responsibility. *Academy of Management Review*, 1(1), 38–46.

74. Starik, M. (1995). Should trees have managerial standing? Toward stakeholder status for non-human nature. *Journal of Business Ethics*, *14*(3), 207–217; Fitch, H. G. (1976). Achieving corporate social responsibility. *Academy of Management Review*, *1*(1), 38–46; Driscoll, C., & Starik, M. (2004). The primordial stakeholder: Advancing the conceptual consideration of stakeholder status for the natural environment. *Journal of Business Ethics*, *49*(1), 55–73.
75. Mitchel, R. K., Agle, B. R., & Wood, Donna J. (1997). Toward a theory of stakeholder salience: Defining the principles of who and what really counts. *Academy of Management Review*, *22*(4), 853–886.
76. Pajunen, K. (2010). A "black box" of stakeholder thinking. *Journal of Business Ethics*, *96*(1), 27–32.
77. Mitchel, R. K., Agle, B. R., & Wood, Donna J. (1997). Toward a theory of stakeholder salience: Defining the principles of who and what really counts. *Academy of Management Review*, *22*(4), 853–886.
78. Savage, G. T., Nix, T. W., Whitehead, C. J., & Blair, J. D. (1991). Strategies for assessing and managing organizational stakeholders. *Academy of Management Executive*, *2*(5), 61–75.
79. Myllykangas, P., Kujala, J., & Lehtimäki, H. (2010). Analyzing the essence of stakeholder relationships: What do we need in addition to power, legitimacy, and urgency? *Journal of Business Ethics*, *96*(1), 65–72.
80. Conaway, R. N., & Laasch, O. (2012). *Communicating business responsibility: Strategies, concepts and cases for integrated marketing communication*. New York: Business Expert Press; Morsing, M., & Schultz, M. (2006). Corporate social responsibility communication: Stakeholder information, response and involvement strategies. *Business Ethics: A European Review*, *15*(4), 323–338; Hemmati, M. (2010). *Multi-stakeholder processes for governance and sustainability: Beyond deadlock and conflict*. London: Earthscan.
81. Jensen, M. C. (2002). Value maximization, stakeholder theory, and the corporate objective function. *Business Ethics Quarterly*, *12*(2), 235–256.
82. Wilcox, D. (1994). *The guide to effective participation*. London: Partnership.org.

第 5 章　伦理管理:追求道德卓越

> 学习目标
> - 运用道德哲学的三大主要理论解决道德两难问题
> - 分析为什么人们会做对,也会犯错
> - 应用伦理管理工具,帮助人们在面对道德问题和机遇时做出正确的决策并采取正确的行动

引言

在伦理管理淡化的企业中,98%的员工都会有不良的行为,而在伦理管理项目严格的企业中,只有43%的员工会有不良行为。[1]

有95%的企业在伦理和合规(ethics and compliance,E&C)方面不是稳定地维持预算,就是增加预算。有98%的企业保持甚至增加它们在伦理和合规方面的员工。[2]

财富500强企业都采用大量的伦理管理工具。96%的企业都设有书面的伦理标准。其他工具还包括惩戒员工的不良行为(92%)、伦理培训(91%)、伦理咨询(90%),以及员工伦理绩效评估(81%)。[3]

责任管理实践
"我们是 Innocent!①"果真如此?

"你好,我们是 Innocent!"这是英国水果奶昔公司 Innocent 在网页上自我介绍专栏的标题,意味十足。当这家曾经受到拥戴的英国纯天然果昔公司在2009年接受可口可乐公司的注资时,客户反应强烈,"一个独立的良心企业最灰暗的一天""你们扼杀了一家好企业""你们的企业被玷污

---

① Innocent 又意"清白"。——译者注

了"。Innocent 公司创始人的决策是否正确？在是否接受可口可乐公司收购的问题上，他们是否面临道德困境？让我们从头说起吧。

Innocent 是由同时毕业于剑桥大学的三个校友联手创办的。1998 年，他们在一次滑雪度假时突发奇想，之后不到一年，公司便成立了。关键点是他们在一个伦敦音乐节上小试牛刀，让人们品尝他们的果昔，并进行投票"我们是否该辞职专门制作和出售这些果昔？"投赞成票的箱子被堆得满满，而反对票才三张。

一晃 12 年过去了，Innocent 成为英国首屈一指的果昔品牌。公司每周在 11000 个网点销售 200 多万杯纯果昔，在欧洲和伦敦总部拥有 250 名员工，产品在 13 个国家销售，年收入超过 1 亿英镑。

对于可口可乐公司的这桩收购案，最让客户担忧的是什么？这些年来，Innocent 公司默默地以上乘的质量和清清白白的经商行为建立了良好的企业形象。他们声称自己的产品原材料采用全天然有机蔬果，使用绿色，公平采购。他们品行端正，信奉道德哲学，符合伦理学中的美德伦理。客户自然对他们恪守品行、清白经商寄予厚望。2009 年可口可乐公司收购了 Innocent 的部分股份，持股高达 58% 的份额后，公司的客户认为这一举动已经偏离了公司历来的清白形象。因为可口可乐公司的很多旗舰产品都有损饮用者健康，常常因此而受到诟病，而在客户眼中，可口可乐公司恰恰是一个反面教材，与 Innocent 是有云泥之别的两家企业。

创始人之一 Richard Reed 对此有不同的看法，他的解释角度和美德伦理学不同，他认为可口可乐公司的加入可以让更多原本没有品尝过他们新鲜果汁的人群受益，这样能带来更多的好处。这个论点和伦理学中的另一派"结果论"不谋而合，好与坏由最后的结果而定。在结果论中，只要达到"幸福最大化"的结果，很多手段都是正当的。回顾 Reed 的做法，他将这两种不同的伦理学分支做了很好的融合，他向客户确保，哪怕可口可乐公司成了公司的大股东，但他们绝对不可以染指 Innocent 的日常运作。所以 Reed 向客户解释，也许资金不算太清白，但他们的运营一定会继续清清白白。这招聪明的"走钢丝"也许是公司能至今不衰的原因之一。

公司可以从这个插曲中学到什么？要成功，公司必须建立一种道德氛围，尊重前文提到的伦理思想。首先，公司要找到员工在决策过程中会起作用的情景和个人因素，我们把它称为描述性伦理学。一旦这些因素被确立，公司还需要应用伦理规范、伦理培训和咨询等伦理管理工具，确保企业全员上下都能够在任何时刻做出正确的决定，并付诸行动。如果公司的努力奏效，那么最后他们就会有资格向顾客宣告"我们是 Innocent，我们是清白的！"，并且始终坚持不懈。

资料来源：Innocent. (2012). *Hello, we're innocent*; The Independent. (2009, April 12). Slaughter of the innocent? Or is Coke the real deal? *The Independent*; Innocent. (2012). *About innocent*.

5.1 道德经营和伦理管理

"管理者参与的是那些影响他人生活和安康的自主决策行为，所以他们参与的是伦理决策。"[4]
企业是否存在问题，回答是当然。正如在其他机构，企业和它的管理者也面对大量的问题、困境和难题,而且往往找不到一个明确的答案。当一个老员工的表现不再稳定时,是该开除他,还是应该看在他多年为企业服务的份上保留他?尽管知道烟草公司的产品置百万人于死地,我是否该继续和他们签约?因为有利可图、利润丰厚,我是否该推荐这款非健康食品的营销计划?商业伦理就是关于在这些伦理困境中怎么做出正确的抉择,怎么利用这些伦理机遇为社会行善。当身处这些情景时,管理者首先要认识到这里隐含的问题,再决定哪个是正确的选择,然后付诸行动。管理者和员工做对的次数越多,离那些不可接受的行为越远,整个企业的伦理绩效就会越高。达到这样绩效的管理工具是伦理管理,也就是对伦理问题的处理。图5.1 详细解释了伦理管理的过程和结果。

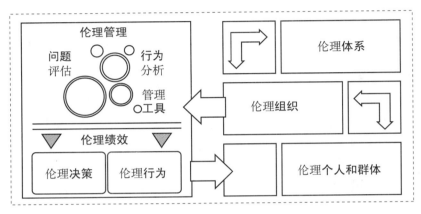

图 5.1　伦理管理和伦理绩效:个人、组织和体系

本章第一部分我们将为大家提供伦理学发展的概览,从哲学的根基出发,到商业伦理学科的形成,以及当前在商业中的具体实践,涉及运用道德企业的排名和合规等议题。

第二部分我们会详细阐述商业伦理的一些基本概念。这里我们会介绍一些道德的困境,它们构成了商业伦理的核心。我们将展开讨论商业伦理的三个主要部分:规范伦理学、描述伦理学和伦理管理。规范伦理学由三大主要的伦理学派别构成:结果论、义务论和美德伦理。描述伦理学则从个人和情景因素出发解释人们的道德行为。最后我们还将罗列和讨论伦理管理的工具,如伦理守则、举报热线和伦理审计等。

第三部分借助于前两部分给予的启示,我们大致勾勒一下伦理管理的流程中问题评估的三个阶段,之后讨论伦理行为分析,并详细阐述如何在实践中运用这些伦理管理工具。

5.2　商业伦理的缘起

"我们今晚奠定了一个崭新的基础,来应对伦理学的一个分支,也是最有意义的话题之一;商业伦理有其固有的特性,但毕竟还是从属于普通伦理学的一个分支。"[5]

尽管伦理学作为道德哲学已经由来已久,可以追溯到远古时期希腊的哲学家柏拉图,但脱胎于哲学根基而作为独立的学科,历史并不长。在表5.1 中,我们可以看到商业伦理是一个令人着迷的跨学科理论体系,接下来的章节我们将概述一下商业伦理的发展。

表 5.1　商业伦理发展的历史标示

标示	事实
历史根源	哲学和哲学根基
概念和学科	商业伦理,伦理管理,规范伦理学,描述伦理学,伦理决策,应用伦理学
机制、现状和未来	伦理和合规执行官协会(ECOA) 最道德企业的年度评选 运用伦理管理工具

5.2.1　商业伦理的根基

为了透彻地理解商业伦理,我们先要了解它的起源。这里我们可以划分三个发展阶段:第一,前哲学阶段;第二,哲学阶段;第三,从哲学到商业伦理的嬗变。在前哲学阶段,道德秩序和对错是由社会习俗、价值和规范决定的,但问题是这些规范又基于什么更高的原则呢?对这一问题的探询开启了漫长的哲学阶段,在这一阶段中出现了一套套不同的推理机制和更高的原则,我们借以判断在不同情景中的是非对错。这些哲学包括了一些决策原则,比如人的美德、自我和对他人的责任、人权、正义等论点,以及为自己和他人谋求最大程度的幸福。[6]当这些一般的道德是非决策原则渗透到特殊的领域,比如医学和商业,它们就被称为应用伦理学。

我们现在还知道的商业伦理的另一个根基出自社会科学。商业伦理是跨学科的领域,来自其他学科的思想家都对此有贡献。道德发展、行为心理学、组织理论,当然还有商业及经济学等都对商业伦理的发展功不可没。图 5.2 介绍了对推动商业伦理发展有过重要贡献的主要思想家及他们的思想精髓。其中一些如康德和科尔伯格是拥有突破性思想的重量级人物,而另一些如琳达·屈维诺是当今新学科杰出的开拓者。

 柏拉图(Plato)(公元前 427—公元前 341)和亚里斯多德(Aristotle)(公元前 422—322)美德伦理学和美好生活

 劳伦斯·科尔伯格(Lawrence Kohberg)(1958)道德发展的阶段

 伊曼努尔·康德(Zmmanuel Kant)(1785)义务论(ethics of duty)

 约翰·罗尔斯(John Bordlay Rawls)(1971)正义论(theory of justice)

 杰瑞米·边沁(Jeremy Bentham)(1789)幸福最大化原则(greatest happiness principle)

 约根·哈贝马斯(Jürgen Habermas)(1981)语域伦理学(discourse ethics)

 约翰·穆勒(John Stewart Mill)(1863)功利主义(utilitarianism)

 琳达·屈维诺(Linda K.Treviño)(1986)行为伦理学(behavioral ethics):情境和个人

图 5.2　商业伦理的贡献者及其主要思想

5.2.2 商业伦理学科

商业伦理作为伦理学在商业领域的应用学科,于 20 世纪早期发展起来。早在 1929 年,华莱士·多翰姆(Wallace B. Donham)在管理学杂志《哈佛商业评论》中提出"将商业伦理作为普通伦理学的一个分支"。商业伦理自成领域的过程可以被分为五个重要阶段,如图 5.3 所示,这些阶段共同构成了我们今天对商业伦理的认识。[7]

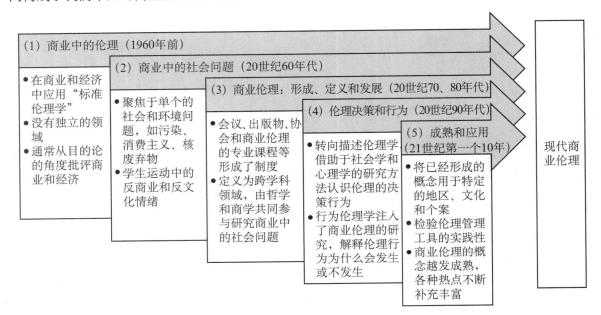

图 5.3 商业伦理的发展

资料来源:Based on DeGeorge, R. T. (1987). The status of business ethics: past and future. *Journal of Business Ethics*, 6(3), 201; Ma, Z. (2009). The status of contemporary business ethics research: Present and future. *Journal of Business Ethics*, 90(3), 255-265; Liedekerke, L., & Dubbink, W. (2008). Twenty years of European business ethics-Past developments and future concerns. *Journal of Business Ethics*, 82(2), 273-280.

1960 年之前的第一阶段"商业中的伦理",还没有形成固定的商业伦理的领域,源自古典道德哲学的一般伦理原则被用于商业中,批评的角度基本上不外乎目的论和宗教学。目的论的一些学者如 Messner 和 Niebuhr 围绕着公平薪酬、资本主义道德和物质价值等问题展开讨论。到了第二阶段(60 年代)"商业中的社会问题",批评的基础从目的论走向更为广阔的反文化社会运动,如嬉皮文化。原来的批评都停留在比较随意和浅表的层面,而现在则开始关注污染、有毒物和核废弃物等严肃的社会问题。70 年代之后开始的第三阶段,商业伦理逐渐开始形成自己的领域。一开始是相关的会议和出版物等大量出现,商学院开设专业的课程,推动了商业伦理在学术上自成一体,之后商业伦理的思想迅速渗透到企业中并被广泛用于实践。经过这样一段时间的发展,商业伦理被定位成跨学科的领域,专门研究商业中的伦理问题,在理论和实践上都与时代保持着高度的契合。[8]

从 90 年代早期开始,商业伦理的发展得到了细化,开始有人关注和研究组织伦理决策过程中的个人和群体,所以除了关注什么是对与错(我们把它称之为规范伦理学),开始有人描述为什么会做出正确或错误的决定,称描述伦理学。[9]21 世纪初开始,商业伦理学的概念得以继续推广,侧重点也开始转向将这些概念运用到各种情景和环境中。比如业内人士都在寻求一个真正意义上的国际范围的商业伦理框架,超越北美和欧洲这两大区域限制。[10]另外,实践运用也日益成为研究热点;如何运用伦理守则、培训咨询和举报机制等伦理管理工具尤其受到高度的关注。

那些丰富而实用的概念不断地在实践应用中接受磨合,当今的商业领域已经是发展非常成熟的领域,其中一些原来尚在雏形的话题,到了某一拐点也开始异军突起自成一派,最显著的例子就是第四章中所提到的利益相关者责任、企业责任和企业公民等概念,现在都可以独立成一个领域了。

5.2.3 机制、现状和未来

商业伦理作为一门学科其学术地位日益巩固与成熟,而相关的商业实践活动也蓬勃开展起来。96%的财富 500 强企业都设有伦理守则,其他一些伦理管理工具也变成了现代企业的"标准配置"。[11]伦理和合规部门的拨款和人员配备都保持稳定甚至增长。[12]很多企业都设有伦理和合规执行官等专职工位。伦理和合规执行官协会(Ethics & Compliance Officer Association,ECOA)等专业网络的成立更是推动了商业伦理的制度建设。[13]"世界最道德企业"(World's Most Ethical,WME)等一些年度排名为打造道德企业的标杆绩效建立了实用的方法,"世界最道德企业"排名通过一系列的提问、道德管理实践、外部排名以及对道德和法律问题及丑闻的干预措施,帮助企业自测"道商"(Ethics Quotient)。[14]还有其他一些较为活跃的组织也在积极行动,如商业促进局(Better Business Bureau,BBB)、商业圆桌会议(Business Roundtable,BRT)、伦理资源中心(Ethics Resource Center,ERC)等。另外,一些针对人权、腐败、公平贸易和劳工关系等伦理问题的专设国际组织也逐渐形成。

可惜,商业部门的活动并不总是达到预期的结果。伦理活动对总体经济体制的影响也微乎其微。企业各种不良行径的曝光新闻总是此起彼伏。2007 年爆发的金融危机也是由于个人、组织乃至整个经济体系的不道德行为所引发的。不管是假造短期盈利还是接受那些日后会亏损的次级贷款,这些都构成了全球范围经济危机的诱因,损失惨重。商业伦理的理论也被认为很难对企业在现实中的道德绩效产生多大作用。因此,商业伦理今后面对的主要挑战是提高理论在商业领域实践中的影响力和相关性。[15]如果对现行经济体制的流程进行大刀阔斧的再造,经济伦理学的规范要素将会对质疑当前的范式和提供变革方法起到重要的作用。

5.3 商业伦理的基本概念

"我们把经济视为一个统一体,这是我们传统的认识,也就是说,在经济学的学术领域,所有道德的先决条件都不存在,在经济的逻辑中它找不到落脚点。"[16]

在这段引言中,将经济学和商业与伦理学相提并论,似乎是自相矛盾的。在接下来的讨论中,我们将提供一些重要的概念,帮助我们正确理解商业和伦理两者的结合。

5.3.1 商业伦理的定义

早期有一篇论文给商业伦理的定义是,商业伦理的实践操作就像"把稀泥活上墙"。作者研究了254篇有关商业伦理的文章,发现仅仅概念就不下308个。[17]为了减轻复杂度,我们只取用其中清晰、狭义的惯用定义,当然读者还有机会接触到商业伦理林林总总的不同理解,最后我们会尝试浓缩成一个常用的定义。

我们的定义是商业伦理是有关商业中的伦理问题和机遇的跨学科研究。这个基本定义有两个核心要素——跨学科和道德问题。后者是商业伦理和实践的主题。商业伦理在实践中的意义是在一定的伦理问题面前,在伦理困境及情景中做出正确的决策并实施正确的行为。而商业伦理的理论存在意义是研究商业中的人该如何待人处事,为什么他们会做对做错。商业伦理需要从不同的学科汲取资源,哲学帮助我们定义是非对错,心理学帮助我们理解人们为什么会按道德行事或不按道德行事,商学和经济学则将道德问题置于特定的情景中。尽管这一简化了的定义没能照顾商业伦理的复杂性和完整性,但它是个很好的切入点,接下来我们讨论商业伦理中的一些重要概念,这对框定商业伦理的范畴和深化理解商业伦理非常重要。

5.3.2 应用的层次

按照我们通常的理解,商业伦理可以被放在三个层次分析,如图5.4所示。最基础的一层是观察个体及小群体。典型的问题有:为什么这个会计会参与做假账?为什么那个上级对女下属有歧视性言论?这个层次的分析也称为个体伦理学(individual ethics),或者当讨论某种特殊的职业时,也称为职业伦理学。

第二层次的研究对象是企业和组织。从直觉出发,这个层次应该被理所应当地称为商业伦理,因为企业是组织中的一种。在组织伦理学(organizational ethics)这个层次所关注的问题有:为什么这个企业敢冒险涉足一个劣迹斑斑的行业(指那些在社会、环境或伦理绩效都极为负面的军事、烟酒行业)?这个公司是否应该将运营外包到发展中国家?

更大范围的研究对象是经济体制。对整个体系的分析被称为经济伦理学(economic ethics)。它所涉及的问题是:世界经济全球化究竟是福是祸?商业的终极目标是利润最大化,还是社会福祉?从管理学的角度看,个体和群体的研究相关度最高,所以我们这一章重点讨论个体和职业伦理学。

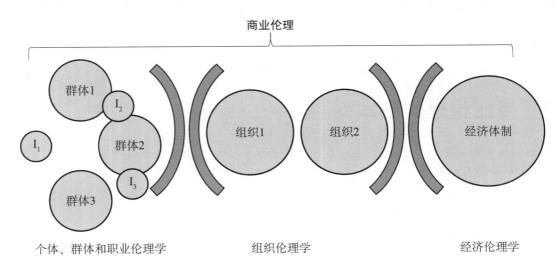

图5.4 商业伦理的分析层次

伦理思考

为寿险次级市场建立职业操守!

德国的寿险次级市场因面临欺诈问题而蒙受损失。因此,该行业的领头羊 Policen Direkt 公司不仅与联邦次级市场协会积极合作,还主动帮助建立保险销售的通用职业准则,通过媒体和消费者协会将这些准则传播出去。

5.3.3 道德困境及其与法律和合规(compliance)的关系

在实践中,法律、合规以及伦理的界限是模糊的。如图5.5所示,这三个专题经常交叉重叠。商业伦理应对的是道德困境,在商业情景中的对与错。我们可以用一个简单的方法来发现道德的两难处境。根据 Crane 和 Matten 的说法[18],情景中的"道德状况"可以用以下三个思考题来决定:

(1)这个决策是否将对他人造成重大影响?
(2)除这个决策之外,是否有其他选择或解决办法?
(3)这个决策是否涉及伦理,关乎道德对错?

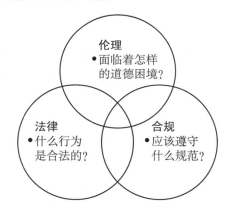

图5.5 伦理、法律和合规的关系

在本章最后一部分伦理管理中,我们将详细讨论伦理管理的主要过程:道德困境的识别和评估。我们还会介绍伦理困境和其他类型伦理问题的区别。接下来的讨论是,判断道德困境、道德问题或道德冲突是否是区分伦理、法律、合规和治理的分水岭,这些议题对商业伦理的理论和实践发展都很重要。在本章最后,我们还会提到,在实践中处理商业伦理问题要涉及两难问题和合规问题。

伦理总是要基于判断道德困境中的对与错。法律所监管的事务往往不涉及道德困境或其他伦理事务。比如,法律对具有不同性质的公司会给出不同的定义(如"有限公司"),这和道德无关,但公司有法律义务为其选择一个合适的名称。合规是企业在管理实践中的通用词,包括处理伦理两难问题及法律事务。严格意义上说,合规所关心的问题是:我们该遵守什么规范?很多规范具有法律效应,但另外还有不少规范来自商业习俗、义务标准以及其他一些无关法律的价值观。本章我们只讨论伦理问题和道德困境,以及这些伦理问题中的法律和合规问题。

5.3.4 道德和价值

还有一个容易与伦理学混淆的词语是道德。很多词典都把这两个词替换使用,但它们还是有着重要区别的。道德特指在某些情况下对特定的个体和群体来说具有是非判断标准的规范、价值和信念。[19]道德经常以一些规则的形式出现,比如"不该撒谎""要帮助他人"。又比如宗教团体或家庭会为一些他们常遇到的场景设定判断对错的标准。同样,个体也会形成自己的道德标准。你是否经常听到人们说"我不会做那样的事",因为他们有自己的个人道德观?还有其他一些情况下,比如在一个拥挤的地铁车厢中,大家知道不该"大声说话、发出噪声或抽烟"。通过这些例子,我们可以看出道德需要建立在很多外在因素上,人、情景和文化都会因此派生出很多规范、价值和信念,通过规则的形式反映出来。

反之,伦理是道德生成的内在依据。伦理不依附于外部因素,它提供的是普遍适用的方法来评估对错。简单地讲,这类一般的方法让我们关注:怎样才能对所有人有利?我该如何对所有相关者都表示尊重?我该如何行事才能成为他人的楷模?这些问题分别对应那些经典的伦理决策思路,我们在后面的伦理理论介绍部分会做进一步阐述。

我们来总结一下伦理和道德的区别。我们可以说"伦理是制定规则,道德是应用规则"。伦理具有普遍适用性,而道德适用在特定情况下。伦理是跨文化的,放之四海而皆准,而道德是亚文化的,因为它总是适用于特定的群体、特定的文化。[20]在本章中,我们采用"伦理"或"伦理的"的表述指那些普遍的是非原则,如正义伦理、伦理决策过程、伦理原则等。我们用"道德"或"道德的"的表述指在特定情况下的是非对错,比如企业的道德、宗教道德义务或某个同事的道德。

在商业伦理中人们还经常提起价值观。价值观有公平、信任、诚实、关爱他人等。价值观是人们思考和行动时希望达到的目标、信念和理念。[21]我们可以用理想化的价值观来比对和评估一种行为的对与错。价值观介于伦理和道德之间,一方面,价值观是伦理理论的核心要素,比如,伦理中的正义论就把公平视为其核心价值;美德伦理学把"美好生活"和得体的行为作为志向,确定其一套价值观。另一方面,某个特定群体的道德一定也回避不了决定对错的价值观,这些价值观可以是会计部门所需的真实和可靠的工作作风,也可以是基督徒《圣经》中的十诫。[22]

价值观的四大派系——人、美德、幸福和关系,在商业价值观的情景中,还应该有所延伸,故第五派价值观还应该和商业的目标挂钩。[23]所以我们把商业伦理中的五大核心价值派系罗列如下:

(1) 强调人的价值观,这一视角认为人是特殊的,一定要予以保护,如正义、公平、和平等。
(2) 强调美德的价值观,依托良好的品行,如诚实、自律和责任。
(3) 强调幸福的价值观,基于趋乐避苦,如安全、个人获利和满足。
(4) 强调关系的价值观,围绕人的社会性,如关爱、参与和集群。
(5) 强调组织目标的价值观,指达成商业目标的重要性,如生产力、效率和增长。

在商业实践中,价值观在企业伦理守则中得以较多彰显,一般基于六个常用的价值观:信任、尊重、责任、公平、关爱及公民化。[24]这些价值观在上述五大派系中都有所提及。伦理守则和其他资料是在企业内部上上下下强化价值观的方法之一。

一旦价值观能导致行为的固定,就是我们所说的"价值观落到了实处"。企业中的个体和企业整体都形成了自然的习惯,他们就是这些价值观的化身,这些价值观渗透到了他们的文化中。要成为这样以价值为本的企业,可以通过改造现有员工,也可以直接雇用与企业价值匹配的员工。[25] 员工所拥有的价值观可以成事也可以败事。有研究发现,利他的价值观能增加符合伦理的决策的数量,而所谓的自我发展、利己的价值观会减少符合伦理的决策的数量。[26] 企业要打造负责任的、可持续的、合乎伦理的形象,它的价值观必须对此有所体现。当然也有反对的观点,有另外的研究提出,企业的价值观在很长时间内是很难有什么改变的。[27]

以色列:价值驱动的伦理新风尚!

Comme il faut 是以色列一家女性服饰公司,于 1987 年创立。这家公司的宣传口号是"由女性创立,为女性服务",成功的差异化竞争,对伦理标准的恪守,以及对妇女和少数族群的支持,使该公司在国内声名鹊起。公司的企业社会实践项目设有不同的主题,它们经常在自己的宣传画册和时尚杂志上澄清对美丽的认识误区,传播女性主义观念和女性的独立性。他们所发起和领导的各种活动旨在推动社会对妇女地位的认可,并为妇女发挥自己的潜能提供机会。他们对伦理新风尚的宣言可参见网站 www.comme-il-faut.com/index.php。

资料来源:Comme il faut. (2007).

5.3.5 解读商业伦理

商业伦理是跨度非常大的交叉学科领域,所以一定会包含很多不同的视角。有一种说法叫元伦理(meta-ethics),是把商业伦理看作一个大的整体,元伦理并不关心具体的伦理困境或伦理理论,而是仔细审视自身[28],理解人们从什么立场对伦理学展开的讨论是有价值的,是有利于理论和实践发展的。我们从以下几个方面来阐述这些观点的碰撞:

- **统领式还是透镜式**:对商业伦理的作用和地位,专家们意见不一,有些专家认为它应该是一个高屋建瓴的学科,商业可持续发展和责任均在商业伦理的范畴之下,他们的信条是"一切皆关乎伦理"。相反的观点则是把伦理当作透镜,是一个可以更好地理解商业责任和可持续发展的工具,他们的信条是"可以通过伦理学来解释一切"。本书采用折中的观点,即伦理责任和可持续发展是基础理论,相互补充,相互强化。
- **绝对主义还是相对主义**:哲学绝对主义的立场是坚信世界上存在普世的道德原则,所以对错是客观事实,可以通过哲学推理给出清晰的定义,也就是说,世上有绝对的真理。反之,相对主义认为对错受制于不同的视角,所以不可以被客观定义。对错取决于场合,所以不同文化中、不同时间里、不同状况下的对错是不固定的。[29] 本书采取多元主义的中立观点,承认道德规范和情景的差异性,但同时也强调应达成一些基本的共识。[30]

- **哲学还是社会科学**：规范伦理学的基础是历史悠久的道德哲学，可以追溯到古希腊时期的柏拉图、亚里士多德和苏格拉底等哲学家的思想。而认为商业伦理属于社会科学的支持者强调，我们需要借助心理学和商学等研究改变我们在实践中的伦理行为。[31]本书采取包容的立场，认可哲学思想为商业伦理建立严谨规范的重要性，同时也接受社会科学为商业伦理注入有助于操作的实用性。
- **反商业还是挺商业**：商业伦理常常会摆出批判企业的姿态，把企业认为与生俱来就是糟糕的，几乎是敌人。而挺商业派则认为企业天生就具备善根，而且出于自己的动机，总是想方设法选择最道德的行为。[32]本书采取的是比较务实的态度，为了改造企业，我们首先需要承认企业原则上还是不错的，然后我们要打好基础，通过建设性的批评，帮助企业完善，走向道德卓越。
- **西方的还是国际的**：商业伦理到今天为止主要由以北美和欧洲为代表的西方思维主导。道德哲学家、价值观和文化决定因素也都是出自西方的观点，尽管欧洲和北美的观点有着很大差异。[33]为建立真正的全球商业，这些企业的伦理也必须是真正全球化的。[34]本书重点论述的是美欧已经形成的一些认识，但我们同时还承认完全有必要借助国际化的影响力改变这一由来已久的意识形态。

图5.6 显示的是商业伦理中这些对立的观点所呈现出的关系。之前的定位属于传统和狭隘的观点，而与之对应的另一类则属于更进步、更宽泛的观点。

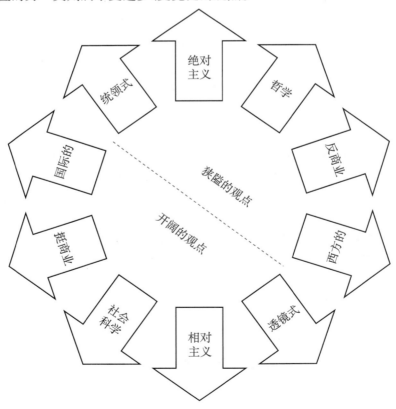

图5.6　商业伦理一组对立观点的关系图

5.4 商业伦理的范畴

"我支持让商业伦理中的规范伦理学和描述伦理学这两种研究路径和方法达成和解……我们必须要意识到这两种方法的各自缺陷。"[35]

商业伦理因为其跨学科的特性,基本上由三个范畴组成,如图5.7所示。第一个范畴是规范伦理学(normative ethics),主要和道德哲学有关,通常省略为伦理学。规范伦理学为我们提供了普遍适用的是非规则,在商务环境中起到评估对错的作用。将生产转移外包,让武器经销商成为客户,将办公用品挪为私用,这些是不是符合道德标准?规范伦理学帮助我们在类似的情况下评估对错。

第二个范畴是描述伦理学(descriptive ethics),它解释为什么人们没有按道德要求行事,解释我们是如何做出伦理决策并付诸行动。描述伦理学的背景知识是行为和组织心理学。问得比较多的问题有:为什么琼斯先生会经常将办公用品带回家用?是为了报复他的老板,还是因为他以此来弥补他所认为的菲薄收入?这种不道德行为的内在心理因素和外在推动力是什么?

第三个范畴是伦理管理(ethics management),主要根植于管理学的知识,其作用是运用管理学工具,强化道德卓越的行为。经常使用的工具包括伦理守则、伦理委员会和执行官、伦理培训、伦理审计及员工的筛选等。伦理管理工具大都依靠前两块范畴所提供的思路。在本章最后,我们会具体阐述在实践中,这三个范畴对商业伦理实践都很重要,它们互为补充,互为强化。接下来我们一一阐述这三个范畴,并探讨它们是如何在商业伦理中得以运用的。

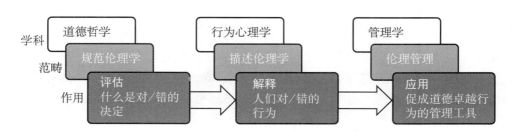

图5.7　商业伦理:作用、范畴和学科

5.4.1　范畴一:规范伦理学——评估对与错

第一个范畴的核心是规范伦理学理论。这些理论的基础是道德哲学,为我们提供一些判断是非对错的普适原则。我们会在本节中介绍商业伦理中的三大理论思想流派,如图5.8所示。第一个流派是美德伦理(virtue ethics),提出的观点是一个具有良好品行和习惯的人,生活具有德行,自然会做出对的选择。而第二个流派义务论(deontology)则偏重人的义务,人类很重要的义务就是善加运用规则以及更高的道德原则。第三派理论是结果论(consequentialism),它根据行为的结果判断对错,目标是为了给所有相关的行为人创造最大的价值。[36]我们提倡这样一种"三足鼎立"的认识论,承认三大流派各自的优缺点,并同时强调这三者的互补性。[37]

这三个流派的伦理理论构成了道德哲学和伦理推理的基础,近来还发展出不少新的认识方法,对传统理论进行了补充。其中一个是语域伦理学,强调通过良好的沟通为企业做伦理决策。另外还有女性伦理学,依据同理心做伦理决策。[38]为了保持简单明了,不在介绍性的章节中过于铺开,我们就不对这些新的理论做详细介绍了。

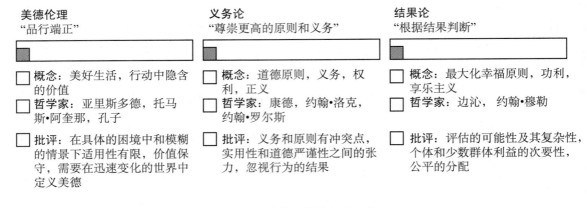

图 5.8　道德哲学的主要理论

资料来源:Adapted from Bleisch, B., & Huppenbauer, M. (2011) *Ethische Entscheidungsfindung* (*Ethical decision making*). Zurich:Versus;Hursthouse, R. (2012). Virtue Ethics. In *The Stanford Encyclopedia of Philosophy*.

美德伦理:"品行端正"("Be virtuous!")

美德伦理学认为一个好的决策和行为来自良好的品行且出自良好的动机。美德是诚实、审慎、智慧等良好品行的集合体。美德和价值密不可分,我们可以认为,美德是一系列价值的显现,引领我们过上美好而有德行的生活。[39]有趣的是,这样具有德行的生活不仅具备道德的善,而且还可以成就个人的幸福。人根据他自己的目的,将自己调整到最优的运行状态,在这样的生活方式下,人会获得幸福。[40]对这种美好的具有德行生活的描绘还出现在很多其他哲学家的笔下,比如孔子以"仁义礼智信"为基础的思想。[41]我们判断一个决策和行为的对错,最为基本的标准就是美德。所以,如果行为人不具备美德且动机不善,那就是错的,哪怕最终的结果有多么的好。

澳大利亚 Loving Earth:一个品行良好的企业?

Loving Earth 是一家澳大利亚公司,它有三条基本的经营原则:健康、可持续和公平。他们所采购的产品都是依据严格的环境和社会准则生产出来的。他们比传统的公平贸易体系做得更为地道,使得土著群体被赋予更多的能力为原材料增值,也就是说他们把更多的财力和权力回馈给了这些群体。

资料来源:Loving Earth. (2013). *Our philosophy*.

美德伦理对商业伦理有相当大的贡献,它从动机的角度和从长远的观点出发为判断是非提供了与义务论和结果论全然不同的洞见[43],商业伦理运用了许多现代美德伦理的思想,不仅要求一个企业具有品行,对管理者个体也同样如此。[44]亚里士多德的美德论也在商业中沿用至今[45],在实践中我们可以通过判断人们行为中所展现出来的美德来检验行为的对错。布拉格(Bragues)[46]从亚里士多德原来的十三条美德中提取了对商业行为至关重要的七条美德:勇敢、自制、慷慨、大气、大度、外向和正义。

我们将这七个美德分成三类,用比较通俗易懂的方式应用美德伦理学,也就是在评估伦理情景时设问:"这时候,一个有德行的人会如何行事呢?"有一点很重要,我们把这些美德都视为两个对立非善(甚至是恶)行为的一个折中点,取"中庸之道",比如,勇敢介于懦弱和鲁莽之间,自制介于放纵和拘谨之间。

(1)向内(勇敢和自制):一个有勇气的人能够在追求更高目标时祛恐惧、抗风险,在商务环境中,当你需要面对敌意不屈不挠为自己的正确决定奋力抗争时,或者要克服创业风险时,勇气会让你结出善果。自制调控着我们对快乐的吸引力,具有自制力的人能成为他人的楷模。商务从业人员应避免诱惑他人,也不应失去自制力。而且,企业也不应该过度营销,不应该销售那些过度推崇享乐的产品,如最新时装、高脂肪餐食及情色等。

(2)向外(慷慨、大气、大度和善解人意):慷慨可以约束我们对于财富的渴望。那些不会用一切代价追求财富的人更倾向于远离那些在道德上值得商榷的行为。大气和慷慨相近,它更指那些为了有意义的目标而进行大手笔投资和行动的能力,比尔·盖茨不愧为大气的典范,他通过自己的基金会向发展中国家捐赠了42亿美元以改善当地的健康水平。大度指对待荣誉和成功时谦卑而自信的态度,大度的人既不自我吹嘘,也不会讳莫如深;既不急于求成,也不过于缩手缩脚。善解人意是指对他人持善意的态度,善意会在决策和行动中因为为他人着想而生成道德的善果。

(3)追求公平(正义):正义的表现有守法,或者拥有更为公平的思维。公平公正地行事包括在决策和行动中都保持公平,我们可以举几个反例,比如 CEO 放弃提拔一个敬业、有能力的品牌经理成为营销副总裁,而是选用自己的一个表弟,但其资质远在前者之下。再比如某个企业给几千名工人提供恶劣的工作条件,只为压低一些价格,提供廉价产品满足市场的消费者。

美德伦理不失为解决伦理困境及指导商业准则的一种方法,但不少人对这一理论的胜任力提出很多批评。其中最为严厉的批评是认为美德伦理和我们所了解的商业之间缺乏匹配性,完全套用美德伦理哲学经营的企业很快就会置自己于死地[47];另一个不那么极端但也很有力的批评是它对具体的伦理困局和模糊的情景适用性很有限,我们需要知道行为人的整个历史、思想和动机才能对他行为的对错做出比较权威的判断。该理论还有一个难点在于我们需要为一个快速变化的国际化环境随时更新和扩充美德的清单。

尽管受到各种批评,美德伦理相比于另两种流派还是独具其特色的,它侧重的是评价人或企业的行为,而其他理论侧重评价决策。所以,美德伦理成为通往描述伦理学的一座桥梁,我们将在后一小节中详细地描述伦理学。

义务论："尊崇更高的原则和义务"（"Follow higher rules and duties！"）

义务论是一个总称,指那些有关普适原则中更高义务的理论。[50]人们可以从这些原则中自己提炼出这些更高的义务。义务论及其相关原则早已被广泛应用于商业伦理,义务论的代表人物是康德[51],在他的《道德形而上学原理》（Groundwork of the Metaphysics of Morals）一书中,康德提出把"绝对命令"（categorical imperative）作为决定行为对错的最终决策工具[52]。绝对命令是康德为我们提供的最早的三条律令,我们借助于这些律令来确定更高的义务。根据康德的思想,每一个对的好的行动都必须符合下述三条规定[53]：

（1）普适法则和黄金法则（universal law and the golden rule）：你希望你的行为成为普适的法则吗？你希望他人也采取同样的行为吗？这些问题就是"黄金法则"精髓。如果你的行为会自动成为自然法则,那你就这样行事。假如一个管理者认为说谎有用就可以说谎,我们用黄金法则来检验一下这条自编的规则就会发现,如果说谎有用就可以说谎（当它变成一条通用的法则）,那么他的组织乃至整个社会会面临怎样的危机。

（2）非工具化,或者说目的就是目的（noninstrumentalization, or end in itself）。你把理性人视为工具还是目的？我们不应该把人作为达到某种目的的工具,相反应该让自己的行为符合人性之善。有些学者比较极端,认为我们如果严格遵守这条律令,那么商业也没有存在的可能性。比如,大多数企业都"雇用"员工来达到企业的目标而非雇员的目标,所以它们不是纯粹意义上的目的。[54]

（3）目的王国（the kingdom of ends）：确保你采取行动时所奉行的律令对所有其他理性人来说都适用。其他理性人,同时也是社会或"目的王国"中的其他成员,以及那些遵守前两条律令的人如何评判你的行为？要检验你的行为是否符合"目的王国"中的每一个公民,我们建议用"纽约时报检验法"来曝光一下,如果你把你的行为规则登在《纽约时报》的头版,理性的读者会表示赞同吗？[55]在商业王国中,我们也可以依次类推,我希望我们的行为规则出现在公司宣传资料的首页、年度报告或网站上吗？

我们还可以举一些其他例子来说明这些更高的原则。其中一个是约翰·洛克（John Locke）,他强调了天赋权利的概念,后来推动了当今强大的人权运动。[56]另一位重要人物是约翰·罗尔斯（John Rawls）,他主张的正义思想也是义务论中一项通用的自然法则。[57]

和其他理论一样,义务论也逃脱不了被批评的命运。一个较为典型的批评是义务论的道德原则经常自相矛盾,假如公平原则和人的天赋人权发生碰撞,我们该如何取舍？哪一个更重要？哪一个可以让位于另一个？想象你是一个中等规模企业的管理者,在你的工作场所,员工的私人物品经常遭窃,你知道这些偷窃来的东西可能藏在某个员工的衣物柜中,比较公平的做法是检查所有员工的箱柜,但这违背了人权中的隐私权。你会怎么做？还有一个批评是如果我们严格按照这些道德原则行事,在实践中很难行得通,而且义务论只关注行动,而往往忽略行为产生的结果。[58]

尽管批评不少,义务论对其他两个流派的影响不可小觑。美德伦理中的正义品德同时也是义务论中的义务。义务论和道德原则在结果论中也有其位置,有意思的是,康德的黄金法则也同样可以被经典的结果论者使用,用于解释经济学的思维,我们接下来就展开讨论结果论。[59]

核心价值：正直、尊重和公平——义务论

社区共同基金是一个信用联盟组织，为社区提供可信赖的金融服务，他们雇用本地职工，提供高质量的客服，尊重每一个个体，投身于本地建设。2012 年为当地 300 多家组织及活动提供帮助，并引以为豪。

资料来源：The Community Mutual Group. (2013). *At the heart of our community*.

结果论："根据结果判断"（"Judge by the outcome!"）

结果又称目的论，源于希腊词根中的"终极"。结果论和义务论的出发点完全不同，义务论者希望能用伦理原则指导行为，而结果论者只关心行为的结果。[60]结果论者对是非的评估依据是享乐主义思想，唯一的福祉就是人的幸福，衡量的标准是快乐和痛苦。所以行为无关道德品质，好的行为就是能最大限度地趋乐避苦。

最常用的结果论是功利主义。功利论旨在为受到决策影响的所有个人和群体创造最大化的功效和福利。功利论思想的鼻祖是边沁和穆勒。边沁把功利论和行为的最大化幸福原则描述成伦理决策的主要目标，穆勒在边沁的思想上又进了一步，提出了福利的思想。[61]和结果论中的利己论不同，功利论不追求为决策者本人带来"最大的幸福"，而是为所有相关者创造最多的幸福，如它标榜的口号"为最多数人带来最大的幸福"。[62]

主流经济学思想经常会用到功利论的理论。比如，微观经济学通常分析经济行为人的功效，用以找到符合理性的经济决策；福利经济学主要考虑的是最大化地实现总体的功效。利润最大化经常受到指摘，因为它常常成为不道德行为实施者的托词，它所指的最大化常常是对个人也就是企业主而言。我们前几章谈到的利益相关者理论管理思想是功利论的思考模式，因为它考虑商业行为所有受到影响和对他人产生影响的群体。[63]表 5.2 是经典功利论的主要分支。

表 5.2 经典功利论分支

术语	解释	描述
结果论（consequentialism）	决定行为对错只看结果	而不是行为的特殊情况或内在性质，或者行为之前的情况
实际结果论（actual consequentialism）	行为对错取决于实际结果	而不是事先设想、可预见的、期望的或可能的结果
直接结果论（direct consequentialism）	行为对错只取决于这个行为本身的结果	而不是行为人的动机，或者适用于类似行为的规则和实践
可被评估的结果论（evaluative consequentialism）	道德是非取决于结果的价值	有些结果不可被评估的

续表

术语	解释	描述
享乐主义（hedonism）	结果的价值只取决于结果中的苦和乐	不同于其他福祉，如自由、知识和生活等
最大化结果论（maximizing consequentialism）	对错取决于那个最佳的结果	不仅仅满足于现状，或者对现状略加改善
集成结果论（aggregative consequentialism）	最好的结果是因为在所有结果中有一部分的价值发挥的作用	而不是将所有的结果排序
整体结果论（total consequentialism）	道德是非取决于结果的净利益	而不是每人平均的净收益
通用结果论（universal consequentialism）	道德是非取决于对所有人和有知觉生物产生的结果	而不仅指行为人，某一个社会的成员，当代人或其他有限的群体
平等思想（equal consequentialism）	在决定对错时，一个人的福利和其他类似的人的福利具有同等重要性	所有被考虑的人必须被平等对待
代理人中立性（agent-neutrality）	结果的好坏并不以代理人考量的结果为依据	而不是观察者

资料来源：Sinnott-Armstrong, W. (2011). Consequentialism. In E. N. Zalta(ed.), *The Stanford Encyclopedia of Philosophy* (Winter 2011 Edition).

我们来假设法国某公司向发展中国家印度转移外包的例子，为了全方位体现功利论的决策分析，我们将从三个角度切入这一典型的业务外包伦理困境：

(1) 行为功利论："我此次行为是否乐多于苦？"当你想决定究竟是否将业务转移并外包时，结果论者会试图比较对主要的相关群体和个人产生的结果。比如员工，一个简单的考量会是：在印度将创造多少就业机会？在法国会失去多少就业机会？还有一个群体是客户，给客户提供的价值是外包还是不外包的大？这些问题也同样适用于其他相关群体。

(2) 规则功利论："这类行为总体上来说是创造了更多的快乐还是痛苦？"这里的关键是把单次的行为换成了一类行为，业务外包总体上说是带来快乐多还是痛苦多？给东道国带来的社会经济的发展是否多过给母国造成的损失？公司通过业务外包是赢还是输？

(3) 分配的公平："行为所创造出的成本和效益是公平分配的吗？"尽管公平并不属于结果论的经典论据，但功利论的思想开始越来越多地纳入公平的概念，为了弥补理论本身的缺陷，因为功利论最初总是被认为追求价值最大化而忽略这些价值最终是否得到公平的分配。我们可以提出的问题是：相比公司和客户所得的收益，发展中国家的工人是否得到足够多的收益？工人常常在非人道的工作环境中遭受痛苦，获利的企业和消费者是否也分担一部分由外包带来的负面结果？

不少哲学家完全摒弃功利论的思想。义务论和结果论究竟孰优孰劣的争论似乎陷入了僵持状态。[65] 对结果论尤其是功利论最典型的批评莫过于在讨论和评估对所有相关者造成的苦和乐时所面临的复杂性和可行性，另外还有忽略个体和少数群体利益的危险，以及最大化功利价值之公平分配的问题。

传统理论的整合与实践

上述理论受到不同角度的批评,但它们还是有各自的优点。在实践中,一个理论的优点正好弥补了另一个理论的缺陷,这些理论因此非常有亲和力,成为有力的管理工具。[67]研究显示,管理决策是结果导向(结果论)、道德规则(义务论)和行动中的价值观(美德)等要素的结合体。[68]我们举一个办公室偷窃的例子吧,员工用公司的信封给朋友寄信,应该不会造成什么大碍(不会有太大的负面结果)。从美德伦理分析,这种行为不够道德,可以看出这个员工缺乏自制,贪小便宜,对其他没有这种行为的员工是不公平的。从义务论的角度看也违反了黄金法则,他应该也不希望这种行为成为通用的规则,如果每个人都采取这样的偷窃行为,公司的财产恐怕不日就会被掏空,所有人包括他自己都会失业。

澳大利亚:让传统的伦理理论落地开花

下面一些问题取自规范伦理学的思想,它们出现在了澳大利亚一家多元化经营的媒体公司 Fairfax 的员工行为守则中:我会为我所做的事感到自豪吗(美德伦理)? 我的行为是否符合 Fairfax 的价值观、原则和政策(义务论)? 我的行为会对同事、企业、其他方以及我自己造成什么结果(结果论)?

资料来源:Fairfax Media. (2013). *Fairfax code of conduct*. Sidney: Fairfax Media.

让企业中的决策者理解这些伦理理论的交叉性,并且运用这些理论帮助自己更好地做出决策,这一点很重要。所以,我们有必要在实践中将这些理论融会贯通,本章我们采用伦理多元论的观点将三大伦理理论整合到一起,把伦理理论视为一个多棱镜,通过不同的透镜,显示出伦理困境的多色彩。[69]

在图 5.9 中,我们用了定量和定性评估工具概括了这三个理论,我们称它为 360 度伦理评估法,因为它试图从不同角度观察和评估所遇到的两难问题。假设你身陷一个伦理困局,需要做出决策并采取行动,请试着用以下三步方法:

- 第一步:请为图中的 A1 至 C3 的所有问题打分, −5 为完全不道德, +5 为非常道德,将分值写在问题左侧的方框中。请回顾我们之前的章节内容,确保你评估的质量和深度。
- 第二步:计算每一大理论最后所得的平均分,写入中间的方框中。最后计算所有理论的平均分,写入最上面的方框中。
- 第三步:比较不同决策和行动的差异。在比较过程中,你可以也应该决定不同理论的权重。比如,在功利论的分析中,某个行为的结果也许不显著,但从美德角度考虑却意义重大。

5.4.2 范畴二:描述伦理学——解释对与错的行为

当我们观察那些由于遭遇伦理困境而最终使公司爆出丑闻的事件时,对局外人来说似乎很容易看出他们当初应该如何正确行事,比如,他们不该做假账,他们不该压迫员工致其自杀,他们不该把烟草公司列为大客户……但在实践中,当一个人面临决策时,即使他们知道应该如何做,也未

```
┌─────────────────────────────────────────────────────────────────────────┐
│ 总体评分                                                                │
│ ▇                                                                       │
└─────────────────────────────────────────────────────────────────────────┘

A 美德伦理                      B 义务论                         C 结果论
你是否品行端正？                你是否尊崇更高的原则和义务？     你是否创造了最大的幸福？
▇▇▇▇                            ▇▇                               ▇

☐ A1：向内                      ☐ B1：黄金法则                   ☐ C1：行为
  你靠勇气和自制行事吗？          你希望你的行为称为通用或           你的此次行为是否为所有相关者
                                 自然的法则吗？                    带来最大幸福？

☐ A2：向外                      ☐ B2：非工具化                   ☐ C2：规则
  你是否慷慨、大气、大度和        你是否不带企图地善待他人，         此类行为一般来说是否会为所有
  善解人意？                      不把人当作利用的工具？             相关者带来最大幸福？

☐ A3：追求公平                  ☐ B3：目的王国                   ☐ C3：分配
  你是否公正行事？                你的行为准则是否可以自成为         你的行为所带来的成果是否被
                                 公共法则？                        公平地分配？
```

图 5.9 360 度伦理评估法

必最后能做出正确的决定，这里有个人因素，也有外在影响因素。描述伦理学就是专门研究人们采取这样那样行为背后的原因的。描述伦理学的基础是行为心理学，所以它还会被称为行为伦理学（behavioral ethics）或道德心理学（moral psychology）。[70] 描述伦理学的贡献在于它能够描述、理解、影响和预测群体与个人的伦理行为。

将伦理决策转化成伦理行动的过程重要而且复杂。企业的伦理绩效是通过企业的实际行动体现出来的，伦理决策只是生成伦理绩效的环节之一，我们接下来就探讨伦理决策的制定以及将伦理决策转化为行动的过程，我们把它称为决策和行动模型。

伦理决策和行动模型

人们一旦知道在特定的情景下采取什么行为是正确的，他们就一定能做到吗？答案是否定的。为了最终能产生伦理的行为，人们需要满足四个条件，如图 5.10 所示。只有当这四个部分都落实，伦理行为才能产生。如果一个人在未知状态下做出了对的行为，但是既没有判断过程，也没有识别过程，那也称不上是一个伦理决策或伦理行为。另外，若一个人也许能意识到这个情景和伦理问题相关，也希望把事做对，但也许没有能力做出一个正确的判断，他的行为最后不符合伦理，也许是出于没把握，也许是出于无知。

图 5.10 伦理决策和行动的要素

资料来源：Rest, J. R. (1986). *Moral Development: Advances in research and theory*. New York: Praeger; Jones, T. M. (1991). Ethicaldecision making by individuals in organizations: An issue-contingent model. *Academy Management Review*, 16(2), 366-395.

人和情景具有交互性。伦理的决策和行动,也就是人们如何分析上述四个构成是嵌入在人和情景的交互过程的。我们可以从图 5.11 上半部分看到,人们是通过个体的因素影响他们的伦理决策和行动,这些个体因素包括认知过程(你怎么认为),影响因素(你怎么感受),身份特点(你认为你是谁)。图 5.11 中下半部分的情景因素则可以被分为问题因素(伦理困境)和情景因素(外部环境)。接下来我们就详细阐述个体和情景因素是如何作用于伦理决策和行动的。[71]

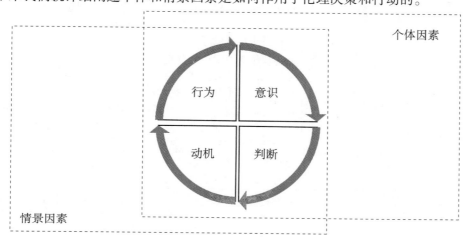

图 5.11　伦理决策和行动构成中的个体和情景影响因素

伦理决策和行动中的个体因素

个人因素是指所有"和决策人相关的独特因素"。[72]我们可以从很多角度来剖析它们。研究显示,一个决策的制定和执行与男女性别、所处地域、宗教、教育背景及职业都有关系。另外一组因素与个人的诚信度、道德发展的认知阶段及所具备的"道德想象力"等有关。[73]我们把第一组因素归纳为人口统计因素(demographic factors)——在人口普查和人口数据中较为典型的社会经济因素。我们把第二组因素称为心理因素(psychological factors)——基于个人的心智功能。理解伦理决策中的个人因素可以加深我们对伦理问题的认识,为我们之后的管理行为找到立足点。

给不道德行为寻找个人因素就像医生给病人找病灶。有意思的是,有些学者认为道德败坏是"认知异常",是可以"被治愈的疾病"[74]。举个例子,有两个不同的经理,都有罔顾伦理的行为,我们来比较一下他们行为背后的主要动因:一个犯错是因为他把生活和工作视为两个截然分开的世界,对伦理标准的要求高低不一;另一个犯错是出于享乐和自私。[76]如果是这样,那这两个人应该接受不同的"处方"才能"药到病除"。图 5.12 概括了伦理决策中的主要人口统计因素和心理因素。

澳航 CEO 的艰难决定:停飞所有航班

2011 年 10 月,面对持续多日的劳资争端,澳航 CEO 艾伦·乔伊斯做出了一个艰难的决定:停飞所有澳航航班。在他的陈述中强调,尽管这样做短期之内会对客户造成重大影响,但目前的事态需要我们做出果断的决定。

资料来源：Brisbane Times，(2011). *Alan Joyce grounds Quantas.*

人口统计因素	年龄	年龄会影响伦理决策,但完全视情景而异。在有些情况下,年长的员工更恪守伦理高标准,在学校也是,高年级学生有更高的伦理标准。但也有研究表明,在另外一种环境下,年轻的管理者比年长的管理者更具有伦理观
	性别	女性似乎更看重伦理问题,且行为呈现更高的伦理标准,不太会掩盖她们的不符合伦理行为。有趣的是,女性在非伦理的环境中却呈现出更强的不符合伦理行为特征
	国家和文化特征	这个方面的研究基本上都是以美国为样本,需要在全球环境中加以质疑和检验。非美国籍的人士中似乎更容易出现不符合伦理行为。另一些研究如澳大利亚和南非员工的对比显示结果相当
	宗教	较强的宗教意识会对不符合伦理行为的反应比较强烈,但不同的宗教对伦理行为的多寡没有相关性
	教育	总体教育程度对伦理决策和行为的影响微乎其微,尽管所受教育的类型起一定的作用。商科专业的学生相比于其他专业的学生一直更缺乏伦理。但在商学院或职场上所接受的专业伦理培训能增加参与者的伦理推理能力
	职业	一方面,经验越丰富,人们越能以伦理的方式解决问题;但另一方面又显示,职位越高,不符合伦理的行为就出现越多,比如在CEO任期内,不符合伦理的行为出现越多。在大多数研究中,高管层人员比学生显示出更高的伦理标准
心理因素	道德哲学和伦理判断	具有越高伦理判断能力的人呈现更高的伦理意愿和行为。以义务论为导向的个人比以结果论为导向的人伦理测验得分更高。每个人在私人生活和职业生涯中的道德发展层次各不相同,而且在不同的情景中使用不同的推理机制
	认知能力和需求	高智商的人比低智商的人伦理导向更弱,对认知的高需求(倾向于喜欢高难度的认知活动)表明他们对情景持有更多偏见,但也会对伦理做更多的调查
	控制源	具有向内控制源的人(认为他们可以影响环境)比向外控制源的人(认为他们不能影响环境)更容易产生伦理的行为
	价值观和态度	理想主义者(遵循强烈的价值观)比相对主义者(根据情况变换价值观)的人更容易产生伦理行为。具有强烈马基雅维利情结的人(操纵、精明和欺骗,很多管理者身上都有),以及强烈渴望获取财富和金钱的人,更容易采取在伦理上容易受到质疑的行为
	意识和道德想象力	那些对伦理问题具有高度敏感性(意识),具备从多方面分析问题和相应结果的人(道德想象力),更容易做出高度符合伦理的决策并付诸行动

图 5.12 伦理决策和行为中的个人影响因素

资料来源：Based on Crane, A., & Matten, D. (2004). *Business ethics.* New York: Oxford University Press; Ford, R. C., & Richardson, W. D. (1994). Ethical decision making: A review of the empirical literature. *Journal of Business Ethics*, 13(3), 206; Treviño, L. K., Weaver, G. R., & Reynolds, S. J. (2006). Behavioral ethics in organization: A review. *Journal of Management*, 32(6), 951-990; O'Fallon, M. J., & Butterfield, K. D. (2005). A review of the empirical ethical decision-making literature: 1996-2003. *Journal of Business Ethics*, 59(4), 375-413.

伦理决策和行动中的情景因素

伦理资源中心(Ethics Resource Center)曾经针对财富500强企业做过一项调查,询问员工认为有哪些压力会促使他们产生不道德的行为。其中第一个压力来源是保住他们自己的工作,然后是个人的经济负担,以及完成阶段盈利目标。前十项压力中还包括实现企业的财务绩效、全球化发展、个人职业生涯的提升。具有讽刺意义的是,"维持企业品牌和信誉"也在其中。[77] 如图5.13所示,描述伦理学提出了大量的情景因素,或者说影响员工伦理决策和行动的所有外部因素,那些影响你伦理行为的因素可以是:比如你认为这个伦理问题有多相关、多严重、多紧急,另外一组外部因素包括企业的奖惩机制、权威和科层、工作角色、国家形势和文化状况。[78] 第一组是问题相关型因素,第二组是情景相关型因素。

问题相关型因素	道德强度	伦理问题的重要性(道德强度)强烈影响个人的决策过程,特别是潜在的危害(结果的大小)、别人将如何定义不道德行为(道德社会共识)都会影响个人的决策和行为。道德强度越高,伦理判断的复杂程度也越高,这会增加个体要正确行事的意愿
	道德构架	对同一问题,但在不同的情景中,人们会赋予它们不同的重要程度。同样一个人,他在不同的环境中(私人或职业)会做出不同的伦理决策。另外,同伴压力等其他状态也会使个人对同一道德问题赋予不同的道德强度
	道德复杂性	不同问题的复杂程度不一,人们对它的解读难免正确性也不一,从而行为也不一样。比如说一个问题和另一个问题互相牵缠,评估潜在结果的困难性,缺乏高质量的信息,还有道德原则的冲突等
	重要他人	我们把那些能对他人的伦理决策与行为产生影响的个人和群体称为"重要他人"。同级群体和高管层对个人的伦理决策和行为影响最大,特别是平级对不当行为的汇报制度、直接上司的影响及高管层为企业伦理所定的基调
	奖惩机制	潜在收益越大,潜在惩罚越弱,个人就越容易参与不道德行为。奖惩机制的作用非常大,它既能遏制也能激励正确的行为
	组织规模、结构和官僚化	组织规模扩大可能会姑息罔顾伦理的行为,官僚化的结构被认为对组织中个人伦理决策与行为会产生负面效应
	伦理管理工具	如果尽职使用,伦理管理工具能潜在地增加伦理行为。最有效的工具是伦理守则,伦理守则加上后续的强化行为更能增强伦理意识、固定伦理行为,减少使员工采取不道德行为的压力
情景相关型因素	文化和氛围	组织中的伦理氛围和文化会一直促成伦理决策与行为。有一些研究揭示一个伦理的文化也会导致过度的信任,对举报机制产生不利影响

		续图
情景相关型因素	国情和文化状况	尽管在伦理行为嵌入特定国家文化的程度效应方面找不到太多实证研究,但不同规范、习俗和规章制度对伦理决策和行为非常有可能产生影响
	产业类型	有研究证据明确显示各个行业的伦理行为有很大差异。虽然研究并未提供各个产业的伦理排名,但有一些两到三个产业的对比研究显示它们的伦理推理存在显著差异
	竞争力	增强竞争力的实践会增强道德感知力,在高压力下也更容易导致罔顾伦理的行为

图5.13　伦理决策和行为中的情景因素

资料来源：Adapted from Crane, A., & Matten, D (2004). *Business ethics*. New York：Oxford University Press.

5.4.3　范畴三：伦理管理——应用管理工具促成正确的行动

　　在前两个范畴中,我们首先学习了如何应用规范伦理学的理论分析特定情景中的是非对错;之后我们还介绍了描述伦理学(又称行为伦理学),作为一种分析工具帮助我们理解人们为什么会做出道德或不道德的决策。在最后这个领域中,我们将在前两个领域的基础上进一步延伸,介绍一套管理工具,在实践中帮助人们做出正确的决策,呈现正确的行为。这些工具力图影响情景和个人因素,促成尽可能多的正确决策。伦理管理的主题是伦理绩效(ethics performance),如果伦理绩效被管理得好,可以达到道德卓越的境界,而道德卓越是伦理管理的目标。

测量伦理绩效

　　Wise家族旗下的澳大利亚Body Shop是澳大利亚为数不多的几家展开独立审计并公开披露审计结果的企业之一,审计报告对企业的价值观、社会和伦理绩效等逐一做了反馈。这家企业的动机是：这是该做的正确的事,持续改善,做榜样起到示范效应。

　　资料来源：The Body Shop. (2011). *Social & Environmental reporting*.

目标：提升伦理绩效,追求道德卓越

　　为了了解一个企业所遵循的伦理有多好以及高效的伦理管理有多重要,我们首先要充分理解伦理绩效的含义。把违背伦理标准的行为记录下来并不是件复杂的工作,比如,公司可以在员工中做一个不记名的调研,让他们写出他们所观察到的违背伦理守则的行为。如果每个员工平均每年有两处违反了守则,那么这个值就可以成为公司伦理管理体系的一个基准和重心。下一个目标也许可以就是减少这些伦理不良行为,比如说可以设定成在六个月后平均每人每年违规一次。但这就够了吗？公司也许意识到这一个测评指标并不能提供准确的数据,也许员工会更善于掩盖不良行为,也许员工在不知其所以然或者不是在基于自己判断的情况下达到的标准。所以一个测评指标不能完全说明情况。理论和实践都提供了不同的方法,如果要获得准确的伦理绩效,我们需要运用综合的测评方法。

我们上面提到,伦理决策和行为由意识、判断、动机和行为四部分构成。从理论上讲,我们需要一一测量每一个部分的伦理绩效。图 5.14 显示了绩效测评的工具,我们运用这些工具建立了绩效测评体系,可以全方位地解释个人、群体乃至整个公司的伦理绩效。在实践中,绩效测评一般不会那么全面,接下来我们介绍实践中常用的三种测评方法(见图 5.15)。

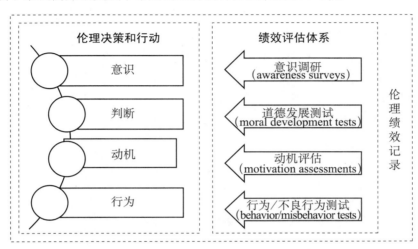

图 5.14　通过伦理决策和行动的所有构成评估伦理绩效

第一种测量伦理绩效的方法是评估决策者的道德发展(moral development)水平,我们运用的工具是基于 Laurence Kohlberg 的研究结果。一个基本的假设是,决策行为人的道德能力越强,越能够做出符合伦理的决策。如图 5.16 左边所示,科尔伯格把道德发展分成三个层次、六个阶段。

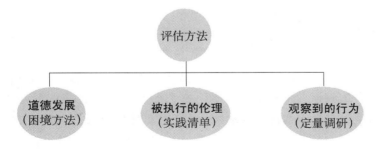

图 5.15　伦理绩效评估方法

中间这层称为社会化(conventional),在 Kohlberg 看来,大多数成人的道德发展水平都处于这个层次,不是在第三阶段"遵从社会和公众的期望"("我按照社会群体的期望行事"),就是在第四阶段"强调对社会和系统有利的规则"("我按照约定的秩序行事")。[79]

比它低的层次为前社会化(preconventional)。道德发展水平处于这一层次的人,其行为方式不是在第一阶段"服从和惩罚"("凡是受处罚的事我不做"),就是在第二阶段"个人交换"("如果你这样做,我就那样做")。

最后,道德发展水平最高的层次是按照原则判断和行事,处在第五阶段的人会围绕社会契约来考虑他的决策,比如个人权利、价值观,在很多时候超越了法则和基本的习俗("我遵守社会契约")。到了第六阶段,人们最终的决策依据的是自择的伦理原则("我做我认为对的事")。

基于 Kohlberg 的六阶段模型,后人开发出了一些主要以问卷为形式的工具,评测个人的道德发展水平和伦理绩效。[80]大多数问卷都会设计一些假设的情景,让受访者对此提出行动方案,根据他们的回答,评测者大致可以分析并确定他们所属的伦理推理的层次和阶段。[81]

尽管 Kohlberg 的研究对象是个体,但他的研究结果也同样适用于群体甚至整个企业的伦理绩效。图 5.16(右)显示的就是企业的道德发展水平,评测的依据是公司内部结构、流程和典型行为。[82]这个模型假设商业中的伦理困境最主要的冲突是伦理和利润。那些道德发展水平较高的企业,一定是在逐利和伦理原则之间找到了很好的平衡点。Reidenbach 的模型(见图 5.16 右边)是 Kohlberg 的模型变异体,但内隐的机制是相同的:道德发展水平被用作伦理绩效的一个指标。

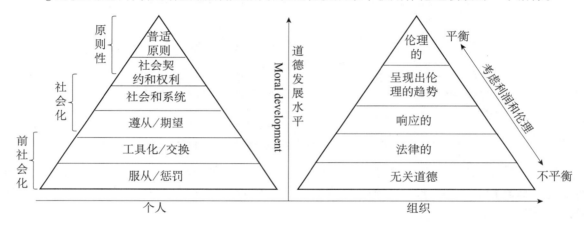

图 5.16　基于道德发展水平的伦理绩效模型

资料来源:(Left) Kohlberg & Turiel (1973), as cited in Treviño, L. K. (1986). Ethical decision making in organizations: A person-situation interactionist model. *Academy of Management Review*, 11(3), 601-617; (right) Reidenbach, R. E., & Robin, D. P. (1991). A conceptual model of corporate moral development. *Journal of Business Ethics*, 10(4), 273-284.

把道德发展水平作为伦理绩效的替代品也招致了一些批评,观点主要集中在不能把认知能力等同于日后的实际行动,理解并不意味着行动。这个批评在理论上成立,因为知行未必合一。但还是有不少研究表明,具备较高道德发展水平的人更有可能采取符合伦理的行为。[83]

道德发展水平的方法只能评估个人或企业做出好的决策的能力,我们接下来介绍组织管理实践中的另一个方法,称为被执行的伦理(implemented ethics)。伦理管理实践和工具在企业中得到落实,也可以被看作伦理绩效的一个指征,因为一个具有伦理守则、伦理培训、伦理政策的组织更容易达到良好的伦理绩效。如何评估"被执行的伦理"呢? 我们将借助于一份伦理实践和工具的清单,将企业伦理实践的标准项目整理出来,根据清单上的项目所做出的决策一般还辅有相应的事实和证据,例如,清单上的"人权"这一项往往会附具体的内容加以特别说明,如公司人权政策、伦理守则中的人权或者《全球契约》中有关人权的那一部分(见图 5.17)。公司开出这份清单可以是为了建立内部档案用,也可以是对外宣传、排名、认证或报告时用,类似的机制有 Ethisphere

排名,Ethos 标签,拉丁美洲 ESR 获胜者评选等。[84]

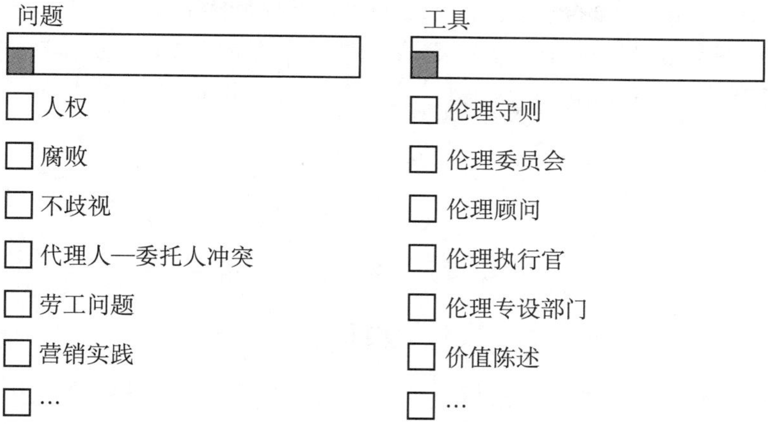

问题
- ☐ 人权
- ☐ 腐败
- ☐ 不歧视
- ☐ 代理人—委托人冲突
- ☐ 劳工问题
- ☐ 营销实践
- ☐ …

工具
- ☐ 伦理守则
- ☐ 伦理委员会
- ☐ 伦理顾问
- ☐ 伦理执行官
- ☐ 伦理专设部门
- ☐ 价值陈述
- ☐ …

图 5.17　伦理执行清单：类型和具体条目

第三种绩效评估方法考察的是观察到的行为,一般根据的是定量的调研报告,报告对可观察的伦理行为有详细的描述。比如,一个观察企业伦理不良行为比较容易的方法是,列出所观察到的公司层面的丑闻或公共事件的数目。在个人层面上,我们也是用定量方法去获取个人不当行为的数据,属于通常的分析程度。用观察到的行为这种方法去搜集数据主要围绕的是不良行为,因为它比伦理正当行为更具有辨识度。有时候人们采取了正确的决策之后,甚至都不可能遭遇伦理困境或冲突。公司还可以用其他内部调研机制,如举报热线获取的信息、定量数据或匿名调查等评估企业的伦理绩效。

有时候那种比较粗线条的调研也能帮助我们获取非常有意义的总体印象,它的问题可以是"你们团队多久会出现不道德的行为?""你出现不道德行为时最大的压力是什么?""每年你发现自己有多少次没有遵循道德标准?"用定量方法评估观察到的伦理行为的优点是它们能描述实际的结果,之前介绍的评估方法只是"替代指标"[86];缺点在于对个体行为的产生动机缺乏足够的信息和认识。

总之,这三种评估方法在方法上和评测结果上都各具优点,如果要准确地评估企业的伦理绩效,我们建议同时运用上述三种手法,并且可以在个人、群体和企业三个层面展开。表 5.3 是对我们上述讨论的简要归纳。

表 5.3　伦理绩效评估方法:不同的评估类型和范畴

评估类型和范畴	道德发展	被执行的伦理	观察到的行为
个人	个人困境分析	单个成员的伦理实践清单	个体行为的定量评估
群体	群体道德推理,在既定情景中(真实或模拟)集体讨论解决方案的过程	群体伦理实践的清单	群体观察到的对非伦理行为的定量评估
组织	组织整体而言在道德困境中的表现,道德推理的组织行为	组织范围内的伦理实践清单	组织层面所观察到的对伦理行为的定量评估

伦理管理过程的目标是达到道德卓越,这需要企业既化解各种伦理问题,并创造伦理机遇。

道德卓越的状态一定是超过平均的伦理绩效,它在三项考核指标的得分一定处于较高水平。问题是这个较高水平究竟是相对于其他企业而言,还是相对于规范标准而言。本书作者认为应该是相对于规范水平而言,它处在道德主张要求更高的一端。道德卓越的对立面是"道德破产",也就是说一个企业身陷道德危机,完全失去了道德经营执照,毫无"伦理可盈利性"(ethical profitability)可言。

强制伦理审计?

伦理审计(ethics auditing)被视为强加给企业的一道工序。2010 年,澳大利亚大型连锁超市 Woolworths 要求其供应商参与伦理审计,并坚持这一要求拒绝修改。澳大利亚蔬菜种植商协会的 CEO Mulcahy 声称:"这家公司似乎开始越来越涉足其供应商的业务活动了。"

资料来源:Hall, A. (2010). Woolworths rejects changes to ethics audits.

伦理管理工具

伦理管理从主流商学和商业伦理学两个学科中借鉴了不少思路,形成了一套有效的管理工具,比如使用新的薪酬计划奖励具有符合伦理行为的员工(人力资源管理),引进了伦理关键绩效指数(会计),或在企业的使命陈述中加入伦理主张(战略)。这些都是影响员工伦理决策因素的有力工具,但它们必须同时和专业化的伦理管理工具相结合,比如伦理守则、伦理委员会、伦理培训等。在接下来的小节中,我们将详细阐述这两类工具。

第三类管理工具是确保每一个管理者在他能直接影响的范围内做正确的事。图 5.18 描述了总体的伦理绩效,以及企业如何依靠三种具有互补性的伦理管理工具,创造我们所称的组织伦理绩效利润。我们还可以把它称为伦理价值链,因为它最终会形成伦理绩效利润。这个利润就可以看出伦理不当行为和伦理行为之间的差异。主流的商业价值链和利润是指经商的财务成本和经营活动创造价值后的差异,而伦理价值链指的是伦理不当行为和伦理良好行为之间形成的反差。

良好伦理绩效的基础是个体管理者的**伦理型管理**(ethical management)行为。良好的伦理行为不仅会叠加成企业的总体伦理绩效,还能在伦理领导力方面形成示范效应。伦理资源中心[88]的一项调查显示,这一事实得到了数据的显著支撑。这项研究观察的是当管理者的伦理行为在与伦理不当行为对比时,影响伦理绩效的主要因素会产生什么变化。当直接的上司未能按伦理要求行事时,42% 的员工感觉他们也会效仿,会导致 89% 的伦理不良行为,40% 的人会对这些不良行为保持缄默。而当管理者能以身作则时,不良行为要减少一半还多。违背伦理标准的行为减少了 25%,产生的不良行为减少 45%,而对不良行为保持缄默的比例下降了 37%,为 3%。当员工向上汇报这些不良行为时,大多数(89%)都会直接向自己的上司汇报。

部门伦理管理(departmental ethic management)工具套用了企业成熟职能部门的标准管理工具对伦理绩效进行管理。所以,从严格意义上说,主流伦理管理工具并不是伦理管理工具,而是运用

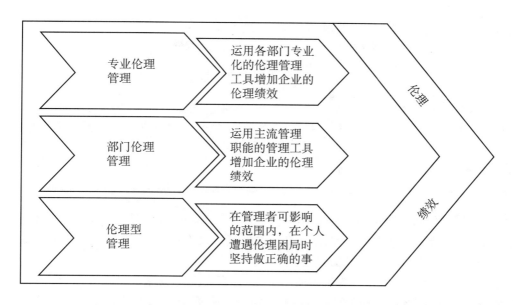

图 5.18 伦理管理工具及其伦理绩效盈利贡献度的价值链

"一般企业"的管理职能去影响伦理行为。本书第 6 章到第 15 章将会深入洞悉这些主流企业职能和可持续发展、责任和伦理管理之间的嫁接。

主流企业部门对伦理管理至关重要。有些部门似乎相对更容易受到不良伦理行为的侵入。有一项对 175 位管理者展开的调查显示,他们最担心出现伦理问题的部门是销售部门:53% 把销售部门排在第一位;51% 认为运营部门,特别在新兴市场;20% 认为也有理由担心财务和会计部门。[89]

主流伦理管理工具的第一种类型应该是在部门内部,特别针对部门内部的伦理绩效,如可以建立正式的伦理政策:伦理的采购政策、伦理的客户关系营销管理、伦理的会计和内控政策。

第二种类型的主流伦理管理工具的建立必须依靠主流管理的支持,可以表现为在其他部门创设伦理绩效的促成方式,以及通过搭建结构推动实践等能促成员工形成伦理行为的活动积极提升组织的伦理绩效。比如,控制部门可以在他们的工作中实行一种困境指数,也就是通过伦理热线被举报的不良行为的平均值。而企业内部的沟通部门可以将企业对于伦理行为的理想目标传达给员工,并举办一个题为"你会怎么做"的月度竞赛,让员工参与伦理困境的解决。通过主流管理工具对企业的伦理管理最能产生实效的部门当属人力资源部。人力资源部应该有很多可以增进企业伦理绩效的方法,比如在薪酬体系中设置对伦理行为的嘉奖,组织伦理培训,在绩效评估中把伦理表现也作为一个考察维度。这些工具已经在很多企业中获得广泛运用,并证明在改善伦理绩效上效果显著且很有发展空间。上面提到的一项对管理者展开的调查还显示,至少接近一半的企业(49%)认为员工的伦理行为和他们的业务表现同等重要。[90]财富 500 强企业中的 81% 都把员工的伦理表现作为绩效考核的一个要素,91% 的企业配备专门的伦理培训。[91]本书第 11 章我们再对人力资源部门对伦理绩效的贡献做详细讨论。

> **专家角**

伦理型领导力的挑战

据墨尔本商学院伦理领导力中心报告,"伦理型领导力的最大阻碍不是领导者缺乏个人品德,而是没有一个理解框架,伦理型领导应该是什么样的?该如何在复杂和动态的情景中提供这种领导力?"

资料来源:MBS. (2012). *Vincent Fairfax Fellowship*.

专业伦理管理(specialized ethics management)工具建立的初衷就是为了管理企业的伦理绩效,主要是由伦理和合规部门等类似企业为了改造伦理绩效而专设的部门来行使这些工具。下面几个方面是这些工具最为常用的使用方法:

- 规范领导力:行为守则是最为常用的一项工具,事实上它也完全可以被称为伦理守则,有调查显示,90%的行为守则不失为伦理决策的指导原则。伦理守则旨在告诉员工该做什么、不该做什么,如果再加上伦理规则的限制和价值观的确立,这一目标可以实现。在同一份调查中,59%的员工大多数情况下都能遵守守则,35%的员工有时候遵守守则。[92]那些具有较好行为准则的企业在伦理、责任和可持续发展的排名中一般都位居前列。[93]这些事实表明,富含伦理标准的行为守则是企业伦理管理活动的核心要素。行为守则是企业部署后续活动的基础和第一步,所以先把守则建立好太过重要,图5.19列举了建立高质量守则的考虑因素。

分析要素	要素描述	权重(%)
公开	守则应该让所有利益相关者都容易获取。获取守则是否容易?	5
高层的态度	组织的领导层明确承诺守则中所呈现的价值和议题	15
可读性和语气	文件中的语言风格如何?是否简单明了,具有亲和力?	20
不报复和汇报	是否明确承诺了不对员工实施报复行为?是否有专门的资源供员工汇报违背守则的行为?如果有,是否陈述清晰?	10
承诺和价值	守则是否包含企业价值和使命?是否确立企业对利益相关者(客户、供应商、社区)的伦理承诺?	10
风险话题	守则是否提及企业所在行业的主要风险?	20
辅助学习材料	守则是否提供了全面的辅助材料(问与答、常见问题、清单、例证和案例)帮助员工和其他利益相关者理解关键概念?	5
呈现和风格	守则可读性是否强?这和排版、字体、图片、分类以及结构有关	15

图5.19 Ethisphere 机构的伦理守则质量标准

- 组织结构:伦理部门和执行官是组织架构中专门设立的角色,执行企业的伦理管理工具。通常这一部门和人物都在扮演双重角色,因为他们还需要同时兼顾企业遵纪守法的职能。因此伦理和合规部门的规模一般都不会太小,由全职人员负责日常运作。55%具有伦理和合规执行官的企业雇有2—9名员工,18%的企业雇0—1名,12%的企业雇50多名员工,11%的企业雇有20—40名员工。[94]伦理执行官对企业伦理绩效的作用不容忽视,但在实践中情况较为复杂。伦理执行官常常被视为"麻烦制造者",权力有限,角色描述不清。为了能确保伦理执行官发挥正向作用,我们的建议是让他们直接由外部董事领导(而不是直接向企业的顶头上司汇报),明确他们的职责描述并在企业上下级中传达,并特别留意备选人员的道德素养和业务积累。[95]

- 反馈机制:举报、委员会、独立调查方以及审计等伦理管理工具也同时具备双重功效,一方面获取伦理行为和非伦理行为的信息,另一方面提供反馈和建议。举报可以通过匿名或私底下的方式进行,员工还可以通过伦理热线向独立的工作人员汇报不良行为,这也是很多企业常用的工具。伦理委员会或称独立调查方,也是员工可以在遭遇伦理困境时寻求咨询的一个渠道,甚至可以成为一个调解者。企业还可以通过伦理审计的手段对企业的绩效做系统而定期的分析。

上面提到的这些反馈机制该如何让它们发挥最大的功效呢?在针对财富500强企业的一份调查中,我们发现,在对伦理不当行为保持缄默的调查者中,有61%认为汇报之后也会不了了之。但实际情况并非如此,另一项调查显示,71%的汇报者都表示他们的企业都进行了调查和证实。对员工汇报(42%)形成制约的另一主要因素是汇报渠道不够保密,所以员工害怕日后遭到报复,29%的报复行为来自同事,28%来自高管层,25%来自直接上司。遗憾的是,这一害怕不是空穴来风,在现实中存在着真实的风险,15%不准备汇报不良行为的员工是因为他们之前这样做时遭到过报复,有人给他们看脸色,欺负他们,甚至把他们排挤出决策圈以外。[96]当我们设计反馈渠道时,需要牢记并避免阻碍员工畅所欲言的抑制因素。

澳大利亚:哪些举报者受到保护?

很多国家对举报者提供法律保护。在澳大利亚,作为一个受到《公司法案》保护的举报者,你必须是实名举报,你必须是企业的一员,执行官或雇员,或者承包商,或者承包商所雇用的员工。

资料来源:ASIC. (2012). *Protection for whistleblowers.*

5.4.4 伦理项目和伦理文化

上述三大伦理管理工具通常捆绑在一起形成企业的伦理项目(ethics program),这些工具相得益彰,最大化地提升伦理绩效。财富500强中60%的企业所具有的伦理项目至少都包含6个清晰的伦理管理工具。伦理项目或许是不断达成伦理绩效的好开端,但只有当"伦理完成社会化的过程"(socialization of ethics),也就是说"做正确的事"形成了组织认同并成为组织自然的性格特征,企业伦理才能制度化、长效化。

持续开展执行伦理项目应该有助于形成伦理型的组织文化,反过来又能长远地稳定企业的伦理绩效,哪怕有几个伦理管理工具一时失灵,企业也能免遭危机的侵害。一个讲究伦理的组织文化会营造一种氛围,置身其中的员工在做每一个决策、采取每一个行为时都觉得自然而然,不纠结别扭。"伦理文化"（ethics culture）有这样一个：一方面，一旦企业建立了好的文化，伦理成为"公司性格"[98]的一个自然组成部分，那么之前所提到的伦理管理工具似乎又变得可有可无，因为人们已经在做正确的事；而另一方面，伦理管理工具又是形成伦理文化的主要手段。

无论从伦理绩效还是主流管理的角度看，营造伦理文化都是很值得一试的举措。在伦理文化浓重的企业工作，员工不必承受太大的压力去降低伦理标准。所显露的伦理不良行为要减少一半有余，97%的员工发现有不良行为时会选择汇报。[99]伦理文化还会对主流的管理带来多重好处，最明显的是增进企业的长期价值，有利于合规守法，并提高员工对组织使命和价值的承诺。[100]

所以，创建伦理文化的秘诀是什么呢？为什么在有些情况下奏效而有些情况下却失灵呢？组织文化的推动力和抑制因素有哪些？创建伦理文化是伦理与合规部（ethics and compliance，E&C）首要的任务，但它需要同盟，最好的同盟莫过于企业的最高管理层、人力资源部、运营管理和内部沟通部门，其中最高管理层的作用和伦理与合规部的作用不相上下。对伦理文化建设阻力最大的三个方面是组织复杂性、中级经理支持不力，以及对伦理文化这个企业助推器的缺乏认识。

伦理管理的过程

该如何管理整个企业的伦理呢？回答是：做不到。伦理管理的过程必须是一段时间内管理一种伦理问题。伦理管理过程（ethics management process）对待管理的层级和管理的主题一视同仁，管理腐败问题的高级经理和管理是否和烟草公司保持业务联系的销售经理在伦理管理的过程中走的是一样的流程。

图 5.20 主要描绘了伦理管理过程的三个阶段。每一个阶段中又包含着三个重要的范畴。在伦理问题或机会评估的第一阶段，工作的重点在于了解当时的情况，并确立正确的行为。如果我们用道德哲学的一些规范伦理学分析所处的情况，规范伦理学能为这些问题提供一些答案。第二阶段的工作重心是理解人们为什么恪守了伦理标准或者没有遵照伦理标准行事，描述伦理学通过评估个人和情景因素为人们提供答案，哪些因素会抑制或者发扬人们的伦理决策和行为。第三阶段，伦理管理是为管理伦理绩效提供合适的工具。

在第一阶段中，评估伦理问题和机会是指深刻理解眼前的情况。在面临困局时要提的第一个问题是，这是不是真的属于伦理问题？有很多通常被归结为伦理议题的问题从严格意义上说不属于伦理问题，而是主流的商业挑战或法律规范问题。商业伦理教科书一般会列举一些伦理核心问题，如歧视、性骚扰、行贿受贿、平等对待员工、广告、职业健康和安全、非公正解职、财务问题和环境学。[102]伦理问题也未必一定是伦理困境。我们用道德判断（moral judgment）的清晰度和决策者正确行事的动机（motivation）强弱两个维度把伦理问题分为四个类型（见图 5.21），分别是真正的困境、合规问题、道德散漫和不是问题的问题。

由于这些类型的问题性质不同，所以我们在处理过程中要区别对待。

- 真正的困境（genuine ethical dilemmas）是指决策者解决问题的动机明确，但情况过于复杂，不好判断，决策者有强烈意愿，但不能透彻理解问题也不能判断该如何做。如果面临这一类型的问题，我们需要为决策者提供辅助，帮助他更清晰地洞察问题（第一阶段）。

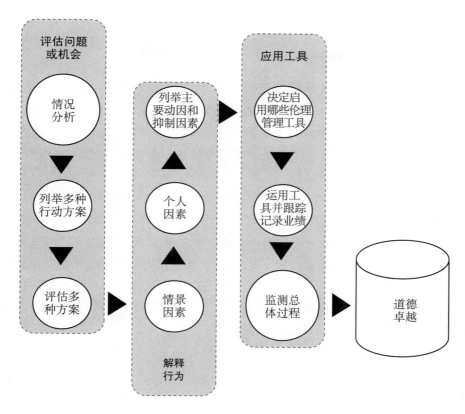

图 5.20　伦理管理的过程

- 不是问题的问题(no-problem problems)也有可能存在,当道德判断清晰,行为者也有很强的动机去付诸行动,这时候伦理问题就不成其为问题。这时候伦理管理需要做的就是创造良好的组织环境,人们脑中的道德判断和动机都能轻而易举地转化为行动(第三阶段)。
- 道德散漫(moral laxity problems)指在有些情况下,由于困境较为复杂,决策者对道德判断飘忽不定,同时由于应对问题的动机也不强,所以就把这个问题淡化了。为了解决对问题漫不经心的这种状态,我们需要推动决策者积极地明确和判断问题(第一阶段)。
- 合规问题(Compliance problems)是指情况很明确,该如何正确行事也无可争辩,但行为人却没能照做。伦理管理的任务是首先分析员工为何不照章办事(第二阶段),然后动用合适的伦理管理工具确保行为人行动(第三阶段)。

		道德判断	
		不确定	确定
动机	高	真正的困境	不是问题的问题
	低	道德散漫	合规问题

图 5.21　伦理问题的类型

世界之窗

昂贵的咨询服务——真正的伦理问题？

2006年，澳大利亚Doyles一家拥有一套价值45万美元的房产，以及64万美元养老金。但听从了Townsville市一家名为Storm财务公司的劝告以后，仅仅两年半的时间养老金全部亏损，股票全部卖掉，并欠下45.6万美元的债务。为了这个灾难性的财务投资顾问服务，他们还向Storm财务公司支付了15.2万美元的咨询费。

资料来源：Barry, P. (2011). *In the eye of the storm: The collapse of Storm Financial.*

在伦理管理过程和它为企业陷入不同伦理问题时所提供的解决方案过程中，我们强烈地感受到商业伦理悠久历史中那些一脉相承的重要概念，让我们能在一目了然的指路牌中迅速捕捉到这个领域的三个主要范畴，但我们也不应该因此产生错觉，认为伦理管理简单易行。创造一个道德卓越的组织是一个高度复杂的过程，描述起来容易，但真正要落到实处，需要精深地通晓规范伦理学和描述伦理学的基础，并游刃有余地应用伦理管理的工具。

思考题

1 归纳与整理

1.1 解释下列术语及之间的关系：规范性理论、描述性理论和伦理管理。

1.2 请定义以下术语及之间的关系：商业伦理、法律和合规。

1.3 请解释伦理和道德之间的关系、异同点。试举例说明。

1.4 列举伦理问题的四种类型并用一句话描述如何处理每一个问题。

2 应用与体验

2.1 请登录 http://plato.stanford.edu。比较美德伦理学、义务论和结果论等伦理理论及它们的分支。哪一个和你个人的道德决策更接近？

2.2 请与一位和你熟悉的公司员工交流，问他有没有遇到过具体的道德困境。运用描述伦理学的概念找出人们在困境下的行为方式以及背后的理由。

2.3 请在图5.12和5.13中挑选一个个体和情景的因素，假设一个情景，这些个体或情景因素能够有效帮助决策者做出判断并付诸行动。

3 分析与讨论

3.1 用图5.6分析你比较认同商业伦理反对意见中的哪一点？让你的老师也提出他的观点，对比你们的观点，由于你们各自对商业伦理的认识不同，哪些地方容易发生观点碰撞？

3.2 请找一个最近热门的有关商业伦理的新闻报道，准备一份360度的伦理评估报告，并提出三种在伦理困境中可以采取的方案。

3.3 锁定一个公司的网页，仔细分析他们的企业报告，准备一份"已执行的伦理评估"，列举出公司提出的明显伦理问题以及已采用的伦理管理工具。

4 改变与行动

4.1 假设你是西门子公司新上任的伦理执行官。撰写一份伦理管理计划，描述一整套伦理管理工具，并解释这一伦理管理体系将如何建立道德卓越并避免道德失范。

4.2 请找到一位在某一个行业、职业或企业的代表性人物，与他探讨职场中遇到的伦理问题。试图分析他的行为，并为提高他的伦理绩效出谋划策。如果他和你相熟，交流应该会比较顺畅。

先锋人物专访　琳达·K. 特雷维恩（Linda K. Treviño）

琳达·K. 特雷维恩是行为伦理学和描述伦理学研究的开路先锋，这一伦理学的分支试图解释为什么人们会做出符合伦理或不符合伦理的行为。

您在行为伦理学以及企业中的人的行为动机方面的研究成果颇丰，很多伦理学的著作尤其是欧洲出版的著作基本上都是论述规范伦理学的，对企业实践来说，您觉得哪个问题更重要，"人们该如何行事？"还是"我们如何促使人们做对的事情？"

我认为两者都很重要。我们需要规范伦理分析工具来帮助我们判断特定情况下的对与错。但是，我们也知道人们并不总是按照这些规范行事，所以我们还要了解人们决策和行为背后的心理状态。心理学可以揭示人们思考和行为的动机，这些知识可以告诉我们该如何搭建组织架构，并引导人们向善。

您有一篇题为"高处风景独好"的文章，写的是组织中的不同层级是如何看待伦理的。公司高层和企业基层对自己公司的伦理表现看法有什么不同？这在实践中是个具体问题吗？

研究结果和我们大多数人的直觉是吻合的，高层往往和企业基层脱离，完全不知道底下发生些什么，因为信息在传递的过程中被过滤了，坏消息往往止步于基层。这不仅仅发生在伦理方面。但如果是，意义重大。如果高高在上的管理层认为一切都很美好，那么他们就不会调拨必要的资源去建设企业伦理文化，以及推动伦理型领导力。我建议组织至少隔几年就要对企业的伦理文化做一番认真的评估，了解员工的所思所想所言，然后认真对待评估的结果并进行必要的整改。

您的著作《管理商业伦理：直言相告怎么做对事》(Managing Business Ethics: Straight Talk about How to Do It Right) 很受欢迎，您对学生有什么建议？请列举最重要的三条。

首先，我认为最重要的是了解自己。在进入职场之前先要知道你是谁，你的价值观是什么，你会坚持什么，这需要相当长一段时间的磨炼才能够保证你建立符合伦理的行为，因为这段时间你会遇到各种挑战。如果你知道自己的价值观，并且坚持自己的价值观，你就越能够顶住压力不屈服于那些与你价值观相悖的行为。

其次，我还建议同学们在加入企业之前先想方设法地去了解企业的价值观，这是因为好的企业价值观总体上来说会提升员工的幸福感，同时能够帮助你避免那些陷入严重的伦理困局。如果你和企业的价值观匹配，你就很容易认同企业的经商方式。

最后，学生要自己担负起责任提高伦理领导力，这个意识很重要。他们都是商学院的学生，有一部分原因是他们想成为一名领导者，作为领导者，他们有责任把自己管辖的职场好好设计一番，扬善弃恶，这对所有管理者的工作都适用，比如制定目标、设计奖惩体系、举行绩效评估。

现在商业从业人员都把商业伦理、可持续发展和责任替代着使用，您是如何区分并连接这三个词语的？这三个方面可以同时被管理吗，比如由一个部门统一管理，还是他们之间差别太大？

我认为责任的范围更大些，但和其他两者相关联。商业伦理比较强调个体和组织的负责任行为，对多个利益相关者负责并且尽可能减少危害，为社会创造更大的福祉。可持续发展也是承担责任，但它提醒我们不仅要对眼前更有话语权的当代人负责，还要对子孙后代负责。

践行者速写　约翰 C. 伦齐（John C. Lenzi）

就职企业：

ITT 是一家多元化经营的行业领先型企业，业务包括生产设计精良的关键零部件以及为能源、交通和工业市场提供定制化的技术解决方案。ITT 历来拥有创新的传统,它和客户一起合作为构成我们现代生活的关键产业提供长期的解决方案。这家成立于1920年的公司地处纽约怀特平原,员工分布在35个国家,在125个国家设立了销售点,2011年公司产出的年收入为21亿美元。

职位描述:

ITT公司副总裁,企业责任和首席伦理执行官

教育背景:

明尼苏达大学学士,罗格斯大学法学院博士

实际工作

您的主要职责是什么?

我带领着一支150多人的专业团队,遍布世界各地,主要制定和执行全球化的战略,为企业注入积极、可测量和可持续的价值观。战略覆盖公司治理的各个方面,伦理、环境、健康和安全、全球贸易项目、环境事务等。我们的部门瞄准的是和业务战略直接挂钩并且能满足内外部利益相关者诉求的关键成功因素。当然那些遵纪守法等合规行为是最低的要求,但我们同时也很注重在职能部门中创造价值。企业责任部门还同时辅助ITT的可持续发展工程,显然还是加强公司文化建设的重要成员。

您每天工作的典型事务有哪些?

我最重要的责任,除了支持我们的各个团队去努力完成既定的年度指标,我还要主动思考企业责任部门中各条各块的未来发展趋势和业已形成的最佳实践。世界在以惊人的速度发展,包括对企业绩效的期望,所以我的很大一块工作是思考我们这个职能部门未来3年到5年的发展方向,开始制定战略并设计路线。

ITT拥有将近100年的历史,但就我们所讨论的议题,到现在的访谈为止,历史很短,才1年左右。因为我们的全球生态足迹和产品线出现了很大的变化,这给了我们无可估量的机会重新审视我们过去的项目、流程和战略,剔除那些已经不再适用的不再增值的部分,聚焦于那些能够提升绩效的战略和战术,为完成ITT的业务目标而出力。

我的工作重心还有一部分是培养员工,让他们跳出自己日常工作职能范围,面对和思考公司的大问题,让他们走出自己的安逸区。这些经历,加上和各自业务直接相关的持续培训和开发,会帮助他们成为全面发展和深思熟虑的专业人士。

可持续发展、责任和伦理在您的工作中扮演什么角色?

这些方面对企业责任部的每一件工作都很重要,显然对建立一个健康的企业文化也是重要的构成。有研究显示,具有高度伦理规范的文化,并且管理者正直行事,不仅提高了个人的贡献度,对提升企业的总体绩效都很助益。不管企业在哪里都适用。

另外,建立一个开放透明的工作场所也很有必要,员工有发言的权利,提出担忧的问题,就某一事务建言献策,管理者也表示出耐心倾听的意愿,有时候就是由这样的员工大胆对那些潜在的不良行为提出意见。这样的工作环境是一种自治的氛围,经过一段时间,大多数感到有发言权并积极行使发言权的员工就会容不下那些偏离公司标准的行为。

在ITT,我们知道可持续发展、责任和伦理,也许在定义和覆盖范围上有细微差别,但我们的员工应该说还有我们的客户都完全知晓,并对此有期望。比如说,我们有一个考核指标是减少伤害事故的频次和严重度,我们为此花了很多努力,这和员工的安康(做正确的事)、投保成本和客户指标都相关,还有类似的减少碳足迹、用水量和生成的废弃物量,因为我们自己和客户的期望,我们经常通过内外部的环境、健康和安全等审计做自我完善。

此外,还有伦理和贸易等指标,包括信息的自觉披露、自由贸易合约的改进、职责机制、伦理调查和结果公布、反腐败尽职调查,当然还有员工对公司报复行为的感知、对公司公平(也就是公司对不当行为的不容忍态度)的信念。

我们本章所提到的议题中,哪些概念和工具与你的工作最为相关?

我对图5.16伦理绩效模型的直观和简洁印象深刻。每个企业的个人和组织的发展阶段固然有先有后,但早晚都要踏上寻求价值的旅程是毋庸置疑的。金字塔模型也很形象,道出了责任优化、普世原则(个人)、和伦理(组织)的发展路径。这些图表意象都把复杂的理论和分析变得具体生动,支持和印证了我们ITT当然也希望还有其他公司多年来的持续努力。

每个组织都需要一套指导原则和价值观作为所有活动的基础,其他的相关政策和流程、行为规范、组织结构和汇报程序,其他制衡机制是用来支持指导原则和价值观统领下的商业行为。公司对它们进行宣传的广度和深度、培训的力度等也可以反映公司对这些原则的承诺和恪守。在ITT,我们持续对员工宣传和培训尊重、责任和正直等价值观,不断培养这种意识和文化。

我之前说过,我们做这些事情是希望建立一个健康的文化,释放我们的创造力,并积累知识资本,事实上,这些被赋能的员工不会容忍那些会带来危害的错误行为,他们会向公司报告,这是我们这些努力的回报。所有这一切都是因为"上梁"很正,我们的指导原则和价值观没有形同虚设。

经验分享

您会给您的同行什么样的建议?

不要只满足于够好,不要只是对照伦理、责任和可持续发展项目中的任务清单,不要只安于达到基本的水平,不管你掌握多少资源,永远要追求卓越。争取获得更多资源,据理力争,告诉你的上级它能增进绩效,坚持你的观点。从其他更大更有经验的公司那里寻求灵感,从他们的成败中汲取经验和教训。加入一些全球的专业组织,如伦理和合规执行官协会(ECOA)、伦理资源中心(ERC),不仅向同行学习,还同时贡献你的经验回馈社会。

我从2003年开始加入了企业伦理的网络,我认为能从其他实践者那里学到很多,价值不可估量。还有贸易合规和健康、安全和环境等相类似的组织,他们为公司治理甚至在竞争对手之间分享经验起到了越来越重要的作用,简直不可思议。

当然我们所做的一切,高管层的理念至关重要。你要和CEO及所有直接向他汇报的高管建立良好的关系。向他们提供一切他们应该知道的信息,而不只是你知道的信息。如果你没有事先部署好战略,别指望他们会立刻认同或支持你。报告时要实事求是,不要报喜不报忧,对问题和挑战都要如实相告。在ITT,如果必要,我直接找CEO,每年还有固定的汇报和检查时间。尤其重要的是,我们关系融洽,她所给予的参与和支持非常到位。另外,最好还能和董事会建立同样的良性关系。

最后,不要回避复杂的指标。俗话说,"测量什么,我们就做什么"。我们基本上都会同意这样的说法,而且我们还希望有奖励。和你的近亲部门人力资源部一起商量,自己的企业应该建立什么样的考核指标和奖惩机制,这是企业对个人和部门绩效管理的重要组成部分。

您工作中的主要挑战是什么?

时间。要完成我们所希望的事情(生活还是工作),似乎时间永远不够用。在企业中,这需要我们分出轻重缓急,还需要授权。逐渐转变成可持续、负责任和伦理的文化需要很长的时间。制定阶段性的战略和测量标准是应对永不消失的时间压力的利器。还有一点很重要,我们应该把重心从严格地遵纪守法转移到伦理、贸易和环境事务上,对此不应再有争议。

只是做到"合规"是不够的,合规是最低的期望,我们的对话应该把重心放在如何通过精益化管理、职能部门优化、健康的文化和技术革新,让公司治理部门为企业节省财务支出。事实上,我们完全有可能做到既节约成本,又加强公司的风险控制。

您还有其他什么可以和我们分享?

在我们这个领域或在其他任何领域,成功的关键是找到合适的人,并赋予他们能量去发挥最佳的表现。如果你不当回事,那我们的工作只可能是陈词滥调。随时随地发掘和运用最佳实践,需要的话进行适当的调整。那些很少授权、事必躬亲的微观管理者只会把自己累垮,还反过来影响工作绩效。作为领导者,你要帮着制定战略,倾听你的员工,争取更多资源,然后让你的团队去落实执行。作为个人,承担责任但也要明智,大胆寻求创新的方法,提出问题并同时提供解决方案,永远不要怕求助他人。沟通和协调是团队和公司有效运作的基础,确保对话建立在双行通道上。

参考文献

1. ERC. (2012). *National business ethics survey of Fortune 500 employees.* Virginia: Ethics Resource Center.
2. LRN Corporation. (2012). *Ethics and compliance leadership survey report.* New York: LRN Corporation.
3. ERC. (2012). *National business ethics survey of Fortune 500 employees.* Virginia: Ethics Resource Center.
4. Treviño, L. K. (1986). Ethical decision making in organizations: A person-situation interactionist model. *Academy of Management Review*, 11(3), 601–617.
5. Donham, W. B. (1929). Business ethics: A general survey. *Harvard Business Review*, 7(4), 385–394.

6. MacIntyre, A. (1998). *A short history of ethics: A history of moral philosophy from the Homeric age to the twentieth century*. Great Britain: Routledge.
7. DeGeorge, R. T. (1987). The status of business ethics: Past and future. *Journal of Business Ethics, 6*(3), 201; Ma, Z. (2009). The status of contemporary business ethics research: Present and future. *Journal of Business Ethics, 90*(3), 255–265; Liedekerke, L., & Dubbink, W. (2008). Twenty years of European business ethics—Past developments and future concerns. *Journal of Business Ethics, 82*(2), 273–280.
8. DeGeorge, R. T. (1987). The status of business ethics: Past and future. *Journal of Business Ethics, 6*(3), 201.
9. Werhane, P. H. (1994). The normative/descriptive distinction in methodologies of business. *Business Ethics Quarterly, 4*(2), 175–180.
10. Ma, Z. (2009). The status of contemporary business ethics research: Present and future. *Journal of Business Ethics, 90*(3), 255–265; Liedekerke, L., & Dubbink, W. (2008). Twenty years of European business ethics—Past developments and future concerns. *Journal of Business Ethics, 82*(2), 273–280.
11. ERC. (2012). *National business ethics survey of Fortune 500 employees*. Virginia: Ethics Resource Center.
12. LRN Corporation. (2012). *Ethics and compliance leadership survey report*. New York: LRN Corporation.
13. ECOA. (2012). *Welcome to the Ethics & Compliance Officer Association*. Retrieved August 20, 2012, from the Ethics & Compliance Officer Association: www.theecoa.org/imis15/ECOAPublic/Home/ECOAPublic/Default.aspx?hkey=bce1bd2e-a2a4-4984-8fa1-7943ca8a50f7; Chavez, G. A., Wiggins, R. A., & Yolas, M. (2001). The impact of membership in the Ethics Officer Association. *Journal of Business Ethics, 34*(1), 39–56.
14. Ethisphere. (2012). *World's most ethical companies methodology*. Retrieved August 20, 2012, from Ethisphere: http://ethisphere.com/wme/methodology.html; Ethisphere. (2012). *Ethics quotient survey 2012*. Retrieved August 20, 2012, from Ethisphere: http://ethisphere.com/
15. Cragg, W. (2012). The state and future directions of business ethics research and practice. *Business Ethics Quarterly, 20*(4), 720–721; Jones, T. M. (2010). The future of business ethics research: Reflections on the twentieth anniversay of *Business Ethics Quarterly*. *Business Ethics Quarterly, 20*(4), 746–747.
16. Aasland, D. G. (2004). On the ethics behind "business ethics." *Journal of Business Ethics, 53*, 3–8, p. 7.
17. Lewis, P. V. (1985). Defining "business ethics": Like nailing Jello to a wall. *Journal of Business Ethics, 4*(5), 377–385.
18. Crane, A., & Matten, D. (2004). *Business ethics*. New York: Oxford University Press.
19. Crane, A., & Matten, D. (2004). *Business ethics*. New York: Oxford University Press; Weston, A. (2008). *A 21st century ethical toolbox*, 2nd ed. New York: Oxford University Press.
20. Brinkmann, J. & Ims, K. J. (2004). A conflict case approach to business ethics. *Journal of Business Ethics, 53*(1–2), 123–136.
21. Weston, A. (2008). *A 21st century ethical toolbox*, 2nd ed. New York: Oxford University Press; Argandoña, A. (2003). Fostering values in organizations. *Journal of Business Ethics, 45*(1–2), 15–28.
22. Weston, A. (2008). *A 21st century ethical toolbox*, 2nd ed. New York: Oxford University Press.
23. England, G. W. (1967). Personal value system of American managers. *Academy of Management Journal, 10*(1), 53.
24. Schwartz, M. S. (2005). Universal moral values for corporate code of ethics. *Journal of Business Ethics, 59*(1–2), 27–44.
25. Argandoña, A. (2003). Fostering values in organizations. *Journal of Business Ethics, 45*(1–2), 15–28; Alas, R., Ennulo, J., & Türnpuu, L. (2006). Managerial values in the institutional context. *Journal of Business Ethics, 65*(3), 269–278.
26. Fritzsche, D. J., & Oz, E. (2007). Personal values' influence on the ethical dimension of decision making. *Journal of Business Ethics, 75*(4), 335–343.
27. Oliver, B. L. (1999). Comparing corporate managers' personal values over three decades 1967–1995. *Journal of Business Ethics, 20*(2),
28. Greene, J. (2003). From neural "is" to moral "ought": What are the moral implications of neuroscientific moral psychology? *Nature Reviews Neuroscience, 4*(10), 846–850.
29. Crane, A., & Matten, D. (2004). *Business ethics*. New York: Oxford University Press.
30. Buchholz, R. A., & Rosenthal, S. B. (1996). Toward a new understanding of moral pluralism. *Business Ethics Quarterly, 6*(3), 263–275.
31. Werhane, P. H. (1994). The normative/descriptive distinction in methodologies of business. *Business Ethics Quarterly, 4*(2), 175–180; Bowie, N. E. (2000). Business ethics, philosophy and the next 25 years. *Business Ethics Quarterly, 10*(1), 7–20.
32. Donaldson, L. (2007). Ethics problems and problems with ethics: Toward a pro-management theory. *Journal of Business Ethics, 78*(3), 299–311.
33. Crane, A., & Matten, D. (2004). *Business ethics*. New York: Oxford University Press; Liedekerke, L., & Dubbink, W. (2008). Twenty years of European business ethics—Past developments and future concerns. *Journal of Business Ethics, 82*(2), 273–280.
34. Hartman, E. M. (2000). Socratic ethics and the challenge of globalziation. *Business Ethics Quarterly, 10*(1), 211–220.
35. Alzola, M. (2011). The reconciliation project: Separation and integration in business ethics research. *Journal of Business Ethics, 99*(1), 19–36, p. 19.
36. Hursthouse, R. (2012). Virtue ethics. In *The Stanford Encyclopedia of Philosophy*. Retrieved September 5, 2012, from http://plato.stanford.edu/entries/ethics-virtue/; Bleisch, B., & Huppenbauer, M. (2011). *Ethische Entscheidungsfindung [Ethical decision making]*. Zurich: Versus.
37. Whetstone, J. T. (2001). How virtue fits within business ethics. *Journal of Business Ethics, 33*(2), 101.
38. Crane, A., & Matten, D. (2004). *Business ethics*. New York: Oxford University Press.
39. Hursthouse, R. (2012). Virtue ethics. In *The Stanford Encyclopedia of Philosophy*. Retrieved September 5, 2012, from http://plato.stanford.edu/entries/ethics-virtue/
40. Bragues, G. (2006). Seek the good life, not money: The Aristotelian approach to business ethics. *Journal*

41. Weston, A. (2008). *A 21st century ethical toolbox*, 2nd ed. New York: Oxford University Press; McInerny, R., & O'Callaghan, J. (2010). Saint Thomas Aquinas. In *The Stanford Encyclopedia of Philosophy*. Retrieved from http://plato.stanford.edu/entries/aquinas/
42. Koehn, D. (1995). A role for virtue ethics in the analysis of business practice. *Business Ethics Quarterly*, 5(3), 533–539; Audi, R. (2012). Virtue ethics as a resource in business. *Business Ethics Quarterly*, 22(2), 273–291; Whetstone, J. T. (2001). How virtue fits within business ethics. *Journal of Business Ethics*, 33(2), 101.
43. Moore, G. (2008). Re-imagining the morality of management: A modern virtue ethics approach. *Business Ethics Quarterly*, 18(4), 483–511; Moore, G. (2005). Corporate character: Modern virtue ethics and the virtuous corporation. *Business Ethics Quarterly*, 15(4), 659–685.
44. Solomon, R. C. (1992). Corporate roles, personal virtues: An Aristotelean approach to business ethics. *Business Ethics Quarterly*, 2(3), 317–339.
45. Bragues, G. (2006). Seek the good life, not money: The Aristotelian approach to business ethics. *Journal of Business Ethics*, 67(4), 341–357.
46. MacIntyre (1985, 2007), as cited in Bragues, G. (2006). Seek the good life, not money: The Aristotelian approach to business ethics. *Journal of Business Ethics*, 67(4), 341–357.
47. Bleisch, B., & Huppenbauer, M. (2011). *Ethische Entscheidungsfindung [Ethical decision making]*. Zurich: Versus.
48. Solomon, R. C. (2003). Victim of circumstances? A defense of virtue ethics in business. *Business Ethics Quarterly*, 13(1), 43–62.
49. Alexander, L., & Moore, M. (2008). Deontological ethics. In E. N. Zalta (ed.), *The Stanford Encyclopedia of Philosophy (Fall 2008 Edition)*.
50. Smith, J., & Dubbink, W. (2011). Understanding the role of moral principles in business ethics: A Kantian perspective. *Business Ethics Quarterly*, 21(2), 205–231; Micewski, E. R., & Troy, C. (2007). Business ethics—deontologically revisited. *Journal of Business Ethics*, 72(1), 17–25; Bowie, N. E. (1998). A Kantian theory of capitalism. *Business Ethics Quarterly*, 1, 37–60.
51. Kant, I., & Patton, H. J. (1785/2005). *Moral law: Groundwork of the metaphysic of morals*. New York: Routledge.
52. Kant, I., & Patton, H. J. (1785/2005). *Moral law: Groundwork of the metaphysic of morals*. New York: Routledge.
53. Bowie, N. E. (1999) *Business ethics: A Kantian perspective*. Malden, Mass.: Blackwell Publishers. As cited by Joann B. Ciulla (2001).
54. Treviño, L. K., & Nelson, K. A. (2011). *Managing business ethics*, 5th ed. New Jersey: John Wiley & Sons.
55. Chappel, V. (1994). *The Cambridge companion to Locke*. Cambridge: Cambridge University Press; Sheridan, P. (2011). Locke's moral philosophy. In E. N. Zalta (ed.), *The Stanford Encyclopedia of Philosophy (Winter 2011 Edition)*.
56. Rawls, J. (1999). *A theory of justice*, rev. ed. Cambridge: Harvard University Press.
57. Bleisch, B., & Huppenbauer, M. (2011). *Ethische Entscheidungsfindung [Ethical decision making]*. Zurich: Versus.
58. Roemer, J. E. (2010). Kantian equilibrium. *Scandinavian Journal of Economics*, 112(1), 1–24.
59. Alexander, L., & Moore, M. (2008). Deontological ethics. In E. N. Zalta (ed.), *The Stanford Encyclopedia of Philosophy (Fall 2008 Edition)*.
60. Mill, J. S. (1863/2008). *Utilitarianism*. Forgotten Books: www.forgottenbooks.org/
61. Mill, J. S. (1863/2008). *Utilitarianism*. Forgotten Books: www.forgottenbooks.org/
62. Freeman, R. E. (1984/2010). *Strategic management: A stakeholder approach*. Cambridge: Cambridge University Press, p. 25.
63. Sinnott-Armstrong, W. (2011). Consequentialism. In E. N. Zalta (ed.), *The Stanford Encyclopedia of Philosophy (Winter 2011 Edition)*.
64. Scheffler, S. (1994). *The rejection of consequentialism: A philosophical investigation of the considerations underlying rival moral conceptions*. New York: Oxford University Press.
65. Bleisch, B., & Huppenbauer, M. (2011). *Ethische Entscheidungsfindung [Ethical decision making]*. Zurich: Versus.
66. Derry, R., & Green, R. M. (1989). Ethical theory in business ethics: A critical assessment. *Journal of Business Ethics*, 8(7), 521.
67. Bazerman, M. H., & Messick, D. M. (1998). On the power of a clear definition of rationality. *Business Ethics Quarterly*, 8(3), 477–480; Curlo, E., & Strudler, A. (1997). Cognitive pathology and moral judgment in managers. *Business Ethics Quarterly*, 7(4), 27–30.
68. Crane, A., & Matten, D. (2004). *Business ethics*. New York: Oxford University Press.
69. Treviño, L. K., Weaver, G. R., & Reynolds, S. J. (2006). Behavioral ethics in organizations: A review. *Journal of Management*, 32(6), 951–990; Haidt, J. (2007). The new synthesis in moral psychology. *Science*, 316(5827), 998–1002; Greene, J. (2003). From neural "is" to moral "ought": What are the moral implications of neuroscientific moral psychology? *Nature Reviews Neuroscience*, 4(10), 846–850.
70. Treviño, L. K., Weaver, G. R., & Reynolds, S. J. (2006). Behavioral ethics in organizations: A review. *Journal of Management*, 32(6), 951–990; Treviño, L. K. (1986). Ethical decision making in organizations: A person-situation interactionist model. *Academy of Management Review*, 11(3), 601–617.
71. Ford, R. C., & Richardson, W. D. (1994). Ethical decision making: A review of the empirical literature. *Journal of Business Ethics*, 13(3), 206.
72. Ford, R. C., & Richardson, W. D. (1994). Ethical decision making: A review of the empirical literature. *Journal of Business Ethics*, 13(3), 206; Treviño, L. K., Weaver, G. R., & Reynolds, S. J. (2006). Behavioral ethics in organizations: A review. *Journal of Management*, 32(6), 951–990; Crane, A., & Matten, D. (2004). *Business ethics*. New York: Oxford University Press.
73. Curlo, E., & Strudler, A. (1997). Cognitive pathology and moral judgment in managers. *Business Ethics Quarterly*, 7(4), 27–30.
74. Carr, A. Z. (1968). Is bluffing ethical? *Harvard Business Review*, 143–153.
75. Blickle, G., et al. (2006). Some personality correlates of business white-collar crime. *Applied Psychology*, 55(2), 220–233; Ralson, D. A., et al. (2011). A twenty-first

77. ERC. (2012). *National business ethics survey of Fortune 500 employees*. Virginia: Ethics Resource Center.
78. Crane, A., & Matten, D. (2004). *Business ethics*. New York: Oxford University Press; Treviño, L. K., Weaver, G. R., & Reynolds, S. J. (2006). Behavioral ethics in organizations: A review. *Journal of Management, 32*(6), 951–990; Ford, R. C., & Richardson, W. D. (1994). Ethical decision making: A review of the empirical literature. *Journal of Business Ethics, 13*(3), 206.
79. Kohlberg & Turiel (1973), as cited in Treviño, L. K. (1986). Ethical decision making in organizations: A person-situation interactionist model. *Academy of Management Review, 11*(3), 601–617.
80. Gibbs, J. C., Basinger, K. S., & Fuller, D. (1992). *Moral maturity: Measuring the development of sociomoral reflection*. Hillsdale, NJ: Lawrence Erlbaum.
81. Kohlberg & Turiel (1973), as cited in Treviño, L. K. (1986). Ethical decision making in organizations: A person-situation interactionist model. *Academy of Management Review, 11*(3), 601–617.
82. Reidenbach, R. E., & Robin, D. P. (1991). A conceptual model of corporate moral development. *Journal of Business Ethics, 10*(4), 273–284.
83. Treviño, L. K. (1986). Ethical decision making in organizations: A person-situation interactionist model. *Academy of Management Review, 11*(3), 601–617.
84. CEMEFI. (2012). *Empresa socialmente responsable*. Retrieved November 1, 2012, from Centro Mexicano para la Filantropia [Mexican Center for Philanthropy]: www.cemefi.org/esr/; Ethisphere. (2012). Retrieved November 1, 2012, from Ethisphere Institute: http://ethisphere.com/
85. LRN Corporation. (2012). *Ethics and compliance leadership survey report*. New York: LRN Corporation; ERC. (2012). *National business ethics survey of Fortune 500 employees*. Virginia: Ethics Resource Center.
86. Gatewood, R. D., & Carroll, A. B. (1991). Assessment of ethical performance of organization members: A conceptual framework. *Academy of Management Review, 16*(4), 667–690, p. 674.
87. Swamy, M. R. K. (2000). Focus on moral bankruptcy through money laundering case studies of Nigeria and Russia—Proposal for a new approach to financial statements analysis. *Journal of Financial Management & Analysis, 13*(1), 59–68; Swamy, M. R. K. (2009). Financial management call for a new approach to ethical-based financial statements analysis. *Journal of Financial Management & Analysis, 22*(2), 70.
88. ERC. (2012). *National business ethics survey of Fortune 500 employees*. Virginia: Ethics Resource Center.
89. LRN Corporation. (2012). *Ethics and compliance leadership survey report*. New York: LRN Corporation.
90. LRN Corporation. (2012). *Ethics and compliance leadership survey report*. New York: LRN Corporation.
91. ERC. (2012). *National business ethics survey of Fortune 500 employees*. Virginia: Ethics Resource Center.
92. LRN Corporation. (2012). *Ethics and compliance leadership survey report*. New York: LRN Corporation.
93. Erwin, P. M. (2011). Corporate codes of conduct: The effects of code content and quality on ethical performance. *Journal of Business Ethics, 99*(4), 535–548.
94. LRN Corporation. (2012). *Ethics and compliance leadership survey report*. New York: LRN Corporation.
95. Adobor, H. (2006). Exploring the role performance of corporate ethics officers. *Journal of Business Ethics, 69*(1), 57–75; Hoffman, W. M. (2010). Repositioning the corporate ethics officer. *Business Ethics Quarterly, 20*(4), 744–745.
96. ERC. (2012). *National business ethics survey of Fortune 500 employees*. Virginia: Ethics Resource Center.
97. Balmer, J. M. T., Fukukawa, K., & Gray, E. R. (2007). The nature and management of ethical corporate identity: A commentary on corporate identity, corporate social responsibility and ethics. *Journal of Business Ethics, 76*(1), 7–15; Duh, M., Belak, J., & Milfelner, B. (2010). Core values, culture and ethical climate as constitutional elements of ethical behaviour: Exploring differences between family and non-family enterprises. *Journal of Business Ethics, 97*(3), 473–489; Gatewood, R. D., & Carroll, A. B. (1991). Assessment of ethical performance of organization members: A conceptual framework. *Academy of Management Review, 16*(4), 667–690, p. 684.
98. Moore, G. (2005). Corporate character: Modern virtue ethics and the virtuous corporation. *Business Ethics Quarterly, 15*(4), 659–685, p. 659.
99. ERC. (2012). *National business ethics survey of Fortune 500 employees*. Virginia: Ethics Resource Center.
100. LRN Corporation. (2012). *Ethics and compliance leadership survey report*. New York: LRN Corporation; ERC. (2012). *National business ethics survey of Fortune 500 employees*. Virginia: Ethics Resource Center.
101. LRN Corporation. (2012). *Ethics and compliance leadership survey report*. New York: LRN Corporation.
102. Liedekerke, L., & Dubbink, W. (2008). Twenty years of European business ethics—Past developments and future concerns. *Journal of Business Ethics, 82*(2), 273–280.

第3部分

计 划

第6章 战略：责任竞争力
第7章 创业精神：增值型企业

第 6 章　战略：责任竞争力

学习目标

- 将责任管理融合到组织战略中
- 分析你所在组织责任经营的强项、弱项、威胁和机会
- 积累承载责任的竞争力

引言

96% 的 CEO 认为环境、社会和公司治理问题应该融入企业的战略考虑中。[1]

超过一半的管理者（54%）认为他们所在企业的 CSR 举措已经给他们带来了超出竞争者的优势。[2]

管理者认为，从可持续发展活动中收获的最大业务优势是更吸引消费者（37%）、股东价值增益（34%）和更高的盈利率（31%）。[3]

责任管理实践

Betapharm 改变游戏规则

从 1993 年开始，位于德国南方城市奥古斯堡一家不到 300 人的小型制药公司 Betapharm 持续引起人们的阵阵关注，关注人群远远超过巴伐利亚地区的居民，所受瞩目的程度和企业规模非

常不匹配。之所以受到关注,是因为它向传统的业务战略的理解发起了挑战。他们不仅仅严格遵守公认的行业标准,还尽心尽力地贯彻纯粹的责任管理战略,甚至有悖于短期盈利也在所不惜。

这样看上去和直觉不太相符的做法其背后的理由是,公司生产的是普通的不具备专利的药物,所以他们既不具备生产真正具有专利的产品,也没有主导市场的能力,在市场占有率和利润上都不具备优势。公司创始人 Peter Walter 和 Horst Erhardt 意识到,公司只有把打造企业信誉和文化价值置于计算短期成本/利润之前,才能有希望走到竞争的前列。

所以企业的基本战略就是几乎全盘放弃传统的广告和营销方式,而是斥资开展一系列关爱举措,如 Beta 学院。公司自投资金,建立了医疗和社会档案,成为德国药房和诊所最主要的信息库。另外,它还帮助培训护士和护工,建立能够为有中风史病人、乳腺癌患者和青少年成瘾症患者和暴力倾向者提供服务的组织。这种品牌超越其他考虑(甚至成本)的战略极致化地触及了利益相关者的收益,并结合了自己的核心品牌定位,最终在医疗群体(医生、药房、政府、监管者、病人和研究人员)中获得了高度认可。

后来,Betapharm 一跃成为德国最大普通药物制造商之一,尽管它并不具备定价权,而在这个行业里,定价权是竞争的焦点。有趣的是,这家迅速成长的公司后来被印度制药业巨头 Dr Reddy's 收购,公司为 Betapharm 的"信誉资本"支付了可观的溢价,收购之后,新主人也没有对 Betapharm 模式做大刀阔斧的改动,Betapharm 的信誉价值太珍贵了,如果对公司的长期责任管理战略打折扣,就会将企业经营置于风险之中。或者,也有可能如 Erhardt 所说,"我们从普通药物制造商的第 28 位跃居成为第 4,多少靠的是我们的 CSR 战略,而不是我们的多种产品"。

Betapharm 的经济竞争力中有相当一部分建立在优秀的社会绩效上,它赢得了责任竞争力,这是承载责任的战略管理的最终目标。

资料来源:www.betapharm.de.

6.1 战略和责任管理

"我们已经意识到,运行良好的企业不仅仅是拥护可持续发展战略,而是使公司战略长期保持下去。"[4]

任何经营活动的初始点都是企业战略。不管我们阐述管理中的哪个环节,如果要经营好,它一定和公司的总体战略保持一致。这就是为什么我们把战略管理作为责任管理的第一章来探讨。在理解其他业务职能的责任管理之前,我们先要来构建以下责任经营战略的总图。

在实践中,我们看到的是平行的模式。有一项对全球范围内 CEO 展开的调查显示,他们非常重视责任和战略管理的融合:59% 的 CEO 称他们将在战略中更多地落实环境、社会和治理等议题;34% 的 CEO 认为他们战略中还要更多地加入这些议题;只有 7% 的 CEO 认为他们无须改变其原有战略,甚至要在战略中减少这部分议题。[5] 3 年后,公司都有了不同程度的进步。在第二轮调查中,他们已经大幅度地将责任管理纳入战略中,新的任务将是把责任管理深度嵌入主要职能部门的运行中去。

战略管理和责任管理的融合一直以来引发了不少讨论、批评和赞美。管理学大师迈克尔·波特和NGO专家马克·克雷默(Mark Kramer)曾经联手深入研究战略和社会之间的关系,把对战略性企业社会责任的一场场热议推向了高潮。[7]战略管理和责任经营绩效的话题甚至可以追根溯源到战略管理的开创者Igor Ansoff,他强调战略管理问题拟定的重要性,这是战略管理流程的奠基石。[8]时至今日,当我们目睹了一桩桩充斥着各种社会、环境和伦理风险并最终将公司置于死地的事件,这个话题对战略管理流程来说更具有前所未有的重要性。

波特和克雷默的研究令人印象深刻[9],两位学者认为,在共创企业价值和社会及环境价值的过程中我们大有可为。他们提出的共享价值(shared value)这个概念是之前的战略慈善(strategic philanthropy)和之后的战略性企业社会责任(Strategic Corporate Social responsibility)的核心基础。一般而言,责任管理和战略管理的交叉来自两个视角。一个是广义视角,也称商业依据视角(business case perspective),指任何和社会及自然环境相关的最终能为企业带来优势的活动。其中有很多人为可营利的CSR支招,比如《企业社会机会》(Corporate Social Opportunity)一书,以及工具化利益相关者管理领域的研究等。[10]获得这些优势的方式可以和战略管理无关。责任管理和战略的另一个狭义视角特指战略管理领域。[11]本章的主要重点出自狭义观点,我们讨论责任经营的绩效如何支持战略管理流程并创造"二级责任竞争力"(level-two responsible competitiveness)。责任经营的商业依据我们已经在其他章节做过详述。

利益相关者管理概念提出者爱德华·弗里曼曾说,如果战略管理流程不是关心如何改善业务模式,如何为其客户、雇员、供应商、社区及投资人创造价值,那么它还该关心什么呢?任何不是围绕着这些问题的战略管理流程都有待改善。

资料来源:Interview with R. Edward Freeman,2012. See page106 in Chapter 4. Responsibility.

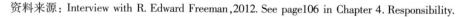

战略管理的总体目标是获得持续的竞争优势,也就是一个企业能在竞争中处于长期的领跑地位。本章中有一个问题贯穿始终:企业如何能在战略管理过程中获得持久的竞争优势,并同时为社会和环境创造价值?

战略管理过程(strategic management process)可以分成四个阶段:第一阶段的任务是通过构造企业的愿景和使命陈述以及战略目标的方式,确立企业的总体战略方向;第二阶段是对环境做出细致的分析,确定与战略相关的内部和外部参数,我们通常用SWOT分析来表述;第三阶段是战略形成过程,为多重管理情境配备各种战略,可以是针对一个职能部门的战略,也可以是针对一个事业部乃至整个企业的战略;到了战略执行的第四阶段,企业将这些战略落到实处,如体现在治理、组织架构、变革管理、领导力和创业等过程中。战略管理过程适用于所有企业、政府机构和民间组织。

如图6.1所示,责任经营的要素对战略管理过程的作用显著。战略管理是一个循环的过程,并不一定从愿景和使命陈述开始。各阶段之间的反馈链接必须到位,这样才能确保这些阶段始终保持一致,最大限度地提高有效性,获得承载责任的竞争力。

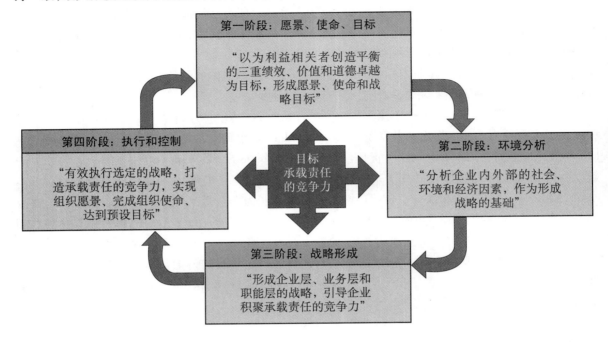

图 6.1 战略责任管理过程

6.2 目标:责任竞争力

"那些《全球契约》的签署者是不是拥有更好的战略?我想是的,至少到目前为止,他们的表现要优于其他公司。比纯粹盈利动机要求更高的可持续发展目标、社会责任挑战和责任领导力会造就企业的卓越,我喜欢称为责任卓越。"[12]

什么是竞争力?战略管理领域给出的答案是企业所建立的优于其竞争对手的战略竞争优势。对不同的企业类型来说,它的体现形式会有差异。企业的战略竞争优势反映在企业业绩和股票价值上,所以一个具有战略竞争优势的企业理应是那些给股东和其他所有者群体带来中上水平的回报。[13]波特和克雷默[14]专门提到了社会价值创造战略,指的是慈善组织为了给捐赠者带来中上水平的社会回报所采用的战略。我们不妨借这些例子确定一下中上水平回报的含义。在责任管理的情境中,这样的回报并不一定是财务回报,也不一定是给组织所有者带来的回报,它可以是企业所定义的任何一个利益相关者群体,取决于企业的立场。我们在本章其他部分提到竞争力时都是取这样一种更为宽泛的定义。

战略管理过程旨在通过规划和执行战略的环节使企业占据竞争优势。战略如何产生竞争优势?环境观认为企业占据了优越的外在环境功不可没,资源基础观认为组织的内部优势和资源才是获取竞争优势的法宝。本章中,我们将两种决定竞争优势来源的观点合二为一,便于我们在实践中把它们作为一整套工具,运用到最大范围内可能发生的情况。企业一旦获取了竞争优势,它有一个重要的特点,那就是长久性。可持续的竞争优势很难被竞争对手模仿,不太会因为外在环境的变化而失去其价值。

责任竞争力(responsible competitiveness)指的是企业既占据了经济竞争优势,又赢得了超过平均水平的社会和环境价值创造。也就是说,那些不具备责任竞争力,或者"零水平责任竞争力"的企业就是那些牺牲社会和环境效益、不惜代价攫取竞争优势的企业。"一级责任竞争力"指的是能兼顾社会、环境和经济的竞争力,而"二级竞争力"的出现是指企业能够让其卓越的责任实践为经济优势助力。这个概念的创造者 Simon Zadeck[15]原来把责任竞争力讨论的重点放在责任经营实践如何促进所在地区和集群的整体竞争力,但我们认为这一理解对单个企业也同样适用。

责任竞争力也许听上去像个理论概念,2008年的一项研究却显示,超过半数(54%)的企业认为责任管理活动的确在为他们的企业创造着竞争优势。[16]还有一项研究也发现,75%的开展可持续经营实践活动的企业这样做的目的就是获取竞争优势,位于首位的原因是增加企业信誉度(90%)。[17]

爱德华·弗里曼说:"这里有很重要的一点,就是企业的目的是什么?管理利益相关者假设的是企业的存在有其目的(往往不只是赢利),'实现这一目的'是构建企业的良方,而不只考虑'战略竞争优势'。"

资料来源:Interview with R. Edward Freeman,2012. See page106 in Chapter 4,Responsibility.

6.3 第一阶段:制定使命、愿景和战略目标

"我们的研究发现,那些具有远见卓识的企业在追求他们甚为大胆的目标时,会展现出非凡的能力。"[18]

最著名的愿景陈述当属"我有一个梦想……"1963年8月28日,马丁·路德·金在位于华盛顿特区的林肯纪念堂,面对着成千上万的人群发出响亮的宣言。[19]这句话为日后蓬勃开展的社会进步运动点燃了希望之光,包括责任管理的那句行话:他们激发了社会价值创造的愿景。传统的组织愿景和使命陈述都脱不了创造内部经济收益的窠臼,马丁·路德·金的宣言向我们昭示出一个设计精湛的愿景可以给社会带来何等的积极影响。在接下来的章节中,我们将详细介绍一些工具帮助设计战略愿景和使命以及目标,造福于企业、社会和环境。

要实现平衡三重绩效的第一步必须是将组织的活动和这三个维度组织目标结合起来,三维度的组织目标是真正可持续经营绩效的"灯塔"。[20]专门制造冰淇淋的 Ben & Jerry 将他们的使命陈述分成社会、经济和产品三部分,这样它至少涵盖了两到三个维度;OXFAM 是实践公平贸易历史最为悠久的社会企业,他们的唯一使命是消灭贫困;Timberland 鞋业公司的使命陈述是支持人们成为变革代理人。

世界之窗

双重使命

冰淇淋生产商 Ben & Jerry 采用了双愿景陈述。社会使命陈述表达了企业"改善本地、国家和全世界人民生活质量"的承诺,经济使命则致力于将企业保持"在财务可持续的盈利增长模式,为利益相关者增值"。

资料来源:Ben & Jerry's. (2011). Ben & Jerry's mission statement.

弗里曼在他的《战略管理:利益相关者路径》(*Strategic Management:A Stakeholder Approach*)一书中提出了充分的理由证明为什么要在战略管理过程的一开始就要考虑到利益相关者。企业要获得成功,必须要为利益相关者创造价值。他还清楚地证明了达不到利益相关者预期的企业必将走下坡路,所以他称企业要根据利益相关者的审计重新调整他们的侧重点,然后重新审议和调整企业的使命陈述,以满足利益相关者的需求和诉求。[21]这个立场受到了主流战略管理学者和实践者的大力推崇,大多数受欢迎的战略管理教科书中都能找到对他论点的呼应。比如,Hill 和 Jones[22]把使命陈述描写成企业将各种利益相关者纳入企业战略的"承诺"和"指标";David[23]认为一个好的使命陈述能"表达一个组织对各个利益相关者给予相当的关注,以满足他们的诉求";Hitt 和他的同仁[24]总结说战略的终极目的是为利益相关者的需求服务,这也是为什么 Werther 和 Chandler[25]强调责任管理和利益相关者评估必须成为总体战略的过滤器,特别是在形成战略愿景、使命和目标的时候。

一般来说,确定组织预定的目标和状态是一个顺其自然的过程,从展望长远的愿景开始,到形成切实的使命陈述,再到制定短期和中期目标,最后细化到具体的分解活动。这些战略管理工具不仅对以往典型的营利组织适用,对 NGO 和社会企业等其他类型的组织也同样适用。愿景、使命和目标是企业在为整个组织或单个事业部、职能部门或特定项目明确方向时最为常用的一些概念。下面的段落中,我们主要是指在企业环境中的运用,我们对企业的关注并不代表我们欲低估这些概念在其他组织中的重要性,对社会和环境企业创业者来说,必须要兢兢业业地为企业的事业找到准确的定位。在后面营销和沟通的章节中我们还会进一步阐述如何有效地传递愿景、使命和价值陈述。

愿景陈述(vision statement)表达了一个组织所期望达到的目标和状态,不管是营利组织、非政府组织还是政府机构。为了能构建一个强有力的愿景,推动整个组织向更高的目标进发,"激发起组织全员上下不懈的求胜意愿,并持续助燃"是必要条件。[26]这里有一个概念叫"战略意愿"(strategic intent),需要用到延伸目标的创新手法。战略意愿会引发大家锲而不舍地追随雄心勃勃的战略愿景,集中全部资源投入战略行动。[27]一方面,战略愿景中的责任经营要素一般不会轻易地出现在利润挂帅的企业中;另一方面,这些议题具有很高的激励价值,推动员工的积极参与。最为重要的是要在愿景中找到社会、环境和经济要素之间能相辅相成的关系,如果一个组织的愿景是成为世界最大的捐赠企业,另一个愿景是成为市场上的成本领先型企业,显然这两个愿景是格格不入并且找不到交集的。

反之,宝洁公司不失为这一方面的典范。它既有强烈的战略意愿,又在责任管理愿景中的三个维度之间找到了能相得益彰的关系。公司可持续愿景中的环保主张非常雄心勃勃——"完全没有工业废料被填埋式处理",从可持续创新产品中获取 500 亿美元的收入,这些环保目标和经济目标以非常出色的姿态保持了一致。[28]

使命陈述(mission statement)通常又被称为"目的陈述"、信条陈述、信念主张或经营原则的主张,我们可以把它描述成"定义我们企业"的主张。[29]愿景是勾画未来的方向,使命陈述则定义企业目前的状态和行动。使命陈述要回答的问题是"你们是什么样的企业"[30],描述企业存在的目的和应该做的事情。[31]答案中一般包括了典型的市场、客户、主要产品和流程,以及企业所遵循的价值观。如果精心陈述公司的使命,整个过程非常繁复。为了包括利益相关者对企业的认识以及对企业应当如何经营的期许,一般情况下企业要和利益相关者建立对话机制,用于了解和评估利益相关者。战略管理研究的一些老派学者建议用纯粹管理层参与的方法制定使命陈述,[32]只聚焦于核心利益相关者群体的管理者当然能确保得到这些利益相关群体日后的鼎力支持,但同时也有相当风险失去其他利益相关者的支持,因为这个使命陈述过于偏听偏信,没有平衡好各方利益。

战略目标(strategic objectives and goals)将愿景和使命陈述中那些比较高高在上的宏大目标化为一个个具体的中长期"待做事宜"。一般的目标指那些定量的目标,比如"保持40%的负债股权比",或者"100%以可持续的方式采购农产品原料"。[33]另外也可以指同样时段内的定性目标,如"设计那些能愉悦客户的产品,同时最大化地保护自然资源"。[34] 2010年英国联合利华公司公布了它的可持续生活规划,汇聚了五十多个与经济、社会和环境相关的目标。[35]这些目标构成了他们从出发到最终达成目标的记录。在第四阶段战略执行这节中,我们还会具体阐述如何将中长期目标化为短期的战术指标,在平衡记分卡中经常会用到。而接下来第二阶段的环境分析,对制定有效的目标也是必不可少的。

联合利华可持续生活规划

可持续生活规划包含50个与社会、经济和环境相关的子目标,力图取得三大重要成就:一是帮助10亿多人改进其健康水平和生计,二是减少一半产品对环境造成的影响,三是100%以可持续的方式采购农业原料。

资料来源:Unilever. (2010, November), The plan: Small actions, big differences.

我们必须明白,指明方向这一过程通常是战略管理的第一阶段,但我们必须时常根据后面的阶段所得到的反馈回过头来进行调整,如果不经历第三阶段的战略定义,很难制定有效(具有挑战性但有能力达到)的目标,没有第二阶段的环境分析,更是难上加难。愿景和使命陈述阶段所设定的目标,在环境分析阶段遭遇现状对比的时候,多多少少要受到变动。

6.4 第二阶段:分析战略环境

"战略管理的过程并不随着你的愿景规划而起始或结束。战略是一个循环往复的过程,在这个过程中,不断对企业做持续而全面的审视就是在不断刷新战略管理的起点和终点。"[36]

如图6.2所示,组织存在于内外部战略环境中,决定了战略决策的所有基本条件。企业内部环境的体现是企业的价值链,价值链描绘了建立营销、人力资源管理和会计等内部流程的所有职能,因此能总体勾勒企业内部的状况。[37]企业的外部环境可以分两个层次,第一个层次是产业环境,包括竞争对手、供应商、客户、产业新晋者以及替代产品;[38]第二个层次是总体产业宏观环境,指技术政治和文化的影响。[39]在这个时候,企业必须要将利益相关者和环境联系起来。我们在利益相关者评估中反复提及的内外部利益相关者环境是战略管理环境分析阶段的重要组成部分。

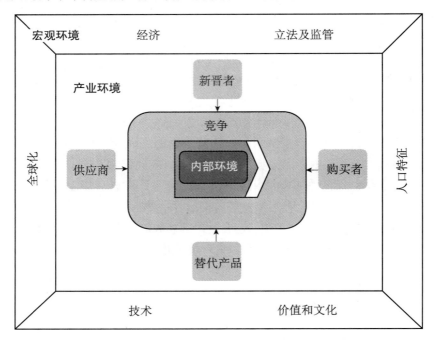

图 6.2　战略组织环境

从图 6.2 中可以看出,竞争优势有两种不同的来源。环境观强调企业的外部环境是竞争优势的来源,简而言之,一个企业如果选择了合适的产业并且在合适的宏观环境中经营,就具备了竞争力。资源基础观则将竞争力归因于内部因素,也就是内部环境。实际上,内外部两种环境及其对竞争力产生的作用是不可分割的。[40]责任管理活动和企业环境之间有着很强的相辅相成作用。波特和克雷默[41]详细分析过它们之间的共同战略关系。自内而外的连接(inside-out linkages)指企业的内部环境对外部环境中的社会、环境和经济因素产生积极或消极的影响。由外向内的连接(outside-in linkages)指外部社会及自然环境相关的因素如何影响企业竞争的能力。在波特和克雷默看来,战略责任管理的精髓在于拿捏好这些内外部的连接,为战略发展和执行提供支持,最终获得战略竞争优势。

6.4.1　外部环境分析

企业的宏观环境因素自外向内影响着整个产业,而社会和环境趋势的发展极大地改变了这些宏观环境因素。许多地区的整体经济体系出现大面积的"绿色化"。环境和社会立法以及各国和国际化规范在数量上、覆盖范围方面和强度上都大为增加,这也是为什么企业会遭遇越来越多的法律和社会压力。人口分布呈现出一些新的特征,如出现了贫困客户群的说法,或称金字塔底端的客户;Y 代指人群(Y 源自"why",Y 代指不断追问为什么的一代人)及银发族,他们迫使产业做出调整以适应这些变化。发达和发展中国家当前的文化都非常拥护社会公正、可持续发展和伦理决策等价值观。相比于前几年,人们对威胁自身发展的社会和环境问题更为敏锐,且更有意承担责任寻求解决之道。此外,那些为解决重大环境和社会问题的精密的技术方案也层出不穷,呈加速度的趋势发展。

在产业层面,产业吸引力的五大力量,也就是波特创造的五力模型,很好地描述了产业环境的基本特征,它们是竞争的类型、供应商和客户的议价能力、产业新晋者的威胁、替代品的威胁。[42]和责任管理相关的因素已经在很大程度上颠覆了很多产业。客户大都要求产品和服务都可持续化,那些更具有社会和环境关怀的改良替代产品似乎更受欢迎。企业加强价值链上游的责任管理的使命也使企业和供应商的传统关系悄然发生了变化。产业中的成熟企业越来越依靠创造最佳的可持续经营方式赢得领先地位,个中的挑战甚至威胁对不同规模、不同业态的企业来说不言而喻,但同时也意味着转机和新生。社会创业型企业和绿色技术企业成功地击破了历来坚厚无比的行业进入壁垒。诺贝尔和平奖得主穆罕默德·尤努斯(Muhammad Yunus)就是这样一个斗士,他创建的以集体借贷和小额融资为主业的 Grameen 银行,长驱直入地闯入了曾经壁垒森严的银行业务。图 6.3 列举了一系列和责任管理相关的因素,它们大大改变了产业的基本参数。

新晋者的威胁
- 政府激励机制降低进入壁垒
- 以可持续发展和竞争能力为基础的初创企业
- 社会和环境创业家

供应商的议价能力
- 专业化程度高的新供应商提供难以替代的供给
- 生态效率带来的供应链成本下降
- 供应链可持续发展措施带来的供应商绑定

竞争者
- 竞争对手朝着可持续发展企业实践和产品转型
- 竞争导致的向可持续发展方向迈进的市场转型

购买者的议价能力
- 支付可持续产品的意愿增强
- 对不可持续产品的接受度降低
- 可持续创新产品选择增多

替代品的威胁
- 环境友好型产品吸引力和可获取性
- 服务替代消费
- 消费习惯改变而造成的产品冗余

图 6.3　影响产业环境五力模型的责任经营因素

资料来源:Adapted from from Porter, M. (1980). *Competitive strategy:Techniques for analizing industries and Competitors*. New York:The Free Press.

孟加拉国:环境的困顿

尤努斯创建的 Grameen 银行成为组织宏观环境造就一个成功组织典范。银行所在地孟加拉国极度贫困的人口特征,反而成为微小金融商业模式成功的必要环境条件和土壤。Grameen 银行拥有 700 多人的客户群,雇用了 25000 名员工。2011 年由于政局动荡,尤努斯退出了自己亲手创建的银行高管层。

资料来源:Grameen bank. (2007). Key information of Grameen Bank in USD; Aam, S. (2011). Bangladesh's Nobel Prize winner Yunus in trouble at home.

外部因素有可能产生环境动荡和变化,所以需要对它们格外关注,随时意识到外在的威胁和机会。接下来我们介绍最为常用的三种技巧对环境做持续的分析。[43] 环境扫描(environment scanning)有助于识别变化的早期征兆。20 世纪 80 年代,汽车业也许较早留意到了新的引擎技术,接下来需要持续地观察环境变化的趋势。任何为终端消费者提供产品的企业都会被告知要留意渐行渐近的 LOHAS(Lifestyles of health and sustainability)生活方式,也许未来某一时刻,这一消费者趋势会突然就让你轻而易举地占据了这个吸引力十足的新细分市场。通过监测过程,有效的预测能够提供对未来预期结果的预测。早在 1993 年丰田做战略分析时,基于未来油价上涨的预期,丰田预计外部环境将因此受到约束,于是着手投入技术改造,不日,有异于传统内燃机引擎、具有突破性技术的普锐斯问世,因为可以大规模制造,价格具有竞争性。[44] 外部环境分析的最后一步是评估,也就是对外部观察所得结果的重要性和紧迫性做出分析。似乎越来越多的企业把可持续发展的总体趋势视为最重要的因素,需要企业制度化的战略配套。其他可口可乐和 SAP 等企业设立了首席可持续发展执行官这样的高级别岗位作为战略上的响应[45],甚至有些企业还专设了可持续战略总监等类似的职位。[46]

6.4.2 内部环境分析

内部环境分析的常用工具是反映企业职能划分的价值链(Value Chain)模型[47],以及企业被赋予的资源评估。这两个分析都受到责任经营因素的深度影响。

价值链模型存在的基本目的是描述企业及其所有的经营活动,这些活动和企业的营销部、人力资源部、采购部等捆绑在一起。在原来的价值链模型中,预设的结果是财务利润的最大化,也就是产生的成本和所有职能部门所创造的非价格购买方价值之间的差额。价值链模型就是为了清楚地划定每一个职能部门对最后财务利润的贡献度,不是在成本降低方面就是在为客户的价值创造方面。

在责任经营的语境下,我们提出了三维价值链模型(社会、环境和经济),如图 6.4 所示,最后产生的是社会、环境和财务的三重绩效。每一个职能部门不仅在经济维度上产生一定的成本和价值,同时在社会和环境维度上也是如此。比如,一个烟草公司的社会效益也许是指吸烟产生的健康问题所带来的社会成本和企业为千百人提供就业机会所产生的社会效益之间的差异。生态旅游企业的环境效益也许是指为旅游活动保护完好的生态系统所带来的环境价值和旅游者到达旅行目的地途中所产生的二氧化碳排放所造成的环境成本之间的差异。每一个企业职能部门和每一个企业都表现出不同的"社会—经济—环境"成本和价值结构,对总体三重绩效的贡献程度和方式都各不相同。在分析完单个职能部门的实际三重绩效或利润空间之后,最重要的目标是追求三个维度的正绩效。能够达到这个程度的企业可以自称为再生型企业,是商业可持续发展的最高层次。除了传统的管理工具,价值链中的所有企业职能部门都可以对接责任管理的工具,旨在强化三个维度的价值创造。比如研发部专门有可持续创新的项目,对外物流部门中有可持续化的包装方案。营销部门有专业化的善因营销工具(cause-related marketing tool),会计部门有社会环境会计工具等。

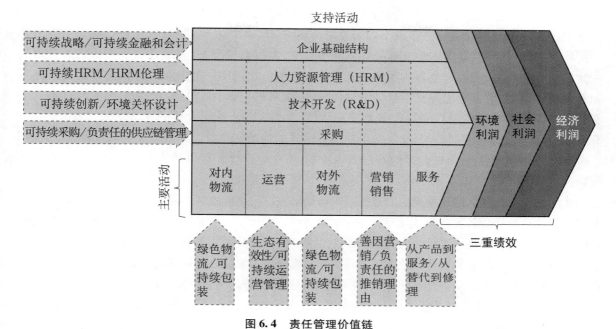

图 6.4 责任管理价值链

资料来源：Adapted from Porter, M., & Kramer, M. (2006). Strategy and society: The link between competitive advantage and corporate social responsibility. *Harvard Business Review*, 84(12), 78-92.

企业的资源基础观（resource-based view）不同于价值链模型，它不关注单个的职能部门，而是在意企业所配备的资源，并且如何运用这些资源获得企业的竞争优势，最好的情况是获得持久的竞争力。资源可以是物（建筑、技术等）、人（含知识和技能等）或组织（组织规则和控制，管理体系等）。[49] 企业要善加利用其资源，让它们得到最佳的配置、最充分的利用。[50]

一旦物尽其用，资源可以带来不同类型的竞争力。竞争力（compentence）指的是企业擅长之处，而核心竞争力是企业战略和竞争力的关键。最为珍贵的竞争力是企业所拥有的远胜于竞争对手的独门秘籍，因而为企业赢得了竞争优势。[51] 企业的资源组合通常提供多层次的竞争力，也可以是一个或几个核心竞争力，但独门秘籍就很稀缺，不是所有企业都具备。但也不是说资源以及资源所创造的竞争力就是既定的或者不可创造的。企业有能力积极利用资源并创造竞争力甚至最终转化成独特的竞争优势。

墨西哥：ECONOIA

Econoia 是墨西哥中部圣路易婆多西市的一家小型零售店，专卖"绿色产品"。他们对可持续创新产品非常懂行，然而单就这个诀窍并不能成为独门秘籍，更不能最终转化成竞争优势。虽然 Econoia 生意看上去颇有前景，但几年之后就歇业关闭了。

企业资源和企业创造的不同竞争态势之间存在着很强的互依关系。从图6.5可以看出,三个问题引出四种不同的竞争态势以及不同的竞争格局。[52] 如果第一个问题"资源是否珍贵?"的答案是否定的,它会直接导致竞争劣势。如果资源并不珍贵,大多数情况下,要维持这些资源仍然会制造一定的成本和努力,所以和竞争对手相比就处于了劣势。比如,一个企业的文化讲究定期举办不记名的捐赠活动,既默默无闻又不享受纳税优惠,直接从部门预算中支出,也许对部门经理本人会有价值或者获得为社会造福的某种满足感,但对企业而言并不利。这样的成本支出如果达到一定程度,就会形成竞争劣势,特别是竞争对手并没有这样的捐赠文化时。如果企业资源是珍贵的,但第二个问题"资源分配是否多样化?"的答案是否定的,那么它会导致竞争对等态势。竞争对手也具有稀缺的可支配资源,所以企业打平手。另一方面,如果答案是肯定的,那么企业至少可以获得暂时的竞争优势。丰田企业早期开发成功的普锐斯车型是第一款大规模制造的混合动力车,通过技术学习、品牌形象打造及社会名流力捧,丰田汽车获得了暂时的领先优势。如果丰田对这些资源不善加保护,那么之前获得的竞争优势也很快会流失。第三个问题"资源是否很难被模仿?"的答案如果肯定,它会产生真正的可持续竞争优势。位于泰国海湾的南园岛生态旅游度假村就具有得天独厚难以被模仿的资源,岛上风景美丽,生态友好,所以具备可持续的竞争优势。尽管资源很难被模仿,但近来周边珊瑚礁的潜水热、过度捞捕以及住客和观光客所抛下的残余垃圾也导致度假村的环境日益面临威胁。[53]

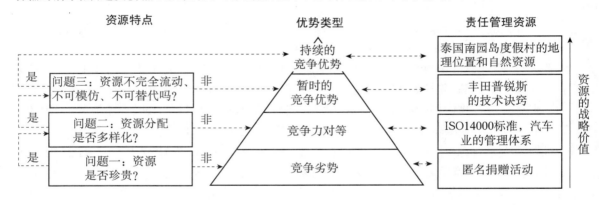

图6.5　责任管理:资源和竞争优势

资料来源:Adapted from Mata, F., Fuerst, W. L., & Barney, J. B. (1995). Information technology and sustained competitive advantage: A resource-based perspectives. *MIS Quarterly*, 19(4), 494-505.

6.4.3　SWOT分析:优势—劣势—机会—威胁矩阵

在分析组织环境时最常用也是最容易理解的工具应该是SWOT分析法,它把内外部分析放在同一个框架中。SWOT分析是企业对内外部环境做出较为详细和广泛的分析后一个比较粗浅的概括,有时也是环境因素的一张速写图。我们在本章中所提到的SWOT分析是指对环境做出深度分析之后的概括工具。优势和劣势是企业内部环境的分析结果,威胁和机会是指企业外部环境分析的结果。在图6.6中我们总结了责任管理中那些对SWOT分析具有影响作用的因素。

责任管理实践的一个重要意义在于企业的内外部环境总是随着社会和环境因素的改变而变化不定,企业战略必须紧随其后做出相应的变化。责任管理是新的商业要求,它必须指引企业形成新的战略,并应对这些变化。[54]

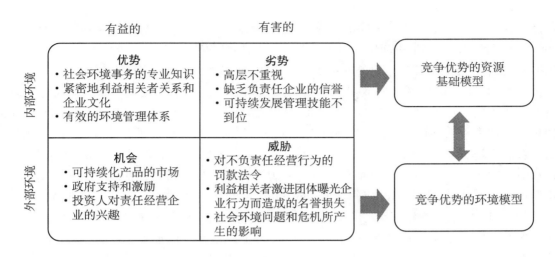

图 6.6 责任管理的 SWOT 分析

6.5 第三阶段:建构战略

"几乎所有的战略管理理论和每一个企业规划体系都是把战略层级作为前提的,企业目标指引公司业务层战略,公司业务层战略进而指引职能部门的战术"。[55]

在进行全面的内外部环境分析之后,企业开始形成战略。总体的战略结构由适用于不同情境和环境的若干个战略决策组成。我们一般把组织战略分为三个层次,公司层战略(corporate level strategy)要回答的问题是"我希望在哪些市场参与竞争？我希望价值链中的哪些环节是由自己完成的?"业务层战略(business level strategy)能为"我该如何带领战略事业部在某个产品市场上打拼?"这样的问题指明方向。职能层战略(functional Level strategy)所要解决的问题是"本职能部门该如何支持首要的战略目标?"这三个层次的战略架起了公司战略的"骨架",那些应对额外状况的战略可以作为附加的补充战略,比如全球扩张的国际化战略,并购安排的合作战略,当和竞争者发生火拼时的竞争战略等。

公平(非公平)竞争

"竞争的基础是价格、质量和服务等因素,而不是滥用垄断、贬损竞争对手、掠夺性定价等。"
你认为公平竞争应该怎样,不该怎样?

资料来源:BusinessDictionary.com.(2011). Fair competition.

6.5.1 公司层战略

公司层战略决定如何对一个拥有两个以上市场的企业进行管理。如果企业要增加新的事业部或市场,那么企业就在多元化(diversification)经营;如果企业要关闭一些事业部,那么企业就在减资撤资（divestment）。将在非关联市场竞争的同类型业务进行合并，称横向整合（horizontal integration），而将产业价值链中不同层次的业务进行合并，称纵向整合（vertical integration）。纵向整合可以前向，收购主营渠道和配送业务的企业；也可以后向，收购生产型的企业。[56]

比如我们可以来看一看 Clorox 公司的公司层战略制定。这家企业位于加州奥克兰市，对多元化经营表现出浓厚的兴趣，如图 6.7 所示。它的旗舰产品 Clorox 漂白剂被认为对环境有害，对使用者的健康也会造成隐患，所以公司最近的多元化活动主要针对的是企业如何对周围产生好的社会和环境影响。2007 年 11 月，Clorox 收购了一家专门制造有机个人护理用品的企业 Burt's Bees。2008 年公司推出的 Green Works 品牌系列产品与之相得益彰，在 Clorox 清洁剂产品的主要市场展开竞争，把环保设计作为 Green Works 品牌的主要特色。前者属于非关联的多元化经营举措，后者是关联性的多元化经营，从这两个多元化的举措中，我们可以窥见 Clorox 对整个企业掀起了绿色革命。它从 Burt's Bees 这里学习了环境友好的商业模式，并运用到了 Green Works 的事业部中。也许 Clorox 推出 Green Works 的动因不止于此。Green Works 和 Clorox 的其他产品相似，用可持续的创新产品 Green Works 逐渐挤占公司其他环保不达标的产品，这也许正是企业制定的有计划的蚕食策略。因为客户购买环保产品 Green Works 的意愿增强，这不仅成为企业提升总体环保绩效从而转型为绿色企业的明智之举，而且也是增加自身利润的有效战术。

无独有偶，高露洁公司也通过收购一直颇受赞誉的环保典范企业 Body Shop[57]，将其主营业务产品中那些不环保的产品逐渐规避掉。

我们接着介绍一个分析和构建多元化战略的常用工具——波士顿咨询公司的矩阵模型（BCG matrix），又称共享/增长矩阵（share/growth matrix），它是之后评估多元事业部组合并提出建议的初始点。图 6.7 示范了 Clorox 公司所使用的 BCG 矩阵模型，之后还需要做的工作是将市场增长率（市场吸引力的指标之一）扩展到整个分类的市场吸引力的测算，需要注意的是，一个分类的相关市场份额尽管非常重要，但也只是事业部总体竞争优势的一个评估特征而已。[58]

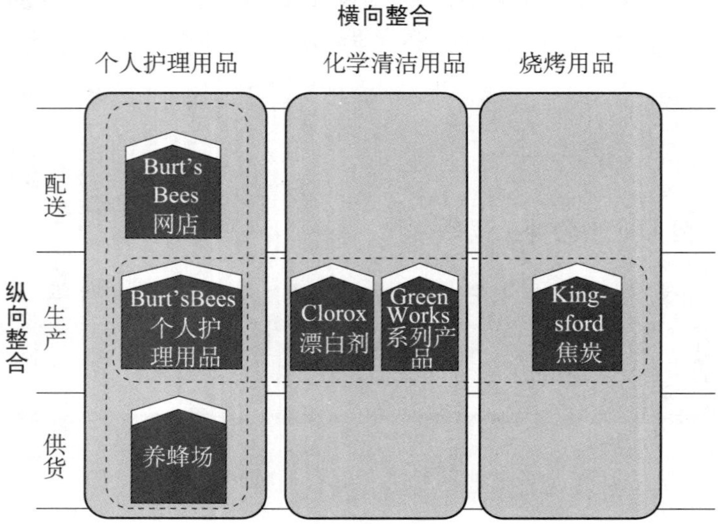

	市场地位（相关市场份额）	
	高	低
市场吸引力（增长率）高	明星类产品：Green Works 系列产品	问题类产品：Burt's Bees
市场吸引力（增长率）低	现金牛类产品：Kingsford 焦炭，Clorox 漂白剂	瘦狗类产品：无

图 6.7　Clorox 的公司层战略

在全球可持续消费总体趋势的感召下,很多注重责任经营的事业部都会出现在 BCG 矩阵的上半部分,也就是说它们都获得了较高的增长,而与可持续发展相关的产业也极具吸引力。如图 6.7 所示,BCG 矩阵中的每一个方块都代表着事业部的一个战略分类。左上角明星类产品的方块代表所分析的业务不仅在一个具有吸引力的市场竞争,而且在行业中也很有地位。通用电气的风能产业业务就属于这一类,它的 1.5 MW 系列风能涡轮机在全球广为使用,与丹麦的 Vestas 公司激烈地争夺着市场领导者的地位。[59] 从市场增长来看,风能行业很有潜力,从 2011 年到 2015 年,估计全球对风能的需求量在以平均每年 15.5% 的速率增长。[60] GE 的另一个例子是绿色创想运动(ecoimagination campaign),从 2011 年到 2015 年连续 5 年中,通过这一活动推动的环保消费品销售增长率预计将超过公司的其他产品,因此公司在绿色家用产品的细分市场中具有很高的增长地位。[61] 如果用波特的五力模型再对其外部环境做深入的挖掘和分析,将会有助于给 GE 的绿色家用产品做出市场分类。如果市场具有高度吸引力,那么它就落在左上角的明星方块中;如果不是,那将落到右上角的问题方块中,也就是说它的战略价值还有待进一步论证。左下角的现金牛方块指那些市场定位不错但增长有限的业务,所以只有"挤奶"才能产出高业绩。右下角的瘦狗方块代表那些在不具备吸引力的市场中地位也较弱的业务,相应的战略配套是"必须杀了这条狗",因为它会削弱整个公司的表现。

6.5.2 业务层战略

业务层战略是"企业为在特定的产品市场充分施展其能力所配备的全面而协调的承诺和行动,以获取竞争优势"。[62] 所以,它是从事业部的立场出发,主攻某一产品市场,要解决的核心问题是:我的客户是谁?我提供什么产品?我该如何触及这个群体?[63] 迈克尔·波特[64]在这方面已有建树,他提出的二对二矩阵确立了四种普通的市场战略,如图 6.8 所示。公司既可以在低成本或低价格上比拼,也可以在产品差异化方面竞技。差异化是指产品拥有特殊的卖点(除了低价),使得客户产生购买行为,又称非价格买方价值(nonprice buyer's Value)。[65] 公司可以根据不同的市场范围追随不同的战略。广阔的市场范围意味着攻占总体市场的主要板块,而狭小的市场范围就是指主攻小而精的缝隙市场。

波特[66]提醒企业不要陷入"卡在中间"的困局,也就是企业既希望走低价路线,同时又希望追求产品的高差异化,他认为这个战略不会让企业获得竞争优势。然而从近几年来的发展我们也看到,生产方法日益得到改进,信息系统更加完善和有效,柔性生产体系的出现等,将成本领先和差异化战略糅合在一起也诞生了一些成功的案例。[67] 此外,Kim 和 Mauborgne[68]两位学者也证明了低价和高差异性两者兼得的可能性,甚至创造了新的市场空间。他们的《蓝海战略》一书也一跃成为全球畅销书,书中的理念也在全世界范围内得到推广。

责任管理在价格和差异化两个关键因素上都可以发挥重要的影响,帮助企业提升市场地位。如果企业在责任管理方面有所改善,比如有效提高自然资源的使用[69],就会帮企业节省大量开支,同时由于客户更愿意购买可持续的环保产品从而获得"可持续溢价"。[70] 过去,这类产品通常被认为是投绿色理想主义者所好的缝隙市场(狭小市场)产品,价格高,便于使用但质量一般(低差异化)。总之,对波特而言,这类产品不具备任何潜力占据市场有利地位,但时过境迁,从图 6.8 中可以看到,很多企业还是通过责任管理活动找到了清晰的市场定位。

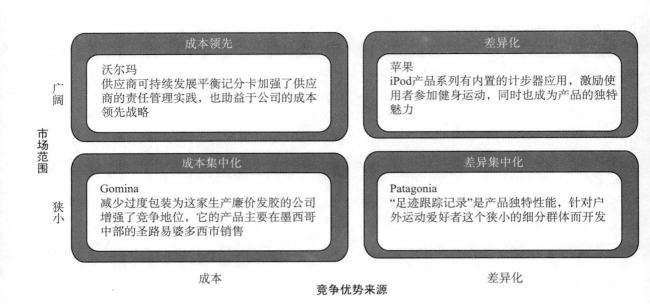

图 6.8 责任管理对市场定位的效应

资料来源：Adapted from Porter, M. (1985). *Competitive strategy: Creating and sustaining superior performance*. New York: The Free Press.

可持续化产品卡特尔

"据委员会报告，定价卡特尔于 2002 年启动，P&G、联合利华以及汉高公司曾一起讨论如何执行在全行业铺开的一项活动，也就是提高洗涤剂产品的环境绩效。这些公司同意简化包装，但维持价格不变，日后统一提价。这个安排一直持续到 2005 年 3 月，涉及的产品在比利时、法国、德国、希腊、意大利、葡萄牙、西班牙、荷兰等国销售。汉高公司因在 2008 年向委员会报告了这一联合定价行为而免受了罚款。"

你觉得这个案例中有哪些行为在伦理上值得商榷？

资料来源：Wearden, G. (2011, April 13). Unilever and Procter & Gamble fined £ 280m for price fixing.

在业务层上制定战略需要充分地分析企业内部价值链以及上一节讲到的产业吸引力五力模型。根据内部价值链分析，企业能够知晓每一个职能部门可以如何为目前的战略定位出力，不管企业选择差异化还是低成本战略。比如沃尔玛发现他们的采购环节和对内物流部门可以很好地服务于企业的低成本战略，也就是波特所说的成本领先战略，他们在 2006 年推出了可持续包装平衡记分卡的举措就很顺理成章了，这一新的改革不仅大大减少了能耗和包装废弃物，进而增进了环境效益，还降低了物流成本和采购价格。[71] 沃尔玛的人力资源历来成本非常低，在某种情况下也是低薪酬的代名词，应该也是支持低成本战略的方式之一。但是，低廉的人力资源最终也付出了高昂的代价，因为带有剥削性质的用工方式招致了公众的注意和抵触，使得沃尔玛的声誉在很长一段时间都蒙受了损失[72]。所以内部价值链评估能有助于企业构建一个变革战略,推动企业朝着理想的战略定位迈进,产业吸引力的五力模型也可以为战略转型提供行业环境条件的分析数据。

在制定业务层战略时,还有另一个工具也经常被使用,那就是迈克尔·波特的活动图(activity-may)。活动图又称协同效应图(synergy map),专门用来观察企业各种活动如何产生联动如何创造协同效应,最终达到企业所希望的战略市场地位。波特把这些协同效应称为战略匹配,使得企业的活动和企业期望的差异化或低成本战略定位两者结合起来。图6.9是星巴克在韩国实施差异化战略时的示范图,这些活动相辅相成,最终使星巴克与众不同的产品和服务在当地脱颖而出。[74] 2000年星巴克初次打进韩国的市场,不多时便遭遇了当地竞争者疯狂地跟风模仿。好在星巴克那套在其他市场屡战屡胜的独特的客户增值体验模式也在这片新的市场落地开花,竞争优势依然鲜明。他们引以为豪的C. A. F. E.(咖啡和种植商平等)项目确保了优质咖啡原料的供给,也是为什么他们的咖啡售价高于市场的价格。[75]另外,它们所营造的"第三空间"文化也增加了客户的体验感,客户可以在家庭和办公场所之外的第三空间度过愉快的时光。第三空间的舒适和受欢迎程度完全取决于一整套与责任管理相关的活动,星巴克的人力资源管理水准非常之高,多年来都被评选为最佳雇主之一。他们有专门的培训,意在让员工将美好的工作体验感染给客户,让客户有宾至如归的感觉。他们对柜台工作人员的岗位描述是这样的:"柜台营业员是星巴克的形象代表,他会提升我们店客的体验,他会为客人度身定制一杯完美的饮品。"[76]当星巴克进驻韩国做完这套活动图之后,似乎发现他们的"第三空间"文化和责任经营活动之间缺乏连接,汉城国立大学的研究小组建议推出一些额外的活动来填补两者之间的空缺:利用出色的CSR活动增强第三空间文化,创造协同效应,比如提供环保的足浴服务,蓄雨水并处理使用,这样既为客户提供了额外的SPA体验,也能凸显星巴克领先一步的责任管理。[77]

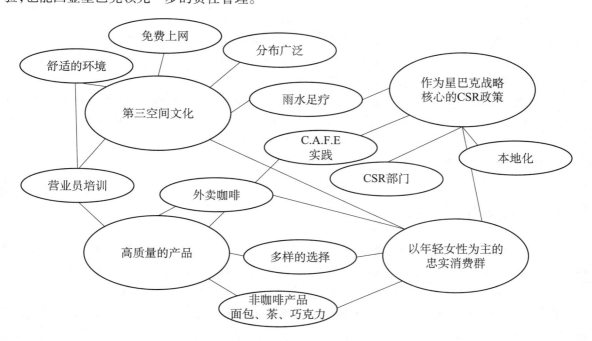

图6.9　韩国星巴克战略和责任管理结合协同图

6.5.3 职能层战略

业务层旨在为特定的市场服务,助其达到预设的战略地位,职能层则努力从企业内部支持事业部完成战略规划。之前我们提到,竞争的基础是制定和选择价格领先战略或差异化战略,Hill 和 Jones[78]在书中阐述过单个职能部门如何为这些战略服务。如果要追求成本领先,各个职能部门必须要通过有效的流程降低成本。要追求差异化竞争,那么企业的创新能力和质量管理部门应该首当其冲。

不管实施哪种战略,人力资源管理部门在责任管理方面都大有可为。戴尔公司采用全面的定制化服务作为其竞争战略,他们人力资源部门的多元化战略就很好地支持了企业的这一差异化竞争战略,他们的宣言是"我们致力于让我们团队的员工用他们丰富的经历和多样化的创造力为不同的客户市场找到创新的解决方案"。[79]在对内的物流和采购部门中,具有生态有效性的活动通常也能大大降低企业的供应链成本,从而支持成本领先战略。研发部门的可持续化产品创新可以额外提高非价格购买方的价值,同时也通过创造新的社会和环境友好型产品而支持企业的多元化战略。从以上这些措施可以看出,责任管理作为职能层战略一个构成部分,完全可以在支持业务层战略定位的工作中有所作为。

泰国:玩具业的差异化战略

泰国玩具企业 Wonderland 通过一系列人力资源责任管理活动减少了一半的工人轮岗。这家企业的产品独特,且产品线很长,为儿童提供功能各异的玩具。鉴于每一个产品的工艺都很独特,频繁轮岗不利于节省成本和时间,所以对员工培训的要求就很高。人力资源部门提供的培训能减少轮岗,提高效率,为业务层的差异化战略服务。

资料来源:Mavro, A. P. (2010). Thailand. In W. Visser & N. Tolhurst, *The World Guide to CSR*: *A Country by Country Analysis of Corporate Sustainability and Responsibility* (pp. 404-409). Sheffield: Greenleaf; Porter, M. (1996). What is strategy? *Harvard Business Review*, 74(6), 61-78; Wonderworld. (2011). Wonderworld products.

6.6 第四阶段:执行和评估战略

"我们已经意识到企业经营既要有硬接线也要有软接线,也就是说企业要增强其自身的实力,还要触动人们的心灵和头脑,两者缺一不可,如此这般,可持续发展和持续的变革才有意义。"[80]

如果说战略规划阶段比较偏重理论,那么到了战略实施或执行阶段,操作性就会强一些。有些在白板上看似精湛的战略图,一旦"落地"检验,就暴露出很多复杂的问题。事实上,当我们在调研访问时询问企业管理者在进行责任管理时,是什么阻止他们贯彻落实事先计划周全的战略,43%的 CEO 认为他们对战略的优先顺序把握不当,39%的 CEO 认为在所有的职能部门推广实施责任管理战略有难度。[81]当我们发现,责任管理越是被整合到核心业务和主流职能中去,企业就越容易获得回报[82],那么之前提到的困难就更具有意义了。将企业在所有层次所有方面都和构想的战略连接起来,这是战略执行的主要任务。战略实施过后,企业应该及时对执行的效果进行评估,根据观察结果再对战略进行微调,最终获得承载责任的竞争优势。

6.6.1 战略实施

战略实施尤其和责任管理挂钩时,需要有两个基本的活动做依托:第一,将责任管理战略和企业的基础设施、企业治理和组织架构进行硬连接(hardwiring),组织研究的领域专门会详述如何将责任管理和组织结构绑定在一起。第二,软连接(softwiring)是指在战略实施中引入人和社会以及知识的因素[83],人力资源部门和内部沟通渠道可以发挥重要作用。企业比较容易过度重视硬连接的活动而忽略软连接活动。有一项历时5年于2008年完成、针对50多个国家1000多家企业的调查显示,驱动战略实施最有效的因素并不是结构等硬件组成,战略实施失败的罪魁祸首是信息不畅(54%),排在之后的原因是决策权界定模糊(50%)、人为动力(26%),而结构因素只占了25%的比重。[84]

战略实施总是一个变革的过程,战略越强劲,变革越迅速。变革动作越大,遭遇的抵触也就越大。约翰·P. 科特(John P. Kotter)[85]曾描述过变革过程中人为因素(或软连接)七步法,他的著作开创了变革管理研究的新天地。2007年,宝洁公司推出了500亿美元的战略,计划到2012年通过其可持续创新产品为企业主要部门创收。为了在不同的事业部落实这项营销战略(宝洁公司有20个事业部价值10亿美元),公司要大刀阔斧地进行改革,才能改善责任管理的绩效。[86]执行任务之艰巨性可想而知,其间还需要积极调动人的因素。宝洁公司的战略创新计划用C&D部(连接和开发)取代了传统的研发部(R&D),新部门的创新活动让内外部利益相关者都参与进来,用这种基于利益相关者的创新模式是执行500亿美元战略必要的软连接手段之一。[87]其他手段还包括开发战略领导力项目,为领导者提供战略方向、激发授权能力;培育战略创业精神,用创业者的姿态为自己的企业识别机会[88];企业文化管理活动则将责任管理战略深深地植入"企业内部的工作氛围和风格"。[89]一旦战略执行达到了文化经营的境界,它就很可能水到渠成,不证自明,不需要过多外界的推动。

硬连接有两个工具:首先,公司治理机制确保战略目标和绩效与公司所有者的期望相符。近年来对公司治理的认识是不仅与所有者的期望相符,还必须与其他利益相关者的期望相符。公司治理的渠道有三个,分别是管理层薪酬设定、所有权集中度和董事会。[90]韩国钢铁公司Posco的董事会由15位董事组成,9位是来自企业外部的独立董事。[91]经过精心挑选的董事能有效平衡各利益相关方,对企业总体的利益相关者绩效起一定作用。其次,组织架构的配套也能保证"企业的汇报机制、流程、控制、权威和决策过程"有利于战略的实施。所以,"一个正确的组织结构,就是它的设计最支持战略执行"。[92]目前的趋势是在组织结构中为责任管理专设具有强推动力的高级别岗位,这样的组织结构最能够促进责任经营战略的展开和实施。[93]另外,组织结构中的信息管理体系必须到位,这样有利于运行以事实和数据为基础的战略控制体系,我们接下来详细讨论。

6.6.2 战略控制、回顾和评估

到了战略控制、回顾和评估阶段,我们对战略实施后的结果与企业最初预设的目标、使命陈述和愿景做一番比对、衡量和评估,这时候,战略管理的整个循环得以闭合。我们在评估战略有效性的时候,不仅要考察它和第一阶段所设定的期望目标是否吻合,还要评价是否获得了责任竞争优势。如果没能获得责任竞争优势,问题可以出在战略管理流程中的任何一个环节。遵循预定的愿景、使命陈述和战略目标,未必一定能获得竞争优势。也许是环境分析的环节出了错,也许是环境本身发生了很大的变化。构建的战略未必一定能为企业带来竞争优势,或者战略没有得以正确地实施。组织控制的过程就是跟踪战略实施的绩效,为修正行为提供依据。"它指引我们如何使用战略,如何将实际结果和预期结果进行比对,当两者之间出现重大落差时,如何采取修正行为。"[94]

我们可以用量表和路标法两种定量和定性的方法来控制战略的实施结果。如果战略到位,目标达成,那么最终会获得责任竞争力。能反映责任经营绩效的会计做账法是评估战略实施的必要条件,另外 ERP 等管理信息体系也能为企业责任经营的绩效提供重要的评估信息。

我们来介绍一下平衡记分卡。Kaplan 和 Norton 最早推出了这套战略执行和控制的工具[95],后来被不断调整,用来计划和跟踪责任经营战略的绩效,它用简洁的事实和数据将绩效显性化。最早的平衡记分卡只是纯粹地描述财务目标结构,发展到后来加入了其他的目标和量化指标,涉及企业的学习和成长、内部经营流程和客户管理,到现在,更加入了责任管理的相关指标。[96]平衡记分卡将企业的战略目标细化为了每一个事业部、职能部、员工甚至供应商的目标。沃尔玛和宝洁公司都使用了可持续发展平衡记分卡。[97]图 6.10 中介绍的是全世界第三大影院和戏院连锁集团

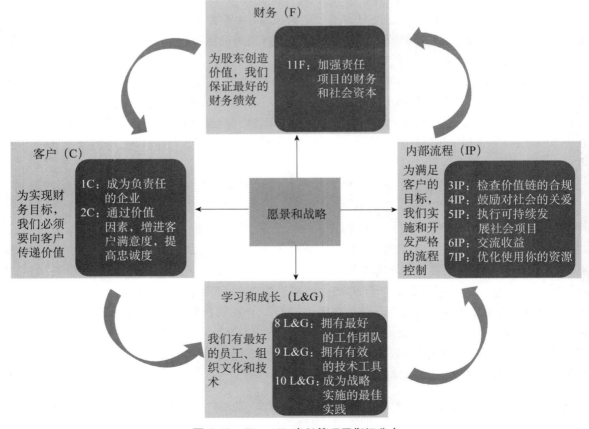

图 6.10　Cinepolis 责任管理平衡记分卡

Cinepolis 在全公司铺开的平衡记分卡[98]，责任管理的指标在记分卡中占了相当的比重。平衡记分卡是完成战略管理流程的工具，它意味着公司遵循了愿景和使命陈述，而这些战略的制定是建立在准确的内外部环境分析的基础之上。平衡记分卡支持了所选定的战略，很好地兼顾了三重绩效，最终帮助形成了承载着责任的竞争优势。

思考题

1 归纳与整理

1.1 请描述责任竞争力的三个层次及之间的异同点。

1.2 请描述战略管理流程的四个阶段，并逐一举例说明。

1.3 请描述战略层级的三个层次，及给出每个层次的一个战略选择。

1.4 比较以下概念的区别：
- 广义观和狭义观
- 自内而外和从外向内的连接方式
- 硬连接和软连接

2 应用与体验

2.1 请锁定一家公司，找出他们的使命陈述，将责任经营考虑进去重新准备使命陈述，然后根据新的陈述重新制定战略目标。

2.2 为一家公司设计一个平衡记分卡，每个类项下（财物、客户、流程、学习、成长）至少要包含两个以上的责任经营指标。

3 分析与讨论

3.1 请关注欧莱雅并购 Body Shop 的战略动向信息。用波士顿咨询公司的矩阵分析法为两种品牌分类，并评价这一战略举措的价值。

3.2 请关注 UPS 的最新可持续发展报告，并分析公司的责任经验活动是否支持它所选择的战略市场定位。

4 改变与行动

4.1 请设计未来的战略管理路径。为可持续发展做出尽可能大的贡献，15 年之后的战略管理应何去何从？

先锋人物专访　马克·克雷默

马克·克雷默和战略管理大师迈克尔·波特引领了战略和社会这个议题的研究，他们提出了战略企业社会责任和共享价值等一些新的概念。

你认为你们所提出的"战略 CSR"已经成为过去，责任、可持续发展和伦理现在越来越成为管理学的主流了吗？战略和社会还是属于"战略"，只不过社会层面被自然地纳入战略管理的构成中？我们已经达到目标了吗？

我当然不认为我们已经做到了。

所以我们认为共享价值对企业而言代表一个重要的新机会，对社会而言代表着无比重要的新机会，它将全球的企业汇集到一起，共同应对社会问题，不只是给非政府组织或非营利组织写几张支票，而是实实在在地、在力所能及的范围内、以营利的方式解决社会问题，它所迸发出的能量，掀起的影响力和达到的规模程度是 NGO 无法企及的。

我来举几个共享价值的例子：我们好几次提到 GE，他们有专门的"生态想象力"和"健康想象力"两个措施，GE 投入了 100 亿美元研发新型节能装置和新医疗护理产品，为全世界低收入人群开发的医疗器械等。我很难想象哪个 NGO 可以斥资 100 亿美元去投入这样的产品。这样的例子举不胜举。陶氏化学也开发了一种有利于心脏健康的食用油，提供给快餐店和餐厅，几乎消除了美国人饮食中几十亿镑有损健康的反式脂肪。陶氏化学决定上马这个项目解决这个困扰社会多年的问题，不是为作秀，而是这样也能为自身带来经济利益，所以它对社会产生的影响不可估量，这也是为什么我和波特都对共享价值能给社会带来的经济影响充满着希望。

您还有什么想说的？

突然想到，因为我们和企业经常合作，我们发现企业走向共享价值战略的道路相当漫长。它需要在不同层次改变思维模式，不仅仅是CEO战略思维的改变，还需要影响操作层管理者在行为上有所改变，以及部门中的每一个人。

所以我们观察到，真正要影响他人思想的改变，并且把这些思想根植于心，靠一两个项目或游走在边缘的共享价值等类似CSR的部门（通常就是这样）是远远不够的。这里需要有一个公司全员上下都参与的教育和培养过程，需要大量的内部沟通。我们要开始关注人们行为中的社会元素，如果我们加以重视，我们该如何建立奖惩机制。这要求企业中的所有部门，采购部、人力资源部、营销部和研发部等，都通过和以往不同的视角对待自己的工作，这要花很长时间。所以对一个企业来说，要把社会因素嵌入企业所有的经营部门，真的有待时日。

践行者速写　坎苏·格迪（Cansu Gedik）

就职企业： Mikado咨询公司是土耳其的一家社会企业，专门设计和提供可持续发展的创新解决方案。Mikado之所以存在，是希望通过建立负责任的私人部门、可持续和透明的公民社会和社会创新等活动去推动可持续发展。

职位描述：

项目协调员

教育背景：

德国柏林斯泰恩拜斯大学企业责任管理硕士（2012—2013）；瑞典Blekinge技术学院，战略可持续发展（2010）课程；土耳其Bogazici大学翻译学学士。

实际工作

您的主要职责是什么？

我的职责包括建立和执行企业责任和可持续发展战略，规划和准备可持续发展报告，开发和协调与我们公司合作的企业所投资的社区建设和服务项目。

目前我在协调"商务和人权能力建设开发项目"，项目为期一年，由荷兰驻土耳其的领事馆资助，为参与的企业提供培训和辅导。

我还和我的同事一起管理我们公司的博客和社交媒体。

您每天工作的典型事务有哪些？

作为一个可持续发展的咨询公司，我们参与各种广泛的活动，每天完成的活动因手头的项目而异。我感到很幸运因为我的工作一点也不单调重复，让我从事一份充满创意的工作。

可持续发展的战略规划占据了我相当的工作时间，特别当我们接到了新的客户，或者和目前的客户修改年度规划，或者接手了新的项目。我还辅助和协调我们的合作企业一起搞好责任管理活动。为可持续发展报告提供内容也占了相当的时间和精力，尤其在每年上半年。

我还为我们企业的培训准备内容，我会调研哪些议题与责任管理和可持续发展相关，我随时关注全球企业责任和可持续发展的热点和议程，并经常发布在我们的博客和社交媒体上，与我们的利益相关者分享。

可持续发展、责任和伦理在您的工作中扮演什么角色？

可持续发展、责任和伦理是我的工作核心。Mikado协助私人部门的企业开发和执行他们的企业责任和可持续发展战略，使他们以符合伦理的、透明和可信赖的方式履行对内外部利益相关者的责任。我们帮助企业形成讲伦理讲责任的公司治理，达到平衡的三重绩效。

Mikado 非常清楚 NGO 在推动民主化和积极公民精神方面所起的作用，所以它总是帮助其他企业加强这方面的能力，并扩大他们对社会产生的影响。

在与我们所有客户的合作过程中，我们总是将利益相关者参与的过程嵌入企业治理中，我们还指导他们形成监督和评价机制，鼓励他们将责任管理的业绩和影响制成报告公布于众，加强企业对利益相关者的透明化。

作为一个社会企业，Mikado 本身就是一个注重伦理的公司，我们很自豪我们是一家通过专业机构认证的公司（Certified B Corporation™）。

我们本章所提到的议题中，哪些概念和工具与你的工作最为相关？

我们在给企业提供责任管理的咨询时，整个过程和本章节中提到的"战略责任管理过程"这部分内容非常像。一般来说我们会和企业的可持续发展委员会成员一起修正企业的愿景和使命陈述，并准备可持续发展政策陈述。我们真的做 SWOT 分析，把内外部环境因素都考虑进去，然后决定战略和一整套行动方案。我们还为战略的具体落实提供指导，这里既涉及"硬连接"，也涉及"软连接"，软连接尤为重要，因为它会促进企业文化的改进。我们提供培训，把可持续发展的理念注入领导力训练中，鼓励员工参与志愿服务，这都有助于推动文化的转型。另外我们还经常性地回顾、评估和改进战略。

经验分享

您会给您的同行什么样的建议？

我会建议他们应该充满好奇心，永远要充满热情地去探究责任管理和可持续发展的课题，因为新的方法和工具层出不穷。我还推荐他们要密切关注行业内外的最佳实践，了解别人已经取得的成果，既增长见识又令人鼓舞。

高管层的支持对责任管理是至关重要的，因此，他们必须要让高管层理解，并用语言和行动宣传做一个负责任企业的价值。

最后，我想给本行业的顾问提个建议，希望他们能确保他们所搭建的结构和流程是持久而自洽的，哪怕他们今后和企业的合作结束，这些结构和流程还能持续运行下去。

您工作中的主要挑战是什么？

责任管理和可持续发展的领域是动态变化的，所以我们要花大量的时间和精力才能记录所有的进展。

诚然，有一些唾手可得的成果，但大多数可持续发展的举措需要很长的回报周期，有时候是无形的回报，在很多情况下，我们很难精确测量这些举措所产生的实际影响。

参考文献

1. Lacey, P., et al. (2010). *A new era of sustainability: UN Global Compact-Accenture CEO study 2010.* New York: Accenture Institute for High Performance.
2. Pohle, G., & Hittner, J. (2008). *Attaining sustainable growth through corporate social responsibility.* Somers: IBM Institute for Business Value.
3. Economist. (2008). *Doing good: Business and the sustainability challenge.* London: Economist Intelligence Unit.
4. McDermott, B., & Hagemann, J. (2010). Letter from our CEOs. Retrieved May 28, 2011, from *SAP*: www.sapsustainabilityreport.com/co-ceo-letter
5. Oppenheim, J., et al. (2007). *Shaping the new rules of competition: UN global compact participant mirror.* Chicago: McKinsey & Company.
6. Lacey, P., et al. (2010). *A new era of sustainability: UN Global Compact-Accenture CEO study 2010.* New York: Accenture Institute for High Performance.
7. Porter, M., & Kramer, M. (1999). Philanthropy's new agenda: Creating value. *Harvard Business Review, 77*(6), 121–130; Porter, M., & Kramer, M. (2006). Strategy and society: The link between competitive advantage and corporate social responsibility. *Harvard Business Review, 84*(12), 78–92; Porter, M., & Kramer, M. (2002). The competitive advantage of corporate philanthropy. *Harvard Business Review, 80*(12), 56–68.
8. Ansoff, I. H. (1980). Strategic issue management. *Strategic Management Journal, 1*(2), 131–148.
9. Porter, M., & Kramer, M. (2002). The competitive advantage of corporate philanthropy. *Harvard Business Review, 80*(12), 56–68.
10. Grayson, D., & Hodges, A. (2004). *Corporate social opportunity!: Seven steps to make corporate social responsibility work for your business.* Sheffield: Greenleaf.

11. Laasch, O. (2010). Strategic CSR. In W. Visser, et al., *The A–Z of Corporate Social Responsibility* (pp. 378–380). Chichester: Wiley, 2010.
12. Fussler, C. (2004). Responsible excellence pays! *Journal of Corporate Citizenship, 16,* 33–44, p. 41.
13. Hitt, M. A., Ireland, R. D., & Hoskisson, R. E. (2007). *Strategic management: Competitiveness and globalization* (pp. 4–5). Mason, OH: Thomson South-Western.
14. Porter, M., & Kramer, M. (1999). Philanthropy's new agenda: Creating value. *Harvard Business Review, 77*(6), 121–130.
15. Zadeck, S. (2006). Responsible competitiveness: Reshaping global markets through responsible business practices. *Corporate Governance, 6*(4), 334–348.
16. Pohle, G., & Hittner, J. (2008). *Attaining sustainable growth through corporate social responsibility.* Somers: IBM Institute for Business Value.
17. PriceWaterhouseCoopers. (2002). *2002 Sustainability survey report.* London: PriceWaterhouseCoopers.
18. Collins, J. C., & Porras, J. I. (1996). Building your company's vision. *Harvard Business Review, 74*(5), 65–77, p. 75.
19. King Jr., M. L. (1963, August 18). I have a dream. Retrieved June 8, 2011, from American Rhetoric: www.americanrhetoric.com/speeches/mlkihaveadream.htm
20. Elkington, J. (1998). *Cannibals with forks: The triple bottom line of 21st century business.* Gabriola Island: New Society Publishers.
21. Freeman, R. E. (2010). *Strategic management: A stakeholder approach.* Cambridge: Cambridge University Press. First published in 1984; Freeman, R. E. (2009, September 15). Stakeholder theory [interview]. Darden Business School. Business Roundtable: Institute for Corporate Ethics.
22. Hill, C. W. L., & Jones, G. R. (2001). *Strategic management: An integrated approach.* Boston: Houghton Mifflin.
23. David, F. R. (2007). *Strategic management: Concepts* (p. 64). Upper Saddle River, NJ: Pearson.
24. Hitt, M. A., Ireland, R. D., & Hoskisson, R. E. (2007). *Strategic management: Competitiveness and globalization.* Mason, OH: Thomson South-Western.
25. Werther, W. B., & Chandler, D. (2010). *Strategic corporate social responsibility: Stakeholders in a global environment* (p. 86). Thousand Oaks, CA: Sage.
26. Hamel, G., & Prahalad, C. K. (1989). Strategic intent. *Harvard Business Review, 67*(3), 63–76.
27. Hill, C. W. L., & Jones, G. R. (2001). *Strategic management: An integrated approach.* Boston: Houghton Mifflin.
28. The Guardian. (2010, November 5). The guardian sustainable business. Retrieved May 18, 2011, from *Signed, sealed and to be delivered: Procter & Gamble's new sustainability vision*:www.guardian.co.uk/sustainable-business/procter-gamble-sustainability-vision; Procter & Gamble. (2010). *Sustainability overview.* Retrieved May 18, 2011, from Procter & Gamble: www.pg.com/en_US/sustainability/environmental_sustainability/index.shtml
29. David, F. R. (2007). *Strategic management: Concepts.* Upper Saddle River, NJ: Pearson.
30. David, F. R. (2007). *Strategic management: Concepts* (p. 60). Upper Saddle River, NJ: Pearson.
31. Hill, C. W. L., & Jones, G. R. (2001). *Strategic management: An integrated approach.* Boston: Houghton Mifflin.
32. David, F. R. (2007). *Strategic management: Concepts* (p. 21). Upper Saddle River, NJ: Pearson.
33. Unilever. (2010, November). The plan: Small actions, big differences. Retrieved June 6, 2011, from *Unilever sustainable living plan*:www.sustainable-living.unilever.com/the-plan/
34. Collis, D. J., & Montgomery, C. A. (1997). *Corporate strategy: Resources and the scope of the firm* (p. 8). New York: Irwin/McGraw-Hill.
35. Unilever. (2010, November). The plan: Small actions, big differences. Retrieved June 6, 2011, from *Unilever sustainable living plan*: http://www.unilever.co.uk/sustainable-living/
36. Humphreys, J. (2004). The vision thing. *Sloan Management Review, 45*(4), 96.
37. Porter, M. (1980). *Competitive strategy: Techniques for analyzing industries and competitors.* New York: Free Press. Available at: http://books.google.com/books?id=QN0kyeHXtJMC&pg=PR10&dq=porter+1980+competitive+strategy&hl=es&ei=OD_iTdW0IOXq0gHh4aCjBw&sa=X&oi=book_result&ct=result&resnum=1&ved=0CCkQ6AEwAA#v=onepage&q=porter%201980%20competitive%20strategy&f=false
38. Porter, M. (1980). *Competitive strategy: Techniques for analyzing industries and competitors.* New York: Free Press. Available at: http://books.google.com/books?id=QN0kyeHXtJMC&pg=PR10&dq=porter+1980+competitive+strategy&hl=es&ei=OD_iTdW0IOXq0gHh4aCjBw&sa=X&oi=book_result&ct=result&resnum=1&ved=0CCkQ6AEwAA#v=onepage&q=porter%201980%20competitive%20strategy&f=false
39. Lenssen, G., et al. (2006). Corporate responsibility and competitiveness. *Corporate Governance, 6*(4), 323–333
40. Barney, J. (1991). Firm resources and sustained competitive advantage. *Journal of Management, 17*(1), 99–120.
41. Porter, M., & Kramer, M. (2006). Strategy and society: The link between competitive advantage and corporate social responsibility. *Harvard Business Review, 84*(12), 78–92.
42. Porter, M. (1980). *Competitive strategy: Techniques for analyzing industries and competitors.* New York: Free Press. Available at: http://books.google.com/books?id=QN0kyeHXtJMC&pg=PR10&dq=porter+1980+competitive+strategy&hl=es&ei=OD_iTdW0IOXq0gHh4aCjBw&sa=X&oi=book_result&ct=result&resnum=1&ved=0CCkQ6AEwAA#v=onepage&q=porter%201980%20competitive%20strategy&f=false
43. Hitt, M. A., Ireland, R. D., & Hoskisson, R. E. (2007). *Strategic management: Competitiveness and globalization.* Mason, OH: Thomson South-Western.
44. Taylor, A. (2006). Toyota: The birth of the Prius. Retrieved June 12, 2011, from *CNN Money*:http://money.cnn.com/2006/02/17/news/companies/mostadmired_fortune_toyota/index.htm
45. Galbraith, K. (2009, March 2). Companies add chief sustainability officers. Retrieved June 8, 2011, from *The New York Times*:http://green.blogs nytimes.com/2009/03/02/companies-add-chief-sustainability-officers/
46. Vernon, M. (2011, June 9). From supply chain to business development: Sustainability as business advantage at InterfaceFLOR. Retrieved June 12, 2011, from Net Impact: www.netimpact.org/displaycommon.cfm?an=1&subarticlenbr=3720
47. Porter, M. (1980). *Competitive strategy: Techniques for analyzing industries and competitors.* New York: Free Press. Available at: http://books.google.com/books?id=QN0kyeHXtJMC&pg=PR10&dq=porter+

1980+competitive+strategy&hl=es&ei=OD_iTdW0IOXq0gHh4aCjBw&sa=X&oi=book_result&ct=result&resnum=1&ved=0CCkQ6AEwAA#v=onepage&q=porter%201980%20competitive%20strategy&f=false

48. Elkington, J. (1998). *Cannibals with forks: The triple bottom line of 21st century business.* Gabriola Island: New Society Publishers.
49. Barney, J. (1991). Firm resources and sustained competitive advantage. *Journal of Management, 17*(1), 99–120; Wernerfelt, B. (1995). A resource-based view of the firm: Ten years after. *Strategic Management Journal, 16,* 171–174; Wernerfelt, B. (1984). A resource based view of the firm. *Strategic Management Review, 5,* 171–180.
50. Hill, C. W. L., & Jones, G. R. (2001). *Strategic management: An integrated approach.* Boston: Houghton Mifflin.
51. Thompson, A. A., Strickland, A. J., & Gamble, J. E. (2005). *Crafting and executing strategy: The quest for competitive advantage.* New York: McGraw-Hill.
52. Barney, J. (1991). Firm resources and sustained competitive advantage. *Journal of Management, 17*(1), 99–120; Mata, F. J., Fuerst, W. L., & Barney, J. B. (1995). Information technology and sustained competitive advantage: A resource-based perspective. *MIS Quarterly, 19*(4), 494–505.
53. Nangyuan Island Dive Resort. (2010). Nangyuan Island. Retrieved June 6, 2011, from Nangyuan Island Dive Resort: www.nangyuan.com/en/nangyuan.html
54. Lubin, D. A., & Esty, D. C. (2010, May). The sustainability imperative. *Harvard Business Review,* 1–9; Waddock, S. A., Bodwell, C., & Graves, S. B. (2002). Responsibility: The new business imperative. *Academy of Management Executive, 47*(1), 132–147.
55. Hamel, G., & Prahalad, C. K. (1989). Strategic intent. *Harvard Business Review, 67*(3), 63–76, p. 75.
56. Hitt, M. A., Ireland, R. D., & Hoskisson, R. E. (2007). *Strategic management: Competitiveness and globalization* (p. 179). Mason, OH: Thomson South-Western.
57. Story, L. (2008, January 6). Can Burt's Bees turn Clorox green? Retrieved May 28, 2011, from The New York Times: www.nytimes.com/2008/01/06/business/06bees.html?pagewanted=1; Green Works. (2011). Home. Retrieved May 28, 2011, from Green Works: www.greenworkscleaners.com/; Burt's Bees. (2011). The environmental friendly natural personal care for the greater good. Retrieved May 28, 2011, from Burt's Bees: www.burtsbees.com/; Cate, S. N., et al. (2009). The story of Clorox Green Works™—In designing a winning green product experience Clorox cracks the code. Retrieved May 28, 2011, from Product Development Consulting, Inc.: www.pdcinc.com/files/Visions_March09.pdf
58. Thompson, A. A., Strickland, A. J., & Gamble, J. E. (2005). *Crafting and executing strategy: The quest for competitive advantage* (pp. 258–262). New York: McGraw-Hill; Morrison, A., & Wensley, R. (1991). Boxing up or boxed in?: A short history of the Boston consulting group share/growth matrix. *Journal of Marketing Management, 7*(2), 105–129.
59. The Wall Street Journal. (2008). Wind shear: GE wins, Vestas loses in wind-power market race. Retrieved May 29, 2011, from *Environmental capital:* http://blogs.wsj.com/environmentalcapital/2009/03/25/wind-shear-ge-wins-vestas-loses-in-wind-power-market-race/; GE. (2011). Wind turbines. Retrieved May 29, 2011, from GE Energy: www.ge-energy.com/products_and_services/products/wind_turbines/index.jsp
60. BTM Consult. (2010). International wind power market update 2010. Retrieved May 29, 2011, from BTM Consult: www.btm.dk/public/Selected_PPT-WMU2010.pdf
61. Ricketts, C. (2010, June 24). GE pumps $10B more into green technology R&D. Retrieved May 29, 2011, from *Green Beat:* http://venturebeat.com/2010/06/24/ge-pumps-10b-more-into-green-technology-rd/
62. Hitt, M. A., Ireland, R. D., & Hoskisson, R. E. (2007). *Strategic management: Competitiveness and globalization* (p. 134). Mason, OH: Thomson South-Western.
63. Hill, C. W. L., & Jones, G. R. (2001). *Strategic management: An integrated approach* (p. 203). Boston: Houghton Mifflin; Hitt, M. A., Ireland, R. D., & Hoskisson, R. E. (2007). *Strategic management: Competitiveness and globalization* (p. 104). Mason, OH: Thomson South-Western.
64. Porter, M. (1980). *Competitive strategy: Techniques for analyzing industries and competitors.* New York: Free Press. Available at: http://books.google.com/books?id=QN0kyeHXtJMC&pg=PR10&dq=porter+1980+competitive+strategy&hl=es&ei=OD_iTdW0IOXq0gHh4aCjBw&sa=X&oi=book_result&ct=result&resnum=1&ved=0CCkQ6AEwAA#v=onepage&q=porter%201980%20competitive%20strategy&f=false
65. Porter, M. (1985). *Competitive advantage: Creating and sustaining superior performance.* New York: Free Press.
66. Porter, M. (1980). *Competitive strategy: Techniques for analyzing industries and competitors.* New York: Free Press. Available at: http://books.google.com/books?id=QN0kyeHXtJMC&pg=PR10&dq=porter+1980+competitive+strategy&hl=es&ei=OD_iTdW0IOXq0gHh4aCjBw&sa=X&oi=book_result&ct=result&resnum=1&ved=0CCkQ6AEwAA#v=onepage&q=porter%201980%20competitive%20strategy&f=false; Porter, M. (1996). What is strategy? *Harvard Business Review, 74*(6), 61–78.
67. Hitt, M. A., Ireland, R. D., & Hoskisson, R. E. (2007). *Strategic management: Competitiveness and globalization* (pp. 127–130). Mason, OH: Thomson South-Western; Hill, C. W. L., & Jones, G. R. (2001). *Strategic management: An integrated approach* (pp. 210–213). Boston: Houghton Mifflin.
68. Kim, W. C., & Mauborgne, R. (1999). Creating new market space. *Harvard Business Review, 77*(1), 83–93; Kim, W. C., & Mauborgne, R. (2004). Blue ocean strategy. *Harvard Business Review, 82*(10), 76–84.
69. WBCSD. (2000). *Eco-efficiency: Creating more value with less impact.* Geneva: World Business Council for Sustainable Development.
70. Barbier, E. B., Markandya, A., & Pearce, D. W. (1990). Environmental sustainability and cost-benefit analysis. *Environment and Planning, 22*(9), 1259–1266. http://scholar.google.com/scholar?q=%22sustainability+premium%22&hl=es&btnG=Buscar&lr=
71. Walmart. (2006, November 1). Wal-Mart unveils "packaging scorecard" to suppliers. Retrieved May 31, 2011, from Walmart corporate: http://walmartstores.com/pressroom/news/6039.aspx; Walmart. (2010). Packaging progress. Retrieved May 31, 2011, from Walmart corporate: http://walmartstores.com/

Sustainability/10601.aspx?p=9125; Arzoumanian, M. (2008, November 15). Walmart updates scorecard status. Retrieved May 31, 2011, from Packaging-online.com: www.packaging-online.com/paperboard-packaging-content/walmart-updates-scorecard-status
72. Maclay, K. (2004, August 2). UC berkeley study estimates Wal-Mart employment policies cost California taxpayers $86 million a year. Retrieved May 31, 2011, from *UC Berkeley News*:http://berkeley.edu/news/media/releases/2004/08/02_walmart.shtml; Dube, A., & Jacobs, K. (2004). *The hidden cost of Wal-Mart jobs*. Berkeley: UK Berkeley Labor Center.
73. Porter, M. (1996). What is strategy? *Harvard Business Review, 74*(6), 61–78.
74. Cha, S., et al. (2008). *Proposal: Rainwater harvesting at Starbucks*. Seoul: Seoul National University, Graduate School of Civil and Environmental Engineering.
75. Starbucks. (1997). C.A.F.E. practices generic evaluation guidelines 2.0. Retrieved May 31, 2011, from Starbucks corporate: www.scscertified.com/retail/docs/CAFE_GUI_Evaluation Guidelines_V2.0_093009.pdf
76. Starbucks. (2011). Retail careers. Retrieved May 31, 2011, from Starbucks corporate: www.starbucks.com/career-center/retail-positions
77. Cha, S., et al. (2008). *Proposal: Rainwater harvesting at Starbucks*. Seoul: Seoul National University, Graduate School of Civil and Environmental Engineering.
78. Hill, C. W. L., & Jones, G. R. (2001). *Strategic management: An integrated approach* (p. 160). Boston: Houghton Mifflin.
79. Dell. (2011). Diversity and inclusion. Retrieved May 31, 2011, from Dell: About us: http://content.dell.com/us/en/corp/diversity.aspx; Forsythe, J. (2004). Leading with diversity. Retrieved May 31, 2011, from *The New York Times*:www.nytimes.com/marketing/jobmarket/diversity/dell.html
80. Wit, M., Wade, M., & Schouten, E. (2006). Hardwiring and softwiring corporte responsibility: A vital combination. *Corporate Governance, 5*(4), 491–505, p. 503.
81. Oppenheim, J., et al. (2007). *Shaping the new rules of competition: UN global compact participant mirror*. Chicago: McKinsey & Company.
82. Pohle, G., & Hittner, J. (2008). *Attaining sustainable growth through corporate social responsibility*. Somers: IBM Institute for Business Value.
83. Wit, M., Wade, M., & Schouten, E. (2006). Hardwiring and softwiring corporte responsibility: A vital combination. *Corporate Governance, 5*(4), 491–505.
84. Neilson, G. L., Martin, K. L., & Powers, E. (2008). The secrets to successful strategy execution. *Harvard Business Review, 86*(6), 61–70, p. 62.
85. Kotter, J. P. (1995). Leading change: Why transformation efforts fail. *Harvard Business Review, 73*(2), 59–67.
86. Laasch, O., & Flores, U. (2010). Implementing profitable CSR: The CSR 2.0 business compass. In M. Pohl & N. Tolhurst, *Responsible Business: How to Manage a CSR Strategy Successfully* (pp. 289–309). Chichester: Wiley; King, H. (2010, June 28). The view from the C-Suite: P&G's Len Sauers. Retrieved June 3, 2011, from GreenBiz.com: www.greenbiz.com/blog/2010/06/28/view-c-suite-pgs-len-sauers
87. Huston, L., & Sakkab, N. (2006). Connect and develop: Inside Procter & Gamble's new model for innovation. *Harvard Business Review, 84*(3), 58–66; Ma, M. (2009, March 2). How "open" should innovation be? Retrieved June 3, 2011, from *Psychology Today*:www.psychology-today.com/blog/the-tao-innovation/200903/how-open-should-innovation-be
88. Hitt, M. A., Ireland, R. D., & Hoskisson, R. E. (2007). *Strategic management: Competitiveness and globalization*. Mason, OH: Thomson South-Western.
89. Thompson, A. A., Strickland, A. J., & Gamble, J. E. (2005). *Crafting and executing strategy: The quest for competitive advantage* (p. 369). New York: McGraw-Hill.
90. Hitt, M. A., Ireland, R. D., & Hoskisson, R. E. (2007). *Strategic management: Competitiveness and globalization*. Mason, OH: Thomson South-Western.
91. Moad, J. (2011, November). ERP tackles the environment. Retrieved June 6, 2011, from *Manufacturing Executive*: www.manufacturing-executive.com/community/leadership_dialogues/sustainability/blog/2011/02/24/erp-tackles-the-environment
92. Werther, W. B., & Chandler, D. (2010). *Strategic corporate social responsibility: Stakeholders in a global environment* (p. 187). Thousand Oaks, CA: Sage.
93. Luijkenaar, A., & Spinley, K. (2007). *The emergence of the chief sustainability officer: From compliance manager to business partner*. Amsterdam: Heidrick & Struggles. www.heidrick.com/PublicationsReports/PublicationsReports/HS_ChiefSustainabilityOfficer.pdf
94. Hitt, M. A., Ireland, R. D., & Hoskisson, R. E. (2007). *Strategic management: Competitiveness and globalization* (p. 337). Mason, OH: Thomson South-Western.
95. Kaplan, R. S., & Norton, D. P. (1996). Using the balanced scorecard as strategic management system. *Harvard Business Review, 74*(1), 75–85.
96. Kaplan, R. S., & Norton, D. P. (1996). Using the balanced scorecard as strategic management system. *Harvard Business Review, 74*(1), 75–85; Figge, F., et al. (2002). The sustainability balanced scorecard: Linking sustainability management to business strategy. *Business Strategy and the Environment, 11*, 269–284.
97. Walmart. (2006, November 1). Wal-Mart unveils "packaging scorecard" to suppliers. Retrieved June 6, 2011, from Walmart corporate: http://walmartstores.com/pressroom/news/6039.aspx; 2 Sustain. (2011, May 11). P&G first year supplier sustainability scorecard results. Retrieved June 6, 2011, from 2 Sustain: http://2sustain.com/2011/05/pg-first-year-supplier-sustainability-scorecard-results.html; Baier, P. (2010, July 12). Comparing the Walmart and P&G supplier sustainability scorecards. Retrieved June 6, 2011, from Greenbiz.com: www.greenbiz.com/blog/2010/07/13/comparing-walmart-and-pg-supplier-sustainability-scorecards
98. Kaplan, R. S., & Norton, D. P. (2004). *Strategy maps*. Boston: Harvard Business School Press; Cinépolis Foundation. (2010). *Presentación de caso "Del amor nace la vista"* [Presentation of the case "Love gives birth to eyesight"] [PowerPoint]. Mexico City: Cinépolis Foundation.

第7章 创业精神:增值型企业

> **学习目标**
>
> - 分析所处组织和社会经济的关系
> - 选择社会创业战略
> - 创建增值型企业

引言

2009年全球达到工作年龄的人口中有平均2.8%的人参与以社会企业为测量参照的社会活动。[1]

欧盟的社会经济占了欧洲GDP的10%,就业岗位的6%,就业人群达1100万人。[2]

英国社会企业中的14%是初创型企业;74%都让社群参与其决策;82%将收益再投入社区,继续推进它们的社会和环境目标;88%缩减了其运行过程中对环境造成的影响。[3]

责任管理实践
蒙德拉贡联合公司的民主参与制

1941年,一位天主教牧师来到了备受内战摧残的西班牙巴斯克地区的蒙德拉贡小镇。当本地最大的企业Union Cerrajera拒绝开放其学校让社区的求学儿童上学时,Arizmendi神父特许组织了一个家长协会,并挨家挨户集资最终创办了一所技术学校。

1955年，有5位技术学校的毕业生初创了一个企业，采用民主合作的所有者和成员控制模式，每一个工作成员都有一个资金账户，每年可以分享企业利润。这些账户由Arizmendi神父管理的信用社打理。这一方式将所有权和财富在社群中迅速分散开来，然后又资助了新的企业的诞生。到2000年，小镇上将近一半的人口成为其雇主的合伙者，蒙德拉贡联合公司也得以在全世界推广，建立了上百家联合公司和海外合作伙伴。

相比之下，美国企业的做法与之天壤之别。CEO和普通员工的薪资差别高达450∶1。而蒙德拉贡联合公司将薪资比控制在9∶1以下，他们是如何组织管理层薪资膨胀的呢？假设公司要提高一开始设定的3∶1之差，必须通过所有资金账户拥有者的表决才行，每个成员只持1票，在过去的57年中，公司从来没有投票同意超过9∶1的薪酬比值，平均为5∶1。

伦敦经济学院的研究者认为这样的薪资设定体系具有巨大的"合作优势"，这种优势来自低薪法案和管理者与工人之间的高度信任，这种安排非常奏效，每隔10年的测算结果显示企业都呈持续增长的趋势。目前企业拥有83000名员工（85%都是合作成员），有9000名学生目前就读于与蒙德拉贡公司合作的中小学和大学。在2008—2009年经济陷入急剧衰退的情况下，成员增长百分比仍维持在6.1%。新的增长来自零售连锁店Eroski的扩张，它将所有权和利润分享向员工和客户全面铺开。

蒙德拉贡联合公司的成功依赖于富有远见的社会创业模式和集体化的社会行为。Arizmendi神父于1976年去世，但他设计的民主化管理的银行和治理体系一直受到广泛赞誉，他个人的远见卓识加上集体力量对增强经济和合作原则的守诺造就了蒙德拉贡联合公司的成功，归根结底其实就是责任管理：组织结构的设定要求管理者要为员工和客户的利益着想，而不是为资本市场服务，一切都水到渠成，蒙德拉贡联合公司目前是西班牙第七大企业，一直保持着高生产率、高盈利率和注重企业社会责任的优良记录。

资料来源：www.mondragon-corporation.com。

7.1 社会企业和责任管理

"那些选择创造历史并改变历史进程的企业比被动等待变革结果的企业更具有优势。"[4]

蒙德拉贡联合公司的案例是我们讨论社会企业创新的一个好引子，因为它整合了不同的视角。目前，对于社会创业精神以及它与社会企业诞生的关系还众说纷纭。[5]本章中，我们将厘清社会创业精神三种主要流派的问题和含混之处。我们将提出更为有用的方法：在责任管理者从不同起点追求社会企业目标的过程中，要审视这些流派的社会经济根源，并识别所需要应对的挑战。

战略这一章我们描述了如何计划并整合组织。本章我们将更为深入地探讨组织的性质。组织的存在形式可以是私营、公共或民间，这些组织可以通过融入其他行业的特点和优势对自身进行社会创新，达到发展，并为社会创造更大的价值。虽然这章的主题涉及规划组织发展的路径，具有很强的计划要素，但它同时还具有很强的组织要素，社会企业的商业模式经常包括很特殊的组织架构，比如利益相关者所有权和复杂的民主共同决策机制等。我们会在讨论中谈到这些话题，但组织架构的具体内容我们会在下一章组织研究中详述。

必须强调一下这一章对责任管理者而言具有额外的重要作用。它帮助责任管理者划定了版图，他们经常感到自己在公共、私营和民间三个部门交叉的结构中游走，比如一个在企业基金会工作的管理者发现自己既有私营营利性企业的特征，又兼具民间非营利性企业的特征；一个服务于公共商品企业的管理者具有公共部门的目标，但运作有很大程度上效仿私营企业的市场运转体系。所以这章的讨论将有助于责任管理者理解这些不同部门的各自特征，并为日常的工作理出头绪。对那些不在混合型组织工作的管理者，理解不同部门的特点是与这些部门成功打好交道的关键。

我们分两步讨论社会创业，如图7.1所示。第一阶段从三个主要的视角了解社会企业，也就是经济交换的本质、三个部门的基本模式；第二阶段了解社会企业形成的内在路径，主要取决于组织所处的部门。两个过程都为了走向"增值型企业"（value-added venture）而努力，旨在将组织"社会化"，创造更多的内外部社会价值。

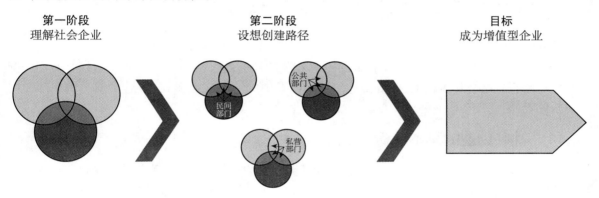

图7.1 社会企业创建流程

7.2 目标：增值型企业

"社会企业追求经济、社会或环境目标，通过交换活动获得至少一部分的收入，它们填补了私营企业和公共部门之间的市场空缺，而且，政策制定者越来越把它们视为难能可贵的社会、经济和环境再造和更新的代理人。"[6]

社会企业的目标是成为增值型企业。什么是增值型企业呢？企业的经营具有不确定性，追求回报或机会，这里的增值主要是指社会价值的递增，一般用缓解社会问题或解决社会问题的方式来达成，通常有以下两种途径：

第一，组织的社会化过程会建立更为民主的结构，主要的利益相关者都会参与企业的所有制结构、治理和管理。这就为所有利益相关者在决策过程中增加了社会价值。

第二，社会企业通常具有"社会使命"，一旦实现，会造福于社会并且转变社会及其体系，这为整个社会增加价值。

我们把第一种途径定义成内部价值创造，第二种定义为外部价值创造或体系价值创造，因此，增值型企业一方面将组织内部改造得更为"社会化"，同时向外创造社会体系的价值。

新西兰：为毛利族创造的内部和外部价值

Te Whanau o Waipareira 信托基金通过一系列健康、社会、正义和教育等项目，向居住在新西兰最大城市奥克兰郊区西部的毛利族民提供服务，改善它们的生活状况。因为企业的目标人群就是毛利族，所以毛利族的价值观和伦理观主导该企业的职场规则。

资料来源：Te Whanau Waipareira Trust. (2013).

7.3 第一阶段：理解社会创业和社会创新

"社会创业就是一个发现和持续探索机会的过程，目的是创造社会和环境利益。"[7]

要理解社会创业（social entrepreneurship）和相关的社会创新（social innovation）过程，我们先阐述对社会创业的三个基本认识，把市场看作经济体系中的一种交换形式，最后根据组织在部门中的初始位置，确立社会创业的出发点。

7.3.1 社会创业的基本认识

第一种认识流派主张社会创业是一种推动社会创新的行动。[8]西班牙蒙德拉贡联合公司的创业和治理体系的横空出世，成为增进社会群体福祉的"新发明"。Turnbull曾在文中这样描述：

"目前的企业理论都不能为20世纪50年代中期蒙德拉贡联合公司设计企业结构提供标准，这些合作公司开创了一连串'社会发明'[9]，日后证明是非常成功的。[10]其中有一个形成蒙德拉贡发展模式的设计标准是借鉴了天主教的社会教义，信奉'劳动力优先于资金'[11]，所以企业中的人（不是资金）才是被关注的基本单位，这一方法和科斯/威廉姆森的企业交易理论背道而驰。"[12]

在这种流派中，企业家被视为造世英雄，在蒙德拉贡的案例中，阿里蒙迪神父和企业的成功息息相关，尽管他从未在蒙德拉贡联合公司担任过任何正式的职务，但他仍被尊为师长和创始人[13]，当地建起了专门的博物馆，讲述他在当地历史中的地位，蒙德拉贡大学也建有他的雕像，以纪念他对教育的贡献。

第二种认识流派和第一种流派相差不大，但它更强调社会创业者本人，尤其是价值主张（value proposition）和社会使命感（social mission）。[14]价值主张体现在社会目标中，这样社会创业者和他们企业对社会的影响就可以被测量。在蒙德拉贡的管理模式中，社会使命体现在促成社会转型（十大原则之一），它把对成员的教育（政治和技术）放在了中心位置，所以管理者可以把资金的利益让位于劳动者的利益。其他组织企业管理模式的原则还包括薪资公平、合作公司之间加强合作，以及支持有利于经济民主的社会运动。[15]

第三种流派关注社会企业的建立是否运用民主化的原则形成社会化的股权和控制结构（socialized ownership and control）。[16]蒙德拉贡联合公司通过合作模式的部署，确保管理决策的制定是一个让管理者、推选出的代表和所有成员共同参与的过程，相比之下，大多数跨国企业都是由被任命的董事所构成的单一董事会来担任核心决策群，蒙德拉贡联合公司被1000多个本地董事会控制，这些董事会由被推选的审计委员会、治理和社会政务会等组成，他们经常交流互动，协调各种事务，并制定决策。[17]

欧洲社会经济学(social economy)的思想对这个流派影响很大,将互助关爱中的"对等的互依关系"和慈善业中的"施舍"区分开来。互助(mutuality)隐含的是关系双方的双边性和网络型关系,关系双方承担社会义务互相扶助、支持和监督,促进对等(reciprocity),这和管理者和下属之间的单边权利关系,以及行善者和被捐助者之间的家长式管理性质完全不同。尽管他们也有某种互利关系,但在法律定义和实践操作中,慈善总是一种单向的关系,一方给予/命令,而另一方接受/服从,这种义务的不对称(比如缺乏"对等的互依关系")是共利性和慈善业之间的分水岭。[18]

本书作者认同前两个流派的观点,社会化观点强调发展社会经济的集体行动和共同原则;社会目的观点强调社会创业者在市场经济中的社会创新和使命。[19]社会化观点具有关系导向,把工作任务看作关系建立的组成部分,而不只是为完成任务而工作。组织的设计和治理安排都促进成员的教育和培养,把工作任务看作关系的基石,促进财富和权力的分享。社会目的观点则更为任务导向,专门探索社会创业者的慈善动力和企业的社会目标。[20]蒙德拉贡案例告诉我们,这些目标并不一定互为排斥,他们都体现了社会创新、社会目的(引导社会影响和社会转型)、社会化的所有权和控制形式。

然而,很多传说中的社会企业并不具备这三种流派所提到的精神。比如德国制药公司Betapharm在社会活动方面表现出色,在社会创新、社会目的和影响方面都具有示范效应,但它自始至终都是私有制的控制形式。员工合作型的企业或者员工合伙制的企业会开启高度创新的治理方法,不用大谈特谈他们的社会使命。[21]慈善和非营利性组织可以发展交换战略和分支机构,在没有创新或所有权控制民主化的情况下,也能够支持其社会使命。[22]

所以,我们有必要把社会创业的不同流派和不同的变革议程联系起来,虽然每一种流派都能凸显责任管理思维中的任何一脉,但能将这些流派组合起来创造出类似蒙德拉贡联合公司的体系恐怕还受制于内在认知的约束和外在社会的牵制。在本章的结尾部分,我们将辨别社会创业者所处的各种社会经济环境,以及对他们的创业方法产生影响的市场交换体系。

7.3.2 经济体系

卡尔·波拉尼(Karl Polanyi)的著作[23]为我们理解社会创业的思想流派提供了丰富的洞见。在书中,波拉尼对经济交换体系提出了批评。首先,他勾勒了基于互助和对等原则的公共体系(communal system)的概貌,这个体系运转规模很大,但金融交易、书面记录和市场的需求很有限,生产的目的更多是用来使用而非交换,生产的产品掌握在延伸的群体中,有时候在属于不同群体的家庭间互为配对,有时候在各个不同的群体之间配对。在这样的体制中,共享资源的分配由各个群体年长者辩论后决定。

接下来,波拉尼又提出了再分配体系,这一体系产生的根源是群体为了集聚产品作交换用,并确保为公共事件和经济不力之时能提供足够的供给而形成的一种生活实践。当这种再分配体系出现的时候,就有必要书面记录谁为这些公共资源池做过贡献,谁使用过公共资源池的资源了。

最后,波拉尼提出了为市场而生产的概念,获益、利润和损失这些说法就变得重要了。生产是为市场提供的,所以人们对所有交易需要提供财务记录,计算市场价格,这一点不足为奇。在这个体系中,记录价格变化并计算收益的义务取代了交换和贡献集体财务的义务。社会创业的研究者以及社会创业者本人对市场逻辑占据主导地位这一问题有分歧,大家对市场思维以及人们出于理性追求自利的假设持有不同的态度。[24]

《大转型》

《大转型》一书对资本主义初期开始到第二次世界大战之后这段时间的市场的兴衰做了详细的阐述,随着柏林墙的轰然倒塌以及接下来世界各地出现的各种经济危机,波拉尼对交换体系的分析重新出现在诸多研究社会企业的欧洲学者的成果中,该书的第四章"社会和经济体系"尤为精彩。

资料来源:Polanyi, K. (2001/1944). *The great transformation.* Boston:Beacon Press;Nyssens, M. (2006). *Social enterprise and the crossroads of market, public and civil society.* London:Routledge.

波拉尼浓墨重彩地强调社会受市场逻辑的主导只是近来的现象,而非历史的沉淀。"收益"和"利润"的概念只适用于为市场服务的市场中,而不适用于为家庭消费或社群使用为目的的生产活动中。当亚当·斯密[25]的著作诞生后,交换和再分配就被边缘化了,甚至在实证研究表明市场交换在早期人类社会只是外围而非核心现象之后,他的追随者依然繁殖着市场交换是自然的人类状态和历史规范等观点。[26]这个问题的核心,也就是市场究竟是强加的非自然结构还是人类行为的自然产物,解释了社会创业认识流派的分野,它对责任管理的概念构建和实践也具有深刻的意义。

新西兰:公共机构改革将市场和公共活动分离开来

1987年出台的《保护法案》确定了新西兰保护部的管理职责,必须对生态系统保护地和公共娱乐用地等公属土地实施严格保护,具有娱乐和商用价值的土地交给国有企业以营利方式管理。

资料来源:Freitas, C., & Perry, M. (2012). *New Environmentalism:Managing New Zealand's environmental diversity.* Dordrecht:Springer.

把市场逻辑视为"自然"属性必将导致责任管理降低对等性和再分配作为经济交换有效形式的价值,最终简单地认为只有市场逻辑才对决策产生影响,抵触(或缺乏关注)社会创新和社会目的流派中所强调的互助性、对等性和民主化就证明了这一点。[27]对对等性和再分配没有必要的尊重,相反大肆主张改进市场机制并且建立新的市场制度,使投资者力挺"合适"的社会企业家。[28]与之相反,对市场逻辑抱有怀疑则把责任管理引向另一方,也就是在市场交换、对等性和再分配之间找到平衡点。波拉尼倾向于这种平衡的方式,以确保人、资金和土地不被商品化。这些论点在呼吁经济多元化和职场民主化的讨论中最为多见。[29]

因此在本章后面的内容中,我们不能假设只有一条路径或一种规划体系带领我们走向责任管理。选择的路径既有赖于管理者所处的社会经济环境,同时还取决于管理者本人对对等性、再分配和经济市场交换重要性的理解。基于社会创业是路径选择的因变量的假设,我们接下来要讨论的是自我分析、挑战和行动。我们一边回忆一下蒙德拉贡联合公司所创造的社会经济,一边把注意力放在当我们遇到内在认知的局限和外在社会阻碍时,我们会发现哪些规划社会创业型企业的路径。接下来的讨论主要围绕着如何通过对不同路径的了解去规划一个社会创业型企业。

经济学家卡尔·波拉尼

"近来历史和人类学研究有一个瞩目的发现,作为一个规则,人类经济行为处在社会关系之下,人们的行为并不是出于在物质资料的占有过程中保护好自我利益,而是保护好他的社会地位、社会诉求和社会资产,他注重物质产品也只不过是为了以上的目的。"

资料来源:Polanyi, K. (2001/1944). *The great transformation* (p. 48). Boston:Beacon Press.

7.3.3 确立社会创新的出发点

在我们阐述社会创业面临的挑战之前,先有必要搭建一个理论框架使我们的讨论一目了然。我们将波拉尼的对等性概念和皮尔斯(John Pearce)的第三体系模型[30]连接起来(见图7.2),这里对第三体系有一个狭义也许会引起歧义的定义:第三体系是"非营利的",它模糊了"非私利营利性"的概念,并且抹杀了一个多世纪的历史以及我们对有效的互助社和合作社的认识。[32]

皮尔斯表格的吸引力在于,它试图将组织参与的那些皮尔斯所描述的交换类型统统归纳在图表中。[33]首先,它认可处在邻近地区、区域、国家和国际等不同层次的所有实体。有趣的是,皮尔斯把第三体系定义为"社会目的"。在这个体系中,他把经正式组织而成的社群经济和以家庭生活为依托的自助经济做了区分。皮尔斯的模型将正式和非正式的志愿者群体与非交易的慈善组织串起来,与交易型的组织形成对比。他还确定了不同性质的社会企业:社群企业,社会企业,参与慈善交易活动的企业,把对等性作为潜在交易原则的互助组织,为生产者和东道主地区支付溢价的公平贸易企业,以及促进生产和消费成员社会和经济参与度的联合公司,等等。它们和私营部门的界线尚不清晰,辩驳的焦点集中在什么才是解决外部社会问题和增进社群福祉的最佳方法。[34]

这与政治哲学演变中出现的"第三条道路"的概念不谋而合。[35]欧洲社会主义国家的接连崩溃导致了欧洲、美国和盎格鲁—美洲文化新思想浪潮的出现。第三条道路并不是指第三部门,但它暗含着公共部门对私营部门态度的极大转变。[36]BBC是这样评论英国前首相托尼·布莱尔经济管理手法的:

我们并没有在意识形态上认为公共部门的供给是必需的,大家也很愿意考虑私营部门和非营利组织的选择,这和更为传统的工党政策显然不同。工党时不时地对志愿部门采取漠然的态度,对私营部门投入福利建设也冷眼以对……事实上,这是一份社会服务白皮书,再清楚不过地阐明"谁提供"并不重要。[37]

在社会经济中,人们对资金所有者的决策力量总是存在着敌意,对交易关系之外的延伸成员权利及社会目的的承诺总是存在着偏好。Monson 和 Claves 给出了一个定义,对思考欧盟范围内的社会经济颇有帮助,它将社会民主传统和社会目的融合在一起,如此建立的社会经济将包括:

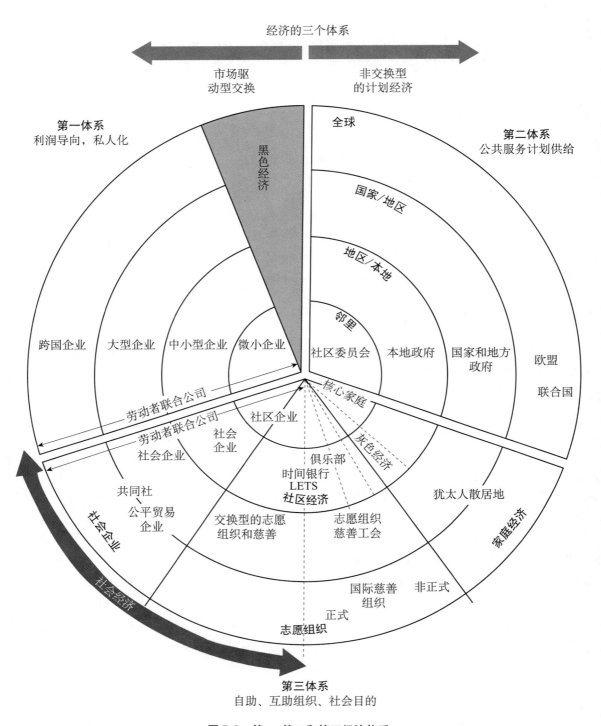

图 7.2 第一、第二和第三经济体系

资料来源：Pearce, J. (2003). *Social Enterprise in Anytown* (p. 25). London: Calouste Gulbenkian Foundation.

正式形成的私人组织，具有决策的自主性且成员享有自由，创建的目的是通过为市场提供产品和服务、保险和金融，满足成员的需求，企业决策和成员的利润和盈余分享并非与每个成员所贡献的资金和费用直接相关,每个成员只占一票。另外,社会经济还包括那些正式形成的私人组织,同样决策自主,成员享有自由,但为各家各户提供非市场化的服务,如有盈余,创建、控制和资助企业的经济代理人不得占为己有。[38]

7.3.4 社会创业的意义

对社会企业和第三部门的关系也存在着两派观点。Defourny[39]认为,社会企业嵌入在第三体系内,介于联合公司(促进对等性和市场交换)和非营利机构(促进对等性和再分配)之间。

皮尔斯[40]的模型中也隐含着类似的观点,社会企业处在慈善和志愿组织(参与再分配和互利关系建设)以及私营部门中间的位置(促进市场交换)。

既然经济体系可以混合化(hybridization),那么社会企业可以出现在第三部门内部或外部。[41]我们认为第三部门和公共部门、私营部门和公共部门、第三部门和私营部门的交界地带最容易催生社会创业。Westall[42]甚至把社会经济归为独立门户的第四部门(见图7.3)。它之所以可以独立门户,也就是说这个社会经济体主要是由社会企业构成,依据的是两个优势:混合经济交换体系(市场、对等性和再分配)的能力和管理多重企业主/多利益相关者治理体系的能力。

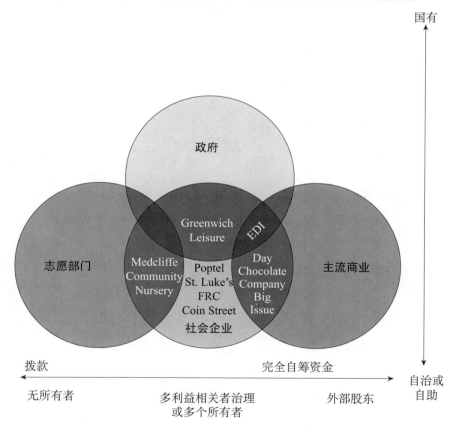

图7.3 以多利益相关者模式发展的社会企业

资料来源:Westall, A. (2001). *Value-Led. Market-Driven*: *Social Enterprise Solutions to Public Policy Goals*(p.9). London:ZPPR.

这一观点把社会企业推到了大范围经济的风口,社会企业既能理解第三、公共和私营部门合作伙伴的逻辑,又能够结合不同利益相关者的需求用创业的行为开发出一套自己的管理运行体系。从

Nyssens[43]对波拉尼的一段评述中可以看出,她也同意以上分析:"我们认为,社会企业融合了市场、再分配和对等的原则,并且将三种类型的经济交换做了混合,所以它们是一体化运作而非各行其道。"[44]

7.3.5 资金、劳动力和土地

有一点很重要,波拉尼[45]并没有全盘否定市场逻辑,只是反对把"虚设的物品"商品化。他认为,资金、劳动力和土地不应该被视为商品。一旦被定为商品,它们的存在意义就会被贬低,价值会遭到贬损和扭曲。这个论点和当今的时代不无契合,大量书籍和文章都抨击,正是货币的商品化催生了"赌场资本主义"(casino capitalism)的摧毁力[46],土地的商品化造成了环境的恶化。[47]还有一个较为流行的观点——私人银行正在通过降低薪水和收购国有资产等方式存储资金价值,对马克思关于劳动力商品化的分析[48]也在学者中重新掀起了一股研究热潮。

Ridley-Duff[49]根据社会经济的原则建立了一个多重利益相关者模型,作为整合经济体系的"社会理性"(socially rational)方法。这个模型有很多变量,所以整合只是部分整合而非完全整合(见图7.4)。

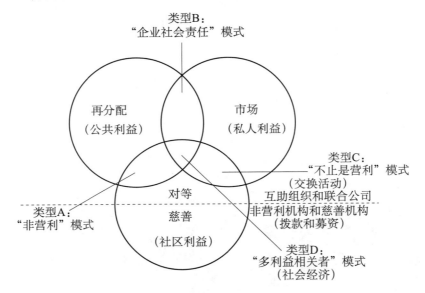

图7.4 社会企业发展的四种类型

每一种类型的社会企业会以不同的形式体现,但其本质强调的是企业主或创业者有能力与来自不同交换体系的行为人建立有效的关系。Ridley-Duff 眼中的社会创业,是在既定的社会环境中合成各种交换关系并将社会企业制度化的一个过程。当交换体系发生碰撞,需要被混合在一起,这就引出了四种不同类型的社会企业(见表7.1)。

表7.1 混合组织类型概览

类型	方法	交换体系的合成
A	非营利	再分配和对等性
B	企业社会责任	再分配和市场
C	不止营利	对等性和市场
D	多利益相关者(社会经济)	对等性、再分配和市场

资料来源:Based on Ridley-Duff, R. J., & Bull, M. (2011). *Understanding social enterprise: Theory and practice* (p. 75). London: Sage.

将社会企业上升到理论层面有诸多好处:第一,它为探究不同社会企业流派的模糊性、起源和面貌提供了丰满的框架;[50]第二,它还为之后在整合交换体系时要借助的联盟、组织形式和管理实践的理论提供了依据。因为每一个路径都需要配备不同的行动方案,所以我们接下来的讨论就按照这个模型的思路走。

在接下来每一个小节中,我们都分成三个部分阐述:理解自己对变革的认识和路径;审视挑战和机遇;规划会带来社会创业成果的行动。对从事责任管理的读者来说,既要聚焦这些观点对你所服务的企业的意义,也要理解其他部门的行为人是如何从事社会创业的,后者更为重要,因为它有助于评估和管理跨部门的合作关系,达成共同的目标。

7.4　第二阶段:设想创建路径

"了解社会企业的缘起非常重要,因为社会企业部门从不同的根部发芽开花,方兴未艾。这些根基不仅会影响它们势在必行的转变的方式,还会影响它们治理结构的搭建和发展,以及可能萌生的问题。"[51]

7.4.1　场景一:从第三部门到社会经济

你怎么知道你属于第三部门(third sector)?一种方法是观察组织活动所使用的语言。Bull[52]专门收集了第三部门组织常用的语言和概念,用于调整平衡计分卡中的项目。[53]他发现,这些组织使用的"利益相关者"的频次比"股东"或"客户"的高,"多重绩效"比"财务会计"高,"内部活动"比"企业流程"高,"学习型组织"比"组织和发展"高。[54]企业所表述的语言可以反映思维的差别,反映设计社会企业时更多关注多重利益的新尝试,还反映一种限制"商业"气息弥漫的导向。

我们可以再进一步观察会计术语。在美国,非营利组织使用 990 表格,或者表格 990-EZ,申报总收入(交易、投资、捐赠和拨款的收入);而营利公司则把收入定为"销售收入"(产品和服务销售的总营收)。在英国,小的慈善机构使用现金记账中的"收入"和"支出",而大一些的公司则会使用损益表。拨款收入受信托法管辖,而不是公司法。因为资金是捐赠者赐予的,所以形成"信托",由接受方决定如何使用这笔赠款。[55]

一些和社会经济较为接近的组织(互助组织、协会、联合公司和社会企业)所使用的词汇和私人企业不太一样。比如,联合公司常常用"资助"(patronage)一词表达合作双方的交易和合作,合作伙伴之间常用(工作伙伴创造的)"盈余"(Surplus)代替雇员创造的"利润"(profits),用"资金返还"(patronage refund)表述盈余"资金"的分配。[56]如果用到"分红"(dividend)一词,是指交易活动后将资金分还给联合公司成员,而不是指分给股东的股利。[57]在互助组织和协会中,不会有分红的情况。但在真正的联合公司,是可以分股的。私营部门的股份可以交易也会有价值涨跌,但联合公司的股份一般不可以转让,只是具有"票面价值",防止它们通过交易行为而变得商品化。[58]

在决定为第三部门的组织制定战略之前,我们先分一下类,A 类(非营利)组织,C 类组织(不止是营利)和 D 类组织(社会经济)。如图 7.5 所示,还很有必要考虑它们各自的组织治理模式、收入来源和供应链。

第三部门组织的社会创业也许是由环境决定的,也许是渴望发展和变革的产物。

第三部门组织如果主要依靠中标且按慈善经营的模式运行,那么承包提供公共服务为主导的战略就不需要组织去进行剧烈的变革,如果组织要发展成员基数或进行市场交易,那么组织变革的要求就会强烈一些。特别是依靠企业捐助资金而经营的慈善模式,更是已经有了再分配原则为前提。但是,如果慈善经营是建立在大量微薄资金捐赠者的牢固关系之上(尤其是他们之间存在的固定的信息交换),那么这个特点就会把社会创业的战略引向互利性。在这种情况下,和捐赠者进行交易的方式相对于学习技能去获取公共部门的项目,应该更事半功倍。最后,如果第三部门组织是一个由很多成员组成的互助组织,那么采用合作的模式更容易通过合伙制筹集到资金。

但是选择路径并不一定单刀直入。比如,协会的成员也许会抵触引入付费的服务,更希望管理层去获取公共或私人资金为成员提供免费的服务。在商业模式形成之前,有必要先为组织成员的文化(是否愿意交易)搭一下脉。

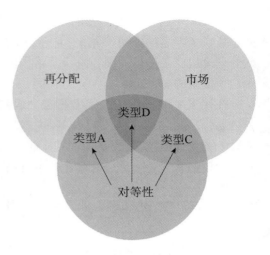

图 7.5　从第三部门到社会经济

同样,组织的治理模式也会影响接受公共或私人资金的考虑。接受政府的资金会导致自主性的丧失,组织成员的目标和政府资助单位的目标是否足够一致?如果接受企业的捐赠,会不会和成员的长期利益发生冲突? Bull 和 Crompton[59]的研究有一部分是从社会企业组织的代表那里采集到了未公开数据,数据显示他们对组织收入的来源存在分歧,有些反对使用别人的钱财(如接受赠予),另外一些则认为公共部门的项目一来资源高度密集;二来由于付款条款不明,会给现金流带来风险;三来汇报程序烦琐。

伦敦:一切为了社群

1977 年,"科恩街行动团"发起了一场活动,抵制在伦敦泰晤士河南岸建豪华酒店和商务办公楼。相反,他们规划在这一片区开发多功能的用途,包括住宅、河岸公园、商店、休闲设施和步行街道。经过七年的努力和两次民意调查,开发商最后决定将土地售给大伦敦区政府,随后政府又转售给了新成立的保证责任有限公司,取名"科恩街社区建筑有限公司"。这个例子很好地说明了一个志愿者群体是如何由一个社会企业,逐渐演变成一个能独立创收企业的,并开发多项含有社会目的的商业活动。

科恩街社区建筑有限公司的宗旨是为社区居民建造经济型住房、娱乐场所、工作空间、购物和休闲设施。公司收入的渠道非常多,比如商业租赁所获取的收入可以用于贴补 OXO 塔边码头的艺术家和设计师工作室租金,码头改建项目用的是银行的贷款、住宅公司和英国合作伙伴的拨款。这家建筑公司还建立了科恩街次级房产联合公司,成为一家注册的住宅协会,开发六栋专供租赁的住宅。

资料来源:Westall, A. (2001). *Value-led, market-driven: Social enterprise solutions to public policy goals* (p.5). London: IPPR.

第三部门收入渠道多元化的现象不足为怪,不像公共部门完全依靠税收进行再分配,私营部门完全依靠市场交换赢得利润。Wei-Skillern 和他的同事们[60]用约翰·霍普金斯非营利组织比较项目来展示第三部门组织的混合收入安排(见表 7.2)。各个地区之间存在显著差别,总体上说,53% 来自收费,35% 来自政府(大多数都是合约),12% 来自慈善捐赠。在有些国家交易收入所得占比非常高(肯尼亚占 81%、墨西哥占 85%、菲律宾占 92%),另一些时候,政府项目提供了更多的机会(欧洲占 56%、拉丁美洲才占 15%)。所以,收入资金流的平衡程度会影响社会企业决定哪条路径会比较通畅。

表 7.2　收入来源　　　　　　　　　　单位:(%)

	收费(交易)	政府	慈善
拉丁美洲	75	15	10
斯堪的纳维亚	59	33	7
美国	57	31	13
亚洲	56	22	12
非洲	55	25	19
东欧	49	31	19
欧洲	38	56	6

资料来源:Wei-Skillern, J. , Austin, J. , Leonard, H. , & Stevenson, H. . (2007). *Entrepreneurship in the social sector* (p. 136). Thousand Oaks, CA: Sage.

Wei-Skillern 及其同仁[61]还提供另一个模型,帮助我们判断项目的优先顺序,但需要用到会计的信息。图 7.6 显示的可放弃的(disposable)活动指那些对社会影响和交易盈余都无建树的活动。辅助活动(supplementary)也许可以产生社会影响,但不产生盈余,辅助活动也有可能是我们希望从事的,所以企业还要投入维持性的(sustaining)活动去资助那些辅助活动,尽管维持性活动并不能带来社会影响。

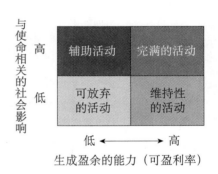

图 7.6　活动分类

从事太多的维持性活动会让企业使命偏离方向,降低员工的动力,损害企业的声誉。[63]所以我们需要有一个战略目标,寻找契机设计出功德完满的(integral)活动,既能创收又能产生社会影响。Emerson[64]把这种活动称为建立在"融合价值"(兼具社会和经济价值)上的活动。

Wei-Skillern 及其同仁[61]同时也提醒到"所有的活动从一开始然后持续地在消耗资金",向用户销售产品和服务需要投入资金行销,不只是设计和执行战略,还包括员工的时间投入。同样,招投标也很费时间和精力。如果投标成功,完成承包合同也同样需要服务的跟进,随时向招标方汇报工作进展等。所以,这些工作中都要用到经验和技术诀窍,这样才能把附带的和项目管理的成本(包括租金、房屋维修费、办公服务和管理的时间)都计入在内,使投标定价可以完全收回成本。完整的投标还有另一个挑战,那就是在激烈的竞标阶段,要有反复谈判、据理力争的能力,坚持完全收回成本的底线。[66]

第三部门的组织一般把三种类型的经济交换组合在一起,在互助组织、协会和联合公司比较注重对等性,在非营利机构和慈善机构较注重再分配。要取得社会创业的结果,需要平衡不同的

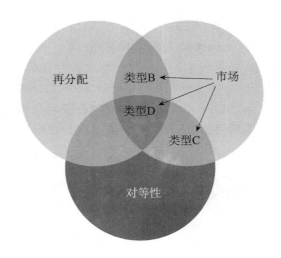

图 7.7　从私营部门到社会经济

交换形式,并测算建立社会企业的成本和效益(见图 7.7)。表 7.3 是一份行动指导,列举了选择每一条路径之后所要采取的变化。

表 7.3　第三部门要取得社会创业成效的步骤

轨道	技能培养	需了解的法律形式
类型 A (非营利)	● 训练招/投标书的写作和谈判能力 ● 学习社会和财务会计技能(社会审计/社会责任投资回报),在报表中展示社会影响和公共部门所节省的成本 ● 规划投资预备战略,能够应对法律要求和公众期望	● 社区福利社 ● 社会联合公司 ● 英国慈善/美国非政府组织 ● 志愿者协会
类型 C (不止是营利)	● 了解私营部门的商业计划/招标写作规范 ● 改进财务会计的技能,让货币产生价值,能看到投资活动对可营利性产生的影响 ● 规划投资预备项目,响应私营部门/社会投资者的期望	● 社会公司(私人会员制) ● 社区企业(私人会员制) ● 公司(私人会员制)
类型 D (社会经济)	● 建立开放的会员制并建立会员库 ● 调查会员的业务和资金投入意向 ● 建立参与型的治理体系 ● 开发社会审计技能和体系 ● 培养员工关系技能	● 社会公司(开放式会员制) ● 联合信贷/互助组织 ● 员工合股企业/员工互助组织 ● 合作社团 ● 社区企业(开放式会员制) ● 公司(开放式会员制)

7.4.2　场景二:从私营部门到社会经济

　　是什么样的语言和思维模式支配着私营部门,如果责任管理要在社会市场经济取得更多的发展,该做哪些改变? 私营部门(一般指资本主义经济)所持的观点是任何物品和服务都是可交易可获利的商品[67],商品交易的损益概念是私营部门会计核算的基础,甚至延伸到企业本身、货币体系、环境和劳动力。[68]

　　比如,在管理学和经济学理论中,劳动力被作为成本,尽量最小化,按照市场价格支付固定的薪资,劳动产生的利润就可以被转化成"股东价值"。[69]交易体系中的劳动力商品化将劳动者置于不确定的状况中。这一想法不仅适用于私人企业(投资者回报最大化),还适用于慈善机构(为社会项目募得最多的款资)。Kalmi[70]认为,这个逻辑还可以用在消费者联合公司(为消费者成员谋取最多的红利)。不同的理论对"劳动力"有不同的解释,但在如上情况下,劳动力在市场逻辑的范式下被看作商品,要么被剥夺会员制(和治理),要么被接受,但条件是他们放弃保护其利益的一些机制(如工会、员工权利等)。英国政府近日宣布的一个计划使之更为明朗化,计划是英国将建立这样一些公司,如果员工要获得"员工—业主"的地位,那就不得不放弃一部分员工权利以换取一部分所有者权利。[71]

不仅仅只是企业的产品和劳动力受制于市场逻辑,这也是构成市场逻辑的元素。企业创造收入的能力也可以用来交易(作为资本份额)。客户资料、市场情报、知识产权乃至整个企业都可以被买卖,其中的人被批量转移,或许被打散,这样他们在另一轮市场交换中可以实现价值。企业账户中的资金也可以在"货币市场"中买卖获利。企业家、管理团队、体育明星、社会名流都可以依据其声誉的"市场价值"成为交易品而变现,为私人和慈善获利。

波拉尼引用了亚里士多德的思想,在市场和非市场交易之间设了一道界线。他认为"家产家用"和"市场生产"是两码事,找不到明显的理由解释为什么在市场经济中市场生产要替代家产家用。家产家用指为自己和市场生产,只有产品过剩时,市场逻辑才介入。新自由消费主义的兴起使得一切需求都要从市场中获得满足,越来越多的东西被明码标价,并渐渐取代了家庭经济、互换性和再分配等交换体系。[72]如果家庭经济原则没有被削弱,这个变化是不会发生的。Miller和Rice[73]详细道出了美国公平机会法律的论点之所以得到美国大企业青睐的个中缘由,不是因为大企业如何在乎推进企业界的"公平机会",而是这样做有利于大企业击破家庭经济从而攫取家庭经济创造的财富。

家庭经济

2009年9月的《卫报》上曾报道过这样一个故事:两个警察因在不值班时互相为对方看护孩子而面临起诉。这种互助看护的方式显然可以算作家庭经济的一个例证,双方家长之间的互利安排可以避免市场中交易成本的出现。

但是,当邻居向儿童看护监管机构Ofsted报告了警察的行为,该机构也同样用市场交易的规范来处理这桩事情。警察所面临的起诉理由是他们没有登记申请成为有资格的看护人,没有遵守针对5岁以下的儿童急救和"快乐课程"原则。在家庭体系中,只有在当事人不能提供需要的服务和产品时才会转向市场。但是,由于"市场化"的不断强化,哪怕市民不在市场的范围内寻求解决之道,也会受到市场规则的约束。

资料来源:Whey, S. (2009, September 28). "Officers who baby-sat for each other may face prosecution." Retrieved from *The Guardian*.

然而,在社会经济中,家庭经济原则却强而有力。如果我们回顾一下蒙德拉贡的案例,这个组织的目标是让社群人员有能力持续为自己生产。不像其他那些强调自己核心竞争力的企业,蒙德拉贡业务非常多元化,金融业、保险业、零售业、工业工具、建筑、教育和研究无一不涉足。[74]无独有偶,英国合作集团(UK's Co-operative Group)将自己的标语改成"为你,为生活",不再是"从摇篮到坟墓",突出他们产品和服务的广度,甚至到殡葬服务。[75]

如果是为会员和市场(而不只是市场)从事生产来指导商业活动,价格就不一样了。追求利润最大化会受到来自会员(或企业主)的反向压力从而使价格趋于合理。这也是为什么巴塞罗那俱乐部最贵赛季的票价低于阿森纳俱乐部最便宜赛季的票价(见表7.4)。巴塞罗那俱乐部是足球支持者所拥有的俱乐部,会员数高达成千上万,他们希望能够承受得起足球赛的票价。

表 7.4 巴塞罗那足球俱乐部和阿森纳足球俱乐部

	巴塞罗那足球俱乐部	阿森纳足球俱乐部
股东	2006 年,142 000 名会员,每人 1 票。2011 年,会员人数达到 170 000	2006 年,4 个大股东占有 87% 的投票权,1 股 1 票。2011 年,两个大股东占有 96% 的份额
领导层	每 4 年一次由会员推选总裁(最多连任两轮)	委员会主席由大股东投票决定
最便宜赛季成人票价	69 英镑	885 英镑
最贵赛季成人票价	579 英镑	1825 英镑

资料来源:Ridley-Duff, R. J., (2012, November 10). The UN International Year of Co-operative. Sheffield; Sheffield:Sheffield Hallam University, RSRC Festival of Social Science, Regather Trading Co-operative.

除了会员的福利,还有一个是社群和公共的福利问题。社会经济中的组织总是考虑会员和社群的福利,但他们对更广范围的公共福利却受到质疑。当要谋求公共利益时,最好的组织形式是慈善企业、基金会和信托组织。[77]美国的 ASHOKA 基金会和英国的 UnLtd 慈善公司都是在公益基础上对社会创业做了大量投资。在意大利,只有当"社会联合公司"是为社群和公益服务时,它的法律地位才得以确立,只有当资金再投入到社会经济中时,才享受减税的优惠。同样,在英国,社会企业认证公司要求企业只有证明为社群带来了福利,才能被授予专有标记。而社群福利协会只有在表明他们的公益目标后才能享有减税福利。

所以,私营部门的管理者面临的选择是类型 B(企业社会责任)、类型 C(不止是营利)或类型 D(社会经济)的社会创业模式。组织的治理方式以及所有者和会员权利分配的方式是做选择的关键。如果所有制和民主治理是可能实现的,那么就会转型成一个社会经济(类型 D),如果不可能或者不希望采取会员所有制和民主治理的方式,那么摆在眼前的道路是公益信托和基金会(类型 B)或者不止是营利的模式,更强调外部受益人而非关键利益相关者(类型 C)。

戴维·P. 埃勒曼(David P. Ellerman)

"如果将民主自决的原则延伸到职场中,那么处在政治民主中的资本主义可以成为具有经济民主型的经济,在很多人看来,这是资本主义的完善化,因为它摒弃了万恶的劳资关系,取而代之的是劳动者的所有权和联合创业。

如果国家社会经济按照自我管理的社会传统对自身进行重建和改造,那么它会逐渐进化成一种经济民主,在很多人看来,这是社会主义的完善化,因为劳动者会成为自己命运的主宰,企业是生产者的自由协会。"

资料来源:Ellerman, D. (1997). The democratic corporation(p. 108). Beijing:Xinhua.

接下来我们讨论社会经济的转型问题,这对私营部门的管理者来说是最具深远影响和挑战的选项。政府和资本市场对社会经济的抵触(在制度和意识形态上都有)是企业社会责任和"不止是营利"的企业比较受欢迎的原因之一,它们都不需要将精英手中的权力交出去给更多的人。事实上,我们看到的是相反的现象:精英将他们的权力衍生到了经济生活的新领域。

职场和经济的民主性颇受美国思想家的推崇,因为它能平衡(和减弱)机构投资者和私营银行的影响从而增进社会福祉。[78]Gates[79]指出在 20 世纪 20 年代至 30 年代期间,美国企业的所有制形式一直受到州长 Huey Long 的持续抨击,他入选了参议院之后,在电台里大力宣扬财富和所有权的再分配。美国陷入大萧条时期,Long 得到广泛的支持被要求参加总统竞选,向罗斯福发起挑战,直至 1935 年遭到暗杀。他的传奇故事在儿子 Russell 身上得以延续,Russell 也入了参议院并在财务委员会中把持着要职。他和 Louis Kelso 一起建立了员工持股计划(ESOPs),20 世纪 80 年代后期,帮助形成了良好的法律环境,并迅速成为全世界各地效仿的模式。到 2000 年,80% 的 FTSE 100 强企业都设立了 ESOP,美国和英国将近几千万的员工都持有自己公司的股份。[80]

世界之窗

蒙德拉贡:促成转型

在去蒙德拉贡实地考察的路上,蒙德拉贡管理学院的主任 Mikel Lezamiz 向我们描述了员工如何收购一个私人新公司并把它变为联合公司的故事,他认为这是一个逐渐转变的过程。

- 员工所有制的私人企业
- 员工所有制的参与式管理(合作工作实践)
- 合作化管理的引入(选举出来的委员会)
- 合作化所有制的导入

在蒙德拉贡,员工所有制是漫长过程的第一步,主要目的是达到管理和治理的社会化(很多年的努力才能实现)。Lezamiz 举例说,本地政府希望蒙德拉贡收购 eDesa 公司,解决 1000 多人的就业问题。从 1989 年到 1994 年,蒙德拉贡公司耐心地培训和帮助员工投票支持将公司转型成联合公司。1994 年,以 87% 对 13% 的多数优势成功转型。在 eDesa,工会的反应很有意思,两个工会支持,两个工会怀疑但最终扳了过来。在四个工会的支持下,eDesa 最终成为一个联合公司。现在,尽管对蒙德拉贡公司的态度还是模棱两可,很多工会会员(100 多人)在非常积极地传播公司的理念和价值观。

资料来源:Based on a transcript of a meeting. March 6, 2003, Mondragon Co-operative Corporation.

Melman[81]指出,尽管这种员工持股的"新权利"在表面上能够增加个人对自己命运的掌控,可在大多数情况下,这些变化对员工生活影响甚微。如果股东不让渡控制权,那么在裁员、可盈利率和上下级关系这些问题上就不会有什么改观。唯一的例外是让大部分员工持股。在今天的美国企业界,越来越多的公司把大部分股份让给员工持有。员工持股国家中心(National Center for Employee Ownership)列出了前 100 个员工持股企业,哪怕是榜上的第 100 名企业都拥有 1000 多名雇员持股者。[82]

在欧洲,联合公司和员工持股企业也都形成了成熟的网络,表现出色,超过了同类型的私营部门企业。[83]在西班牙的巴斯克地区和意大利的艾米利亚·罗马涅区,企业、零售商、福利和教育机构之间牢固的合作网络,形成了当地健康的经济。[84]员工持股的合作企业的密集度改善了当地人群的健康、延长了寿命[85],还有一些创新令人瞩目:摒弃雇主—雇员关系,选择会员制原则[86],将权利分散给代表员工、管理者和所有者等不同群体的治理机构。[87]

这些变化有两层意义:第一,美国的 ESOPs 建立了所有者多元制的模式,员工所有制(个人、集体或混合)存在着正当性是因为由第三方投资。第二,这一合作运动开始转向"战略利益相关者"的所有权合作新模式,纳入供应商、消费者和工人,通过多元的控制方式进行协调。[88]所有这些例证符合 Westall 对社会企业的定性,社会企业是有多个所有者/多利益相关者构成的企业,它在运行过程中不依靠慈善基金资助,不依靠志愿组织员工的参与,不依靠私人资本市场的介入。

Major[90]专门研究了美国的联合公司和 ESOPs 所面临的问题,认为大多数都遭遇了"股权的退化",利益相关者花费了努力,承担了风险,做各种投资和决策,但最终无法充分实现应有的价值。为了克服这一点,企业一般都在公开市场上出售其股份,以获取员工—股东的充分价值。Baxi 投资公司采用了另一种方法,用营利的记录去获取贷款,用来购买大股东的股份,然后放在员工福利信托基金中。[91]之后每年的盈余一开始用于还贷款,还清之后就购买股票,再分配到每一个员工账户。

在有些情况下,特别是 Scott Bader 这样的公司,慈善信托基金而非员工福利信托基金掌握着交易公司。员工分红和工资一起进入慈善基金,为社会项目筹款。[92]如果让50%(+1)股票由信托基金掌握控制权,并有专门的内在嵌入机制为每个会员账户派发新股,一个营利的公司就可以在企业内部创造一个交易市场,员工在需要时可以对自己的财富做出估价,同时企业也可以不依赖外部的投资者。如果采用这种方法,有必要引入对社会所有制的培训,以及对蒙德拉贡模式民主的宣传,以防管理层收购。[93]Mikel Lezamiz(见世界之窗)认为要让企业成员准备好接管企业的控制权,一般需要5—10年的时间(先将合作管理嵌入组织,然后再改变合作的法律形式)。他具体分了4个步骤:(1)员工持股(财物参与);(2)参与式管理(柔性 HRM 实践);(3)合作化管理(引入推选出来的治理和社会委员会,监管管理层的建议);(4)合作化所有制(建立合作型法律实体)。

社会企业中的人需要很长一段时间调整思维模式,对辅助部门的员工、学者、会计、工会工作人员、银行家、投资人和律师的培训工作量也相当之大。目前,这些职业的课程设置和评估策略都围绕着在会计学、管理学、商务决策模型中占主导地位的内容[94],要支持员工(或社群)所有制,商业教育需要建立自己一套范式改变,为社会经济的发展提供有效支持。[95]

1991年	意大利	Social Co-operative Law
1993年	西班牙	Social Initiative Co-operative (regional laws started to be introduced in twelve regions)
1995年	比利时	Social Finality Enterprise Law
1996年	葡萄牙	Social Solidarity Co-operative Code
1998年	葡萄牙	Social Solidarity Co-operative – Legislative Decree
1999年	西班牙	Social Initiative Co-operative – National Law
2001年	法国	Collective Interest Cooperative Society (SCIC)
2004年	芬兰	Social Enterprise Law
2004年	英国	Community Interest Company (CIC)
2005年	意大利	Social Enterprise Law
2006年	意大利	Social Enterprise Law Decree
2006年	波兰	Social Cooperative Law

图7.8 支持社会企业发展的欧洲法律

资料来源:CECOP. (2006. November 9). Social enterprises and worker cooperatives; Comparing models of corporate governance and social inclusion. Paper to CECOP European Seminar. Manchester.

图 7.8 列举了欧洲 1991 年到 2006 年通过的一些法律。有些国家可以选择联合公司(社会经济)和公司(不止是营利)的存在形式,而另一些国家,类似的法律体系没有那么完善。Galera 和 Borzaga[96]认为,在 2006 年至 2009 年有一个短暂的趋势曾推进"社会目的"公司法而不是"社会经济"法,与此同时,美国为"低营利"公司("Low-profit limited liability companies,L3Cs")制定的法律也出台了,但这个趋势并不是触发员工持股和互助所有制兴起的原因。[97]因此,责任管理者首先要分清互助组织、慈善机构和非营利机构的区别,如果致力于建设社会经济,那就需要在公司法(主要适用于类型 C"不止是营利"的企业)以及联合公司和互助组织立法(适用于类型 D"社会经济"企业)的基础上选择相应的社会企业形式。表 7.5 提供了一套行动指南,列举了每条路径每一个步骤所要应对的变化。

表 7.5 私营部门要取得社会创业成效的步骤

轨道	技能培养	需了解的法律形式
类型 B (企业社会责任)	● 为促成支持企业社会责任和慈善事业的法制环境积极游说 ● 学习与创立并运行基金会、慈善、信托、私人公共部门合作关系相关的法律 ● 完善知识结构,学习社会会计技能 ● 加强管理培训,包括对非营利/低营利机构的管理	● 慈善基金会 ● 非营利/低营利企业 ● 慈善/非政府企业
类型 C (不止是营利)	● 为促成有利于社会企业发展的环境积极游说 ● 获取符合国情的与社会企业和社会合作创业相关的法律知识 ● 能够区分财务和社会投资者的业绩标准 ● 规划投资预备项目,响应社会投资者的期望	● 社区企业(私人会员制) ● 社会目的企业(私人会员制) ● 社会公司法律(国别各异) ● 社会企业(私人会员制)
类型 D (社会经济)	● 为促成有利于社会经济原则的环境积极游说 ● 设计沟通渠道以提高小企业主找到通往社会经济的出口和出路的意识 ● 设计沟通渠道,提高社会经济原则在员工、客户和用户中的意识度 ● 形成职场民主所必需的辩论论坛和投票制度 ● 根据员工所有权、参与式管理、合作治理和所有权,形成一个转型战略 ● 学习社会会计技能(尤其是社会审计),支持多利益相关者治理	● 联合信贷/互助社(开放式会员制) ● 联合信贷/共同社 ● 员工持股企业/员工共同社 ● 社区企业(开放式会员制) ● 社会目的企业(开放式会员制) ● 社会企业(开放式会员制)

7.4.3 场景三:从公共部门到社会企业

这个小节我们阐述社会企业在公共部门的发展。Chandler[98]坚持认为这代表着意识形态的转变,在社会服务的管理和公共物品的市场化领域中一种新权利思维的诞生。一开始它只体现在国有公用事业单位私有化的过程中,但目前这一思想已形成了相应的理论,并出台了新公共管理(new public management,NPM)的"教义"。这些市场化教义用以职业判断为基础的合作方法替代了以管理控制为基础的任务导向方法。Hood[99]列举了它们对运营和会计所产生的意义(见表 7.6)。

从英国健康部门和本地政府立法中提出的"主张的权利"和"提供的权利"可以窥见新公共管理的实践持续渗透到公共部门的改革中,还和公共部门中的社会企业有关系,这些社会企业对专业团体之间的对等性依赖较弱,但对管理者和员工之间的市场关系依赖更强。英国的国家医疗服务机构分成委任机构和提供机构两大块,模仿市场的运行体系,负责诊所委任的群体和机构控制经费并批准提供服务的新开诊所。在"主张权利"政策的驱动下,员工可以将现有的服务外部化,扩展到社会企业。[100] 这项政策有其两面性:基于市场意识的私有化过程中,市场化也随之出现;社群所有制或社群福利的规定使本土化更为深化。Hood发现了私有企业和社会民主企业对新公共管理的变化所做出的反应是截然不同的:

表7.6 "新公共管理"七教义

	教义	理由	取代	对运营的意义	对会计的意义
公共部门特点	公共部门的机构转型成企业,提供自行决定的产品和服务	使单位可管理,聚焦失败责任,将委任部门和生产部门区分开来,减少浪费	相信统一,包括在公共部门,相信公共服务应采取合作的方法	单项服务工作淡出,保持距离地管理,区分委任部门和提供部门的服务,预算权力下放	更多的成本中心,采纳以活动为单位的成本核算(ABC)
	更多的契约,竞标,内部市场和固定期限的合同	竞争可以降低成本和提高标准,合同有利于设定绩效标准	不明确的雇佣合同,开放式条例的合约,将采购、供货和生产连接起来,达到供应链效率	区分主要和次级的公共部门劳动力(委任部门还是提供部门)	强调成本和成本结构,提供部门把成本数据视为商业机密,不提倡合作行为
	强调私营部门的管理方式	私营部门的管理工具被证明是有效的,所以有必要在公共部门中也使用	强调公共服务的伦理,固定工资,雇佣规则,做一个模范的雇主,集权化的人事结构,工作谋生	不再有公共部门的薪酬制,职业服务,非货币奖励,员工权利的"应有程序"	私营部门的会计规则
	资源使用时更强调纪律和节俭	需要削减直接成本,严格劳动纪律,事半功倍	稳定的预算和财务规则,最低标准,工会的声音/否决权	工作保障降低,工作环境和做法不够友好	更多强调绩效和成本效益
规则和自行决定	强调显性的事无巨细的管理方式	建立信任度需要职责分明,权力不扩散	非常强调政策能力和规则,非主动管理	自主管理的自由度更高	对现金、合约及员工的约束减少,为管理提供更多的财务数据
	业绩和成功的正式标准和测量指标	建立信任度,明确目标,考核硬目标追求效率	定性标准和隐性规则	专业人员自我管理的销蚀	绩效指标和审计文化
	产出的控制	非常强调结果	合作程序和控制过程	基于业绩的资源和薪酬	更大的成本中心会计核算,员工和活动成本的模糊化

资料来源: Adapted from Hood, C. (1995). The new public management in the 1980s: Variations of a theme. *Accounting Organization and Society*, 20, 93-109, p. 96.

也许有人认为,新公共管理在有些场合中的使用是为了避开私有化议程的新权利……在其他国家却是实现这一议程的第一步。新公共管理的大部分思想建立在自我平衡和控制的基础上,也就是说,先清楚地设立目标和任务,然后建立可信任的体系与预设目标相配套……[101]

如果情况是这样,公共部门中的社会企业就受制于管理者和专业人士的倾向,他们究竟希望将自己提供的服务私有化还是社会化,采用非营利方式还是营利方式(见图7.9)。如果英国国家医疗服务机构朝着私有化控制的非营利机构的路径迈进,他们的实践者就会选择公益/非营利机构,或者是掌握管理控制权的志愿协会的存在方式(类型 A,非营利)。但是,如果该机构有意向选择社会化而非管理层控制的方式,那么机构的转型很有可能朝着会员所有制模式靠拢,在消费者和提供者成员之间建立互利和合作的关系(类型 D,社会经济)。最后,如果管理者和医生都更接受市场关系的逻辑,那么选择的路径就可能是公私合营的方式,或者通过竞标的方式选择服务提供机构(类型 B,企业社会责任)。不管前景如何,英国国家医疗服务机构的命运将取决于服务外部化以后的情况,以及医疗专业人员和健康管理者的决策标准。

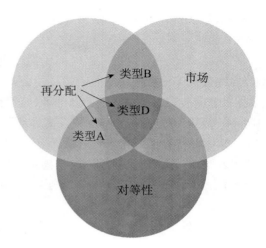

图7.9 从公共部门到社会企业

促进公共福利的服务企业

以社会企业形式出现的新公共管理可以从英国的国家健康服务机构(NHS)窥见一斑。"要求的权利"让医护工作者为社会企业的成立找到了商业依据。在向医护人员宣传该社会企业时有这样一些字眼:"这是用商业的操作来实现公共福利。"从该机构的首席健康职业执行官的一番陈述中我们不难看到他们对创新的执著,对业务单元的重组都是为了提供周到的服务,追求管理成效。

社会企业并不能解决所有人的问题,但医护人员联盟历来在各个部门、各种条件下为患者在医护途径和就诊过程方面提供创新的服务。所以,医护人员联盟处于最有利的地位满足患者"要求的权利"。他们可以是从事特别职业的足部医师或理疗师等,也可以是负责肌骨骼理疗的专科医师,也可以是护理团体,或者兼而有之。最重要的是,我们提供的服务既能满足当地需求,又能最大化地释放创新的潜力,最终改善病人、客户和家庭的结果。

资料来源:National Health Service. (2008). *Social enterprise making a difference*: *A guide to the right to request*. London:Department of Health.

对非营利机构和社会企业被"契约文化"裹挟的担忧源于管理学思潮的深刻变革。[102]契约把新的管理控制和治理嵌入其中,相比之下不够"赋能于人"。[103]越来越多的形式化设计(设定愿景、使命陈述和审计),以及结果导向的衡量体系(目标、服务级别协议、竞争),都代表着社会文化朝着以市场逻辑为基础的法制和理性的方向发展。Hebson 和他的同事们[104]发现,将契约制引入企业经营中代替官僚做派,减少了合作决策的机会,并削弱了对等和再分配的体系,而对等和再分配机制能

指导福利服务的创建。当服务专员在调整他们的监督职能并使用权利根据服务级别合约调整奖励时,透明度降低了,而法律的修补手段增多了。

因此,新公共管理的实践倾向于促进企业和管理层的利益,却销蚀了专业人员根据社会需求努力维持机体管理实践的影响力。新公共管理需要有新的一派创业职业经理人的诞生,如果做不到,那至少有专门一个级别的管理者,监督相应的职业实践,他们同时拥有人力资源管理的软硬技能,将"规矩"注入企业管理中"推高标准"。这一观点的提倡者把这个过程视为渐进的过程:

国家被重塑为一个促成者的角色而不是提供者的角色,政府渐渐远离那些标准化的大规模生产以及1900—1940年形成的服务模式,那时候更注重用新的方法使用公共资源,追求生产力和效率的最大化。这和很多研究优秀的私营企业的文献非常吻合,它们很多都呼吁要有更多的组织弹性、适应性和客户导向。[105]

Eaga PLC:社会还是私人控制下的公共服务?

Eaga PLC由一个公共部门的派生公司发展而来,一开始只有5个成员,希望提供信息和咨询服务来减少燃料的缺乏问题,早期是保障有限公司的形式(Company Limited by guarantee,CLG),但到了2000年它打算改变所有制和控制形式,像John Lewis合伙制企业一样,将公司变更为员工福利信托公司(employee-benefit trust,EBT)。在这段时间中,公司拿到了好几个公共部门的合同,迅速发展壮大,雇用了4000多名员工。2006年,公司决定要从事多样化经营以减少对公共部门的依赖,所以在证交所上市,51%股权仍掌握在EBT和公司管理者的手中,获得资金后在印度和加拿大建立了新的机构。

除了原来的公共服务目标之外,公司为了减少对环境的管理不力并解决燃料危机,他们设立了合作委员会与管理层董事一起讨论人事、公司绩效和沟通等事务。1993年公司还专门设立了Eaga合作慈善信托机构,拨专款投资300万英镑,用于研究燃料匮乏问题,寻求相关知识和解决方案。

2011年,Eaga PLC被Carrillion PLC收购,成为Carrillion能源服务公司,因为受托人同意用Carrillion的股份替代Eaga的股份,这件事才最终促成。然而,关于公司被收购的很多决策都没有通过员工的参与和支持,合作委员会在请愿和员工调查之后发现存在着相当的怨气,Carrillion不得不同意和信托受益人分享财富。

Carrillion能源服务公司转公为私后持续运营。而Eaga公司原来员工所设立的员工所有制企业Eaga信托公司也继续存在,为培养针对员工所有制企业的领导技能提供资金,还为Eaga PLC的原初创员工所有制企业提供最高5000英镑的贷款/股权。但是,员工所有制协会网站上的Eaga PLC的案例在企业被收购之后就不复存在了。

资料来源:Mason, R. (2011, February 28). Eaga takeover jolted as staff attack loss of cash payout. Retrieved November 19, 2012, from *The Telegraph*; Tighe, C. (2011, March 16). Eaga agrees to give employees payout. Retrieved November 19, 2012, from *The Financial Times*; Tighe, C. (2012, February 24). Partnership status brings start-up funding for ex-staff. Retrieved November 19, 2012, from *The Financial Times*.

在 Eaga PLC，原先社会化的所有制和控制在管理层的掌控之下转变成了私有制的控制模式，Restakis[106]撰写了大量意大利北部地区在互利对等原则之下的协作方式，他在分析公共部门时说：

社会关怀被商品化。至少从理论上看，包含在市场经济中的工业革命的去社会化动力现在已经深深地渗透到曾经是政府保留的公共体系中。20世纪后期商业利益对公共领域的殖民，在某种程度上和18世纪的圈地运动有异曲同工之效。[107]

在这个情境下，Restakis 阐述了社会经济的成员是如果在意大利 Emilia Romagna 地区应对这一情况的。他提出了一个论点，当公共政府机构认可社会经济，民间社会（皮尔斯的第三体系）的价值观可以推动公共部门的改革进程。20世纪70年代末的政治改革之后，博洛尼亚市政府把一个服务合同拨给一个劳动者联合公司，让其提供社会关怀的服务，整个体系在20世纪80年代得以蓬勃发展，到1991年已相当成熟，引发了对社会联合公司的立法。[108]Restakis 还详细描述了它所产生的长期影响：

这个模式在当地数以百计的合作机构网络中传播推广，职业协会和控股集团发现国家项目和政府削减项目持续失效已成定势……今天，社会联合公司成为意大利社会服务的主力军。在博洛尼亚市，87% 的社会服务是通过由市政府交给的社会联合公司的合约完成的。[109]

Restakis 认为，职业人员和病人在社会联合公司中获得了更多的发言权，可以通过他们自己的资本分配影响新服务的投资。这种工作人员和消费者业主在"团结模式"下运行社会联合公司的现象，正在形成更大范围的趋势，就是将多利益相关者的原则嵌入社会企业的设计中。[110]Hertz 注意到，美国的经济在这一方面落后于世界上其他地区，在增长快速的金砖四国，购买联合公司股票的人数比购买私营公司股票的人数多4倍。[111]

在公共部门的责任管理者可以有各种选择，通过与慈善机构和志愿者组织合作形成非营利社会企业（类型 A），也可以和公私部门以及基金会的合作发展 CSR 项目（类型 B），或者还可以通过协会、互助组织和提供公共服务的社会联合企业促成社会经济的发展（类型 D）。表 7.7 概括了在公共部门发展社会企业的一些步骤。

表 7.7 公共部门要取得社会创业成效的步骤

轨道	技能培养	需了解的法律形式
类型 A （非营利）	● 向政府游说，确保公共部门的采购原则认可非营利社会企业所提出的价值 ● 组织政府承包项目，确保不歧视慈善企业、基金会和信托机构 ● 资助慈善基金会，推动公共政策 ● 训练和运用社会会计技能，评估投资社会回报率 ● 和第三部门/非营利机构一起资助合资企业 ● 支持非营利/低营利机构的管理培训	● 慈善基金会 ● 英国慈善/美国非政府组织 ● 志愿者协会 ● 保证责任有限公司（私人会员制）
类型 B （企业社会责任）	● 创造法制环境，利于和基金会、慈善、公共部门合作的运行 ● 当公共政策和慈善基金目标一致时，允许慈善公司和基金会管理公共基金 ● 发展和支持社会会计/社会审计职业 ● 通过 CSR 的派遣项目，支持管理培训	● 慈善基金会 ● 非营利/低营利公司 ● 社会目的企业（私人会员制） ● 社会企业（私人会员制）

续表

轨道	技能培养	需了解的法律形式
类型 D（社会经济）	● 设计沟通渠道,提高政府官员和政客对社会经济的认识程度 ● 设计沟通渠道,提高社会经济原则在公共服务用户中的认识程度 ● 建立辩论论坛和投票制度,促进民主参与和社会经济发展 ● 与互助组织/联合公司共事时,调整管理方式,突出对等性和相互信任 ● 学习社会审计和社会会计技能,促进本地人参与公共服务的发展	● 联合信贷/互助组织 ● 社区福利社/社会联合公司 ● 合作社团 ● 员工合股企业/员工福利信托/员工分享计划 ● 社区社会企业(开放式会员制) ● 社会目的公司(开放式会员制) ● 社会公司(开放式会员制)

思考题

1 归纳与整理

1.1 请定义社会创业。社会创业和主流创业有什么区别?

1.2 请指出社会创业的三个视角并逐一解释。社会企业一定要同时具备三个视角吗?

1.3 本章中提出过哪三个经济模型?请分别举例说明。

1.4 请解释以下术语:非营利模式、企业社会责任、不止是营利的模式和社会经济。

2 应用与体验

2.1 请从网络上寻找本国的实例,分别对应以下组织类型:非营利模式、企业社会责任、不止是营利模式、社会经济。并逐一解释你选择的理由。

2.2 请从网上寻找关于本国社会创业的定量研究。引用最重要的数据撰写一页报告。

3 分析与讨论

3.1 请搜索几家跨国企业的 GRI 报告,根据这些信息,找出它们在图 7.4 模型中所处的位置。

3.2 请搜索关于 OXFAM 这个组织的经营模式,用三种视角分析这个组织的社会创业。

3.3 波拉尼认为市场经济是一个新的现象,讨论哪种类型的经济体系和协调分工会成为未来的主导。

4 改变与行动

研究一个来自第三部门、私人部门或公共部门的企业,根据本章的学习内容,为这家公司制定社会创业规划,并寄给该公司。

先锋人物专访 马克·克雷默

马克·克雷默是 FSG 咨询公司的创始人和执行董事,主要和基金会、企业和非政府组织等合作,他一直力推社会创新,并呼吁组建跨部门合作的组织。

您一直在非营利机构和慈善部门从事工作,您还和当今最具影响力的(主流)管理思想家迈克尔·波特有密切的合作。在管理活动中您觉得营利组织和非营利组织之间有什么相似之处吗?营利组织和非营利组织有什么可以互相学习的地方吗?

首先,我的背景的确如此,和基金会与非营利组织打交道较多,但我还有 15 年做投资的经历,所以我更觉得我的背景应该是两者兼而有之吧。我认为营利组织和非营利组织是有一些重要的区别,我特别谈两点。

第一个有关社会变革发生的方式和企业的成功。对我而言,企业要谈成功,肯定要营利,所以我一定会强调财务绩效。

在社会部门,不管资不资助,思想会带动变革。穆罕默德·尤努斯也许原创了小微贷款的理念,但现在世界上有成千上万亿的资金在运行小微贷款,它们和尤努斯没有太大的关系,但带来什么影响?其社会影响无与伦比。所以第一个区别是,你先要有一个组织,然后再想怎么传播这个理念去影响更多的人。

第二个区别有关控制。我想说我们以前会对那些对我们业务绩效举足轻重的人一直采取很强的控制。所以我们控制员工,控制我们的供应商,控制我们的分销商。

而我们想在社会问题上影响的那批人却是我们无从控制的。他们也许是其他企业,其他政府官员,或者那些希望饮食更健康的市民。不管我们想解决什么社会问题,我们实际上无法对这些起作用的人实施影响,所以我们要完成使命所采取的行动与营利企业要做的事情就有很大不同了。

还有一个区别我也想说一下,就是关于目标和如何测量进展。在营利部门,目标很清楚,就是为了赚钱。所以选择和决策都很容易,因为你可以判断哪个更赚钱然后做出选择。但在非营利组织,设定目标成了一个挑战,你关注核聚变吗?你关注交响乐吗?或者你关注贫困国家的营养不良儿童吗?所以,如何选择很大程度上成了个人的偏好,我们想出了一些不同的目标,而这些不同的目标往往是隐形的。

我在看不同的投资项目时,只要它们的投资回报率相同,我会采取中立的态度。但我看不同的社会投资项目时,一个能够减少碳排放,另一个能够为营养不良的儿童提供营养品,还有一个可以提升本地交响乐的水平,我们没有办法将三者进行比较,对这里所涉及的每一个社会问题,都有其独特的衡量指标,所以目标的设定就是根据决策参与者的个人价值排序而不是什么客观的衡量标准了。

这些是运行营利组织和非营利组织的一些主要区别,另外还有一些基本的事务,例如战略,理解你所处的环境,基于自身优势,找到一个最能发挥你技能、资源和专长的定位,然后做到全球最强最好,依赖数据、事实和研究结果作决策而不是靠直觉,这些对非营利和营利组织都同样重要。

践行者速写　　多鲁·米特拉那(Doru Mitrana)

就职企业:
2008年他与一些环境和社会积极分子联合创办的MaiMultVerde是罗马尼亚一家NGO组织,致力于在教育、宣传、创业精神、志愿者项目和活动方面对社会和环境产生积极影响。

职位描述:
执行总监

教育背景:
德国柏林斯泰恩拜斯大学2012年企业责任管理硕士毕业;1998年罗马尼亚布加勒斯特经济研究学院营销和经济学学士。

实际工作
您的主要职责是什么?
我负责:
● 根据组织的状态、价值观、目标等协调组织的总体活动。
● 和管理团队一起制订年度计划和目标,并接下来一起完成目标。
● 代表组织和政府、企业、董事会和其他组织保持联系。
● 为本组织融资。

您每天工作的典型事务有哪些?
我每天的工作事务包括:
● 财务管理:批准付款、检查财务和年度报告,预算,等等。
● 人力资源管理:与员工开通气会,与专门的部门或项目组开会,需要时也做辅导和讨论、计划和评估、面试等。
● 融资:召集会议,和一些较为活跃的融资机构、私人或公共部门的组织的代表保持邮件和电话沟通。
● 项目管理:和项目经理保持密切联系,紧盯项目

可持续发展、责任和伦理在您的工作中扮演什么角色？

MaiMultVerde 在推进企业而且是对社会和环境的总体责任。这个组织的存在和成功，是因为我们说到做到，言行一致。只有组织本身率先采取行动，带头变革，才能让其他企业、环境积极分子、政府和公众同时信任你。

MaiMultVerde 从自己做起，以身作则，通过推荐一些可持续发展项目，呼吁企业和政府通过承担责任、恪守伦理等方式促进可持续发展。一直出现在公众视线中对组织来说可以是一种资产，但如果信任遭遇挑战就变成致命一击了。

我们组织的价值一直受到财务、财政、政治和社会环境各方的推动，这也是为什么我们的决策过程是民主参与的过程，决策时我们有核心团队和扩展团队成员的共同积极参与，日后组织各项活动以及我本人开展工作就顺畅很多，这样不会让组织偏离轨道。

我们本章所提到的议题中，哪些概念和工具与你的工作最为相关？

社会企业发展的四种类型。我们的项目恰巧都是介于公共、私人和非营利部门之间，从这三个部门"汲取"有用的东西，对定位做出严谨的描述很有用，让我们清楚我们处在什么位置，代表什么。

经验分享

您会给您的同行什么样的建议？

社会创业来自很强的个人动力。在开创一个社会价值增值型企业之前，必须对创业者本人以及他的真正动机、期望和信念做一个挖掘分析。言行一致、自信地接受公众的检验，在决策过程中吸收他人的建议都是在这个部门取得成功的关键。

您工作中的主要挑战是什么？

抵制来自其他部门的"诱惑"，比如朝九晚五、收入颇丰、安逸无忧的公共部门或私营部门的职位，要有极大的耐心静待花开、社会和环境影响的显现需要很长时间。

每天都在说服人，告诉别人我们努力的方向是对的，这不是什么锦上添花或者充满异国情调的举动，而是我们对这个世界有着真实的认识，我们想与众不同，因为我们需要与众不同。

参考文献

1. Kelley, D. J., Singer, S., & Herrington, M. (2012). *Global entrepreneurship monitor*. Boston: Global Entrepreneurship Research Association.
2. *The social business initiative of the European Commission*. (2011).
3. Social Enterprise UK. (2011). *Fightback Britain: A report on the state of social enterprise survey 2011*. London: Social Enterprise UK.
4. Arizmendiarrieta, J. M. (n.d.). Historic background, Mondragon Corporation. Retrieved November 7, 2012, from Mondragon Corporation—International Business Group: www.mondragon-corporation.com/ENG/Co-operativism/Co-operative-Experience/Historic-Background.aspx
5. Brouard, F., & Larivet, S. (2010). Essay of clarifications and definitions of the related concepts of social enterprise, social entrepreneur and social entrepreneurship. In A. Fayolle & H. Matlay, *Handbook of research on social entrepreneurship* (pp. 29–56). Cheltenham: Edward Elgar.
6. Haugh, H. (2007). Community-Led Social Venture Creation. *Entrepreneurship Theory and Practice, 31*(2), 161–182.
7. Hockerts, K. (2010). Social entrepreneurship. In W. Visser, et al., *The A–Z of corporate social responsibility*, 2nd ed. Chichester: Wiley.
8. Perrini, F. (2006). *The new social entrepreneurship: What awaits social entrepreneurial ventures?* Northampton, MA: Edward Elgar.
9. Ellerman, D. (1982). *The socialization of entrepreneurship: The empresarial division of the Caja Laboral Popular*. Somerville, MA: Industrial Co-operative Association.
10. Bradley, K., & Gelb, A. (1980). Motivation and control in the Mondragon experiment. *British Journal of Industrial Relations, 19*(2), 211–231; Thomas, H., & Logan, C. (1982). *Mondragon: An economic analysis*. New York: Harper Collins.
11. Ellerman, D. (1982). *The socialization of entrepreneurship: The empresarial division of the Caja Laboral Popular* (p. 8). Somerville, MA: Industrial Co-operative Association.
12. Turnbull, S. (1994). Stakeholder democracy: Redesigning the governance of firms and bureaucracies. *Journal of Socio-Economics, 23*(3), 321–360, p. 321.
13. Erdal, D. (2011). *Beyond the corporation: Humanity working*. London: Bodley Head.
14. Nicholls, A. (2006). *Social entrepreneurship: New paradigms of sustainable social change*. Oxford: Oxford University Press; Martin, R. L., & Osberg, S. (2007, Spring). Social entrepreneurship: The case for definition. *Stanford Social Innovation Review*, 29–39.

15. Whyte, W., & Whyte, K. (1991). *Making Mondragon.* New York: ILR Press/Ithaca.
16. Borzaga, C., & Defourny, J. (2001). *The emergence of social enterprise.* London: Routledge; Defourny, J. (2010). Concepts and realities of social enterprise: A European perspective. In A. Fayolle & H. Matlay, *Handbook of research on social entrepreneurship* (pp. 57–87). Northampton, MA: Edward Elgar.
17. Turnbull, S. (2002). *A new way to govern.* London: New Economics Foundation; Forcadell, F. (2005). Democracy, cooperation and business success: The case of Mondragón Corporación Cooperativa. *Journal of Business Ethics, 56*(3), 255–274.
18. Ridley-Duff, R. J., & Southcombe, C. (2012). The social enterprise mark: A critical review of its conceptual dimensions. *Social Enterprise Journal, 8*(3), 178–200.
19. Dees, G. (1998, January–February). Enterprising non-profits. *Harvard Business Review,* 54–67; Hudson, M. (2002). *Managing without profit.* London: Penguin; Martin, R. L., & Osberg, S. (2007, Spring). Social entrepreneurship: The case for definition. *Stanford Social Innovation Review,* 29–39; Scofield, R. (2011). *The social entrepreneur's handbook.* New York: McGraw-Hill.
20. Chell, E. (2007). Social enterprise and entrepreneurship: Towards a convergent theory of the entrepreneurial process. *International Small Business Journal, 25*(1), 5–26; Galera, G., & Borzaga, C. (2009). Social enterprise: An international overview of its conceptual evolution and legal implementation. *Social Enterprise Journal, 5*(3), 210–228.
21. Restakis, J. (2010). *Humanizing the economy: Co-operatives in the age of capital.* Gabriola Island: New Society Publishers; Arthur, L., et al. (2003). Developing an operational definition of the social economy. *Journal of Co-operative Studies, 36*(3), 163–189.
22. Low, C. (2006). A framework for the governance of social enterprise. *International Journal of Social Economics, 33*(5), 376–385; Ridley-Duff, R. J., & Southcombe, C. (2012). The social enterprise mark: A critical review of its conceptual dimensions. *Social Enterprise Journal, 8*(3), 178–200.
23. Ridley-Duff, R. J., & Bull, M. (2011). *Understanding social enterprise: Theory and practice.* London: Sage.
24. Kerlin, J. (2006). Social enterprise in the United States and Europe: Understanding and learning from the differences. *Voluntas, 17*(3), 246–262; Kerlin, J. (2010). *Social enterprise: An international comparison.* Medford: Tuffs University Press.
25. Smith, A. (1937/1776). *An inquiry into the nature and cause of the wealth of nations.* New York: Modern Library.
26. Marx, K. (1887). *Capital, Vol. 1.* Moscow: Progress Publishers; Polanyi, K. (2001/1944). *The great transformation.* Boston: Beacon Press.
27. Kerlin, J. (2010). *Social enterprise: An international comparison.* Medford: Tuffs University Press; Ridley-Duff, R. J., & Southcombe, C. (2012). The social enterprise mark: A critical review of its conceptual dimensions. *Social Enterprise Journal, 8*(3), 178–200.
28. Nicholls, A. (2010). The institutionalization of social investment: The interplay of investment logics and investor rationalities. *Journal of Social Entrepreneurship, 1*(1), 70–100.
29. Nyssens, M. (2006). *Social enterprise and the crossroads of market, public and civil society.* London: Routledge; Restakis, J. (2010). *Humanizing the economy: Co-operatives in the age of capital.* Gabriola Island: New Society Publishers; Erdal, D. (2011). *Beyond the corporation: Humanity working.* London: Bodley Head.
30. Pearce, J. (2003). *Social enterprise in anytown.* London: Calouste Gulbenkian Foundation.
31. Bull, M. (2008). Challenging tensions: Critical, theoretical and empirical perspectives on social enterprise. *International Journal of Entrepreneurial Behaviour & Research, 14*(5), 268–275.
32. Restakis, J. (2010). *Humanizing the economy: Co-operatives in the age of capital.* Gabriola Island: New Society Publishers; Erdal, D. (2011). *Beyond the corporation: Humanity working.* London: Bodley Head.
33. Polanyi, K. (2001/1944). *The great transformation.* Boston: Beacon Press.
34. Nyssens, M. (2006). *Social enterprise and the crossroads of market, public and civil society.* London: Routledge; Bull, M. (2008). Challenging tensions: Critical, theoretical and empirical perspectives on social enterprise. *International Journal of Entrepreneurial Behaviour & Research, 14*(5), 268–275.
35. Giddens, A. (1998). *The third way.* Cambridge: Polity.
36. Haugh, H., & Kitson, M. (2007). The third way and the third sector: New labour's economic policy and the social economy. *Cambridge Journal of Economics, 31*(6), 973–994.
37. Dickson, N. (1999, September 27). What is the third way? Retrieved September 15, 2008, from BBC: http://news.bbc.co.uk/1/hi/uk_politics/458626.stm
38. Monzon, J. L., & Chaves, R. (2008). The European social economy: Concepts and dimensions of the third sector. *Annals of Public and Co-operative Economics, 79*(3/4), 549–577, p. 557.
39. Defourny, J. (2001). From third sector to social enterprise. In C. Borzaga & J. Defourny, *The emergence of social enterprise* (pp. 1–28). London: Routledge.
40. Pearce, J. (2003). *Social enterprise in anytown.* London: Calouste Gulbenkian Foundation.
41. Leadbeater, C. (1997). *The rise of the social entrepreneur.* London: Demos; Westall, A. (2001). *Value-led, market-driven: Social enterprise solutions to public policy goals.* London: IPPR.
42. Westall, A. (2001). *Value-led, market-driven: Social enterprise solutions to public policy goals.* London: IPPR.
43. Nyssens, M. (2006). *Social enterprise and the crossroads of market, public and civil society.* London: Routledge.
44. Nyssens, M. (2006). *Social enterprise and the crossroads of market, public and civil society* (p. 318). London: Routledge.
45. Polanyi, K. (2001/1944). *The great transformation.* Boston: Beacon Press.
46. Gray, J. (1998). *False dawn: The delusions of global capitalism.* London: Granta.
47. Hawken, P. (2010). *The ecology of commerce: A declaration of sustainability.* New York: Harper Paperbacks.
48. Marx, K. (1887). *Capital, Vol. 1.* Moscow: Progress Publishers; Harvey, D. (2012). Reading *Capital.* Retrieved November 14, 2012, from *Reading Marx's* Capital *with David Harvey*: http://davidharvey.org/reading-capital

49. Ridley-Duff, R. (2008). Social enterprise as a socially rational business. *International Journal of Entrepreneurial Behaviour and Research, 14*(5), 292–312, p. 304.
50. Spear, R. (2006). Social entrepreneurship: A different model? *Journal of Socio-Economics, 33*(5/6), 399–410; Spear, R., Cornforth, C., & Aitken, M. (2007). *For love and money: Corporate governance and social enterprise.* Milton Keynes: Open University Press.
51. Spear, R., Cornforth, C., & Aiken, M. (2007). For love and money: Governance and social enterprise (p. 7). Retrieved June 7, 2013, from: National Council for Voluntary Organisations, UK, http://oro.open.ac.uk/10328/1/For_Love_and_Money_Full_Report_-_Final.pdf
52. Bull, M. (2007). Balance: The development of a social enterprise business performance analysis tool. *Social Enterprise Journal, 3*(1), 49–66.
53. Kaplan, R. S., & Norton, D. P. (1992, January–February). The balanced scorecard: Measures that drive performance. *Harvard Business Review*, 71–79.
54. Bull, M., & Crompton, H. (2006). Business practices in social enterprise. *Social Enterprise Journal, 2*(1), 42–60.
55. Morgan, G. G. (2008). *The spirit of charity* [Professorial Lecture]. Sheffield Hallam University. Sheffield: Centre for Individual and Organisational Development, 2008.
56. Marrafino, J. (2012, April 1). How worker co-operatives work. Retrieved November 14, 2012, from YouTube: www.youtube.com/watch?v=qbZ8ojEuN5I
57. Ridley-Duff, R. J., & Bull, M. (2011). *Understanding social enterprise: Theory and practice.* London: Sage.
58. Beaubien, L. (2011). Co-operative accounting: Disclosing redemption contingencies for member shares. *Journal of Co-operative Studies, 44*(3), 38–44.
59. Bull, M., & Crompton, H. (2006). Business practices in social enterprise. *Social Enterprise Journal, 2*(1), 42–60.
60. Wei-Skillern, J., Austin, J., Leonard, H., & Stevenson, H. (2007). *Entrepreneurship in the social sector.* Thousand Oaks, CA: Sage.
61. Wei-Skillern, J., Austin, J., Leonard, H., & Stevenson, H. (2007). *Entrepreneurship in the social sector.* Thousand Oaks, CA: Sage.
62. Seanor, P., & Meaton, J. (2008). Learning from failure: Ambiguity and trust in social enterprise. *Social Enterprise Journal, 4*(1), 24–40.
63. Coule, T. (2007, September 5–6). *Developing strategies for sustainability: Implications for governance and accounting.* Coventry, UK: University of Warwick, NCVO/VSSN Researching the Voluntary Sector.
64. Emerson, J. (2003). The blended value proposition: Integrating social and financial returns. *California Management Review, 45*(4), 35.
65. Wei-Skillern, J., Austin, J., Leonard, H., & Stevenson, H. (2007). *Entrepreneurship in the social sector* (p. 138). Thousand Oaks, CA: Sage.
66. Bull, M., Crompton, H., & Jayawarna, D. (2008). Coming from the heart (The road is long). *Social Enterprise Journal, 4*(2), 108–125.
67. Marx, K. (1887). *Capital, Vol. 1.* Moscow: Progress Publishers.
68. Ellerman, D. (1990). *The democratic worker-owned firm: A new model for East and West.* Boston: Unwin Hyman; Gray, J. (1998). *False dawn: The delusions of global capitalism.* London: Granta.
69. Truss, C. (1999). Soft and hard models of human resource management. In L. Graton, V. Hope-Hailey, P. Stiles, & C. Truss, *Strategic human resource management: Corporate rhetoric and human reality* (pp. 40–58). Oxford: Oxford University Press.
70. Kalmi, P. (2007). The disappearance of co-operatives from economics textbooks. *Cambridge Journal of Economics, 31*(4), 625–647.
71. Wintour, P. (2012, October 8). George Osborne: Workers can swap rights for company shares. Retrieved November 19, 2012, from *The Guardian*: www.guardian.co.uk/politics/2012/oct/08/george-osborne-workers-rights-shares
72. Friedman, M. (1962). *Capitalism and freedom.* Chicago: University of Chicago; Calder, L. G. (1999). *Financing the American dream: A cultural history of consumer credit.* Princeton: Princeton University Press.
73. Miller, E., & Rice, A. (1967). *Systems of organization.* London: Tavistock.
74. Mondragon Corporation. (2012). *Corporate profile 2012.* Mondragon: Mondragon Corporation.
75. Co-operative Group. (2012). The co-operative—Here for you for life. Retrieved November 18, 2012, from The Co-operative: www.co-operative.coop/
76. Lyon, F., & Sepulveda, L. (2009). 2009. *Social Enterprise Journal, 5*(1), 83–94.
77. Morgan, G. G. (2008). *The spirit of charity* [Professorial Lecture]. Sheffield Hallam University. Sheffield: Centre for Individual and Organisational Development, 2008.
78. Ellerman, D. (1990). *The democratic worker-owned firm: A new model for East and West.* Boston: Unwin Hyman; Gates, J. (1998). *The ownership solution.* London: Penguin; Turnbull, S. (2002). *A new way to govern.* London: New Economics Foundation; Wilkinson, R., & Pickett, K. (2010). *The spirit level: Why equality is better for everyone.* London: Penguin; Kelly, M. (2012). *Owning our future: The emerging ownership revolution.* San Francisco: Berrett-Koehier.
79. Gates, J. (1998). *The ownership solution.* London: Penguin.
80. ESOC. (2000, June). About ESOPs in the United Kingdom. From Employee Share Ownership Centre: www.mhcc.co.uk/esop/esop/abesops.htm
81. Melman, S. (2001). *After capitalism: From managerialism to workplace democracy.* New York: Knopf.
82. NCEO. (2012, June). The employee ownership 100: America's largest majority employee-owned companies. Retrieved November 19, 2012, from National Center for Employee Ownership: www.nceo.org/articles/employee-ownership-100
83. Perotin, V., & Robinson, V. (2004). *Employee participation, firm performance and survival: Advances in the economic analysis of participatory and labor-management firms, Vol. 8.* Oxford: Elsevier.
84. Erdal, D. (2011). *Beyond the corporation: Humanity working.* London: Bodley Head; Restakis, J. (2010). *Humanizing the economy: Co-operatives in the age of capital.* Gabriola Island: New Society Publishers.
85. Erdal, D. (2000). The psychology of sharing: An evolutionary approach [Unpublished PhD Thesis]. Scotland: University of St Andrews; Wilkinson, R., & Pickett, K. (2010). *The spirit level: Why equality is better for everyone.* London: Penguin.
86. Ellerman, D. (1990). *The democratic worker-owned firm: A new model

for East and West. Boston: Unwin Hyman.
87. Whyte, W., & Whyte, K. (1991). *Making Mondragon*. New York: ILR Press/Ithaca; Turnbull, S. (1995). Innovations in corporate governance: The Mondragon experience. *Corporate Governance: An International Review, 3*(3), 167–180; Turnbull, S. (2002). *A new way to govern*. London: New Economics Foundation.
88. Atherton, J., et al. (2012). *Practical tools for defining co-operative identity*. Manchester: Co-operatives UK; Birchall, J. (2012). A "member-owned business" approach to the classification of co-operatives and mutuals. In D. McDonnell & E. Macknight, *The co-operative model in the practice* (pp. 69–82). Glasgow: Co-operative Education Trust Scotland.
89. Westall, A. (2001). *Value-led, market-driven: Social enterprise solutions to public policy goals*. London: IPPR.
90. Major, G. (1996). Solving the underinvestment and degeneration problems of worker co-operatives. *Annals of Public and Co-operative Economics, 31*(2), 545–601; Major, G. (1998). The need for NOVARS (non-voting value added sharing renewable shares). *Journal of Co-operative Studies, 31*(2), 57–72.
91. Spear, R. (1999). Employee-owned bus companies. *Economic and Industrial Democracy, 20*, 253–268; Erdal, D. (2011). *Beyond the corporation: Humanity working*. London: Bodley Head.
92. Paton, R. (2003). *Managing and measuring social enterprises*. London: Sage.
93. Ridley-Duff, R. J. (2010). Communitarian governance in social enterprises: Case evidence from the Mondragon Cooperative Corporation and School Trends Ltd. *Social Enterprise Journal, 6*(2), 125–145.
94. Johnson, P. (2003). Towards an epistemology for radical accounting: Beyond objectivism and relativism. *Critical Perspectives on Accounting, 6*, 486–509; Johnson, P. (2006). Whence democracy? A review and critique of the conceptual dimensions and implications of the business case for organization democracy. *Organization, 13*(2), 245–274; Beaubien, L. (2011). Co-operative accounting: Disclosing redemption contingencies for member shares. *Journal of Co-operative Studies, 44*(3), 38–44.
95. Ridley-Duff, R. J., & Bull, M. (2011). *Understanding social enterprise: Theory and practice*. London: Sage.
96. Galera, G., & Borzaga, C. (2009). Social enterprise: An international overview of its conceptual evolution and legal implementation. *Social Enterprise Journal, 5*(3), 210–228.
97. Erdal, D. (2011). *Beyond the corporation: Humanity working*. London: Bodley Head; Kelly, M. (2012). *Owning our future: The emerging ownership revolution*. San Francisco: Berrett-Koehier; Nuttall, G. (2012). *Sharing success: The Nuttall review of employee ownership*. London: Department for Business, Innovation and Skills.
98. Chandler, J. (2008). *Explaining local government: Local government in Britain since 1800*. Manchester: Manchester University Press.
99. Hood, C. (1995). The new public management in the 1980s: Variations of a theme. *Accounting, Organisation and Society, 20*, 93–109.
100. National Health Service. (2008). *Social enterprise—Making a difference: A guide to the right to request*. London: Department of Health.
101. Hood, C. (1995). The new public management in the 1980s: Variations of a theme. *Accounting, Organisation and Society, 20*, 93–109, p. 107.
102. Dart, R. (2004). The legitimacy of social enterprise. *Non-Profit Management and Leadership, 4*(4), 411–424.
103. Willmott, H. (1993). Strength is ignorance; slavey is freedom: Managing culture in modern organizations. *Journal of Management Studies, 30*(4), 515–552; Curtis, T. (2008). Finding that grit makes a pearl: A critical re-reading of research into social enterprise. *Social Enterprise Journal, 14*(5), 276–290.
104. Hebson, G., Grimshaw, D., & Marchington, M. (2003). PPPs and the changing public sector ethos: Case-study evidence from the health and local authority sectors. *Work, Employment and Society, 17*(3), 481–500.
105. Ferlie, E., et al. (1996). *The new public management in action* (p. 16). New York: Oxford University Press.
106. Restakis, J. (2010). *Humanizing the economy: Co-operatives in the age of capital*. Gabriola Island: New Society Publishers.
107. Restakis, J. (2010). *Humanizing the economy: Co-operatives in the age of capital* (Chapter 5, Kindle Edition). Gabriola Island: New Society Publishers.
108. Savio, M., & Righetti, A. (1993). Co-operatives as a social enterprise: A place for social integration and rehabilitiation. *Acta Psychiatrica Scandanavica, 88*(4), 238–242.
109. Restakis, J. (2010). *Humanizing the economy: Co-operatives in the age of capital* (Chapter 5, Kindle Edition). Gabriola Island: New Society Publishers.
110. Westall, A. (2001). *Value-led, market-driven: Social enterprise solutions to public policy goals*. London: IPPR; Ridley-Duff, R. (2008). Social enterprise as a socially rational business. *International Journal of Entrepreneurial Behaviour and Research, 14*(5), 292–312.
111. Hertz, N. (2011). *Co-op capitalism: A new economic model from the carnage of the old*. Manchester: Co-operatives UK.
112. Rainey, D. (2006). *Sustainable business development*. Cambridge: Cambridge University Press.
113. Epstein, M. (2008). *Making sustainability work: Best practices in managing and measuring corporate social, environmental, and economic impacts*. Sheffield: Greenleaf.

第4部分

组　织

第 8 章　组织：责任型企业架构
第 9 章　运营：责任型企业优化
第 10 章　供应链：责任型供给与需求

第 8 章　组织：责任型企业架构

> **学习目标**
> - 设计组织架构，整合责任结构的要素
> - 重组组织结构，搭建责任型组织基础
> - 通过管理变革和文化变革经营一个负责任的组织

引言

2011 年，一项向 300 个受访企业展开的调查显示，72% 的企业有正规的企业责任项目，62% 的企业有企业责任领导者的工作岗位，60% 的企业有固定的企业责任预算。[1]

62% 的企业"有正式的企业责任职能部门，尽管并不一定是由专门的部门或负责人统一管理"。[2]

51% 的 CEO 和 23% 的董事都在积极地领导和企业责任相关的活动。[3]

责任管理实践
巴西 SEMCO 公司为员工福利重组业务：从家长制和金字塔层级模式走向参与式管理

位于圣保罗的工业设备制造商巴西 SEMCO 公司原来的组织结构特征是"家长做派的金字塔层级模式，专政化的领导，对任何情况都有严格规定"。这样的企业能否扛住富有戏剧性的重组，搭建起全新的负责任的结构从而成为一个更加成功的企业？该公司 1982 年的重大举措给出了肯定

的答案,企业主的儿子 Ricardo Semler 将公司目的从"赚钱"调整为"让公司全员上下都感受到生活的美好"。

全新的结构和强有力的领导层很见效。新的公司愿景在员工参与、利润分享和信息自由流通等方面颇有建树,另外公司还组建了新的工程师队伍,被称为技术革新的核心圈(NTI)。这一团队不断发明或改造出新产品,从 1990 年到 1996 年销售额增加了 286%。公司类似"卫星"的团队释放了企业员工的创造力、潜能和创业精神。SEMCO 一度成为巴西最受欢迎的雇主,甚至引起了财富 500 强当中 150 多家企业的关注,他们专门派代表去 SEMCO 取经。

这个案例可以说明组织重组中的很多议题,如变革管理和领导力变革。它生动地展示了企业如何在员工中建立和维持员工的个人价值感,形成可持续发展的原则和伦理实践,进而为 SEMCO 带来更多收效。这个案例还说明了管理层在形成负责任和伦理的"生态系统"中的作用,员工个体在这样良性的生态系统中能够持续地学习和成长。

Semler 后来还发展了格形结构,也就是水平的组织结构,包括自我管理型的工作团队,团队全方位负责其产品,并自行设定预算和生产目标。这个结构后来演变成了民主化管理的企业,对 SEMCO 公司后来的成功功不可没。之后公司又纳入了传统的利润分享计划,将公司近四分之一的利润都派发给了相应的部门。有趣的是,这些自主化的工作团队可以雇用和解雇其工作伙伴,并用民主投票的方式进行领导和管理。这一神奇的组织架构的基础是企业所有层级的信息保持通畅。概言之,组织的重组推动了责任管理,企业和所有员工一起形成责任原则,和员工分享权威,提高伦理透明度,使员工得到持续学习和成长的机会。

SEMCO 公司的成功故事令人深思,组织结构是可以为利益相关者创造价值助力的,在本案例中,为员工创造价值和社会可持续性。但是我们还要继续追问:这是否足够?为了发现企业是否真的创造了一个"交织着责任的企业架构",促进可持续发展、责任和伦理,我们需要进一步分析企业在何种程度上将责任要素编织到企业架构中。公司是否有首席责任运营官(CRO)?有可持续发展部门?有企业基金会或者伦理办公室?企业是否出具社会、环境和伦理绩效的报告?可持续发展体系、责任经营活动、利益相关者参与平台等机制是否存在?利益相关者使命、价值陈述、伦理守则、责任经营政策、可持续运营流程等规范性文件是否成文?只有当我们真实目睹 SEMCO 公司创设了这些机制,它才能被归类为一个配套到位的企业,奋力追求三重绩效和利益相关者绩效的最优化,以及道德的卓越境界。

资料来源:Siehl, C., Killian, K., & Perez, F. (1998). *Harvard business publishing* (p.1)。

8.1 责任管理和组织理论

"问组织理论家和管理者一个基本的问题:商业组织如何在维护其正当性、获取重要资源并增进财务绩效的状况下,对待人类的灾难?"[4]

本章的宗旨是帮助企业把责任管理、可持续发展和伦理实践整合到组织结构的上上下下。组织理论是"社会科学的一个分支,研究构成现代复杂组织的社会结构的设计和演化,以及这些结构是如何根据任务的环境、制度或环境的变迁做出适时调整的"。[5]社会创业总是不断探索机会创建和传统的营利性机构不同的新型组织。在本章中,我们将探讨如何将责任型基础架构和主流的营利性商业组织交织到一起。

组织设计或布局对责任管理而言,就如同身体和人类的关系。企业要运行,或者管理者要负责任地经营,就好比身体需要骨骼来支撑、肌肉来活动、器官来完成各种基本的功能,这样身体才能保持活力,最重要的是,大脑要能够感知、思考并指挥我们做正确的事。如果其中的任何一个功能失灵,就会最终致命。责任经营中支持组织的"骨骼"是伦理办公室或可持续发展等部门。那些使责任经营能展开活动的"肌肉"是工作职位,如责任经营副总裁、"绿领"工作队伍,以及责任经营的一些具体项目,如员工多元化或二氧化碳排放政策等。让责任管理行为发挥重要职能的"器官"是报告和演讲、伦理热线(提供反馈,类似于神经系统)和伦理守则(提供平衡,类似于内耳),而最终决定我们行为方式的"大脑"则是董事会、利益相关者论坛,或者更广义地说,是企业文化。

图 8.1 描述了责任型组织创建流程的三个阶段。第一阶段,我们从三重绩效、利益相关者和伦理等视角重新审视一下传统和现代的组织理论。我们思考的问题是:企业的本质应该是什么?第二阶段,我们进一步讨论如何创建一个有助于责任经营的组织架构,我们会描述责任型组织架构中的一些构成要素,比如责任部门、首席责任执行官或者利益相关者论坛。在第三阶段,我们分析组织在责任、可持续发展和伦理方面的发展过程,目标是能够为责任管理搭建起相应的结构,最终能走向真正的责任型企业。

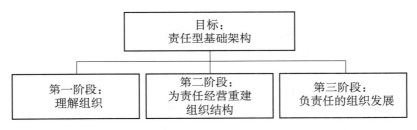

图 8.1　责任型组织创建流程

8.2　目标:责任型基础架构

"我们更需要注意制度中的机制,它们会直接影响到企业是否担负社会责任……我们需要探索一套制度条件,在这样的条件下,承担社会责任的行为就会自然而然地发生。"[6]

这一章中,我们为重组或重设组织架构提供了强有力的支持依据,只有这样,企业才能在上上下下完完全全地将责任管理、可持续发展和责任原则、伦理实践等整合在一起,我们称之为责任型基础架构,它是责任经营的促进因素。

那么,当这些整合完成后组织结构是怎样的呢?大多数企业都会模仿那些优秀的组织架构,他们的责任管理经营实践最后能产生积极的三重绩效:保护、创造和维持社会、环境和经济的商业价值。而且,责任经营企业的结构还会使内外部利益相关者的价值达到最大化。最后,组织结构中的各种伦理决策都贯穿在企业经营的过程和期望的结果中。虽然很少有企业已经完全达到这样的状态,我们这一章主要讨论的是如何实现这一目标。

8.3 第一阶段:理解组织

"组织理论和商业伦理是同一硬币的两面,积极的一面和规范的一面,反映人类合作活动的实然和应然两态。"[7]

"组织的目的是什么?"是组织理论的分界点。组织的目的和作用是什么?我们对组织采取什么样的态度和理解会帮助我们回答上面的问题?在接下来的小节中,我们首先介绍一些对组织的不同认识,是怎么样,应该怎么样。然后我们再观察一下管理理论和员工角色是如何与组织结构交互影响的。

8.3.1 不同的认识

在解释组织之前,我们首先介绍在当前的组织理论中的完全相左的三组观点,在每一组观点中我们都会描述不同的组织结构对可持续发展、责任和伦理发展的不同影响。[8]

1. 个人主义和集体主义

第一组观点是组织结构的个体观和集体观。假设一个组织正在经历变革,朝着责任管理和可持续原则的方向努力,那么主宰这次变革的领导者是如何把责任管理纳入变革过程中的呢?

首先,他们可以采取个人主义观点。这是从文化角度看待组织。[9]由个体组成的社会强调个人目标和需求的重要性[10],这和组织层面的人力资源管理实践挂钩。个人主义观点在组织层面的表现是"个体中最重要的存在是道德责任"。[11]也就是说,员工个体,不是庞大的实体或者组织,而是对自己行为负责的主体。一个组织如果认可个人主义观点,那么责任经营的组织变革就会强调认真对待每一个员工,责任、可持续发展和伦理最有可能明确表达在每一个组织成员的岗位描述中,责任管理的培训也会更多培养授权的技能,让每一个员工为企业的责任经营做出自己的贡献。

相反,另外一些变革领导可能采用集体主义观点看待组织,由个人构成的集体行为要得体,符合社会规范。组织成员的集体互动不能被简化为单个个体的行为。因为,只有组织才可以是对其行为负责的实体。事实上,很多国家的不良企业会受到指控,但组织中的个人未必会被问责。在一个信奉集体主义观点的组织中,责任管理的重心是打造一个可持续的、伦理的和负责任的企业文化。典型的组织结构要素是团队会议、责任经营绩效座谈总结会、组织氛围调研以及和外部利益相关者广泛合作的项目等。

2. 现实主义和建构主义

Heugens 和 Scherer[12]解释了组织理论中的第二组悖论:现实主义视角和建构主义视角。康德的义务论[13]为现实主义的特征做了最好的注脚,也就是说,行为的对错与否是由它符不符合普适的标准和原则决定的。义务论会主张员工应该遵从相应的规则和原则(法律也是其中之一),以此为依据选择他的行为。合理的组织行为应该符合那些主要的道德原则和德行。现实主义者认为那些诸如法律、审计和监督等具体的效应有助于帮助企业制定政策。这样的组织强调规范和控制体系的重要性,它们会比较推崇伦理守则、可持续发展平衡记分卡等措施。

相反,建构主义否认"社会和世界有既定的意义和特征,认为我们的认知体系、框架和类别会严重影响我们的世界观"。[14]伦理的决策通过社会共同的认知和信仰形成,人际互动也是基于如何才能使组织发展地更好。所以,采用建构主义观点的组织会崇尚建立对话式的文化和活跃的互动方式。在这样的组织架构中,利益相关者对话论坛和开放的创新平台是比较常见的机制。

3. 工具化和制度化

Heugens 和 Scherer[15]还描述了工具化和制度化的对立之处。个体是否需要组织来达成他们个体无法企及的集体目标?组织是否能在成员的集体价值及其他们的道德身份与企业的责任之间找到平衡?工具观倾向于把组织看作理性的实体,被一些占有主导地位的成员领导着达到他们自己的目的。工具观的思维模式会导致纯粹商业化的思考模式,之所以开展责任管理活动是因为这样会产生回报。

另外,制度化的观点试图把组织看作在资产价值之外还具有内在的价值。组织随着时间的流逝自身会形成"制度",组织中的个体也会产生认同和关联。这样的制度化过程会影响企业的伦理决策,对组织特征的如此预设是"组织的道德认同、集体恪守规范和价值,以及组织的总体道德代理机制"[16]等理念的先决条件。

我们可以将这三组对立的观点合在一起考虑,决定企业责任管理的出发点。您的企业秉承哪一派观点?以下是评估企业原始状态的问题清单,您是如何回答这些问题的呢?

- 个人主义和集体主义:我们的组织是否将责任管理和可持续发展的责任落实到每一个个体?还是假设这样的责任应该被置于组织的层面考虑,个人只能在集体行为中发挥作用?
- 现实主义和建构主义:我们的组织把员工的社会参与和环境行为看作一种义务,必须遵守相应的法律、规则和普适标准?抑或我们的组织相信员工本着让组织发展更好的精神可以形成共享的社会信仰,进而自发组织有利于社会和环境的活动?
- 工具化和制度化:我们的组织是由一小群关心可持续发展的主导型领导者支配的吗?他们推动员工完成个人的可持续发展目标?还是我们的组织把可持续发展设为组织和集体的目标,并在可持续发展、伦理实践的规范和价值以及责任管理等方面形成了道德识别能力?

理解这三组对立的观点能有助于我们搭建组织结构。第一组观点能让变革管理领导者搭建一个组织架构,使员工坚信道德责任首先存在于自己内心,每个人都应该为其道德和伦理行为负责。第二组观点能让领导者搭建一个结构,让员工遵从和依据道德原则和德行要求,来实施自己的行为。另外,员工还应该相信,集体化的组织方式是比较得体的社会行为,组织和群体更需要担当起责任。第三组观点论述了组织制度的形成。为了达到组织的目标,员工通过在组织中的人际互动和社会共享价值的形成,伦理决策也就自然而然地产生并流动。组织结构的存在有助于建设"责任、可持续发展和伦理"的文化氛围,散兵游勇式的个体很难做到。工具化的结构假定伦理责任是由一小部分支配性的组织成员承担,他们肩负着组织最终的伦理结果。

对组织的认识历来见仁见智。比如在一个组织中经常是两种对立的观点并列存在。一个部门的领导风格是高度的个人主义倾向,而另一个部门更依靠集体的力量和互动的文化。要对组织以及组织中的部门的性质达成共识,很大程度上取决于责任管理者本人的认识,下面一个小节我们来讨论一下管理学和组织理论的关系。

8.3.2 组织理论和管理理论

我们要对组织中的人以及他们如何在一起工作有一个充分的认识,这对设计组织结构非常重要。员工是众多利益相关者中的一个群体,但它对责任经营中的组织结构设计更具有影响作用。

表 8.1 是根据 Miles、Snow、Meyer 和 Coleman[17]的研究整理而来的。这里介绍了三种管理模式以及相对应的组织结构。每一个模式都包含它们对员工人性的基本假设,源于这一假设而派生出来的管理政策。如果仔细观察一下表格,就会发现在过去的一个世纪中,组织中的员工在责任管理上的逐渐进步。每一个模式都提到了组织结构和责任管理之间的交互关系。

表 8.1 管理学理论及其相对应的责任型组织结构比较

	传统模式	人际关系模式	人力资源模式
假设	·对大多数人来说工作本质上很无味 ·相比于他们做什么工作,他们对挣多少钱更关心 ·没几个人希望或者能够应对需要有创造力、自制力和自我目标的工作	·人们希望感到自己是重要且有用的 ·人们渴望有归属感和被认可 ·这些需求比金钱的激励更重要	·工作并不是无趣的,人们希望对已经树立的有意义的目标有所贡献 ·大多数人可以比当前的岗位要求贡献更多的自制力和创造性
政策	·管理者的基本任务是严格监督和控制下属 ·管理者要把任务细分成简单、重复、易学的动作 ·管理者要建立详细的工作时间表和流程,坚定而公平地强化并执行	·管理者的基本任务是让每一名员工都认为自己有用、很重要 ·管理者要打通与下属的信息渠道,并耐心倾听他们对管理层计划的反对意见 ·管理者要让下属对一些常规事务有一定的自主权	·管理者的基本任务是利用下属"未开发"的资源 ·管理者要创造一个环境让每一个员工都尽其所能地为组织贡献才华 ·管理者需鼓励大家在重要事务上全面参与,继续拓展员工的自我目标和自制力
意义	·高一级的管理者为一线员工的责任绩效担责 ·流程、清单和手册需包括可持续发展、责任和伦理的任务 ·执行严格的控制机制,如个人的责任绩效平衡记分卡	·责任管理者一定要创造一个内部的群体,每一个人都有强烈的存在感和意义感 ·必须要让员工感受到责任管理中所促进的社会、环境和伦理等议题是非常有意义的	·人力资源的模式可以创造企业和员工的共赢,如果员工能在自己满意的岗位上工作,反过来又增加了他们的工作满意度 ·把员工看作人力资源,并以此为手段创造经济绩效,这样的看法在伦理上值得商榷,同理,人力资本的说法也值得商榷

资料来源:Adapted from Miles, R. E., Snow, C. C., Meyer, A. D., & Coleman, H. J., (1978). Organizational strategy, structure, and process. *Academy of Management Review*, 3, 546-562.

我们来回顾一下开篇案例。当 SEMCO 公司的 CEO Ricardo Semler 从父亲手中接权出任掌门人之后,完全颠覆了原有的组织形式,他没有把员工看作"机器中的一颗螺丝钉",而是把员工视为一个个具有无限潜力、创造力和创业精神的生命体。他让每个人都相信自己是 SEMCO 重要的有用的一分子,带领着他们完成了一系列重大的改革,完全让他们发挥能量,允许员工全面参与和拥有组织。这个案例展示了管理和组织变革的理念如何反映在可视化的组织架构变革中,接下来的小节我们进一步阐述如何构建责任经营的组织架构。

8.4 第二阶段:为责任经营重建组织结构

"企业责任部门可以落实在公司的任何一个地方:从 CEO 办公室到沟通部、营销部、法务部,它也可以被冠以任何称谓:企业信誉管理、企业公民、环境风险,所以很难找到它准确的定位。"[18]

组织结构是组织用来控制活动达到组织目标的正式框架。它具备了权威、职责和沟通渠道等上下关系,是企业运作指导原则的书面体现,印在手册或出现在网页中,它还反映了决策的正规流程并标明具体的决策人,所有这些指导原则都是希望组织运作更为顺畅和高效。

那么,在责任管理中的可持续发展部门、伦理热线、首席责任执行官、多利益相关者论坛以及责任项目又发挥什么作用呢?这些术语是用来描述企业为支持责任管理所做的具体努力之一。这些责任经营的结构要素所处的位置、结合点及职能部门、科层和责任的建立一起构成了组织可持续发展、伦理和责任的组织架构,这也是责任管理者可以置身其中履行职责的制度结构。

组织架构是组织结构的统称,隐含着组织结构各个部门之间的统一性。这两个术语经常可以替换使用,多指组织独特的设计以及对运营产生的影响。组织设计是指建立组织结构时为什么这样挑选、如何挑选各种途径。[19]

组织规模不管大小,组织结构(架构)或类似形式一定存在。"全世界有很多企业都从战术层面转向战略层面提升资源效率和可持续性,从运营过程和产品着手,在改善环境绩效方面取得了长足的进步。"[20]因此,为责任经营搭建结构对很多企业而言已上升到了战略的高度。

有些组织采用迥然不同的结构追求三重绩效、利益相关者绩效和伦理决策和行动,有些组织则采用小步改革的渐进方式建立新结构。两种方法都很有效,要视战略而定。不管组织采取什么方式组建其结构,要创造一个有利于实现责任经营目标的组织架构,我们必须要认真思考下面这组问题:

- 创造:是否需要设一个部门或地方专门协调责任经营事务?是否需要增设责任管理的新岗位?如果要设一个高级别的岗位,应该如何命名?要组织责任经营的活动,我们需要哪些新政策、项目和流程?
- 整合:责任管理如何合并到现有的岗位描述、主流部门和组织文件(如使命陈述和价值陈述)中?
- 一致:我们如何协调现有的结构和新的责任经营活动?我们如何将新的结构要素与组织的目的和组织的文化理顺?
- 命名:我们如何定义所做的事情?是可持续发展、责任还是伦理,抑或三者兼而有之?也许企业需要用多元化、二氧化碳减排或社会福祉等一些特定的缘由为企业活动、部门或工作岗位冠名。
- 置换:如果我们现有的流程、岗位甚至整个部门需要被新创的结构取代,我们该如何妥善处理?我们如何决定是否该完全摒弃那些已经完全不可持续、不负责任或不符合伦理的结构要素?
- 沟通:为确保内外部利益相关者之间的信息透明,并且赋予他们能力参与企业的改造,我们该建立什么样的机制?
- 赋能:不同的结构要素需要些什么才能够发挥它们在责任经营中的作用?责任执行官应放在科层中的哪个级别?可持续发展部门应该有多少预算?责任管理岗位的权限和责任是什么?

培训、改善和指导过程中应该执行哪些机制?

这是在搭建责任型组织架构时要综合考虑的一些问题,接下来我们来回顾一下组织设计的典型模式,也就是责任经营所附着的一些大结构。

8.4.1 组织的设计模式

从传统的官僚化科层制组织发展至今,组织设计经历了一段不短的历史。现在我们看到了各式各样不同类型的组织架构。在考虑把责任管理纳入现有架构或创建全新的责任管理结构时,我们需要思考高度垂直化或是扁平化的一些组织特征,以及究竟是围绕群体、流程还是传统的部门来组建公司结构。

比如,组织的纵向结构如果很复杂,就会减少沟通的有效性,使信息被过滤、修改并缩短。当CEO想在全公司范围内推广变革并传递新的责任经营理念时,这样的沟通信息流失会导致很严重的问题。如果上令无法下传,这个变革计划从一开始就会夭折。扁平化的平行组织结构减少了信息沟通的层次,但是,当管理者的"控制幅度"扩大时,又会引起沟通的差距和缺省。现代的扁平化组织对沟通有相当大的影响,因为领导者对员工的信息负有更大的责任。此外,管理层和员工对组织伦理的认知可以有很大的分歧。高层经理一般比普通的员工对组织伦理的认知更为积极肯定一些。

Anand 和 Daft[22]提出这样一个问题:"什么是合适的组织设计?"我们在此基础上追问:"什么是适合责任型组织的组织设计?"回答当然是"要视情况而定"。图 8.2 概括了目前最为主要的五个组织形式及其各自的特点,这些特点又会如何影响责任管理的组织设计。

在转型成为责任型组织的过程中,每一种组织设计都有其优势和劣势。在开篇案例中,SEMCO公司从自治型组织(self-contained organization)转变成水平组织(horizontal organization),员工满意度大为提升,这仅仅是企业通过其组织结构增加利益相关者价值的例证之一。

空心化的组织(hollow organizations)只完成具有核心价值增值力的业务,然后把非关键业务外包出去。当今的大部分组织或多或少都有些空心化,如果企业无视责任经营所具有的重要核心作用,那么它也会被承包给外部的服务提供者,这一点很值得探究,因为责任管理需要大量关注企业内部运作的细节和信息,也需要有局内人贡献其见解才能确保执行的可信度。其他流程的外包,特别是将生产外包给发展中国家,也需要谨慎小心,企业大多数的丑闻都涉及外包单位的伦理、社会和环境问题。

在模块型组织(modular organization)中,公司将模块拼装或合并成成品或完整的服务。在这样的组织中实施责任经营通常围绕着改善产品的重要单组件。汽车行业通过改进众多的零部件和组件,如引擎、材质、动力设计和刹车系统的充电技术等方面的技术提升,向着为大众提供环保汽车的方向迈进了一大步。

汽车行业还为虚拟型组织(virtual organizations)的成立提供了样板。虚拟型组织通常由两个或两个以上的企业合资而成,不创建复杂的新结构,而是沿袭母公司的套路。比如,其中一个公司的人力资源部门可能为新公司人事管理提供背后支持服务,而另一个公司则负责安排办公室以及高端的研究配套设施让员工在其中办公。一些主要的汽车生产厂家,通常可能还是竞争对手,会建立合资企业马上着手开发新的电池技术,因为这是提供可持续环保汽车的关键技术。这些虚拟型的企业善于审时度势,根据社会、环境和经济的机会和挑战的隐现,或破或立。

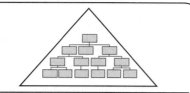

自洽：流程不需要外部支持
- 对企业活动和责任高度控制
- 由于自洽的性质，外部利益相关者合作受碍
- 组织结构中的强科层制可能会有碍变革

企业被分成职能、部门或者兼而有之的矩阵结构

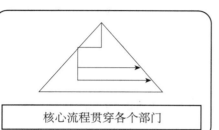

水平：核心流程以及团队为重
- 责任经营机构必须让核心流程更为担责
- 类似于"绿色团队"的团队机制发挥责任经营作用的机会
- 由于结构灵活，有望迅速变革

核心流程贯穿各个部门

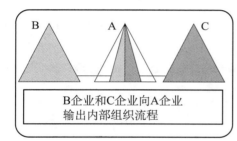

空心：内部流程外包化
- 确保外包后不会降低劳工标准或产生额外的环境或伦理问题
- 有一些责任经营的结构要素，如企业社会责任热线等，可以实行外包管理
- 外包过程中的经验可以用在与外部利益相关者合作的过程中

B企业和C企业向A企业输出内部组织流程

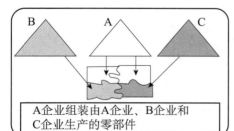

模块：模块化生产
- 在改善自身产品的社会和环境绩效方面大有潜力可挖
- 和其他模块生产者一起打造可持续的创新生态系统
- 在不必放弃整个产品和服务的前提下灵活地改造或替代那些不怎么符合负责任经营的模块

A企业组装由A企业、B企业和C企业生产的零部件

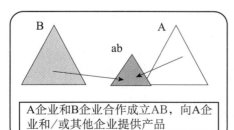

虚拟：合资企业
- 很可能将其他企业的诀窍和资源整合起来，迅速响应社会、环境和经济等方面的机会和挑战
- 在没有太大风险的情况下测试运行新的责任经营结构
- 如果虚拟的组织成功，它可以被移植到非虚拟的独立结构中

A企业和B企业合作成立AB，向A企业和/或其他企业提供产品

图8.2　组织的设计模式

资料来源：Based on Anand, N., & Daft, R. L. (2007). What is the right organization design? *Organizational Dynamics*, 36(4), 329-344.

8.4.2 责任型组织结构的要素

在上节中,我们分析了组织的设计模式会如何阻碍或促进组织转型。本小节我们将介绍一些组织构成的要素,特别是那些有助于建立责任经营和管理的基础架构。这些要素种类繁多,具有不同的功效,表 8.2 列举了其中最为常用的一些要素。

表 8.2 责任型企业架构的结构要素

规范文件图示	**规范文件**:如愿景、使命和价值陈述,政策和伦理守则,发挥"灯塔作用"引领企业
项目图示	**项目**:如员工多元化项目,生态有效性项目等,有主题、有目的的一组活动或结构要素
部门图示	**部门**:如伦理办公室、可持续发展部门等组织中的组织或机制,由专设部门负责开展特定的活动或项目
岗位图示	**岗位**:如"绿领"员工、首席责任执行官等,有专人负责开展相应的活动,履行职责
参与平台图示	**参与平台**:如多利益相关者论坛或开放式创新平台,促进企业和外部利益相关者之间的合作和共创,以及共同学习
沟通工具图示	**沟通工具**:如举报热线,可持续发展报告,可持续发展控制体系,促进利益相关者之间的对话和信息透明化,改善责任经营绩效
流程图示	**流程**:如利益相关者参与或志愿服务,为达到预设目标的一系列具体行动
程序图示	**程序**:如可持续采购程序,细述、标准化并改进采购流程

这些结构要素可以被整合到典型的组织架构图中,如图 8.3 所示。从这些责任经营的架构中我们可以窥见目前责任经营和管理的现有模式,它可以被分成四个方面:

- 高管层:由 CEO 领导的最高管理层。
- 董事会:早先设立的董事会为企业治理服务,它是一个由内外部董事组成的控制机制,还有一个决定主要事务的委员会。
- 员工职能:为业务职能的运行提供主要的支持服务。
- 业务职能:涉及公司最为增值的主营业务,哪些职能被划入员工职能和业务职能视每个企业的具体情况而定。

责任型组织的结构要素分布在这四个方面的里里外外或者交界处。由于篇幅关系,我们挑选一些重要的要素阐述一下。

规范文件

规范文件为责任经营行为提供宽泛的指导原则,没有针对特定情境的具体行动计划,我们可以说这些文件是责任管理的基础设施。当组织中的个人面临酌情行事的情况下,尤其是在没有明确执行程序的情境中,这些规范文件就体现出它们的重要性。在组织中不是每一个行动都可以或者应该受规则指导的,所以组织在责任管理过程中要制定战略偏好。比如在图8.3的责任型企业架构图中,我们找不到任何一个地方标注减少二氧化碳的具体排放措施和流程以供员工执行。也许这个企业提供服务,不涉及二氧化碳密集排放的生产流程;也许企业的战略考虑是更为关注主营业务的发展。但是,一个办公室经理也许需要做一个决定是保留那个不环保的旧打印机呢,还是购买一个新的更为节能的打印机;一个车队经理也许要决定购买马力更足的大排量汽车,还是购买混合动力的环保车。在这些酌情而定的情况下,规范文件能够提供指导原则。公司的使命陈述如果是"我们希望成为行业中最环保的企业",那么相应的价值陈述可以用"尊重环境"表达出来,伦理守则中也许就会有一条是"在所有决策中都考虑对环境的影响";这些陈述和守则会在公司二氧化碳排放标准和环境政策缺位的情况下,帮助决策者拿主意。

下面介绍这些规范文件及其对责任管理的作用:
- 愿景描绘的是未来企业所达到终极状态,愿景陈述最恰当不过地表达了企业经过责任管理过程转型之后的图景。
- 使命是追求目标时应该做的事情。组织使命陈述中可以包括三重绩效、利益相关者和伦理考虑。有些企业还为具体的关注议题设定具体的使命陈述(可持续发展、利益相关者、员工多元化或环境保护等)。
- 价值陈述强调了在组织文化中必须包含的规范价值,用以指导所有的行动,价值陈述和使命陈述紧密相关。
- 伦理守则为伦理决策提供具体的规则,出于加强道德行为的目的,守则中一般还列举组织中常发生的特定伦理问题。伦理守则可以适用于整个企业统一守则,也可以只是针对个别领域和议题(诚信/反腐败守则,伦理采购守则)的专项守则。
- 政策表明的是组织就责任管理的官方姿态,一般是就专门领域提出比较笼统的注意事项(环境政策、人力资源管理政策、公共政策等)。

在图8.3责任型企业架构图中,我们看到有组织最重要的利益相关者使命、伦理守则及价值陈述。人力资源和采购部门都有其自己的政策融合在责任经营活动中。规范文件也是设计其他组织要素的出发点和基础。

意大利:可持续发展的 Afuture 计划

Autogrill 是一家意大利餐饮公司,通过旅行业和机场零售业的各种渠道为客户提供专业服务,公司有一项专门的可持续发展未来计划,被称为 Afuture,主要包含三个方面的行动:

人:关注人际关系,不管是员工还是客户;

产品和服务：保证产品和服务的质量；

环境：管理能源、水和废弃物，与合作伙伴一起确保在生态可持续化的条件下谋求经济发展。

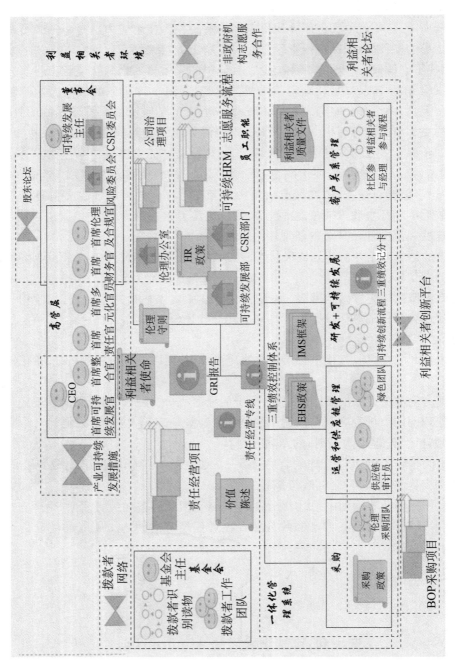

图 8.3　责任型企业架构示例

项目和活动

项目包含一系列有公共目标或议题的活动。项目本身并不构成组织架构新的部分,但包含着各个组织部门共同参与的活动。96%的大企业都有正式的责任经营项目,这其中的76%还希望企业能扩大这些项目,19%希望项目有更多员工参与,21%希望有更多预算,57%相信这些项目会在整个企业扩大覆盖面。[23]

责任经营和管理项目大致可以分为以下两种类型:

● 旗舰项目(flagship programs)将企业各种类型、各种起因的活动捆绑在一起,通常涉及组织架构中的所有方面,比如玛莎百货的 A 计划、联合利华的可持续生活计划、通用电气的生态展望计划等。这些活动的起因不同,但都是为改善企业各个部门的责任经营行为,它们相得益彰,最终改善企业的总体责任经营绩效,在我们的组织架构示意图中,"责任经营项目"就是组织的旗舰项目。

● 善因项目(cause-related programs)范围狭窄一些,它们只集中在某种起因或单一的起因。图8.4 是 AT&T 公司的善因项目结构图,比如废弃物管理项目是如何处理电子垃圾、有害废弃物以及建筑环境。图中可以看出善因项目之间的互为关系以及责任经营和核心团队是如何与不同主流部门共同协作来完成任务的,例如,产品管理就需要营销部门的配合,而员工多样化项目则需要人力资源管理部门的介入。

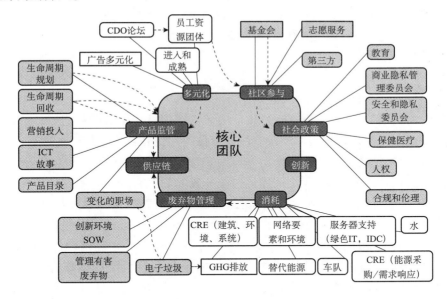

图 8.4　AT&T 公司的善因项目结构示例

部门

企业责任项目越有意义,那么创建专门的部门就越有可能。《企业责任杂志》的一份调研显示,62%的企业责任管理者都是专门的机构部门的领导,也就是责任经营部门的主管。另外一个有意思的事实是,42%的类似部门直接向 CEO 汇报。责任经营部门的管理内容非常广泛,82%掌管可持续发展和环境议题,60%以上管理慈善、治理/风险/合规等事务,50%的部门还管理人权及劳工关系问题。在那些不具备专门责任经营管理部门的企业中,15%在建立过程中,66%把责任经营活动融入主流企业部门中。在拉丁美洲和西欧,70%多的受访企业表示有专门的预算拨给责任经营管理部门;而在加拿大、美国、亚太地区和澳洲,50%的企业有专款专用。[24]

责任经营结构的搭建有两种模式,企业一般会同时应用:

- 独立的部门,有时称为可持续发展部,有时称为企业责任部。对一些规模较小的企业,就成立办公室。很多企业都有伦理办公室,这些小型的责任经营办公室,自己只负责少量的责任经营活动或项目,但在和其他主流部门的配合和协调方面则很关键。
- 融入主流部门,责任经营是由主流部门自己实施,营销部门会自己落实责任营销项目,人力资源部门有自己的可持续发展人力资源项目。为了便于协调,部门外还会设一个专岗,监管和支持跨部门的项目执行工作。

责任经营中的一个特殊组织要素是基金会。一直以来,基金会由企业拨款,但运作都和主流业务活动分开,所以,它们和独立的责任经营部不同。但是,现在的基金会越来越多地参与企业价值链中的责任经营行为,可以粗略地分以下两类:

- 独立基金会由企业按利润的固定比率拨款,甚至从企业主的私人资金中拨款。他们通常是公司对外慈善和社会项目的资助者。
- 融入式基金会与员工及主要的企业部门通力合作,是企业执行责任经营活动的合作方。

由图8.3,我们看到独立的企业责任部、可持续发展部、伦理办公室都处于人事部的核心并且联系紧密。这个结构还显示了众多的责任经营活动是如何分布在企业部门和组织实体各个环节的,如董事会、基金会和高管层。

工作职位

由于责任经营实践的重要性日益凸显,相应的职责岗位已开始被设立起来,既有专职专位,也有在岗位描述中包含了责任管理履职要求。所以责任经营正在催生一派新的职业经理人,专门负责企业的社会、环境和伦理议题。[25]

基于岗位落实在不同的层级,职位描述可以被分成以下三类:

- 高管层职位可以有很多称呼,如首席责任官(CRO)、首席可持续发展执行官(CSO)、首席伦理及合规执行官(CECO)等,这些是最为常见的名称,也承担着责任经营的最高职责。大多数高层职位都对企业的战略决策具有很大的影响力,和CEO仅一步或几步之遥。[26]这些高级别的责任管理者通常全力负责整个公司的责任经营部门,并且和其他部门的主管密切合作,合力采取措施。此外,董事会成员也会经常被委派以确保企业的责任经营行为,41%企业的董事都致力于企业责任的经营,2010年23%的董事非常积极地推进责任经营措施。[27]
- 中级和业务管理层也出现了一些相应的新职位。经理、主任和副总裁是管理企业社会和环境事务的一些高管职位,中级和业务经理通常有很强的专业能力,加上责任经营的相关知识,使他们能很好地胜任这个复合型岗位。他们的称谓中往往包含这一岗位的缘起和亟待解决的问题,如全球可持续发展主任、多元化副总裁、二氧化碳管理经理等。
- 绿领工作者在运营层面,一部分工作或主要工作就是从事社会和环境的价值创造。例如,"看门人"的职守是每天按惯例关闭照明、供暖或空调的开关,以节约能源。这些人在本职工作之外的举手之劳对企业责任经营绩效会有不小的影响。[28]另外一个相关术语是绿色团队,这个群体的任务是在运营层面上改善企业的环境绩效。

图 8.3 中一共有三个高级别的责任经营职能:一个是外部董事主管责任议题,同时也是公司的基金会主任;一个是环境和安全健康主任;一个是社区参与经理。在运营层面,公司有各种团队致力于责任经营,比如伦理采购团队。责任经营和管理的内部员工经常需要和很多外部利益相关者通过促进合作的参与平台展开交流和互动。

参与平台和沟通工具

参与平台是促成利益相关者合作的论坛,以会议(股东季度会议)、合作事件(志愿活动)或者网络平台(开放的创新平台)等形式出现。组织结构中必须出现的两种参与方式为:

- 合作方参与是由一个或几个利益相关者牵头的、长期的一种紧密关系,参与平台往往为合作方的需求量身定制。参与的信息和结果常常在内部传递,这种方式的参与流程非常标准化。
- 社区参与的目标是让很多利益相关者同时参与。在这一方式下,与企业的关系不占主导地位,而是各个利益相关者之间的关系和协同创造更为重要。

图 8.3 中所呈现的组织结构中也有好几种参与活动。在产业可持续发展举措中,高管层和其他企业的领导者精诚合作,一起努力将产业转型为可持续发展的模式,其他的参与活动包括基金会的受赠方网络建立,社区定期的志愿服务,员工、客户和非政府组织联手打造的开放式创新平台,以及一年一度的利益相关者大型论坛等。

参与工具和沟通工具的区别在于前者实现了积极的合作和共创,后者仅仅为了交换信息,也就是起到沟通的目的。沟通工具在责任型组织架构中的作用不容小觑,他们是多重利益相关者的连接纽带,作为共同的反馈通道。在营销和沟通这一章里,我们会有详述。在图 8.3 中的沟通工具有 GRI(全球报告倡议组织)的可持续报告、利益相关者热线和公司业务职能部门的控制体系。公司责任执行官协会(Corporate Responsibility Officer Association,CROA)的一份调查显示,53% 的受访企业和负责任投资者之间有直接的沟通渠道,67% 的企业在营销沟通中包括了社会和环境议题,58% 的受访企业出版了企业社会责任或可持续发展报告。[29]

伦理思考

开罗:纸张搭档

Memac Ogilvy 是埃及开罗的公关公司,它将公司使用过的纸张、杂志和报纸捐赠给非营利的慈善组织 Resala。Resala 转而将这些纸张卖给专业的回收机构,并把收入捐给孤儿、医院和弱势群体。

资料来源:Construction Week Online. (2012, September 2). ConstructionWeekOnline.com.

流程和程序

在组织中从事责任管理活动的主要挑战是在所有部门、职能和层级中将其运作起来,这就不得不需要流程的到位。不管在企业的什么位置,人们都要有产出,流程多多少少就要在其中发挥作用,我们在企业中执行责任管理的流程,就是在将责任管理做运营化管理。运营管理这一章将详细描述如何通过流程、程序和管理系统的改造,设计责任经营绩效的持续改善。这里我们稍带提一下责任经营结构中的两种不同流程。

在运营层面,流程(和程序)包括专业化和一体化两种方式:

- 责任管理的专业化流程是指那些以可持续发展、责任和伦理议题为核心和主要目的的流程,利益相关者参与流程和志愿活动流程就属于这一类专业化的流程。
- 一体化流程指那些主流业务流程中与可持续发展、责任和伦理有重要关联的行动。类似的例子有可持续创新流程,主要把三重绩效看作普通创新流程中的一个部分,以及负责任的采购流程也属于此例。

程序(procedures)通常是流程(processes)非常正式的书面表达。不同的程序组合在一起,形成了管理系统,监控着公司的许多甚至全部流程。程序和我们之前提到的规范文件的区别在于,规范文件回答的是"什么"的问题,如"我们该达成什么目标";而程序解答的是"如何"的问题,如"我们如何能达到目标"。规范文件是组织结构要素的初始点,程序则将之完整化。在接下来的一部分,我们继续探讨组织发展的流程。

8.5 第三阶段:负责任的组织发展

"我们提到过,我们无法在这里描述组织流程改造的细枝末节,岗位要求会发生哪些改变,支持这一变革的信息系统要做什么调整,这样变革的意义是什么,等等。将责任融合到组织中去需要根据各种情况做出权变的反应。"[30]

第二阶段主要阐述的是静态的组织结构要素,它们如何通过动态的组织变革和组织发展流程融入组织结构中去,接下来第三阶段的主要任务是从动态的角度观察企业是如何创造组织结构的。只是搭建结构是不足以真正改变组织的状态和行为的,当谈及责任经营活动时,我们通常会用一个比喻的说法,就是责任管理已经是"企业DNA"的一分子。这就意味着,不仅企业的生理结构中含有责任经营的要素,同时责任经营的理念也已深深刻入了企业的本性中,反映在大大小小的企业决策和行为中。如何取得这样的成果呢?

当今,要把组织结构调整到更为符合可持续发展、责任和伦理的方向可以实现,但结构再造必须要经过一系列仔细、完整和复杂的过程。责任管理要融入企业的DNA,我们需要借力于组织发展的三大驱动力:责任领导力、负责任的文化和变革管理。我们先了解一下变革的目标是什么。

责任管理的结构再造有什么目标?图8.5代表了可持续发展管理、责任管理和伦理实践的总体流程。责任经营的阶段增长模型提供的是定性分析的工具,考察一个企业的组织结构、活动和绩效的负责任程度和状况。[31]而这里的责任经营绩效模型是可持续发展、责任和伦理绩效模型的合成。

- 第一行:可持续发展绩效。跨度从低于平均水平的不可持续状态,到可修复型的可持续发展组织的完美状态,也就是企业能够同时创造社会、环境和经济的资本。可持续发展状态的标杆是组织能够在地球可修复资源的限度内,生成可持续的三重绩效。[32]
- 第二行:责任绩效。它显示了不同的组织对待利益相关者的行为模式,这个连续体的一端是防御行为、否认责任,逐渐过渡到另一端的公民行为模式,组织甚至推动其他利益相关者共同承担责任。责任维度的标杆是企业将社会责任嵌入所有核心流程中去的管理实施。[33]

● 第三行：伦理绩效。代表组织希望道德决策的程度。一个企业的道德发展较弱，就处于第一阶段的非道德水平，而另一端则是发展较为完善的伦理性阶段，彼时企业大部分的伦理决策都能落实。伦理维度的标杆是积极的伦理响应，企业对在影响力范围内出现的伦理问题都能妥善解决。[34]

中间的虚线表示"执行的标杆"——组织向责任型企业转型的最低标准的长远目标。换言之，这个标杆是最低要求，如果一个组织、一个管理活动或流程在路径的选择和努力的结果方面都没有达到表中的最低标准，那么它们就不能被冠以"责任型"的组织、活动或流程。

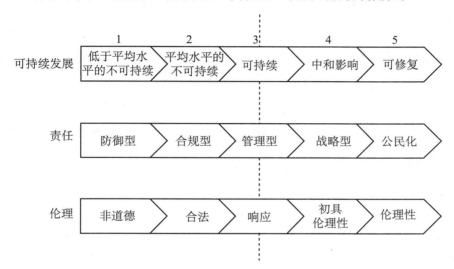

图 8.5　责任组织的发展路径

资料来源：Based on Laasch, O., & Conaway, R. N. (2013), *Responsible business: Managing for sustainability, ethics and global citizenship.* Monterrey: Editorial Digital; Zadeck, S. (2004). The path to corporate social responsibility. *Harvard Business Review*, 82, 125-132; Reidenback, R. E., & Robin, D. P. (1991). A conceptual model of corporate moral development. *Journal of Business Ethics*, 10(4), 273-284.

对有些企业而言，这一任务令人望而生畏。企业如何才能达到这样高的目标呢？我们假设你负责一个企业的责任经营，通过自测，你意识到企业目前处在第一阶段，也就是三个维度目前都得1分，总体绩效是3分。离达到总体绩效15分，或者达到每个标杆水平的3分、总体绩效9分，似乎遥不可及。从发展的流程考虑，我们建议企业先同时跨出两个小步。

第一，小步并单维思考。如果目标不是一步到位，以及同时在三个维度都达到优秀的状态，那么组织发展的难度就会降低。

第二，在可持续发展、责任和伦理三个维度上找到平衡点。在同一维度上超越一步相对容易一些，这也为在其他维度上的进步打好基础。比如，通过将利益相关者的考虑引入目前的质量管理体系，从责任维度的合规型阶段(2)达到管理型阶段(3)也许是一小步，但这一步也能帮助你把企业在可持续发展的维度上从低于平均水平的不可持续阶段(1)，前进到处于平均水平的不可持续阶段(2)，因为在质量管理体系中考虑利益相关者的诉求会牵涉环境和社会的指标。这些指标可以被用来与其他处于平均水平的企业相对照，从中识别进一步改善的机会。

韩国：POSCO 通过自立的社会企业搭建责任绩效结构

POSCO 是韩国的第三大钢铁公司，作为可持续发展管理项目的一个部分，公司建立了不少社会企业，专门为残障人士提供就业机会（POSWITH，其中 54% 的劳动力为残障人），提供环保型的钢结构施工（POS Eco Housing，三分之二的利润用于再投入，解决弱势群体和年轻人的就业问题），以及奖学金和培训项目，雇用弱势群体和来自朝鲜的叛逃者（POS Plate 和 Songdo 社会企业）。所有这些社会企业都为其母公司提供服务，或者活动都和母公司的业务有关，促成了企业的可持续发展和资源及技术的共享。

资料来源：ProSPER. Net.（2011）. *Integrating sustainability in business school curricula project：Final report*. Bangkok：Asia Institute of Technology.

组织发展最为重要的三个议题是领导力、变革管理和组织文化，接下来我们逐一进行阐述。

8.5.1 组织领导力

责任经营组织变革需要领导层的高瞻远瞩，远见卓识。更为重要的是，一个企业的不负责任行为，罪魁祸首常常是行为不正的领导层，排除这些"祸害型"领导只是发展责任型组织的第一步。[35]我们呼唤新一代的领导，不妨称之为"责任型领导"，他能够肩负起领导可持续发展、责任和伦理三个方面的变革，如图 8.6 所示。

如之前所述，我们有必要对领导力中的可持续发展、责任和伦理做一下区别。三者有重叠交叉的地方，但每一个又有其独特的侧重，所以与之相对应的领导力理论各有不同，且和主流领导力也有区别。我们以领导力愿景和追随者为依据对三种领导力做了如下定义：

- 可持续发展领导力表示领导者在一定的群体和体系中推动可持续发展。他可以带领着一个人、团队、整个组织、整个区域乃至整个行业朝着可持续发展的方向发展。
- 责任型领导力追求的目标是创造利益相关者价值，通常责任型领导处在一个领导—追随者的衍生关系中，远远超出了层级关系的范围，所以他们是利益相关者的领头羊。[36]
- 伦理型领导力能够激励他人按伦理规则行事，他们带领追随者达到道德卓越的境界，所以又称道德型领导。[37]

领导者有三大任务，奎恩和达尔顿[38]专门研究了可持续发展领导者的优良实践，发现他们在领导可持续发展的过程中经历了三个阶段，对其他类型的责任领导也同样适用，他们的建议是：

第一，指明方向：领导必须要晓之以理地传达变革的愿景和目标。好的实践包括：

- 定义和传达信息：避免"沮丧悲观"，把可持续发展包装成一个积极的机会，用生动的例子动之以情。使用商业、财务和实用的语言表述。从社会价值的角度，调动员工的内在动力去正确行事。
- 发起、执行和指导：一定要有一个强有力的发起者，能够推动变革，有执行力，脚踏实地，并能提供指导意见。

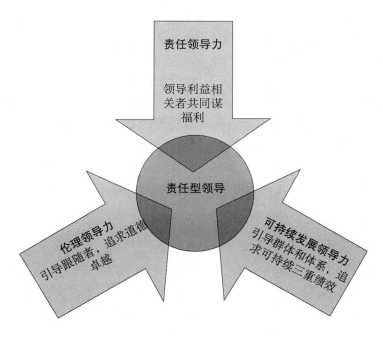

图 8.6 可持续发展、责任和伦理综合领导力

- 集中精力：不要去过多说服持怀疑态度的人，这样会耗费你的精力，重视那些一拍即合的人，他们能帮助你积聚动势。

第二，建立联盟：领导者要确保在企业内部首先执行责任经营实践。

- 执行内部经营实践：如果企业内部的流程和结构到位，员工自然就会相信可持续发展会水到渠成，我们之前提到的这些结构包括专项职责岗位、有可持续发展指标的控制体系、沟通和反馈机制，整个公司的可持续发展项目培训体系等。
- 让利益相关者参与：可持续发展目标不可能靠单枪匹马完成，所以领导者要在更广的范围内和利益相关者合作，建立长期伙伴关系，并敦促其他企业的加入。
- 在办公和生产设备、产品和服务方面创造可持续发展：给生产环节以及产品和服务消费环节的所有相关者时常提个醒，在这些环节多实施可持续发展将会创造新的收入流，为可持续发展找到商业依据。

第三，恪守承诺：达到可持续发展、承担利益相关者责任都是长期的目标，所以需要追随者的长期承诺。

- 将员工视为资产：当员工被视为资产，视为组织可持续发展知识、技能和文化的载体，他们不太容易产生动摇，动力会增强，使可持续发展的运动保持活力。
- 建立信誉：一旦企业建立起伦理、可持续和负责任的良好形象，一切都不证自明。利益相关者希望企业能坚持不懈，企业对任何不合规而有损公司名誉的行为将负全责。
- 寻求网络支持：可持续发展和责任管理的网络，包括一些行业措施等，是给企业助力的外部抓手。

当我们想到责任型的领导，一定会不由自主地想到高管层从上至下大刀阔斧的变革，是的，没错。企业责任执行官协会（CROA）的一份调查显示，在过去的一年中，有超过一半的 CEO 推动了责任经营的措施。受访的 CEO 和 CRO 表示有 80% 以上的 CEO 都理解责任经营在他们运营中的作用,超过 85% 的 CEO 认为可持续发展非常重要。大多数 CEO 都会定期和企业的可持续发展领导者会面讨论。[39]领导者在企业中的级别越高,他对跟随者的影响就越大。[40]尽管这些数据比较有说服力,但有一点共识已经形成,就是 CEO 或企业高管已经不是企业仅有的最为重要的可持续发展领导人。

员工和中层经理越来越成为草根活动的主力军。[41]变革代理人可以在企业结构的任何级别涌现,不再只是出现在公司的高层中。有些群体具有很强的变革代理人的潜力,员工在积极推动组织向可持续发展方向转型的过程中大有可为。[42]他们可以扮演多重角色,如专家、辅助者、催化者以及积极分子。[43]扮演这些角色的人也可以被称为社会创业者(social intrapreneurs),也就是说,个人用创业的方法从内部去推动组织变革。

8.5.2 负责任的组织文化

如果没有追随者,领导者也不复存在。如果"大多数人"对领导的愿景没什么呼应,那么变革也不可能发生。这也是为什么组织文化的变革是组织转型并创建责任型架构的先决条件。组织文化被称为组织的"DNA"。[45]文化就像人体中的 DNA,预先设定了组织的状态、行为和未来。责任经营的领导者能够打造一个可持续发展的、负责任经营的、伦理的文化吗?

Sim[46]认为可以。他引用了 Schein[47]所提出的领导者影响企业文化的五个关键措施,并分析了沃伦·巴菲特在 20 世纪 90 年代初期如何利用这些措施,力挽狂澜,拯救陷入不道德经营丑闻的投资公司所罗门兄弟的经过。我们想表明的是这些措施在责任管理变革中的重要性,组织文化的转型需要涉及一些方面:

● 注意力:利益相关者特别是员工的注意力集中在哪里?责任管理者可以对利益相关者的注意力加以引导,比如,他可以表扬员工的工作绩效,对不道德的行为提出批评,然后将可持续发展、责任和伦理的组织价值观向利益相关者进行宣传。当把利益相关者的注意力重新引向组织价值观时,领导者要在组织上下鼓励责任管理,并强调可持续发展目标和价值观。

● 对危机的反应:不管危机大小,都会揭示领导者的本性,因为在紧张危急时刻,人面对问题的情绪和表现会接近真实。通常在危机时刻,责任管理者要么表现得非常道德,要么不道德,要么有责任担当,要么没有责任担当,可以反映出他的真实性。

● 楷模:领导者的行为所映射出的公司价值观,要比书面报道或口头宣言更有说服力。楷模的示范效应对追随者的影响非常大,领导者可以在绿色办公项目、参与可持续发展的活动以及其他责任行动中发挥作用。

● 奖励的分配:领导者一般对组织中的涨薪、晋升和提拔等掌握着决定权。这些特殊的决定也可以传递出可持续发展绩效的重要性,如果责任管理者对好的行为有精神和物质奖励,它会推动企业向责任型的组织转变。

● 甄选和解雇的标准:招聘、遴选、雇用有可持续发展工作经验的人就是在向组织的内外部宣扬可持续发展价值观。同样,解雇涉及不道德行为的员工,也是在向其他员工昭示伦理标准的重要性。人力资源管理这一章将会进一步揭示"员工的入职和离职"对责任管理的变革可以发挥什么作用。

本章的第一部分大都阐述的是组织的结构和制度,但仅仅靠组织的这些静态要素创造和维持不了负责任的经营,文化作为凝集组织结构并实现责任型企业的力量至关重要。

有意思的是,负责任的企业结构和文化之间存在着互补关系。据称,创造一个责任型的架构就没必要再着力建设责任型的企业文化,反之亦然。但有一点可以确信,结构和文化都是责任型企业组织架构的促成因素,而且,在变革管理中,两者的作用不相上下。

8.5.3 变革管理

组织变革指的是企业改善其结构的过程,最终提高了企业绩效。企业对"变革"一词会有不同的表达方法,如"全面质量管理,流程再造,调整规模,企业重组,文化变革,以及扭转乾坤"。[48]

对责任管理者而言,设计责任经营的路线图非常关键,它包括从决策开始,到获得采纳,再到持续贯彻落实。[49]接下来一部分讨论的是如何有效管理变革,促成责任经营企业的转型。以往的变革管理主要关注如何避免变革中的阻碍因素,这些阻碍通常出于员工的抵触。当我们谈到责任经营变革时,整个过程会更为复杂,因为这还牵涉到为数更多的不同利益相关者中存在的驱动因素和抑制因素。

以色列:组织变革的挑战

Fishman 集团是以色列的一家家族集团企业,这家企业落实责任管理的挑战主要来自集团业务的多元化(通信、零售、媒体和房地产)、公司规模的多样化,以及所有权结构的多态化(全资和合资)。所以,建立一个单一的企业社会责任模式对集团下的各家公司适用显然不切实际,于是,一个独特的企业社会责任模式诞生了。集团总部设有一个负责社区关系的协调员,主要协助每个企业自行决定如何和社会及环境建立关系。这样一来,Fishman 集团的社会愿景就是集团所有的成员公司之间的黏合剂,集团将社会中的残疾和弱势群体作为最需要帮助的对象,动员企业自身的资源,并积极动员员工、供应商、商业伙伴乃至整个公众群体一起参与,激发了具有意义的社会变革。

资料来源:Fishman Group. (2013). *Fishman Group*. Retrieved from www.fishman.co.il.

当企业决定以责任管理、可持续发展和更好的伦理决策为目标进行重组,整个过程会遭遇来自内外部的批评声。对任何变革来说,被批评是再正常不过了,企业该如何面对内部批评呢?为什么有些组织转型以失败告终?其他企业可以避免哪些失误?变革管理的公认权威约翰 P. 科特列出了组织转型中的八大失误,供企业引以为戒[50]:

(1)未能建立足够的紧迫感。科特注意到:"我观察到的一半以上企业都是在第一点上栽了跟头。"[51]他强调说,领导者要让员工走出舒适区困难重重。他相信至少75%的企业管理层应该承认,要让转型获得成功,原来的经营方式肯定不奏效。高层领导一定要带动下级管理者一起同舟共济,才望成功转型。要建立责任经营转型的紧迫感,不妨从竞争威胁或即将出台的法规等为切入点。

(2)未能创建强有力的指导同盟。责任管理的同盟一般指支持转型的员工和管理者。转型持续过程中,同盟的支持就会增强,否则变革不会成功。

(3)缺乏愿景。清晰的责任经营定位和愿景能指明企业前进的方向,推动企业步入变革的道路。所以,强烈的愿景是责任转型的核心。

(4)沟通不到位等于将愿景缩水九成。有时候企业似乎"抓"到了责任经营,建立了紧迫感,创建了有力的同盟,写出了有震撼力的愿景,但到了宣传和沟通环节却出现了闪失,也许根本没有和员工交流过这些新的愿景;也许信息传递不够充分,员工未能清楚地理解新的愿景;也许信息表达清楚,但管理者没有身体力行,知行不合一……如此种种都会彻底阻碍转型。

(5)没有扫清障碍。一旦启动组织变革的流程,障碍就开始出现。组织结构首当其冲,以往的组织结构也许没有余地可以在岗位上创新,所以一旦起用新结构,管理者就要对此付诸很多思考,并给予创新之举足够的嘉奖和认可。科层制结构也应该会是一个需要应对的阻碍。

(6)没有系统地规划和创造短期的收效。任何一个经历转型的组织都需要看到一些短期的成功。所以要求变革在一年或两年之内能够见到起效,否则转型也会受阻。

(7)急于宣布胜利。哪怕组织转型已经成功若干年,愿景也会迷失,动势也会流失,当责任管理者感到"我们做到了",会失去继续努力的动力,所以在相当长的一段时间里要保持持续的动力。

(8)没有把变革落实到企业文化中。最后一个失误是企业向责任管理转型的过程没能成为组织结构和文化的体系中的一部分。变革管理中有很重要的一部分是改变组织文化和思维模式,建立三重绩效、利益相关者思维和道德卓越的新理念。

当组织在转型时会遭遇以上这些错误。这些是企业的重大失误,还会有其他林林总总的小问题。变革管理是非常复杂的过程,所以企业一定要计划周详,避免在走向责任型企业的道路上跌入陷阱。

当你知道了应该避免什么,我们接下来介绍一下责任经营执行过程中的一些好的实践。[52]表8.3中描述的9个步骤中有不少和科特提到的注意事项异曲同工。

表8.3 责任经营的执行阶段

CSR 的执行阶段	解释[*]
1. 进行"0 测试"	确定目前的 CSR 实践状态(Cramer 等,2004;Maignan 等,2005)
2. 在组织使命、愿景和战略的框架内形成 CSR 目标	确定组织想达成的目标及其手段(Doppelt,2003;Lyon,2004;Were,2003)
3. 赢得高管层支持	高管层制定战略,如果得不到支持将会成为 CSR 执行的巨大阻碍(Doppelt,2003;Were,2003)
4. 赢得员工支持,确保他们认可 CSR 是日常工作的一个部分	要求在 0 测试阶段跨部门员工的参与,并积极有效地宣传 CSR 的使命、愿景,通过培训加以强化(Cramer 等,2004;Maignan 等,2005;Were,2003)
5. 获得外部利益相关者的支持	外部利益相关者包括受到企业影响并影响组织的群体(供应商、分销商、社区等),选择那些志同道合的伙伴有助于给企业一个正确的定位(Castaka 等,2004;Cramer 等,2004;Maignan 等,2005)
6. 将变革的活动作优先排序,集中精力完成变革	证明变革执行需要动用管理层和其他资源(Doppelt,2003)
7. 策略进步,微调流程	CSR 执行过程是一个互动的过程(Cramer 等,2004;Porter&Kramer,2006)
8. 落实变革	确保组织活动的最后结果带来共同的利益,对社会有所贡献(Were,2003;Porter&Kramer,2006)
9. 为执行体系重新排序	重新排序反映出流程的持续化性质(Doppelt2003)

[*] 此处引用见本章参考文献中 Lindgreen 等人的文章。

资料来源:Lindgreen, A., Swaen, V., Harness, D., & Hoffman, M. (2011). The role of "high potential" in integrating and implementing corporate social responsibility. *Journal of Business Ethics*, 99(1), 73-91.

思考题

1 归纳与整理

1.1 请指出责任型组织架构的主要要素，并举例。

1.2 请描述组织理论中的传统型模式、人际关系模式和人力资源模式。

1.3 解释术语绿领员工、CRO 和变革代理人，并阐明它们之间的关系。

1.4 解释 GRI 报告，举报热线和价值陈述，并解释它们之间的关系。

2 应用与体验

请选择一家你熟悉的企业，从可持续发展、责任和伦理三个维度评估组织结构中存在的不当之处。

3 分析与讨论

3.1 观察一家企业的责任和可持续发展报告，参考图 8.3，为该企业起草一个责任型组织架构图。

3.2 查阅 SEMCO 的网页，评估该企业在可持续发展、伦理和责任三个维度的责任经营绩效水准。

4 改变与行动

4.1 根据你在题 3.2 中的发现，运用科特模型，写一页 SEMCO 的变革计划书。

4.2 根据上题 3.1 的分析，为公司能更搞好地创建责任经营的结构提一些变革建议。

先锋人物专访　西蒙·察德克 (Simon Zadek)

西蒙·察德克把全球责任的标准推向了新的高度。他提出了"责任竞争力"和"责任物质化"等不少重要的概念。在发表于《哈佛商业评论》上的一篇热门文章中，他"构筑了一条通往企业责任的路径"，其中包含了创造责任经营的清晰指南——组织学习的各个阶段。

在您最近刊登于《卫报》的一篇文章中，您说"规模是当前可持续发展的时代潮流"。责任管理者和责任经营如何创造足够大的规模达到真正的可持续发展？有可能吗？如果可能，哪些是达到大规模成效的优秀实践？

简而言之，我把它归纳为 4P，即产品、流程、人和公共政策，也就是新的产品，经过改造的业务流程，既是消费者又是投票者的公民，以及能够激励正确市场商业行为的公共政策。

您创造了"责任竞争力"这样一个新的术语。商业、国家和地区会不会通过责任经营的行为增加他们的竞争力？现在企业社会责任和可持续发展已然成为主流的热门词汇，这个议题的战略定位还有用吗？

当然能，而且事实也是如此。美国对中国的再生能源的出口加以限制；欧洲企业对所有进出欧洲大陆的航班增设碳税所遭到的强烈国际反应；还有，几乎人人都反对安大略省一项新举措，也就是对其绿色能源上网电价进行补贴以建立产业发展的条件……凡此种种都可以说明企业社会责任和可持续发展已经到了一个紧要关头。现在的绿色机遇受到了燃料补贴和金融市场短期行为的约束，但没有人会怀疑绿色经济的崛起，只是时间和方式的问题、输赢的角逐。

您提出过企业责任中的组织学习的五个阶段，您认为当今大多数企业处在什么阶段？是否已经有很多企业跃入战略或公民阶段？

大多数企业尤其是那些具有优质品牌的企业已经在很多方面超越了否定和合规的阶段，达到管理的阶段。有一小部分甚至对有些可持续发展的项目有战略期望，这些项目一般都能够为企业带来商业价值。年轻的第一代公司由于没有沉重的历史负担，所以快马加鞭迅猛发展，尽管在规模上逊色一些。只有极少的公司，更确切地说是他们的领导才洞察到企业若要真正有所作为，需要经济治理的更广泛变革以及金融体系的更深化变革。

您的 AccountAbility 咨询公司设立了一套最为杰出的国际标准，影响着全球责任经营的实践，未来的标准会是怎么样的？我们需要什么样的必备工具才能迎接下一个转型的飞跃？

AccountAbility 和其他几家公司联手,将可持续和公信力发展推到了最前沿。我们不仅设立了自己的 AA1000 系列标准,还为企业出具报告、腐败和商品等其他领域出谋划策。这些标准是寻求解决之道的重要组成部分,但仅仅靠铺设管道是搭不起一座好房子的,所以我在管理 AccountAbility 咨询公司的后几年时间里,精力主要集中在公司治理、业务战略、投资人治理和促进经济转型的国家工具等方面。

您认为我们已经真正达到向企业问责的程度了吗?在今天的经济中公信力实际存在吗?

总体来说企业非常负责任,但如何在他们的诸多责任中寻求平衡却有所迷失。私人金融资本的受益人应该得到一个好的回报,但不是不惜一切代价获得。基金经理应该被激励,但不应该冒过度风险或者以牺牲实体经济为代价。如果要获得持续的繁荣和合理的股权回报,我们需要不同的责任,而不是多寡的问题。没有,我们现在还没有达到责任的合理平衡,我们已经看到一些收效,但历史曾摆向错误的一边。

践行者速写　托马斯·胡格利(Thomas Hügli)

就职企业:

AXA Winterthur,隶属 AXA 集团,是瑞士领先的综合保险公司,为客户提供私人、房产和责任等保险服务,个性化的寿险和养老方案,以及和合作银行一起开发的银行理财产品。AXA Winterthur 拥有 4 000 多名员工,是瑞士气候基金会的活跃成员。它的销售网络遍及全球,有 280 多个独家总代理和普通代理,2 750 多名正式员工。2012 年 AXA Winterthur 全年总收入为 95 亿欧元。

职位描述:

首席沟通和企业责任执行官(CCRO)

教育背景:

德国柏林斯泰恩拜斯大学企业责任管理硕士,经济学和商学学士,注册公关咨询师。

实际工作

您的主要职责是什么?

CCRO 直接向 CEO 汇报,同时向在法国巴黎的 AXA 集团 CCRO 抄送汇报。CCRO 并不是一个全职的角色,更是一个治理的工作岗位。

作为 AXA 企业责任这块最主要的代言人以及面向高管层的顾问,CCRO 最主要是驱动并宣传我们的三条腿企业责任战略(员工参与、利益相关者管理、差异化的旗舰项目"道路保护"),这个战略在地区和当地部署、展开,我们把 AXA 定位成一个责任型的企业,希望能最终成为大家首选的理财公司。通过有效的领导并和集团的战略保持一致,我作为 CCRO 还要建立强势的企业责任战略规划,并聚焦关键绩效指标,将企业责任嵌入核心业务流程中,为 AXA 的承诺提供印证,并利用这些印证和成效在 AXA 的所有关键利益相关者中间建立起信任。

您每天工作的典型事务有哪些?

我每天的工作事务主要包括跟踪国家政府的哪些关注点和讨论热点与企业责任有关,与我们的工作有关,比如能源政策的 180 度大拐弯、未来的人口流动、新的透明化和资本要求,等等。另外还要给予企业责任足够的深度思考,一旦有什么想法就要把它们变成我们企业的宣言,来应对内外部的诉求。我还花很多时间和团队讨论具体的操作决定,与不同的客户群、董事会见面,主持各种利益相关者沟通会,这样才能更深入地了解本企业的责任所包含的内容和意义。

可持续发展、责任和伦理在您的工作中扮演什么角色?

AXA 的使命陈述是"我们帮助顾客更安心地生活"。在这样的情况下,责任就构成了我们使命的一个内在成分:作为一个为顾客提供长期保护、免于烦恼的企业,我们有责任运用我们的专长、资源和抗风险意识去建设一个更为安全和强健的社会。我们企业责任部的章程中包含这些共享的价值,指引我们这支专业的队伍将企业责任整合到 AXA 的核心业务和文化中。章程的主要内容有"监督并控制我们所传送的信息的其实性和准确性"（在宣传保险产品和服务时避免误导行为），"努力宣传我们负责任经营的态度"（强调我们的业务造福社会），"在环境保护方面身体力行，说到做到"（寻求各种方法减少出行差旅、纸张消耗和能源使用过程中对环境的影响）。我们的合规指南和伦理守则涉及的议题有举报政策、洗钱、数据保护和合规提呈报告的义务。

我们本章所提到的议题中，哪些概念和工具和你的工作最为相关？

制定企业的愿景、使命、价值观和业务战略是我们的基础工作，这些内容也同时反映在我们企业责任部的章程和企业责任战略中。我们每年都进行自测，看看我们取得了哪些进步和成绩。这个自测主要涵盖经济、社会和环境三个方面，以道琼斯可持续发展指数（DJSI）为蓝本，AXA集团2007年就成为指数的参考企业。企业有专门的气候保护战略、资源使用战略，我们会用到其他一些和保护有关的工具。AXA瑞士公司的能源指导纲要制定了能源使用的标杆，也就是要有效使用，低影响使用，并且不再让气候问题雪上加霜，这些努力都是为了能够达到AXA集团内部的目标，并且遵守法令条例（能源法案、二氧化碳法律、相应的州级能源法）。

至于组织结构，我们的企业责任委员会定义、批准和定期检查企业责任的战略，确保它符合公司的整体战略，批准企业责任管理的各种纲要、指令、标准和流程。委员会一年开两次大会，执行委员会、首席沟通和企业责任运营官、公共关系和企业责任总监，企业责任大使（与部门负责人一起在部门中执行具体的企业责任活动）纷纷到场，决策圈和操作部门负责人集聚一堂，共商共议企业责任。AXA集团每年发布《行动和企业责任报告》，里面包括了AXA Winterthur的一些项目和关键数据。

经验分享

您会给您的同行什么样的建议？

用一些已经很成熟的规则来管理企业的基金会是明智之举。比如在瑞士有《瑞士基金会守则》、德国有《基金会健康运行纲要》，我们就自己的任务、能力和共同的影响范围，参考他们的模式来制定我们公司明确的规则。此外，我们还需要经常审核我们企业责任核心团队的任务是否真正融入企业，这样我们才能更好地了解这些议题是否被认可和接受。

您工作中的主要挑战是什么？

最主要的挑战还是要找到我们的核心业务以及它所创造的收益之间的关联。尤其对保险行业的公司，企业责任的需求也许乍一看并不明显，不像生产型企业，长期的商业模式马上（通常错误）就可以与可持续发展联系起来。

您还有其他什么想说的？

员工调研也是很合适的工具，将企业责任的一些具体议题包含进去，因为它们可以帮助我们跟踪我们的进展，所取得的成绩，然后进一步开发衡量指标。

参考文献

1. CROA. (2011). *Corporate responsibility best practices: Research summary.* Edison: Corporate Responsibility Officer Association.
2. BCLC, CROA. (2012). *The state of the corporate responsibility profession* (p. 13). Washington, DC: U.S. Chamber of Commerce.
3. BCLC, CROA. (2012). *The state of the corporate responsibility profession* (p. 13). Washington, DC: U.S. Chamber of Commerce.
4. Margolis, J. D., & Walsh, J. P. (2003). Misery loves companies: Rethinking social initiatives by business. *Administrative Science Quarterly, 48*(2), 268–305, p. 284.
5. Heugens, P. P., & Scherer, A. G. (2010). When organization theory met business ethics: Toward further symbioses. *Business Ethics Quarterly, 20*(4), 643–672, p. 643.
6. Campbell, J. L. (2007). Why would corporations behave in socially responsible ways? An institutional theory of corporate social responsibility. *Academy of Management Review, 32*(5), 946–967, p. 946.
7. Heugens, P. P., & Scherer, A. G. (2010). When organization theory met business ethics: Toward further symbioses. *Business Ethics Quarterly, 20*(4), 643–672, p. 643.
8. Heugens, P. P., & Scherer, A. G. (2010). When organization theory met business ethics: Toward further symbioses. *Business Ethics Quarterly, 20*(4), 643–672.
9. Hofstede, G. (1985). The interaction between national and organizational value systems. *Journal of Management Studies, 22*, 347–357.
10. Robert, C., & Wasti, S. A. (2002). Organizational individualism and

10. collectivism: Theoretical development and an empirical test of a measure. *Journal of Management, 28*(4), 544–566.
11. Heugens, P. P., & Scherer, A. G. (2010). When organization theory met business ethics: Toward further symbioses. *Business Ethics Quarterly, 20*(4), 643–672, p. 643.
12. Heugens, P. P., & Scherer, A. G. (2010). When organization theory met business ethics: Toward further symbioses. *Business Ethics Quarterly, 20*(4), 643–672.
13. Kant, I. (1785). *Fundamental principles of the metaphysics of morals.* (T. B. Abbott, ed.). Retrieved August 18, 2012, from Pennsylvania State University eBook: www2.hn.psu.edu/faculty/jmanis/kant/Metaphysic-Morals.pdf
14. Heugens, P. P., & Scherer, A. G. (2010). When organization theory met business ethics: Toward further symbioses. *Business Ethics Quarterly, 20*(4), 643–672, p. 647.
15. Heugens, P. P., & Scherer, A. G. (2010). When organization theory met business ethics: Toward further symbioses. *Business Ethics Quarterly, 20*(4), 643–672.
16. Heugens, P. P., & Scherer, A. G. (2010). When organization theory met business ethics: Toward further symbioses. *Business Ethics Quarterly, 20*(4), 643–672, p. 649.
17. Miles, R. E., Snow, C. C., Meyer, A. D., & Coleman, H. J. (1978). Organizational strategy, structure, and process. *Academy of Management Review, 3*, 546–562.
18. BCLC, CROA. (2012). *The state of the corporate responsibility profession* (p. 13). Washington, DC: U.S. Chamber of Commerce.
19. Jones, G. R. (2013). *Organizational theory, design, and change,* 7th ed. Upper Saddle River, NJ: Prentice Hall.
20. Greenbiz. (2011, May 20). *Report preview: Enterprise sustainability management solutions reference architecture and buyer's guide.* Retrieved October 11, 2012, from Greenbiz.com: www.greenbiz.com/event/2011/05/20/report-preview-enterprise-sustainability-management-solutions-reference-architectur
21. Trevino, L. K., Weaver, G. R., & Brown, M. E. (2008). It's lovely at the top: Hierarchical levels, identities, and perceptions of organizational ethics. *Business Ethics Quarterly, 18*(2), 233–252.
22. Anand, N., & Daft, R. L. (2007). What is the right organization design? *Organizational Dynamics, 36*(4), 329–344.
23. CROA. (2010). *Corporate responsibility best practices: Setting the baseline.* New Jersey: Corporate Responsibility Officer Association.
24. CROA. (2010). *Corporate responsibility best practices: Setting the baseline.* New Jersey: Corporate Responsibility Officer Association.
25. BCLC. (2012). *The state of the corporate responsibility profession.* Washington: U.S. Chamber of Commerce.
26. Weinreb Group. (2011, September). *CSO back story: How chief sustainability officers reached the C-suite.* Retrieved September 5, 2012, from: http://weinrebgroup.com/wp-content/uploads/2011/09/CSO-Back-Story-by-Weinreb-Group.pdf
27. CROA. (2010). *Corporate responsibility best practices: Setting the baseline.* New Jersey: Corporate Responsibility Officer Association.
28. Heaney, S. A. (2012). *How to embed sustainability into the business enterprise?* Retrieved November 11, 2012, from Executive Forum, Boston College Center for Corporate Citizenship Blog: http://blogs.bcccc.net/blog/executive-forum/?utm_source=Newsletter+June+2012&utm_ca
29. CROA. (2010). *Corporate responsibility best practices: Setting the baseline.* New Jersey: Corporate Responsibility Officer Association.
30. Waddock, S., & Bodwell, C. (2007). *Total responsibility management: The manual* (p. 99). Sheffield: Greenleaf Publishing.
31. Ditlev-Simonsen, C. D., & Gottschalk, P. (2011). Stages of growth model for corporate social responsibility. *International Journal of Corporate Governance, 2*(3), 268–287.
32. Laasch, O., & Conaway, R. N. (2013). *Responsible business: Managing for sustainability, ethics and global citizenship.* Monterrey: Editorial Digital.
33. Zadeck, S. (2004). The path to corporate social responsibility. *Harvard Business Review, 82,* 125–132.
34. Reidenbach, R. E., & Robin, D. P. (1991). A conceptual model of corporate moral development. *Journal of Business Ethics, 10*(4), 273–284.
35. Lipman-Blumen, J. (2006). *The allure of toxic leaders: Why we follow destructive bosses and corrupt politicians—and how we can survive them.* Oxford: Oxford University Press.
36. Pless, N. M. (2007). Understanding responsible leadership: Role identity and motivational drivers. *Journal of Business Ethics, 74,* 437–456; Maak, T., & Pless, N. M. (2006). Responsible leadership in a stakeholder society: A relational perspective. *Journal of Business Ethics, 66,* 99–115.
37. Gini, A. (1997). Moral leadership and business ethics. *Journal of Leadership & Organizational Studies, 4*(4), 64–81.
38. Quinn, L., & Dalton, M. (2009). Leading for sustainability: Implementing the tasks of leadership. *Corporate Governance, 9*(1), 21–38.
39. CROA. (2010). *Corporate responsibility best practices: Setting the baseline.* New Jersey: Corporate Responsibility Officer Association.
40. Schaubroek, J. M., Hannah, S. T., Avolio, B. J., Kozlowski, S. W., Lord, R. G., Treviño, L. K., … Peng, A. C. (2012). Embedding ethical leadership within and across organization levels. *Academy of Management Journal, 55*(5), 1053–1078.
41. Van Velsor, E. (2009). Introduction: Leadership and corporate social responsibility. *Corporate Governance, 9*(1), 3–6.
42. Lindgreen, A., Swaen, V., Harness, D., & Hoffman, M. (2011). The role of "high potentials" in integrating and implementing corporate social responsibility. *Journal of Business Ethics, 99*(1), 73–91.
43. Visser, W. (2008). CSR change agents: Experts, facilitators, catalysts and activists. In *CSR Inspiration Series, No. 2.*
44. SustainAbility. (2008). *The social intrapreneur: A field guide for corporate change makers.* London: SustainAbility.
45. Hickman, G. R. (2010). *Leading organizations: Perspectives for a new era,* 2nd ed. Thousand Oaks, CA: Sage.
46. Sims, R. R. (2000). Changing an organization's culture under new leadership. *Journal of Business Ethics, 25,* 65–78.
47. Schein, E. (1985). *Organizational culture and leadership.* San Francisco: Jossey-Bass.

48. Kotter, J. P. (1995). Leading change: Why transformation efforts fail. *Harvard Business Review, 73*(2), 55–67, p. 59.
49. Kakabadse, N. K., Kakabadse, A. P., & Lee-Davies, L. (2009). CSR leaders road-map. *Corporate Governance, 9*(1), 50–57.
50. Adapted from Kotter, J. P. (1995). Leading change: Why transformation efforts fail. *Harvard Business Review, 73*(2), 55–67.
51. Kotter, J. P. (1995). Leading change: Why transformation efforts fail. *Harvard Business Review, 73*(2), 55–67, p. 60.
52. Lindgreen, A., Swaen, V., Harness, D., & Hoffman, M. (2011). The role of "high potentials" in integrating and implementing corporate social responsibility. *Journal of Business Ethics, 99*(1), 73–91.
53. Gibson, J. L. (1966). Organization theory and the nature of man. *Academy of Management Journal, 9*(3), 233–245.
54. Gibson, J. L. (1966). Organization theory and the nature of man. *Academy of Management Journal, 9*(3), 233–245.
55. Gibson, J. L. (1966). Organization theory and the nature of man. *Academy of Management Journal, 9*(3), 233–245, p. 234.
56. Morgan, G. (1980, December). Paradigms, metaphors, and puzzle solving in organization theory. *Administrative Science Quarterly, 25*(4), 605–622.
57. Urwick, L. F. (1967). Organization and theories about the nature of man. *Academy of Management Journal, 10*(2), 9–15.
58. Urwick, L. F. (1967). Organization and theories about the nature of man. *Academy of Management Journal, 10*(2), 9–15, p. 11.
59. Jones, G. R. (2013). *Organizational theory, design, and change*, 7th ed. Upper Saddle River, NJ: Prentice Hall.
60. Wren, D. A., Bedeian, A., & Breeze, J. (2002). The foundations of Henri Fayol's administrative theory. *Management Decision, 40*(9), 906–918.
61. Fayol, H. (1949). *General and insustrial management* (C. Storrs, trans.). London: Pitman and Sons.
62. Weber, M. (1946). *From Max Weber: Essays in sociology* (H. Gerth & C. W. Mills, trans. and eds.). New York: Oxford University Press.
63. Langton, J. (1984). The ecological theory of bureaucracy: The case of Josiah Wedgwood and the British pottery industry. *Administrative Science Quarterly, 29*(3), 330–354, p. 330.
64. Urwick, L. F. (1967). Organization and theories about the nature of man. *Academy of Management Journal, 10*(2), 9–15.
65. Gibson, J. L. (1966). Organization theory and the nature of man. *Academy of Management Journal, 9*(3), 233–245.
66. Taylor, F. W. (1911). *The principles of scientific management.* New York: Harper & Row.
67. Miller, K. (2009). *Organizational communication: Approaches and processes.* Boston: Wadsworth Cengage Learning.
68. Miller, K. (2009). *Organizational communication: Approaches and processes.* Boston: Wadsworth Cengage Learning.
69. Miller, K. (2009). *Organizational communication: Approaches and processes* (pp. 25–26). Boston: Wadsworth Cengage Learning.
70. Roethlisberger, F. J., & Dickson, W. J. (1939). *Management and the worker.* Cambridge: Harvard University Press.
71. Melé, D. (2007, March). Ethics in management: Exploring the contribution of Mary Parker Follett. *International Journal of Public Administration, 30*(4), 405–424. Retrieved September 28, 2012, from IESE Business School: www.iese.edu/research/pdfs/DI-0618-E.pdf
72. Follett, M. P. (1951/1924). *Creative experience.* New York: Peter Smith.
73. Sethi, N. K. (1962). Mary Parker Follet: Pioneer in management theory. *Journal of the Academy of Management, 5*, 214–221, p. 216.
74. Maslow, A. H. (1943). A theory of human motivation. *Psychology Review, 50*, 370–396; Maslow, A. H. (1954). *Motivation and personality.* New York: Harper & Row.
75. LOHAS. (2012, September 27). *Background.* Retrieved 2012, from Lifestyles of Health and Sustainability: www.lohas.com/about
76. McGregor, D. (1957). The human side of enterprise. *Management Review, 46*, 22–28.
77. Herzberg, F. (1959). *The motivation to work.* New York: Wiley.
78. Miles, R. E. (1965, July/August). Human relations or human resource. *Harvard Business Review, 43*(4), 148–157.
79. Blake, R., & McCanse, A. (1991). *Leadership dilemmas: Grid solutions.* Houston: Gulf.
80. Blake, R., & Mouton, J. (1964). *The managerial grid.* Houston: Gulf.
81. Blake, R., Mouton, J., & McCanse, A. (1989). *Change by design.* Redding, MA: Addison-Wesley.
82. Bernard, C. I. (1948). *Organization and management: selected papers.* Cambridge: Harvard University Press.
83. Bernard, C. I. (1958). Elementary conditions of business morals. *California Management Review, 1*(1), 1–13, p. 2.
84. Gabor, A., & Mahoney, J. T. (2010). *Chester Barnard and the systems approach to nurturing organizations.* Retrieved October 4, 2012, from Indiana University: www.business.illinois.edu/Working_Papers/papers/10-0102.pdf
85. Gibson, J. L. (1966). Organization theory and the nature of man. *Academy of Management Journal, 9*(3), 233–245, p. 243.
86. Kreps, G. L. (1990). *Organizational communication: Theory and practice,* 2nd ed. New York: Longman.
87. Bertalanffy, L. V. (1968). *General systems theory.* New York: Braziller.
88. Deming, W. E. (2000). *The new economics for industry, government, education,* 2nd ed. Boston: MIT Press.
89. Deming, W. E. (2012). *The Deming system of profound knowledge.* Retrieved October 6, 2012, from The W. Edwards Deming Institute: http://deming.org/index.cfm?content=66
90. Peters, T., & Waterman, R. (1982). *In search of excellence—Lessons from America's best-run companies.* London, UK: HarperCollins.
91. Deal, T. E., & Kennedy, A. A. (1982). *Corporate cultures: The rites and rituals of corporate life.* Reading, MA: Addison-Wesley.

第9章 运营:责任型企业优化

> **学习目标**
>
> - 分析企业流程,找到整合责任管理活动的切入点
> - 创建新流程,管理三重绩效、利益相关者价值和道德卓越
> - 用精益化管理创造高效的三重绩效,用六西格码方法并优化利益相关者价值

引言

96%的CEO认为可持续发展问题应该被完全整合到企业的战略和运营中。[1]
有31%的企业测量它们的企业责任项目对受众所造成的影响。[2]

责任管理实践
宜家集团:负责任的运营管理

1943年,在瑞典小镇阿谷纳瑞德成立了一家规模并不大的公司叫宜家公司,创始者英戈瓦·坎普拉德(Ingvar Kamprad)年方十七,时至今日,它已经成为全球屈指可数的零售巨头。宜家主营家具业务,其连锁门店遍布40多个国家(地区),拥有13万员工,年营业收入约250亿欧元。宜家仍处在发展上升期,预计到2020年其年营业收入要增至450亿—500亿欧元。但按照目前的经营方式,木制品的使用量也同时会翻一倍,年碳排放量会从2012年的3 000万吨增至5 000万—6 000万吨。

总体业务量的增长将伴随着资源消耗的同比增长,宜家不能接受这样的发展模式。所以他们清醒地意识到他们需要创新商业模式,才能使企业既遵从物美价廉的竞争战略,又能满足未来客户的需求,减少高价格原材料和能源所产生的影响,减少碳排放及相应资源的消耗。作为企业

未来创新活动的一部分,宜家在2012年10月推出了新的可持续发展战略,旨在使宜家能源独立,并帮助人们过上价格可承受并可持续化的家居生活,这项战略被称为PPP(人和地球的正效应),它包含三个关键点(见表9.1)。

表9.1 宜家PPP战略的关键点

关键点	应用和意义
• 激励和促使千百万人选择更可持续化的家居生活,为客户提供更为节能减耗的省钱产品和解决方案	• 将所有照明都更换成寿命在20年的LED(发光二极管),减少85%的耗电量;为市场提供最低价的、最为节能的家用品,创造致力于分类、减少废弃物和节水的低价、实用和易用的解决方案
• 在宜家的商店和办公区域生产可更新资源,投资15亿欧元的风能和太阳能项目,实现能源和资源的独立	• 将宜家卖场和办公区域节能效率提高20%,并鼓励和带动供应商也达到相同目标;继续开发新产品,让产品更可持续化,确保所有家饰材料及包装材料可更新、可循环
• 引领人们和社会创造更好的生活,包括支持供应链上的所有企业都发展成为人们愿意工作的地方	• 鼓励供应商重视合规和共享价值,不只是影响在供应链上的直接供应商,而是尽可能多地扩大影响范围,支持人权保护,遵守联合国全球契约的十项原则

宜家的PPP战略积极响应了太阳能市场的扩大、循环产业的兴起和智能化家用能源管理的转型等一系列的全球趋势,这和宜家的主营业务战略和实践也相吻合,其目的就是要用高效能的解决方案替代高能耗的产品,造福于客户和自然环境。宜家还致力于有效地使用能源并将废弃物转化成资源,进而在运营中完全使用可更新资源。

PPP是宜家长期发展战略的基础,在运营过程中涉及很多环节。有效执行PPP战略有助于企业内外重视气候变化和资源稀缺等问题,比如通过企业自身的政策和运营,通过供应链及运营的社区,通过产品及流程设计和优化、材料的选择和有效消耗、材料的获取、产品分销、能源生产和消耗等环节在客户群中推广这些理念。

资料来源:Osterwalder, A., & Pigneur, Y. (2010). *Business model generation.* New York:Wiley; Ackoff, R. L. (1981). *Creating the corporate future.* New York:Wiley; IKEA. (2012). *IKEA group unveils new sustainability strategy: People & Planet Positive.*

9.1 运营和责任管理

"'零危害行动'意味着我们要好好停下来了解自然界……我们所做的一切,所索取的资源,所生产的东西,所制造的废弃物是如何影响着自然的平衡……"[3]

我们是否能够建立一个不使用自然资源的企业?约翰·埃尔金顿把追求"零危害行动"的企业称为"零危害探索企业"Zeronaut。[4]如果这样的企业能够达成他们的目标,他们必须从运营的层面着手。流程是经过严格界定并且可管理的一系列企业活动,企业是由相关联的一套流程所构成的系统,运营管理就是流程的管理。这也是为什么责任运营管理(responsible operations management)必须是所有责任经营和责任管理的核心环节。责任运营管理不仅对打造三重绩效至关重要,对创造利益相关者价值也同样重要。利益相关者价值就是通过流程的产出物得以体现,所以,流程的设计必须要优化利益相关者价值。

运营管理(operations management)明确地表达出产品、流程、服务、系统和供应链的设计和管理。它考虑的是资源的获取、开发和使用,企业需要动用这些资源为它们所服务的市场和客户提供服务、信息和有形商品。运营管理触及运营、战术和战略各个层面:在战略层,运营管理所关心的是大事件,如厂区选址和规模的确定、设计技术供应链,以及决定服务类型和通信网络的结构;在运营层,运营管理所考虑的是材料的获取、处理和运输,生产计划和控制,质量控制,物流(包括库存管理);战术层的运营管理所涉及的包括厂房布局和结构设计,设备采购、维修和更新,项目管理的方法;等等。

本章将从图 9.1 中的三个阶段展开讨论。图 9.1 所示的模型是简化了的流程模型:在第一阶段,我们就如何将责任管理融入现有流程管理,以及如何设计专门的责任管理流程提供一些基本的观点;第二阶段,我们将进一步观察效率问题,以及如何用精益化的管理模式,在流程中减少自然资源的使用和影响;第三阶段,我们将应用六西格玛、标杆学习和持续改进等方法讨论如何改善流程的有效性,最终为关键利益相关者提升流程的产出。

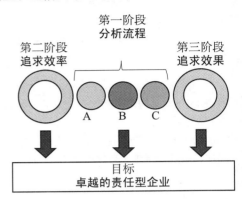

图 9.1　负责任的运营流程

9.2　目标:责任型企业优化

"卓越企业的形成是因为它平衡了关键利益相关者之间各种既互补又冲突的利益,使其更有可能捍卫优势且持久的竞争地位,从而获得长期的成功。"[5]

企业的绩效就是所有流程结果的总和。如果这些结果都非常出色,我们就可以把企业称为卓越的企业。与企业运营最为对口的当然是对运营绩效(operational performance)的重视,但运营绩效在相当程度上受到创新和人力资本的驱动,反过来又会影响与客户相关的财务绩效、市场地位、社会和环境绩效。

要达到超过平均水平的运营绩效或企业的卓越性,责任经营必须要将优秀的三重绩效结果、优化的利益相关者价值和道德卓越性全部纳入到企业流程中去。因此,责任型企业优化可以被定义为在三重绩效、利益相关者价值和道德卓越性方面均有超出平均水平的绩效。卓越企业需要在管理过程中系统地运用质量管理的战略、原则、实践和工具,以改善企业绩效。其基本理念是以客户为导向,注重利益相关者价值,并极度强调流程管理。

在所有职能部门所践行的企业优化活动包括渐进的持续性改进、突破性改进、预防性管理和基于事实的管理,相应使用的工具包括平衡记分卡、标杆学习[6]、精益企业方法[7]、流程管理[8]、项目管理[9]和六西格玛[10]中的 DMAIC 和 DMADV 创新和设计方法等工具。这些工具和实践在很多书籍中都有所提及,所以我们这里的侧重点放在将读者的意识提高到能具体考虑运营管理与上述工具和实践的联系这样一个水平,期待有兴趣的读者日后可以再进一步深入学习和研究。

从 20 世纪 80 年代后期开始到现在,管理战略、政策和实践受到可持续发展和企业优化两大运动力量的推动,这两股力量方向不断聚合和交融。企业优化运动的特征是它具有复杂的企业绩效模型,比如那些力挺欧洲质量奖和美国波多里奇国家质量奖的企业。[11]借助于可持续发展优秀模式的力量可以获得最为迫切需要的结果以达成可持续经营的目标,也就是我们之前提到的"零危害行动"。

从组织的角度来看,我们的目标是制定并执行能够引致可持续的关联行动和责任行动的战略,以使所有利益相关者获益,包括企业本身获得良好的经济回报。这是 Edgeman 和 Eskildsen[12]所提出的可持续企业优化(sustainable enterprise excellence,SEE)的核心概念。

SEE 的形成是因为它平衡了关键利益相关者之间各种既互补又冲突的利益,以及社会和自然环境的平衡,使其有潜力捍卫优势且持久的竞争地位,从而获得长期的成功。

它用的是整合的方法来设计组织和职能,强调创新、运营绩效,与客户紧密相连,人力资本,市场地位,财务、社会和环境的绩效。

SEE 巧妙地将可持续发展运动和企业优化运动结合到一起,作为生成责任竞争力的一个途径。[13]SEE 以独特的方式把社会生态创新作为关键的综合要素,同时又明确地强调组织设计[14]、社会(平等/人)和环境(生态/地球)等要素,追求更好的三重顶线和三重绩效。

总之,我们可以把 SEE 的主要目标视为可持续发展战略通向可持续发展结果的最高效、最有效和最为盈利的转化方式。这和"从摇篮到摇篮"[15]的理念一致,该可持续发展理念涉及产品和服务的设计、交付、生命周期以及如何物其用,把"从理念到客户"的传统模式延展成产品的开发。[16]同样,这个方式与可持续发展作为创新的关键驱动因素[17]和竞争优势的主要来源[18]的地位也是相一致的。

接下来,我们的重点是阐述运营对可持续企业优化的贡献,作为责任型卓越企业的主导要素,它在推进可持续关联和责任战略、行动和结果方面功不可没。现在让我们深入考察一下之前提到的工具和实践:精益企业方法、标杆学习和六西格玛方法。

9.3　第一阶段:流程描述

"确实,如果可持续化流程不到位,不管战略看上去多么新颖和宏大,它都无法得以执行。"[19]

为创建责任型企业优化和绩效,我们需要勾画、理解和改造流程。流程是企业的 DNA,它在运转中通过每一个细小的决策决定着大局,这些决策也许是负责任的,也许不是;也许是可持续的,也许不是;也许是道德的,也许不是。因此,要真正成为责任型企业,管理者需要拿出显微镜,仔细检查企业的 DNA,也就是交织在流程内的 DNA,而不只是夸夸其谈可持续发展、责任和伦理。[20]在本小节中,我们先来观察一下企业的业务流程,然后找到责任管理的附着点。

合适的流程

Water Hope 是一家社会企业,专门为菲律宾贫困社区提供干净和低价的饮用水,以支持更广阔范围的社会发展。这家企业是百事公司和全面转型资源中心(WTRC)合作的产物,后者一直致力于菲律宾的地区发展和人性关怀的工作。Water Hope 所管理的水站以非常低的成本派发干净的饮用水,并提供有关健康和卫生的教育,为供应商提供小微贷款,帮助他们购买足够加仑的水,开展自己的分销业务。这一自我持续的企业战略大大减少了由污染水源导致的疾病,由此实现了社区的发展和健康水平的提高。你认为 Water Hope 的主要流程是什么?有哪些支持活动?企业的资源和产出是什么?

资料来源:ProSPER. Net. (2011). *Integrating sustainability in business school curricula project*:*Final report.* Bangkok:Asian Institute of Technology.

9.3.1 勾画流程图

将流程可视化是一个有力的工具,可以对企业的运作有一个基本的了解,对改造流程及将可持续发展、责任和伦理整合到流程中去会有一个较为直观的认识。如图 9.2 所示,流程中包含着一个或几个活动,借助于资源,将投入转化为产出。[21]企业由各种流程构成,比如招聘新员工、准备开支表、管理某条生产线等。

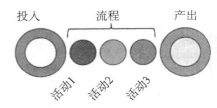

图9.2 流程结构图

为了评价流程的质量或绩效,我们需要来分析流程的有效性和效率两个问题。[22]卓越而高绩效的流程一定是有效果(effective)的,也就是说,确保完成计划内的活动并达到预计的结果。我们也可以说有效果的流程达到了结果,而有效率的流程则不产生浪费,用所需的最少量资源达到既定的目标。不管是有效性还是有效率,可持续发展、责任和伦理都发挥着重要的作用。比如,生态效率旨在减少生产产品和提供服务时所需要的环境资源的使用,从而使流程更具生态效率。[23]同样,我们还可以假设存在"伦理效率",意指企业尽可能地减少单位产品或服务的不合规行为或不道德行为。流程的有效性可以被视为流程三重绩效的产出。问题是,有多少社会、环境和经济价值是由流程创造的呢,换言之,三重绩效的流程是怎样的呢?

勾画内部流程

我们可以在不同的层次讨论流程,就像用显微镜来观察事物,越进一层,流程就变得越贴近、越具象。图 9.3 用六个层次解读企业流程,每一层都有详细描述[24],第一层(组织)和第二层(职能)描述的是组织架构中的基本结构。

从第三层开始,就涉及流程的勾画。职能由许许多多的亚职能组成,一个中等规模企业的人力资源部门由一个或一组人负责员工的进出,也就是招聘和离职等事务。另一个亚职能可以是专门负责员工的培训和发展、每一个亚职能被涵盖在一个或多个流程中,这也是第四层所描述的内容。比如培训与开发的亚职能下又可以把公司内部培训设为一个流程,跟踪员工的资质水平设定为另一个亚职能。

流程通常会超越职能部门或亚职能部门的界线,这也是为什么在图 9.3 中第五层流程描述中的左侧栏处会出现更多的"参与者"。[25]在这一层的业务流程细节图中,对所有的参与者所涉及的每一步流程都有详细的说明,我们认为,业务流程细节勾画描述了如何为一个未来要一起共事的"绿色"办公团队举办公司内部培训,以及谁需要了解环境管理的基本信息。

对流程最细致的观察在第六层,它提供了很多支持性的细节信息。比如在员工培训这个流程下,我们需要记录的有每次培训的出勤考核表、最后结业考试的分数等。接下来我们将结合可持续发展、责任和伦理讨论一下如何勾画第五层流程的细节。

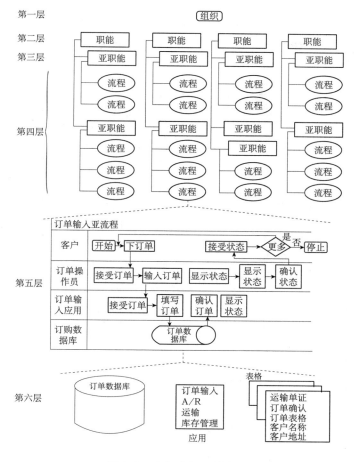

图 9.3　责任空组织放大图

资料来源：Conger, S. (2011). *Process mapping and management.* New York: Business Expert Press.

描述更为细化的流程

描述企业的业务流程需要对公司运营的细节有深刻的理解，更为重要的是，需要知道管理干预应该在哪里出现最为合适，以保证整个流程负责任地运行。接下来我们将详细介绍经过调整的第五层流程（process detail map）的版本，这在主流商业中非常常见。

第五层详细流程图是我们可以使用的一个合适工具，我们可以借以了解在哪些具体的步骤中能够减少环境影响、增加利益相关者价值并规避道德不良行为。一旦产生了这些认知，管理者就可以在管理活动中提出这些"热点"议题。详细的流程不仅帮助我们理解执行营销计划或者筛选新供应商等主流业务流程，同时还帮助我们深入理解和改善专门的责任管理流程，如志愿者服务或生态效率措施。

图 9.4 为我们提供了具体示例，图 9.4（a）表明责任经营的思想是如何嵌入主流市场开发两种流程的，9.4（b）描述的是专门的责任经营流程——志愿者服务。在这两个图中，我们可以看出流程具有共享的特点，它将内外部的利益相关者全部融合到了一系列价值创造的活动中。责任营销流程将客户乃至更广泛的社会层都作为主要的利益相关者，图中的志愿者服务流程把社区成员和员工作为利益相关者。

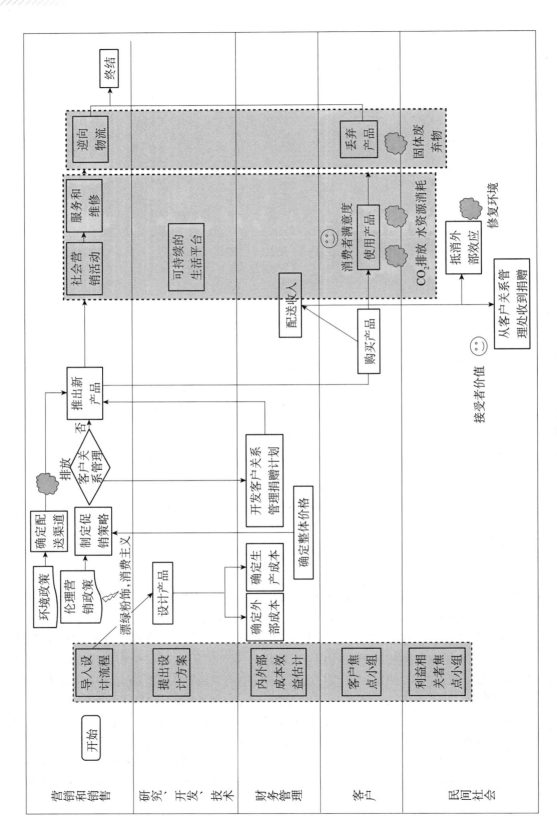

图9.4（a） 流程级责任型运营图示

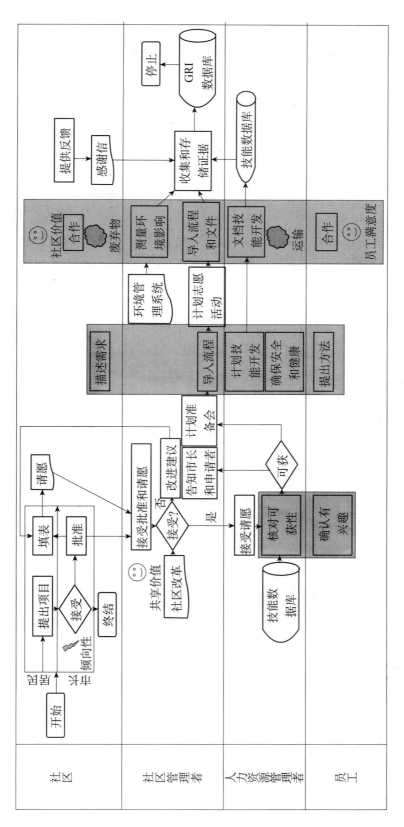

图9.4 (b) 基于技能的志愿活动开展

关于业务流程的模式选择有很多方法，覆盖不同的应用范围、核心要点和用途。[26]由于篇幅限制，我们只讨论其中一种应用广泛且较为直观的方法，称为泳道图（swim lane diagram），它描述由不同的相关群体和个人所执行的任务。图9.5展示了描述流程的常用图标，包括起始、活动、流动、信息/数据要素、条件和连接点。除了这些标准的图标，我们还另外加入描述责任管理思想的三个图标，分别表示流程中利益相关者价值的创造、环境影响的考量和道德两难。

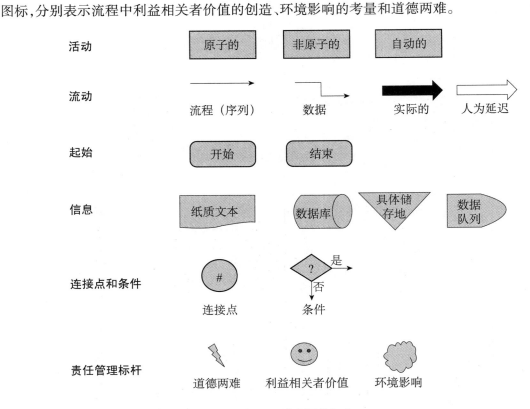

图9.5 流程图的标志

资料来源：Conger, S. (2011). *Progress mapping and management.* New York：Business Expert Press.

9.3.2 用程序文件描述流程

上一部分介绍的用可视化的方法描述流程为我们理解流程的运行机制提供了一个清晰的总览图，运行责任流程的下一步是为流程如何在实践中得以开展形成书面化的表述和指令。这些流程描述由于范围和规模不同会被冠以不同的名称。我们这里着重讨论的是程序，也就是标准操作程序（SOPs）。

程序（procedures）描述的是执行一个活动或流程的具体方法。[27]它所生成的文本从一两页到几十页不等。程序文件（procedure documents）在实际工作中常常被称为手册、标准操作程序、惯例或清单。作为一种描述方法，程序包括之前展示的流程图，不仅用在重复操作的标准化流程中，还可以用来规范高度复杂的流程，比如确定企业的使命。如果基于这样的程序进行企业管理，从此来增进社会和环境绩效，就能为每一项企业活动注入可持续发展、责任和伦理，成为强大的工具。假如一个程序要求机器操作工在每次休息时都关闭马达,这一细微行为再加上其他类似举措,将有助于显著地提升环境绩效。

图9.6[28]所示的是操作程序描述中的一些标准要素。程序的核心是对流程中所规定的活动进行描述。编写程序虽是独立的行为,但也要借助于很多其他有益资源对程序文件加以充实和润色。[29]

标题:描述详细精练。包含修订的次数,以表明手中的这份流程描述的具体版次。

目的:为什么撰写这份程序文件?也许有必要强调一下其中一个目的是创建责任流程。

范围:这个程序适用于哪些专题、职能和活动?确保涵盖了所有相关的利益集团、社会和环境影响和潜在的伦理问题。

定义:有没有一些专用术语或框架需要程序描述的读者事先了解?也许程序的读者不太熟悉责任管理中的一些概念和术语,所以对核心概念要做出说明,且尽量使用简单的语言。

活动:这是文件的核心部分。描述所有需要落实的活动,确立问责和沟通渠道,修正决策标准,必须突出强调那些从责任管理角度出发要特别关注的流程活动,考虑增加一些能增进流程责任绩效的活动,还可以考虑对一些在可持续发展、责任和伦理方面存在明显问题的流程进行再造或替换。

重审记录:确定谁是文件的所有者(如果变化需要被及时告知的一方),确保这样的重审流程还应该考虑流程中的主要利益相关者。

参考资料:在建立程序描述中,引用重要的背景材料。这些参考资料还可以在日后修订时备用,也可以作为附加的信息材料用来应对潜在的运营问题。

图9.6 典型的流程描述(节选)

资料来源:EPA. (2007, April 1). *Guidance for preparing standard operating procedures.* Retrieved December 22, 2012, from Envioromental Protection Agency: www.epa.gov/QUALITY/qs – docs/gb – final. pdf.

撰写程序描述是企业进行运营改造的第一步,但这也只是初步的描述。在程序描述的监测阶段也许会碰到两类问题:第一类是程序描述也许并不实用,这样的话我们就需要反复重审和修订程序,直至它便于执行和操作为止;第二类是"人为问题",表现为程序已建立完好,但在实际工作中遭遇员工的抵触。在这种情况下,工作重点应该转移到投入实地的操作,和具体工作人员一起确保程序的实施。

在责任管理的情境下,这两类问题都可能成为强大的阻碍。程序问题在所难免,因为描述流程的所有方面,并且涉及相关的三重绩效、利益相关者和潜在的道德两难问题时,我们需要对流程及其所处的情境具有非常深刻的分析能力和系统的领悟力。人为问题也会出现,流程的操作者也许不想改变工作习惯和原有方式。注重可持续发展、责任和伦理问题会使原先的流程更为复杂化,这也是为什么执行责任管理流程必须要对潜在的人的问题给予广泛重视。另外,我们也会观察到人们总体上愿意"做正确的事"。当人们"向善"的潜能被激发时,责任经营的流程变革通常会大受欢迎。

9.3.3 将流程捆绑到管理体系中去

EMAS和ISO 14000所描述的质量管理体系、组织健康和安全体系及环境管理体系都广为人知,那我们如何建立一个与责任管理同样复杂且隐性的管理体系呢?不同的管理体系类型通常具有一些基本的共性。[30]

第一,管理体系(management system)所涉及的话题贯穿企业所有的职能和每一个流程。比如,最终产品和服务的质量取决于业务流程的每一个步骤和每一个活动,从控制一个特定客户的账户,到运送产品和服务的物流服务。同样,责任管理之下的可持续发展、责任和伦理专题也是如此。不管我们观察什么流程,它总是会产生三重绩效(可持续发展)、总是会对利益相关者产生影响或受其影响(责任),总是会涉及道德困境。这也是为什么管理体系逐步纳入了责任经营管理的体系,比如可持续运营体系[31]、全面责任管理体系[32]、主流管理控制体系[33]。

第二,上述体系包含了规范性和描述性的组织文件,目的是描述在计划(目标)体系中,好的绩效意味着什么,以及如何得以实现。如何实施这些行为。这类文件可以是笼统的企业使命陈述,也可以是流程中某一步骤的具体清单,比如核对客户的要求。图9.7是按层级划分的管理体系文件。

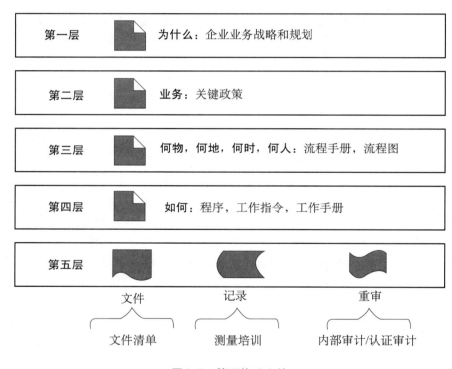

图9.7 管理体系文件

资料来源:Conger, S. (2011). *Progress mapping and management.* New York:Business Expert Press.

第三,管理体系涉及一个持续改进的机制,通常通过内部和外部审计的方式体现,或者使用一些明确的绩效指标及绩效分析和改进工具。我们会在后面的小节中详细讨论DMAIC等持续改进的机制。

可持续发展、责任和伦理管理体系通常被整合到业已形成的一些管理体系中,最为常见的是被整合到企业的质量和环境管理体系中。一个整合式的管理体系集结数个甚至所有的业务元素于一体,促使企业实现目标并完成使命。[34]对责任运营管理来说,最为重要的任务要么是建立一套新的可持续发展、责任和伦理体系,要么将这些理念植入到现有的管理体系中,创建一套整合式的责任管理体系。设计一套整合式的管理体系(integrated management system)对每个企业来说都是独一无二的体验。因为它需要极度个性化的定制。整合式管理体系的建立可以借助相应标准提供一些指导,如 ISO 72 是专门关于如何建立管理体系的一些指南[35],PAS 99 标准则用于指导建立整合式的管理体系[36]。质量管理 ISO 9000 标准所提出的管理体系必备的一些步骤,列举如下,它们一般对其他管理体系也同样适用[37]:

(1)政策:建立政策和原则。

(2)规划:确认需求、资源、要求、相关组织结构、潜在的突发情况,最为重要的是亟待通过管理体系和相关流程所要解决的问题。

(3)执行和运营:建立运营控制和档案管理,管理人力资源及其他资源,处理好与供应商、承包商和利益相关者的关系。

(4)绩效:监控、测量和处理不遵守管理体系的人员和现象。

(5)改进:采取预防和纠正措施,确保持续改进。

(6)管理检验:复审体系及其运行结果,为保证目标的达成,检验管理体系是否到位。

责任经营的管理体系必须要涵盖一些更大范围的行为者,或不同类型的利益相关者。[38]责任管理体系可以整合到现有的 ISO[39]规范中,还可以纳入卓越模式、六西格玛和持续改进模式等多样化框架。[40]

9.4　第二阶段:通过精益化方式改善企业效率

"为什么精益化管理是绿色环保的? 精益化管理之所以是绿色环保的,是因为减少废弃物就等于少消耗资源,不管是能源还是原材料。此外,固体废弃物实实在在得以减少。"[41]

以少胜多,提高效率,历来是管理理论和实践所称颂的理念。在责任管理中追求效率也不足为奇,最广为人知的也许是生态效率(ecoefficiency)了,其旨在通过优化企业生产流程的效率,最小化环境资源消耗和生态破坏。我们还可以设想利益相关者效率,在流程中降低利益相关者成本的同时增加利益相关者的收益,甚至道德效率也有存在的可能性,以单位产出为衡量依据,避免最少的非道德行为的发生。

效率主要关注流程的输入阶段,在产出固定的情况下,将投入料的数量控制在最小的范围内。精益化企业管理法强调效率,而质量管理工具强调产出,也就是提供最高的客户(利益相关者)满意度。在实践中,两种方法都具有效率和有效性两个要素,但为了讨论方便,我们把精益化企业管理法视为效率工具,而质量管理称为有效性工具。

骑车送货,提高生态效率

Aramex 是总部在约旦的一家物流公司,公司的不少员工骑着改装过的自行车在送货、接货点来回穿梭,为减少公司的碳排放尽一己之力。Aramex 在黎巴嫩和印度的公司普及拥有新的合成技术的自行车系列,作为公司快递员在工作中使用的交通工具,减少企业的碳足迹。2009 年,公司在印度的送货交通工具有78%是这些低排放、低污染的自行车。

资料来源：Aramex. (2009). *Sustainability report 2009*: *Delivering on emerging opportunities*. Anman：Aramex.

9.4.1 精益化企业管理法

责任运营管理意味着着力推行精益化企业管理、精益化的生产和服务，这些方法统称为"精益化"。精益化企业管理法注重有效地使用资源，把那些未能为最终用户创造价值的资源占用视为浪费，是执行了错误的战略、流程和实践的产物。所以，精益化企业理论和方法都以减少或去除浪费或废弃物为目标，以提高质量、绩效和利润。这种方法通常被认为是对组织资源的合理掌管，但要注意，掌管意味着有意识地提供服务而非考虑自利。[42]

精益化企业管理法超越了掌管企业的含义，因为在这里，服务和企业层面的自利都在发挥作用。减少资源消耗是对企业资源的负责任使用和掌管，企业资源包含人力资本、物质、时间、交通和能源，服务即产生于此，这是应用精益化企业的目标产物。与此同时，企业也应该同时在很多方面获得直接利益，包括利润率的提高。

在此情境中，"价值"代表的是任何最终用户，即普遍意义上的客户或利益相关者愿意为此支付的行动、流程或产品，除此之外皆是浪费。在责任管理中，必须要把客户包含在利益相关者中。可持续化的卓越企业（以高效的、盈利的方式将可持续发展战略转化为可持续发展的结果）的主要目标就包含了这个概念，总体上来说，它是以三个核心原则和五个运营执行程序为依据的，如表9.2所示。尽管这些原则和流程会根据情况有所不同，在典型的制造企业中，我们会把它们整合到生产流程、计划、组织和绩效等职能中。

改善流程、提高产出就是为客户和重要的利益相关者提供更优质、更快捷、更廉价的服务，所以精益化企业实践的精华就在于在减少资源消耗、提高资源使用率的前提下维持或提升企业的价值[43]。这一理念源于丰田企业的生产系统（TPS）[44]，最大限度地减少各种浪费以提升总体价值。在丰田生产系统中，浪费被分成三种类型，分别用日语的 muda（浪费），muri（不平均），mura（超负荷）表示。三个词的前缀都是 mu-，在日语中它表示为"改善，改良"。

表9.2 精益化企业管理法的原则和流程

精益化企业核心原则
- 只参与增值活动，满足客户的期望
- 界定价值流：信息流、物质流，以及整个生产流程（从订单到送货）中的障碍
- 保持"精益"或"恰好适量"，或者说去除所有层面和所有活动中的浪费点和废弃物，追求持续改善的目标。

精益化企业核心流程
- 确认价值
- 根据核心原则引导价值流转变
- 确保在整个价值流中保持流畅、一致和平等的信息和物质流动
- 在整个价值流中及时响应客户的需求
- 在践行企业原则时力求完美

Muda 的含义十分丰富,如无效、无用、闲置、过剩品、浪费、废弃物、挥霍。Shingo[45]认为螺丝的固定取决于最后的一拧。Ohno[46]采用一种 NOW TIME 的方法找到了七种不同的方法消除浪费,如表 9.3 所示。

表 9.3 NOW TIME 精益化企业 Muda

	Muda(浪费)	Muda(浪费)描述
N	非优质	非优质又称"缺陷产品"。缺陷产品因为需要返工、重新安排生产、替换、不当投资而增加额外的成本
O	过度生产	过度生产指提供多于客户需要的产品或服务。造成浪费的一个生产惯例是生产大批量的产品,尤其当客户的需求在一段时间后发生变化,不再需要大批量的产品时,浪费就产生了。过度生产是 muda 最糟糕的形式,因为它掩盖或生成了其他形式的浪费。比如过度生产会造成库存积压、提高存储和维护成本,这些活动都不会让利益相关者受益
W	等待	不被运输或加工的产品处于等待状态。在传统型低效的流程中,单个产品的大部分时间都处于等待状态
T	运输	每一产品的移动,都会增加损坏、延误或丢失的概率,这些成本的产生不增加额外的价值,因为运输并不给产品带来积极显性的变化
I	库存	任何形式的库存(原材料、代加工或成品)是资本开支,既不给生产商带来收入,也不给利益相关者产生价值。因此这些资本可以被用到能够产生增值的地方
M	动势	指一段时间下来或一些个别事件中,生产流程给生产企业所带来的损耗
E	过度加工	当在某件产品上花费了多于客户要求的时间,就属于过度加工,包括使用比实际要求更精确、更复杂、更贵重的工具

资料来源:Adapted from Ohno, T. (1988a). Toyota Production System. Productivity Press: London.

总体而言,非利益相关者的增值活动在目前的流程中一定是浪费。Womack 和 Jones[47]在 NOW TIME 的清单中又增加了第八种 muda,即那些未能达到客户和利益相关者期望和需求的产品和服务。未使用过的或者很少使用的人力也是额外的 muda[48],这种情况在服务系统中尤为明显。[49]

和 muda 相比,muri 在很多情况下是指不合理的情况,不可能完成或超过既有能力和权限,即难以完成的任务,而在另一些情况下也可指强迫的、必需的、过量的或无度的。[50]Mura 则表示不平均、不规则、不统一或不平等。

Muri 多指那些在流程的计划和准备阶段可以通过设计以排除的浪费。Mura 则是在运营和进度的层面,在执行设计以及消除波动的过程中显露出来,同质量和产量有关。流程运转以后,通过一些异常的变化[51],muda 会暴露出来,通过质量控制表等工具得以发现。这些浪费可以被一次性暂时地消除,也可以通过持续改善等渐进式改进方案得以永久性消除[52],或者通过六西格玛革新法在设计上进行颠覆[53],或者为六西格玛配套的一些新设计中被去除。[54]精益化管理和六西格玛方法的融合称为精益化六西格玛[55],是全面管理改进[56]的一个表现。

因此,管理层应该在流程中排查 muda,通过考量 muri 和 mura 的内在联系,消除产生的深层次因素。Muda 和 mura 之间的不协调马上被反馈到 muri,或者下一个项目的计划阶段。Muri 是由于组织不力而导致管理对人力资本和机器设备施加的不合理工作。比如,搬运重负荷机器、移动周边物品、执行危险任务、超速工作等。本质上说,muri 是推动人和机器进入超自然极限的工作状态,表现为追求流程和员工的高绩效,而这些是在不走捷径和不改变决策标准的情况下完成的。

识别和消除这些异常值是持续改善工作的重心,可以借助质量管理的许多工具。这些工具既包含了控制表、帕累托图、因果图表[57]等一些简单的工具,也包含了一些更为复杂且以统计为核心的工具,如能积极推动运营改进的实验设计法、最速上升法(steepest ascent method)、中心组合设计、筛选设计和响应面分析。[58]

大家对 muda 的关注度普遍高于 mura 和 muri,很多致力于实施精益化管理的工作人员能够发现 muda,但他们往往没能看到 mura 和 muri 所带来的浪费问题也同样很突出。因此,精益化管理的工作人员比较注重流程控制和持续改善[59],但没能够利用流程创新和设计所带来的好处,六西格玛创新和 DMAIC 等设计理论和方法为企业带来了很多好处[60],也就是说,他们没有时间去处理由重大的再设计或新设计所带来的改进。

专家角

对废弃物的谬识

TerraCycle 是一家有机肥料的初创型公司,它的 CEO Tom Szaki 认为:"废弃物完全是人为造成的概念,在大自然中根本就没有废弃物。每样东西都可物尽其用,每样东西都可以降解成为其他东西的构成物……生态资本主义的基本范式是,任何一样东西都有废弃的成分和有价值的成分,这里我们需要找到什么是'废弃物',并且转废为用。"

资料来源:Lepurtre, J., Read, S., &Margery, P. (2012). *TerraCycle.* St. Gallen: Oikos International, Case Writing Competition.

9.4.2 丰田生产系统

精益化企业管理方法源于丰田企业的生产系统(TPS)。虽然精益化管理最为明显的应用是在生产制造过程,其他能提升企业绩效并降低其成本的应用也会很有成效,只是不那么容易被察觉到。

丰田企业是精益化制造的践行者,精益化企业概念共有 14 条原则,如表 9.4 所示。表中体现了 kaizen[61] 的原则和实践,即日本企业用准时制生产和服务流程的方法对企业进行持续地改善。[62]

Robert Cole 是一位和日本有着很深渊源的美国学者,他一直都推崇 TPS 的优势和细节,就 TPS 写了不少文章。[63]其他一些批评者则指出了 TPS 中的一些明显缺陷,比如有一位之前在丰田企业执行 TPS 的专业人员就提出一个有趣的论点,说是 TPS 反而抑制了创造力和创新能力。[64]

在责任管理的视角下,采用 TPS 或其他用于处理废弃物的精益企业理论和方法本身并不会遏制创造力或创新,相反,它们更为细致地界定和约束了解决方案的可行性空间,这正是创造力和创新显山露水的地方。

所以,和其他方法一样,TPS 不应该在不考虑企业情境的情况下被盲目地采纳和执行。我们可以用第九条原则作为例证,日本企业的惯例是从企业内部培养和提拔领导者,这个过程很长,所以企业专业人士非常可能在同一家企业投入其整个职业生涯,因为跳槽到另一家企业就意味着要从底层做起,这是日本雇员颇为不满的地方。[65]这种做法与美国的职场文化是相悖的,后者比较推崇职场中的流动性,当然是否促成这种流动性则另当别论了。如果罔顾本地的文化情境直接采用这里的第九条原则,那么大多数情况下会形成一个低效的决策,导致不理想的结果,这对其他原则也同样适用。

表9.4 丰田原则

原则	描述
1	根据长期的理念制定管理决策,超越短期的财务目标 ● 明确企业的终极目标 ● 为客户和社会创造价值 ● 管理必须提升增值能力
2	创建持续的流程让问题暴露出来 ● 重新设计工作流程,减少闲置时间 ● 流程和人员之间的物资和信息流动要快速,在实点前暴露问题 ● 企业文化必须要强调流动
3	通过准时制"拉动"系统避免过度生产 ● 何时、如何提供给客户有吸引力的产品,达到他们的预期 ● 价值链的下游环节是"客户" ● 快速补货,减少库存和在制品,推动流程到下一环节客户处 ● 积极响应接近实点的需求变化和预测
4	平分工作负荷(heijunka) ● 消除muda(浪费)是精益企业管理的1/3工作,还有muri(超负荷)和mura(不平均) ● 将批量化的加工最小化,平分工作负荷
5	建立一种企业文化,每次都把事情做好,而不是事后修正 ● 通过质量改进和质量保证,超越客户的需求 ● 将探测问题的环节纳入到企业流程中去(jidoka) ● 确保企业愿意且能够解决质量的挑战 ● 提升产量:为把事情做好可以停下来或者慢下来
6	培养员工将任务标准化,致力于持续改进 ● 用稳定和可重复的方法推进和减缓流程,从而促进系统和流程的可预测性 ● 通过标准化获得层阶式学习(cascade learning) ● 确立并纳入改进环节,然后重新标准化
7	利用可视化控制来暴露问题 ● 用可视化指标来检查已完成的工作,帮助检测是否存在问题,以及哪里存在问题
8	用可靠的技术为人员和流程服务 ● 技术应该支持而不是取代人员 ● 探索、测试和采用新技术
9	培养领导者品质,使其具备精益化管理理念,了解企业实践,并且能够教授他人 ● 好的领导力和传授需要对流程有深刻和详尽的理解 ● 在企业内部培养楷模式的并具有良好人际交往能力的领导
10	培养出类拔萃的员工和团队 ● 创建一个强有力和稳定的文化,共享价值和信念 ● 训练个体和团队更为高效地工作 ● 将团队精神纳入激励和培训措施

续表

原则	描述
11	用辅助和奖励的方式,鼓励对原有的供应链和企业生态系统做自我改善 ● 供应商和合作伙伴是企业的外展部分 ● 激发企业去成长和改变 ● 帮助企业应对挑战并达到互利的目标
12	直接观察环境(genshi genbutsu) ● 个人观察环境并验证数据 ● 未经深入了解不要行动 ● 在企业上行下效 ● 当有疑问时,主动观察(genba shugi)
13	考虑所有选项,不要急于做决策,达成共识再决定(nimawashi),决而速行
14	通过不断省察(hansei)和持续改进,成为学习型组织 ● 这需要有稳定且标准化的流程 ● 找到低效点 ● 通过改进消除浪费(muda) ● 开发稳定的人力资本、缓慢合理的晋升制度以及严格的继任体系,保护企业知识 ● 在关键节点应用自我省察 ● 将最佳实践标准化

资料来源:Senge, P. (1990). *The fifth discipline: The art and practice of the learning organization*. New York: Currency Doubleday; Imai, M. (2012). *Gemba kaizen: A commonsense approach to a continuous improvement strategy*, 2nd ed. New York: McGraw-Hill Med/Tech.

9.5 第三阶段:通过质量管理取得效果

"因此,责任管理实践者可以开始系统思考如何管理利益相关者和自然环境的责任,就像如何管理质量一样,逐渐过渡到如何管理环境问题。事实上整个过程非常相似。"

效果是指流程产出的结果。与效率不同的是,在这里我们并不关心需要投入多少,而是我们如何才能创造最优的产出。我们强调"最优"产出,而不是最大产出,因为我们的目标是为重要的利益相关者输送产出,平衡三重绩效,或者追求道德卓越。前文提到的第二阶段主要讨论环境的可持续发展,贯之生态效率的说法,而接下来的第三阶段我们着重探讨如何运用流程改造为利益相关者创造最优的价值,我们称之为"利益相关者效果"。尽管我们聚焦"利益相关者效果",但在责任管理中这绝不是仅有的效果。那些能产生好的伦理结果的流程可以被称为"道德效果",那些能修复生态系统的流程可以被称为"生态效果"。效果和效率有一个区别很重要,我们需要注意:效率追求资源消耗最小化,而效果则追求绩效创造最大化。后者创造积极的结果,而前者减少消极的结果。

桑德拉·沃道克(Sandra Waddock)和查尔斯·鲍威尔(Charles Bodwell)首次提出了全面责任管理(total responsibility management,TRM)一词,用全面质量管理的工具和实践给责任管理提供了框架。图9.8描述了如何将质量标准应用到责任管理中去。另外,企业责任标准ISO 26000被公认为质量专业人士[66]和一般质量管理者的有效工具,也可以是执行责任管理的强有力工具。[67]

在接下来的小节中,我们将介绍一些创建有效流程的标准工具:持续改进、突破式改进、六西格玛和标杆学习法等。当我们在下文中讲到"客户"时,请注意我们沿用了成熟的质量管理框架体系。这个语境中的"客户",我们指代所有重要的利益相关者。

鲍德里奇国家安全奖卓越绩效标准	全面质量管理卓越绩效标准
1. 持续的质量改进	1. 持续的责任改进流程,确保达到全面责任管理的标准
2. 满足客户的期望	2. 通过可持续的管理实践,在与员工、供应商、客户和社区的关系方面达到国际企业、非政府组织和政府机构的期望。
3. 长期计划	3. 长期计划
4. 增进的员工参与度	4. 通过参与项目和对话机制满足员工在责任实践方面的期望
5. 流程管理	5. 更多的利益相关者参与以及利益相关者关系、实践和影响等管理活动,给予系统、流程和结果以更多关注
6. 竞争标杆	6. 在责任体系方面建立竞争标杆,包括持续责任改进的管理体系和流程

图 9.8　鲍德里奇国家安全奖和全面责任管理标准比较

资料来源:Waddock, S., & Bodwell, C. (2007). *Total responsibility management*: *The manual*. Sheffield, UK: Greenleaf.

客户导向和持续化改善

到了系统工程的层面,营销和客户代表或者客户焦点小组通常会加入运营核心队伍,以期重新审视产品和服务的需求,仔细推敲客户的需求[68]并去除那些并不迫切且成本高昂的需求。也就是说,在质量管理中,那些既能满足客户的需求,又能保证应有的质量,且可使企业盈利的折中方案是从一大堆复杂的方案中脱颖而出的。

总体而言,客户需求驱动企业的方式很像 COPIS→SIPOC,即构想到执行的流程。[69]这个流程的运转如下:我们仔细分析客户的需求(C),然后把客户需求的结果(O)精准地传递给企业。这个结果也就是流程(P)的产出,流程必须精密地构造才能产生所需要的输出。流程需要有输入(I)变成产出,这些输入来自那些精挑细选的供应商(S)或卖家,最终在流程的转化下变成产出,有的过程都围绕着最终的结果。这个流程就是 COPIS。而当企业一开始就确立客户导向,执行的过程就是供应商提供投入料,经过流程的运作,满足企业客户需求的产出物:SIPOC。请注意这个战略可能意味着偏离了与成本最低的卖家确立合作关系的惯常做法,相反更接近于管理顾问 Covey[70]提出的"所有的过程都围绕着最终结果"的新做法,COPIC→SIPOC 的关系请参见图 9.9。

COPIS 的健康和食品安全

Barrila 是一家生产意大利面的领先型企业,其可持续发展理念的基石是实现企业增长的同时持续提升产品质量。Barrila 致力于用其产品为人们的健康和幸福做出贡献,将高质量的食品原料转化为安全健康的产品,同时满足人们基本和特殊的营养需求。只有当原材料安全、高质量,生产技术先进,配送流程卫生,产品安全和质量才能有所保障。质量管理是创造健康产品的关键,能为主要的利益相关者——客户带来巨大的社会价值。

资料来源:Barrilla, www.barrilla.com/.

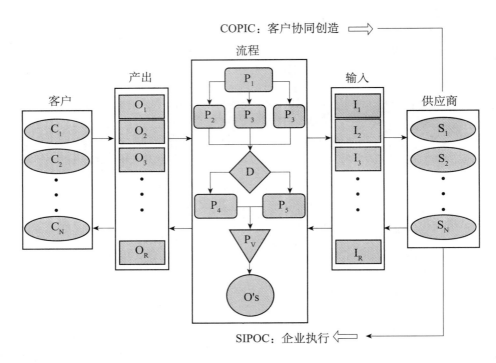

图9.9　COPIC→SIPOC　（从构想到执行）

不管采用什么样的方法，质量管理必须先从详细评估客户的需求开始。我们可以采用各种"客户之声"的分析工具，即在责任管理的范畴，我们可以利用"利益相关者之声"的方法，如调研、焦点小组、客户投诉系统等其他渠道。不管"客户之声"是如何收集的，我们必须认识到一点，客户一般很难会表达出他们根本没有意识到的需求，所以有时候我们必须要引导客户做一些探究性的交流。企业不应该想当然地认为大多数客户会熟悉企业现有的全套技术方案或企业的全部能力，所以我们需要设计一些诸如"如果我们能够……你会选用什么……"等类似的问题。另外，我们需要用最常用的分类模式对已经被识别出来的客户需求进行分类，图9.10描述的是最为常用的Kano客户需求模型。[71]

Kano客户需求模型把需求分为"非满足""满足"和"愉悦"三类。"非满足"是指客户绝对期望获得的"必须要"的因素，"满足"指产品某一方面的好处，比如节能（越多越好），或者处理时间（越短越好），而"愉悦"是指产品、流程或系统"有吸引力"或"有意外惊喜"的那一面。一般来说，产品和服务应该拥有必须要满足的需求，将某一方面的需求最大化，并且能包含一些愉悦因素。

一种需求得到满足会抑制满足其他需求的能力，有一种说法叫"质量屋"（the house of quality）描述的就是这种概念，它是质量功能配置（quality function deployment，QFD）[72]的基础，在所谓的QFD中，满足客户需求的测量工具（如何）、需求本身（什么），还有它们之间的关系被一一列明。在满足"客户之声"的过程中，也就是达到经过客户明确表达仔细研究的需求过程中，"如何"也许会和其他"如何"相悖、相独立或形成协同效应。当重要的"如何"与其他"如何"发生碰撞时，必须要有折中的解决方案，"最佳解决方案"就是最为接近"理想的最终结果"（ideal final result，IFR）[73]的方法，在产品、流程和系统创新或设计方法上被开发使用。这类方法有创新式问题解决理论

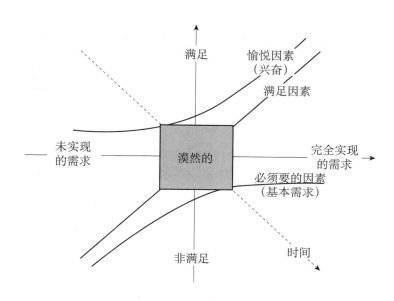

图 9.10 Kano 客户需求模型

(theory of inventive problem solving,TRIZ)[74]、计划—实施—研究—行动(plan – do – study – act,PD-SA)、持续式改善循环[75]、质量功能展开、标杆学习、公理设计[76]、失败模式和效果分析(failure modes and effective analysis,FMEA)[77],以及六西格玛。[78]

不管用什么方法,首要的目标是仔细挖掘和实现"客户之声",并与企业的终极目标和价值观保持一致,既能为企业带来盈利,又能让客户满意,使得客户在未来还会与企业有持续的互动。图 9.11 介绍的是与"客户之声"保持一致的模式和整合过程。

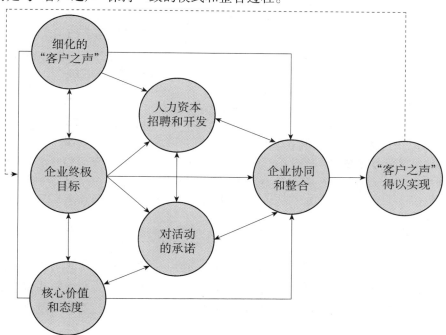

图 9.11 "客户之声"的协同和整合

需要更多改进的新循环：从唾手可得的成果到真正的转变

InterfaceFlor 在 2012 年时发现他们的可持续发展量表陷入了瓶颈期，很难再进一步减少对环境的影响。为了在 2020 年成为零影响可持续发展企业，企业需要有一个重大的转变，不应满足于现有体系可轻而易举获得的成果，而是要大刀阔斧地深入重组和彻底转型。

资料来源：InterfaceFlor, www.interface.com.

产品、流程和系统创新或设计方法每一个都高度系统化，且核心理念极具相似性。为了说明这点，我们简要阐述一下 PDSA、六西格玛的 DMAIC 和 DMADV 等质量改进和设计方法。

PDSA 通常被称为戴明循环（Deming Cycle）或戴明轮[79]，这要归功于爱德华·戴明（W. Edwards Deming）的研究，尽管戴明又把功劳归为他的导师休哈特（Shewart）博士[80]，休哈特博士是最早提出统计质量控制图[81]的学者，因而他被很多人视为现代质量改进的元老。戴明和约瑟夫·朱兰（Joseph M. Juran）被双双认为对日本在第二次世界大战后的经济重振有着重要的贡献。[82]

这些大师级人物都对管理学理论有着长足的推动。朱兰的"质量三组合"理论把质量分为三块：质量规划、质量控制和质量改进。[83]戴明的理论被称为"深度知识系统"[84]，通常被总结为管理十四诫、七大质量致命病、质量改善的十三个障碍等，而 PDSA 循环则与管理十四诫中的最后一条事实上也是最为重要的一条异曲同工，基本上就是"执行前十三条"，为如何执行提供了一个分类模板。PDSA 本身还是 FOCUS-PDSA 的一部分，如表 9.5 所示。

表 9.5　在责任管理中应用 PDSA 循环

阶段	描述
F	发现：确定流程、系统或产品中需要改善的具体方面，对需求改进之处有清晰的聚焦
O	组织：组建一支有能力、有专长、有经验的多元化队伍，与改善的机会相匹配
C	明确：明确改善的机会，以及包括哪些内容
U	了解：了解要处理的各种问题的根源，以及改善的驱动者
S	开始：挑选产品、流程或系统的某个初始点进行修正，展开 PDSA 循环，确立哪里应该先出现变化
P	计划：认识到变革的机会并规划具体的变革
D	实施：执行变革，一开始小规模地启动，特别是当已经执行的一些变革并没有在方向上或规模上达到预期的成果
S	研究：通过观察和分析绩效流程中的变化，研究执行后的结果，明确找出那些与变革动机相关的收获
A	行动：根据研究结果采取行动，也许会涉及全面执行，或者缩小规模执行，抑或恢复到初始状态

Waddock 和 Bodwell[85] 把 PDSA 循环应用到责任管理中，他们提出了以下四个阶段：

- 计划：确定利益相关者和问题，评估相关规范，创建一个利益相关者指导联盟，确立目标。
- 实施：找出利益相关者绩效的差距，落实措施缩小差距，训练员工并赋予他们能力以负责任地工作。
- 研究：与指导联盟一起回顾取得的进步，与内外部利益相关者沟通，计算质量改进后所获得的利益相关者收益。
- 行动:修正责任目标,然后开始新一轮的循环。

PDSA 是一个持续改善的循环,这意味着每经过一个 PDSA 循环,一个新的规划阶段就开始启动,然后又一个循环开始,对产品、流程或系统进行持续的改善。改善的循环一直不断持续下去,直到改善趋于饱和。终止循环的理由也许是存在着竞争机会,也许是改善的回报未能填补为获得改善而做的投资,也许是技术局限等硬约束。图 9.12 是表 9.5 描述的 FOCUS-PDSA 的修正版,第一个修正表示在大规模执行之前先制定标准的必要性,这一步骤既让方案更便于执行,同时也减少了流程中由于执行标准不到位而导致的各种偏差的可能性。第二个对 PDSA 循环做出的修正在于强调执行任何变革后并在推进未来变革之前"保持成果"的重要性。

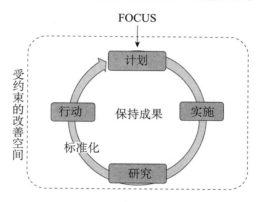

图 9.12　修正后的 PDSA 循环

还有很多方法同 PDSA 互补,如 SWOT 分析法(优势—劣势—机会—威胁),一个很简单易用的质量改善工具。在战略一章中,我们将更为详细地提供指导,如何做一个责任管理的 SWOT 分析。回到 PDSA,SWOT 分析有助于发现质量改善的机会,以及需要排除或消除的问题。

9.6　用六西格玛创新和设计法获得突破式改善

与 PDSA 所蕴含的渐进式改善不同,六西格玛创新和设计法追求的是突破式改善,希望达到接近完美的绩效或是从一开始就零缺陷地运行。六西格玛具有统计的基础,我们用 Klefsjo、Bergquist 和 Edgeman[86]的定义把六西格玛的概念做一番综合的描述:

六西格玛是高度结构化的战略,能获取、评估和激活客户、竞争对手和企业的情报,并生成优质的产品、系统和企业创新和设计,为企业带来源源不绝的竞争优势。

六西格玛发起于 1986 年,摩托罗拉公司将它应用于制造流程而生产出臻于完美的产品。虽说六西格玛最初是应用于生产流程,但其本身的合理性和严密性也使它很容易拓展至服务运营中去。同样,一开始它只是为现有的产品、流程和系统带来大幅的创新和改善,但其合理性也使之很容易适用于新的设计环境。六西格玛创新和设计法既让创新和设计有定制的成分同时又并不局限,其中创新应用的方法有 DMAIC,设计应用的方法有 DMADV。[87]表 9.6 对这两种方法做了简单的介绍,请注意尽管两种方法的开头都是 DMA,代表"定义—衡量—分析",但它们的定义不尽相同。

表 9.6 DMAIC 和 DMADV 结构描述

	阶段	描述
DMAIC:六西格玛创新	D	定义:定义问题和客户要求
	M	衡量:衡量缺陷率,用文档记录当前的流程
	A	分析:处理数据,确定流程的状况
	I	改进:改进流程,消除缺陷的致因
	C	控制:控制流程绩效,确保缺陷不再出现
DMADV:六西格玛设计	D	定义:定义客户对流程、产品或服务的要求和目标
	M	衡量:将绩效与客户要求进行匹配
	A	分析:评估流程、产品或服务的设计
	D	设计:执行新规定的一系列流程
	V	证明:结果并保持绩效

资料来源:Edgeman, R. (2011b). Design for Six Sigma. In M. Lovric(Ed), International Encyclopedia of Statistical Science, Springer Publishing:Berlin, pp. 374-376.

我们来深入地分析一下六西格玛配套设计(design for six sigma,DFSS)。DFSS 包括很多方法,但在应用中有一些方法较为主流,比如 I2DOV(创新、发明、设计、优化和证明),以及 DMADV(定义、衡量、分析、设计、证明),后者更为常用。不管六西格玛配套设计用的是哪种方法,都提供了足够的自由度而不是僵化的教条。DMAIC 创新结构也是如此,尽管每个阶段都有各自的意图,但它们总体而言是按顺序并互为连接的,最终成为一个整体。在每一个阶段中借用不同的工具和技术,用途可能完全不同,我们接下来将表 9.6 的内容加以扩展一下。

DMADV 定义阶段的主要目标是获取并接近客户,倾听他们的心声,然后让自己的产品、流程或服务满足客户的需求。这里的客户既有内部的客户,也有外部的客户。除之前提到的采集客户需求的方法以外,直接观察客户使用同类产品、流程或服务也是非常有用的方法,能挖掘出客户未表达出来的那些更为隐秘的信息。目标用 SMART 法[88]列出,也就是要具体(Specific)、可测量(Measurable)、可达到的(Attainable)、相关(Relevant)并且有时间期限(Time-bound)。目标要能够达到,但需经过一番努力,也就是要有一定的挑战性,达到后能将自己的产品、流程或服务置于遥遥领先的地位。

在 DMADV 框架下,衡量就是将客户诉求定量化,并向企业设定的量化标准靠拢。

分析阶段要求任何现有产品、流程或服务的设计都要被仔细地分析并评估,并确定其适用性、绩效水平、错误或缺陷的致因,以及可以采取的修正或创新举措。这个阶段的工具包括设计失败模式和效果分析,概念生成和选择[89],创新式解决问题理论。

到了设计阶段,那些在分析阶段所列举的种种修正和创新举措会被嵌入设计以及接下来部署的流程中去,用于激活"客户之声"并同时满足组织目标和管理目标。这里会用到很多有价值的工具,其中最为常用并且比较高级的有实验设计和响应面分析[90],以及更为严谨的质量功能展开(QFD)。在运用后几种方法时,对 QFD 颇为关键的"客户之声"可以被视为应变量(Y's),它的优化来自发挥产品或流程设计所强调的特征,所谓"如何做",我们用自变量 $X_1, X_2, \cdots, X_p$ 表示,得出以下公式:

$$Y = f(X_1, X_2, \cdots, X_p) + \varepsilon \tag{9-1}$$

最优的 $X_1, X_2, \cdots, X_p$ 组合,也就是 QFD 中的"工程"或"设计"特征,由响应面方法、最速上升法、进化运营(EVOP)[91]等方法决定。很重要的一点是,仅仅确立关键设计特征或者将它们进行最优化的组合是远远不够的,更为细致的激活这些特征的方法,即流程,才是最终满足"客户之声"的关键。

证明阶段的目标是通过原型、模拟或直接观测等手段,评估设计的绩效,看经过设计的产品或流程在大规模投放市场之前的表现如何,这是为了检验设计的成效。

通过对 DMADV 的深入分析,我们可以得出以下结论:六西格玛用到了许多统计和其他方法,但同样明显的一点是,只要设计团队和应用领域能用所及的知识去发挥足够的想象力,任何方法的使用都没有什么限制。尽管 DMADV 和 DMAIC 都具有严密的逻辑性和结构完整性,但在产品、流程或服务创新和设计的过程中,随着六西格玛在更多领域和环境中的推广和应用,它所借助的方法、工具和技术会呈现出越来越多样化的姿态。[92]

术语西格玛用符号 σ 表示,专门测量目标流程与流程、产品或系统标准差的离散程度。在这里,偏差并不是指故意设置的产品、流程或系统的多样化,而是指偏离了绩效水平。越高的流程西格玛水平代表越小的标准差值,这意味着在可接受的绩效范围内的合格产品比例更高,即 σ 越大,缺陷率就越低。

如果将缺陷率定义为每一百万次机会(DPMO)中的缺陷数,用西格玛水平来衡量,可以参见表9.7。表9.7 中和西格玛级别对应的 DPMO 数值反映的是偏移了正态分布1.5个标准差的情况,以及完全符合正态分布流程的 DPMO 数值。

从表9.7 可以看出,"六西格玛对应的是3.4次出错"是我们常用的统计报告值,也就是偏移了正态分布1.5个标准差时的情况,在统计中指非中间值,这是符合流程中的真实情况的,也就是说统计值在一段时间内出现在自然平均值而不是理想值的正负单位范围内。

大多数流程的绩效不仅会偏移,而且会走下坡路。也许我们会有很多动力去大大改进三重绩效,但由于绩效有走下坡路的倾向,所以我们需要将更多力气投入到那些枯燥的监控活动,以保证流程在一个稳定的水平上运行[93]。有必要注意的是同 PDSA 有关的持续改善活动或任何质量管理工程都要先行于大规模的六西格玛突破式改善,然后在突破式改善之后还要继续跟进。

表9.7　DPMO 值和西格玛水平的关系

σ	正态分布的 DPMO	偏移正态分布1.5个标准差的 DPMO
2	46000	308537
3	2700	66807
4	60	6210
5	0.6	233
6	0.002	3.4

资料来源:Adapted from Klefsjo, B., & Edgeman, R. (2006). Six Sigma and total quality management: Different day, same soup? *Six Sigma & Competitive Advantage*, 2(2), 162-178.

标杆学习和突破式改善

标杆学习[94]同几乎所有的改善方法有关,不管设想的改善是渐进式还是突破式。但应用最多的还是在突破式改善中,或者有把握确保为标杆学习所做的投资最后能带来相应的收益的情况下。比较广为人知的标杆学习涉及竞争力、职能层、内部管理、产品、流程、最佳实践、战略和参数标杆学习。而最佳实践标杆学习位于竞争力、职能和内部标杆学习的交叉区,如图9.13 所示。

最佳实践标杆学习的流程体现了持续追求和研究的精神,它随时关注内外部那些能创造最优

图 9.13　最佳实践标杆学习

绩效的方法、实践和流程，采用或改造那些最优的特征，拿来为我所用，成为行业中的翘楚。一般而言，标杆学习能够带来 15% 的绩效提升，还能用来比较绩效等级，理解绩效的改善空间，决定如何才能达到最佳绩效，并融合相应的变革。

世界之窗

制定多重运营标杆

为了实现减排的承诺，优化能源结构，并且减少其设备的环境足迹，约旦的物流企业 Aramex 斥资开发最新的绿色技术，确保既满足客户的仓储要求和库存管理需求，同时也使其碳排放的足迹大为减少。他们在埃及开罗的物流设施具有强烈的可持续特征，包括节水装置、低水流冲淋喷头、厨房龙头，以及其他类似设施，减少了设施中 26% 的水资源使用。办公区域内部减少了照明铺设，大楼的隔热装置做了改进，自动化大楼管理系统也有效节省了能源，相当于一辆 83 人的大巴一年所累积的碳排放量。Aramex 的可持续物流设施最近被授予了 LEED 银色证书，这是由美国绿色建筑委员会（USGBC）颁发的，为全球所公认。Aramex 目前在积极筹备为其在安曼、迪拜和穆斯喀特等地的另外五处办公设施申请 LEED 证书。

资料来源：Aramex. (2013). *Aramex-Mashreq awarded prestigious LEED green building certification.*

标杆学习有其独特的衡量点，很重要的一点是要判断流程中的哪些地方能创造客户的价值，哪些地方的价值被耗损了。所以标杆学习的测量指标中包括实际结果的拖滞指标，以及能预测未来结果的领先指标。拖滞指标本质上具有被动应付的特点，而领先指标反过来可以促使上游的干预。另外一点也很重要，那就是为改善而设定的标杆和测量工具应该一开始就搭建在框架中，以

使相关的权威人士能够执行变革并控制随后的结果。

对标杆学习的研究发现,最能够促进绩效改善的因素分为软性、中性和硬性三类。软性因素包括培训、沟通和人力资本的赋权;中性因素包括 SMART 目标法、控制、测量、政策和程序;硬性因素包括显性资源,如生产商、供应商、资金、技术和设备。一般的标杆分类为客服绩效、产品和服务绩效、核心业务流程绩效、支持流程和服务绩效、员工绩效、供应商绩效、技术绩效、新产品和服务开发及创新绩效、成本绩效、财务绩效。

很多企业已经形成了适合自身情况的标杆学习流程,但熟练的企业能运用标杆学习来推进企业的战略和战术目标。[95]也许最著名的标杆学习典范要数施乐公司开发和应用的流程,他们的商业产品和系统部在1990年获得首个美国波多里奇国家质量奖[96]。表9.8是施乐标杆学习流程的总览表。

表 9.8 施乐的标杆学习流程

第一阶段:计划	
1	确认定什么标杆
2	确立对比的企业
3	决定数据采集和获取的方法
第二阶段:分析	
4	判断当前的绩效差距
5	预测未来的绩效水平
第三阶段:整合	
6	用简单易行的方式沟通并将结果归档,赢得认同
7	建立职能目标
第四阶段:行动	
8	制订计划
9	执行具体的行动,观察进步
10	再校准标杆
第五阶段:成熟	
11	获得领导地位
12	完全将实践整合到流程中去

资料来源:Bogan, C. and English, M. (1994), *Benchmarking for the Best Practices*. McGraw-Hill;New York.

思考题

1 归纳与整理

1.1 请解释主流运营管理和责任运营管理的区别。

1.2 请解释一下术语及它们之间的关系:绩效、效率、有效性、流程、产出、输入。

1.3 请解释质量管理和精益化企业的区别,它们各自对责任管理有什么应用价值。

1.4 请结合运营管理讨论三重顶线和三重绩效结果之间的关系。

2 应用与体验

2.1 平衡记分卡有很多形式。请收集鲍德里奇奖和欧洲质量奖获奖企业的资料,这些企业中的哪五家通过平衡记分卡在运营战略、实施和成果获得增益?它们通过哪些努力取得了这些进步?

2.2 根据上题2.1整理的资料,请指出这五家企业采用了哪些具体的可持续发展战略及部署手段,使得它们在运营战略、实践和成果方面达到了积极的可持续发展效果。

2.3 请结合企业的运营、供应链管理战略和实践,指出这五家企业采用了哪些社会和生态创新,以及它们所带来的影响。

2.4 建议并探讨至少五种措施,来逐一应对十种通用的标杆类型。

3 分析与讨论

3.1 请上网搜索宜家家居的"人和地球之积极可持续发展战略",联合国《全球契约》中的"进程报告"(COP)的有关信息,并结合精益化企业核心原则和流程,讨论它们对宜家家居的运营和供应链管理战略、行动和成果的作用和意义。

3.2 很多美国波多里奇国家质量奖和欧洲质量奖的获奖企业也是联合国《全球契约》的成员,所以每年会递交"进程报告",这些信息及企业的可持续发展报告都属于公开信息,请上网搜集归纳并整理至少三家企业的"进程报告"和可持续发展报告,结合本章提到的"muda""muri""mura"等概念,综合分析这些企业是如何将这些概念应用到各自的运营和供应链管理系统中去的。

3.3 上网搜索至少三个贯彻六西格玛精神的标杆企业。我们可以推荐通用电气公司、雷神公司、美国银行、波音公司和百得公司。请分析它们是如何使用TPS、COPIS、PDSA、SWOT 和标杆学习等质量工具的。你能否再找些事例说明企业如何运用这些方法提高了三重绩效、利益相关者和伦理绩效?

4 改变与行动

4.1 请复习图9.4 和图9.5 中的流程图结构,挑选一个具体的责任管理流程及一个主流管理流程,结合利益相关者、环境和伦理困境做出流程图。

4.2 请挑选三个利益相关者群体,画表格列出满足因素、非满足因素和愉悦因素。根据你的分析,挑选其中一个利益相关者,撰写半页纸的"客户之声"陈述,并提出要满足这一"客户之声"所必要的因素。

先锋人物专访 桑德拉·沃道克(Sandra Waddock)

桑德拉·沃道克应该是企业社会责任方面最多产的学者,多年来她是该领域极具影响力的推动者,就很多专题著书立说,尤其是她在企业社会绩效(CSP)和企业财务绩效(CFP)的关系研究方面颇受关注。在她与查尔斯·鲍威尔(Charles Bodwell)合著的书中,他们详细地阐述了运营管理中最为重要的工具"全面质量管理"在实践中的指导建议,并演化成"全面责任管理"。

企业社会责任的从业者可以从质量管理中学到什么?

在我看来,主要是你可以像管理质量一样管理责任,你也许还记得质量管理刚推出时遭到不少质疑。管理者提出的问题无外乎:我们的客户对质量并不关心,你是不可能测量质量的,你不可能管理质量。结果掀起了一场质量管理运动,时至今日,结果是你完全可以,事实上所有以上被质疑的地方最后都做到了。确实,质量管理在当今时代对企业是必

修课,你在大多数地方不注重质量是无法经营下去的。我会认为同样的动力也在影响着责任管理,特别是整合化的流程。

因此,责任从业者可以开始系统地思考管理利益相关者和自然环境的责任,就像他们管理质量一样,这个过程应该是很类似的。

全面责任管理和全面质量管理有什么区别?共通之处在哪里?

两者极为相似。如果你认为责任管理是一项全新的事业,那么就会认为这项工作压力重重,全然招架不住。但如果你把它看成是管理企业和利益相关者的一系列关系,你已经学会处理了这些关系,比如员工关系(责任管理包含员工关系),你会意识到其实你已经在管理这些责任,只是当你没有明确地关注到重要利益相关者/自然环境关系的总体系统时,你对整个管理过程就不会把握得太好。

我和我的合作者查尔斯·鲍威尔把全面责任管理用简称 TRM 表示,就是让大家联想到全面质量管理 TQM,所以你可以把责任管理视为另一套管理流程,我

准备把这套流程设计得听上去比实际上更线性、更直接一些,你先设想企业最为重要的责任有哪些,确认哪些是关键利益相关者(包括自然环境)。然后你根据企业的核心价值,建立愿景,阐明你们企业将如何对待这些利益相关者,甚至可以在这个节点开始利益相关者参与的流程,让他们找出目前关系中还存在着哪些问题,我们把流程中的这个阶段称为灵感阶段。当你能清晰地认识到企业对利益相关者意味着什么,你就可以提出管理利益相关者和环境责任的愿景,进入下一个环节。

接下来的环节我们称为整合阶段,因为它需要将明确了的责任管理深深地嵌入企业的人力资源实践或者企业其他支持系统。所以你要思考有哪些流程和实践会影响利益相关者群体,这些实践中存在着哪些责任问题,你对待员工、客户、当地社区、股东和供应商的态度如何?他们是否信任你?如果不信任,为什么?问题出在哪里?你需要做些什么来解决这些问题?有什么样的信号显示有些责任被疏忽了?你的环境实践做得如何?有无浪费?有没有环保积极分子提出一些需要注意的地方?是的,整合的过程要比质量管理来得更为复杂,因为这涉及更多的利益相关者。在质量管理中,你主要关心的是员工和客户,但在从事责任管理时,你要关注的对象就更多了。正是通过这个整合的过程,才把质量管理和责任管理嵌入到企业,这也是变革最需要发生的地方。

当然,和质量管理一样,在没有建立相对应的测量标准之前,你是不知道质量管理做得如何的。我的搭档查尔斯·鲍威尔提出,其实你已经搜集了许多相关的测量数据,尽管不太完整,你只有再开发一整套责任管理的系统方法,这些数据才能被整理合并。另外,和质量管理一样,责任管理本身并不十全十美,它是在持续的评估和循环的反馈圈的基础上不断改进的过程,看你如何达到自己的标准和愿景。

1997 年您发表的一份研究被广为引用,它阐述了企业社会绩效和企业财务绩效的关系,您提出两者之间存在着正相关,好的企业社会绩效反过来对未来的企业财务绩效也有正面影响,这些研究成果对企业的财务经理有什么意义?

嗯,这是很多年前的事了,之后又有不少研究成果问世。1997 年那篇文章的论点是企业社会绩效和企业财务绩效之间存在着正相关关系。之后,出现了不少研究我们称之为元分析,在论文的基础上进行研究。有一篇文章(Orlitzky 和 Rynes,2003)发现两者的正相关,而另一篇文章(Margolis et al.,2003 & 2007)则认为关系基本中立。我最近的研究是与同事 Jegoo Lee 和 Sam Grave 一起完成的,尚未发表,论点也是关系中立。我意识到有些责任活动会增加企业的绩效(如善待员工和客户),而有些活动虽有必要,但未必会增加企业绩效,特别是为了取得平衡,最后的关系会达成中立。

关系中立意味着许多财务分析师所期望的用企业责任换取企业绩效的关系不存在。更为重要的是,企业变得更具责任会生成很多副产品,比如企业信誉(当今企业的很多资产都是隐形的)、满意的利益相关者,还有就是以人为本不带企图地善待和尊重等基本伦理。

2002 年您提出企业社会责任对企业而言势在必行,您的论点后来得到证实了吗?从那以后发生了哪些变化?

从那以后,的确企业社会责任成为商业的必须之举,尽管有时候看上去并非如此,尤其是当丑闻见诸报端时。但调查显示,绝大多数的大型企业现在都出具多重绩效的报告,几乎所有的企业都积极地参与企业社会责任项目,我把它们称为新的企业责任项目——企业可持续发展和责任。在大型跨国企业的范围内,应该说在这个方向有了长足的发展。但我们是否已经到达终点了呢?也就是成为完全负责的企业呢?当然没有,但企业受到的来自外部的压力,因为受到瞩目而变得更为透明,对企业可信度的要求逐渐提高,所有这些就像从瓶子里逃出来的精灵,变大后再也回不去了。

践行者速写　赛西莉亚·黛尔·卡斯特罗（Cecilia Del Castillo）

就职企业：

Eaton是一家全球技术领先型企业，提供多元化的能源管理方案，让电力、水力和机械能源的使用更为有效、安全和可持续化。

职位描述：

环境、健康和安全部的协调员

教育背景：

环境工程本科/质量和生产力系统专业硕士

实际工作

您的主要职责是什么？

协调安全、环境和卫生项目，还有大楼、办公室和服务部门的维修工作，确保安全的工作环境并且要显著减少环境影响。日常的工作是负责实施、促进和保持安全的工作环境，贯彻安全文化，预防事故，及时调查，维修设备和落实规则。

您日常工作的典型事务有哪些？

通常的活动包括回顾每天的安全状况，与EHS部门协调每年规划的活动，追求零事故，汇报厂区和办公区域环境影响的状况，每天计划的小活动与每年制订的大计划要相一致，也就是说要对企业愿景和使命中的优先顺序了然于胸。安全和环境问题永远都重要，但近年来它们对生产造成的直接影响是重中之重。因此，EHS年度战略中和生产相关的三个议题是行为文化、环境文化、交流和强化。

这三个战略适用于安全和环境方面，我们用这三个战略来测量每一个事业部。

可持续发展、责任和伦理在您的工作中扮演什么角色？

为推动企业的愿景和使命，我们积极支持Eaton的伦理和价值观以及质量政策，激励和辅导员工保持高度的满意感、生产力和质量，用现有的激励和认可渠道鼓励和促进员工达到理想的行为结果。

我们致力于成为行业中最受客户、股东、员工推崇的企业，EHS是整个流程中的一个组成部分，它能增进价值，提升企业在市场中的竞争力。我们在以下方面投入努力：可持续化的业务、员工、商业整合、合规、客户、供应商和承包商、社区。

我们本章所提到的议题中，哪些概念和工具同你的工作最为相关？

我认为最重要的一个工具是六西格玛——标准化工具。而执行这套战略最重要的环节是DMAIC——这套工具会给你一个结构，让你对自己企业的计划有一个全面的认识，因而你的量表会很简单、可追溯、合理，拥有持续改进观。

经验分享

您会给您的同行什么样的建议？

为顺利执行战略，你需要顺着执行的步骤熟悉情况并确保你的理解是正确的。你在这个领域之内往往需要经历的是文化上的变革，了解情况并建立长效机制的最好方法是建立"意识—意愿—知晓—强化"这个过程。意识阶段是指你意识到必须要做出改变，尽管你可能都不太清楚要改变什么。意愿阶段是指你意识到要变革之后，有强烈的意愿要执行这个变革。知晓阶段是指你已经搜集了所需的信息，接下来要做出适当的决策并确立所有需要变化的细节。到这个阶段，不管变革何时发生，我们开始清楚地看见真正的需求是什么。每一个变革都需要持续进行，所以到了强化阶段，持续改善就必须到位，每一个变革都有配套的流程检验，确认变革是否真正达到预期的目的。

您工作中的主要挑战是什么？

我工作的主要挑战是参与文化变革，并且有能力理解企业事务的轻重缓急。如果参与变革的人拥有恰当的能力，那么文化变革就会受到拥护，所以要使变革发生，人才是关键，如果你有能力建立一个对人们有用的战略，你就能促成这起变革并让它持续化。

您还有什么愿意和我们分享的？

在全球竞争急剧变化的刺激之下，技术、速度、客户的期望都成为企业成功的核心。所有领导者都遭遇压力希望自己反应更快,不要被淘汰,要领导自己的团队提高生产力。

所以我们如何才能更为努力? 如何提高效率? 一部分工作就是要在团队中设立目标,建立自豪感。

参考文献

1. Lacey, P., et al. (2010). *A new era of sustainability: UN Global Compact-Accenture CEO study 2010*. New York: Accenture Institute for High Performance.
2. CROA. (2011). *Corporate responsibility best practices: Research summary*. Edison: Corporate Responsibility Officer Association.
3. Interface Global. (2012). *Mission zero*. Retrieved December 24, 2012, from Interface Recruiting and Careers: www.interfaceglobal.com/careers/mission_zero.html
4. Elkington, J. (2012). *The zeronauts: Breaking the sustainability barrier*. New York: Routledge.
5. Edgeman, R. L., & Eskildsen, J. (2012). Viral innovation: Integration via sustainability and enterprise excellence. *Journal of Innovation & Business Best Practice* (Article ID 3614151), p. 4.
6. Watson, G. (2007). *Strategic benchmarking reloaded with Six Sigma: Improving your company's performance using global best practice*. Hoboken, NJ: Wiley.
7. Kennedy, M. (2010). *Product development for the lean enterprise: Why Toyota's system is four times more productive and how you can implement it*. Richmond, VA: Oaklea Press.
8. Franz, P., & Kirchmer, M. (2012). *Value-driven process management: The value-switch for lasting competitive advantage*. New York: McGraw-Hill.
9. Kerzner, H. (2009). *Project management: A systems approach to planning, scheduling, and controlling*, 10th ed. Hoboken, NJ: Wiley.
10. Edgeman, R., Bigio, D., & Ferleman, T. (2005). Six Sigma or business excellence: Strategic and tactical examination of IT service level management at the Office of the Chief Technology Officer of Washington, DC. *Quality & Reliability Engineering International, 21*, 257–273.
11. Zairi, M. (ed.). (2003). *Performance excellence: A practical handbook*. Dubai, UAE: e-TQM College Publishing House; Zairi, M., & Whymark, J. (2003). *Best practice organisational excellence*. Dubai, UAE: e-TQM College Publishing House.
12. Edgeman, R., & Eskildsen, J. (2014). Sustainable enterprise excellence. In John Wang (ed.), *Encyclopedia of business analytics & optimization*, pp. pending. Hershey, PA: IGI Global.
13. Avlonas, N., & Swannick, J. (2009). Developing business excellence while delivering responsible competitiveness. In J. Eskildsen & J. Jonker (eds.), *Management models for the future* (pp. 171–184). Springer: Berlin.
14. Kesler, G., & Kates, A. (2011). *Leading organization design: How to make organization design decisions to drive the results you want*. San Francisco: Jossey-Bass.
15. McDonough, W., & Braungart, M. (2002). *Cradle to cradle: Remaking the way we make things*. New York: North Point Press.
16. ReVelle, J., Frigon, N., & Jackson, H. (1995). *From concept to customer*. New York: Van Nostrand Reinhold; Ulrich, K. T., & Eppinger, S. D. (2008). *Product design and development*, 5th ed. New York: McGraw-Hill.
17. Nidumolu, R., Prahalad, C. K., & Rangaswami, M. R. (2009, September). Why sustainability is now the key driver of innovation. *Harvard Business Review*, 57–64.
18. Laszlo, C., & Zhexembayeva, N. (2011). *Embedded sustainability: The next big competitive advantage*. Sheffield, UK: Greenleaf.
19. Van Wassenhove, L. N. (2009). Corporate responsibility in operations management. In N. C. Smith, & G. Lenssen, *Mainstreaming corporate responsibility* (pp. 486–496, p. 490). West Sussex, UK: Wiley.
20. Laszlo, C., & Zhexembayeva, N. (2011). *Embedded sustainability: The next big competitive advantage*. Sheffield, UK: Greenleaf.
21. ISO. (2005). *Quality management systems—Fundamentals and vocabulary* (p. 10). Geneva: ISO.
22. ISO. (2005). *Quality management systems—Fundamentals and vocabulary*. Geneva: ISO.
23. WBCSD. (1999). *Eco-efficiency: Creating more value with less impact*. Geneva: World Business Council for Sustainable Development.
24. Conger, S. (2011). *Process mapping and management*. New York: Business Expert Press.
25. Conger, S. (2011). *Process mapping and management*. New York: Business Expert Press.
26. List, B., & Korherr, B. (2006). *An evaluation of conceptual business process modelling languages* (pp. 1532–1539). Proceedings of the 2006 ACM symposium on applied computing. New York: ACM.
27. ISO. (2005). *Quality management systems—Fundamentals and vocabulary*. Geneva: ISO.
28. EPA. (2007, April 1). *Guidance for preparing standard operating procedures*. Retrieved December 22, 2012, from Environmental Protection Agency: www.epa.gov/QUALITY/qs-docs/g6-final.pdf
29. For further insight into writing operating procedures, see Wieringa, D., Moore, C., & Barnes, V. (1998). *Procedure writing: Principles and practices*, 2nd ed. Columbus, OH: Battelle Press; Price, B. (2001). Set monitoring protocols for SOP's.

Dairy Herd Management, 38(3); Anderson, C. (2012, June 4). *How to write standard operating procedures (SOP)*. Retrieved December 24, 2012 from Bizmanualz: www.bizmanualz.com/blog/how-to-write-standard-operating-procedures-sop.html; EPA. (2007, April 1). *Guidance for preparing standard operating procedures.* Retrieved December 22, 2012, from Environmental Protection Agency: www.epa.gov/QUALITY/qs-docs/g6-final.pdf

30. Waddock, S., & Bodwell, C. (2007). *Total responsibility management: The manual*. Sheffield, UK: Greenleaf.
31. Blackburn, W. R. (2007). *The sustainability handbook: The complete management guide to achieving social, economic and environmental responsibility*. Washington: Earthscan.
32. Waddock, S., & Bodwell, C. (2007). *Total responsibility management: The manual*. Sheffield, UK: Greenleaf Publishing.
33. Morsing, M., & Oswald, D. (2009). Sustainable leadership: Management control systems and organizational culture in Novo Nordisk A/S. *Corporate Governance, 9*(1), 83–99.
34. Dalling, I. (2007). *Integrated management system: Definition and structuring guidance*. London, UK: Chartered Quality Institute.
35. ISO. (2012). *ISO guide 72:2001*. Retrieved December 22, 2012, from International Organization for Standardization: www.iso.org/iso/catalogue_detail?csnumber=34142; ISO. (2002, January 31). *New ISO guide for writers of management system standards*. Retrieved December 22, 2012, from International Organization for Standardization: www.iso.org/iso/home/news_index/news_archive/news.htm?refid=Ref812
36. BSI. (2012). *PAS 99 integrated management*. Retrieved December 22, 2012, from The British Standards Institution: www.bsiamerica.com/en-us/Assessment-and-Certification-services/Management-systems/Standards-and-schemes/PAS-99/. For a practical guide to building management systems, written in plain language, see Bizmanualz. (2005). *How to build effective management systems*. Retrieved December 24, 2012 from Bizmanualz: www.bizmanualz.com/blog/how-to-build-effective-management-systems.html
37. iVAC. (2008). *Integrated management system framework (ISO Guide 72)*. Hong Kong: i-VAC Certification; ISO. (2001). *Guidelines for the justification and development of management system standards*. Geneva: ISO.
38. Jørgensen, T. H., Remmen, A., & Mellado, M. D. (2006). Integrated management systems—Three different levels of integration. *Journal of Cleaner Production, 14*(8), 713–722; Karapetrovic, S. (2003). Musings on integrated management systems. *Measuring Business Excellence, 7*(1), 4–13.
39. Castka, P., et al. (2004). Integrating corporate social responsibility (CSR) into ISO management systems—In search of a feasible CSR management system framework. *TQM Magazine, 16*(3), 216–224.
40. Mertins, K., & Orth, R. (2012). *Intellectual capital and the triple bottom line: Overview, concepts and requirements for an integrated sustainability management system* (pp. 516–526). Proceedings of the European Conference on Intellectual Capital. Helsinki: ECIC.
41. Souza, G. C. (2012). *Sustainable operations and closed-loop supply chains* (p. 37). New York: Business Expert Press.
42. Block, P. (1993). *Stewardship: Choosing service over self-interest*. San Francisco: Berrett-Koehler.
43. Womack, J., & Jones, D. (2005). *Lean solutions: How companies and customers can create wealth together*. New York: Free Press.
44. Ohno, T. (1988). *Toyota production system*. London: Productivity Press.
45. Shingo, S. (1989). *A study of the Toyota production system*. London: Productivity Press.
46. Ohno, T. (1988). *Toyota production system*. London: Productivity Press.
47. Womack, J., & Jones, D. (2003). *Lean thinking: Banish waste and create wealth in your corporation*. New York: Free Press.
48. Bicheno, J., & Holweg, M. (2009). *The lean toolbox: The essential guide to lean transformation*. Johannesburg, South Africa: Picsie Books.
49. Bicheno, J. (2008). *The lean toolbox for service systems*. Johannesburg, South Africa: Picsie Books.
50. Kenkyusha. (2003). *Kenkyusha's new Japanese-English dictionary*, 5th ed. Tokyo: Kenkyusha Press.
51. Nolan, T., & Provost, L. (1990). Understanding variation. *Quality Progress, 23*(5), 70–78.
52. Box, G., & Bisgaard, S. (1987). The scientific context of quality improvement. *Quality Progress*, 20, 6, 54–62.
53. Schroeder, R., Linderman, K., Liedtke, C., & Choo, A. (2008). Six Sigma: Definition and underlying theory. *Journal of Operations Management, 26*(4), 536–554.
54. Watson, G. (2005). *Design for Six Sigma: Innovation for enhanced competitiveness*. Salem, NH: GOAL/QPC Publishing.
55. Hoerl, R., & Gardner, M. (2010). Lean Six Sigma, creativity, and innovation. *International Journal of Lean Six Sigma, 1*(1), 30–38.
56. Harrington, H. J. (1995). *Total improvement management: The next generation in performance improvement*. New York: McGraw-Hill.
57. Montgomery, D. (2008). *Introduction to statistical quality control*, 6th ed. Hoboken, NJ: Wiley.
58. Box, G., & Draper, N. (1987). *Empirical model-building and response surfaces*. New York: Wiley.
59. Harrington, H. J. (1995). *Total improvement management: The next generation in performance improvement*. New York: McGraw-Hill.
60. Creveling, C., Slutsky, J., & Antis, D. (2003). *Design for Six Sigma in technology and product development*. Upper Saddle River, NJ: Prentice Hall PTR.
61. Imai, M. (2012). *Gemba kaizen: A commonsense approach to a continuous improvement strategy*, 2nd ed. New York: McGraw-Hill Med/Tech.
62. Ohno, T. (1988). *Just-in-time for today and tomorrow*. London: Productivity Press.
63. See, e.g., Cole, R. E. (2011). What really happened to Toyota. *MIT Sloan Management Review, 52*(4), 29–35.
64. Mehri, D. (2006). The darker side of lean: An insider's perspective on the realities of the Toyota production system. *Academy of Management Perspectives, 20*(2), 21–42.
65. Chuma, H., Kato, T., & Ohashi, I. (2004). What Japanese workers want: Evidence from the Japanese worker representations and participation survey (RIETI Discussion Paper Series 04-E-019). Tokyo: Research Institute

66. ASQ & Manpower Professional. (2011). *Social responsibility and the quality professional: The implications of ISO 26000*. Milwaukee, WI: ASQ & Manpower Professional.
67. EFQM. (2004). *The EFQM framework for corporate social responsibility*. Brussels: EFQM.
68. Kano, N., Seraku, N., Takahashi, F., & Tsuji, S. (1984, April). Attractive quality and must-be quality. *Journal of the Japanese Society for Quality Control, 39*–48.
69. Edgeman, R. (2011). SIPOC and COPIS: The business flow—Business optimization connection. In M. Lovric (ed.), *International encyclopedia of statistical sciences* (pp. 1337–1338). Berlin: Springer.
70. Covey, R. (1989). *The seven habits of highly effective people*. New York: Simon & Schuster.
71. Kano, N., Seraku, N., Takahashi, F., & Tsuji, S. (1984, April). Attractive quality and must-be quality. *Journal of the Japanese Society for Quality Control, 39*–48.
72. Xie, M., Tan, K. C., & Goh, T. N. (2003). *Advanced QFD applications*. Milwaukee, WI: ASQ Quality Press.
73. Hipple, J. (2005). The integration of TRIZ with other ideation tools and processes as well as with psychological assessment tools. *Creativity and Innovation Management, 14*(3), 22–33.
74. Yoon, B., & Park, Y. (2007). Development of new technology forecasting algorithm: Hybrid approach for morphology analysis and conjoint analysis of patent information. *IEEE Transactions on Engineering Management, 54*(3), 588–599.
75. Kotnour, T. (1999). A learning framework for project management. *Project Management Journal, 30*(2), 32–38.
76. Suh, N. (1990). *The principles of design*. Oxford, UK: Oxford University Press.
77. Stamatis, D. (2003). *Failure mode and effect analysis: FMEA from theory to execution*, 2nd ed. Milwaukee, WI: ASQ Quality Press.
78. Cook, H. (2005). *Design for Six Sigma as strategic experimentation*. Milwaukee, WI: ASQ Quality Press.
79. Moen, R., & Norman, C. (2010). Circling back: Clearing up myths about the Deming cycle and seeing how it keeps evolving. *Quality Progress, 43*(11), 22–28.
80. Deming, W. E. (1986). *Out of the crisis*. Cambridge, MA: MIT Center for Advanced Engineering Study.
81. Shewart, W. (1931). *Economic control of quality of manufactured product*. New York: D. Van Nostrand.
82. Anderson, J., Rungtusanatham, J., Schroeder, R., & Devaraj, S. (1995). A path analytic model of a theory of quality management underlying the Deming management method: Preliminary empirical findings. *Decision Sciences, 26*(5), 637–658.
83. Juran, J. M. (1989). *Juran on leadership for quality: An executive handbook*. New York: Free Press.
84. Stepanovich, P. (2004). Using system dynamics to illustrate Deming's system of profound knowledge. *Total Quality Management & Business Excellence, 15*(3), 379–389.
85. Waddock, S., & Bodwell, C. (2007). *Total responsibility management: The manual*. Sheffield, UK: Greenleaf.
86. Klefsjö, B., Bergquist, B., & Edgeman, R. (2006). Six Sigma and total quality management: Different day, same soup? *Six Sigma & Competitive Advantage, 2*(2), 162–178.
87. Edgeman, R. (2011). Design for Six Sigma. In M. Lovric (ed.), *International encyclopedia of statistical sciences* (pp. 374–376). Berlin: Springer.
88. Edvardsson, K. (2004). Using goals in environmental management: The Swedish system of environmental objectives. *Environmental Management, 34*(2), 170–180.
89. ReVelle, J., Frigon, N., & Jackson, H. (1995). *From concept to customer*. New York: Van Nostrand Reinhold.
90. Myers, R., Montgomery, D., & Anderson-Cook, C. (2009). *Response surface methodology: Process and product optimization using designed experiments*, 3rd ed. New York: Wiley.
91. Myers, R., Montgomery, D., & Anderson-Cook, C. (2009). *Response surface methodology: Process and product optimization using designed experiments*, 3rd ed. New York: Wiley.
92. Edgeman, R., & Dugan, J. (2008). Six Sigma from products to pollution to people: Migration from engineering and business to the natural and social environments. *Total Quality Management & Business Excellence, 19*(1), 1–8.
93. Montgomery, D. (2008). *Introduction to statistical quality control*, 6th ed. Hoboken, NJ: Wiley.
94. Watson, G. (2007). *Strategic benchmarking reloaded with Six Sigma: Improving your company's performance using global best practice*. Hoboken, NJ: Wiley.
95. Watson, G. (1993). How process benchmarking supports corporate strategy. *Strategy & Leadership, 21*(1), 12–15.
96. Bogan, C., & English, M. (1994). *Benchmarking for best practices*. New York: McGraw-Hill.

第 10 章 供应链:责任型供给与需求

> **学习目标**
>
> - 理解供应链的复杂本质和体系以及它对可持续发展的贡献
> - 打造企业的责任供应链管理
> - 影响供应链伙伴的责任供应链绩效
> - 建立闭环式供应链

引言

大多数大型企业(83%)不是直接让供应商参与管理,就是和供应商探讨如何协作共同测量可持续发展的影响。只有15%的企业不与供应商直接合作共同应对可持续发展的议题。[1]

有91%的CEO认为可持续发展应该被完全嵌入所有的分支机构,有59%的企业报告说他们已经做到了;有88%的CEO认为可持续发展应该嵌入供应链,有54%的企业报告说他们已经这样做了,这些认为应该做和实际已经做的企业之间有着明显的绩效差距。[2]

责任管理实践
利乐包装:在中国的优秀供应链管理

利乐包装是全球最大的食品Process和包装公司,自从1972年进入中国,它逐渐成为中国奶制品业一个非常有影响力的参与者。公司利用其包装技术对奶制品公司的供应链以及整个奶制品行业的发展进行了改造。社会和环境的可持续发展是利乐公司经营战略中不可分割的一部分。

利乐公司直接通过打造绿色的供应链上下游建立起可持续发展的供应链。它和供应链上下游不同的利益相关者展开合作,这些合作者不是传统意义上的合作对象,包括政府机构、大专院校、世界自然基金会(WWF),甚至垃圾收集公司。合作的领域包括三个方面:加入森林管理委员会(FSC)的认证、牧场管理和循环体系的建造。利乐公司既是一家供应商,也是一家服务型企业,它将产业生态引入中国。接下来我们将按照包装产品的流程顺序,即生产、使用和报废的环节,更仔细地观察一下供应链管理的具体活动。

构建基础设施和体系: 利乐公司与循环再生资源公司、学校、非政府组织、废弃物收集站和当地政府携手合作,建立了可持续的收集和循环体系。它还为中国包装协会提供支持,后者草拟了第一条循环经济法令。

让供应商参与: 利乐公司挑选那些愿意生产再生材料和提升再生材料发展和应用的造纸厂和材料加工厂,以提高循环材料生产的产能。他们发现,通过分拣牛奶纸盒中的有用部分作为再生产的原材料,这些材料价值增加了三分之一。为此他们给使用过的包装盒(区别于废纸)支付更高的回收价,逐渐建立起了再循环网络。此外,利乐公司给个人和大型垃圾回收站都提供一定的技术支持。

采购可持续的原材料: 利乐公司推崇把可再生资源作为生产投入料,牛奶包装盒的关键材料是木浆纸。在中国,利乐公司积极支持可持续发展的森林管理,从2006年开始,它与WWF、中国绿色基金会(CGF),以及森林管理部门一起助力责任林业管理。

让客户参与: 利乐包装一般会选派一个大客户管理团队驻扎到新客户的工厂。在大客户经理的领导下,团队帮助战略伙伴在技术、质量管理、销售和行政管理上取得进步。此外,利乐公司还聘请专业咨询公司,为客户提供专业化的咨询,并承担一半的咨询费用;利乐公司则对客户要求一定的购买量作为其回报。最后,利乐公司还提供设备融资,中小型企业只需首付20%的贷款,一旦它们每年的购买量达到一定数额,利乐公司会免除剩余的贷款。

管理产品寿终期: 利乐公司的无菌包装盒含有聚酰亚胺纸、铝、聚乙烯涂层,这使得它们很难被分离和循环使用。如果这些垃圾不被处理最后会成为问题,当意识到这一点,利乐公司采取积极的措施,领先于中国法律的要求,把这些废弃的包装盒视为"被错置的资源"。

资料来源:Jia, F,. & Wu, Z. (2012). *Creating competitive advantage by greening the supply chain: Tetra Pak in China.* Europe Case Clearinghouse (ECCH) Case #613-005-8.

10.1 责任管理和供应链

"在一个讲企业社会责任的情境下,很多企业面临着延伸的责任链,企业不仅要对自己的行为负责,还要对它们的供应商乃至供应商的供应商的行为负责,所有这些供应商的产品和服务构成了最终产品。"[3]

企业优化、精益生产和标杆学习的理念和流程经常在运营管理中被提到,使管理者将他们的组织和供应链看作一个体系,并为他们提供了解这些体系需要使用的工具。本章主要通过探讨供应链管理以带动整个企业的体系,这非常重要,因为管理者必须要用整体观应对可持续发展的挑战,才能获得三重绩效所有维度的最优系统绩效。

有数个因素导致企业追求绿色的供应链管理和三重绩效,比如要达到常规的标准如 ISO 14000 跟进企业政策的发展、打造企业形象、减少成本以及面临利益相关者的压力等。然而,环境和社会措施的落实需要买卖双方的共同合作。当然还有其他一些因素会延缓负责任供应链政策的实施,比如供应商的合作不力,缺乏在全球供应链上公认和通用的测量指标和数据及失去不达标供应商的风险。[4] 接下来的几个小节中,我们将以精益运营理念和系统思维为基础,详细解读责任供应链管理中最为重要的可持续发展挑战。

在本章中,我们先描述创建责任供应链流程的三个阶段(见图 10.1):第一阶段,了解供应链管理,供应链本质上是复杂且灵活的体系,一般由一些中小型企业串联而成。我们会提供供应链的绘图工具。第二阶段,管理内部供应链,我们会解释对供应链从业人员有用的原则和证书,并列举一些让供应链上下游企业参与的管理工具。第三阶段,闭合循环(close-loop),重点介绍创建可循环结构的方法,类似生态系统,将一些使用周期已经结束的产品重新整合到供应链的前期阶段中。

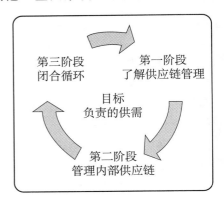

图 10.1　责任供应链管理流程

10.2　目标:责任型供给与需求

"你需要从整个供应链来看待你的产品,把客户视为你的合作伙伴。"[5]

供应链应该是怎么样的?这应该是我们之前所描述的责任经营原则的延伸,把这些原则应用到整个供应链中,从前端提取生产原材料的公司,到终端,然后再到使处于衰退期的产品重焕生机的企业。

责任供应链(responsible supply chain)一定能从最初的生产活动,到使用阶段,再到终止及之后的阶段发挥最优化的三重绩效、利益相关者价值和伦理绩效。在供应链管理活动中,供给和需求同等重要,这也是为什么责任供应链管理必须要明确表态建立合理的供给和需求。被需求的供应链参与方(企业客户和终端消费者)必须创建责任型产品和服务需求,供应商必须提供相应的产品和服务。企业责任供应链管理的三个主要任务是:

(1)激励、支持和引领供应链合作伙伴成为更负责任的企业,为供应链上所有的利益相关者创造价值。

(2)开发包括供应商、终端客户和终端用户的供应链体系,优化三重绩效。

(3)在供应链上将伦理问题和不端行为最小化。

通过生命周期的评估,我们分析产品和服务在不同阶段(生产、使用和寿终期)的三重绩效、利益相关者价值和伦理问题。这样我们就可以描述和了解产品从起始到终结的所有影响。管理整个供应链意味着将理论转化为实践,借由客户的使用及产品和服务的再循环,表现为从原材料的获取到产品的转化的一系列活动。供应链活动遵从产品生命周期的逻辑,使得责任供应链管理成为产品由加工到消亡过程中构建可持续发展、责任和伦理的完美工具,应用该管理工具的第一步就是了解供应链管理的本质。

10.3 第一阶段：理解供应链

"供应链是个复杂的网络，涉及很多互动环节及不同实体、流程和资源之间的互相依赖。"[6]

产品或服务的供应链(supply chain)是从原材料开始到最终用户之间存在的一系列价值创造(生产)和价值流失(消费)的活动。当我们谈论供应链管理时，我们是以供应链中的一个企业的视角为出发点，也就是一个被聚焦的企业。某个企业的供应链一般是被聚焦企业的延伸，这类被聚焦的企业往往是最终采购的企业或者是贴牌生产的代工厂(OEM)。绝大部分生产运营都发生在供应链的前端。当供应链变得越来越复杂，企业越来越多地选择外包生产，那么企业的碳足迹大多留在了供应链中，而不是企业本身的运营中。

与此同时，供应商的环境管理也日益面临着挑战，因为大多数供应商都分布在海外的发展中国家，这些国家的环境标准相对较低。原设备代工厂需要开发和推行有效的环境体系，培养供应商的意识，在跨文化、跨国界的情境下打造供应商的能力，并监管他们的责任管理实践。基本上，供应链管理者必须将整条链上的可持续发展、责任和伦理的足迹做好数量统计和文档记录。

中国：能源供应链中的问题

供应链管理活动颇见成效的例子是中国。随着产能的不断扩大，中国的发展急需更多的能源。在中国，由于超过90%的能源供应来自烧煤的发电厂，供应链中的二氧化碳排放非常严重，企业必须要开始考虑供应链中的能源消耗和排放。经济学家使用能源效率作为衡量国家生产力和竞争力的依据。总体来说，发展中国家的能源效率非常低。另外，中国政府已不仅仅把能源效率作为一个经济问题或环境问题，还把它列为一个社会的问题。用煤发电产生的污染严重危害了公众的健康，引发了社会动荡，公众抗议政府在空气质量和矿井安全等问题的报道上缺乏透明度。

资料来源：*Economist*. (2012) Retrieved from www.economist.com/blogs/analects/2012/05/future-clean-energy and www.eiu.com/public/topical-report.aspx? campaignid = China Green Energy.

10.3.1 供给网络

供应链总是以供应网络的形式出现，包含不同层次的供应商和采购商、不同级别的互动，以及包含着高度的动力。网络中的每一个实体都有自己的要事议程表，有的需要与网络中的其他成员共同完成，有的则需要由企业自己独立安排。即便每个成员都被列为单个的变量，整个网络将是一个多变量的体系，有很多自变量。网络的每一个成员可以根据内外部机制，自主采取行动，但整个体系的运转根植于许多变量复杂的互相依赖关系。因此,供应网络构成了一个"复杂而灵活的体系"(complex adaptive system)[7],而后逐步转变为一个有条理的形式,在没有单个实体管理或控制的情况下,自行组织和调整。

复杂而灵活体系中的各个成员之间保持互动,并顺应着环境的变化。[8]这个观点是我们后面所有讨论的基础。掌握这个复杂的网络的第一步是绘制供应链体系图。

10.3.2 供应架构图

供应链架构(supply chain architecture)有哪些基本要素呢?从传统而狭义的角度看,供应链是由一系列企业共同参与完成一个成品的生产。从被聚焦企业的角度看,它由上游(产品和服务的来源)和下游(产品和服务的去向)组成。从动态的角度看,情况要复杂得多(见图10.2)。第一,它应该被称为供需链,因为它既包括供应商,也包括对产品有需求并从中提取价值的消费者。第二,它不是链条,而应该是一个闭合循环,后期阶段的产品和服务又作为投入料重新被导回生产的早期阶段,或者到其他环节。第三,如果要用超前的思维理解供应链,必须考虑总体的供应链,也就是产品在完成第一级供应链的循环后,还要涉及第二级、第三级乃至第 n 级的供应链管理,比如户外专业服装制造公司 Patagonia 开始着手在 e-Bay 上销售它们的产品,这属于附着在第一级供应链之后的第二级供应链,而第一级供应链指的是一手购买的产品。

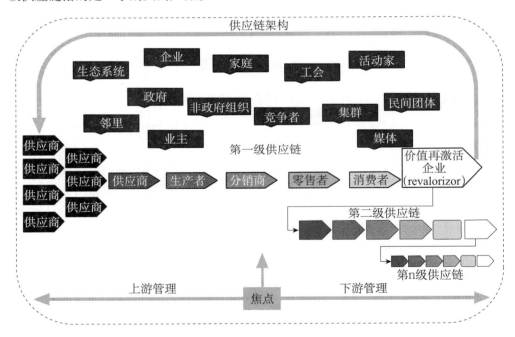

图 10.2　供需体系图解

资料来源:Laasch,O.,&Conaway,R. N. (2013). *Responsible business:Managing for sustainability,ethics and global citizenship.* Monterrey:Editorial Digital.

为打造责任供应链,管理者必须要在可持续发展、责任和伦理三个方面都采取积极的行动:
- 在可持续发展方面,管理者要致力于设计一些能够在产品生命周期结束后仍能够被重新注入价值的产品,并且能够不断被转移到第 n 级供应链,比在第一级供应链时更具有增值性。
- 在责任方面,管理者必须要在"延伸的责任链"中与其他伙伴一起创造利益相关者价值。
- 在伦理方面,管理者要设计出能减少伦理困境和不端行为的供应链,并且要付诸行动。这也许意味着公司不从践踏人权的国家采购,或者不向不良道德示范的企业销售,如烟草企业。

供需关系更为复杂的表述是产业生态系统,产业生态系统并不是唯一一个可以嵌入供应链的网络,企业完全可以嵌入到其他类型的超系统中去。一般来说,经济体系可嵌入在社会体系中,社会体系可嵌入在环境体系中,因此,在描绘供应系统的图景时,要尽可能地包括它同其他两个超体系的联结。另外一些重要的系统是责任集群、产业和社群,在表 10.1 中将会描述它们的特征。

表 10.1 和可持续发展相关的经济亚体系的几种类型

体系类型	期望	实体
产业生态体系	形成供本地使用的零浪费体系	在资源使用中能够连接的一些就近的产业活动
可持续发展集群	达到最大限度的协同效应,在关联产业中形成最高的社会、环境和经济竞争力	本地较为集聚的产业之间的相似性和议题关联性
可持续价值链	创建单个产品的可持续价值链	贯穿原材料采集到最终用户萃取产品价值的一条完整的生产和消费链
可持续产业	通过几个关联的产品创建可持续发展的生产和消费产业体系	企业和消费者通过同一个产业结合
可持续社区	社区自给自足,提供社会福利,产生可持续发展的环境影响	企业、居民和官方人士构建共同的社群

资料来源:Laasch, O., & Conaway R. N., *Responsible business: Managing for sustainability, ethics and global citizenship*. Monterrey: Editorial Digital.

10.3.3 中小型企业的作用

责任经营很长一段时间都聚焦于大企业,而那些享有知名品牌的大型制造企业的供应链通常是由大量的几乎是隐形的中小型企业(small and medium-sized enterprises,SMEs)构成的。所以,要了解责任供应链必须要思考如何将责任经营和管理应用到中小型企业中去。中小型企业的特点是员工规模小,企业收入低,企业主就是管理者。尽管每个国家对中小型企业的定义不尽相同,但都会将员工数量作为一个指标。依据不同国家对指标的具体规定,中小型企业的员工数量上限从 100(如澳大利亚、哥斯达黎加、文莱)到 500(如法国、加拿大、哈萨克斯坦)不等。最为常见的上限值为 250(俄罗斯、英国、巴西)。[9] 在很多国家,中小型企业对 GDP(国内生产总值)的贡献和就业机会的创造功不可没。在对 GDP 的贡献度方面,阿尔巴尼亚低于 10%,而德国则超过了 70%。由此,我们可以得出结论:"中小型企业不可或缺。"[10]

为什么在责任经营和管理方面,我们要将大企业和中小型企业区别对待呢?答案是中小型企业出于不同的结构要素和社会嵌入性,必须实行不同的责任经营模式,表 10.2 列举的是中小型企业和大企业之间的主要区别,以及这些区别对中小型企业责任管理的意义。[11]

表10.2　大型企业和中小型企业的主要区别及其对中小型企业责任管理的意义

议题	特征	大企业	中小型企业	对中小型企业责任管理的意义
组织结构	高管层	CEO	企业主兼管理者	企业主兼管理者对是否实行责任经营有更大的自主权,他对外部股东不负有责任
	企业发展阶段	成熟阶段	早期发展阶段	因为需要做出迅速反应,管理体系发展不完善,缺乏标准化流程,所以中小型企业需要更灵活、更直观的管理方式
	产品和服务的范围	多元化	专业化	中小型企业的专业化特点使得它们容易在企业专长的领域形成创新的解决方案,但在之外的领域较为困难
	结构	部门	职位(多职能)	在中小型企业中承担责任管理职责的人会面临各种活动及其优先序的冲突
	决策和响应	层级冗繁,沟通和决策流程复杂	层级扁平,沟通和决策流程简单	中小型企业的决策迅速,这使它们有余力积极应对利益相关者的诉求并针对环境和社会问题提出解决方案
	结构响应	严格	灵活	有能力迅速决策,在企业中实行责任经营
战略	计划	长期战略	短期或中期战术	在中小型企业中,草根机制适时地提供了责任经营的措施,之后形成全公司的责任管理结构
	竞争者	对手	行业中的同仁	很容易形成行业合作,在行业同仁间形成战略合作伙伴关系
	竞争的基础	价格或差异化	关系、合作、灵活、服务	中小型企业中责任经营的重要作用是形成关系网络、建立社会资本,以及提高竞争力
营销和沟通	市场伙伴	B2C	B2B	中小型企业中的营销和沟通必须针对行业客户和网络,而不是针对大型企业关注的终端用户
	营销环境	市场	网络	合作型的责任经营活动成为中小型企业网络中的营销活动
	形象	在国内外享有知名度	在本地区外默默无闻,但所在地知名度较高	外部利益相关者对中小型企业只在本地范围内产生压力
	明文规定	程度高,有很多明确的责任经营工具和措施	程度低,将责任经营隐性融入企业的行动	相比于大企业,中小型企业的责任经营很难被制度化,比如行为守则、价值或使命陈述;它们常常有责任经营的行为,但不会有相应的表述,表述经常是模糊不清或不准确的
	关系的基础	品牌	信任	责任经营必须要更强调同关键利益相关者建立信任,而不是向大范围的利益相关者宣传自己的品牌

（续表）

议题	特点	大企业	中小型企业	对中小型企业责任管理的意义
环境和嵌入	供应链所处的地位	终端客户企业，高级别供应商	低级别供应商或价值再激活企业	中小型企业通常由于来自高级别供应商或终端用户企业的市场压力被"卷入"到责任经营中
	系统嵌入	市场机制	关系机制	可以在本地网络中找到责任经营解决之道，而无须放眼更大的市场
	全球本土化	全球	本地	强调做本地社区的"好公民"，而非高远的可持续发展等全球责任
	社区关系	闯入者	成员	有良好的优势同本地社区建立关系
	责任点	匿名企业	个体	企业主兼管理者和其他员工更容易看到个体行为的影响，促使他们更勇于在职场中有所担当，而大企业常常因其"缺乏人情味"而遭诟病
	能力和影响力	有能力提供更大规模的解决方案	在本地的权力	中小型企业权力有限，影响力有限，这使得它们抱持被动的态度："我们反正也做不了，让大公司去做吧。"
财务和资本	决定性资本	经济	社会	社会资本相比于经济资本对中小型企业的成功更为重要，尤其在个体商业的关系网络中，责任经营会增加社会资本
	内部财务	规模经济	有限资源	几乎没有责任经营的预算，除非马上有所回报，商业依据是关键点
	所有权	外部所有权	个人或家族拥有	利润分配会有差别，个人或家族价值观在责任经营行为中具有重要性
	理念	利润最大化	所有者满意	所有者兼管理者对使用资金有高度自主权，既可以为个人财富创造最大价值，也可以在企业内部用于社会或慈善项目，即便并没有很强的商业支持依据
	融资	外部	内部	由于外部资本获取渠道有限，中小型企业也许无法为责任经营实践的转型募集一大笔丰厚的资金
人力资源	劳工关系	正式，中立，缺乏人情味	互相依赖，有人情味	由于企业和员工都过多地利用了相互之间的依赖和亲近关系而容易陷入伦理困境
	员工角色	明确定义，严格	模糊，灵活	由于基础架构的发展较为薄弱，中小型企业通常无法详细并可靠地描述工作职责
	员工特点	专业化，职业化	通才	在中小型企业中培训责任管理的专才并不容易
	职责和任务	专才	多任务者	在员工的岗位描述中，也许会有其他任务和责任管理相冲突
	对职责的态度	不具人情味的责任，"我只是大机器中的一颗螺丝钉"	直接责任："靠我们"	员工个人可信任度高
	动力	制度化	个人	员工更容易卷入公司的善行和不当行为，所以员工更有个人动机去做善事

资料来源：Adapted from Fuller, T., & Tian, Y. (2006). Social and symbolic capital and responsible entrepreneurship: An empirical investigation of SME narratives. *Journal of Business Ethics*, 67(3), 287-304; Spence, L. J. (2007). CSR and small business in a European policy context: The five "Cs" of CSR and small business research agenda. *Business and Society Review*, 112(4), 533-552; Perrini, F., Russo, A., & Tencati, A. (2007). CSR strategies of SMEs and large firms. Evidence form Italy. *Journal of Business Ethics*, 74(3), 285-300; Murillo, D., & Lozano, J. M. (2006). SMEs and CSR: An approach to CSR in their own words. *Journal of Business Ethics*, 67(3), 227-240; Mandl, I. (2005). *CSR and competitiveness-European SMEs good practice*. Vienna: European Commission, 2005.

中小型企业和大型企业的责任管理一定是存在差异的。中小型企业的经营是否更负责任，我们暂且不好评论，因为两者在责任管理方面的区别太大，没有直接的可比性。[12]其中一些重要的区分标志包括：中小型企业一般是家族制企业，其企业主就是管理者，社会资本和网络是其经营中十分重要的因素[13]，中小企业一般实施小规模管理和紧凑的财务结构[14]；此外，中小型企业一般都处在供应链的低层或者只服务于本地市场。Jenkins[15]提出了中小型企业推行责任管理的四步骤法。

（1）理解和建立经营理念。第一步是在企业内部理解责任经营，之后将它转化为具体的价值观和经营理念，落实到具体的日常管理工作中去。

（2）树立领头羊，从唾手可得的成果开始。第二步是树立一个责任经营的带头人，有能力带领他人共同行动。中小型企业一般都会从一些零敲碎打的小活动开始，之后逐渐形成大的影响。最后形成连贯的责任经营体系。中小型企业鲜有从一开始就实施连贯的责任经营战略，甚至最终都不会形成连贯的战略。

（3）融合和挑战。当责任经营行为和企业业务高度相关并且与员工的主要职责融为一体，那么资源的稀缺和员工的抵触等阻碍很容易就会被克服。

（4）获取商业收益。第四步是通过构建社会价值和企业财务收益的双赢局面，确保责任管理活动的长期经济可持续性。当然，中小型企业不仅仅是供应商，在供应链中它们同时还是采购商。大型企业可以执行 ISO 等质量和环境标准，而中小型企业可以用其他方式监控和跟踪他们的供应链，承担环境和社会责任。

有一个直接的方法是遵循 6T：可追溯性、透明化、可测性、时间、信任和培训[16]。最早的时候 6T 是质量管理的一个工具，后来它也成为跟踪环境和社会影响的基础。可追溯性指企业通过供应链跟踪产品去向的能力，最理想的过程是从原材料到生产再到发货。责任型供应链管理者最主要的管理任务就是建立可追溯系统。透明化指通过正式和非正式的协议获取产品和流程信息的方便程度。可测性指产品特性是否可以被检测。时间指流程按时完成。信任指合作方之间遵守承诺、友好协商，不占对方便宜。培训指在质量、安全和最佳实践等方面展开的知识、技能和态度的培训。

6T 在任何经过 ISO 认证的供应链中都存在，它对企业任何供应链确保环境和社会责任都具有非常出色的指导意义。此外，在每一个 DMAIC 的过程中，6T 是必要的投入和期望的产出。

10.3.4　社会可持续发展

接下来，我们主要分析供应链对环境产生的直接影响。但我们要牢记一点，供应链还有巨大的经济和社会影响，它们更多地出现在跨国的客户—供应商之间，社会供应链包含人权、工作条件、社会经济发展等议题，我们将在第十三章国际管理和商务中详细叙述，在这里我们简要地概括一下供应链中的社会因素。

在三重绩效的三个维度中，环境可持续性和社会可持续性相得益彰。任何一个环境绩效的改善都将使员工和社区获益，减少二氧化碳、有毒废弃物和污染物的排放会给社会整体带来福祉。事实上，社会可持续性通常是通过清理开支的减少、医护成本的降低或者由绿色运营带来生产效率的提高等指标反映出来的，它们都和环境可持续性有着直接或间接的关系。而直接的社会成本和收益则很难被量化。

虽然生态有效性的改善可以提高总体的运营效率，但也有可能导致成本的增加。改善社会可持续性（员工健康、安全和社区和谐）一定会产生成本。有些社会责任是强制性的，企业必须要评估自身的任务使命和价值观，量力而行，有所侧重地处理三重绩效的各个维度。另外，在决策时，任何一个在中期利益和长远的可持续发展目标之间的取舍都会有不确定性。社会和环境问题不只是对企业本身造成影响，一定还会涉及其他利益相关者。弗里曼[17]对利益相关者的定义是"对企业实现目标产生影响同时受到影响的群体和个人"。所以企业管理者注重利润率，社区成员关心宜居的生活条件，而环境主义者会紧盯生产过程所产生的环境影响。

虽然企业对股东承担着受托责任，但也会主动牺牲一些眼前的利润，以获取长期的可持续性，这一行为是出于对社区、环境、员工和客户平等的关爱，而不仅仅是股东。在复杂的情况下决策，管理者需要借助于运营的原则和技术的标准。[18]管理者会发现这些可持续发展的问题常常是多层面的，在应对一个特殊的挑战时，会出现很多预想不到的问题，如果企业只是满足于遵纪守法，那么目标明确、合规就是强制性义务。但那些追求可持续发展的企业往往早已合规，所谓的"正确抉择"往往很难识别，因为还没有一个好的方法来测量这一决策的结果。Wu 和 Pagell[19] 提出了企业决策过程中的一些战略姿态：

- 采取"环境第一"姿态的企业重视环境问题，业务成功与否取决于环境目标是否达成。
- "三足鼎立"的姿态，企业以可持续发展的方式经营，环境和社会方面的投入和努力让员工、供应商和当地社区直接受益。环境和社会问题互相融合，同等重要。这些企业会放弃一些眼前的利润和发展机会，为员工提供高薪资的就业岗位，并维护经营地周围社区的稳定。
- "机会至上"型姿态，这样的企业和前两者不同，环境问题对它们而言是个新问题，它们更追逐经济发展的机会，而不太顾及企业创始人或管理者的价值观。这样的企业追求环境或社会的可持续性，但目的是让自己显得与众不同，最终实现经济目标。[20]这样的风气近几年在有机食品行业愈演愈烈，为了利用这波食品购买的新趋势，一些大型食品公司纷纷采取行动，以使自己的产品能贴上"有机"标签。

食品安全领域社会供应链的可持续发展

意大利面公司 Barilla 的食品安全供应链项目恪守公司创始人 Pietro Barilla 的誓言："像喂养你自己孩子一样喂养他人。"其供应链项目致力于改善原材料和包装材料的安全性，最大限度地开发专门的食品安全技能，定义新型供应链的管理规则，并配备国际化的专家和实验室网络为产品提供分析。

资料来源：Barrilla, www.barrilla.com。

10.4　第二阶段：从内部管理供应链

"……有很多方式可以将社会和环境责任融合到供应链管理中去，比如可持续的产品和流程设计，支持产品管理的项目和技术。"[21]

供应链管理的第一步是要清楚你所在企业在供应链上所处的位置。你要找到这个聚焦公司在供应链上所处的位置，可以从地理位置、级别或者是不是最终产品生产商的角度来表述，还可以依据企业在供应链中的作用（生产、分销、零售或回收等方面），给你的企业定位。

通常大家会想当然地认为供应链管理是由客户主导的，要求供应商遵从他们的标准，这些企业往往是一些大型跨国企业，有着大量中小型规模的供应商。有意思的是，这些关系并不是真正客户—供应商关系的真实写照。我们已经看到了利乐包装公司的例子，作为一个包装材料的供应商，是他们在积极地与奶制品公司的客户合作，所以"谁是采购商"应该更换成"谁领导谁在可持续发展体系、质量和卓越等方面投入努力"的问题。从这个问题出发，我们可以定义责任型供应链中的两种类型的作用：

（1）责任型供应链领导者积极地发展更多的支持者并敦促他们一起改进自己的企业，创造更可持续化的供应链。

（2）责任型供应链跟随者积极响应领导者的号召。处在供应链中游的很多企业既是领导者又是跟随者。接下来的讨论中，我们将观察大型企业以及典型的中小型企业分别是如何与合作伙伴打交道的，旨在从领导者—跟随者（采购商）—供应商的关系方面，对如何建立合作和投入管理提供一些指导。责任供应链管理的实践包括供应商参与、标准化及认证，以及在供应链中践行质量管理的原则。

10.4.1　供应商参与实践

供应链领导者如何确保供应商是在以可持续发展的方式运营，为利益相关者创造价值，并在遇到伦理问题时展现道德的卓越性呢？这里可以介绍一下一些典型的供应链参与工具，这些参与活动既可以在上游执行（供应商参与），也可以向下游（客户参与）推行。一般来说客户是供应链的领导者，供应商的参与，也就是采购商让供应商参与更为常见一些。供应商领导者可以利用一系列的手段让供应商一起参与。

图 10.3 是责任管理行为的一些介绍，它们能有效改进责任供应链绩效。左侧的百分比代表的是可持续发展供应链管理的一项跨国调查中，受访者对改善责任管理绩效诸多选项认可的比例。有意思的是，同样这份调查还显示，如激励供应商分享可持续发展的专长和知识，并为他们提供工具、政策和流程等，还能够减少供应商和采购商的运营成本。[22]

Anselm Iwundu[23]为建立责任供应链提出了五项规则，希望能为责任管理者在投入供应链管理的过程中提供帮助。

（1）成为楷模。在让供应商参与改进他们的运营之前，先在内部建立和管理责任经营的项目。

（2）在供应链中繁殖好的实践。将责任经营项目尽可能延展到供应链中的更多节点，和你的供应商合作，将好的实践在公司更多地方示范并推行。

（3）扩大参与的范围。更了解你的供应商，将你的参与范围做整体的规划，使你们的影响力在整个供应链体系中发挥更大的作用,哪怕是曾经不熟悉或接触过的地方。

(4)建立责任型采购项目。将你在责任型采购项目中的工作进行整理和记录,为公司供应链管理的实践提供正式的说明和承诺。

(5)建立供应链的透明度和可追溯性。对一个流动的供应链改进流程来说,信息是关键要素。确保审计、指标、可证实的供应链行为守则等执行措施的到位和合规。

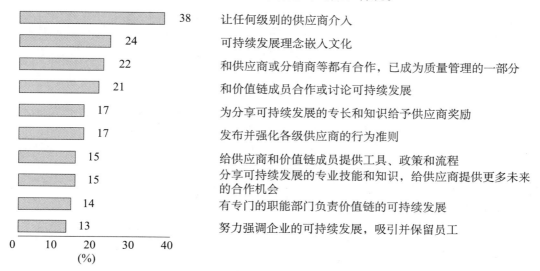

图 10.3　能够改善负责任供应链绩效的参与实践

资料来源:ASQ, CROA, ISM, & Deloitte Consulting. (2012). *Selected sustainable value chain research findings*. New York:Deloitte Development.

回到源头——亚马孙河谷

Natura 是巴西最大的化妆品公司。它的 Ekos 产品系列是从植物原料萃取而来的,这些植物生长在生物繁茂的亚马孙河谷地区。为此,Natura 公司设立了专门的"亚马孙项目",和亚马孙地区的居民一起,共同发展公平而透明的可持续化供应链。Natura 的首要指导原则是尊重当地居民的知识,以及他们对待当地植物的态度,然后以可持续的农业作业形式和一些小规模的供应商合作。在 Natura,他们这些积极的合作态度同样也体现在他们和员工、其他供应商以及投资者之间的关系上,Natura 的座右铭很好地概括了公司的经营理念:"健康/美好。"(well-being/being well)

资料来源:Nautra Cosmeticos. (2011). Earnings report. Sao Paulo:Natura:Mckern, R., et al. (2010). *Natura:Exporting Brazillian beauty*. Stanford University. Business Case #IB-92.

另外,使用标准化体系和参与认证也是能塑造供应链透明度的一个有力措施。

10.4.2 供应链中的标准化和认证

为了在供应链中管理各类企业,需要建立标准化体系和严格认证制度。这对供应链上的企业来说也是有帮助的,因为由此可以对照出它们的合规情况。表 10.3 列举的是与供应链企业有关的重要标准和认证。

表 10.3 供应链企业的标准和认证

认证	说明
ISO 9000	全球公认的质量管理规范。企业通常用它先建立一套一体化的管理体系,之后再逐渐加入环境、健康和安全等管理要素
ISO 14000	结构与 ISO 9000 相似,主要用来认证企业的环境管理体系
EMAS	生态管理和审计计划(EMAS)是一套环境管理规范,是 ISO 14000 的扩展版
SA 8000	认证规范,侧重全球供应链中的劳工权利
ISO 26000	又称 ISO SR,非认证规范,但可以成为供应链中的责任经营的执行原则和共同话语体系
林业监管委员会 海洋监管委员会	是可持续化林业和渔业开发的认证标志,这些标志和其他诸如"公平贸易""二氧化碳排放"和"劳工条件"等标志一样,具有一定的专业度

ISO 9000 和 ISO 14000 是管理标准,前者针对的是质量管理,而后者针对的是环境管理。这些标准为企业提供了指导工具,确保其产品和服务是符合客户需求的,质量是在持续改善的,流程是符合规章制度的。

ISO 9000 涉及公司的管理政策和程序,它主要基于八个原则:以客户为核心,强有力的领导力,公司人员和其他利益相关者的参与,采用基于流程的运营方法,采用基于系统的管理方法,持续改善,基于事实的决策,互惠互利的供应商关系。ISO 9000 由一系列标准组成,涉及基本的概念和语言(ISO 9000:2005)、管理效率和有效性(ISO 9000:2009),以及质量管理体系审计(ISO 9000:2011),还有一个标准(ISO 9000:2008)规定企业可以被认定为"合乎 ISO 9000 规范的企业"。所有企业都可以采用这些原则,参与认证可以吸引更多潜在的客户。ISO 9000 对企业的责任管理和向责任企业的转型很重要,原因如下:

- ISO 9000 一般是企业会引入的第一个管理体系。诸如 ISO 14000、ISO 26000 等其他体系可以之后再纳入到现有体系中。
- 运营体系中可以引入利益相关者的满意度,如客户的满意度,这对质量管理很重要。
- 通常供应商领导者在与供应商建立关系时都会要求 ISO 9000 认证,我们姑且可以认为 ISO 9000 是大多数供应链采用的一个标准,在考虑三重绩效和利益相关者关系时可以被大规模地使用。

ISO 14000 主要针对环境管理,它采用的是 ISO 9000 的框架,随着企业越来越注重绿色运营,ISO 14000 可以提供一些工具帮助企业控制对环境造成的影响,并改善环境绩效。它非常具体地分析每一个操作对环境的影响,以及安全处置和丢弃有害废弃物的流程,并且遵守环境相关法律。在这组标准中,对环境管理体系、生命周期分析、沟通和审计等都设有不同的标准。ISO 14001:2004 对环境管理的认证标准做了具体定义,它没有提出具体绩效,但描述了环境体系的框架,这个标准适用于包含政府和企业在内的所有组织,确保组织对环境的影响有监管、有记录并且是有改善的。采用此类标准有助于减少废弃物处理的成本,节省能源和材料,降低配送成本,以及建立良好的企业关系和营销。很多跨国企业都参与了 ISO 14000 的认证,并经常鼓励其供应商也参与该认证。

ISO 9000 侧重于质量管理,而 ISO 14000 侧重于环境管理,但两者在方法上却很相似。两者都强调过程,没有测量绩效。质量管理一般是企业内部的关注点,而环境管理则更直接地关注企业外部的状况。一旦企业和环境进行互动,它就呈现出复杂而灵活的体系特征,但 ISO 标准并不是用来处理外部因素的。

近来,欧盟又开始采用更高的环境标准,称为生态管理和审计计划(EMAS),是一个全球公认的标准。可以说,ISO 14000 是这个标准的基本部分,但 EMAS 还增加了额外的元素,也就是对环境绩效更为严格的测量和评估。它主要包括全面的环境影响评估、环境绩效每年的比较,以及独立的验证。它将企业的绩效与预设的目标相对照,并且要求企业对环境绩效做出持续的改善。EMAS 还规定员工必须要参与到环境管理的措施中,因为尽管管理实践的确对改善环境绩效有贡献,但最终还是员工推动企业环境政策和实践在发挥有效的作用。

还有一个受到热议的新规范是 ISO 26000,又称 ISO SR,SR 是 Social Responsibility(社会责任)的简称。ISO 清楚地表明,这个规范并不是用来认证的,但趋势显示,企业在采用 ISO SR 执行其责任经营活动,由于这个规范还不是供应商企业的标准,所以我们就不做进一步阐述了。[24]

10.4.3 在环境管理中运用质量管理原则

可持续发展已经不再是企业的一个可有可无的选项,它已经势在必行。在做出可持续发展的选择之前,企业通常迫于压力要遵守环境和社会规范,或者《温室气体议定书》《电子产品评估工具》《森林管理委员会准则》(利乐包装公司案例中提及)等行业规则。这些"自愿"标准往往比法律要求更高,但早期的遵从者能够享受培育创新所带来的优势,况且,一旦这些要求日后上升为法律法规,之前采用该标准的企业就可以省下一笔合规的流程设计费,并同时拥有了预测行业新规范的能力。

实现可持续发展的第二步是从供应网络开始,让价值链更为节能减耗。2008 年,沃尔玛 CEO 向其 1 000 家供应商下最后通牒:减少二氧化碳排放和总废弃物,2013 年减少 5% 的包装材料,2011 年将沃尔玛产品的能源有效性提高 25%。除了这些规定,生命周期的评估能够捕捉到价值链上不管是输出还是输入环节对环境造成的影响,包括从采煤或伐木,到产品制造和使用,再到产品回收的一系列过程。如此缜密的分析显示买家占据了供应链网络中 80% 左右的资源,包括水资源和能源。很显然,如果企业渴望实现可持续发展,那么它一定要把供应链的可持续发展放在首位,这样连带的收益是能源成本得以降低和可再生资源得以开发。

10.4.4 生态效率和生态有效性

企业可以跳出自己的内部流程来看待它们所生产的产品。在生产厂提高生产汽车的效率,减少能耗和废弃物是一回事,而当这个效率被乘上数以万计的倍数,其放大效应就很惊人了,尽管每辆汽车所能节省的燃料比较值并不显著。这就是生态效率和生态有效性之间的区别。相反,汽车厂有可能建立一个生产大排量汽车的高效流程,效率很高,但并不具备有效性。而电动汽车和混合动力汽车中的电池生产也许对环境的影响表现为负值,但增加的相应效率会抵消一部分负影响,所以电动汽车和混合动力汽车最终具有生态有效性。

开发具有生态有效性的产品对非可持续化发展的企业来说,其在技能和能力上有些捉襟见肘,比如如何识别对环境造成巨大破坏的产品和服务,如何开发可持续发展产品和服务的市场,在生产过程中如何广泛建立绿色供应网络等。[25]一旦这些能力得到培养并成为标准化实践,那么可持续创新就会成为一个业务战略,而不是一个负担。

10.4.5 物流管理

物流在供应链中的作用十分重要。[26]物流为供需网络中的产品甚至服务提供必要的运输。从供应链企业的角度看,物流包括对内和对外两个部分。对内物流指把生产投入料运送到生产流程中,而对外物流指将产品和服务输送给客户。一方面,物流一般都被外包管理,也就是说这个议题应该放在供应链管理这章中;另一方面,在责任管理的情境下,物流又与业务的主要职能部门密切相关,所以我们两个方面都要兼顾一下。物流还是全球供应链管理中的关键组成部分,我们会在本章最后一部分进一步阐述。

有些产品和生产流程所涉及的物流会对自然资源的索取非常多,因而对环境造成伤害。主要的环境问题有噪声污染、空气污染、交通拥堵、"土地消耗"(道路、桥梁和机场占用土地),尤其是过度包装。物流所造成的典型社会负面影响是交通事故和肺疾。物流网络一般呈全球化连接态势,涉及大量复杂的交通活动。

为了让物流活动朝可持续发展的方向靠近,我们有必要先了解一下高效化物流和可持续发展之间的利益冲突。我们列举一下 Rodrigue、Slack 和 Comtois[27] 所提出的有关"绿色物流"的一些吊诡。

(1)成本最小化。物流中的重要竞争因素在于是否能够以最低的成本提供运输,这正好和之前提到的把外部环境成本内部化的迫切需求背道而驰。将外部成本内部化必然会急剧增加物流活动的成本。

(2)速度、灵活性和可靠性。这些是物流网络的基本要求,然而,满足这些要求的运输工具(飞机和卡车)相比于那些不太被偏好的火车和轮船等运输工具,恰恰对环境的破坏更为严重。

(3)枢纽辐射状。使用集中化的枢纽—辐射物流网络会在网络的中心地带造成高度集中的负面影响。

(4)仓储和JIT物流。即时配送系统(JIT)大量减少了货物的存储,其结果就是大量的存储被转移到"途中",增加了流动物体的总量以及它们对环境的负面影响。

(5)电子商务。迅速发展的电子商务增加了物流结构中小批量和单件品的货运量。它大大降低了物流的效率,因为它们需要更多的分包装和定制化的运输。

可持续服装同盟

"可持续服装同盟"(Sustainable Apparel Coalition)是可持续发展措施改变一个行业的典范。就在几年前,从2009年开始,由Patagonia制衣公司和最大零售商沃尔玛两家企业发起,联合其他制衣公司和零售商,共同开发了一个用来评估服装业的环境影响指数。这一举措还包括建立服装业专门的可持续发展测量标准和方法,这无疑将加速环境和社会的变革;此外,采用统一的标准可以省去每个企业自行设定标准的麻烦,并提升消费者对行业的信任和信心。在行业内推行可持续发展指数将行业标准领先于政府的强制标准。

几百家零售商和生产企业积极附议,制衣业可持续发展的评估工具(Higg 指数)就这样诞生并公布了。在参与的企业中,耐克公司从 2003 年起就一直在使用自己公司开发的材质可持续化指数(Nike MSI),它的指数被用来分析 8 万多个产品,来自 1 400 家供应商,从三个方面对材料进行评分:基本分(材料的适用性)、环境特质、供应商实践。Higg 指数涵盖了耐克公司 MSI 的评估要素,还引入了生产流程作为制衣厂的自测工具。

总体来说,"可持续服装同盟"是一个可持续发展的评分体系,也是一个验证和认证体系,同盟所采集到的信息对所有成员公开,这对制衣业实现可持续发展具有促进作用。

资料来源:www.apparelcoalition.org.

减少物流负面影响的形式有许多,基本上可以分成两个途径:(1)减少物流活动的影响,同时保持增长量;(2)减少物流量。下面介绍一些常用的实践活动,或者是两种途径中的一种,或者两者兼而有之。

- 运输影响透明化。运输所造成的社会和环境影响通常是隐性的,很多产品都贴有原产地标志,但这只提供了一些运输活动表面化的信息。有些行业和企业开始增加社会环境影响的透明度,比如食品里程数,表明食品在运输途中所累计的距离。

- 生态高效化的物流。生态效率旨在改进自然资源的投入产出比。对物流业来说,这个比率很重要,生态高效化的物流希望在既定的物流活动下尽可能减少环境的影响,这个方法的缺陷在于它并没有考虑到减少有害活动的总量,而只是在保持(甚至增加)原有物流活动的条件下,使物流产出单位更具生态效率(如行驶的公里数、运输的件数),而总体的负面影响也许根本就没有减少。

- 逆向物流。当产品的使用寿命完结时,会被运送回去并重新整合到下一轮生产过程中,进入再循环。这就是逆向物流的主要工作,也是循环和可持续经济的重要组成部分。当然,逆向物流也有其生态消极面,退货管理就是一例。很多公司为未售产品提供传统的财务和物流回收方案,这样的退货管理体系很容易导致企业订购超过实际需求的产品数量。

- 电子商务(零售)物流。传统的物流活动被改变了,取而代之的是新的业务模式。由于资源密集型的实体店的减少,电子商务通常被认为是环境友好型行业。但这一趋势是否真的会导致更为环保的物流方式尚无定论。研究表明,那些电子商务下的"快递到家"服务的确比在商店购买提货对环境的污染更少。[28]

- 服务化物流。通过服务取代产品的替换可以减少运输产品的必要性。这种服务模式有"修补而不是替换""租用而不是拥有"等。

- 本地生产和消费的网络。越来越多的本地生产和消费的网络悄然诞生,取代了大量全球化的物流网络和活动。这样的发展并不一定更可持续,如果只看环境影响,在某些情况下,本土化生产实际上要比进口国外生产的产品更为不可持续,以食品生产为例,由于生产率和冷藏技术的区域差异导致本地生产所产生的负面影响更大。[29]

绿色物流和中东的运输船队

物流和交通对环境的影响很大,Aramex 专门成立了复杂的船队管理系统(FMS),跟踪 30 个站点所有船只的燃料消耗和排放情况。2010 年,Aramex 成功地将每批次运输的燃料消耗减少了 3%,加上过去三年 21% 的减耗,74% 的船只符合欧洲四级标准,7% 的船只达到欧洲五级标准。由于 Aramex 在企业社会责任方面的突出贡献,它在 2010 年的"供应链和运输奖"(Supply Chain and Transportation Awards)评选活动中获得殊荣。

资料来源:Aramex. (2010). *Sustainability report.* Anman:Aramex.

10.5 第三阶段:建立闭合循环

"摇篮到摇篮的设计为创造产品和产业体系提供了一个务实的设计框架,这样的产品和体系与生态健康和富足,以及长期的经济增长有着积极的关系。"[30]

闭合循环又称"从摇篮到摇篮",指的是创建循环结构的一种方法,类似于生态系统,它可以为使用寿命已经结束的产品赋予新的生命,将其重新整合到供应链的早期阶段中,闭合循环所涉及的方法有产业生态、循环经济、闭环式供应链和寿终期产品设计,这些方法之间高度关联和交叉,以互补的形式运行,所以接下来每一个小标题下所涉及的概念和内容同样也适用于其他方法。

10.5.1 产业生态

产业生态研究的是物质和能量在产业体系中的流动,并将之与生态系统做对比。从工业革命之前开始,经济一直基于"提取—制造—丢弃"的范式在运行,好似资源没有限制,垃圾永远都有地方堆积。但事实上,我们生活在一个有限的世界中,在大自然中,物质循环往复,一个生物体的废弃物成为另一种生物的食品。我们来观察一下牧场,母牛吃草后会在草场上留下排泄物,细菌繁殖后会降解成更为简单的复合物,各种菌类会在排泄物上生长,还有一些营养物质会留在土壤中,成为草场肥料,等来年草绿土肥,下一代牛群又会出现在草场上。

生态学可以用牧场来解释大自然中物质和能量的流动,产业生态学则使用产业体系来观察和计算类似的物质和能量流动。图 10.4 是一个跨学科的领域,涉及将产业过程从线性体系(开放圈)转化成闭合体系。在线性体系中,资源和资本投入通过体系的运行最后成为废弃物,而闭合体系中,这些废弃物最终又成为新流程的生产投入料。伴随着物质和能量的流动,还有产品生命周期的规划、设计和评估,生态设计,厂商责任延伸,产业设施的协同定位(产业共同体)和生态有效性等其他互动,表 10.4 列举了自然和技术体系中一些其他特征。

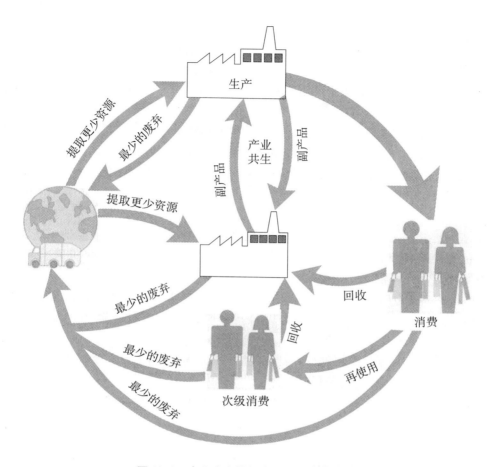

图 10.4　产业生态的闭合循环和循环经济

资料来源：King County，WA，USA，Department of Natural Resources and Parks.

表 10.4　自然和技术体系的比较

组织层次	生态层	技术层
体系	环境 生态系统 生态缝隙 食品网	市场 生态产业园 市场缝隙 供应链/产品生命周期
人口和产品	有机体 食物（肉、水果、种子等）	企业 产品或服务
过程	自然更迭 自然选择 适应 突变 合成代谢/分解代谢	经济增长和衰退 竞争 创新 因地制宜 生产/废弃物管理

10.5.2 循环经济

循环经济的概念是中国提出来的发展战略,旨在应对经济增长与原材料、能源匮乏的难题。循环经济以产业生态为蓝本,加上闭合循环的理念,成为一个备受推崇的战略思维,致力于解决现存的环境和经济发展问题。

闭合式经济的核心是通过产业一体化、一个流程的副产品成为后一道工序的原材料等多个过程的协作,让物质和能量循环流动。这个战略涵盖了生产和消费互动,最基本的目标是提高效率,在提高功效之前,先要解决效率的问题。接下来的主要任务是建立一个保证生产系统和环境质量两全其美的网络,具体的方法如下:

- 资源串联。资源可以在不同阶段被多次使用。
- 共享基础建设设施。为增加资源使用效率,企业可以共享一些设施及其他用地。
- 副产品交换。一个企业的副产品可以之后为另一个企业或消费者带来价值。
- 废弃物循环。废弃物可以被纳入生产和消费流程中。

最终,中国环境保护运动最为重要的一步是创建生态城市、生态省份。生态工业园区只是注重可持续生产,而生态省份则还要提倡可持续化的消费方式。西方的循环经济概念还包括:

- 废弃物是食物。如同生态层的营养物可以被合成一样,技术层的"营养物",如塑料、金属和其他人工合成的材料,都可以被重新设计新用途。
- 多样性是优点。一个多接口、多级别的体系比一个单一化、高效率的体系有更强的抗冲击能力。
- 可再生能源。最终,能量会直接从资源流向过程。
- 系统思维。理解各个体系是如何匹配并适应的,包括那些非线性动力。

10.5.3 闭合、封闭供应链

循环经济中,一个企业的废弃物可以成为另一个企业的生产原材料。与此相比,闭合、封闭供应链是指同一个企业将客户使用后的产品回收,将其有价值的材料恢复其价值,所以被称为"摇篮到摇篮"的生产模式。传统的供应链向前流动,也就是材料、部件、待组装部件从上游的供应商流向合同生产商,再流向下游代工厂和买家(分销商、零售商等),最终流向消费者。而闭合的供应链还呈现出逆向供应链的特征,它的起点是从不同渠道回收来的废弃物。例如,霍尼韦尔公司的供应自动化和控制业务部的现场工程师有权决定哪些印刷电路板可以在现场修理,哪些必须运回公司的生产厂做进一步加工。此外,施乐公司将复印机出租给客户,并定期派技术人员上门维修和服务,技术人员拜访客户时会判断出哪些问题可以当场解决,哪些部件已经过于陈旧或损坏,需送回厂家整修。

在产品使用寿命结束后,为产品或服务增加价值的过程叫价值再激活(revalorization)。[31] 在最后将供应链闭合、封闭起来,或者将产品导入二级市场供应链之前,先要采取的一个步骤是激活该产品,或者产品中的局部,或者产品的材料中包含的价值。一些重要的再激活技术有修理、翻新、再造、再循环、向上循环和向下循环。

非同寻常的再循环产品

之前,寿险一直是一个单向式产品。一旦投保人想退出,保险公司就会终止合同。保险覆盖的赔偿将荡然无存,而投保人交过的保费也不予返还。一些次级市场的寿险公司,比如在这个市场的领先者——德国Policen Direkt公司不遗余力地推动着次级市场的供应链终止合同,让这些寿险产品能重新焕发生命。这些保单像其他资产一样可以被交易,当投保人资产流动出现问题时,可以不必因终止合同而竹篮打水一场空。这样的做法让很多利益相关者受益:原保险公司、新老投保人及其他保险公司等。

资料来源:https://www.policendirekt.de.

当修理、翻新或再造不再具备可能性,这些回收物品就进入再循环过程。如果产品在回收之前已经被拆解,这些零部件可以被回流进入供应链不同的层级,被再利用,进入闭合循环模式。一些标准部件(如电脑芯片)和金属原材料可以在二级市场交易买卖。如果产品在回收时零部件尚未被拆解,那么接下来的流程一般会是分筛和磨碎。这个方法并不常用,因为它能恢复的价值不多。最糟糕的情况是,有些像塑料或橡胶之类的材料只能去焚烧做燃料或送去填埋。

图10.5所描述的是在封闭的供应链中所提供的选项。最为有效的是最小的闭合循环(中间偏左)——服务和翻新循环。最缺乏效率的是从右上角的原材料开始,围绕和跟随开放的流程,最后以焚烧和填埋(右下角)的方式收尾。向下循环是一个居中的选择,有些材料可以回收,有些材料只能成为垃圾。

对很多供应链来说,再造不太可能发生,很多情况下,再造加工成本远远高于生产新产品所投入的成本。在一个高度分散化的生产供应链中,特别是生产过程需要在多个地点完成,翻新所需要付出的高昂的运输成本会抑制再造活动。

10.5.4　寿终期产品(EOL)设计

闭合循环的最后一部分是寿终期产品设计。直至今日,大多数供应链都未能投身于寿终产品的管理,因为这需要花费较高的成本。近来客户的日益关注,更为严格的规范,以及企业意识到寿终产品管理得当是能为自己企业带来竞争优势的,这些使得业已形成的局面有所改观。寿终产品设计和生产通过消除废弃物、增加再利用及再循环率,提高效率和效能,最终完成供应链的闭合循环。这些额外处理过程所产生的成本,通过新材料、新部件所产生的价值得到消解。为了让流程的收益最大化而最终成本最小化,越来越多的企业正在设计便于拆卸和再造的新流程。

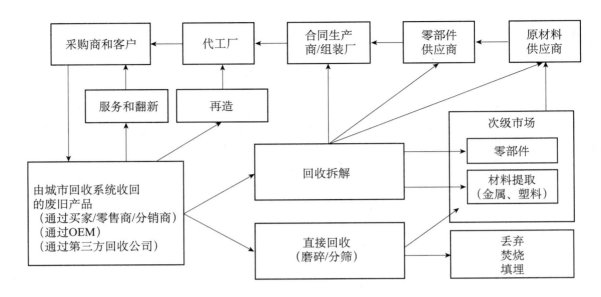

图 10.5 闭合式供应链

资料来源：Pagell, M., Z., & Murthy, N. N.（2007）. The supply chain implications of recycling. *Business Horizons*. 50, 133-143.

10.5.5 其他闭合循环工具

最后一部分，我们介绍一些与闭合循环相关的工具。

生命周期评估法（life-cycle assessment, LCA）是从一个新的视角看待产品所造成的环境影响。在实际应用中，我们需要考察产品的整个生命周期，从原材料开始，经过加工、生产、配送、使用、修理和维修、丢弃或回收。ISO 14040 和 ISO 14044 都有给 LCA 做出详细的定义，这些标准被用来比较自己产品与竞争对手产品的环境成本和收益。从这个比较倒推回去，我们可以发现产品生命周期的规划和设计出于一个目的，那就是将环境收益最大化，将环境成本最小化。生命周期评估法是可持续发展管理的基本管理工具。

生态设计（ecodesign，因地制宜）是美国环境保护者倡导的计划，旨在降低污染，减少对人类和环境的危害。它主要包含三个理念：环保型加工和生产设计，确保原材料的提取、加工和生产过程安全可靠；环保型包装设计，减少或消除运输或包装材料；丢弃或再使用设计，减少寿终产品对环境的影响。产品管理（product stewardship）是更外延的概念，比如将丢弃或再循环的成本包含在产品一开始的成本核算中。另外一个相关的框架是因地制宜的设计（DfE）。[32]

产业协同定位（industrial co-location，在生态工业园区又称一体化）是多个企业的合作尝试，它们共同承担减少废弃物和污染的职责，共享资源，期望达到可持续发展的状态。比如，一个把纸浆和塑料作为生产原材料的合成建筑材料厂与另一个回收塑料和纸张的企业比邻而居，这就是协同定位，达到产业生态中的生态效能。

思考题

1 归纳与整理

1.1 请定义责任供应链管理的可持续发展、责任和伦理元素。

1.2 请论述闭合式、封闭式的供应链管理、循环经济和产业生态体系的区别。

1.3 比较生态效率和生态有效性。

1.4 请指出生态层和技术层的区别。

2 应用与体验

2.1 请查阅"来源地图"工具（www.sourcemap.com），并找一个产品详述它的全球运输路线图。

2.2 请挑选一家本地的企业，试分析这家企业可以如何着手建立一个产业体系？它可以向哪些企业出售其废弃物？其他企业的哪些废弃物可以作为它的生产投入料？

2.3 本章提到过价值再激活的方法，请上网找一些实际例证，你的例证应至少要分别涉及修理、翻新、再造、再循环、向下循环和向上循环。

3 分析与讨论

3.1 请上网查阅本章提到的不同供应链标准，设计一个表格比较它们之间的异同点。

3.2 请上网寻找一家可持续发展报告中涉及大量供应链管理的企业。对照它是否符合成功管理责任供应链的五条原则。

3.3 本章内容主要涵盖的是上游供应链的管理活动。你认为企业可以如何让下游供应链的客户参与进来？试举例证明。

4 改变与行动

4.1 请就责任管理活动的主题采访一位中小型企业的员工，运用表 10.2 为企业提供建议。

4.2 选择一个产品，为其进行寿终期产品设计，然后给这类产品的厂商写邮件，向他们描述你的方案，就该设计是否具有可行性征求他们的意见。

先锋人物专访　迈克尔·布朗加特（Michael Braungart）

迈克尔·布朗加特和威廉·麦多纳（William McDonough）是"从摇篮到摇篮"这一概念的初创者，它应该成为可持续供应链发展的重要原则和信条。与"从摇篮到摇篮"相关的概念是三重顶线和生态有效性。

创造"从摇篮到摇篮"的产品和闭合式、封闭式的供应链要面临哪些挑战？我们究竟能做到吗？

在我看来，这是没有极限的，因为有两类产品，一类是食物、鞋子或清洗剂等消费品，我们可以把它们当作生物体系的一部分来设计。

第二类像洗衣机或电视等产品，设计时可以把它们当作技术领域的技术养料。

当供应链很复杂，你需要以不同的方式组织时，会有一些难度。真正的难度在于我们目前所拥有的专长和知识是基于最近四十年我们对环境的认知，从五十年前蕾切尔·卡逊的《寂静的春天》和四十年前罗马俱乐部的《增长的极限》开始。

我们会处理好这些问题的。相比于其他学习曲线，我们对 C2C 思维的理解出奇得快。如果你看看德国人权宣言到妇女最终取得投票权，之间整整跨过了 130 年，人们花了 130 年的时间才认识到女人也是公民。所以我们应该很庆幸 C2C 的思维模式那么快就得到了落实，感谢科学的力量。

您如何区分生态效率和生态有效性之间的差别？

当人们少去破坏一些环境，减少水消耗，减少废弃物的生成，减少能源使用，他们认为自己是在保护环境，但这不是保护环境，这只是在减少危害。在很多情况下,这是在错上加错。举个例子,如果你打了孩子五次,而不是十次,这并不是说你在保护孩子。所以我们需要重塑再造,而不只是改良现状。

所以不要试图去优化已经错误的事情。所以我们必须先要理解,这不是效率问题,不是资源效率的问题,而是思考我们该做什么正确的事情,不只是把事情做对。要理解这一点很重要,否则效率增益最终会导致反弹效应。

为了确保大家不只是管理眼前的事情,所有管理岗位的人都应该先问一下:"什么是正确的事情?"如果你在对错误的事情进行优化管理,那一定会雪上加霜。如果我们能学一学大自然的体系,认识到我们不该追求效率增益,而应该追求有效性,这才是抓住了关键。

企业如何从三重顶线的角度评估其产品?产品和供应链之间有什么样的关系?

首先我们先要观察产品属于生物体系还是技术体系。你需要定义你的产品属于哪个领域,因为如果你混合了技术和生物两个体系,你就会严重污染生物层。举个例子,在生物体系中,铜是非常危险的元素,但在技术层,铜可以被无限使用,所以你必须在一开始就定义好产品属于哪个循环体系,是技术养料,还是生物养料。

之后,你要发现人们购买东西时真正想要什么,即拥有某样东西的意图,比如说你是真正需要一块地毯呢,还是需要有不同的视觉感受,你是要拥有一台洗衣机呢,还是只需要清洗你的衣物。所以要理解个中的动机。

接下来,你要明确现状,你要了解你现在的产品好到什么程度,通过标杆对比,你再从整个供应链的角度审视你的产品,这时候,你的供应链中一定把你的客户变成了合作者,这样你就能从你的所见所闻对产品进行彻底的改造。

您认为达到可持续发展是对体系的改变还是对人的改变?创新在这个过程中发挥着什么样的作用?

首先,我用这个被很多建筑师用过的例子来勾画一下创新。我们就把我们周围的环境看作一个系统吧,想象我们的建筑像大树一样,有的建筑能洁净空气,有的建筑能清理河道,有的建筑能为其他生物提供栖息地,这些建筑都为碳正值(carbon positive)而不是碳中值(carbon neutral)。

此外,在此之前我们应该先看看人们的文化和社会需求,关键是要理解人类在这个星球上的作用,很多在这个领域中把人类视为负担的人,最终会将危害降到最低,但与此同时他们也对人类的尊严造成威胁。如果我们能够用不同的方法管理物质流动,我们很容易就让地球人口达到200亿。当人们意识到有这么多人时会感到害怕,如果你说,我们将把你的影响减少到零,那就等于在告诉别人你最好不要存在。当你质疑他们的存在,他们出于恐惧会变得贪婪而富有攻击性,反过来,当人们感受到安全并且被接纳时,就会更愿意分享。

不过背后真正的问题不是体系本身,而是我们如何认识和定位人类的作用和带给地球的影响。情况如此之糟,地球上的人口实在太多,这也是为什么在我们进入任何一个具体的体系之前,先要思考:我们的作用是什么?我们该如何称颂我们留给这个地球的足迹?我们如何成为地球的原住民?这些问题会改变我们的生活方式,最终,我们会问自己,我们想把这个地球怎样?我们的作用是什么?我们可以如何与其他生物种类并存?我们如何为其他人提供支持?

践行者速写　玛琳·阿祖阿拉(Mariné Azuara)

就职企业:

AES是一家全球电力公司,拥有并运营各种发电及输电业务,为五大洲27个国家提供质量可靠且价格适中的能源。

职位描述:

墨西哥塔蒙发电厂行政和公关负责人。

教育背景:

工商管理硕士会计方向

实际工作

您的主要职责是什么?

改善企业和社区的关系,改善企业和本地政府的关系。此外,还要负责管理和监督文件的控制,普通服务和应收账款,公司决定的财务结果、目标等。领导内外部的项目和社会责任活动,我还负责公共关系部门。

您日常工作的典型事务有哪些?

建立和管理与社区的活动和项目,参观社区,了解当地的需求,管理企业给社区的捐款,安排社区居民特别是大学生到发电厂参观,报批当地政府,管理文件控制(档案管理、数据系统的信息等),普通服务包括房屋、办公楼的使用管理和车队管理,协调庆祝活动等事务,协调娱乐俱乐部的活动,掌管企业的车队、电话、大楼、律师、差旅和零用金,选择咨询公司、厂区园艺和管道维护的承包,外派人员的文件管理,分析发电厂的成本和资金管理,与各部门进行必要的沟通。

所以我是行政助理,车队和仓储管理助理,普通服务协调员,文件管理和应收账款专员。

可持续发展、责任和伦理在您的工作中扮演什么角色?

这三个专题不仅在我工作中占有很大的比重,而且我的职位所从事的活动都是由这些观念指导的。我来解释一下,在 AES,我们有五种价值观:安全第一、正直行事、履行承诺、追求卓越和享受工作。履行承诺关乎责任和伦理,所有这些价值观都蕴含在我的职责中,因为我的职责不只是客户服务,而是做一个好邻居、好伙伴,对外对内都负有社会责任。按道德行事是 AES 的生活方式,不只是说说而已,而是事实,这样我们对自己的行为负责,并使它们符合公司的价值观和行为守则。只要履行"责任和伦理"的理念,我敢保证我们能够实现可持续发展。这也是 AES 要求我去做的。为达到标准,我们参与了 ISO 9001、ISO 14001 和 OHSAS 18001 的认证,有着 ISO 26000 和 SA 8000 的最佳实践,并完全达到世界银行的标准。我们的角色不直接参与运营,而是提供更多的支持,这对电力的保障以及全公司的目标都非常重要。

我们本章所提到的议题中,哪些概念和工具与你的工作最为相关?

责任型企业优化。我们公司价值观中有一条就是"追求卓越"。这就意味着卓越是一切,我还可以说在我们企业社会责任这块,我们在逐渐承担更多的责任,开展更具竞争力的项目,并把捐赠做得更为细化。

可持续的企业优化。这也和我们企业相关,因为 AES 的愿景表达的是我们要做全球领导型企业,提供安全、价格适中的可持续化能源。我们提出"可持续化"是因为我们的产品和服务是在促进社会、经济和环境的可持续未来的。

管理系统。这个概念渗透在我的日常工作中,因为 AES 是一套整合式管理系统,融合了 ISO 9001、ISO 14001、OHSAS 18001 的三套证书,以及 ISO 26000 和 SA 8000 的最佳实践。因此,所有的流程、政策、注册、指令和文件都是由这套整合式管理系统运行的。

利益相关者有效性。我的职务中有很重要的一条是满足利益相关者的目标。我管理着企业同社区、员工、部分供应商和股东的关系。

经验分享

您会给您的同行什么样的建议?

我建议在推行企业社会责任项目之前先分析一下社区的情况,不要拒绝新的项目,比如参加国际标准的认证,这不仅仅是营销或品牌的问题,而是经过一年认证之后,形成了一种生活方式。它能从行政管理和运营方面改善你的流程,而且也能够持续让公司的所有方面都有所提高,了解一些新的趋势、控制和决策工具。这对注重质量管理的企业来说很有用。

可持续发展让你超脱企业的局限,迈向未来,对经济、环境、社会以及利益相关者都付诸关怀,我建议不要忽略其中任何一个方面。最后,永远要按道德行事,把事情做对,不管哪一天,我们的行动被大白于天下,我们都问心无愧。

您工作中的主要挑战是什么?

荣获"社会责任企业奖",根据 AES 总公司的要求将项目统一起来,和政府合作一个项目,增加 CSR 相关的岗位。在管理方面,带领我的团队达成所有目标,在普通服务流程、文件控制、管理和会计等方面做持续的改善,最大的挑战是我们部门中每个人都分管着迥然各异的工作和活动,我要管理好我的部门,我们必须一起达成团队的目标。

参考文献

1. Ernst & Young. (2012). *Six growing trends in corporate sustainability: An Ernst & Young survey in cooperation with GreenBiz group.* UK: Ernst & Young, 2012.
2. Lacey, P., et al. (2010). *A new era of sustainability: UN Global Compact-Accenture CEO Study 2010.* New York: Accenture Institute for High Performance.
3. Line, M., & Woodhead, J. (2010). Supply chain. In W. Visser, D. Matten, M. Pohl, & N. Tolhurst, *The A-Z of corporate social responsibility,* 2nd ed. (pp. 382–384). Chichester: Wiley.
4. Mollenkopf, D., et al. (2010). Green, lean, and global supply chains. *International Journal of Physical Distribution & Logistics Management, 40*(1–2), 14–41.
5. Interview with Michael Braungart, 2013.
6. Surana, A., Kumara, S., Greaves, M., & Raghavan, U. N. (2005). Supply-chain networks: A complex adaptive systems perspective. *International Journal of Production Research, 43*(20), 4235–4265, p. 4235.
7. Choi, T. Y., Dooley, K. J., & Rungtusanatham, M. (2001). Supply networks and complex adaptive systems: Control versus emergence. *Journal of Operations Management, 19*(3), 351–366.
8. Choi, T. Y., Dooley, K. J., & Rungtusanatham, M. (2001). Supply networks and complex adaptive systems: Control versus emergence. *Journal of Operations Management, 19*(3), 351–366.
9. Ayyagari, M., Beck, T., & Demirguc-Kunt, A. (2007). Small and medium enterprises across the globe. *Small Business Economics, 29*(4), 415–434.
10. Morsing, M., & Perrini, F. (2009). CSR in SMEs: Do SMEs matter for the CSR agenda? *Business Ethics: A European Review, 18*(1), 1–6.
11. Fuller, T., & Tian, Y. (2006). Social and symbolic capital and responsible entrepreneurship: An empirical investigation of SME narratives. *Journal of Business Ethics, 67*(3), 287–304; Spence, L. J. (2007). CSR and small business in a European policy context: The five "Cs" of CSR and small business research agenda. *Business and Society Review, 112*(4), 533–552; Perrini, F., Russo, A., & Tencati, A. (2007). CSR strategies of SMEs and large firms. Evidence from Italy. *Journal of Business Ethics, 74*(3), 285–300.
12. Lepoutre, J., & Heene, A. (2006). Investigating the impact of firm size on small business social responsibility: A critical review. *Journal of Business Ethics, 67*(3), 257–273.
13. Perrini, F. (2006). SMEs and CSR theory: Evidence and implications from an Italian perspective. *Journal of Business Ethics, 67*(3), 305–316; Fuller, T., & Tian, Y. (2006). Social and symbolic capital and responsible entrepreneurship: An empirical investigation of SME narratives. *Journal of Business Ethics, 67*(3), 287–304.
14. Spence, L. J. (2007). CSR and small business in a European policy context: The five "Cs" of CSR and small business research agenda. *Business and Society Review, 112*(4), 533–552.
15. Jenkins, H. (2006). Small business champions for corporate social responsibility. *Journal of Business Ethics, 67*(3), 241–256; Jenkins, H. (2004). *Corporate social responsibility: Engaging SMEs in the debate.* Cardiff, UK: Centre for Business Relationships, Accountability, Sustainability & Society.
16. Roth, A. V., et al. (2008). Unraveling the food supply chain: Strategic insights from China and the 2007 recalls. *Journal of Supply Chain Management, 44*(1), 22–39.
17. Freeman, R. E. (1984/2010). *Strategic management: A stakeholder approach.* Cambridge: Cambridge University Press.
18. Wu, Z., & Pagell, M. (2011). Balancing priorities: Decision-making in sustainable supply chain management. *Journal of Operations Management, 29*(6), 577–590.
19. Wu, Z., & Pagell, M. (2011). Balancing priorities: Decision-making in sustainable supply chain management. *Journal of Operations Management, 29*(6), 577–590.
20. Wu, Z., & Pagell, M. (2011). Balancing priorities: Decision-making in sustainable supply chain management. *Journal of Operations Management, 29*(6), 577–590.
21. Pullman M., & Sauter, M. (2012). *Sustainability delivered: Designing socially and environmentally responsible supply chains* (p. 1). New York: Business Expert Press.
22. ASQ, CROA, ISM, & Deloitte Consulting. (2012). *Selected sustainable value chain research findings.* New York: Deloitte Development.
23. Iwundu, A. (2010). Five rules for sustainable supply chain management. In M. Pohl & N. Tolhurst, *Responsible business: How to manage a CSR strategy successfully* (pp. 239–250). Chichester: Wiley.
24. ISO. (2012). ISO 26000—Social responsibility. Retrieved January 15, 2012, from International Organization for Standardization: www.iso.org/ ISO. (2010). *International standard ISO 26000: Guidance on social responsibility.* Geneva: International Organization for Standardization.
25. Nidumolu, R., Prahalad, C. K., & Rangaswami, M. R. (2009). Why sustainability is now the key driver of innovation. *Harvard Business Review, 87*(9), 56–64.
26. The paragraph on logistics has been reproduced from Laasch, O., & Conaway, R. N. (2013). *Responsible business: Managing for sustainability, ethics and global citizenship.* Monterrey: Editorial Digital.
27. Rodrigue, J.-P., Slack, B., & Comtois, C. (2001). Green logistics (The paradoxes of). In A. M. Brewer, K. J. Button, & D. A. Hensher, *The handbook of logistics and supply-chain management.* London: Pergamon/Elsevier.
28. Edwards, J. B., McKinnon, A. C., & Cullinane, S. L. (2010). Comparative analysis of the carbon footprints of conventional and online retailing. *International Journal of Physical Distribution and Logistics Management, 40*(1/2), 103–123.
29. AEA Technology. (2008). *Comparative life-cycle assessment of food commodities procured for UK consumption through a diversity of supply chains—FO0103.* United Kingdom: Department for Environment Food and Rural Affairs (DEFRA).
30. Braungart, M., McDonough, W., & Bollinger, A. (2007). Cradle-to-cradle design: Creating healthy emissions—A strategy for eco-effective product and system design. *Journal of Cleaner Production, 15*(13), 1337–1348, p. 1337.
31. Fiksel, J. (2010). *Design for environment.* Columbus, OH: McGraw-Hill.
32. Fiksel, J. (2010). *Design for environment.* Columbus, OH: McGraw-Hill.

socially and environmentally responsible supply chains (p. 1). New York: Business Expert Press.
22. ASQ, CROA, ISM, & Deloitte Consulting. (2012). *Selected sustainable value chain research findings.* New York: Deloitte Development.
23. Iwundu, A. (2010). Five rules for sustainable supply chain management. In M. Pohl & N. Tolhurst, *Responsible business: How to manage a CSR strategy successfully* (pp. 239–250). Chichester: Wiley.
24. ISO. (2012). ISO 26000—Social responsibility. Retrieved January 15, 2012, from International Organization for Standardization: www.iso.org/ ISO. (2010). *International standard ISO 26000: Guidance on social responsibility.* Geneva: International Organization for Standardization.
25. Nidumolu, R., Prahalad, C. K., & Rangaswami, M. R. (2009). Why sustainability is now the key driver of innovation. *Harvard Business Review, 87*(9), 56–64.
26. The paragraph on logistics has been reproduced from Laasch, O., & Conaway, R. N. (2013). *Responsible business: Managing for sustainability, ethics and global citizenship.* Monterrey: Editorial Digital.
27. Rodrigue, J.-P., Slack, B., & Comtois, C. (2001). Green logistics (The paradoxes of). In A. M. Brewer, K. J. Button, & D. A. Hensher, *The handbook of logistics and supply-chain management.* London: Pergamon/Elsevier.
28. Edwards, J. B., McKinnon, A. C., & Cullinane, S. L. (2010). Comparative analysis of the carbon footprints of conventional and online retailing. *International Journal of Physical Distribution and Logistics Management, 40*(1/2), 103–123.
29. AEA Technology. (2008). *Comparative life-cycle assessment of food commodities procured for UK consumption through a diversity of supply chains—FO0103.* United Kingdom: Department for Environment Food and Rural Affairs (DEFRA).
30. Braungart, M., McDonough, W., & Bollinger, A. (2007). Cradle-to-cradle design: Creating healthy emissions—A strategy for eco-effective product and system design. *Journal of Cleaner Production, 15*(13), 1337–1348, p. 1337.
31. Fiksel, J. (2010). *Design for environment.* Columbus, OH: McGraw-Hill.
32. Fiksel, J. (2010). *Design for environment.* Columbus, OH: McGraw-Hill.

第5部分

领 导

第 11 章　人力资源:责任人力资源管理
第 12 章　营销沟通:建立商誉
第 13 章　国际商务与管理:本土化的国际责任企业

第 11 章 人力资源：责任人力资源管理

> **学习目标**
> - 理解如何在人力资源的五个职能中实施责任管理
> - 了解责任人力资源管理的工具
> - 以可持续发展、责任和伦理的视角开展人力资源工作
> - 了解责任管理过程中人力资源所起的作用

引言

环球扫描民调公司（Globe Scan）2003 年的一项调查结果显示，超过三分之二的学生（68%）表示在选择雇主时，企业的社会与环境声誉比薪酬水平更重要。[1]

毕马威会计事务所（KPMG）的研究发现：在相信自己的雇主遵循高标准商业伦理的人群中，有 80% 会向他人推荐自己就职的企业。[2]

责任管理实践
ABB 集团的责任人力资源管理实践

总部位于瑞士的 ABB 集团在全球 100 多个国家开展业务，雇员人数超过 14.5 万。ABB 是电力与自动化技术领域的领军者，服务于公用事业与工业企业以提升绩效并减少环境影响。ABB 是责任管理的践行者，集团于 2000 年加入了联合国全球契约组织（UNGC）。以下节选了来自 ABB 集团的"可持续绩效报告"，它很好地反映一家责任管理企业开展的人力资源工作情况。

- 多元化与融合化：ABB 于 2010 年在全集团范围确立了多元化与融合化的标准。集团目前

的多元化工作主要集中在性别平等上。2011年,集团迎来了成立以来首位女性董事。截至2011年年底,集团的八位董事(七位男性,一位女性)分别来自七个不同的国家。集团执行委员会的11位成员分别来自八个国家,其中包括一位女性。

- 可持续发展领导力培训:ABB的人力资源与可持续发展全球培训生项目(GTP)是公司不遗余力推进人员培训的写照。该项目包含了四项半年期的培训任务,培训部门分别为集团人力资源部、人力资源业务伙伴、人力资源中心,以及可持续发展部门。
- 责任人力资源管理流程:ABB将可持续发展融入了人力资源的各个职能,其中包括人员招聘、培训发展、绩效评估、薪酬福利。大约61%的员工合同是通过劳资双方集体谈判商定的。ABB在哥伦比亚的分公司组织了职业健康、安全(DHS)与环境竞赛,员工还可凭借在这方面的杰出贡献角逐"环境安全英雄人物"的提名和奖项。
- 商业伦理:公司于2011年引入了新的商业伦理标准,包括联合国批准通过的工商业与人权指导原则。供应链专家在2011年查处了两家供应商共计11起雇用童工的事件。出于人权的考虑,ABB已有多年未与朝鲜和缅甸发生业务往来。集团于2009年彻底关闭了位于苏丹的业务部门;在2011年处理了5宗严重歧视和32宗骚扰事件,共有6人被开除,3人辞职,还有多人受到了诸如警告、心理疏导、再培训等惩戒。

上述工作都与人力资源管理的职能相关,涉及"从入职到离职"的各个环节,反映了人力资源管理与责任管理的紧密联系。ABB集团需要依靠员工营造责任管理的文化氛围,而员工则依赖企业的责任管理实践来落实其重要的利益相关者身份。

资料来源:ABB Global Trainee Program. (2012). Retrieved May 10, 2012, from:www.abb.com.mx/cawp/abbzh253/c44di99b674d802fc12575a80045f86c.aspx; ABB Group. (2011). *Sustainability performance*. Zurich:ABB.

11.1　人力资源与责任管理

"人力资源—企业社会责任对接或许能促进企业采用创新的责任管理实践方案,兼顾人力资源和企业社会责任两个方面,以及……劳资双方互动的关系流程。"[3]

同传统的人力资源管理相比,责任人力资源管理不仅关注诸如工作效率和业绩增长之类的内部绩效,而且注重人力资源决策对人类、社会和环境的影响。责任人力资源管理在认可诸如效率提升、组织发展和效益增长等传统人力资源视角的同时,在人力资源管理的各个方面融入了可持续性、责任感和道德伦理等方面的考量。其目的是要旗帜鲜明地展现出员工们是如何帮助企业优化三重绩效,为利益相关者创造更多价值,以及制定符合道德伦理的正确决策。

人力资源部门的领导要在部门层面和企业层面推动责任人力资源实践。也就是说,在保证发挥传统职能的基础上,人力资源部门的工作要有新意。通过审视人力资源的五大核心流程(见图11.1),我们将揭示责任人力资源管理如何为企业、员工和社会创造更多的价值。

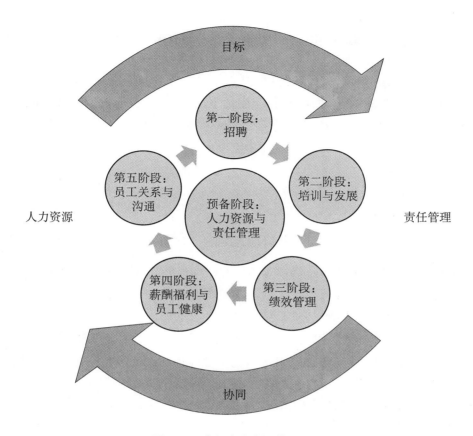

图 11.1　责任人力资源管理流程

11.2　目标：HR-RM 协同效应

"……人力资源发展适用的活动框架在企业社会责任、可持续发展、伦理道德方面起到了引领作用，同时又能确保组织能够盈利和成功。"[4]

无论在哪家企业，责任人力资源管理的目标都是为组织提供规范的工具与流程，培育并支持负责任的企业文化，并在各个层面贯彻落实责任管理。一方面，人力资源部门需要以负责任的态度履行本部门的职能；另一方面，人力资源部门需要通过各级人事专员推进责任企业目标。也就是说，人力资源部门要为企业实施责任管理提供相应的人力资源解决方案。与此同时，人力资源部门必须了解各项举措的社会影响。HR-RM 协同效应也就随之产生，即人力资源（HR）与责任管理（RM）两者相互促进，责任管理离不开员工的参与，而人力资源作为利益相关者也能从责任管理活动中获益。

首先，人力资源部门必须支持责任企业目标。如今，绝大多数的企业都已认识到气候变化可能会影响企业的可持续发展，因此许多企业已经在实施低碳战略，其内容包括采用新技术并降低企业碳足迹。实现这些目标离不开企业员工的支持和参与，例如，办公室节能、废物循环利用、使用视频会议减少出差，以及选择更加节能环保的出行方式上下班。此外，营销"绿色"产品的企业希望招募到能将消费者融入环保领域的员工。

其次,人力资源部门应当以身作则实践责任管理。责任管理的理念首先应该在自家企业中得到贯彻,而人力资源部门的职能之一就是确保企业对员工负责。只有在此基础上,员工才会负责任地对待工作,对待同事,对待外部利益相关者。人力资源政策可以影响到员工的生活质量,相关因素包括压力管理、身心健康、工作与生活平衡、长远的技能发展及就业能力等。此外,任何与人力资源相关的决策都会产生社会影响,也就是说其影响力决不会仅仅局限于企业内部的劳资双方。

人力资源培训的作用

英国劳埃德银行集团(Lloyds Banking)培训了600名商务与环境经理,目的是让他们帮助企业客户控制环境风险,把握新机遇。

资料来源:Lloyds. (2011). Responsible business report. London:Lloyds.

最后,负责任地开展人力资源工作意味着人力资源经理们应当站在社会的高度考虑战略决策的影响。聘用政策、雇员多样性、薪酬水平、裁员管理等都会对企业所处的地区产生重大影响,因此人力资源经理们有必要在决策时考虑上述因素。此外,人力资源经理们也可以通过一些举措拉近员工与企业目标的距离,并从中获益。例如,在工作中掌握环境管理的员工很可能会与家人分享知识并将环境管理延伸到家庭生活。美国零售业巨头沃尔玛持续多年实施了个人可持续发展项目。员工制定一个与自身相关的可持续发展目标,并付诸生活实践。事实上,在与家人、朋友、邻居分享经验的同时,员工把沃尔玛注重环保的理念带到了企业之外,并随之产生了涟漪效应。

大众汽车:人力资源部门保障员工家庭生活

大众汽车公司在2011年要求为公司移动设备提供邮件服务的黑莓公司在下班后停止服务器的工作,避免员工在非工作时间收到工作邮件。此举的目的是防止工作挤占生活时间,确保公司对员工私人时间的尊重。

资料来源:BBC News. (2011, December). www.bbc.co.uk/news/technology-16314901.

11.3 预备阶段:理解 HR-RM 协同效应

"企业社会责任的基本表现形式之一就是在公司内部,特别是在人力资源部门,践行责任管理。其内容涵盖了众多方面,从尊重员工基本权利到执行政策帮助雇员达到生活与工作平衡的。"[5]

责任管理正在改变着企业运营的各个方面,例如,制定战略,做出决策,执行任务,融合员工、客户、外部压力团体和社区,并对利益相关者的不同期望做出回应。这就给人力资源部门的职责增加了新的内容,目的是成功实现组织的长期目标。人力资源的核心职能是协助企业领导建立并推广责任管理的企业文化,因为从根本上来说企业的重大决策决定了最终的绩效。作为企业文化的守卫者,人力资源部门在贯彻担负企业社会责任这一思维模式上起到了至关重要的作用。

人力资源管理部门应当积极主动地引导并建立责任管理文化,并将传统的人力资源管理转变为基于社会参与和环境保护等平台的责任人力资源管理,具体方面包括人员招聘、员工保留、培训发展、薪酬福利,以及凝聚员工的各种新方法。人力资源部门必须关注员工所处的年龄段并了解关键接触点,以使处在各个阶段的员工都能融入企业活动,同时还要在员工中选出责任管理形象大使。责任人力资源管理不是可有可无的摆设,而是企业必备的工具。它是一条康庄大道,通往更好的业绩、更投入的员工、更积极的社会与环境影响,以及更强有力的人力资源管理职能。

11.3.1　责任人力资源管理与传统人力资源管理的差异

人力资源履行的是"管理企业内部雇员的职能"。[6]在任何一家企业里,人力资源管理的职责是提升企业价值。它是通过管理事务与流程并开发管理工具,以提升组织与个人的能力,同时建立有助于企业走向成功的公司文化。人力资源的职能体现在一系列的事务上,例如企业层面的战略伙伴开发、吸引、招募、发展并保留人才,保持良好的劳资关系,评估员工绩效,以及构建合理的薪酬体系使之既能保证企业成本优势又能吸引并留住人才。

美国人力资源管理协会(SHRM)进行的一项题为"演化中的人力资源职能及其对经营策略影响"的研究表明[7],对企业当前经营策略影响最大的三大人力资源职能是:(1)人员配置,人事任用,以及员工保留;(2)培训与发展;(3)员工福利。调查发现,在认同"人员配置,人事任用,以及员工保留"选项的人力资源专业人士当中,有超过半数将其放在了人力资源职能的首位。然而,责任人力资源管理超越了传统的人力资源职能,其核心作用可以归结为以下四点:[8]

- 开发并提升人力资源的实力,确保并增强组织的资源基础,支持企业的可持续发展;
- 妥善处理人力资源战略对员工以及外部利益相关者的影响,支持企业的长期发展;
- 深刻领会人力资源开发、管理、更新的特定条件,发展充满互信的"资源伙伴关系";
- 坚持社会合法性("经营执照")。

责任人力资源管理的关键是人力资源部门的领导必须超越企业的范畴,着眼人力资源管理产生的社会影响,并推动企业承担企业公民的角色。这就要求人力资源部门在开展工作时既要在企业内部担负起伦理与道德责任,又要考虑企业外部更加宽泛的社会与利益相关者的需求。人力资源部门有必要帮助企业领导更深入地了解人力资源相关问题,以及人力资源政策对企业产生的影响,直面机遇与挑战。最后,人力资源部门的领导必须以身作则,处理好企业内外部关系,树立责任管理的好榜样。

对外影响

瑞士再保险公司(Swiss Re)在2007年推出了全球首个公司资助员工降低二氧化碳排放的项目。该项目与公司应对气候变化的战略相吻合,为员工在生活中投资节能减排项目提供补贴。公司总计发放的补贴超过了四千份。

资料来源:Swiss Re Corporate Responsibility website. (2012). www.swissre.com/corporate_responsibility/.

Gond、Igalens、Swaen与El Akremi指出[9]"人力资源部门在建立责任管理体系中所起的作用长久以来一直为管理层所忽略",特别是人力资源部门员工做出的贡献以及人力资源部门的管理措施。美国人力资源管理协会的一项研究验证了这个说法。该研究发现在制定责任战略与实施责任管理的过程中,人力资源部门只参与了非常基础的工作。[10]

表11.1归纳了责任人力资源管理的四种范式,分别是国际劳工组织的"工作中的基本原则与权力宣言"、国际社会责任组织的"社会责任标准"(SA8000)、最佳职场研究(GPTW),以及拉丁美洲企业社会责任标准中的"职场生活质量"(西班牙语的单词首字母缩写ESR)。

表11.1 各种责任管理的内容比较

国际劳工组织	社会责任标准 SA8000	最佳职场研究(GPTW)	职场生活质量(ESR)
1. 认可员工有结社与集体谈判的权利	1. 童工	1. 具有诚信的管理	1. 就业能力与劳资关系
2. 消除任何形式的强制或是胁迫劳动	2. 强制或胁迫劳动	2. 雇员受到尊重	2. 社会对话
3. 废除童工	3. 健康与安全	3. 与工作有关的公平性	3. 工作环境与社会福利
4. 在雇佣与职业方面消除歧视	4. 结社与集体谈判的自由	4. 工作自豪感	4. 工作—家庭平衡
	5. 歧视	5. 员工之间关系融洽	5. 培训与人力开发
	6. 纪律检查		6. 安全与健康
	7. 工作时间		
	8. 薪酬		
	9. 管理体系		

11.3.2 责任人力资源管理企业案例

以下是优化后的人力资源为企业带来有形回报的几个例子:

- 员工多样性:所有的人力资源工作都可以被用来营造融入式文化,激发员工的创造力,改善客户关系,减少工作摩擦,提升员工主动性、效率和忠诚度。这也就意味着在人力资源部门工作中要积极物色具有不同背景的员工,向经理们灌输融入式思维并在招聘中落实,使工作场所能够尊重不同雇员的需求,特别是少数群体的需求,以及在企业内部沟通中促进多样性。
- 绿色环保:减少环境影响是企业当今面临的最大挑战之一。企业的成就离不开所有员工的努力。人力资源应该全力支持面向员工的"绿色小组"活动。员工的日常节能、循环利用、减少浪费等习惯都可以帮助企业降低运营成本,保护环境,同时让员工在争做"绿色地球大使"的过程中获得满足感。

- 员工健康：在员工健康方面的投入可以带来丰厚的回报。联合利华公司有个"充电"项目，员工自愿参加诸如压力管理、营养、健身等与生活方式和生活习惯相关的活动。该项目不仅帮助了成千上万名员工降低了健康风险因素，而且提高了员工的工作效率和工作连续性，其产生的回报是投入的四倍。类似的提升员工健康水平的项目以最终实现的减少缺勤天数、降低医疗费用、提升工作效率和延长工作年限等效果直接给公司带来丰厚的投资回报。
- 员工权利：全球有超过两亿被非法雇用的童工，有超过1 200万被强制或胁迫的劳工，另外还有成百上千万无法享受自由结社权利的雇员。如果人力资源部门在公司高层有充分的话语权，上述情况是不可能发生的。人力资源经理们有必要协助企业识别内外部供应链的人权风险，并用强有力的人力资源政策确保员工权利，如参加风险评估、风险管理培训的权利。人力资源经理们的新任务是建立一个允许公开讨论此类问题的企业文化。成功保障员工权利可以对企业产生保护作用，并推进企业和社区的发展。

确保供应链上的员工健康

耐克公司在2007年将外包制造商融入一个试验性的人力资源管理项目。该项目为承包商提供人力资源管理最佳实践培训，倡导员工权利，推进精益化生产，以及授权员工独立工作。耐克公司的目标是建立一个可持续的框架，用来提升工作环境，培养称职的技术工人，并将责任人力资源管理推广到所有代工企业。

资料来源：www.nikebiz.com/crreport/.

11.3.3 责任人力资源管理的新技能

为了营造贯彻富有责任管理理念的企业文化，人力资源经理们有必要掌握新的技能。其核心是要通过与利益相关者对话，了解他们的诉求，因为企业作为会在很大程度上影响目标的实现。例如：当一家企业打算在新址设立新的机构时，当地居民很可能会出于机构对环境影响的担忧而发起抗议。如果是新开工厂，人们会担心空气污染或者当地的生物多样性遭到破坏；如果是新开旗舰店，人们会担心当地杂货店主们的营生。虽然传统的人力资源职责并不包含处理这些事务，但是人力资源部门可以通过与当地利益相关者（如社区组织、当地政府、人才市场等）的广泛沟通，把风险转化为机遇。

因此，人力资源部门的职责除了承当社会与环境责任，还要提升与内外部利益相关者沟通的能力，并在制定人力资源政策与实际工作中充分考虑利益相关者的诉求。此外，人力资源部门还需提升技能，跟踪并评估本部门工作带来的社会与环境效益，使之成为企业总体战略的一部分。

11.3.4 责任人力资源领导与人力资源利益相关者

通过负责任地考虑利益相关者诉求的方式开展人力资源工作要求人力资源领导跳出传统的

企业内部绩效考核的框架,增加高效管理、资源开发和经济增长等指标。传统的评估人力资源绩效的指标包括招聘成本和效果、培训项目总时长、培训人次与预算规模、人员支出与薪酬竞争力,建立和谐劳资关系以及确保企业持续运转等。这些考核比较狭隘,基本是从两个内部相关者的利益出发:

- 股东(由管理层代理)通常最为关注企业短期的利润水平和投资回报。
- 员工通常以自己的工作满意度来决定是否继续留在企业做贡献。

如果把企业的工作重心局限在这两个内部人群,人力资源领导就会将组织置身于风险之中,并且束缚企业,使之无力寻求潜在的利润增长、客户服务、名誉口碑,以及新投资者的收益。

将利益相关者融入人力资源工作也就意味着企业必须考虑人力资源工作对整个社会的影响。例如,企业重组或是裁员有时或许是无法避免的。在这里,我们无意质疑企业的这一合法的权宜之计。但是,企业裁员的方式有时会危及企业的正常运营并将负担转嫁给社会,尤其是大量裁员集中发生在一个地区或是集中在一个员工年龄段。然而,如果处理得当,裁员也可以在以下方面产生积极影响:

- 为离职员工提供援助计划,提升他们在就业市场上的竞争力。
- 通过制订更加周密的计划减少企业裁员或是经济衰退造成的社会负担。
- 持续经营且财务稳定的企业有利于社会福祉。
- 其他利益相关者,如客户、供应商、消费者、监管者等,这些对企业进行日常评估的利益相关者更青睐那些担负社会责任的商业伙伴。

人力资源领导们制定并管理的部门工作会对企业价值产生积极或是消极的影响,因为企业内部决定会通过涟漪效应对在企业外部的相关各方产生广泛的影响。

针对企业内部少数人群的利益相关者管理

美国军工承包商雷神系统公司在公司内部组建了八个员工群体。在每个群里,员工们可以在社交的同时自由自在地交流雇员多样性问题。这些群体包括但不局限于女性员工群、西班牙裔群、残障人群、同性恋、双性恋与变性人群。

资料来源:Raytheon.(2011). Corporate responsibility report. www.raytheon.com/media/2011-corporate-responsibility-report/.

11.3.5　人力资源经理在推动责任企业过程中的作用

在本章中我们指出人力资源领导应该与企业领导合力推进企业责任管理。人力资源部门的战略与日常工作应该与责任管理的目标相一致,支持企业长期合法经营,同时为企业提供称职的、上进的、积极参与社会发展的资源平台。我们相信完成这个目标不能只靠人力资源部门"单打独斗",而是要靠公司层面提出可以深入各个核心职能部门的愿景。然而,我们也相信无论公司战略如何,人力资源部门都有责任以负责的、道德的、可持续的方式领导该部门开展工作。也就是说,人力资源部门可以用责任管理的要求来履行传统职能。这种"开明的"人力资源战略可以在部门内部独立自主地推行。

因此在本章中,我们聚焦五大传统人力资源领域,审视人力资源部门如何为传统企业与责任企业做出贡献,哪怕是在缺少企业战略支持的情况下。

与人力资源战略对企业战略的影响(上文的企业案例)和企业整体的需求相一致,本章将集中讨论五项适用于各个企业的核心人力资源职能,以及责任人力资源管理提升责任企业绩效的方法:

- 第一阶段:招聘
- 第二阶段:培训与发展
- 第三阶段:绩效管理
- 第四阶段:薪酬福利与员工健康
- 第五阶段:员工关系与沟通

我们将识别每个阶段传统人力资源管理与责任人力资源管理的区别,并且列举案例,分享一些企业的责任管理成功经验。

11.4 第一阶段:招聘

越来越多的证据显示,企业承担社会责任所进行的各项活动成为吸引并留住优秀人才的途径。[11]

招聘员工是人力资源部门的一项基本职责。人力资源部门根据岗位所需的知识、技能与态度筛选应聘者。符合条件的应聘者只要接受了相应的入职培训就可以胜任职位,并且拥护企业文化。对一家大型企业来说,招聘工作周而复始地进行,人力资源部门不时会推出新的招聘广告。招聘过程必须坚持可持续发展原则,确保积极的三重绩效,即社会、环境、企业三重效益。招聘过程与招聘结果必须坚持公平、公正、公开的原则。咨询公司的一项调查显示,有"将近65%的招聘是通过内部流动或者员工推荐完成的",而员工推荐占到了外部招聘的27%。[12]因此,人力资源部门通过在本公司网站以及其他途径投放广告招募到的新人其实只占招聘总数很小的一部分。显而易见,当企业遵循反歧视政策并在招聘中营造公平氛围时,商业伦理就显得尤为重要。责任管理可以确保零歧视,因此必须贯穿于招募与筛选的全过程。

11.4.1 传统的招聘流程

招聘流程的第一步是在企业内部完成的。ABB 公司运用的六步模式(见表 11.2)被广泛用于各个企业的人力资源招募。

在大部分企业中,这个过程通常是十分固定的。在第一阶段,人力资源部门制定岗位职责,明确岗位所需的知识、技能与态度(knowledge, skills, attitudes, KSAs),细化录用标准。招聘要求通常会包括求职者的相关工作经验、教育背景及性格特点。人力资源部门甚至可能会违规默认一些"潜规则",比如年龄及其他方面的限制。2009 年,全球知名的化妆品企业欧莱雅集团与为其服务的德科人力资源服务有限公司(Adecco)因为在招聘中歧视非白人模特而遭到监管部门

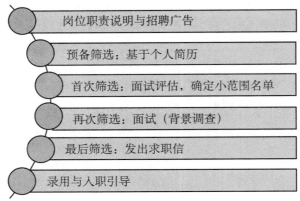

图 11.2　ABB 公司的招募、筛选及录用流程

资料来源：Adapted from ABBRecruitment. (2012). Retrieved May 10, 2012, www.abbc.com.mx/cawp/abbzh253/12c9128da74aec55c125707d004a1cdb.aspx.

罚款。

表 11.2 的 ABB 集团招聘流程充分展示了责任管理与招聘过程的结合。ABB 官网的招聘页面会向潜在求职者介绍包括"可持续性"在内的公司价值观，确保潜在求职者了解公司的招聘理念和不带任何歧视的公平原则。

11.4.2　制定责任岗位职责

责任人力资源管理与传统人力资源管理的区别之一是责任人力资源管理并非是简单地将职能经理的需求或是个人偏好，制作成岗位职责和招聘要求。责任人力资源管理首先对职能经理们开展培训，增强其多样性意识与接受程度。责任人力资源管理甚至可以要求每份最终候选人名单必须保持性别比例平衡，同时必须至少有 1—2 名候选人来自少数人群。责任人力资源管理有必要让职能经理们知晓这个道理：将许多群体排除在外的做法不仅是会使公司在法律上和名誉上受损的歧视行为，而且是限制人才库多样性进而影响企业竞争力的拙劣伎俩。

11.4.3　以负责任的方式招募员工

制定好岗位责任与招聘要求之后，人力资源经理会通过传统的渠道发布招聘广告，例如公司官网、报纸杂志、求职网站，以及人才中介机构等。大多数招聘广告都标榜"公平机会"，即所有符合相关经验与学历要求的求职者都可以应聘。这就引出了责任招聘与传统招聘的第二个区别。传统招聘通常借助传统渠道传递信息，也就意味着将使用非主流渠道的人才排除在外；相关经验与学历要求将许多有能力胜任岗位但缺少经验或学历的人才排除在外。

责任招聘要求人力资源部门通过开发更加广泛的渠道来传递职位信息，同时在招聘条件上灵活处理经验与学历要求。人力资源部门可以与政府或特殊组织的人才资料库合作，在少数人群中网罗具有潜力的求职者，哪怕在上岗初期需要给他们进行技能培训。人力资源部门可以在少数群体刊物上发布招聘广告，确保少数民族及妇女拥有平等权利。人力资源部门有必要对人才中介机构进行企业社会责任培训，要求其主动网罗多样化人才，尤其是不使用传统信息渠道的非主流人才。责任招聘的作用在于可以扩大求职者的范围,在"人才战争"中获得优势,进一步加强与所在社区的关系,解决当地各个层面人才的就业问题。

11.4.4 筛选过程

经过初步筛选的求职者通常还要经历一系列的程序才能被录用,其中包括个人面试、小组面试、在测试中心接受各种智力与精神测试、领导力测试、个性评估等。有些企业还会让求职者参加模拟实践,或者上岗接受实战检验。个别企业甚至还会借助笔迹分析来研究求职者的性格特质。以快餐巨头麦当劳公司为例,通过其首轮筛选的求职者会被要求在门店工作两天,熟悉工作环境,因为求职者的个性和偏好与知识和技能有着同等重要的地位。

责任选择过程要求人力资源部门在充分了解求职者能力、价值观、偏好和志向的基础上,做到最佳"匹配"。从某种意义上说,这是一个"与利益相关者对话"的途径。企业必须录用与其目标相一致的员工,也就是说,不仅是有能力的,而且是相匹配的。这就使面试成为一个双向选择的过程,一方面是企业了解求职者的个人情况,另一方面是求职者熟悉企业的氛围。因此,最终录用的决定其实是由企业和求职者双方共同做出的。

这种基于双方对话的面试最好能够包含行为面试模块。人力资源经理会让求职者描述其过去某个工作或者生活经历的具体情况,并以此判断求职者是否能将技能运用到新的工作中。行为面试要求人力资源经理接受过培训并具有一定的技巧,所以责任筛选的过程中必须有受过这方面专门训练的资深人士参与。面试经理们务必要学会在面试中摒弃自己的个人偏好和成见。人力资源部门有责任确保面试经理们做到这点。

此外,人力资源部门必让求职者有机会充分了解企业的状况,做到信息对称,理性决策。这也就意味着确保企业形象准确反映企业的氛围和理念,招聘经理了解足够多的企业信息并能够回答应聘者的各种问询。

11.4.5 责任企业的录用

在经历了招募和筛选之后,整个招聘流程就进入到了最后的录用环节。企业务必坚持公开透明原则,使求职者可以在信息对称的情况下做出理性的决定。在签署录用合同时,企业务必确保求职者充分了解合同的各项条款。合同内容必须是公平的,能够代表企业和员工的共同利益。

11.5 第二阶段:培训与发展

"可持续的人力资源管理通常被定义为使用人力资源的各种手段组建一支有信心、有理想、有能力、有激情的员工队伍,实现企业的三重绩效目标。"[13]

培训与发展是人力资源部门的核心职责。在通常情况下,人力资源的职能是支持企业实现目标。对于一个责任企业来说,企业目标无一例外地会超越传统目标的范围,纳入新的活动领域,比如开发低碳产品,生产适合新经济环境下的产品,尊重员工权利提升公司的可持续经营排名,以吸引新的投资者。除此之外,责任人力资源管理还要确保员工具备以下物质:抱持正确的价值观与道德行为准则,工作中始终践行企业责任,管理、评估、追踪社会与环境影响。

培训与发展阶段同样反映了企业持续提升员工"就业能力"的责任，从而使员工得到成长并不断进步，使之不仅能出色地完成当前的工作，而且能够胜任今后在其他企业的工作。责任企业既关注企业的短期需求，又关心员工的长远发展。这是一个责任企业做出的可持续发展贡献，因为企业短期的需求一旦改变，员工的现有技能或许会跟不上变革。关注员工的长远发展有如购买保险产品一样，可以抵御由商业环境变化，如员工失业和社会动荡带来的负面影响。

社会绩效培训

三星集团的人力资源部门开发了一套名为"大家的美好未来"（For the Betterment of All）的培训项目。集团鼓励员工为社区做出贡献，并派驻社区服务队参与"共同关爱"项目，提供志愿者服务。

资料来源：SAMSUNG（2012）. Social performance. Retrieved May 26，2012. www. samsung. com/us/aboutsamsung/corpcitizenship/Environmentsocialreport/environmentsocialresport_SocialCommitment. html.

责任管理实践
三星集团高瞻远瞩的人力资源开发项目

三星集团在培训与发展过程中强调可持续的绩效并鼓励员工做出社会贡献。集团的人力资源开发中心（HRDC）作为公司培训的基石"培训并开发人力资源，促进企业文化，制定人力资源发展战略"。HRDC 总共有 70 名员工参与员工培训与发展、人力资源开发咨询，以及人员招聘。在完成了这项培训之后，员工还要接受健康与安全、跨文化沟通、产品与服务安全、公平机会与员工权利，以及商业伦理的培训。例如，在接受供应商行为规范培训时，培训师会强调"为了更好的明天，员工们必须勇于承担作为企业成员的责任"。

三星集团注重员工可持续意识的培训与发展，并将员工的未来与企业挂钩。责任人力资源管理体现在着眼未来的岗位培训与再教育，以及培养员工的社会责任和可持续发展意识，促进企业的发展。集团的 HRDC 提升了员工放眼未来的可持续发展意识与技能，并开发员工适应未来的研发、营销、管理的潜力。HRDC 下设领导力、市场营销，以及先进技术等分支机构，帮助员工提升可持续发展意识，以及适应企业未来发展需要的工作技能。

资料来源：SAMSUNG. (2012). *Human resources*. Retrieved May 26. 2012. www. samsung. com/hk_en/aboutsamsung/samsunggroup/affiliatedcompanies/SAMSUNGGroup_SAMSUNGHumanResourcesDevelopmentinstitution. html#content; SAMSUNG. (2012). Supplier code of conduct. Retrieved May 26. 2012. www. samsung. com/us/aboutsamsung/corpcitizenship/environmentsocialreport/environmentsocialreport_EICC. html.

Ivancevich 将这个阶段分为三个步骤[14]：入职引导、培训和发展。入职引导的理想成果是：(1)树立社会责任意识,遵守道德准则；(2)产生有竞争力的、高质量的产品；(3)提供有竞争力的、高质量的服务。图 11.3 反映了这三个步骤。

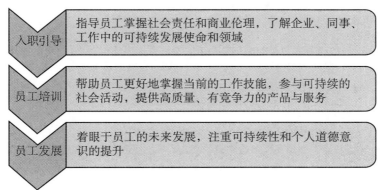

图 11.3　第二阶段培训和发展总览

资料来源：Adapted from Ivancevich, J. M. (2003). Human resource management, 9th int'l ed. (p. 394). New York：McGraw-Hill/Irwin.

11.5.1　新员工入职引导

让新员工融入企业是个复杂的过程,它无法自动完成的,也不能一蹴而就。新员工有时不了解企业对他们的期望值,有时会发现企业文化和企业环境中的潜规则。他们很快会判断出企业是否"言行一致",是否真的在推动企业内外部的可持续发展。

一个成功的入职引导项目通常可以取得以下成就：减少新员工焦虑,减少人员流动,节省时间,明确企业对新员工的期望。[15]企业在主观上肯定希望新员工可以在新岗位取得成功,这是出于时间和成本的考虑。因此,人力资源部门有责任通过培训指导帮助新员工顺利过渡。

Jablin[16]将员工行为与认知的全面过渡称为组织同化。组织同化的过程从新员工加入企业之前就已经开始了,一直延续到新员工彻底适应新环境。洲际酒店集团(IHG)的企业责任报告显示该集团在酒店运行的社区针对 14—18 岁的青少年开展技能培训。[17]这个项目不仅拓宽了年轻人的就业渠道,而且也能满足酒店今后的招聘需要。由此可见,新员工引导早在员工入职之前就可以进行了。

责任人力资源管理在入职引导方面除了常规的帮助新员工熟悉企业、熟悉工作、熟悉流程、熟悉同事之外,还要帮助新员工充分了解责任企业的含义并熟知工作对社会环境产生的影响。良好的开端是成功的一半,因此入职引导不仅可以帮助新员工在短期内胜任工作,而且有益于员工在企业的长期发展。

11.5.2　入职引导与社会化模型

Miller[18]将入职引导与社会化的过程分为三个阶段：先行同化、亲身经历,以及成功转型(见表 11.2)。

表 11.2　人员融合阶段及描述

阶段	描述
先行同化	该阶段发生在员工加入企业之前，包括熟悉职业与了解企业 责任原则： ● 利用各种渠道对企业外部的利益相关者传递负责任的、可持续的及符合伦理道德的商业行为，其中包括通过社交网站同潜在雇员进行沟通对话 ● 塑造反映企业社会责任的品牌形象 ● 在面试、引导等各个招聘环节中融入责任管理原则，其中包括参加企业招聘会，以及员工参与社区教育项目 ● 在招聘过程中坚持公平、公正、公开的原则，尊重所有录用及未被录用的求职者
亲身经历	新员工加入企业，摒弃旧的角色定位和价值观，以适应新企业的要求 责任原则： ● 员工录用时明确告知其企业的可持续发展目标 ● 确保新员工知晓岗位职责与要求，以及公司内部的支持体系（人力资源经理、工会组织、职业导师等） ● 帮助新员工融入公司的社会责任项目，提供参与活动的机会 ● 开始或者延续员工的职业发展，具体措施包括通过培训明确公司要求、企业文化、授权流程、支持体系等
成功转型	这个阶段意味着新员工入职引导的完成，新员工已经正式被接纳为企业的成员 责任原则： ● 确保持续的员工支持，公开的对话沟通与反馈的机会，以及持续的培训与发展 ● 确保员工持续参与企业社会责任项目，确认员工所做出的贡献，明确个人职责

资料来源：Cohen, E. (2010). *CSR for HR*: *A necessary partnership for advancing responsible business practices* (p. 251). Sheffield, UK: Greenleaf; Miller, K. (2009). *Organizational communication*: *Approaches and processes*, 5th ed. (p. 122). Boston: Wadsworth Cengage Learning.

（1）先行同化始于员工加入企业前的若干年。在前面提到的三星集团案例中，完全可能出现这样的情况：一位少年从小立志要成为三星集团的员工，并实现生产制造过程与环境的和谐共处，因为他坚信电子行业是不断进取的可持续性行业。Cohen[19]将这个阶段定义为员工任职周期中的雇佣前阶段。她指出："一家企业的社会责任项目会对其在就业市场的号召力产生影响"，而造成这些影响的主要因素有：社区融合，以及在提升社会教育程度或者职业技能方面的投入；企业品牌形象，其中包括企业的社会与环境使命；致力于倡导员工多样性的招募措施；企业与潜在雇员的沟通交流。

Cohen[20]认为企业在社会与环境方面做出的努力会在很大程度上推动潜在雇员的先行同化。这种融合可以体现在先前提到的韩国少年身上。他或许是受到在三星集团工作的某位家庭成员的影响，在年少时就已经了解企业的社会责任与目标，并立志有朝一日成为三星集团的员工。也就是说，三星集团树立的积极向上、环境友好的形象吸引了这位少年，使其决心要为社会做出贡献。

（2）亲身经历即入职引导的过程。入职引导项目融入了企业责任管理的原则与举措，以及员工们在各自岗位上的贡献。除此之外，还有很重要的一点：企业从管理层到基层员工必须身体力行，给新员工做出榜样与表率。相对于说教，榜样的力量能够更加有效地塑造新员工的行为。

（3）成功转型是指新员工全面融入企业文化，与企业的社会责任与目标高度一致。这个阶段与培训发展密不可分。

11.5.3 培训

培训是帮助员工提升绩效,使之能够更好地胜任岗位的过程。其目的可以是使员工了解所从事的工作的基本内容与方法,或者帮助员工提升工作技能。责任人力资源管理要求培训能够覆盖企业可持续发展的相关内容,并让员工知晓企业与个人能够为社会与环境做出哪些贡献。

Cohen[21]将责任管理的理念融入人力资源领域,并提出了责任人力资源培训的路线图。路线图将培训与沟通分成了两个独立的模块,共同服务于一个有机的整体。在培训中与员工有效沟通责任管理的原则可以产生最佳的培训效果。Cohen[22]强调在新员工入职引导中突出责任管理培训。图11.4总结了经过改编的路线图。

培训
- 对所有管理人员进行责任企业相关理念的培训,明确管理者的个人职责与贡献
- 将责任企业的相关设想传达给全体员工
- 将责任企业的相关内容融入新员工培训

沟通
- 在企业内部通信中加入责任企业,以及企业参与社区与环保活动的相关报道
- 开设企业博客,吸引员工的参与
- 积极登录社交网站,如Face book,网络相册等
- 使用社交网站招募新员工

图11.4 路线图

资料来源:Adapted from Cohen, E. (2010). CSR for HR: A necessary partnership for advancing responsible business practices. Sheffield, UK: Greenleaf.

除此之外,责任管理培训也应当包含员工权利的内容。例如,联合国1948年通过的《世界人权宣言》制定了超过30项条款,其中的大多数都适用于企业员工;联合国2008年在日内瓦通过的《联合国全球契约》涉及劳工标准,提出企业应该维护结社自由,承认劳资集体谈判的权利;彻底消除各种形式的强制性劳动;消除童工雇佣;杜绝任何在就业和职场方面的歧视行为。非法雇佣童工及强制性劳动的问题在20世纪90年代的耐克公司代工工厂和近年来的苹果公司供应链中都有所体现。大企业现在越来越重视海外生产商的责任供应链管理。Cohen[23]提出了企业社会责任所涉及的人权内容培训的指导方针为:确保现行的政策体系能够保障企业职工和供应链上的员工权利;确保所有员工都经过培训知晓公司的职工权利及相关政策;积极主动地帮助员工了解并维护他们的权利。

培训项目务必覆盖全体员工,符合企业所在国家的法律法规,并定期开展(至少一年一次)。

11.5.4 员工发展

企业可以使用一系列的方法促进员工发展,其中包括在职与脱产培训。考虑到时间与成本因素,大部分企业会选择效率更高的体验式在职培训,主要服务于澳大利亚、新西兰和太平洋诸岛的西太平洋银行(Westpac Banking Corporation),非常善于通过在职导师来指导员工如何为社区组织做出贡献。这家在2010年拥有大约3.8万名员工并获得329亿澳元利润的银行在道琼斯可持续发展排行榜上的排名居于前列。[24] Cohen[25]援引了该公司负责人事与绩效的执行委员会成员 Ilana Atlas 的陈述。她指出西太平洋银行将人力资源开发、企业责任与可持续发展合为一体。企业提供

全方位的培训,其中包括一个指导优秀员工如何服务于社区组织的在职导师项目,其目的在于给社区组织带来可量化的积极变化,同时又能"让员工在非企业的组织中通过处理各种社会事务得到锻炼"。[26]

从员工发展到利益相关者发展

思科公司(Cisco)于 1997 年建立了一个全球网络学院,每年培训成千上万名计算机人才。学员通过课堂与网络课程不仅可以学习到如何设计、建立和维护计算机网络,还能学习到如何在技术领域确保可持续性。思科公司在培训的整个过程中不遗余力地融入可持续性理念。公司将企业社会责任定义为"一项尊重并且最终造福人类、社区,以及我们所生活的这个星球的责任"。该培训的四大目标是:在全球范围改善社区生活;减少我们对环境的影响;用符合商业伦理的方式运营业务;为员工提供一个生机勃勃的工作环境。

资料来源:CISCO Training. (2012). Cisco networking academy. Retrieved March 29, 2012, www.cisco.com/web/learning/netacad/index.html.

类似于西太平洋银行推行的员工志愿者社区服务是一个员工发展(和授权)的机会,但是这样的价值时常为人力资源经理所忽略。志愿者服务有助于员工发展工作中有时没有机会获得的技能。此外,技术型志愿者服务这种新形式现在也深入人心。它是指志愿者将工作技能应用在志愿服务项目上。比如财务人员参与志愿者服务,与其让他们给困难民众发放食品,不如请他们给社区非营利组织提供免费的财务咨询。专业对口有利于社区获得更有价值的服务,同时也有利于志愿者在工作以外的环境接受新的挑战,积累新的经验。

11.5.5 就业能力

在传统意义上,评判一个企业好坏的依据是工作稳定性,即是否能够提供终身职位。从前人们的最大心愿就是从学校毕业后进入一家公司,然后在这家企业工作几十年直到退休。但是在最近的二十多年,情况发生了很大变化:市场变得越发波动;全球化改变了商业模式;企业迈着史无前例的步伐进行变革;新技能迅速取代旧技能。当沃尔玛在 2010 年宣布对 10 万家一级供应商进行可持续性评估时,全美国的人才市场被彻底搅动了,奋力为沃尔玛的供应商们网罗环境专家、能源专家、可持续流程专家等专业人才,因为大家明白这只是沃尔玛绿色认证体系的开始,而更加严格的可持续商业模式会带来更多的机遇。在过去十多年里,与可持续发展相关的职位数量有了进一步提升,除了企业雇员之外,还造就了包括咨询师、审计师、记者、绿色建筑专家在内的一个完整的行业。这些新岗位、新技能显然与以前的情况有着显著的差异。

此外,求职者的情况也发生了很大改变。新新人类(这里指出生在 1980—2000 年的人)的就业目的除了赚钱之外,还要从工作中获取意义,因此他们对雇主的要求要比他们的前任们多得多。对他们而言,终身服务于同一家企业已经变得老套,他们需要的是在不断提升技能和积累经验的过程中寻找到能够满足他们更高期望的雇主。如今,员工通过跳槽而不是内部升迁获得职业发展已经成为职场惯例。

这些变化对人力资源管理产生了深远的影响,促使人事经理们通过提升员工的就业能力来建设可持续的企业。员工就业能力是企业责任的核心内容,包含了两层含义:

(1)就业能力指的是暂时失业的职业人士或是刚刚迈出校门,首次求职的毕业生或是社区中的弱势群体获得就业机会的能力。[27]在许多国家,政府和企业提供职业与技能升级培训项目,帮助求职者在就业市场中立足。而暂时失业的人群可以通过再就业培训来提升自己的技能以达到就业市场的要求。

(2)就业能力也可以指从工作中获得的能力。企业通常会通过职业培训或是内部晋升来提高员工的价值与未来的求职能力。这样,如果一旦遭遇裁员,员工在就业市场可以有更强的竞争力。虽然新新人类的忠诚度比他们的前任们要低得多,但是他们更倾向于留在栽培过他们的企业。就业能力的提升并没有促使他们跳槽,相反他们更愿意留在企业,一旦他们的职业发展需求得到了满足。因此,就业能力,犹如一份保险,也就成为员工的个人资产。即使未来企业不景气,他们也有能力在职场上兑现自己的价值。

提升员工的就业能力对整个社会也会产生积极的效应,因为这样就会有更多具备高技能与高资质的员工在工作岗位上为本地经济发展做出贡献。也就是说,公司对员工的投入最终能够产生社会效益,其涟漪效应虽然无法具体量化,但是肯定是巨大的。所以说,企业的人力资源政策是可以影响到社会的。与此同时,提升员工的就业能力有利于缓解劳资矛盾,增加企业的可持续经营能力。因此,这是一项对内对外都有利的工作。例如,思科网络学院就是一个提升年轻人在信息通信技术领域的就业能力的典范。学院不仅为这个人才稀缺的行业储备了人力资源,而且为世界各地成千上万名学员提供了培训与认证,使其有能力找到与信息通信技术相关的工作。

 世界之窗

提升就业能力

全球第三大零售商特易购(Tesco)于2013年决定着手解决年轻人的失业问题。在"创造机会"这个口号的引领下,公司致力于"激励,协助,并成就全球成百上千万名年轻人走向工作岗位"。公司具体的措施包括一个推动年轻人就业积极性的项目,一个职场技能培训项目,以及一个积极吸收失业半年以上者的"店铺招聘"项目。

资料来源:www.tesco.com/files/pdf/reports/tesco_and_society_2013_ipad.pdf.

人力资源经理们有必要了解这些趋势,并制定出相关的政策与措施来满足在岗以及潜在员工的需求。公司对员工的投入不仅可以在各个层面上达到企业可持续发展的要求,而且可以帮助企业打赢"人才战争",同时还能产生积极的社会效应。

11.6　第三阶段:绩效管理

"此项研究表明企业承担社会责任与员工忠诚度呈正相关;企业承担社会责任与企业绩效呈正相关;员工忠诚度与企业绩效呈正相关。"[28]

人力资源管理的第三项重要职能是确定绩效评估的程序与工具,并确保相关政策的连续性。Ivancevich[29]将这项职能称为绩效管理,即"企业高管、经理、主管们确保员工绩效与企业目标相一致的过程"。[30]

11.6.1　绩效评估

绩效管理工具通常包含了某种形式的绩效评估,其目的是:

(1)提供一个劳资双方(或者雇员与管理者)对话的基础,确保双方一致认同公司的使命、目标、与目的。除了表现与成果,绩效评估还提供了一个探讨员工行为的平台。对于责任企业,达到目标的手段和过程与目标本身同等重要。企业可以通过绩效评估强化责任理念,即员工的行为及是否能够同各方保持互信的关系会在企业内外部产生影响。

(2)提供一个员工了解上司、同事和下属如何评定自己表现的机会(360°评估)。评估可以反映员工有可能需要采取何种绩效改进措施,或者需要制订什么样的职业/个人发展计划。

(3)提供一个员工与上司沟通的机会,反馈企业是否有助于员工最大限度地发掘潜力并取得成就。如果实施得当,这项公开对话可以很好地拉近劳资双方的距离,建立互信,修正员工对于首要任务的认识,并且确保企业用可持续的手段开发人才。

绩效评估有助于加强企业的责任感、道德操守及可持续发展目标,因为评估过程专注于绩效改进及双方一致认可的贡献与目标,因而在实质上强化了行为责任。对于责任企业,绩效考核标准中务必包含员工为三重绩效做出的贡献,为股东创造的价值,以及美德的具体表现。

11.6.2　核心才能

绩效评估并非凭空产生的,它需要建立在事先已经相互认同的考核标准上。绩效通常由"考核内容"和"完成方式"两个方面组成。其一,企业期望员工达到某些既定的目标,即"考核内容"。其二,员工完成目标的手段与方法必须符合企业制定的行为准则,即"完成方式"。许多企业为不同层级的管理人员制定了核心才能,也就是符合公司价值观的管理与领导行为,比如团队合作、有效倾听、道德行为等。美国索迪斯公司(Sodexo)在三个方面提出了对员工行为的要求:服务精神、团队精神和进取精神。而且每一项要求都有对应的行为表现(见表11.3)。这个框架可以被用于绩效评估。

这些行为的核心是展现正义感和信任感。这对于任何可持续发展的企业来说都是不可或缺的。此外,企业有时也会将责任管理的内容与员工绩效挂钩,落实责任管理的具体目标,比如能源效率、碳足迹等。这样的评估释放了明确的信号,即与可持续发展相关的绩效标准是企业运营的核心内容,绝对不是额外的可有可无的摆设。

表 11.3　索迪斯公司（Sodexo）期望的员工行为

服务精神

Yuri Arcrus/Alanny

- 我们的所有工作都以客户为中心
- 为了每天能很好地服务客户，我们必须做到随时有空、快速响应，必须能够预测客户的期望，并以满足客户需求为荣
- Sodexo 虽然是家跨国企业，我们依旧植根当地。我们的一线经理们具有真正的企业家精神，他们熟悉客户而且有决策权力

团队精神

Rodius Images/corbis

- 这对我们整个公司、各个事业部、行政办公室，以及管理委员会都至关重要
- 每位员工的技能加上同事们的特长成就了公司的成功
- 团队合作依赖以下因素：倾听、坦率、尊重、多样性、团结、遵守规则、相互支持（尤其是在困难时期）

进取精神

Rdo/shutterstock.com

具体体现在：
- 我们坚信每个人都有提升空间
- 乐意将自己的绩效与同事甚至与竞争对手比较
- 愿意进行自我评估，充分了解自身成功或失败的原因，对于持续改进至关重要
- 平衡雄心大志与恭敬卑微的关系
- 保持乐观，相信任何问题都能通过创新或其他手段解决

资料来源：Reproduced from Sodexo,www. sodexo. com/en/group/fundamentals/values/aspx.

将企业责任列入绩效考核

在全球 20 多个国家有将近 2.8 万名雇员的荷兰全球人寿保险公司（Aegon）将企业责任列入了绩效考核。2009 年，公司 100% 的高层管理者、98% 的中层管理者，以及 98% 其他员工都接受了定期的、标准化的绩效评估。公司鼓励"各级员工积极参加各项正式的技能开发培训项目"。

资料来源：Aegon. (2009). *Corporate sustainability report*. http://www. aegon. com/Documents/asgon-com/Sitewide/Reports-and-Other-Publications/Sustainability-reports/CR-reports/2011/AEGON-Sustainability-Report-2010. pdf.

企业通常会使用平衡计分卡来制定目标，并将其细分落实到每个管理者身上。平衡计分卡可以超越财务指标，全盘考虑企业总体目标，因此它可以很好地反映可持续发展的相关指标。有关平衡积分卡的详情，推荐大家阅读 Kaplan 与 Norton[31] 撰写的《平衡计分卡》（*The Balanced Score Card*）这本著作。此外，平衡计分卡学院发表过一篇如何通过平衡计分卡将可持续发展纳入企业战略，相信对责任管理感兴趣的业内人士，以及期望从大局了解人力资源管理对可持续发展的作用的人力资源经理们会对此感兴趣。[32]

11.6.3　社区介入与环境保护

传统人力资源管理职能以外的一些活动不仅为员工带来了自我发展的机会，而且为社会环境带来了积极的影响。

志愿者活动。 社区服务项目不仅可以让员工体验不同类型组织的运营方式并获得平时工作上无法得到的实践领导力的机会,而且研究表明社区服务有助于提升员工的忠诚度、责任心和生产力。

社区服务对企业的可量化益处包括:

- 工作满意度:企业允许员工利用工作时间参加志愿者活动,有助于提升员工工作积极性。可以通过绩效评估与员工调查反映此项指标。
- 招聘有效性:求职者们青睐责任企业,而社区服务可以提升企业形象。可以通过求职者或新员工调查反映此项指标。
- 技能增加值:可以通过追踪员工绩效评估反映此项指标。

此外,我们必然会考虑社区服务的社会效益,以及社区服务提升企业形象所带来的企业效益。

一项成功有效的志愿者项目离不开企业明确的政策支持以及精心的计划布置与贯彻落实。志愿者项目有助于人力资源经理通过这种新型方式提高员工的工作积极性,最终使企业获益。当然,也有人指出企业有义务"回馈"社会。不管出于何种目的,建立积极的社区关系是责任企业的重要特征之一。

社会效益与员工发展

PUSLE 项目是葛兰素公司(GlaxoSmithKine)开展的一项服务社区与患者的员工志愿者活动。志愿者们可以进入到一家非营利或者非政府机构(NGO),进行为期三个月或是半年的服务,帮助解决机构的实际问题,同时也锻炼提升自己的能力。自 2009 年项目创办以来,公司已经从全球 33 个分支机构抽调了将近 300 名志愿者为 49 个国家的 70 个 NGO 提供了服务。2012 年,PULSE 项目就为 52 家机构派遣了 94 名志愿者。公司的首席执行官 Andrew Witty 指出,志愿者们在改变世界的同时,自身的世界观也有了变化。新的认识被带进了公司,有助于改变企业的思维定式。

资料来源:Glaxo Smith kline,www.gsk.com。

以提升技能为目的的志愿者服务现在越来越多地为大型企业所青睐。也就是说,员工可以将工作技能用于社区服务,例如技术人员可以帮助提升社区的技术水平。英特尔公司(Intel)的"融入计划"(involved program)鼓励员工将职业技能带到社区。此类社区服务的好处在于员工可以实践并发展自己的特长。与其让财务人员去发放食品,让物流人员去改造儿童乐园,不如让专业人士发挥自己的最大效益,为社区提供最需要的但又无力承担的专业服务。作为一项新型的员工发展手段,人力资源经理们可以通过推行志愿者服务在企业内外部取得双重效益。

绿色环保。 减少环境影响是当今企业面临的一项巨大挑战。发动全体员工一起节能减排可以使企业在环保领域大有作为。在法律规定日益严格,以及碳排放日益受到各界关注的今日,人力资源经理们在环保领域有不小的施展空间。例如,英国于 2013 年 4 月正式施行的碳排放税意味着企业要为其消耗的能源支付相当可观的额外费用。人力资源部门如果抓住此契机在企业推广节能减排激励措施就可以取得双重回报:一方面减少能源支出;另一方面减少碳排放税费。

人力资源部门在推动企业节能减排方面的作用有目共睹,在全球的众多企业已经得到了验证。除了节约能源,受到激励的员工还会节约水资源(在不久的未来,水费很可能大幅上涨),减少废弃物的产生,增加资源的循环利用率。人力资源部门对员工组成的"绿色行动小组"的支持,可以换来电力、水力、办公用等消耗品使用量的下降,最终为企业降低运营成本做出贡献。在企业节能环保的同时,员工也可以从亲身参与保护地球的活动中获得更多满足感。

11.6.4 离职

人力资源部门的另一项职责是处理员工离职。负责任并且可持续的管理原则可以确保由于企业重组或规模缩减造成的裁员得到妥善处理。一旦企业不得不裁员,人力资源部门有责任尽力减少由员工离职带来的负面影响。离职是指管理员工离开企业的流程。责任人力资源管理要求企业的人力资源政策与程序尽量给离职人员一个最好的结局。这是出于以下多方面因素的考虑:

(1)前员工既可以维护也可以损害企业的名誉。将他们视为维护未来关系的使者并确保离职过程尽可能正面积极,可以降低企业名誉遭受侵害的风险。

(2)企业有可能在未来变革的时候重新聘用与其保持良好关系的前员工。相比新员工,前员工在企业文化熟悉程度和本企业工作经验方面有明显的优势,因此其入职适应期会显著缩短。当然重新雇用只可能发生在与企业保持良好关系的员工身上。

(3)在职员工的数量一般总是大于离职员工。对于在职人员来说,离职员工经历的过程犹如自己未来的预演,因此在职人员期望企业公平、公正、积极地处理离职事宜。否则,在职人员的士气与工作积极性将受到很大打击,进而影响企业的正常经营。

(4)帮助离职员工再就业,或者帮助提前退休的员工度过适应期也可视为企业做出的社会贡献,这样前员工就能重新成为对社会有用的一员。

离职程序中通常还包括了员工援助项目、帮助离职员工更新简历、提升面试技巧、申请职位、解决过渡期个人财务问题、缓解压力等,目的是使离职员工尽快在就业市场中找到自己的位置。

现实中的离职程序

美国江森自控有限公司(Johnson Controls)在其2011年的可持续发展报告中通报了公司自动控制业务部门当年不得不经历的几次产生了很大社会影响的裁员事件。公司通过以下方式尽量减少裁员带来的负面影响:

- 通过减少员工工作周数尽可能保留职位。
- 减少公司的变动成本。
- 实施自愿离职计划。
- 分发遣散费。
- 开展离职员工援助项目,促进再就业。
- 公司内部安置转岗员工。

资料来源:Johnson Controls, Inc. (2011). *Sustainability Report*.

11.7 第四阶段：薪酬福利与员工健康

"研究表明员工在工作与生活上的满意度与幸福感可以同人力资源部门的职能挂钩，交汇点是建立伙伴关系或者制定双赢策略。"[33]

人力资源管理的第四项重要职能是薪酬福利管理。薪酬福利通常被定义为企业给予员工工作绩效的报酬。

薪酬福利可以以货币方式或非货币方式发放。货币方式包括工资、奖金、佣金等。非工资性收入包括医疗保险、病假、年假、育儿补贴等。长期职工福利包括养老金计划、股票期权、职工持股或者企业分红，即公司将一定比例的利润以现金或者递延奖金的方式发放给员工。一家企业的薪酬福利水平体现了其对可持续发展的理解，因为薪酬福利与员工的健康与幸福有着密切的关系并会产生巨大的社会影响。

大多数企业的薪酬体系都包括了基本工资、短期激励计划、长期激励计划，以及福利。毕马威会计事务所（KPMG）的激励计划包含了股票期权，其目的是"鼓励团队合作与团队成功，激励员工取得优异的绩效，建立高度忠诚度"。[34] 公司开展的"融入项目"（involve program）以及"密不可分项目"（community matters program）鼓励员工参与责任企业做出社会贡献。公司为全职员工提供具有可持续性的薪酬福利，其中包括合并在一起的基本工资、奖金及上一年度绩效奖励、医疗保险、牙科保险、常规退休金，以及退休福利。

11.7.1 建立薪酬福利体系的原则

Cohen[35] 强调了任何薪酬体系都必须遵循的两条基本原则：公平与公正。基于这两条原则，她提出了放之四海而皆准的责任薪酬体系八项主张。[36]

（1）薪酬必须合法合规。如果供应链涉及的国家法律有差异，公司必须以更加严格更高标准的法律为依据。耐克公司（Nike）印度尼西亚的代工厂当年虽然遵循了当地的最低工资和不雇用童工的规定，但是公司在车间空气质量、工人最低年龄和加班工资等方面没有参照更加严格的美国本土标准。公司以"我们自己不生产运动鞋"为由，规避供应链上存在的问题。

（2）薪酬必须公平、公正，不得以性别或其他因素歧视员工。具有相同经验与技能的员工应该同工同酬。企业内部的表彰奖励也应当坚持公平原则。只有在政策明晰、操作规范的情况下，员工才会感到满意，从而增进对企业的忠诚度。

（3）薪酬必须以人为本，应当高于政府制定的最低工资及福利标准。《财富》杂志发布的2012年全美最佳企业排名前100的公司都有各自独特的薪酬福利体系。其中，排名第一的谷歌公司（Google）为员工提供地掷球场、保龄球馆和大约25个免费餐厅。[37]

（4）薪酬必须能够激发主人翁精神。企业应当把员工视为合伙人，共同为事业而奋斗。股票期权、职工持股或是企业分红都能激发员工的主人翁精神，提高工作积极性，并提升工作效率。诺华制药有限公司（Novartis）允许某些员工"将年终奖换成带融资交易的股份储蓄计划"。[38] Gollan[39] 指出与员工分享股份的企业通常会建立更多联合咨询委员会和更高质量的雇员群体，同时企业也会向员工披露更多公司层面的信息。

（5）薪酬必须具有吸引力。具有竞争力的工资能够帮助企业招募到有实力的人才。三星集团

（SAMSUNG）以极具竞争力的薪酬和优厚的福利待遇吸引求职者，保持企业在行业中的领先地位。

（6）薪酬必须具有灵活性，充分考虑员工的个人情况。员工各自的财务状况、健康状况、教育需求不尽相同，因此企业有必要允许员工选择适合自己的薪酬福利。人力资源部门有必要为每位员工提供专业的咨询服务。Baeten[40]在研究了薪酬福利体系集中式与分散式管理的差异之后指出，集中式管理有助于严格按照程序发放薪酬福利，而分散式管理有助于长效的员工激励。总之，企业有必要考虑员工的个人需求。

（7）薪酬的调整必须积极主动。企业每年有必要根据生活成本的上升，主动调高员工薪酬，并确保各种保险金的个人支付部分与员工薪酬的比例不会过大。雀巢公司（Nestlé）在其《员工关系政策》中指出公司通过"人力资源部门下属的机构"积极主动地增强与内外部利益相关者之间的关系。[41]

（8）薪酬计划必须透明。你认为一家不愿公开薪酬福利计划的企业还会是责任企业吗？你介意企业"雪藏"薪酬计划吗？薪酬计划在企业内部应该透明到何种程度？对于这些问题的看法，仁者见仁，智者见智。在许多国家，法律规定了诸如政府机关、科研院所等事业单位关于薪酬福利的透明度。在多数企业，薪酬计划的透明程度通常由人力资源部门在综合分析了利弊后做出决定。

11.7.2 最低生活工资

在我们这个时代，"穷忙族"现象越来越普遍。2010年1月的数据显示，在欧盟国家有8%的就业人口的收入在贫困线以下。辛勤劳作但食不果腹的现象应该引起所有商界领袖，特别是人力资源部门领导们的重视。

可持续发展的理念推动了最低生活工资制度，即满足最基本需求所对应的全职员工最低小时工资。这些最基本需求包括吃、穿、住、行、用，以及医疗与教育。最低生活工资虽然存在地区差异，但通常总是高于当地法定的最低工资标准。责任企业深知如果企业支付的工资无法保证员工过上体面、稳定、健康的生活，社会的根基就会动摇，企业生存环境就会恶化。获得合理报酬的雇员将工作得更加投入、更加高效、更加安心。这些积极的作用有助于降低企业的成本，因此，支付最低生活工资完全可以为企业带来可观的回报。人力资源部门有责任在企业内部带头倡导能使各方长期获益的责任薪酬福利举措。

11.7.3 员工健康

对员工身心健康的关心不足会带来严重后果。近年来企业员工自杀事件时有发生，并引发了各方关注，比如在法国电信公司（French Telecom）已发生了46起，而在为苹果公司代工的富士康公司（Foxconn），仅在2010年就发生了9起员工自杀事件。[42]越来越大的工作压力，越来越紧的工期，对员工个人状况不闻不问的工作环境都是引发此类恶性事件的因素。

相反，如果企业关注员工的身心健康则会使劳资双方受益。联合利华公司（Unilever）[43]的全球健康与生产力总监Dean Patterson指出，公司在员工身心健康方面的投入不仅提升了员工的健康水平，而且使企业获得了3.73∶1的投资回报。也就是说，企业每投入1英镑，就能得到将近4英镑的回报，因为公司的医疗支出减少了，而生产效率有了提高。如此瞩目的成绩必然能够推动人力资源经理们注重可持续发展并实践责任管理。公司应当关心员工的工作与生活的平衡问题，比如弹性工作时间、居家办公、幼儿日托，以及其他保障。在员工身心健康发面的投入带来的回报可以体现在病假的减少、医疗费用的减少、更高的工作效率、更长的服务年限等方面。

11.8　第五阶段：员工关系与沟通

"能够满足员工需求的企业不仅成功的概率更大,而且更重要的是,他们是在做对的事情。"[44]

员工关系通常指企业对待员工自由结社并组织工会的态度,涉及所有通过工会共同维护利益的员工。工会代表所有会员与资方进行集体谈判,维护会员的权益。劳资双方的沟通协调最终成就了劳资关系。行业公会是指同一个行业共同维护员工利益的组织。

在当今世界,工会组织普遍存在于各行各业,并受到当地法律的保护。因此,人力资源部门的员工一定要熟悉相关的法律条款,并投入大量时间与精力处理好劳资关系。雀巢公司(Nestlé)甚至为此下达了相关文件,表明公司高度重视员工关系,坚决拥护《联合国全球契约》关于保护员工权利的指导方针。[45]

国际劳工组织于1998年发布的《关于工作中的基本原则和权利宣言》[46],以及1949年通过的《组织权利和集体谈判权利原则的实施公约》都肯定了员工集体谈判的权利。负责任的、可持续发展的企业必然认可员工组织对于企业发展的积极意义,尊重员工代表,并与其通过公平、公正的方式展开谈判。然而,现实情况并非如此。

彪马公司(PUMA)与全球劳资关系

2012年2月,彪马公司(PUMA)供应商之一的柬埔寨高伟体育用品公司(Kaowei)员工在参加自发组织的抗议过低报酬的罢工活动中遭遇了枪击。柬埔寨制造业工会派人调查了事件的详情。据英国《卫报》报道,事后当地工人组建了"工人法庭"和行业工会,以期改善工作环境。此举对于在该地区运营的所有公司都产生了不小的影响。总部设在德国赫佐格奥拉赫的彪马公司应该如何处理此类跨国的劳资关系呢?

资料来源:PUMA Cambodia. (2012). http://safe.puma.com/us/en/wp-content/uploads/2012_02_21_PUMA_Statement_Cambodia.pdf.

11.8.1　瓦解工会

虽然有公约和宣言认可员工结社和集体谈判的权利,但是还是有不少企业想方设法地规避这些约束。这些企业的管理层将工会视为企业运营的绊脚石和雇员工资的推进器。在某些情况下,管理层的这种观点也不无道理,但从总体上而言,一旦使用得当,集体谈判可以促进而不是阻碍企业的发展。人力资源部门有确保企业的相关政策守法合规的职责,避免企业以任何形式践踏员工权利,比如瓦解工会。人力资源部门应该以积极乐观的态度处理劳资关系,尊重职工代表并与其建立建设性的关系,确保企业稳定的运营,保护企业声誉,协调员工诉求与企业目标之间的关系。

11.8.2 员工沟通

企业的内部沟通以往常常是单向的,即管理层将信息传递给员工,让他们更好地完成工作。如今,员工渴望成为企业的一分子,因此员工沟通应当从单向传递转变为双向对话。这样有助于员工更主动地投身工作,提出合理化建议,提升自我价值感,提高工作积极性,更加正面积极地评价企业。有效的融入式双向沟通可以使员工成为企业的拥护者,可持续战略的拥护者。企业加大责任管理的宣传力度,该理念就能更加深入地植根于企业文化并取得成效。

> **责任管理实践**
> **行动起来:德国电信(T-Mobile)**
>
> 德国电信公司(Deutsche Telekom)在美国的子公司(T-Mobile)曾经由于瓦解工会而使公司声誉受损。虽然德国电信公司在德国本土严格遵循本国法律规定(德国实施严厉的法律条款保护员工权利),但是其在美国的子公司却因为管理层阻挠工会的举动饱受公众诟病。旧金山州立大学于2009年公开发布了针对德国电信的尖锐批评。随后,国际工会联合会(ITUC)开展了声势浩大的宣传攻势敦促德国电信改变其在美国的行径。在网络上甚至出现了一个专门呼吁德国电信在美国认可员工自由结社权利的网站。2010年国际工会联盟(Global Union Alliance)联合经济合作与发展组织(OECD)公开投诉德国电信在美国与马其顿违反经合组织关于跨国企业的指导方针,阻挠工会的举动。
>
> 虽然很难量化这些指责给德国电信带来的声誉损失,但是可以推测当地员工的工作积极性受到了打击,员工缺勤和人员流失率有所上升。公司的人力资源部门有必要在确保公司的做法合法合规的同时,努力修复内外部关系。或许这是一个证明责任人力资源管理可以促进企业发展的良好契机。
>
> 资料来源:Logan, J. (2009). *Lowering the bar or setting the standards? Deutsche Telekom's U. S. labor practices*: Washington, DC: American Rights at Work Education Fund; ITUC. (2012). *We expect better*. www.weexpectbetter.org/; ITUC. (2011, July 12). *Global union Alliance files OECD complaint against Deutsche Telekom for union-busting*. www.ituc-csi.org/global-union-alliance-files-oecd.html? lang = en.

如今随着通信方式变得越来越便捷,信息的透明度变得越来越高,因此员工有众多了解企业可持续发展状况的途径。企业管理者应该顺应时代,鼓励员工的参与。全球每年有成千上万的企业以发布可持续报告的形式公布其可持续发展情况。责任企业的人力资源经理们应当通过开放式的、经常性的双向沟通鼓励员工参与报告的制定。

> **先锋人物专访 利兹·摩尔(Liz Maw)**
>
> Net Impact是一个由学生和专业人士组成的大型人才库。该公司有"超过3万名创新人才正通过不断努力,试图解决世界上最棘手的问题"。利兹·摩尔是公司的首席执行官(CEO),引领公司积极地致力于推进企业社会责任工作,并创造有影响力的职业岗位。

你认为像你们雇员这样的商学院学生和年轻的从业人员在商业、经济系统向可持续性发展的过程中扮演了什么样的角色？

普华永道（PWC）在 2012 年面向首席执行官的调查显示，招募和留住人才是全世界的首席执行官最为关心的问题。首席执行官们也都很清楚让有用的人才在公司的重要事务上发挥才能对于公司的发展和市场领先起到了很大的作用。

年轻的从业人员和毕业生非常希望能在社会和环境问题上干出一番事业。而净影响力公司这个非营利性的全球组织，授予了新一代领导者们权利，让他们能为社会和环境带来积极的转变。在这里，我们和许多想得到一份有意义、有影响力、有商业价值的工作的年轻人一起共事。这些年轻人有机会展现自己的价值，同时激励他们的同事、经理乃至主管为工作带来更多的可持续性和责任心。虽然他们的经验不及他们的同事和上司，但他们能引起领导的关注。他们就像是传输发展和价值的管道，扮演着一个非常有力而重要的角色。

你认为通常的大学，特别是商学院，应该帮助学生们为责任管理方面的工作做准备吗？如果需要的话，哪些技能是必不可少的呢？目前大学在这方面做得怎样？

在过去的十多年里，商学院已经增设了大量与商业和社会有关的选修课，比如社会创业、影响力投资和商业伦理。这些课程为学生们提供了相当数量与责任管理有关的知识基础，但在核心课程和必修课程中，涉及这些主题的内容依然有待增加。

许多一流的 MBA 组织想要改变这个现状。他们试着将可持续发展案例引入核心课程，并邀请客座讲师来进行责任管理方面的演讲。我们近期做的一个针对管理类研究生课程的调研显示，有半数以上的专业会在核心课中会讨论有关社会和环境的话题。

Net Impact 和世界环境中心合作发布了《变化世界中的商业技能》。在这个研究中我们列出了一些世界500 强企业的领导人认为对 MBA 毕业生来说至关重要的能力。有一部分能力被我们称为"由内而外"的能力。它们指的是一些日常商业管理中技术方面或者行为方面的技巧。这些技巧能让员工们从可持续的角度出发来做出负责任的决定。另外，被采访的领导人也提到，我们需要一些"由外而内"的能力来帮助员工理解并处理那些能重塑公司商业战略的外界现实因素。最后，能影响变革的"内外兼顾"的能力也很重要，它们能让员工运用系统思维，与利益相关者沟通并管理社会交互和人际关系。

责任管理行业目前有没有得到发展？你有什么建议给到那些对责任管理工作感兴趣的同学吗？

这个领域里的一些领军人物正在讨论将公司责任管理职位"专业化"。这些职位已经有机地结合在了许多公司里，随着对它们的需求变得更加复杂化，一部分人认为这个领域将会在更加正规的训练和标准下受益。企业责任或责任管理已经融入了许多职业岗位。比如说，负责供给链的人员需要越来越精通如何选择优质供应链，还有运营人员也得学习一些能源效率的知识。

这两种趋势给那些对责任管理充满热情的学生带来了机会。他们可以和企业社会责任工作者一起进入一个更加明确细分的"行业"，同时也可以在各种主业中选择从事可持续发展相关工作。最为重要的是，学生们要确保他们所工作的公司的的确确走在一条全面的、综合的可持续发展道路上，也就是说这些公司会让所有阶层的员工都参与到责任管理当中去。在这种正确的、开放的公司文化中，所有员工都能为公司的责任管理工作做出有意义的贡献。

Net Impact 为学生们提供了一些资源，让他们能找到并且胜任一个重要职务。我们的职业中心、学生竞赛、学生分会、研讨会都是为了帮助同学们的求职而设计的。如果你们想要更多信息欢迎给我们发邮件（info@netimpact.org）。

企业责任方面的话题在企业品牌建设中扮演了一个什么样的角色？毕业生们会主动应聘那些责任企业吗？

我们公司最近发布的一个研究显示，将近一半的受访学生表示，他们宁可少拿一些工资也要在一个对社会或环境做出更大贡献的公司工作。十年前，大多数校园招聘者对公司优先考虑可持续发展的事项知之甚少。现在，由于学生们的问询和兴趣，大多数的招聘者能轻松地说出自己公司首要的企业社会责任。

践行者速写　依连卡·古兹曼（Erika Guzman）

就职企业：

Innovation S. A. 是一家位于墨西哥圣路易斯波托西的食品包装有限公司。公司拥有质量优异的工艺流程和行业领先的灭菌技术。该公司提供完善的代工包

第 11 章　人力资源:责任人力资源管理　317

装服务,包括多件包装和特殊包装等方案。

职位描述:
人力资源总监

教育背景:
墨西哥蒙特雷科技大学企业管理学士学位,专攻人力资源;拥有沟通和组织发展文凭,以及公司社会责任文凭。

实际工作:
您的主要职责是什么?

我主要的职责是构建企业文化,并让员工尊崇企业的哲学思想体系。为此我会协调企业团队完成以下工作:

● 招募、筛选和录用
● 职业培训和技能发展
● 劳资关系
● 劳动补偿和员工福利
● 绩效管理
● 高绩效团队
● 专注于社会和家庭方面的集体活动

您每天工作的典型事务有哪些?

工作都是不固定的。人事管理是一个服务性质的工作,而我们的职责就主要是满足服务需求。"典型"的一天会有这些主要工作:

● 招募、筛选和录用:比起知识来说,我们更看重态度;也就是说,我们选择的员工,其个人原则不能与我们公司的原则相违背。有这样一句话:"员工怎样,公司就怎样。"
● 员工的职业培训和发展:发展永无止境,我们将不遗余力。"我们训练不到位,员工工作就不到位。"
● 管理高绩效团队:有的团队注重工作成果、共同利益和持续改进。我们和这些团队一起积极沟通,不断努力。

可持续发展、责任和伦理在您的工作中扮演什么角色?

它们构建出了一个明确的、包含先进的价值观和原则的商业哲学体系,也对整个公司中的交流沟通有很大帮助:

● 在生活质量方面:拥有优质的硬件设备、安全的工作环境和面向员工及其家属的健康活动。
● 一视同仁地落实公平招聘;推进团队工作,长期培训和集体化活动。
● 坚持在企业价值链中推广我们的道德准则:从公平竞争(诚信市场经营和公开透明操作)到尊重人权和遵守客户、员工、审计人员等的保密协议。
● 我们和社区关系密切:我们重视产品的安全和营养,创造安全稳定的工作,支持社会福利工作和慈善事业。
● 公司与环境的关系:我们严格遵从国内外的准则,控制排放,回收所有主要废弃物。

在本章内容涉及的话题中,哪些理念与你的工作最紧密相关呢?它们具体和你的工作有什么关联?(为什么?)

现在,在我们落实负责的人力资源管理的过程中,我们重视一切与多样性和包容性有关的理念。

自成立以来,Innovation S. A. 一直以给员工和社区带来福利为自己的目标;而这其实也是我们的使命之一。我们有机会招收有着不同能力、年龄、社会地位、生活背景等因素的员工,这也是我们的最大优势之一。正式聘用残障人士就是我们今年的一个挑战。

经验分享
您会给您的同行什么样的建议?

如果你想让社会责任成为公司文化的一部分,那么企业高层领导的支持是至关重要的。把企业的价值观推广给所有的利益相关者,"见他人未见之事"。要拥有不断协调的能力,推进公开透明工作和各阶层、各方向间的沟通交流。我们工作的基础和重心是提供服务,这一点必须时刻牢记。永远不要停止学习和成长。要充满热情,为人正直。

您工作中的主要挑战是什么?

● 认可员工的品格、能力、需求、兴趣和动机,与他们交流并据此调整公司的活动和政策。
● 帮助公司员工们融入企业,让他们对自己从事的工作满意并一直保持下去。
● 自上而下地推进企业转型。这需要大量的时间、准备工作、清醒的认识和远见。这样才能让那些变革被接受并保持下去。

您还有什么其他的想法和我们分享?

我们要记住,员工的发展是企业的最终目的,而不是实现企业发展的手段,公司应该做到最大限度的人文关怀。只有通过整个公司所有人员的共同合作、负责才能够实现预期的目标。

最为根本的是,我们要将尊重他人作为自己的基本原则:决不欺诈或蒙骗别人;决不利用别人——无论是社区、顾客,还是供应商或公司的员工,都不能利用。尊重别人是一个看上去很简单却被很多企业忽视的问题。而成功的企业往往会将它放在第一位。

思考题

1 归纳与整理

1.1 解释责任企业人力资源管理与责任管理的协同效应。

1.2 解释下列术语,并指出彼此间的相互关联:就业能力、离职、核心竞争力、技能与态度。

1.3 解释员工入职引导过程的各个步骤以及相互关系。

2 应用与体验

2.1 采访一位职场人士,询问其就职单位人力资源部门的工作状况,并请对方就单位履行各项责任的情况做出评价。询问对方有哪些方面可以改进。

2.2 了解巴西企业 SEMCO 与美国企业 SAS 软件公司的人力资源部门的工作状况。你认为这两家公司有真正落实责任人力资源管理吗?哪家公司的人力资源工作更注重责任?

2.3 简要描述人力资源管理的五项核心职能。针对每项职能搜索两个真实的案例,一个反映责任人力资源管理,而另一个反映不负责任的人力资源管理。

3 分析与讨论

3.1 指出表 11.1 归纳的责任人力资源管理四种范式的差异。一个实践责任管理的组织应该同时遵循这四种范式还是遵循其中之一?

3.2 选择任何一家企业的可持续发展报告,指出与下列至少任意两项职能匹配的案例:志愿者活动、绿色团队、可持续发展与伦理培训、员工可持续发展目标,以及多样化管理。

3.3 讨论责任人力资源管理实践对于母公司、发达国家的境外供应商、发展中国家的境外供应商、大型企业、中型企业、小型企业是否都必须遵循同样的标准,还是可以"因地制宜,因人而异"?

4 改变与创造

4.1 基于针对问题 3.2 的分析,提出一项责任人力资源管理的改进意见。根据可持续发展报告上的邮件地址,把改进意见发给对方。

参考文献

1. WBCSD, www.wbcsd.org/web/publications/hr.pdf
2. WBCSD, www.wbcsd.org/web/publications/hr.pdf
3. Gond, J. P., Igalens, J., Swaen, V., & El Akremi, A. (2011). The human resources contribution to responsible leadership: An exploration of the CSR-HR interface. *Journal of Business Ethics*, 98(1), 115–132, p. 128.
4. Garavan, T. N., & McGuire, D. (2010). Human resource development and society: Human resource development's role in embedding corporate social responsibility, ethics, and sustainability in organizations. *Advances in Developing Human Resources*, 12(10), 487–507, p. 487.
5. Fuentes-García, F. J., Núñez-Tabales, J. M., & Veroz-Herradón, R. (2008). Applicability of corporate social responsibility to human resources management: Perspective from Spain. *Journal of Business Ethics*, 82(1), 27–44, p. 29.
6. Society for Human Resource Management (SHRM). (2012). *HR terms*. Retrieved July 17, 2012, from: www.shrm.org/TemplatesTools/Glossaries/HRTerms/Pages/h.aspx
7. Society for Human Resources Management (SHRM). (2008). HR's evolving role in organizations and its impact on business strategy. Retrieved October 2012 from: http://www.shrm.org/research/surveyfindings/documents/hr's%20evolving%20role%20in%20organizations.pdf
8. Adapted from Ehnert. (2011). *Sustainability and HRM: A model and suggestions for future research*, section 3: Employment relations and the society. In A. Wilkinson & K. Townsend, *The future of employment relations*. Basingstoke: Palgrave.
9. Gond, J. P., Igalens, J., Swaen, V., & El Akremi, A. (2011). The human resources contribution to responsible leadership: An exploration of the CSR–HR interface. *Journal of Business Ethics*, 98, 115–132.
10. Society for Human Resources Management (SHRM). (2008). HR's evolving role in organizations and its impact on business strategy. Retrieved October 2012 from: http://www.shrm.org/research/surveyfindings/documents/hr's%20evolving%20role%20in%20organizations.pdf
11. Bhattacharya, C. B., Sen, S., & Korschun, D. (2012). Using corporate social responsibility to win the war for talent. *MIT Sloan Management Review*, 49, p. 7.
12. CareerXroads. (2010). *Sources of hire study*. www.careerxroads.com/news/SourcesOfHire10.pdf
13. Quoted from p. 1 of the following document: www.shrm.org/about/foundation/products/documents/csr%20exec%20briefing-%20final.pdf
14. Ivancevich, J. M. (2003). *Human resource management*, 9th international ed. (p. 394). New York: McGraw-Hill/Irwin.
15. Ivancevich, J. M. (2003). *Human resource management*, 9th international ed. New York: McGraw-Hill/Irwin.
16. Jablin, F. (1987). Organizational entry, assimilation, and exit. In F. Jablin, L. Putnam, K. Roberts, & L. Porter (eds.), *Handbook of organizational communication* (pp. 679–740). Newbury Park, CA: Sage.
17. Intercontinental Hotel Group. (2012). *Local economic opportunity through the IHG Academy programme*.

Retrieved June 12, 2012, from: www.ihgplc.com/index.asp?pageid=754
18. Miller, K. (2009). *Organizational communication: Approaches and processes*, 5th ed. Boston: Wadsworth Cengage Learning.
19. Cohen, E. (2010). *CSR for HR: A necessary partnership for advancing responsible business practices* (p. 250). Sheffield, UK: Greenleaf.
20. Cohen, E. (2010). *CSR for HR: A necessary partnership for advancing responsible business practices*. Sheffield, UK: Greenleaf.
21. Cohen, E. (2010). *CSR for HR: A necessary partnership for advancing responsible business practices*. Sheffield, UK: Greenleaf.
22. Cohen, E. (2010). *CSR for HR: A necessary partnership for advancing responsible business practices*. Sheffield, UK: Greenleaf.
23. Cohen, E. (2010). *CSR for HR: A necessary partnership for advancing responsible business practices* (p. 75). Sheffield, UK: Greenleaf.
24. DJSI Westpac Banking. (2011). http://www.westpac.com.au/
25. Cohen, E. (2010). *CSR for HR: A necessary partnership for advancing responsible business practices*. Sheffield, UK: Greenleaf.
26. Cohen, E. (2010). *CSR for HR: A necessary partnership for advancing responsible business practices* (p. 126). Sheffield, UK: Greenleaf.
27. Cohen, E. (2010). *CSR for HR: A necessary partnership for advancing responsible business practices*. Sheffield, UK: Greenleaf.
28. Ali, I., Rehman, K. U., Ali, S. I., Yousaf, J., & Zia, M. (2010). Corporate social responsibility influences employee commitment and organizational performance. *African Journal of Business Management*, 4(12), 2796–2801, p. 2796.
29. Ivancevich, J. M. (2003). *Human resource management*, 9th international ed. New York: McGraw-Hill/Irwin.
30. Ivancevich, J. M. (2003). *Human resource management*, 9th international ed. (p. 255). New York: McGraw-Hill/Irwin.
31. Kaplan, R. S., & Norton, D. P. (1996, January–February). Using the balanced scorecard as a strategic management system. *Harvard Business Review*, 74(1), 75–85.
32. This paper can be downloaded from the Institute's website: www.balancedscorecard.org/
33. Guest, D. (2002). Human resource management, corporate performance and employee wellbeing: Building the worker into HRM. *Journal of Industrial Relations*, 44(3), 335–358, p. 355.
34. KPMG. (2012). *HR systems incentive schemes*. www.kpmg.com/cy/en/whatwedo/advisory/performancetechnology/peopleandchange/pages/hrsystems.aspx
35. Cohen, E. (2010). *CSR for HR: A necessary partnership for advancing responsible business practices*. Sheffield, UK: Greenleaf.
36. Cohen, E. (2010). *CSR for HR: A necessary partnership for advancing responsible business practices* (p. 90). Sheffield, UK: Greenleaf.
37. Fortune. (2012). *100 best companies to work for*. http://money.cnn.com/magazines/fortune/best-companies/
38. Novartis Corporation. (2012). *Compensation and benefits: Talented teams, performance-based compensation*. http://www.novartis.com/
39. Gollan, P. J. (2005). High involvement management and human resource sustainability: The challenges and opportunities. *Asia Pacific Journal of Human Resources*, 43(1), 18–33.
40. Baeten, X. (2010). Global compensation and benefits management: The need for communication and coordination. *Compensation & Benefits Review*, 42(5), 392–402.
41. Nestlé. (2010). *The Nestlé employee relations policy*. Retrieved June 30, 2012, from: www.nestle.com/Common/NestleDocuments/Documents/Library/Documents/People/Employee-relations-policy-EN.pdf
42. Foremski, T. (2010, May 26). *Suicides at France Telecom are 5 times higher than at Foxconn—The human cost of cheap bandwidth and gadgets?* Retrieved December 26, 2012, from *Silicon Valley Watcher*: www.siliconvalleywatcher.com/mt/archives/2010/05/46_suicides_at.php
43. HCA Online. (2010, May 18). *Unilever gets down to business with health*. http://www.hcamag.com/
44. Karnes, R. E. (2009). A change in business ethics: The impact on employer–employee relations. *Journal of Business Ethics*, 87(2), 189–197, p. 189.
45. Nestlé. (2010). *The Nestlé corporate business principles*. Retrieved June 30, 2012, from: www.nestle.com/Common/NestleDocuments/Documents/Library/Documents/Corporate_Governance/Corporate-Business-Principles-EN.pdf
46. ILO. (2012). *About the declaration*. Retrieved December 22, 2012, from International Labour Organization: http://www.ilo.org/

第 12 章　营销沟通：建立商誉

> **学习目标**
> - 在企业的利益相关者中建立良好的商誉
> - 有效宣传并推广公司在责任管理领域所采取的各项措施
> - 开发并使用一整套营销沟通工具

引言

沟通是关键：90%的受访消费者希望企业透露对公益事业的资助情况，而有将近三分之二（61%）的受访者认为企业提供的信息量不足。[1]

善因形成差异化：79%的美国人表示在价格与质量等同的情况下，他们愿意选择资助公益事业的企业的产品。[2]

责任管理实践
耐克的营销沟通与责任管理

耐克是一家以践行企业社会责任著称的企业，享有很高的责任管理声望。然而，在20世纪90年代，公司由于外包供应商的缘故遭遇了企业形象的"滑铁卢"。人们普遍认为，耐克当时忽视了亚洲血汗工厂的存在，没有坚持让生产商保障员工的权利。那么，公司是如何扭转败局，从"不负责任"企业转变为企业社会责任领导者的呢？答案在于沟通，即向利益相关者沟通企业经营战略的变化。双向沟通才能使交流过程变得完整，并将经济、社会、环境绩效融为一体。

耐克的创始人暨首席执行官 Phil Knight 于 1972 年在教书之余创立了公司。Knight 是一位长跑爱好者,所以决心开一家自己的运动鞋公司,并以希腊神话中的一位长了翅膀的女神命名自己品牌。这家以"烟斗"为商标的鞋类企业在20世纪90年代取得了举世瞩目的两位数增速。华尔街甚至把耐克作为商业实践的典范。公司成功的秘诀在于其经营模式:耐克公司只负责设计与营销,本身不生产运动鞋,而所有制鞋工作都外包给分布于世界各地的供应商。

然而这个给企业带来竞争优势的成功模式反戈一击。到了90年代末,媒体、非政府组织、人权活动家等集中发出了"可能是史上最密集的批评声音"。人们指责耐克公司违反了未成年人保护法以及劳动法,因为其位于印度尼西亚的供应商雇佣童工,并要求工人在不安全的工作环境中长时间加班。公司股价在1998年跳水,因此利益相关者要求公司彻底整改。

耐克加强了宣传沟通的力度,力争做到言行一致。因为危机公关的难度在于,如果说得多做得少,外界会指责其"粉饰太平";如果做得多,说得少,外界又无从知晓公司的努力。

耐克在危机公关中使用了多种沟通工具。公司在官网上发布了多项行为规范,涉及企业管理、环境影响、工作场所的安全健康保障、员工福祉等内容。公司革新了供应链管理,使之符合GRI的标准。成功的沟通帮助企业重新树立了积极的形象,为后来逐步成为企业社会责任的领导者打下了坚实的基础。

资料来源:Schwarze, S. (2003). Corporate-state irresponsibility, critical publicity, and asbestos exposure in Libby, Montana. *Management Communication Quarterly*, 16(4), 625; Waller, R., & Conaway, R. N. (2011). Framing and counterframing the issue of corporate social responsibility: The communication strategies of Nikebiz. com. *Journal of Business Communication*, 48(1), 83-106, p. 85.

12.1 营销沟通与责任管理

"从市场营销到广告投放,从公司宣传到提升品牌知名度,成功的沟通模式中少不了可持续发展这条重要信息。"[3]

有效的营销沟通可以成就一家企业;反之,遭到"粉饰"指责(夸大环保努力)的公司有可能在短时间内身败名裂。公司在责任管理方面哪怕是很小的疏忽都有可能导致公司市值的大量蒸发。当今,企业的利益相关者们越来越关注企业责任管理带来的实效,并为企业成果做出积极的回应。例如,顾客通过企业的营销活动了解到其对于环保事业的支持之后,愿意承受环保产品相对高昂的价格;求职者在熟悉了企业的愿景、使命、价值观以及道德规范之后,愿意出于个人认同而降低工资要求;投资者通过可持续发展报告了解企业的社会、环境、道德风险管理程序,以及高出平均水平的回报,愿意更多关注企业发展。所有这些例子都是企业与利益相关者建立的良好关系带来的回报。营销沟通是宣传企业的有效途径。如果"言出必行"是为了保护企业名誉不受损害,那么"行出必言"则可以将责任管理的绩效公布于众,并转化成为企业的优势。本章将讨论企业如何实现这两大目标。

图12.1展示了责任营销沟通的整个过程。第一阶段的目的在于通过制定整合营销传播(integrated marketing communication,IMC)的基本流程与规则确保营销沟通的有效性。因此,我们首先讨论有效沟通的过程以及七条基本原则,帮助我们有效传递信息并避免误解。其次,我们关注责任管理可以如何与传统的营销组合(产品、价格、渠道、推广)相结合。第二阶段的主要目的是在了解各种沟通渠道特点的基础上,选择最合适的沟通工具,在利益相关者中建立商誉。第三阶段的重点是通过受众分析了解不同利益相关者各自的特点,并为其量身定制沟通信息。

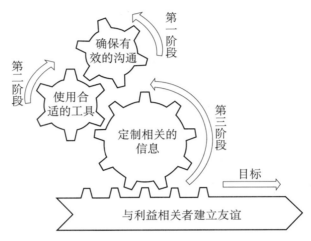

图12.1 责任营销沟通流程

12.2 目标:建立商誉

"与利益相关者建立良好的关系可以帮助公司更轻易地获取战略资源,减少运营与交易成本,提升品牌在市场上的声誉。"[4]

从高度信赖到追加投资,企业与利益相关者之间的商誉(stakeholder goodwill)可以表现在许多方面。然而,无论一家企业有多出色地履行了社会、环境、经济责任,如果不能将此信息传递给利益相关各方,也就无法增进商誉,更无法收获回报。这里要强调的是,履行社会责任是赢得利益相关者尊重的前提条件,否则无从谈起营销沟通或是商誉。耐克的案例事到如今仍然耐人寻味。公司至今依然在努力重塑责任企业的形象。只有通过一段时间的有效沟通,公司才能重获投资者的信任,并见证其股票价格收复危机期间的失地。与利益相关者关系的改善可以体现在产品销量的反弹,以及负面报道的减少。这里我们首先讨论营销沟通的基本原则对于营销沟通以及建立商誉的作用。

需要指出的是,责任企业进行营销传播的最终目的是与利益相关各方建立商誉,而在此之前,有效的营销沟通至少在两个阶段已经发挥了效用。如图12.2所示,首先必须明确传统企业转型成为责任企业的新愿景。愿景的制定必须以民主的方式融合所有利益相关者的广泛参与。其次,在实施转型的过程中争取获得各方支持。最后,企业与利益相关者分享责任企业的成功经验,增进商誉。[5]

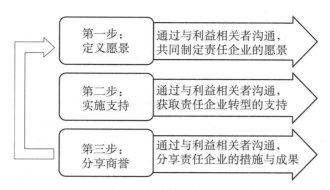

图 12.2 责任企业营销沟通的目标与步骤

资料来源：Conaway, R., &Laasch, O. (2012). *Communication in responsible business*: Strategies, concepts and cases. New York: Business Expert Press.

正如耐克案例所揭示的，在企业改进了流程与做法之后，有必要进行有效的利益相关者沟通，通报整改措施与最新成果。那么，什么是"利益相关者沟通"（stakeholder communication）？有何重要性？有效的利益相关者沟通是一个与利益相关各方持续开展的对话，旨在保持良好关系，并与这些可以影响企业以及受企业影响的团体或个人建立商誉。

12.3 第一阶段：确保有效的整合营销传播

整合营销传播"是一个帮助企业通过最合适、最有效的途径与包括消费者在内的利益相关者沟通并建立商誉的过程"。[6]

整合营销传播（integrated marketing communication, IMC）从本质上来说就是纯粹的利益相关者沟通，涵盖了企业所有的直接或间接的宣传活动。公司全盘考虑涉及企业内外部各个利益相关者的信息传播。这里我们把营销与沟通视为整个营销沟通的两大组成部分。两者都必须建立在营销4P组合以及有效沟通的七项原则基础上。

通过整合营销取得双赢

全球第四大连锁影院 Cinépolis 通过有效的整合营销，不仅让6 000多位失明者重见光明，而且使自己在电影院线的激烈竞争中获得独特的优势。

资料来源：Laasch, O., & Conaway, R. (2011). "Making it do" at the movie theatres: Communicating sustainability in the workplace. *Business Communication Quarterly*, 74(1), 68-78.

连锁影院 Cinépolis 是一个整合营销传播的成功案例。cinépolic 发起了一个"关爱带来光明"的活动，并利用各种营销传播工具宣传这项义举，为低收入家庭的白内障患者筹集手术款项。该项活动融合了利益相关各方，如观众、雇员、政府机构、眼科医师协会等。[7]

12.3.1 有效沟通

沟通犹如保证机器各个部件正常运转的润滑油,贯穿整个企业。沟通是个复杂的过程,特别是牵涉到与责任管理相关的一些敏感话题。如果能够很好地把握这个过程,我们就能提升沟通能力。有效沟通(effective communication)意味着信息被传达并被理解。英国石油公司 2010 年经历的墨西哥湾石油泄漏事件是一个危机沟通的经典案例,包括公众、媒体在内的利益相关者在事故发生之后立即要求公司发布信息。作为一家跨国企业,英国石油公司是如何有效地与各方开展沟通的呢?

沟通过程的第一步(见图 12.3)是指定公司的某位特定人士作为公司发言人,负责信息披露。英国石油公司当时任命的是公司的公共信息官(public information officer,PIO)。这位发言人将信息传递给接收者,即公众、投资者、员工及其他人。信息必须精确透明并以便于目标群体理解的形式发布。所谓信息就是公共信息官沟通交流时所用的文字或符号。信息包含了说话者的语气(暗含的态度)和风格(沟通的方式)。风格是指说话者直接还是间接地披露信息,以正式还是非正式的方式说话,以公众为导向还是以公司为导向。说话者的个人喜好与选择决定了风格,比如被动沉默,还是敢于表达,甚至咄咄逼人?诚恳坦率,还是闪烁其词?有时候信息的接收者更清楚信息发送者的沟通风格,而发送者本人则"不识庐山真面目"。责任管理的沟通风格必须根据信息接收对象的不同特点做出调整。在英国石油公司的案例中,公共信息官针对股东、公众及政府传递的信息与暗含的态度都是截然不同的。

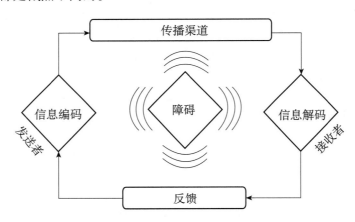

图 12.3　沟通过程

事故发生以后,英国石油公司的发言人通过媒体向公众传递了信息。图 12.4 展示了责任企业使用的各种信息传播渠道。外部沟通包含了媒体关系、电视报道、人物访谈及网络宣传等。同时,内部沟通也在快速运作中。所谓的沟通渠道是指信息传输的物理媒质。"丰富型"信息传播渠道是指当面交流或者视频会议。"贫瘠型"信息传播渠道包括电子邮件、博客、Facebook、Twitter 等网络媒质。由于"贫瘠型"渠道传播信息的方式比较单一,因此信息被误读的概率更高。所以,选择何种渠道传播信息是一项重大决策,通常由信息的重要性、复杂性、时效性等因素决定。

交流双方的选择性感知和误解(selective perception and misinterpretation)有时会干扰有效沟通的正常进行。物理或是心理原因都有可能造成沟通障碍。物理障碍包括环境以及文化因素，而心理障碍包括信息发送者思想不集中或者注意力受到干扰，信息接收者对人对事存在成见等。如果让一位对大型石油公司带有偏见的民众和一位石油公司的股东阅读同一条信息，解读的结果可能截然不同。这些心理障碍影响了信息的编码(encoding)与解码(decoding)过程。信息的编码是指发送者用语言和非语言符号表达自己想法的过程。在当面沟通、视频会议或者录像录音时，发送者会通过眼神、表情、手势等非语言途径增加信息量。信息的解码是指接收者解读文字和符号意义的过程。有效的沟通意味着接收者解读出发送者原原本本的含义，但有时编码的信息与解码的信息并不一致。例如，责任管理的相关理念有时就缺乏各方的共识。对于众多消费者来说"可持续性"仅仅是指环境保护，而对企业管理者来说，"可持续性"包含了社会、环境、经济等众多因素。

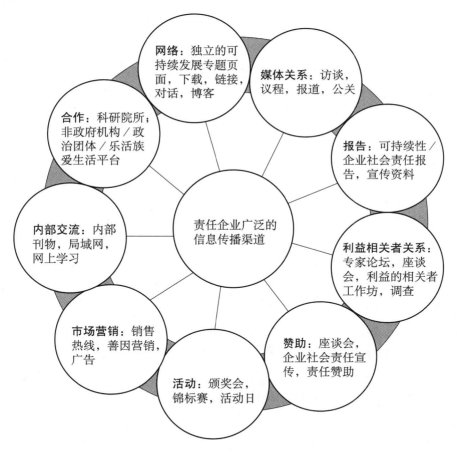

图12.4 责任传播渠道

资料来源：Adapted from Taubken, N., &Leibold, I. (2010). Ten rules for successful CSR communication. In M. Pohl & N. Tolhurst, *Responsible business: How to manage a CSR strategy successfully*. Chichester: Wiley.

信息编码与解码过程的瑕疵在于发送者与接收者的选择性感知。沟通障碍主要来自环境、文化、语言及非语言交际等因素。程度各异的各类抽象名词增加了有效沟通的难度，因此发生沟通

动态复杂性沟通过程　传统的沟通模型用"单向"或者"双向"来区分沟通类型。"单向"是指信息从发送者流向接收者,虽然这种单向直线模式貌似合理,但其缺陷显而易见。"双向"交流增加了信息接收者的反馈环节,因此交流的过程犹如网球比赛,一位球员发球,另一位接球。相比之下,复杂性模型将沟通视为一个动态的、双方互动的过程。这里我们可以先回顾一下图 12.3 的沟通过程,然后将欧盟委员会在 2002 年创立的旨在推动创新性、一体化、透明度的"欧洲利益相关者论坛"作为动态交流模型的案例进行分析。与会者在论坛上以圆桌会议及大会报告等形式陈述各自对责任管理具体做法合理性的认识,随后大会根据听众的反馈并结合利益相关者的意见修正该做法。也就是说,大会最后采纳的提案可能与提案人原本的提议存在很大的差异。这种"构建"信息的过程就体现了动态沟通的特点。

欧盟利益相关者论坛

欧盟利益相关者论坛是个反映动态复杂性沟通可以如何帮助构建信息的绝佳案例。

构思信息内容

有效的沟通需要将信息传递视为动态关联的过程。这里我们将七条经典的沟通原理作为有效责任沟通的基础。[8]我们假定无效的沟通将导致外界对公司"粉饰"的指责,因此为了避免此类指责,公司有必要根据沟通原则实现有效沟通。

我们结合以下案例介绍这些经典的沟通原理。作为加拿大的一家大型食品企业,Maple Leaf 食品公司在 2008 年的危机中开展了有效的沟通。当时该公司在多伦多的肉制品加工厂生产的 200 件产品受到了一种叫 Listeria 的细菌的污染,导致了 20 位消费者死亡。公司的首席执行官选择了公开透明的沟通战略,并根据各个利益相关者的特点做出调整。

第一条,适应听众的需求。每当公司的总裁兼首席执行官 Michael McCain 谈论这场危机的时候,他首先考虑的是适应听众的需求。了解沟通对象的特点是有效沟通的基石。但这并不是指只说对方想听的内容,而是指以对方可以理解的方式传递信息。我们常常从自己的角度出发并试图以最佳的方式展现公司或个人,但事实上我们应当思考几个重要问题:沟通对象的利益出发点是什么?他们对可持续发展持有怎样的态度?听众的数量有多大,符合哪些人口学特征?他们的理解力如何?

第二条,明确沟通的目的。McCain 传递了明确的信息,承认多伦多工厂的食品污染事件,并就此道歉。如果你代表公司就特定的社会事件发布信息,你会说些什么?突出哪些重点?在沟通中聚焦一个主题要比泛泛而谈几个主题来得更加有效。

第三条,阐明信息的内容。使用听众可以理解的语言文字。开诚布公地披露信息,不要隐瞒实情。McCain 使用了"食品污染危机"等几个公众都能理解的字眼,而不是晦涩的医学术语。有些公司的发言人有时候会选择"战略性含糊",即在公司高层做出决策或者危机解除之前故意含糊其辞。除非公司有明确的政策规定,发言人应该做到信息透明直白。

第四条,围绕信息的主题。传递信息的时候千万不要跑题,也不要用过多数据与细节冲淡主题。[9]聚焦一个主题更容易集中听众的注意力,因此比浮光掠影式地漫谈几个主题行之有效。

第五条,传递准确的信息。完整准确的信息对于有效沟通至关重要,因此必须确保事实依据的准确性。否则,讨论社会与环境类的话题容易给人留下研究不够深入以及存在幕后动机的印象。即使准备时间有限,也要确保信息的准确性。当然,信息应该公开透明到何种程度是个永恒的争议性话题。责任管理提倡透明,利益相关者也有此要求,但是如何能够做到信息透明又不泄露企业机密,不让竞争对手复制核心竞争力?因此,第三、第四、第五条原则必须谨慎使用,在保护企业竞争优势的同时最大限度地公开信息。

第六条,建立良好的关系。为不同的利益相关者量身定制相应的信息。明确沟通的对象并称呼他们的头衔与姓名。撰写信息时要从对方角度出发,不要以自己的利益为重。这条原则对于融合对方并与之互动至关重要。这里的建立友好关系与本章主题有所区别。沟通中的友好态度是由企业表达,而通过有效沟通后展现的是利益相关者对于企业的商誉。

第七条,维护组织的诚信。这是最重要的一条原则。可信度与信息量是企业诚信的两大组成部分。听众对企业诚信的感知决定了信息接收的效果,彼此的信任是有效沟通的基础。企业只有长期坚持言行一致才能赢得公众的信任。Body Shop 一直以来都向公众展示正面积极的商业伦理,其诚信度源自于公司长期对社会与环境的贡献以及对动物权利保护的执著。然而公司在 2006 年做出的整体出售给欧莱雅集团的决定引起了公众的哗然,因为欧莱雅曾经因为动物实验以及不妥当的营销活动饱受诟病。[10]利益相关者通常用"粉饰"等字眼表达对企业在承担社会责任方面言行不一的不满。在下一个部分,我们专门讨论如何进行恰如其分地沟通,即如何做到言出必行与"行出必言"。

伦理思考

信誉受损?

假如你是 Body Shop 的高管,秉承着公司的价值观。但公司现在被饱受诟病的欧莱雅集团收购,原有的价值体系面临威胁。你将如何解决这个矛盾?如何与利益相关者沟通重建公司的信誉?

利益相关者对营销沟通的回应:避免粉饰指责

所谓粉饰(greenwashing)是指企业背离了自己宣传的价值观与社会责任,说一套做一套,从而损害了自身的形象与名誉,并破坏了与利益相关者的良好关系。图 12.5(a)用企业营销沟通力度以及实际贡献这两个维度描述了营销沟通可能出现的四种结果[11]:当公司的大肆渲染并夸大其为利益相关者创造的价值的时候,出现粉饰指责无可厚非;当企业为利益相关者创造了大量价值,同时将宣传保持在既高调又合理的程度,营销沟通则处于高调且平衡状态;相反,低调且平衡状态出现在企业没有为利益相关者创造很多价值,也没有大力宣传自己的努力;最后,所谓的"羞涩"的沟通者是指企业做出了很多贡献但始终保持低调姿态。为了避免利益相关者们针对企业的粉饰指责,企业务必先出绩效后造舆论。

利益相关者把企业营销宣传视为粉饰的原因直观地显示在图12.5(b)。同时这张图也融合了我们之前讨论的有效沟通的七条原则。[12]粉饰指责有时并不符合情理,图中"冤枉误会"就是由于企业低效的沟通而造成的利益相关者的误解。

图12.5(b)同样使用了二维坐标,纵轴表示企业为利益相关者创造的价值,横轴表示企业营销沟通的效果。左下角的"粉饰噪声"指企业既没有为利益相关者做出贡献,又没有实施有效的沟通。企业"绿色环保"的承诺仅仅停留在口头,其营销沟通缺乏实质内容,更无法让利益相关者感受到企业的环保努力。左上角"冤枉误会"是指企业为利益相关者做出了贡献,但是由于沟通力度不够,未能让人了解实情。换言之,管理者没有从利益相关者的角度出发为他们量身定制信息,帮助利益相关者更好地了解信息的内容。

图12.5(b)右下角"夸大宣传"是指企业的宣传工作做得很好,但是内容空洞,没有为利益相关者做出实质性的贡献,其营销沟通有误导嫌疑。最后,图右上角显示的"成功沟通"是指企业使利益相关者的价值最大化,同时又能让各方了解自己付出的努力和取得的成绩。达到这个境界虽然有难度,但是企业还是应该以此为目标。之前我们讨论的第五条沟通原则就是帮助我们传递完整、准确的信息,以免被误解、被冤枉。

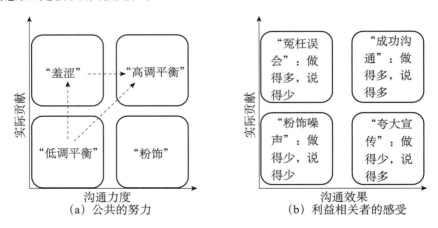

图 12.5　利益相关者价值、沟通效果以及沟通力度

资料来源:(a) Adapted from Taubken, N., & Leibold, I. (2010). Ten rules for successful CSR communication. In M. Pohl & N. Tolhurst, *Responsible business: How to manage a CSR strategy successfully*. Chichester:Wiley; (b) Adapted from Horiuchi, R., et al. (2009). *Understanding and preventing greenwash: A business guide*(p.4). San Francisco:BSR.

12.3.2　责任营销

在本小节中,我们集中讨论市场营销的基本原理,以及如何在责任管理中应用这些营销理念。自20世纪80年代以来,由于互联网等技术的飞速发展以及消费者偏好的转变,市场营销领域经历了翻天覆地的变化。美国市场营销协会(American Marketing Association,AMA)最新的对市场营销的定义是[13]:"市场营销既是一种行为、一套制度,也是创造、传播、传递和交换对消费者、代理商、合作伙伴和全社会有价值的物品的过程。"该定义反映了客户导向,并强调了全社会所有消费者的价值,融入了社会责任的概念。这也就意味着,市场营销的本质是为客户创造价值并与之建立长期关系,其核心是沟通与传播。[14]

伦理营销?

你是否遇到过营销管理过程中的道德困境?市场经理们应当遵循怎样的行为规范?

许多大学的整合营销传播课程在20世纪80、90年代发生了很大的变化。[15]市场营销从诸如促销、公关、销售等各自独立的领域整合为统一的信息传播。以前营销部门里负责不同职能的小组通常会重复编撰同样的信息,尤其是有时营销部门聘用的各个广告宣传机构甚至会向外传递相互矛盾的信息。如今,由广告公司通过媒介购买投放在大众传媒上的广告费用已经不是营销费用的主体,因为公司会选择通过新媒体将统一的信息传播到消费者市场。

责任管理与营销组合

强生公司的首席设计官(chief design officer,CDO)Chris Hacker会同一个来自纽约的设计师团队完成了公司的明星产品邦迪创可贴的外包装改造。新的外包装材料是由国际森林管理委员会(Forest Stewardship Council,FSC)认证的环保产品。制造该产品的90%的原材料来自注重生态的人工种植树木。Hacker指出:"我们兼顾设计的美观性与可持续性……关键是从一开始就把可持续性纳入项目,使之成为整个过程不可或缺的一部分。"[16]

邦迪包装的这个案例能够有效地揭示营销、沟通与责任管理的交集,以及强生公司如何与利益相关者有效沟通,从而将产品、价格、包装和推广融合在一起。图12.6直观显示了营销组合的4P与可持续之间的关系。

产品	价格
● 具有责任意识的产品创新	● 将经济外部性计入产品价格
● 淘汰与责任管理理念不相符合的产品	● 具有责任意识的产品应当优质优价
● 基于责任管理理念的产品差异化	● 根据产品的社会环境影响征税或补贴
渠道	推广
● 产品分销对环境的影响	● 以善因营销为卖点
● 基于责任开发新型销售渠道	● 企业责任管理名声壮大对其产品销售的溢出效应
● 从产品销售到增值服务	● 开创全新市场或者获得市场准入

图12.6 营销组合中的责任管理

所谓的营销组合(marketing mix)指的是产品(或者服务)、渠道、价格和推广(4P)。科特勒(Philip Kotler)[17]提出了第五和第六个"P"(政治以及公关),其他学者提出了第七个"P"(人员)。此外,服务领域的市场营销发展成为一个成熟独立的被称为服务营销(services marketing)的分支。

产品既可以指实物,也可以指服务,如法律咨询、审计、专业干洗、宾馆酒店、汽车保修等,甚至可以指概念。星巴克的首席营销官(chief marketing officer,CMO)Teny Davenport 指出:"星巴克既是个产品,也是个概念,即社区情结及朋友圈交流。顾客和员工都希望了解一个品牌的内涵,他们通常认同与自己的价值观一致的品牌。"[18]

包装与品牌是产品不可或缺的一部分。环保和可降解的包装材质可以提升产品的档次。简化包装既可以降低成本,又可以增加品牌的环保指数。企业推广某个产品的绿色环保理念可以博得消费者对该企业所有产品的好感。

宝马"i"等系列绿色奢侈品

宝马汽车在2013年推出的"i"系列轿车在高端大气的同时也突出了可持续的个人出行理念。

资料来源:AutoblogGreen. (2011, February 11). BMW's new eco sub-brand to be called "i" Retrieved June 19, 2011, from AutoblogGreen: http://green. autoblog. com/2011/02/2i/bmws-new-eco-sub-brand-to-be-called-i/.

通用电气在2011年曾拨款50亿美元启动了一项旨在推动环保和可持续发展的 Ecoimagination 项目。公司的董事长兼首席执行官杰夫·伊梅尔特(Jeff Immelt)曾指出,在通用电气,发挥员工想象力不是一句空话,而是大家工作的动力。作为该项目的一部分,通用电气向社会各界(包括学生)征集有关家庭能源管理以及未来能源的突破性创意,并投入2亿美元的风险投资与之配套,获奖者名单与创意最后在网上公示。此项目对公司建立绿色环保的形象有着重大意义。英国的玛莎百货在2007年推出了一个5年完成100个环保承诺的"A 计划"(因为只有这唯一的路径,没有 B 计划)。公司承诺将减少5万吨二氧化碳排放,回收利用二手衣物,分拣垃圾以减少填埋,以及投入资金支持社区活动等。

品牌价值(brand equity)是指知名品牌与不知名品牌的定价差异,比如,制药企业在品牌药和仿制药的定价上会有很大差异,哪怕两种药的成分完全相同。品牌价值包含了品牌知名度与品牌形象两个部分。品牌知名度是指消费者在购买某类商品时首先想到的某个品牌。品牌形象是指消费者对一个品牌的感觉与看法。如果消费者普遍认同一个品牌具有节能环保特征,这个品牌也就成功建立了绿色环保的品牌形象。例如,星巴克会在定价中加入"可持续发展溢价"(由消费者承担的稍贵的咖啡价格),因为其品牌具有绿色环保以及融入社会活动的形象。因此,品牌价值既可以提升产品的价值,又可以提高产品的价格。

价格是消费者支付产品的数额。不少航空公司最近为乘客提供了用于补偿碳排放的溢价选择。根据英国航空公司的官网,该公司"在2005年成为全球首家引入乘客自愿补偿碳排放活动并取得英国政府质量认证的航空公司"。[19] 英国航空公司的乘客可以根据航线长短,选择额外支付

5—10英镑的碳排放补偿。公司将这笔资金用于购买联合国京都议定书认可的碳排放指标。资金最终将被用于诸如水力发电和风力发电等开发利用可再生能源的新技术。今后这个补偿价格的概念可以延伸到碳排放以外的所有外部效应内在化。

葛兰素制药：良心价格

制药企业的价格策略时常受到人们的高度关注，因为药品的价格可能会涉及患者的生死存亡。在2009年世界第二大制药企业葛兰素公司决定在50%的贫困国家将药价削减25%，同时将当地利润的20%投入所在地区的医疗基础设施建设中。

资料来源：Boseley, S. (2009, February 13). *Drug giant GlaxoSmithKline pledges cheap medicine for world's poor*. Retrieved June 19, 2011, from Guardian.co.uk: www.guardian.co.uk/business/2009/feb/13/glaxo-smith-kline-cheap-medicine.

星巴克参与旨在支持东帝汶咖啡种植者的C.A.F.E.公平贸易的举措可以被视为定价与责任管理的有机结合。这次活动是星巴克特别针对澳大利亚与新西兰消费者而发起的，目的是帮助东帝汶的咖啡种植者们持续发展，例如公司帮助处于东帝汶高地的Guololo与Estado镇建造了安全的饮用水供水系统。因此，责任企业在产品定价中的溢价也是有依据的。[20]

营销组合中的第三个"P"是渠道，即消费者购买产品或者获得服务的场所，或者生产商如何将产品递送到消费者。为了解决渠道与方式的问题，生产商有必要在决策时考虑诸多可持续发展的问题，例如交通、燃料及自然资源的消耗。产品的承运商有必要考虑运输造成的间接与累计影响，并寻求长期的解决方案。Litman和Burwell[21]提出了针对运输过程的若干可持续发展指标：(1)矿物燃料的消耗以及二氧化碳排放：越少越好；(2)车辆尾气排放：越少越好；(3)人均行驶里程：越少越好；(4)转运次数：越多越好；(5)交通事故与伤亡人数：越少越好；(6)土地占用量：越少越好；(7)路途景观：消费者喜欢优雅的视觉感受。

同时，渠道的概念也暗示了企业如何通过更加绿色环保的方式交付产品，比如无纸化交割。在大学课堂倡导学生使用苹果iPad或者亚马逊Kindle等电子阅读器可以大大削减纸张的用量。Martinez和Conaway[22]研究了在大学课堂推广电子阅读器的可行性，并预测电子教科书完全有可能挑战传统纸质图书的地位。世界各地的学生下载电子教材完全不受空间与时间的影响，因此倡导大学校园更多地使用无纸化的沟通方式可以对环境产生积极的影响。

营销组合中的第四个"P"是推广，包含了买卖双方的信息沟通。推广由广告、人员推销、厂方直销和公共关系等组成。大多数营销人员将"推动策略"定义为企业将批发商与零售商作为主要促销对象，使产品进入分销渠道并最终将其推向最终消费者。而"拉引策略"是指企业以最终消费者为主要促销对象，设法激发消费者对产品的兴趣和需求，促使其向中间商购买该产品。例如，手机生产商直接向消费者推广最新款手机，同时提高产量以满足消费者被拉动的需求。

在整合营销传播过程中,广告、促销及责任管理可以有机结合,因为整合营销传播与责任管理有着共同的目标,即始终如一地向外界提供企业责任管理相关活动情况。竞争激烈的咖啡行业是个很好的案例。根据汤姆逊公司的报告[23],"美国咖啡协会在过去两年中不遗余力地推广一系列证明咖啡有助于健康的研究结果",在很大程度上推动了咖啡的消费量。美国咖啡协会的营销攻势有效地促进了宝洁公司旗下 Folgers 品牌以及卡夫旗下 Maxwell House 品牌咖啡的销量上升。营销攻势的社会价值在于向公众宣传了咖啡的抗病功效(防控 II 型糖尿病和结肠癌等疾病)。[24]此外,卡夫公司已着手推广一款经由雨林联盟(Rainforest Alliance)认证的 Yuban 品牌咖啡产品。该认证为产品打开了销路,销售网点从原先的 300 家 Target 门店上升到了 1000 家门店(Target 是一家可与沃尔玛比肩的美国零售商)。[25]

差异营销

环保型消费者的购买决定更多的是基于产品对环境的友好,而对于大多数普通消费者来说,除了环境友好以外,他们还看重高端、健康、舒适等因素。高端食品超市 Whole Foods 对此颇有心得,因此超市的一部分食品注重绿色有机、本地生产和公平贸易,而另一部分则注重健康与体面。

12.4 第二阶段:责任营销传播工具的应用

"传递可持续发展信息的方法与形式多样,这与企业的多重目标以及工具相一致……"[26]

12.4.1 责任管理传播工具的使用范畴

责任管理的营销传播对象是企业内、外部的利益相关者,通常可以分为三个类别。为了更有效地应用各种传播工具,我们首先讨论这三个类别的营销传播。

关键问题在于,"企业的营销传播做得怎样?"低效甚至缺乏沟通的现象普遍存在。研究人员估计在美国低效沟通每年给企业造成了几十亿的损失。为了避免重蹈覆辙,我们首先讨论发生在企业内部的沟通。**内部运营沟通**(internal operational communication)遵循企业的组织架构,目的是实现企业的目标。[27]组织架构图决定了企业内部沟通的信息流向(纵向、横向)。信息的内容与工作相关。

因此,有效的内部沟通涉及企业的生产效率、决策制定及责任营销。Taubken 与 Leibold[28]强调责任管理的理念必须从董事会开始自上而下地贯彻,因为责任管理涉及了众多部门,需要企业高层的引导、协调与支持。沟通传播必须在各个部门同时进行。经济学人智库(Economist Intelligence Unit)的研究在 2008 年曾经预计[29],到 2012 年大约 30% 的企业董事会议时间会用于讨论企业的社会和环境绩效等相关议题。

全球第四大电影院线 Cinépolis 成功地运用内部沟通促进了社会责任与企业收益。雇员们在公司开展的以视力健康为主题的社会公益活动中有很大的自主权,从而使公司取得了经济效益与社会效益的双丰收。由此可见,自上而下的涉及社会与环境议题的责任管理沟通对于企业在国际商业环境的成功运作意义重大。

企业内部的责任管理传播一般由人力资源部门发起。Cohen[30]认为,人力资源经理可以通过基于对话方式的论坛或者网络通信工具向员工们宣传企业从事的各项公益活动。Facebook 以及博客等社交网络可以成为有效的沟通工具。视频会议与网络会议也同样行之有效。许多公司甚至还有自己的 Twitter 账户。所有这些工具都可以有效地向企业员工广而告之企业参与的公益事业。当然,如果必要的话,人力资源部门可以组织员工学习如何使用这些交流工具。

外部运营沟通(external operational communication)是指企业同外部各方沟通。外部沟通与企业的营销与公关职能契合,以新闻发布、广告及品牌活动等方式向公众传递信息。[31]此外,外部沟通也越来越多使用博客、Facebook、Twitter 官网等新媒体与公众交流公司在可持续发展方面所做出的努力。

私人沟通(personal communication)是指员工们在企业内或者企业外私下里谈论工作以外的话题。[32]出于群居的特性,员工们通常会在"茶水间"谈论政治、家庭、生活及八卦,交流感受并宣泄情感。

此类非正式沟通的路径由员工的个人关系网组成,因此与企业正式的组织架构有很大区别。通常在公司局势动荡、兼并重组、人员更迭期间,员工间的非正式沟通会显著增加。因为,在官方权威信息缺失的时候,"小道消息"就有了很大市场。因此,企业的管理层很可能阻止此类非正式沟通的发生,依据是此类闲谈浪费时间并影响工作效率。

近年来随着科技的进步,工作时间的私人沟通问题越来越受到管理层的关注,比如员工在上班时间收发短信、接听私人电话、上网搜索信息乃至购物等。然后,私人沟通无法杜绝,企业只能引导与控制员工行为,在过于严厉的规章制度与过于散漫的工作态度之间寻求一个平衡点。充斥着谣言与不实信息的过度非正式沟通会破坏良好的工作氛围,因此管理者必须建立顺畅的沟通渠道,使及时、充分的信息与透明度取代流言蜚语。

12.4.2 责任管理沟通工具

图 12.7 汇总了可以反映企业社会与环境贡献度的营销传播工具。各种传播工具可以起到不同的作用,达到不同的目的。例如,社会营销的目的在于改变利益相关者的行为,善因营销是为了提升销售收入,行为规范是为了实践道德准则,而报告是为了详实地报道企业在责任管理方面所取得的绩效。

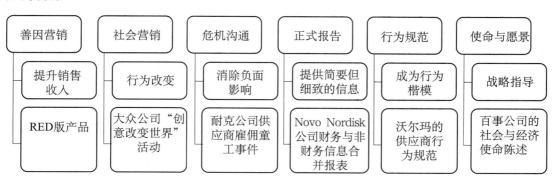

图 12.7 责任营销沟通的传播工具、预期目的和实践案例

成功的整合营销有时需要同时用到多种工具,以达到成功传播并建立良好关系的目的。以下汇总的是具有代表性的传播工具。

善因营销

善因营销(cause-related marketing,CRM)是指将产品销售收入与某项公益事业捆绑,以达到宣传推广的目的。善因营销可以有不同的形式。善因营销可以以企业捐助一定比例的销售收入的方式,例如:达能墨西哥公司每年捐款资助儿童癌症治疗;TOMS鞋业每完成一双鞋子的销售就自动捐助一双鞋子;德国Krombacher啤酒公司每出售一箱啤酒就捐款保护一平方米热带雨林。在全世界范围,最知名的善因营销可能当属Product RED项目。产品制造商专门推出RED版产品,并捐助部分销售收入,用于防治艾滋病。[33]这种捐款方式的善因营销能够最直接地将责任管理与企业绩效挂钩。用Varadarajan和Menon[34]的话来说就是"通过善举做好企业"[35],因为企业将支持公益事业作为有效的沟通手段提升了销售收入,实现了双赢。[36]Pringle和Thompson[37]将善因营销定义为"一个将公司或品牌与社会事业相关联的营销策略,实现双赢"。[38]

善因营销也可以是企业投入资金开发环境友好型的创新产品,它同时将善因与产品特性和生命周期相关联。这种基于产品的善因营销注重产品对社会、环境可持续发展的贡献,即开发环境友好型产品本身就是企业社会责任的体现。例如,全球两大快速消费品巨头宝洁与联合利华推出了众多此类环境友好型产品;有的企业推出经过公平贸易认证的产品,以确保供应链的社会效益;推广有机食品也与一系列社会活动相关,其中包括支持本地产品,保护消费者健康,以及推广可持续农业等。

善因营销还可以通过强化品牌得以实现,以此推动旗下所有产品的营销。包括Gucci,YSL,IWC,Garnier和LV等在内的国际知名奢侈品品牌长期以来注重高端产品的差异化。根据国际野生动物协会(WWF)英国分会发布的一项调查,Bendell和Kleanthous[39]评估了世界知名品牌的绿色环保贡献度以及相关行业的态度。结果表明,国际知名的奢侈品品牌非常有必要在品牌建设中融入社会环境贡献度等内容[40],"真心实意、持之以恒地落实产品的环境友好与可持续发展特征可以激发潜在的消费市场"。[41]该项研究提出了包含传播在内的十点建议。作为一家出售抽象商品的丹麦企业,FLOWmarket成功地在产品中融合了善因营销的元素。该超市运用包装简单却精致的想象商品,出售给消费者一种觉醒意识以及现代人的缺乏的心灵补给品,由此承担了企业的社会责任。

 世界之窗

善因营销 + 社会营销 = ?

丹麦的FLOWmarket将善因营销与社会营销相结合,力求通过改变人们的行为促进可持续发展。

社会营销

社会营销(social market,SM)主要目的是改变利益相关者的行为。政府部门与民间团体通常借助社会营销来推广理想的行为规范,例如戒烟、安全性行为及健康饮食等。企业经常通过社会营销来普及推广承担社会责任的行为。需要指出的是,提升公众的社会意识仅仅是社会营销的第一步,考虑、采纳、保持新的行为方式才是终极目标。[42] Armstrong 和科特勒[43]将社会营销定义为"使用商业营销的概念与工具影响个人的行为并提升个人以及社会的福祉"。[44] 图12.8 展示了如何将营销组合用于推动个人的行为改变。

产品	价格
关注目标人群的行为;最理想的状况是该行为易于观察并能直接解决问题	目标人群的行为改变会涉及时间、努力、情感等无形成本;以及实现行为改变的有形成本
渠道	推广
行为改变应该发生在目标人群展现出负面行为的地方,或者有很大改进空间的地方	行为改变的推广涉及行为楷模的宣传活动,深入各个群体,合作参与,并需考虑公共政策

图 12.8 社会营销组合

资料来源: Adapted from Weinreich, N. K. (2011). *Hands-on social marketing: A step-by-step guide to designing change for good*, 2nd ed. Thousand Oaks, CA: Sage.

Weinreich[45]指出了商业营销与社会营销的区别:"社会营销的受益对象是个人或者社会,而不是开展营销活动的企业。"[46]不过也有特例,比如前文提到的 FLOWmarket,既致力于改变个人的行为,又能使自己的企业受益;以及大众汽车开展的"创意改变生活"竞赛,不仅向外界传递了公司为社会与环境事业做出的贡献,而且达到了改变个人行为的目的。[47]

社会导向营销(societal marketing)的定义略有区别,是一个从营销者角度看待营销的过程。科特勒将其定义为"组织确定目标市场的需要、需求与兴趣的过程,目的是超过竞争对手,以更高效的方式增加市场的满意度,并提升消费者及整个社会的福祉"。[49]

线上社会营销

宝洁公司推出了一个名为"未来友好"的社会营销网络平台,旨在宣传如何以更环保的方式使用公司的产品。公司也借此机会推广自己创新性的环境友好的产品。

资料来源:Procter & Gamble. (2010). *Little acts that make a big difference*. Retrieved June 19, 2011, from P&G Future Friendly: www.futurefriendly.com/.

危机沟通

危机沟通(issues and crisis communication)是指当公司或者公司名誉受到威胁时,公司进行的沟通努力。由于大多数危机都与社会、环境或者伦理有关,因此完全属于责任管理的范畴。耐克公司曾经被曝光其制造供应商雇佣童工。[50]公司为此专门开设了 Nikebiz.com 网站,积极地应对。2010 年英国石油公司在墨西哥湾的钻井平台发生了大规模的原油泄漏,使公司陷入危机,危机沟通作为公共关系领域不可或缺的一个环节,从中起到了重要的作用。

公司在危机发生前务必制定完备的预案,这一点十分重要。当危机发生时,公司就可以根据预案决定需要发布的信息、传递的路径及公司需要采取的行动。危机可能会迫使企业暂停发货,或者封存库存,甚至保护某些员工的人身安全。此外,公司会根据具体情况决定选择何种渠道展开危机沟通。当公司代表第一次面对公众时,信息透明是头等大事。危机沟通涉及前文罗列的第五、第六、第七条沟通原理,即传递准确的信息,建立良好的关系,以及维护组织的诚信。2011 年,日本在遭受了地震与海啸引发的核电站事故之后,政府的公信力受到了广泛质疑,因为其发布的信息既不充分也不完整。

Maple Leaf 食品公司的危机公关案例我们前文提到过。公司在 2008 年经历了非常严重的食品中毒事件。[51]当时该公司在多伦多的肉制品加工厂生产的 200 件产品遭受了细菌污染,造成 20 位消费者死亡。事件发生后,公司的首席执行官选择了公开透明的沟通战略。Greenberg 和 Elliott[52]指出:"与有些公司推卸责任或者保持沉默的做法不同,Maple leaf 食品公司选择了直面公众。"[53]公司的总裁兼首席执行官 McCain 通过电视公开承认了在自家的产品中发现了 Listeria 细菌,并对所有受害者道歉。该视频之后被放到了视频网站并被网友热议。结果显示,公众接受了总裁的道歉,加拿大的媒体也认可了企业的危机沟通努力。[54]

行为规范

行为规范(code of conduct)是指企业制定的行为准则,用于规范企业与利益相关者之间的关系。企业内部的行为规范通常涉及社会、环境及伦理等议题,向利益相关者的核心群体(雇员、供应商、经理人、客户)传播企业在相关领域所取得的成就。此外,企业也可以签署企业外部的行为规范。零售业可持续发展准则就是一项面向企业的行为规范条例。[55]认可并签署该准则的企业致力于减少生产运行中的环境足迹,提高资源使用效率,改善运输与分销,并提升废弃物管理水平。与此同时,企业也有义务通过宣传,鼓励消费者在购买与处置产品的时候更多地思考可持续发展和环境的承载能力。

沃尔玛推行的供应商可持续性评估体现了企业可以有效地向供应商传播可持续的商业运营模式。[56]潜在供应商必须回答 15 个相关问题,内容涉及供应商的产品与服务是否可以帮助减少能源消耗,降低温室气体排放,减少废弃物并提升质量,供应链的责任管理,符合商业道德的生产行为等。也就是说,只有彻底了解供应链上每一家制造企业的运营情况,企业才会被吸纳为沃尔玛的供应商。

正式报告

发布正式的可持续发展报告(formal sustainability reports)已经成为诸多大型跨国企业的惯例。

这些报告通常被发布在企业网站或是单独的企业可持续发展的网站上。Thurm[57]指出全球范围发布可持续发展报告的举措始于1997年在巴西里约热内卢签署的《里约宣言》及《二十一世纪议程》。宣言虽然没有明确报告的标准,但为5年以后通过的全球报告倡议奠定了坚实的基础。如今,这些标准在全球范围内为诸多企业所遵循。详细内容可以登录 www. globalreporting. org 查询。

Thurm[58]指出,"在全球总计约6万家跨国企业中只有一小部分定期发布可持续发展报告"。[59]相比之下,约有70%的财富500强企业已经做到了这点。或许这些龙头企业可以成为所有企业的标杆,使发布可持续发展报告成为一种潮流。企业发布可持续发展报告还是首先要秉承公开透明的原则,建立良好的企业信誉。虽然针对发布可持续发展报告的效果的研究至今还为数不多,Blanding[60]通过研究指出,强制企业发布可持续发展报告的机制被证明行之有效。通过对政府官网,非政府组织出版物及投资者报告的分析,如今有包括英国与澳大利亚在内的16个国家规定了企业有发布可持续发展报告的义务。

尝试综合报表

丹麦的制药企业 Novo Nordisk 将社会环境因素与传统的财务报表相结合,制成了一张全方位的包含了三重绩效的综合报表。

资料来源:Novo Nordisk. (2011). *Novo Nordisk annual report*. Retrieved June 23, 2011, from Novo Nordisk:http://anualreport2010. novonordisk. com/performance. aspx.

使命与愿景

企业的使命与愿景(mission and vision statements)是具有战略性的沟通工具,像灯塔一样为企业与员工引路导航。企业的愿景指明了它的终极目标与成就。Williams[61]重新诠释了公司的愿景,即公司的愿景"传递了两层重要含义:它是谁,以及它干啥"。[62]一家企业的愿景与使命不仅塑造了企业理念[63],而且定义了行为与价值观。[64]因此,企业的使命在战略上反映了最高管理层的承诺,其中甚至包含了企业在"社会责任"方面许下的诺言。

法国 Valeo 集团崇尚的理念是"驶于科技,融于自然"。公司的主页以绿色为基调,突出绿树、青草和蓝天。这家总部设在巴黎的全球顶级汽车配件供应商在全球27个国家开展业务,雇员人数超过6万。公司的使命是削减新兴经济体的二氧化碳排放。公司在2004年签署了联合国全球契约,并成为汽车行业绿色技术的领导者。企业用实际行动践行自己的使命,在有效沟通与责任管理方面取得了双丰收。

百事可乐公司的使命与愿景同样涉及了社会责任。公司将自己定位为负责任的企业公民,因为"这样做不仅对社会而且对公司自身都是正确的选择"。[65]公司的使命涉及了企业的经济地位,即"全球顶级的食品饮料公司",而且表明了公司在责任管理、环境保护及造福社会方面的态度。可以说,百事可乐公司建立了责任管理的行为规范,将责任、诚信与伦理有机结合,并综合性地使用了我们前文介绍的6种沟通传播的工具。

在下一个小节我们将讨论沟通过程、传播渠道,以及一个与利益相关者沟通的模型。我们相信与利益相关者通过沟通交流建立良好关系是企业的一个工作重点,对于市场营销尤为重要,因为这项工作可以影响利益相关者对公司责任管理的看法。

12.5 第三阶段:定制营销传播信息

"有关企业坚守商业伦理并承担社会责任的信息通常会得到利益相关者的积极回应。研究表明,企业宣传自己在社会责任方面所取得的成绩甚至可以获得商业回报。"[66]

12.5.1 利益相关者沟通模型

前文讨论的七条沟通原理适用于所有利益相关者。所谓利益相关者,弗里曼[67]给出的定义是"一个组织在实现目标的过程中影响或是被影响的所有个人或团体"。[68]用责任管理的理念界定,在耐克代工工厂里的12岁印度尼西亚男孩童工算不算利益相关者?厂里的全体员工算不算利益相关者?我们在看完耐克的案例之后就会明白,任何可以影响企业实现目标的个人都属于利益相关者范畴。Morsing 和 Schultz[69]建立了一个沟通模型,可以将我们之前讨论的原理融入其中。他们在借鉴了 Weick 提出的"极富意义"的沟通概念的基础上[70],将利益相关者沟通策略分为了三类(见图12.9)。[71]

利益相关者信息策略(stakeholder information strategy)是一个向利益相关者单向传播信息的策略。企业向对方"宣传",而不是"聆听"。例如,企业向公众发布其参与的社会责任相关的活动,或者将公司目前在社会责任领域所取得的成绩与从前做一个对比。Morsing 和 Schultz[72]认为,企业有必要但不能局限于此类单向宣传。他们测算出50%的企业发起过这样的宣传活动,但是能够将单向沟通提升为双向沟通的企业数量就明显减少了。利益相关者其实会通过间接影响企业社会责任活动的方式对此信息给出反馈。他们会通过购买产品来表示支持,或者通过抵制产品表示反对。然而,单向沟通意味着企业无法对利益相关者的反馈做出回应。

由 Morsing 和 Schultz[73]提出的利益相关者回应策略(stakeholder response strategy)是一个企业与公众双向交流的沟通模式。企业倾听利益相关者对其责任管理的反馈与评价,甚至还会对责任管理措施做出相应的改变。然而,企业与诸如环保主义者以及非政府机构等利益相关者沟通的目的只是了解对方是否认可责任管理的举措,或者寻求对方的支持。因此,这类沟通既不对称也不对等,很明显企业还是重要信息的发布者,而利益相关者依旧是次要的被动的信息接收者。

由 Morsing 和 Schultz[74]提出的第三个沟通类别叫利益相关者参与策略(stakeholder involvement strategy),即企业与利益相关者敞开心扉展开对话。双方共同确立企业责任管理的理念、活动及行为,并以创造价值以及建立长期伙伴关系为目的。利益相关者参与策略指出了企业虽然无法直接管理利益相关者,但是可以积极维护双方的关系。[75]这也是我们积极倡导的沟通模式,因为促进利

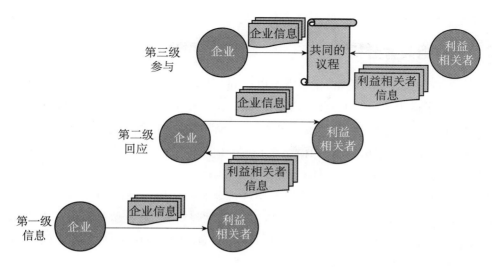

图 12.9　三类利益相关者沟通策略

资料来源：Adapted from Morsing, M., & Schultz, M. (2006). Corporate social responsibility communication: Stakeholder information, response and involvement strategies. *Business Ethics：A European Review*, 15(4), 323-338.

益相关者的积极参与也就意味着企业的责任管理沟通可以得到改善。

可口可乐公司的沟通"秘籍"

- 倾听、学习、思考利益相关者的反馈意见。
- 强调正面、积极的方面，坦荡承认公司面临的挑战。
- 借助第三方的力量代言，增加可信度。

资料来源：PlaboLargacha, Vice President, Public Affairs and Communications, The Coco Cola Company, Latin Center Business Unit. 2011.

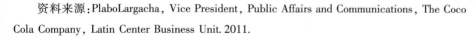

　　Palazzo[76]强调了企业与利益相关者深入对话的重要性，并探寻了促进对话的各种要素。她认为，对话的目的"首先是要厘清公司与利益相关者各自的利益以及存在的症结；其次要交换意见，明确目标，增进互信；最后，如果有必要的话，制订升级版的解决方案"。[77]也就是说，当企业在制定社会责任行动计划的过程中，企业与利益相关者通过对话共同协商，展开频繁的、积极的沟通，从而使利益相关者参与企业营销沟通具体内容的制定。

　　Palazzo 以世界知名的电力与自动化产品生产商 ABB 公司为例。ABB 公司在 2001 年邀请了全球 34 个国家的利益相关者参与其企业社会政策的制定，并在全球范围建立了一个环境检测员网络，负责监控各自辖区内的 ABB 工厂的环保措施落实情况。[78]ABB 的做法充分体现了公司采取了利益相关者参与策略。

12.5.2 利益相关者分析

一旦确立利益相关者参与策略，企业就可以与利益相关者展开对话。本章介绍的营销沟通第一阶段，我们讨论了运用沟通原理分析沟通的对象。在本小节我们讨论如何进行利益相关者分析并了解他们的特征。弗里曼[79]提出运用一个"归档系统"对利益相关者进行分类。他指出，一家企业面对的主要利益相关者包括企业所有者、客户、员工、供应商、政府、竞争对手、媒体及各类社团（消费者协会，环保组织，特殊利益团体）等。

作为一名有效的沟通者，首先要对沟通对象进行全面的分析与评估，了解对方的目的、理念及利益出发点。其次，要明确沟通目的是传递信息还是说服对方，以及希望对方了解什么、如何行动、有何感受。前文讨论的第二条沟通原则可以帮助你明确沟通的目的与目标。图12.10 汇总的问题可以有助于梳理沟通对象的特征。

是否对利益相关者做出区分？
- 哪些是主要相关者？
- 哪些是次要相关者？
- 哪些是居间相关者？

是否了解利益相关者？
- 他们对公司了解多少？
- 他们的感受如何？
- 他们希望获得怎样的信息，并得到何种感受？
- 他们具有何种能力？

是否了解彼此的关系？（是否有明确目标？）
- 公司希望他们了解什么？
- 公司希望他们得到何种感受？
- 公司希望他们做什么？

是否具有可信度？
- 对方是否认可公司的诚信？
- 公司如何加深彼此间的信任？

图12.10 利益相关者概括调查

资料来源：Adapted from Andrews, D. C., & Andrews, W. D. (2004). *Management communication: A guide* (p. 24). Boston: Houghton Mifflin.

公司向外界传递的信息通常会以年报、CEO 公开信或者可持续报告等形式发布，同时针对诸如投资者、政府机构、内部员工或是公司客户等多个利益相关者。在处理危机时，公司 CEO 所发布的信息会通过媒体传递到众多利益相关者。因此，我们有必要将利益相关者做个分类。主要利益相关者是与公司有直接联系，受到公司的很大影响，或是能够帮助公司达到目标的群体。次要利益相关者虽然会关注公司的动态，但并非是信息发布的主要对象。居间利益相关者是指起到信息传递作用的群体，比如报道企业可持续发展的各家媒体。

利益相关者的感受指的是信息传递方有必要考虑接收者的情绪。接收者会将正面或是负面的情绪带到沟通过程中,因此公司在酝酿信息时就要考虑到该因素。企业同时也该考虑到利益相关者希望了解什么。有时候,企业就某个问题做出的回应与利益相关者的期望相差甚远。因此,企业需要将沟通的目的与图12.10所罗列的利益相关者概括相结合,并通过分析评估确认首要利益相关者,尝试了解对方的期望与感受,明确双方的关系,准确地评估利益相关者对企业诚信度的认可度。

描绘利益相关者特征　弗里曼等[80]提出为利益相关者创造更多价值的七个方法。该方法也可以被用在深入分析利益相关者的特点上。因为其中的一些概念与我们在本章讨论的内容重合,所以我们在这里就不展开了。简而言之,这七个方法是:(1)评估利益相关者;(2)分析利益相关者行为;(3)更深入地了解利益相关者;(4)分析利益相关者战略;(5)制定有针对性的策略;(6)与利益相关者建立全新的沟通模式;(7)制定为利益相关者创造更多价值的综合战略。[81]以第一条"评估利益相关者"为例,我们在弗里曼[82]等学者提出的矩阵概念的基础上编辑了一张表格,将市场营销与沟通工具用于评估利益相关者对企业可持续发展的关切程度。图12.11所示矩阵的横轴显示了6类利益相关者,纵轴显示6种沟通工具。该矩阵可以有效地评估企业与利益相关者的沟通质量,因此我们将其作为本章结尾。

	员工	客户	政府	社会	股东	供应商
善因营销	5	1	5	5	3	5
社会营销	1	1	5	3	5	3
危机沟通	1	3	3	3	1	3
行为规范	1	3	5	5	5	1
正式报告	3	5	3	3	1	5
使命愿景	1	5	3	3	1	5

图12.11　利益相关者—沟通—工具矩阵

注:1＝非常适合;3＝有点适合;5＝很不适合。

先锋人物专访　菲利普·科特勒

菲利普·科特勒在过去几十年间一直是营销界中的学术领军人物。他很早就在他撰写的标准教材中提及了社会营销和善因营销。他出版过有关社会营销和企业社会责任的独立教材。在他最新出版的著作中,他着力创建一个新的营销领域。该领域注重可持续发展,并拥有许多与负责营销重合的特征,被称为"市场营销3.0版"。

在您新出的《市场营销3.0版:从产品到顾客再到人文精神》(*Marketing 3.0: From Products to Customers to the Human Spirit*)中,你勾画了一个涉及多方利益相关者,而且集中处理环境问题和社会文化转型的营销方式。这会是新型可持续营销方式的发展蓝图吗?

市场营销的发展已经经过了三个阶段。市场营销

1.0版中的营销人员会迎合目标人群的"需求",并让顾客们觉得他们的产品是最好的。市场营销2.0版中的营销人员将重心转移到目标顾客的"内心",增加了情感因素。市场营销3.0中的营销人员则更重视"精神",或者说顾客的"关注点"。现在越来越多的中产阶级开始关心环境和可持续发展问题,他们也越来越有能力判断一个公司是否具有这样的价值观。

1972年你在《哈佛商业评论》上发表过《反营销,没错,反营销》(Demarkeing, Yes, Demarketing)。那时你对反营销的勾画和现在并不相同,那么你认为当今营销人员面临的任务是反对不可持续的消费模式吗?营销人员能不能,并且该不该反对消费主义呢?

我们的反营销理念原本是为了应对商品缺乏。比如说,当加州缺水的时候,州政府就会发起一系列活动来鼓励群众和公司节约用水。如果我们继续过度使用稀有资源,接近并达到资源承载力的极限,反营销运动的规模就一定会扩大。像在北京这样的城市里,高质量的空气已经变得极其稀缺,有9 000多人患有呼吸道疾病并急需住院治疗。而根本的问题是我们是否在过度地追捧消费主义——即积累物质商品能够带来更好的生活。我能够预见到反消费主义的运动会受到怎样的阻力,它肯定会受到商业界的极力抵制,因此我建议让大众了解地球的最大承载力。

善因营销被认为是支持公益事业的强大资金来源,也是公司品牌建设的有力手段,但对于某些公司,善因营销被批评为"作秀"。那么如何让善因营销的积极作用最大化,并尽可能规避其潜在的消极影响呢?

我支持公司给消费者一些"善因"来激励他们购买自己的产品。美国运通曾经进行过一项推广宣传,用户每用运通卡完成一笔交易,该公司就捐献一美分用于自由女神像的翻新。这在当时引发了公益营销的大爆发。有些鞋厂每卖出一双鞋子就会给世界上某个地方的穷人送一双鞋,我对这些鞋厂一直很有好感。就算有些企业的行为的确是作秀,就算有些企业是为了激起公众的好感而非真正关心这些公益事业,但是我坚信大多数的公司都是发自真心的。他们会让竞争对手反思自己的公司目标与社会责任。

践行者速写 阿德拉·勒斯蒂科亚(Adela Lustykoya)

就职企业:

Chládek & Tintěra 是一家有着二十多年历史的捷克建筑公司。公司在蓬勃发展的同时将传统与创新有机结合。其通用生产计划已经在捷克执行了20多年。

职位描述:

营销和公关专员

教育背景:

捷克 J. E. Purkyně 大学工商管理学士学位;德国柏林斯泰恩拜斯大学责任管理专业研究硕士

实际工作:

您的主要职责是什么?

我负责公司的品牌建设、社会声誉和公众形象(包括宣传册展示、名片制作、电子商务和企业社会责任工作)。我需要积极参与大型销售活动,引导企业间营销沟通,并管理企业社会责任工作。

您每天工作的典型事务有哪些?

面向个人投资者寻找潜在的商业伙伴和风险投资,主要寻求与投资者、合作伙伴和顾客的直接交流;制作参考表单和其他图表展示材料;制作公司网页。

可持续发展、责任和伦理在您的工作中扮演什么角色?

自公司建立以来,可持续发展、责任和伦理一直都是整个公司遵守的核心理念。三重绩效原则已经深深根植在公司的文化之中,每个成员都很明白自己该做什么。有时,承担社会责任是出于法律规定,但为了更好地与利益相关者沟通,我们在任何情况下都会自发地承担责任。我们总会向商业伙伴和其他利益相关者做出明确的承诺,绝不闪烁其词。同时也对我们每一位承包商的行为负责。在伦理道德方面,员工非常了解公司的价值观,并根据它来规范自己的言行。这为大家带来了共同的利益,也成为公司文化的一部分。

在本章内容涉及的话题中,哪些理念与你的工作最紧密相关呢?它们具体和你的工作有什么关联?为什么?

与外部利益相关者沟通是我们公司一个非常重要的工作。我们重视与投资者、商业伙伴或政府机构建立相互友好关系来进行合适的市场沟通。因此,我们必须进行有效沟通,并在对方心目中树立一个良好的公司形象。这也与我们的营销组合高度契合。但在此之前,我们会确保公司内部的沟通是合适而高效的,否则我们将寸步难行。

此外,我们正着手解决公司内部沟通强度不高的问题。尽管企业社会责任工作不断实施,但很少有人会去谈论它们。我们公司是比较"腼腆"的,这也是我们致力于提高公司的公众形象并将其作为我们对外沟通工作的一部分的原因。

危机沟通也扮演了一个至关重要的角色。过去在面对消极事件的时候,我们会努力在不伤害任何人的前提下解决这个问题。我们知道这样的问题会影响公司声誉和我们与利益相关者的关系,因此我们总会极其负责地来处理它们。

经验分享

您会给您的同行什么样的建议?

尽管很多人都说承担企业社会责任只是迎合新的营销潮流,但我仍然相信,如果承担责任不能上升到公司的战略层面,那早晚会出大问题。我的意思是,如果不是你主观上想要承担社会责任的话,就干脆不要考虑它。我建议大家"先做后说",这样才能回避作秀的嫌疑,并让大家知道你确实关心这些问题。同时,我们必须明白,承担企业社会责任不应该仅限于市场营销层面,它应当得到高层领导、公司所有者和其他员工的支持,融入公司的各个部门,影响公司的方方面面。

您工作中的主要挑战是什么?

我觉得最大的挑战是企业社会责任现在还不够成熟,它的发展形式在不久的将来很可能会发生变化。而且,我觉得市场营销也是这样。随着环境变化、企业发展以及技术创新,沟通方式已经发生了改变。这些都非常具有挑战性,在这个日新月异的世界上,总会有一些新鲜有趣的事物浮现出来。

您还有什么其他的想法和我们分享?

我还想补充一点:建筑行业与其他领域有点不同。因为我发现,在建筑业中,尽心尽责地完成各项工作更多反映的是公司所有者个人的善意。尽管从长远的角度来看,积极承担责任的行为会为公司创造价值,尽管这样的行为也有助于创建公司的良好形象,建筑业领域仍然面临着一些特殊的情况——有时一些不负责任的公司会长期地在市场中占据一席之地。聘选好的员工当然非常重要,公司的一举一动也的确会影响公司的长足发展,但是有时我找不到建筑企业必须肩负责任的理由。

思考题

1 归纳与整理

1.1 解释有效沟通的七条原则

1.2 描述什么是"粉饰"?"粉饰"与有效沟通有着怎样的关系?

1.3 名词解释:有效沟通,利益相关者沟通,整合营销传播。三者之间存在怎样的关联性?

1.4 解释利益相关者参与度的三个等级,以及各自的特点。

2 应用与体验

2.1 将图12.3的内容画成草图,并在图上标注与每个步骤对应的责任管理实践。

2.2 上网查阅一家跨国公司的责任管理网页,指出六种沟通工具的实际应用案例。

2.3 选择一项行为改变的目标,设计一个社会营销计划,推动此项行为改变。

3 分析与讨论

3.1 选择两个善因营销的案例,应用图 12.5 的内容,分析利益相关者价值与沟通有效性的契合程度。

3.2 指出一家企业的责任营销与沟通实践。对照有效沟通的七条原则,提出改进沟通有效性的建议。

3.3 复习图 12.11 展示的矩阵,假设各项分值都是空白。选择一家责任管理的典范,依照矩阵的各项内容对责任企业评估打分。

4 改变和创造

4.1 从以下三个企业任选一个,编制商业伦理规范:(1)军火生产商的销售部门;(2)华尔街的投资者;(3)跨国啤酒生产商的市场营销部门。

4.2 浏览一家企业的责任管理网页,特别关注信息的透明度。有哪些消费者希望了解的信息没有反映在网页上?与企业取得联系,将建议反馈给企业。

参考文献

1. Cone Communications. (2010). *Cone cause evolution study*. Boston: Cone Communications.
2. Cone Communications. (2008). *Cone cause evolution study*. Boston: Cone Communications.
3. United Nations Environment Programme. (2006). *Sustainability communications: A toolkit for marketing and advertising courses*. Retrieved June 28, 2011, from United Nations Environment Programme: www.unep.fr/shared/publications/pdf/DTIx0886xPA-EducationKitEN.pdf
4. Misani, N. (2010). The convergence of corporate social responsibility practices. *Management Research Review, 33*(7), 734–748, p. 735.
5. Conaway, R., & Laasch, O. (2012). *Communication in responsible business: Strategies, concepts and cases*. New York: Business Expert Press.
6. Belch, G. E., & Belch, M. A. (2009). *Advertising and promotion: An integrated marketing communications perspective* (p. 12). Boston: McGraw-Hill Irwin.
7. Laasch, O., & Conaway, R. (2011). "Making it do" at the movie theatres: Communicating sustainability in the workplace. *Business Communication Quarterly, 74*(1), 68–78.
8. Adapted from Locker, K. O. (2003). *Business and administrative communication*, 10th ed. Boston: McGraw-Hill/Irwin; O'Hair, D., Griedrich, G. W., & Dixon, L. D. (2005). *Strategic communication in business and the professions*, 5th ed. Boston: Houghton Mifflin.
9. Business communication. (2003). In *Harvard business essentials series* (p. 8). Boston: Harvard Business School Publishing.
10. Fernando, R., & Purkayasth, D. (2007). *The Body Shop: Social responsibility or sustained greenwashing*. Retrieved June 26, 2011, from OIKOS: www.oikos-international.org/en/academic/case-collection/inspection-copies/alphabetical-list.html
11. Taubken, N., & Leibold, I. (2010). Ten rules for successful CSR communication. In M. Pohl & N. Tolhurst, *Responsible business: How to manage a CSR strategy successfully*. Chichester: Wiley.
12. Horiuchi, R., et al. (2009). *Understanding and preventing greenwash: A business guide*. San Francisco: BSR.
13. American Marketing Association. (2007). *Marketing power*. Retrieved June 28, 2011, from AMA: www.marketingpower.com/AboutAMA/Pages/DefinitionofMarketing.aspx
14. Grönroos, C. (1989). Defining marketing: A market-oriented approach. *European Journal of Marketing, 23*(1), 52–60.
15. Belch, G. E., & Belch, M. A. (2009). *Advertising and promotion: An integrated marketing communications perspective*. Boston: McGraw-Hill Irwin.
16. Johnson & Johnson. (2007). *Annual report*. Retrieved May 14, 2011, from: http://files.shareholder.com/downloads/JNJ/1257952067x0x171267/057640F8-B2C0-4B0F-9F54-7A24A553C3CE/2007AR.pdf
17. Kotler, P. (2003). *Marketing management*. Upper Saddle River, NJ: Prentice Hall.
18. York, E. B. (2009, June 8). Starbucks CMO: MCD'S java push will work in our favor. *Advertising Age 80*(21) (Midwest region ed.), 12.
19. British Airways. (2011). Retrieved May 17, 2011, from: www.britishairways.com/travel/csr-your-footprint/public/en_gb
20. Starbucks. (2004). Retrieved May 17, 2011, from: www.starbucks.co.nz/index.cfm?contentNodeID=335
21. Litman, T., & Burwell, D. (2006). Issues in sustainable transportation. *International Journal of Global Environmental Issues, 6*(4), 331–347, p. 337.
22. Martinez, P., & Conaway, R. (2010, October). *Ebooks: The next step in educational innovation*. Conference Presentation

at the Association for Business Communication, Chicago, IL.
23. Thompson, S. (2006, June 26). Good to the last (healthy) drop. *Advertising Age, 77*(26), S15.
24. Thompson, S. (2006, June 26). Good to the last (healthy) drop. *Advertising Age, 77*(26), S15.
25. Thompson, S. (2006, June 26). Good to the last (healthy) drop. *Advertising Age, 77*(26), S15.
26. United Nations Environment Programme. (2006). *Sustainability communications: A toolkit for marketing and advertising courses*. Retrieved June 28, 2011, from United Nations Environment Programme: www.unep.fr/shared/publications/pdf/DTIx0886xPA-EducationKitEN.pdf
27. Lesikar, R. V., & Petit, J. D., Jr. (1989). *Business communication: Theory and practice* (p. 9). Homewood, IL: Irwin.
28. Taubken, N., & Leibold, I. (2010). Ten rules for successful CSR communication. In M. Pohl & N. Tolhurst, *Responsible business: How to manage a CSR strategy successfully*. Chichester: Wiley.
29. Economist Intelligence Unit. (2008). *Doing good: Business and the sustainability challenge*. London: The Economist.
30. Cohen, E. (2010). *A necessary partnership for advancing responsible business practices*. Sheffield: Greenleaf.
31. Lesikar, R. V., & Petit, J. D., Jr. (1989). *Business communication: Theory and practice* (p. 10). Homewood, IL: Irwin.
32. Lesikar, R. V., & Petit, J. D., Jr. (1989). *Business communication: Theory and practice* (p. 11). Homewood, IL: Irwin.
33. RED. (2011). *RED: Designed to eliminate AIDS*. Retrieved May 9, 2011, from The (RED) Idea: www.joinred.com/aboutred
34. Varadarajan, P. R., & Menon, A. (1988). Cause-related marketing: A coalignment of marketing strategy and corporate philanthropy. *Journal of Marketing, 52*(3), 58–74.
35. Varadarajan, P. R., & Menon, A. (1988). Cause-related marketing: A coalignment of marketing strategy and corporate philanthropy. *Journal of Marketing, 52*(3), 58–74, p. 60.
36. Varadarajan, P. R., & Menon, A. (1988). Cause-related marketing: A coalignment of marketing strategy and corporate philanthropy. *Journal of Marketing, 52*(3), 58–74, pp. 60–61.
37. Pringle, H., & Thompson, M. (1999). *How cause-related marketing builds brands*. West Sussex: Wiley.
38. Pringle, H., & Thompson, M. (1999). *How cause-related marketing builds brands* (p. 3). West Sussex: Wiley.
39. Bendell, J., & Kleanthous, A. (2007). *Deeper luxury*. Retrieved May 21, 2011, from World Wildlife Federation-UK: www.wwf.uk/deeperluxury/_downloads/DeeperluxuryReport.pdf
40. Bendell, J., & Kleanthous, A. (2007). *Deeper luxury*. Retrieved May 21, 2011, from World Wildlife Federation-UK: www.wwf.uk/deeperluxury/_downloads/DeeperluxuryReport.pdf
41. Bendell, J., & Kleanthous, A. (2007). *Deeper luxury* (p. 43). Retrieved May 21, 2011, from World Wildlife Federation-UK: www.wwf.uk/deeperluxury/_downloads/DeeperluxuryReport.pdf
42. Weinreich, N. K. (2011). *Hands-on social marketing: A step-by-step guide to designing change for good*, 2nd ed. Thousand Oaks, CA: Sage.
43. Armstrong, G., & Kotler, P. (2009). *Marketing: An introduction*. Upper Saddle River, NJ: Pearson.
44. Armstrong, G., & Kotler, P. (2009). *Marketing: An introduction* (p. 203). Upper Saddle River, NJ: Pearson.
45. Weinreich, N. K. (2011). *Hands-on social marketing: A step-by-step guide to designing change for good*, 2nd ed. Thousand Oaks, CA: Sage.
46. Weinreich, N. K. (2011). *Hands-on social marketing: A step-by-step guide to designing change for good*, 2nd ed. (p. 4). Thousand Oaks, CA: Sage.
47. Volkswagen. (2010). *The fun theory*. Retrieved May 9, 2011, from: www.thefuntheory.com/
48. Kotler, P. (2003). *Marketing management*. Upper Saddle River, NJ: Prentice Hall.
49. Kotler, P. (2003). *Marketing management* (p. 26). Upper Saddle River, NJ: Prentice Hall.
50. Waller, R., & Conaway, R. N. (2011). Framing and counterframing the issue of corporate social responsibility: The communication strategies of Nikebiz.com. *Journal of Business Communication, 48*(1), 83-106.
51. Greenberg, J., & Elliott, C. (2009). A cold cut crisis: Listeriosis, Maple Leaf Foods; and the politics of apology. *Canadian Journal of Communication, 34*(2), 189–204.
52. Greenberg, J., & Elliott, C. (2009). A cold cut crisis: Listeriosis, Maple Leaf Foods; and the politics of apology. *Canadian Journal of Communication, 34*(2), 189–204.
53. Greenberg, J., & Elliott, C. (2009). A cold cut crisis: Listeriosis, Maple Leaf Foods; and the politics of apology. *Canadian Journal of Communication, 34*(2), 189–204, p. 191.
54. Patel, A., & Reinsch, L. (2003). Companies can apologize: Corporate apologies and legal liability. *Business Communication Quarterly, 66*(1), 9–25.
55. ERRT (European Retail Round Table). (2010). Retrieved from: www.errt.org/uploads/Retail%20Environmental%20Sustainability%20Code%20-%20June%202010.pdf
56. Walmart. (2010). *Standards for suppliers. Ethical sourcing*. Retrieved May 9, 2011, from: http://walmartstores.com/AboutUs/279.aspx
57. Thurm, R. (2010). Sustainability reporting 2.0: From "Trojan horse" to "value booster." In M. Pohl & N. Tolhurst, *Responsible business: How to manage a CSR strategy successfully*. Chichester: Wiley.
58. Thurm, R. (2010). Sustainability reporting 2.0: From "Trojan horse" to "value booster." In M. Pohl & N. Tolhurst, *Responsible business: How to manage a CSR strategy successfully*. Chichester: Wiley.
59. Thurm, R. (2010). Sustainability reporting 2.0: From "Trojan horse" to "value booster." In M. Pohl & N. Tolhurst, *Responsible business: How to manage a CSR strategy successfully* (p. 109). Chichester: Wiley.
60. Blanding, M. (2011, May 23). *Corporate sustainability reporting: It's effective*. Retrieved May 24, 2011, from Harvard Business School, Working Knowledge Newsletter: http://hbswk.hbs.edu/item/6701.html?wknews=052362011
61. Williams, L. S. (2008). The mission statement: A corporate reporting tool with a past, present, and future. *Journal of Business Communication, 2*(45).
62. Williams, L. S. (2008). The mission statement: A corporate reporting tool with a past, present, and future.

Journal of Business Communication, 2(45), 96.
63. Swales, J. M., & Rogers, P. S. (1995). Discourse and the projection of corporate culture: The mission statement. *Discourse and Society, 6*(2), 223–242.
64. Mullane, J. V. (2002). The mission statement is a strategic tool: When used properly. *Management Decision, 40*(5/6), 448–455.
65. PepsiCo. (2011). Retrieved May 26, 2011, from: www.pepsico.com/Company/Our-Mission-and-Vision.html
66. Morsing, M., & Schultz, M. (2006). Corporate social responsibility communication: Stakeholder information, response and involvement strategies. *Business Ethics: A European Review, 15*(4), 323–338, p. 323.
67. Freeman, R. E. (2010). *Stakeholder management: A stakeholder approach*. Re-issue by Cambridge University Press.
68. Freeman, R. E. (2010). *Stakeholder management: A stakeholder approach* (p. 46). Re-issue by Cambridge University Press.
69. Morsing, M., & Schultz, M. (2006). Corporate social responsibility communication: Stakeholder information, response and involvement strategies. *Business Ethics: A European Review, 15*(4), 323–338.
70. Weick, K. E. (1995). *Sensemaking in organizations*. Thousand Oaks, CA: Sage.
71. Morsing, M., & Schultz, M. (2006). Corporate social responsibility communication: Stakeholder information, response and involvement strategies. *Business Ethics: A European Review, 15*(4), 323–338.
72. Morsing, M., & Schultz, M. (2006). Corporate social responsibility communication: Stakeholder information, response and involvement strategies. *Business Ethics: A European Review, 15*(4), 323–338.
73. Morsing, M., & Schultz, M. (2006). Corporate social responsibility communication: Stakeholder information, response and involvement strategies. *Business Ethics: A European Review, 15*(4), 323–338.
74. Morsing, M., & Schultz, M. (2006). Corporate social responsibility communication: Stakeholder information, response and involvement strategies. *Business Ethics: A European Review, 15*(4), 323–338.
75. Morsing, M., & Schultz, M. (2006). Corporate social responsibility communication: Stakeholder information, response and involvement strategies. *Business Ethics: A European Review, 15*(4), 323–338, p. 325.
76. Palazzo, B. (2010). An introduction to stakeholder dialogue. In M. Pohl & N. Tolhurst, *Responsible business: How to manage a CSR strategy successfully*. Chichester: Wiley.
77. Palazzo, B. (2010). An introduction to stakeholder dialogue. In M. Pohl & N. Tolhurst, *Responsible business: How to manage a CSR strategy successfully* (p. 21). Chichester: Wiley.
78. ABB. (2011). Retrieved May 20, 2011, from: www.abb.com/cawp/abbzh258/c52b8d3c25d-de927c125736a002ad3a3.aspx
79. Freeman, R. E. (2010). *Stakeholder management: A stakeholder approach*. Re-issue by Cambridge University Press.
80. Freeman, R. E., Harrison, J. S., & Wicks, A. C. (2007). *Managing for stakeholders: Survival, reputation, and success*. London: Yale University Press.
81. Freeman, R. E., Harrison, J. S., & Wicks, A. C. (2007). *Managing for stakeholders: Survival, reputation, and success* (p. 107). London: Yale University Press.
82. Freeman, R. E., Harrison, J. S., & Wicks, A. C. (2007). *Managing for stakeholders: Survival, reputation, and success*. London: Yale University Press.
83. This text is a reprint from Conaway, R. N., & Laasch, O. (2012). *Communicating business responsibility: Strategies, concepts and cases for integrated marketing communication*. New York: Business Expert Press.
84. O'Reilly, T. (2005). *What is Web 2.0: Design patterns and business models for the next generation of software*. Retrieved August 30, 2011, from O'Reilley Network: www.oreillynet.com/lpt/a/6228
85. Agarwal, A. (2009). *Web 3.0 concepts explained in plain English (presentations)*. Retrieved February 23, 2012, from Digital Inspiration: www.labnol.org/internet/web-3-concepts-explained/8908/; Hendler, J. (2009). Web 3.0 emerging. *Computer, 42*(1), 88–90; Lassila, O., & Hendler, J. (2007). Embracing "Web 3.0." *IEEE Internet Computing, 11*(3), 90–93.
86. Smart, J. (2007). *Metaverse roadmap*. Retrieved February 24, 2012, from: http://metaverseroadmap.org/inputs4.html#glossary
87. Pariser, E. (2011). *The filter bubble: What the Internet is hiding from you*. London: Penguin.
88. Lopez, E., & Martinez, L. (2012). Redes sociales y responsabilidad social [Social networks and social responsibility]. In *Taller las redes sociales y la RSE [Workshop social networks and CSR]*. Mexico City: EXPOK.
89. Confino, J. (2010). *Can you help us with our latest sustainability report?* Retrieved February 24, 2012, from Guardian News and Media: www.guardian.co.uk/sustainability/blog/sustainability-audit
90. Levi Strauss. (2010). *What's the future of line drying?* Retrieved February 24, 2012, from Levi Strauss & Co: www.levistrauss.com/news/press-releases/levi-strauss-co-asks-what-s-future-line-drying
91. Jack, W., & Suri, T. (2010). *The economics of M-PESA*. Retrieved February 24, 2012, from Massachusetts Institute of Technology: www.mit.edu/~tavneet/M-PESA.pdf
92. Procter & Gamble. (2011). *Little actions big difference*. Retrieved February 24, 2012, from Future Friendly: www.futurefriendly.co.uk/home.aspx; Procter & Gamble. (2011). *Helping consumers conserve*. Retrieved February 24, 2012, from P&G: www.pg.com/en_US/sustainability/environmental_sustainability/products_packaging/consumer_education.shtml

第13章 国际商务与管理：本土化的国际责任企业[①]

> **学习目标**
> - 分析全球化与本土化并存的责任企业运营环境
> - 汇总企业的海外业务，理解这些业务对责任管理的影响
> - 跨文化环境中的责任管理

引言

在拉美地区，有78%的企业首席执行官认为，可持续发展是关系到企业未来发展的重要议题，而在北非与中东地区，仅有22%的公司老总持有上述观点。[1]

有88%的企业首席执行官认为，在供应链管理中有必要考虑社会、环境及治理问题，但只有54%采取了实际行动。[2]

65%的首席执行官相信，在未来5年内公司会在新兴市场启动新的商业模式（如金字塔式底层模型）。[3]

责任管理实践
葛兰素史克：以差异定价政策满足国际社会的期望

尽管现在的许多公司将"全球化谋略，本土化运营"奉为国际化管理的"箴言"，但要把这种管

[①] 本章由郑植翻译，曹毅然校对并定稿。

理政策落实到实际运营中却总是任重而道远。和其他领域相比,这个问题在全球制药行业中更为突出。本土化往往困难重重,因为制药公司很自然地把大量资源集中到药物和产品的长期发展上,并将产品定位在一个真正的全球化市场。药品和药剂在社会中救死扶伤的角色更将制药公司的行为和动机推到了媒体的放大镜下。渐渐地,产品价格、专利约束、发展中国家的药物定价等问题在社会中浮出水面。

在这种大背景下,制药公司必须努力制定一个可靠的全球责任企业战略来平衡竞争性国际需求,否则企业将会面临严重的声誉危机。而葛兰素史克的全球定价策略既维护了企业声誉,又在其企业原则中彰显了责任管理的理念,为如何防范上述问题提供了一个绝佳的案例。公司明白,尽管一直以来药物的昂贵定价有合理的原因——药物的长期开发费用巨大,然而这种定价方式正在变得越来越不受欢迎。因此,公司的首席执行官 Andrew Witty 在 2011 年宣布,根据销售药品的国家情况,某些药物的价格将会大幅削减 95% 以上。这项政策特别针对那些在发展中国家极其常用的药物,例如罗特律疫苗(用于治疗轮状病毒,据测亚洲和非洲每年有 500 000 名儿童死于该病毒导致的慢性腹泻传染病)等。新的罗特律疫苗每剂量的售价将会在 2 美元左右(以往的售价在 40 美元以上),这个售价仅仅能够勉强收回生产成本,但并不能覆盖多年的研发投入。

在企业方面,这种低廉的定价可以被看作葛兰素史克公司新型国际"三层定价结构"的一部分。尽管这些药物的品质在各个国家中都是高度一致的,然而新的定价结构在高、中、低收入国家会形成明显差异。在实际应用中,葛兰素史克公司成功地平衡了富裕国家与贫困国家间药物的交叉补贴,同时也保证了新药与疫苗的投资和研发的资金。在这项战略带来的积极影响下,公司能够与一些全球非营利组织,例如盖茨基金会和瑞士全球疫苗免疫协商会(GAVI)合作,来确保整个系统正常运作,并规避例如低价产品"渗漏"进高收入国家的市场等问题。通过建立这种面向全球而灵活调节的定价结构,葛兰素史克公司在不牺牲药物研发的情况下充分履行了自身的社会义务。该公司既是发展中国家健康水平的推动者,同时也是促进其发展的积极参与者。

葛兰素史克展示了一个公司如何将全球责任企业战略与本土运营相结合,真正落实"全球本土化"的责任企业战略。

资料来源:GlaxoSmithKline, www.gsk.com/responsibility/health-for-all/access-to-healthcare.html.

13.1 责任管理和国际商务

"为什么企业社会责任形式会因为国家不同而差异巨大,同时在每个国家内部不断演变?我们找到了答案。"[4]

全球商务、国际商务、跨文化商务、境外商务或非国内商务——描述国际商务活动的术语有很多。国际商务和管理活动中出现的社会、环境和伦理问题同样层出不穷。贪污腐败、离岸外包、贫穷落后、践踏人权和尚存争议的环境标准都是跨国企业在境外运营时要解决的典型全球化问题。与此同时,全球商务活动也有可能带来许多好处。企业能解决全球问题并为东道国的可持续发展进程做出不俗的贡献。技术转让、高于法律要求的社会与环境标准、创造就业机会,这些都仅仅是企业能为东道国带来的好处的一部分。

有些公司并不把自己定位为全球企业,但全球环境对他们也至关重要。对一个公司而言,商务全球化并不是其责任全球化的必要前提。即使是简单的采购活动,也会有一些选择会或多或少地牵涉到全球责任。企业只要参与到某种国际活动中,哪怕它仅仅是在境外购买某种部件,也可能会出现下列四个问题:

- 我们该如何负责地应对全球化及其带来的挑战?
- 不同国家的责任商务环境基础存在哪些差异?
- 我们该如何负责地管理国际商务活动?
- 我们该如何负责地解决管理者在国际活动中遇到的问题?

Thomas Friedman 和 Michael Mandelbaum[5]在他们的著作中写道,全球化目前遇到的最大难题之一是"如何应对这个能源消费不断增多、环境威胁也层出不穷的世界"。[6]这些问题的确成为目前最大的挑战,然而我们必须要开阔视野,将目光投向能源消费和环境威胁背后的国际企业中的环境问题、社会问题和商业伦理实践上去。在本章中,我们的视角将囊括国际管理与企业中的责任管理、全球供应链中的可持续运营和全体人员的道德实践。

图 13.1 阐述了国际企业转变为全球本土化(glocal)责任企业的过程中要经过的四个阶段。"全球本土化"这个词语是"全球化"和"本土化"混合而成的,用于形容高度适应本土情况的全球化运作。本章目的是建立一个"全球本土化责任企业",也就是一个同时在全球范围和所在国范围内都负责的企业,一个可以在适应多样化的本土环境的同时,为全球的利益相关者创造价值的企业,一个积极应对全球和本土可持续发展问题的企业,一个顺利解决全球伦理问题和跨文化商业伦理的企业。

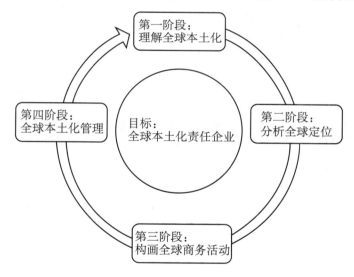

图 13.1　全球本土化责任管理的过程

本章的概要就如图 13.1 中所展示的。首先,"理解全球本土化"是指企业必须思考全球化和本土责任的商务趋势与动因。为了使责任商务和管理与当地责任商务环境的基本状况相互协调,一个责任管理者必须首先理解不同区域和国家间责任商务的差异,然后才能在一个具体的本土环境中分析责任商务环境的基础状况。其次,"全球地位评估"是指通过对比国际公认的责任商务规范和责任商务概念来帮助企业了解自身的社会绩效。有能力分析全球定位的责任管理者已经在通往责任商务管理的道路上迈出了第二步。再次,"勾画全球商务活动"意味着通过分析一个企业的各种全球活动来理解它们的道德规范、利益相关者和三重绩效影响。公司开始在整个全球供应链中创造价值,并开始负责任地处理全球物流、业务外包、员工规范和人权问题等。境外直接投资和全球采购管理也属于第三阶段的范畴,包括全球定价、境外并购和战略联盟。最后,"全球本土化管理"使管理者能在一个全球工作场所中负责任地进行管理活动。这个阶段涉及持续而高效的跨文化交流与管理、跨文化商业伦理和文化包容性。全球本土化体现了企业必须在全球企业文化与本土规范和本土文化间找到平衡点,即使这项工作具有很大的挑战性。跨国企业必须对本土文化进行必要的了解,并将其与国际企业的文化目标相协调。在接下来的内容中,我们将会更加详细地讨论创建全球本土化责任企业的目标。

13.2 目标:全球本土化责任企业

"我们的方针旨在确保企业的运营与政府政策相匹配,巩固企业与其所处社会间相互信任的基础,帮助改善境外投资环境和提高跨国企业为可持续发展做出的贡献。"[7]

全球责任企业与全球化和本土化都关系密切。它既遵循全球的可持续发展、责任以及道德标准,又将责任商业行为与多元的企业运营环境相协调。[8]它要应对非常本土化的可持续发展问题,要理解不同地区的利益相关者,并为他们创造价值,还要在所有本土价值体系中做出符合伦理道德却又包容其他文化的决策。正因如此,我们将责任国际商务及管理的最终目标称为一个"全球本土化企业"(glocally responsible business,GRB)。

全球本土化(glocalization)是"全球化"和"本土化"这两个单词混合而成的,用于形容高度适应本土条件的全球化业务活动。[9]"全球本土化的"和"全球本土化"这两个术语完美地展现了责任企业在全球和本土的市场竞争中增值的需求。我们将使用"全球本土化"来形容高度契合本土环境的全球责任商务活动。企业和政府正逐渐意识到全球大气污染、水资源枯竭、森林砍伐和自身生产活动所需的稀有矿物资源储量减少等问题。这些全球化的问题往往需要本土化的解决方案。全球本土化企业必须既拥有一个强有力的全球责任商务策略,又要让其顺利融入本土环境。

13.3 第一阶段:理解全球本土化商务背景

"全球化正在逐渐消除各国领土间存在的社会、经济与政治差别。"[10]

在开始了解一个全球本土化责任企业之前,我们必须解决两个问题:第一,我们必须了解全球化的各种类型,以及它们如何影响责任商务及管理;第二,我们必须能够分析境外东道国本土的责任商务环境基础。在这个小节中我们将会给出这两个问题的解决方法。

13.3.1 全球化

在本章内,我们将"全球化"宽泛地定义为"全球各个国家中的人们之间不断增多的相互依存关系"。[11]传统的商务思维告诉我们,我们正在一个全球化的世界中进行商务活动,它涉及全球范围内的可持续性、利益相关者和通过伦理手段谋得的利益。然而,实际环境和全球可持续发展之间仍然存在着冲突。由于各国都参与了商品和服务贸易,并且在全球市场内竞争,因此主流的全球化概念包含世界经济的一体化。全球化的这个概念通常被认为是国际化、西方化、自由主义和普世价值的混合产物。

我们需要知道,以贸易形式进行的国际化商务活动在很久以前就开始了,远早于当前的全球化进程。在历史上,商船在全球穿梭,连接了欧洲、印度、中国和日本的港口,在世界各地交换活体动物、特产布料及贵重金属。在那个时代,责任管理和可持续发展都不是商务策略的优先考虑对象。而近年来席卷世界的全球化浪潮将责任管理推到了国际商务策略的中心地位。而且,现代科技和交通运输的进步加速了商品和服务在全球的输送,进而给地球资源带来了恶劣的影响。因此,当今全球化的迅速扩张意味着企业对全球的利益相关者承担的责任也应当等比例增加。跨国企业该如何全面应对这些改变和冲击呢?管理者又该如何调整他们的责任管理方式以适应全球化的挑战呢?21世纪理想的全球商务应当对国际上的所有利益相关者负责,能给全世界带来一个可持续的三重绩效影响,还要在国内、全球和境外当地的环境中遵守伦理道德。

全球反腐措施

Infosys是一家在全球范围内运营的印度IT服务企业。该企业通过了一项决议,使得整个公司的所有成员,从高层到员工,都要遵守一个针对反腐的严格道德守则。他们宁可业务被拖延或承担相关的税务损失,也要拒绝官员的索贿,不让他们的手上"沾油"。此外,该公司甚至公开与政府官员对峙,列举他们索贿的证据来和政府正面抗衡。

资料来源:The Indian Express. (2011). *Infosys'Pai accuses Karnataka govt of corruption, BJP wants proof*. Retrieved February 2, 2013, from The Indian Express: www.indianexpress.com/comments/infosys-pai-accuses-karnataka-govt-of-corruption-bjp-wants-proof/774501/.

全球化的影响

在当今的国际政治经济环境中,可持续发展有可能实现吗?许多人对此并不乐观。Georgia Carvalho[12]认为,要在现今的国际政治经济体系中落实真正有利于可持续发展的战略几乎没有可能。她指出,若要落实发展战略,经济、政治和社会结构都必须发生巨大的变革。在本小节中,我们将剖析七个全球化的动因来解决责任商务和国际政治问题。这七点因素也有利于我们理解全球化对全球本土化责任商务的意义所在。

(1)全球媒体:伴随着全球化的进程,全球媒体的传播力与影响力与日俱增。在全球性事件中,媒体将原本由于巨大的地理距离而相互隔绝的地区联合在一起。也许没有其他任何媒介可以比媒体更能将全世界的焦点汇聚到全球贫困问题、水资源短缺、疾病传播及商业丑闻上来。

(2)全球通信技术与互联网普及:全球技术和互联网普及率的增长速度持续呈指数式爆发态势,一飞冲天。然而在手机价格下降的同时,废弃手机以及部分厂家仍在使用的有毒金属给环境带来的负面影响也在持续增大。全球科技的加速发展会不会进一步扩大贫富差距?互联网的普及是否将最终惠及穷人,在社会中产生均化效应?

(3)全球交通运输:更快、更廉价的交通工具是全球化商务、运输和旅游的另一个全球化推手。相对廉价而频繁的交通运输是全球化最基本的驱动力。然而飞机数量的上升增加了二氧化碳的排放,进而引发了负面的环境影响。如何通过交通技术革新来减少环境破坏是全球本土化责任企业面临的一大难题。

(4)全球化标准的诞生:新的商务形式包括在全球性组织的管理下运营。这些组织会为企业树立一个责任标准。例如,经济合作与发展组织(OECD)、联合国、全球报告倡议组织(GRI)、国际标准化组织(ISO)和国际公平贸易组织(WFTO)。这些知名组织与世界贸易组织(WTO)、世界银行、国际货币基金组织(IMF)一样,都是正确理解全球化并在新型商务环境里运营的基础。

(5) 金砖国家的崛起:理解全球化意味着全球责任管理者必须理解金融力量和贸易关系的转变趋势。巴西、俄罗斯、印度、中国和南非(金砖五国)代表了国内生产总值迅猛增长的新兴经济体。然而,尽管他们的经济和贸易增长势不可挡,但大部分金砖国家正在经历严重的环境问题、大量商业伦理问题及社会公平性的失衡问题。负责的国际管理者在金砖国家里开拓市场并进行商务活动时,要想维持可持续的供应链,承担社会责任并落实伦理规范,就会遇到上述问题。

(6) 反全球化运动和全球非政府组织:反全球化运动反映了现代的一种趋势,即反对跨国企业的扩张及由此引发的企业与消费者的消费主义心理的传播。[13]许多国家和非政府组织排斥西方的资本化和商业化影响。这些利益相关者团体和维权组织可能会反对某些商务行为,而国际责任企业管理者必须时刻准备与他们沟通并做出回应。

(7) 全球的挑战与机遇:走出国门迈向一个全球环境带来了巨大的机遇和挑战,其中包括贪污腐败、贫困问题和全球变暖等。作为全球化运营中的一部分,全球本土化企业必须寻找机会,在全球层面和东道国的本土层面上做出贡献。

香港的鱼翅消费

管理者在处理非常本土化的可持续发展问题时会遇到一些挑战,这里就有一个典型的案例——鲨鱼翅的大量消费。作为中国饮食文化中的一道美食和一种传统,鱼翅已经被非政府组织诟病多年。与之类似,日本人对鲸鱼的嗜好也遇到了本土风俗招致的全球化挑战。自然环境和文化多样性,到底哪个更重要?

资料来源:Cheung, G. C. K., & Chang, C. Y. (2003). Sustainable business versus sustainable environment: A case study of the Hong Kong shark fin business. *Sustainable Development*, 11, 223-235.

全球化如何影响责任商务

在上个小节中,我们分析了全球化的趋势与动因。在本节中,我们会讨论这些趋势与动因的具体影响。全球化改变了21世纪的商务环境。[14]下面列举的五个趋势对责任国际企业在跨文化环境下的运营来说至关重要。责任管理者必须充分了解这五个与全球商务运作的多元文化环境息息相关的趋势,以便把控商务运作的整体局势。这些趋势改编自 Doh, Husted, Matten 和 Santoro 的观点。[15]

(1) 跨国公司所在国家的政治力量衰退:随着全球化的深入发展,各国的政治力量持续减弱。这些国家正变得越来越无力控制跨国公司的业务活动。2004年世界前100大"经济体"中,有47个是国家(地区),剩余53个都是类似沃尔玛、荷兰皇家壳牌和埃克森美孚这样的大型企业。跨国企业的"爆发性增长"使得全球商务伦理成为未来几十年内最重要的问题之一。[16]例如,有些地区的法律对工作环境、员工待遇及安全标准不那么严格,那么向这些地区外包业务的大型企业会从中获益。单个国家和政府对大型跨国企业的控制力正变得越来越弱。随着国家政治力量的衰退,商业伦理问题将会日益严峻。

(2)全球个人身份与个人归属:全球化商务正在削弱雇主和雇员对彼此的国籍、身份和文化归属的关注。他们更多地以自己的社交圈子和专业领域来识别自己的身份,而不是靠文化背景或居住地。

(3)跨国企业正在承担国家责任:跨国企业正逐渐在社会结构中承担并扮演以往属于国家的责任与角色。例如,跨国企业正在参与制定公共政策,并承担部分公共职能和责任,其中包括公共健康、劳工权利及安全保障,甚至还为所在国提供基本服务和基础设施。

(4)全球利益相关者组织的出现:非政府组织、活动家和其他全球非营利性组织,例如,公平劳工协会(FLA)和社会与伦理责任协会(AccountAbility)就是新兴的跨国利益相关者组织。这些组织的出现对跨国公司的诚信度和沟通能力提出了更高的要求。

(5)自律组织的增加:最后的这条大趋势是自律监督组织数量的上升。例如,海洋管理委员会、森林管理委员会这些旨在推进责任商务实践的独立团体。现在大部分的行业都有对责任行为自律监管的认证,这些组织对跨国公司的商业行为施加了巨大的影响力。

13.3.2 责任商务本土化

严格来讲,其实并没有"全球化商务"这种说法。所有走出国门的企业,仅仅是在"外国"运营,而没有达到"全球"这么高的层面。当然,企业战略,包括责任企业战略,是从母公司与全球众多子公司之间的互动角度出发的。然而,这些全球化企业的运营植根于不同国家、不同区域和不同场所的本土环境中。因此,适应当地条件来进行责任商务及管理的能力对全球本土化企业来说至关重要。这些当地条件包括文化、制度、标准,以及随之产生的本土问题、挑战与机遇等。

区域性责任商务措施

拉美、欧洲和东亚的责任商务有什么不同?了解责任商务措施对管理全球本土化企业至关重要。Visser和Tolhurst[17]设计了一份"世界企业责任管理指南"(World Guide to CSR),通过介绍各区域和国家的概况总结了它们不同的责任商务手段。下面"世界之窗"专栏列举了作者眼中的区域性差异的概况。

对于在许多不同区域运营的企业,这张全球责任商务地图和概况能帮助它们根据当地的情况定制自己的责任管理方式。通过理解各地区的责任商务背景和趋势,明确首要的社会、环境和伦理问题并了解当地最应遵守的准则,企业可以参与当地最好的实践机会,并从中获益匪浅。这也是帮助企业将其责任管理延伸到其他地区的无价资源。"世界企业责任管理指南"也为许多国家提供了其他国家的概况,详见"世界之窗"专栏。

非洲

背景:责任商务仍处于萌芽阶段。
重要事项:减少贫困,健康问题和艾滋病,青少年教育和技术培训。
行业动态:出现可持续贸易团体,政府的支持和参与。
守则:缺少整个非洲通用的规范;部分国家有环境行动计划、就业计划和打击腐败行动。
组织机构:北非——国际私营企业中心(CIPE)、埃及初级商业协会(EJB)、新约旦研究中心

(URJC);撒哈拉沙漠以南地区——非洲企业公民协会(AICC)、刚果企业联合会(FEC)、南非商务联合会(BUSA)、环境商务论坛(FEMA)、国家企业倡议组织(NBI)。

实例:可口可乐、De Beers 集团、Satemwa 茶叶公司、壳牌、联合利华。

教育:只有南非提供企业社会责任文凭。

亚洲

背景:企业社会责任深深植根于文化传统中。

重要事项:贫困、教育、劳动力和供应链、环境、产品、社区、政府管理。

行业动态:基于传统的企业社会责任、合作伙伴为基础的市场力量、法律法规、企业社会责任报告、企业全员担责、合作谋生伙伴关系、灵活的嵌入式分销体系。

守则:基于《21 世纪议程》的环境守则,基于国际劳工组织(ILO)规定的劳工守则,企业管理守则,许多国家都有企业社会责任法定义务。

组织机构:亚太慈善会(APPC)、亚洲可持续与责任投资协会(ASRIA)、印度工业联盟(CII)、亚洲企业社会责任组织(CSR-Asia)。

实例:城市发展有限公司(新加坡)、暹罗水泥集团(泰国)、智慧通讯(菲律宾)、塔塔集团(印度)、丰田汽车(日本)。

教育:中国、韩国、印度、印度尼西亚和新加坡都有企业社会责任学士学位。

大洋洲

背景:企业社会责任被广泛接受和落实。

重要事项:在企业内部加强责任商务的支持和理解,消除不良的商务环境影响,让企业了解气候变暖的影响。

行业动态:落实重要事项,建立排放权交易体制。

守则:碳污染减少计划(CPRS),责任商务实践项目,责任投资学会。

组织机构:亚太可持续企业中心(APCSE)、澳大利亚企业社会责任中心(ACCSR)、全球可持续性中心、责任采矿中心、社会影响中心。

实例:德尔塔电力公司、利希尔黄金公司、澳大利亚西太平洋银行。

教育:科廷、莫纳什、格里菲斯等大学、墨尔本大学、斯威本科技大学,以及拉筹伯大学。

欧洲

背景:西欧具有深厚的企业责任管理传统;欧洲中部和东部并不成熟,但在进步。

重要事项:环境、人口结构变化和人口数量减少、健康和安全问题、贫困和社会排斥问题、多样性和机会平等。

行业动态:企业社会责任的积极意识和态度,企业社会责任报告。

守则:欧盟战略和政策、国家战略和政策。

组织机构:欧洲企业社会责任协会(CSR Europe)、欧洲社会商务学会(EABIS)、欧洲委员会、联合国全球契约组织本土网络。

实例:欧洲企业社会责任协会所属的 600 多家公司发起的行动。

教育:公司联盟、商业学院和包含"社会商务"的学术制度。

拉丁美洲

背景：乐施好善的传统，贫穷问题缓解（并非减少），教会主导。
重要事项：劳工问题、环境、社会服务、政府对企业的管理、贪污腐败。
行业动态：从仅仅遵守企业社会责任转变为将其纳入企业文化。
守则：国内守则和法律往往难以生效。
组织机构：企业论坛和社会责任商会、世界可持续发展商务理事会（WBCSD）、伊索斯企业与社会责任研究院（Ethos）、墨西哥慈善中心（CEMEFI）、南美企业社会责任大会（Convertirse）、美洲开发银行。
实例：CEMEX、Medellín、Bimbo 集团、GrupoNueva、Natura。
教育：企业社会责任教育快速发展，墨西哥、委内瑞拉、巴西和哥伦比亚已经有了相关教育。

中东

背景：着重从优势贸易转变为最大化商务。企业社会责任与宗教相关，而且常常表现为慈善活动和乐施好善。
重要事项：国内失业问题、日常饮食和生活方式、工人权利、环境可持续性。
行业动态：企业社会责任融入地域趋势、企业政府管理、可持续报告。
守则：没有有效的守则或并不存在守则。
组织机构：新约旦研究中心（UJRC）、阿拉伯商务女性委员会（ABWOC）、阿拉伯环境与发展论坛、迪拜责任发展中心、霍克马企业治理研究院（Hawkamah）、黎巴嫩透明协会、可持续性咨询集团、阿拉伯青年领袖组织。
实例：中东快递公司、卡塔尔航空公司。
教育：缺乏数据。

北美洲（墨西哥由于其文化等原因，被划为拉丁美洲范围内）

背景：社会责任正在不知不觉地全面融入加拿大和美国的企业，由单纯地遵守法律法规转变为商业策略和远见。
重要事项：加拿大焦油砂的发展、滥伐森林加剧和栖息地丧失、加拿大渔业危机、水资源管理、年龄差距扩大，以及美国的能源问题和气候变暖、创造就业机会、人权问题、消费者健康。
行业动态：消费者和投资者越来越重视环境和社会问题，美国引发了全球性经济衰退、公众信任度下降、急需创造就业机会、人权问题和消费者健康。
守则：可持续发展行动、清洁空气行动、清洁水源行动、加拿大权利和自由法案、环境分析行动、渔业振兴行动、能源政策行动
组织机构：加拿大社会责任商务组织（CBSR）、加拿大伦理道德及公司政策中心（CCECP）、Imagine、国家联络点委员会（NCP）、企业骑士报、社会与伦理责任协会、阿斯彭研究所、波士顿大学企业公民中心（BCCCC）、企业责任商务网络（BSR）、企业圆桌会议协会、世界大型企业联合会、国际商业领袖论坛（IBLF）、世界影响力组织、美国商会、联合国全球契约组织。
实例：Whistler 度假城、Weyerhaeuser、可口可乐公司、IBM、迪士尼。
教育：众多高等学府都有企业社会责任相关的 MBA 课程。

资料来源：Visser. W. A. M. , &Tolhurst, N. (2010). *The world guide to CSR*: *A country-by-country analysis of corporate sustainability and responsibility*. Chichester：Wiley.

按照国别评估责任商务环境

上个小节中提到的"世界企业责任管理指南"给我们展示了各国实际情况的概览。现在我们换一种更加具体且又十分重要的视角——责任商务的公共政策——来看待各方在将责任商务本土化过程中做出的努力。图13.2中介绍了一个被称为"企业责任管理导航仪"的框架方法。它由德国国际合作机构(GIZ)开发,通过它提供的这套方法,可以按照国别评估责任商务环境,并为在那些国家运营的责任企业和管理者给出建议。[18]"企业责任管理导航仪"通过该国当地的责任商务具体内容、责任商务环境和有关企业社会环境责任的公共政策的成熟度来评估该国的责任商务。责任商务内容和环境帮助企业明确需要解决的重要问题,而成熟度则帮助责任管理者了解该国的责任商务法律法规的先进性。从图13.3整合的成熟度评价中我们可以看出,莫桑比克、巴西和波兰等国家的公共政策相对比较落后。他们的政策是所谓的"第一代政策"。南非和法国等国家是"第二代政策",而最先进的是"第三代政策",只为英国所独有。对于来自这些国家或在这些国家中运营的企业来说,这又意味着什么呢?在一些公共政策比较先进的国家中经营的企业需要准备好面对更大的法律压力。相反的,活跃在责任商务政策不那么发达的国家的企业也许能更容易地达到当地的标准。从本章最后给出的一种特殊的视角,我们将对全球主要经济体中的四个——中国、印度、德国和美国的责任商务概况进行对比。

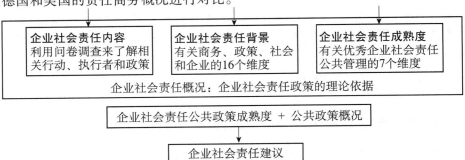

图13.2 一国责任商务政策分析:方法和结论

资料来源:Bertelsmann Stiftung;GTZ. (2007). *The CSR navigator: Public policies in Africa, the Americas, Asia and Europe.* Eschborn:GTZ.

在不同国家中企业社会责任手段有何差异呢？带着这个问题，Dirk Matten 和 Jeremy Moon[19]两位学者调查了不同的企业社会责任措施。他们发现，欧洲与美国的责任商务手段截然不同，而这两种落实责任商务的措施可以被推广到世界上的其他国家。它们分别是明确型企业社会责任(explicit CSR)和隐含型企业社会责任(implicit CSR)。

明确型企业社会责任中的商务政策认可并明确规定一些社会责任。企业会自愿参与兼具社会价值和公司价值的活动来解决一些重要问题，以满足利益相关者的期望。这就是典型的明确型企业社会责任。

隐含型企业社会责任对待责任商务的视角更加宽广，也更加系统化。它要求在官方和非官方的制度内都要维护社会利益，做好企业公民的角色。隐含型企业社会责任建立在价值理念、规范标准和条例规定的基础上，它们要求企业处理利益相关者的有关事宜，同时在集体而非个人层面上定义了公司应该承担的责任。

弄清一个国家在管理责任商务时是倾向明确型还是隐含型，是一个至关重要的前提条件。如果没有做到这一点，在海外进行责任商务活动就可能会纰漏百出。

责任商务的本土背景和环境基础

在分析了全球、区域和国家的责任商务环境基本状况以后，我们来到了真正的本土层面。将责任商务本土化并适应所在地区特定的背景和环境，这个目标具有很大的挑战性。我们能开发出新型可持续创新产品，或招募到具有责任管理理念的员工吗？有适合实施责任商务的氛围吗？当地的条例规定和商务标准适合责任商务的落实吗？会有当地的企业愿意与责任企业合作吗？

在接下来的内容中，我们借用波特的钻石模型来表示一些特定的考虑因素。这些因素将有助于我们分析责任企业的相关要点。[20]下面括号中的文字标示了每个条目在原本模型中的称呼。跨国公司在当地应考虑以下四个因素：

- 责任企业竞争力(策略和竞争)。它描述了管理责任企业的相关规定与激励机制。一个企业若要分析当地的责任商务环境基础，那么最好研究一下当地社会和环境方面的法律法规，看看有没有针对责任企业的政府激励机制。同时也要弄清楚企业责任在当地商务文化中的接受程度，以及当地是否有责任企业需要参与认证与评估。
- 相关支持体系(行业)。它是指当地支持或反对责任商务的公司、非政府组织或政府机构。这些团体包括当地的游说者、商会、产业可持续发展倡议组织或全球影响力协会等。
- 可持续因素(供应情况)。它是指某些高质量的专门配合责任商务实施的必要因素。企业应该调查当地的人力资源情况，分析其是否已经为责任企业的运营做好了准备，并判断当地是否具有可持续地供应生产所需原材料的能力。同时，企业也能了解当地是否具有专门针对责任企业的融资机会。
- 当地利益相关者的诉求(需求情况)。它描述了本地利益相关者的特点和成熟度。企业应该分析当地消费者对于可持续创新产品有没有要求，社区对企业参与度的要求有多高，员工是否更加青睐责任企业等情况。

钻石模型的一个重要应用就是，它对"环境决定型"和"企业决定型"思维方式都有帮助。在我们之前举的那些例子中，我们运用的是"环境决定型"思维，主要思考"当地环境会对责任企业造成什么影响"。而企业也应当运用与其相对的"企业决定型"思维，思考"责任企业怎样才能改善当地的环境基础,创造社会与环境效益"。

保加利亚:利益相关者的重要需求——双方对话的巨大力量

奥地利公用事业公司 EVN 在保加利亚的分公司遇到了一群吉卜赛人为主的"问题顾客"。通过与利益相关者的密切对话,公司发现"窃电"问题的根本原因在于众多其他文化对吉普赛民族的歧视。秉着开诚布公与相互尊重的态度进行对话是取得双赢的策略。

资料来源:EVN.(2013). The Stolipinovo project. Retrieved February 2, 2013, from EVN:www.evn.at/Verantwortung/Gesellschaft/Stakeholder-dialogue/Fallbeispiele/Projekt-Stolipinove-%281%29.aspx?lang=en-us.

13.4 第二阶段:分析负责任的国际商务

"企业一直被呼吁要按照一种全球责任商务规范来运营……内容包括贫困、人权、国际关系、制度建设、全球化、公平贸易和生态效益等事宜。"[23]

我们将国际商务定义为"发生在两个或两个以上国家(地区)间的一切商业交易,包括销售、投资和运输"。[24]所有参与这些业务的企业都能被称为国际企业。在本节中,我们将首先分析国际企业的几种不同类型及其责任商务的措施。然后,我们将给出一些分析模型来为全球本土化责任意识程度分级。

国际商务能够产生巨大的力量,技术和沟通的完美结合带动了可持续发展,瓦解了政治壁垒,催生了诸如联合国契约组织(UN Global Compact)这类的全球责任商务网络。国际商务的运营体系越来越注重责任商务绩效,相关信息的发布变得越发即时、透明、对称。这一点和政府、其他组织的运行越来越相似。

在第二阶段中,我们将通过制定明晰的并具有竞争力的可持续发展与商业伦理战略,来分析全球责任商务定位。建立一个全球通用的责任管理模式的概念非常重要。我们也会回顾卡罗尔[25]提出的企业对全球利益相关者的社会和伦理责任金字塔模型,联合国全球契约组织的原则,以及 OECD 关于跨国企业的指导方针。准确分析企业全球定位的责任管理者将在创建全球本土化的责任企业的道路上迈出极其重要的一步。

13.4.1 责任管理的国际化视角

参与跨国社会活动的企业应该采用什么策略?假设在马来西亚首都吉隆坡非常受人欢迎的麦当劳和肯德基考虑赞助当地的青年足球队。再假设马来西亚的年轻人对足球的热情高涨,而肯德基和麦当劳都想通过分析了解西方特许经营机构赞助当地的青年足球队的举动在当地文化看来是否合适。两家公司都认为自己具有一定的社会敏感性,那么当地人会不会觉得这两家公司在"入侵"自己的"地盘"呢?我们将应用下面几个模型和准则来做出负责的跨文化决策。

分析企业的全球定位意味着一个企业要分析自己在国际市场中的立场,制定一个全面的国际策略,并通过自己的产品或服务创造价值。责任管理者在进行分析和决策的同时,也会在三重绩效的框架内创造经济、社会和环境价值。企业将会"提出一个令人信服的价值定位(为什么顾客会购买产品或接受服务)来明确其目标市场(为哪些顾客提供产品或服务)"。[26]这个"令人信服的价值定位"将会在各个方面明确责任企业的价值。

13.4.2　区分不同类型的跨国公司

跨国公司往往会根据其目标来制定明晰并且独特的战略、结构以及管理模式。而这些都会直接影响到公司内部的责任管理实践。公司的国际特色会给它的全球本土化责任商务实践带来什么影响呢?以下是跨国公司的类型汇总,我们可以将各个企业归入与之匹配的类别。你认为哪种类型的国际企业的特色最契合全球本土化的责任企业?下列归类在 Bartlett、Ghoshal 和 Beamish[27]分类的基础上,增加了两个在责任商务中非常重要的跨国公司类型:全球采购公司(globally sourcing companies,GSCs)和出口企业(export business,EB)。

- 全球采购公司的国内业务活动依赖其位于境外市场的供应链。在责任商务方面,这些公司信奉"承担全球化的责任并不仅限于在全球运营的企业"。虽然全球采购公司的运营和市场往往局限于一个国家,但是它们远在海外的全球供应链使其有必要确保公司的境外供应商能够落实责任管理体系。全球采购公司的工作重点是进行全面广泛的供应链跟踪,即用来确保供应商实践可持续发展、责任和伦理的控制手段。

- 出口企业将国内制造的产品销往境外市场。出口企业必须确保自己在本土的运营符合境外顾客的要求。在责任商务的背景下,出口企业必须最大限度地做到可持续发展、履行承担并坚守道德标准,这样才能满足挑剔顾客越来越高的标准要求。

坦桑尼亚:可持续发展的出口企业

坦桑尼亚 Diligent 公司向我们展示了一个出口企业应该如何为本土经济、社会和环境创造价值。为了保证可持续的原材料供应,该公司鼓励农民种植一种麻疯树(这种树的果实能作为生物燃料原料),并以公平贸易价格购入这些原料。这个项目为小农经营者带来了收入,开辟新的动物栖息地,并建立了新的本土市场。Diligent 公司目前正在为出口欧盟寻求相关认证。

资料来源:Diligent Tanzania Ltd. (2013). *Diligent Tanzania Ltd.* Retrieved February 2, 2013, from: www.diligent-tanzania.com.

- 具有国际市场理念(international mentality)的企业管理者"会认为公司海外的业务相当于公司的前哨站,其作用是以各种方式辅助国内母公司,例如增大销售以支持国内的生产制造"。[28]这样的公司本质上把自己定义为国内公司,而非全球化企业。国际市场概念中的许多假设都建立在国际产品周期理论的基础上,而国际产品周期理论是一个不可持续的概念,因为它主张不断地升级产品、更新换代,大大推动了全球消费主义。此类企业的权力集中在母公司,公司通过将本国的研发成果和新兴技术推向境外市场来增加销售量。具有这种国际市场概念的企业在全球本土化责任管理中会遇到一个难题,这就是如何使境外业务达到足够的本土化程度,从而真正了解当地利益相关者以及当地社会。

- 跨国运营公司(multinational firms)开始重视本土化并对民族文化差异做出回应。境外分公司的管理者往往是"非常独立的企业家,而且通常是东道国的公民"。[29]这种跨文化理念能够让责任管理者根据对当地的了解做出相应的决策。Arthaud-Day[30]将联合利华在国际洗衣粉市场中的成功归结于公司对各个国家当地水资源情况和洗涤方式的深入了解。由于这样的跨国公司能够积极融入本土环境并灵活地做出相应的调整,因此它们能高效地制订出符合当地社会和环境需求的解决方案。

- 国际公司(global companies)往往"考虑开发面向国际市场的产品,并达到国际规模的产量,其生产制造往往局限在为数不多的几个高效工厂之中,而这些工厂通常位于公司总部"。[31]这种全球理念的着眼点在于国际市场,而不是国内或本土的市场。这种全球思想的内涵是"同样的产品,同样的方式,不同的地区"。在这样的一个全球企业中,责任管理者有可能性会为全球利益相关者创造价值,并努力解决真正的全球可持续问题。

- 本土化的跨国公司(transnational firms)。上述三种公司管理思想的局限性催生了一种超越国界的思想。它"对本土的需求更敏感,而同时兼顾全球效率"[32],运用各类资源、研发能力以及技术水平,在母公司集权和子公司分权间找到了一个平衡点,成功地提高了全球效率,同时又实现了本土化。然而,管理者面临的难题是如何在一个适合公司战略的企业结构中实施责任管理。跨国企业往往不仅具有极高的全球可持续发展能力、责任意识及道德标准,而且能灵活高效地调整这些标准以适应企业在当地运营,完美地与每个地区的相关议题、需求和文化保持高度一致。

表 13.1 概括了上述不同国际企业类型的特点,并与单纯的国内企业进行了对比,从而为全球本土化责任企业的战略、运营以及行动提出建议。

表 13.1 跨国公司分类以及责任商务建议

公司类型	特点					责任商务战略、运营和行动
	全球采购	境外市场	境外运营	全球战略	境外本土化	
纯粹国内企业	否	否	否	否	否	注重国内责任、商务战略和行动
出口企业	否	是	否	否	否	注重国内责任商务战略并根据境外需求调整产品和工艺
全球采购公司	是	否	否	否	否	注重国内责任商务战略和操作,但密切关注全球供应商
国际市场理念型企业	是/否	是/否	是/否	否	否	塑造一个国内责任战略,但境外责任商务活动必须与本土利益相关者的需求和可持续问题相协调

续表

公司类型	特点					责任商务战略、运营和行动
	全球采购	境外市场	境外运营	全球战略	境外本土化	
跨国运营公司	是	是/否	是	否	是	针对每个相互关联而又各自独立的地区塑造一系列独特的责任商务战略和运作
国际公司	是	是	是	是	是/否	塑造一个全球化责任商务战略，主要关注全球问题以及利益相关者
本土化的跨国公司	是	是	是	是	是	实现全球本土化责任商务战略，对全球和本土问题以及利益相关者给予相同的重视

13.4.3 分析企业的全球可持续发展、责任及伦理程度

我们如何才能度量企业在全球运营中承担多少责任？在本小结，我们将会再介绍两个评估企业全球责任的方法：第一种方法将卡罗尔的责任金字塔模型应用到全球范围内，这是一种质性的、基于模型的分析方式；第二种方法借用了全球责任商务规范，特别是OECD给跨国企业制定的指导方针和联合国全球契约组织提出的准则来进行评估。

基于模型的分析

许多知名的责任商务运营分析模型都能被用来分析国际责任商务，卡罗尔[33]提出的模型就是其中之一。卡罗尔用他的责任金字塔模型来评估一家企业对全球利益相关者的责任履行情况。这个金字塔模型注重社会责任和绩效的四种类型，并按照责任程度进行排序。图13.3展示了该金字塔模型。

经济责任（economic responsibility）的组成元素同样也是全球责任企业四种责任的基础。它是跨国企业进行国际商务的基石，也对企业的生存和发展有着重要影响。企业的确对利益相关者有着经济责任[34]，但同时它们在境内、境外都要承担相应的法律责任（legal responsibility）。不同国家的法律系统间往往有着巨大的差异，从而将跨国公司推到了一个两难的境地。比如，位于中国郑州的富士康工厂是苹果的代工企业之一，负责组装iPhone手机。富士康在解决工人人权以及休假问题的时候常常遇到麻烦，而且还经常出现生产线质量问题。富士康太原工厂的约2000名工人为了维护自己的权利，于2012年10月举行了罢工，抗议不公正待遇。富士康也因此被迫关闭了这家工厂。[35]除去经济和法律责任，卡罗尔的金字塔模型显示，建立在经济和法律之上的道德责任（ethical responsibility）包括"尊重、保护利益相关者道德权益的，被员工、顾客、利益相关者和全球社区所信任的一切公平、公正的规范、标准和期望"。[36]没有被收入法律内的道德责任则反映了一些全球性

的标准,例如联合国全球契约组织和全球报告倡议组织提出的准则。最后,慈善责任(philanthropic responsibility)包括了企业在境外自愿参与的社会活动。所谓"慈善"的活动和另外三种责任类型并不相关,主要根据管理者自己的意愿开展。

全球企业责任金字塔为责任管理者提供了一个框架,以便管理者们评估公司的全球定位。要想在实际层面落实责任商务,责任管理者应该努力遵守以下的指导方针[37]:
- 不赚黑心钱,跨国公司赚取的利润要符合国际商务规范的要求;
- 遵守东道国的法律以及国际法律;
- 在公司运营中遵循商业伦理规范,考虑东道国和国际标准;
- 努力成为一名优秀的企业公民,特别是符合东道国标准的企业公民。

责任管理者理解了全球化,并正确评估了自身的全球定位以后,可以进一步勾画全球商务版图。他们可以利用上述四点,在遵守法律、落实合理的伦理实践并成为一名全球良民的同时,获取合理的经济效益。

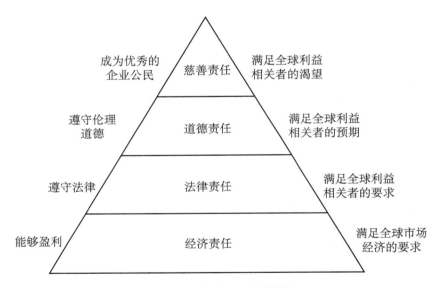

图 13.3　全球商务责任层级

资料来源:Carroll, A. B. (2004), Managing ethically with global stakeholders: A present and future challenge. *Academy of Management Executive*, 18(2),114-120.

全球责任商务准则

适用于企业跨国经营的准则、倡议甚至认证的种类繁多。除了能让外界知道企业踏上了正轨,这些准则也是企业进行自我评估的工具。在接下来的内容中,我们将重点关注国际商务和管理的两个主要法则:OECD给跨国企业制定的指导方针,以及联合国全球契约组织提出的准则。这两个准则存在本质上的差异,但在国际企业解决责任商务问题的过程中,他们的重要性不相上下。除此之外,我们还会解释康克斯圆桌会议商务原则(Caux roundtable principles)[38]。它虽然不如前两个准则那么有名,但可以为我们的讨论增加一个视角。表13.2对这三种准则提出的指导方针进行了比较。

表 13.2 责任企业跨国经营指导方针对比

联合国全球契约组织	OECD 给跨国企业的指导方针	康克斯圆桌会议商务原则
人权 原则1:企业应该对国际规定的人权给予支持和尊重 原则2:确保企业之间没有沆瀣一气践踏人权 **劳工** 原则3:企业应该维护各社团、协会的自由,积极认可劳资集体谈判 原则4:消除任何形式的强迫或强制劳工 原则5:在法律上高效废除童工 原则6:消除关于雇佣和职业的歧视 **环境** 原则7:企业应该支持环境问题相关预防措施 原则8:采取措施来承担更多环境责任 原则9:鼓励环境友好型技术的发展和普及 **反腐** 原则10:企业应该反对一切形式的腐败行为,包括敲诈勒索和贪污受贿	**披露** "企业应该确保其经营、结构、财务情况和绩效信息披露的及时性、定期性、可靠性和相关性" **雇佣和劳资关系** "企业应该在适用的法律、法规和约定俗成的劳资关系及雇佣规范的范围内"确保责任劳资规范 **环境** "企业应该……承担应有的责任来保护环境和公共健康与安全,并以可持续发展的方式开展经营" **打击贿赂** "企业不应直接或间接提供、承诺、给予、索求贿赂或其他不应得利益,来维持、获取业务或其他不正当利益。其他各方也不应要求或期望企业提供贿赂或各种形式好处" **消费者利益** "在与消费者交易时,企业应该遵守公平交易原则、市场和广告规范,并且应当使用一切合理手段来保证其提供的商品或服务的安全和质量" **科学和技术** 企业应该推进科技的普及和转让,推进本土合作来开发专业技术 **竞争** 企业应遵守公平竞争规范,如不操纵价格、不串通勾结、不限制产量 **缴税** "企业按时纳税对东道国的政府财政是非常重要的。企业尤其应该遵守其运营范围内所有国家的税务法律与法规,并不遗余力地按照这些法律法规的字面要求和内在精神来运营"	**原则1 企业的责任:超越股东,服务全体利益相关者** "作为其运营的地区、国家、区域和全球社区中的负责公民,企业要为塑造这些社区的未来出一份力" **原则2 企业的经济和社会影响:关于改革创新、公平正义和国际社会** "设立在外国的企业……应当对这些国家的社会进步做出贡献……企业应该不仅仅对其运营的国家,而应对整个国际社会的经济和社会发展做出贡献" **原则3 企业行为:高于法律的字面规定,深入至其内在的信任精神** "企业应该牢记诚挚、坦率、真诚、守信和透明……还有国际层面上的商业业务的平稳和高效" **原则4 遵守规则** "为了避免贸易摩擦,推进公平贸易、平等竞争条件和对所有参与者的公平待遇,企业应该遵守国际和国内的规则" **原则5 支持多边贸易** 企业应当支持关贸总协定组织/世界贸易组织的多边贸易系统和其他类似的国际协议。企业应当努力合作来推进先进而明智的贸易自由化,并在支持国家政策目标的同时缓和国内阻碍全球商贸的不合理措施 **原则6 尊重环境** 一个企业应当保护并且,如果可能的话,改善环境,推进可持续发展,防止自然资源的浪费 **原则7 杜绝非法运营** 一个企业应当与其他企业合作来避免贿赂、洗钱或其他腐败行为:"企业不应交易军火或其他被用于恐怖活动、毒品贩卖及其他集团犯罪的物资"

资料来源:Global Compact, www.unglobalcompact.org/AboutTheGC/TheTenPrinciples/; OECD Guidelines, www.oecd.org/investment/mne/1922428.pdf; CauxRoundtalbe. (2002). *Draft principles for responsible globalization*. Saint Paul: Caux Roundtable.

13.5 第三阶段：勾画国际商务活动

"由于他们在全球的影响和进行全球活动时遇到的各种事项、利益相关者和制度环境，跨国企业正在扮演一个极其特殊的角色。"[39]

国际贸易、境外市场、全球采购、境外直接投资和全球伙伴关系都是典型的"国际交易"。我们也可以称它们为"国际商务交易"(international business transactions)。在其中的每一项业务活动中都会遇到与三重绩效原则、利益相关者以及道德困境相关的挑战。与此同时，每个业务活动都能带来行善的机会。

企业"勾画"全球商务其实是根据战略做出决策的过程，其结果可以在整条供应链上可持续地创造价值。在这个阶段中，我们将会讨论企业如何在决策的时候考虑：(1)进行符合商业伦理的全球采购；(2)可持续的全球贸易；(3)开拓境外市场；(4)在境外设立子公司；(5)建立全球战略联盟。我们将分析上述领域，并讨论可持续的外包、劳工政策、工作环境及其他相关事项。

由于不同国家处在不同的经济发展阶段，相应的责任商务与管理实践也大相径庭。责任管理的实施，如同上文所述，是由各种不同的力量共同驱动并支配的，而这些力量很大程度上取决于东道国的经济发展阶段。蓬勃发展中的新兴经济体应该扮演非常重要的角色。通常情况下，以经济增长为导向的工业中心在运营时几乎不会考虑环境或社会问题。而另一方面，经济发达国家是这些"不良生产方式"的主要推手，因为发达国家需要廉价的大众消费产品，而廉价的大众消费产品只能用这些方式来生产。实施跨国管理时需要考虑的问题繁多而复杂，而经济发达国家和发展中国家之间的这种相互影响仅仅是其中之一。以下是责任化管理的国际企业应该考虑的几个问题：

(1)全球利益相关者：公司在参与全球活动的时候，会不断地影响全球的利益相关者，也同时会受到他们的影响。这种利益相关者小至境外工厂的工人，大至国际性的非政府环境组织，比如绿色和平组织等。

(2)全球外部性因素：外部性因素是指一个公司的行为所产生的负面影响，而这个影响会由其他各方来承担。许多跨国企业经常会受到谴责，因为他们将有可能产生负面社会环境影响或其他外向性影响的业务外包到劳工和污染相关法律法规水平较低的发展中国家。全球本土化责任企业必须勾画出全球外部性因素并用实际行动将问题化解在内部。

(3)分配的公平性：从各种不同的角度来看，全球商务活动都是很不公平的。由于业务外包活动而导致的发达国家国内的失业，以及相应导致的发展中国家薪资过低和薪资不公是两个突出问题。

(4)国际发展：全球业务活动能在国际社会中推动东道国的经济和社会发展。例如，专业技术的转让，当地环境和社会标准的催生，以及由于全球活动而诞生的东道国"富裕的一代"。当然，还包括在跨国企业的努力下推进可持续发展。表13.3总结了这些会影响全球商务活动的典型因素。

要想成功处理全球本土化商务活动，企业必须有一个与本地业务相适应的全球责任战略。这意味着，在实际操作中，国际企业应该首先确立企业的总体战略，然后再制定一个能够应用到不同地区的责任商务运营战略。当公司下定决心要达成责任目标之后，难点在于将商业战略贯彻到国际运营当中并落实到供应链的各个环节。

全球电子产品垃圾桶——外包的是业务还是污染？

地处中国广东的贵屿镇是世界上许多废旧电脑、手机、键盘和显示器被回收利用的地方。中国电子废弃物回收商把那些在贵屿街道上堆积如山的部件进行拆解并分类。有毒材料的熔炼就在露天环境中进行,产生了大量的有毒烟雾。然而,现在中国出现了一些有望改变该现状的迹象,其中包括:中国国家主席习近平强调环境保护的重要性;国际绿色科技合作典范——中国的绿色科技组织的建立;以及全球契约本土网络在中国的重启。

资料来源:Lacey, P. (2012, January 27). Is China the global game-changer for sustainability? *The Guardian*; CBS News. (2010, January 8). *Following the trail of toxic e-waste*. Retrieved January 28, 2013, from *CBS News*-60 *Minutes*. www.cbsnews.com/8301-18560_162-4579229.html.

表 13.3 全球商务活动区域与相关责任商务考虑因素

全球采购	全球贸易	境外市场	境外子公司	全球联盟
业务外包和离岸外包中的问题	物流带来的环境影响	本土可持续意识	外商直接投资	共同原因
对不良劳资规范和贪污腐败的支持	转移价格	推进责任消费模式	国际并购	共享优势
追溯供应链	公平贸易	低收入国家的市场	全球调拨定价和税收	共享基础建设
在低收入国家采购	道德贸易	本土生产和消费	本土发展	跨行业伙伴关系

在接下来的几个小节中,我们将会对之前提到过的全球活动中的可持续性、责任和伦理进行一个简略的概览,并讨论如何将它们融入一个企业的全球本土化商务战略。

责任管理实践
推进可持续农业

联合利华是全球采购的国际领袖与典范。该公司会向供应商发送可持续指导方针文件,以此来设立行业领先的基准化可持续绩效标准。这些文件包括给供应商的一份《责任和可持续》采购指南,给农场主和农场工人的一份《可持续农业法则》和《项目规则》。这些文件的目的是在收入和生活条件方面保护工人和供应商的权利,通过保养田地来减少环境破坏,并且提高水资源的存量与质量。

卡夫食品同样在全球采购中展现了其国际领导能力。卡夫食品在2011年通过改善农产品使其可持续发展排名上升了36%。该公司指出外部认证与鉴定有助于"提高庄稼产量、保护环境并且帮助农场工人和他们的家人改善生活"。通过其全球供应链中的可持续化改善,卡夫食品公司降低了16%的能源消耗,减少了42%的水资源浪费,并在2005年到2010年的时间里缩短了交通和分销网络中6000万英里的路程。

资料来源：Unilever. (2012, November 28). *Sustainable sourcing.* Retrieved November 28, 2012, from: www.unilever.com/aboutus/supplier/sustainablesourcing/; Kruschwitz, N. (2012). Why Kraft Foods cares about fair trade chocolate. *MIT Sloan Management Review*, 54(I), 1-5, p. 3.

13.5.1 全球采购

全球采购是指在国际供应链上获得生产原料的过程。全球责任采购不仅仅依靠外界认证，也要靠企业内部不断的自我评估。公司内部实行的标准要推行到责任采购和供应链管理中，推广给供应链上的采购合作伙伴。为此，公司必须确立一套注重可持续性、责任和伦理道德的责任采购政策，以及针对供应商的执行准则和供应商发展项目。

在低收入国家采购(BoPsourcing)的重要性正在逐步显现。所谓 BoP(base of pyramid)采购是指向处在金字塔底层的贫困国家的中小型企业进行采购活动。据 Prahalad 估测[40]，全球有大约40亿人生活在经济收入"金字塔"底层，几乎占到了世界总人口的60%。大、中、小型企业在这些低收入国家采购中分别扮演了怎样的国际角色？国际企业是否有道德义务，要把金字塔底层的国家(人均年收入低于1000美元)纳入业务范围？一些强烈呼吁把全球低收入国家纳入国际责任管理的学者给出的答案是肯定的。[41] 责任管理者可以用下面这两个主要手段来融入低收入国家的市场：

- 确定国家：首先，责任管理者需要在低收入国家中积极寻找切实可行的供应商。在这样的国家中向供应商采购也许会逐步推动经济发展、增加就业机会，以及提升薪资水平。其他的连锁反应在这里就不一一列举了。
- 确定供应商：其次，直接与在低收入国家开展业务的供应商打交道，而该供应商的扶贫成果已经受到广泛认可。

企业如果打算与低收入国家的企业家开展业务，可以通过创造可持续的贸易市场，或者推广由本地原材料制作的高附加值产品。然而，低收入国家采购的目的并不在于接触企业家。相反，其独特的可持续发展目标在于为低收入人群创造财富。实施低收入国家采购的责任管理者会将公司资源介绍给这些低收入国家的企业家，从而将本地原材料和初级产品商品化，并为可持续贸易创造市场。

低收入国家采购的商务模式的效率正被逐渐认可。例如，世界经济论坛指出，企业在发展中国家内为加强食物产业价值链做出的努力达到了两个重要的目标：第一，私营企业在一个"成长中的、可盈利而且未开发的市场"里找到了机会；第二，"在贫困的社区里，创新手段能改善民生"。[42] 这些新型商务模型具有高度的自主权，可以很好地适应当地情况，并集中精力在当地发展，这也使得它们既能高度适应当地环境，同时又能够不断创造价值。当责任管理者引导他们的公司敲开低收入国家的市场大门的时候，他们通常都能在国内或全球市场中确立巨大的竞争优势，同时在本土和境外都能增进社区和利益相关者之间的友好关系。

业务外包(outsourcing)是全球范围责任商务的另一个重要领域。业务外包通常是指公司选择第三方企业来提供原本由自己承包的必要服务或工艺流程。离岸外包(off shoring)是指原本在国内完成的工作现在转移到海外，外包给第三方公司或是通过并购建立的境外子公司。业务外包往往会选择离岸外包，因为经济发达国家中的企业选择业务外包的主要动因之一就是削减成本。另一个主要动因是使本公司能够专注于核心的工艺流程,让专攻其他次要工艺流程的公司来完成相应的任务。而发展中国家的廉价劳动力,加上其达到甚至超过发达国家的某些技术水平,使得这两个动因在海外能够同时实现。不管是业务外包还是离岸外包,如果没有落实责任管理,就有可能引发社会、环境及伦理问题。追溯供应链是一个在供应链中深度监控社会、环境和伦理问题的重要手段。

全球采购主要关注购买公司和供应公司之间的关系,而下节中要提到的全球贸易则是指在全球网络中的购买方和供应者之间的商品或服务的交易。

13.5.2 全球贸易

全球贸易由于全球经济系统的弊端而被广而诟病。然而,贸易也可能会减少经济缺陷,并创建一个真正具有包容性的全球经济系统。责任贸易必须同时考虑上述两个方面,因此责任贸易往往能够减轻贸易潜在的负面影响,并突出贸易潜在的创造价值的能力。接下来我们将会说明三种由责任贸易衍生而来的贸易方式:可持续贸易、公平贸易及道德贸易。

可持续贸易(sustainable trade)是指能够推进社会、环境和经济可持续发展的贸易手段。虽然贸易特别是全球物流引发的环境影响,给可持续发展带来了困难,但是它也能成为重新分配全球财富、推进全球经济社会发展的手段。国际可持续发展研究所在成立4年后发表的《贸易与可持续发展的温尼伯原则》(Winnipeg Principles for Trade and Sustainable Development)[43]是可持续贸易的一个核心文件。它的发表在某种意义上是出于世界贸易组织没有很好地解决可持续发展问题而饱受批评的结果。[44]尽管该文件是针对政治决策者起草的,温尼伯原则也可以被责任管理者应用到国际贸易领域:

- 效率和成本国际化:尽可能地利用最少的资源,并确保支付了商品或服务的所有外部成本。
- 公平公正:利用贸易来积极推进发展中国家和发达国家间的公平公正。
- 环境保护:确保贸易造成的影响在生态环境自身修复的能力之内。
- 子公司:确保企业在国际贸易中的政策与当地最高司法标准和国际标准相符。并且为了达到可持续发展,在必要情况下甚至可以超过这些标准。
- 国际企业:与国际贸易的相关组织合作来实现可持续发展,并在公平对话中解决争端。
- 科学和防范:科学分析贸易和社会、环境体系之间的相互作用,在此基础上制定国际贸易决策。在不能确定贸易活动会导致何种后果的情况下谨慎行事。
- 开放性:开放地与利益相关者沟通贸易活动及其后果,在贸易和国际发展的交集中参与知识传播和创造。

公平贸易(fair trade)是一个"建立在对话沟通、开放透明和相互尊重基础上,在国际贸易中寻求更大公平性的贸易伙伴关系"。[45]在这种类型的伙伴关系中,一个购买者会向生产者,通常是小型的生产者,保证其在发展中国家和发达国家的贸易中实现更大的公平性。在贸易关系中,给生产方合作伙伴的保证可以是一个公平的价格、超出市场的价格、长期供应商关系,以及给予生产商群体社会发展方面的支持等。[46]公平贸易通常至少要确保种植商(生产商)和供应商都能以产品的公允价值进行交易。公平贸易中的道德标准决定了公允价格。设立于德国波恩的国际公平贸易标签组织(Fairtrade Labelling Organizations International,FLO)是一个帮助管理全球公平贸易的伞形组织,它监督着21个公平贸易组织。英国的公平贸易基金会(Fair Trade Foundation)是FLO成员之一,它要求"企业以可持续的价格(该价格永远不得低于市场价格)"进行交易,此举是为了解决对最贫穷、最弱小的生产商的歧视问题。[47]这些监督团体为全球的农民和供应商发放公平贸易标签和认证。[48]

公平贸易主要为当地的利益相关者或是公平贸易伙伴关系中的生产厂商创造价值,而道德贸易(ethical trade)主要关注发展中国家的生产企业中的员工利益相关者。贸易中的大部分道德问题普遍存在于发展中国家工厂的工作环境中。因此,道德贸易常常和遵守国际劳工标准联系在一起。[49]例如,道德贸易联盟对如何确保企业的全球供应链中不会出现劳动保障的缺失做出了非常详细的指导。道德贸易联盟的基本准则应对了损害员工权益的道德问题,例如最低生活保障、抵制童工及不人道待遇。[50]

责任管理实践
本土生产,全球贸易

一家非洲公司的商务行为提供了一个可持续贸易原则的范例。位于坦桑尼亚的ETG公司是一家"向非洲小农场主采购商品,并将这些货物销往中国和印度等地"的农业公司。公司的愿景是要成为数一数二的非洲农业产品出口龙头企业。该公司寻求通过出口并销售其当地生产的商品来促进非洲大陆的经济增长。公司通过网站推广点对点的供应链方案,将种植、贸易和农产品加工一体化。ETG的案例反映了本土生产产品在全球贸易中的成功。

ETG交易25种不同的商品,包括大米、化肥、腰果和咖啡等。公司在2012财政年度的销售收入达到了大约15亿美元。为了推进全球贸易,ETG对一直以来都比较贫困的地区承诺坚持一体化并承担责任与义务的原则。该公司力图利用私募基金公司的投资,在社区内建立小微贷款方案来推进可持续发展工程与改善民生工程。公司的努力给贫困社区带来了经济增长。

资料来源:Wonacott, P. (2012, November 13). Carlyle Group to make African investment. *The Wall Street Journal*, p. C3; Export Trading Group. (2012, November 16). *ETG at a glace*. Retrieved from www.etgworld.com/.

13.5.3 境外市场

寻求境外市场(foreign market seeking)是指在国内市场以外的范围内扩张的行为。假设有一个企业进入了境外市场,打算推广一种新的产品或新的服务,他们可以选择在境外市场行善或是作恶。如果要行善,公司可以转让有价值的技术,提供更好的产品或塑造消费模式。但如果非本国产品摧毁了当地重要的本土企业或推进了不可持续的消费模式,那么就是在作恶。渴望境外市场特别是发展中国家的市场,同时又具有强大品牌力量的跨国公司会发现自己在扮演一个大使的角色。印度、中国和其他金砖国家的新兴中产阶级正面临一个选择:是向新型的更可持续的消费模式靠近,还是延续原先错误的不可持续的消费主义消费模式。对于进入境外市场的公司来说,选择推进消费主义不仅简单易行,而且能够促进短期销售,这一点对能否成功进入境外市场至关重要。

那么,在选定新市场或新的境外市场来销售产品或提供服务时,应该依照何种决策流程呢?市场分析要着眼于这个国家内在的自然资源、劳工供应、资本来源及政府支持。例如,一个国家的具体情况可能会转变消费者的偏好,使其购买选用本地材料制造的产品。Charles Redell[51]通过对美国的食物供应商和食品杂货店如何转而偏好本地种植的食品及有机食品的研究表明,本地生产的好处在于可以显著地减少间接成本,并缓解交通运输对环境带来的破坏。消费者分析及市场分析可以判断出有机食品或当地的产品或服务的销售情况。在进入一个市场的过程中,必须考虑地缘政治、文化多样性及法律问题。一家名叫Solar World并在美国设厂的德国公司曾经会同7家美国企业控诉中国制造的太阳能电池板,理由是中国产的太阳能电池板售价低于市场价格。在进入一个境外市场前,企业也可以分析一下自身的核心资源和竞争力。在考虑交通运输或创立境外工厂时则需要分析经济规模。印度曾经是星巴克仅剩的几个没有进入的市场之一,星巴克于是决定与印度的塔塔集团结成联盟,在"茶文化国家"开设咖啡馆,后来星巴克果然取得了成功。[52]

星巴克:市场准入过程中的可持续发展

星巴克着手挑战了金砖国家市场。继其在中国开设了1500家以上的分店之后,星巴克在2011年与印度的塔塔集团结成了联盟,将咖啡文化引入了印度。星巴克曾做出全球承诺,要坚守其高度可持续发展的标准、不断改善水质,并在社会、环境和经济项目中对当地农民给予支持。

资料来源:Beckett, P., Agarwal, V., & Jargon, J. (2011, January 14). Starbucks brews plan to enter India. *The Wall Street Journal*, p. B8.

以下我们列举市场准入的三种常见模式,并提供绝佳的初始战略定位:
- 可持续的市场创新。基于新型可持续消费模式的产品创新在推进发达国家和发展中国家的可持续消费过程中占据了一个至关重要的地位。想要开拓境外市场的企业如果拥有一项创新性的产品,并且能服务社会环境,那么它就拥有了差异化优势,从而胜过市场中现有的企业,并为顾客创造更多价值。像这样以"可持续的市场创新战略"进入境外市场的企业,可能会在一开始就树立起"优秀企业"的形象。公司可能会以一个不讲究可持续发展的市场作为突破口,积极改进产品并转变不可持续的消费模式,以此树立自己的企业形象。而战略中的沟通和营销则可以结合善因营销活动,突出产品对社会和环境效益的贡献度。同时,公司也可以结合社会营销来引导消费者转变行为模式,选择可持续的生活方式。
- 可持续发展基础设施。许多国家的消费者缺乏可持续发展的相关基础设施。例如,缺乏废弃物回收体系、可再生能源、责任管理技能,有时甚至是缺乏清洁的饮用水。发展中国家的这些基础设施缺陷拉开了与发达国家之间的差距。然而,诸多企业有能力通过产品和服务来建设或参与建设这些可持续发展的基础设施。在此过程中,企业获得一个进入境外市场的机会,并能改善该地区的可持续发展进程。企业通过运营解决当地的可持续发展问题,也是对建设可持续发展的基础设施做出的贡献,此举不仅有助于当地的可持续发展,而且能帮助企业与当地的利益相关者建立良好的关系。
- 金字塔底层。金字塔底层市场代表了全球的低收入人口,因此要正确理解金字塔底层意味着我们必须首先"不再认为穷人是受害者或累赘,而将他们视为富有潜力和创造力的企业家和有价值意识的消费者"。[53]那么,哪些人属于这个低收入群体呢?联合国2005年启动千年发展计划指标时,第一个列出来的目标就是彻底消除极端贫困和饥饿人口。联合国对极端贫困人口的定义是收入(购买力平价)低于每天1美元,或是在一个国家中消费最少资源的那五分之一的人口。也有其他机构对金字塔底层收入购买力平价制定了更高一些的指标,即每天收入低于2美元[54],或每天低于8美元。[55]千年计划力图在2015年前将全球贫困和饥饿人口减少一半。[56]要想分析金字塔底层市场,最重要的两个因素是:(1)低收入群体是如何消费的?他们在哪里购买哪些商品?最佳的价格和包装尺寸是多少?(2)最关键的是,这些消费者当前最迫切的却没有被满足的需求是什么?

金字塔底层的"甜蜜商务"

"甜蜜商务"是由雀巢公司在委内瑞拉的分公司开展的一个项目,它使住在委内瑞拉贫民窟内的女性能有机会成为企业家。甜蜜商务工作坊传授女性财务和会计技能,让她们能在自己的公寓开一家小面包店。除了给女性提供新的烘焙方法以外,它还为完成培训的女性颁发培训证书以资鼓励。

资料来源:Mendez, D., & Koch, S. (2010). *The sweetest business of Nestlé Venezuela: El dulcenegocio*. University of Michigan, Case 1-429-092.

13.5.4 国际子公司

在第二阶段中,我们分析了不同类型的国际企业,我们也注意到了,只有在极少数情况下,跨国企业可以不依靠设立国际子公司(international subsidiaries)做到全球化发展。管理这些子公司会涉及许多特殊的战略与实践活动。在接下来的内容中,我们列举了三个用于创建和管理境外子公司的重要措施:境外直接投资(foreign direct investment, FDI)、企业并购(merger & acquisition, M&A)及转移价格(transfer pricing)与国际税收。

境外直接投资是一种外资拥有手段,包括金融投资和有形或无形的资产境外转移。境外直接投资应当基于公司支持当地可持续发展的战略(例如通过经济发展缓解贫困问题),考虑当地相关者的利益(例如当地政府和员工),以及确保在整个过程中避免伦理道德问题(例如贪污腐败)。从生产设施到参与运营和销售的全体员工都属于公司资产的范畴。主流的跨国企业通常可以通过两种途径进入境外市场。公司"必须在非权益型准入模式(例如通过代理商和授权许可进行扩张)和权益型准入模式(当地开始合资或独资企业)中二选一"。[57]我们将会在有关并购的小节中详细讨论权益型市场准入模式。依靠权益型准入模式在全球市场扩张主要通过收购,即购买或租赁现有的生产设施,或者通过新建(greenfield investment),即投资新建一家生产设施。[58]

外商直接投资为经济发展提供了强大的动力。在他国的金融投资会有助于推动当地的经济发展,以及随之而来的社会发展。外商直接投资意味着长期经营的承诺,此举能够提升投资企业的信誉,彰显其高度重视并认真对待的态度,而这又可以反过来推进当地的发展和国际化,成为双方建立长期合作的基础。可以建立一个双向巩固的体系来同时推进国际化和责任商务,并通过它在东道国和母公司之间创造可以共享的价值。

公司合并是指两家公司自愿地合并为一家,并共享双方的资源。也许用"巩固"可以更为贴切地形容该运作。公司收购是指自愿或强迫性地购买另一个公司的大部分资产,此类运作有时也被称为公司接管。2006年法国化妆品公司欧莱雅吞并了英国化妆品零售商美体小铺,这个收购活动就被认为是一次公司接管。[59]对于美体小铺来说,这个举动带来了声誉问题,因为消费者对两家公司在动物试验方面截然不同的态度表示担忧。国际公司并购的原因很多,而对当事的双方来说,任何一种选择都涉及可持续发展、商业伦理及责任履行的考量。

并购一家外国企业可能是出于不同的目的:也许收购方在自己国内无法获得某种资源,比如缺少某种自然资源;也许是因为本国资源过于昂贵。新技术或研发能力也可能成为企业国际并购的目的,比如印度的低成本软件开发。公司并购的另一个目的可能是抱团取暖用合力增加责任企业的竞争力。取得某个国家的廉价劳动力或特色商品,甚至是更低的税收或政府的支持,也可能成为国际并购的动机。例如,波音公司在墨西哥克雷塔罗州和下加利福尼亚州建立了重要的航空航天工程设施是因为当地的劳动力市场拥有高素质的工程师,而他们的薪资要求相对较低。

国际企业并购无论是出于何种目的,责任管理者必须在决策过程中结合可持续的目标和伦理规范。在对可持续发展、责任和伦理道德的分析中必须考虑潜在因素的影响,例如廉价劳动力国家中恶劣的工作环境或违反人权的行为,以及潜在的环境问题。我们可以将之前讨论过的钻石模型作为分析工具,剖析并购背后的缘由以及可能产生的影响。调查并购行为对经济、社会、环境和道德可能产生的影响的过程叫作尽职调查(due diligence)。

撒哈拉以南非洲基金

再次关注位于坦桑尼亚的跨国农业出口贸易集团ETG。给它"加油"的是私募基金投资者,例如联合另外两名投资者向ETG投资了2.1亿美元的Carlyle投资集团。这个数目显然代表了非洲"近年来较大私募基金投资"之一,而该公司同时也对可持续发展给予支持。Carlyle公司的新基金叫作撒哈拉以南非洲基金,其目的是向非洲的小型农场主采购商品,再将这些商品销往亚洲及其他地区。这种负责的境外直接投资体现了一种趋势,即将外国资本注入非洲企业,以及满足发达国家更大的食品和能源需求。

资料来源:Wonacott, P. (2012, November 13). Carlyle Group to make African investment. *The Wall Street Journal*, p. C3.

公司并购中的责任管理必须平衡至少两个主要利益相关者团体间的利益。处于两种公司制度环境下的管理者会遇到不同的伦理问题,而每种制度环境下又有一系列特定的规范标准需要遵守。[60]一方面,责任管理者需要与市场中的贸易伙伴交流。例如,与市场运营相关的规范准则也许会重视利润等因素。而另一方面,责任管理者也要对如何与下属沟通并购事宜做出决策。管理者

有可能会在人际交往中摆出一种盛气凌人的姿态,并可能"把人当作物件或是达成目标的工具,而不是作为他这个人本身来对待"。[61]责任管理者可以学习公司并购中的模范,与员工展开高效的沟通,尊重他们的人格尊严,而不是把员工视为达到企业目的的工具。

跨行业合作以求更大的全球影响力

奥斯陆的 Det Norske Veritas(DNV)是一个以管理人身、财产和环境风险为目的的独立基金会,而总部位于英国的 Two Tomorrows 集团的主要业务是评估关键的商业风险,例如碳排放量、水资源匮乏、生物多样性、社区投资和人权等。两家机构于日前合并,目标是"成为全球企业和全球政府在可持续问题方面独立的可信赖的专家"。

资料来源:Kennedy, B. (2012, May 8). *More sustainability-consulting consolidation*:*DNV buys Two Tomorrows*. Retrieved November 17, 2012, from:www.greenbiz.com/blog/2012/05/08/dnv-buys-two-tomorrows.

转移价格是指母公司向子公司,或者其子公司或部门向公司的境外分公司或部门提供产品或服务而收取的费用。当两个子公司参与交易时它们可能会向对方收费,那么也会产生转移价格。当地政府很难对跨国企业的收入征税,而税务和转移价格也会引发伦理问题。例如,母公司的国内税率和境外子公司的税率可能会有所不同。下面列举了转移价格过程中可能会出现的道德困境和伦理问题。

- 我应该多缴纳国内税款来支持本国的发展,还是应该增加境外投资以实现公平性?
- 国际企业可能会插手转移价格,操控子公司之间支付的价格,以逃避缴税。
- 转移价格过程中,何种利润水平对各方都公平?

OECD 指出,转移定价"对国际企业在其运营的各国中应纳税利润的分配有着巨大影响"。[63]因此,转移定价既可以在相关国家创造更大的公平性,也可以维持甚至扩大不公平性。Hansen、Crosser 和 Laufer[64]建议落实一项共同原则来缓解转移价格和税务问题,即"牺牲自己的利益来为别人带来好处的意愿"。[65]责任管理者在面对缴税和转移价格问题的时候,可以考虑其他国家或地区的利益来为公司制定一些伦理规定或树立一系列价值体系。责任管理者可以推进社会正义,改变他人的道德水平,同时也仍然可以做到合理避税并优化成本。

公司并购的目的

在公司合并和收购过程中,伦理问题会清晰浮现在责任管理者的面前。一个经济实体和另一个经济实体以"高附加值金融资本主义"兼并,会给牵涉到的所有人带来伦理道德决策。Nielsen 研究了 2007—2009 年金融危机的成因,并根据资本主义在"创造性破坏"过程中演变的不同角色,指出了并购过程中的根本性伦理冲突。换句话说，在这场金融危机之前，许多公司合并的目的都是让少数人获得财富，这是最糟糕的资本主义形式。Nielsen 利用亚里士多德伦理学来表明"商务活动/行为的目的是以一种让管理者和这个世界都变得更好的方式来创造财富"。责任管理者必须从根本上重新考虑公司并购的目的与影响。

资料来源：Nielsen, R. P. (2010). High-leverage finance capitalism, the economic crisis, structurally related ethics issues, and potential reforms. *Business Ethics Quarterly*, 20(2), 299-330, p.299; Schumpeter, J. A. (1947). *Capitalism, socialism, and democracy*. New York: Harper and Brothers.

13.5.5 全球战略联盟

根据迈克·波特的观点，国外战略同盟（strategic alliances）是"两个或多个企业间的合作伙伴关系，该关系从共享信息和研究到共同投资，通过少部分合伙人转包合同来提供进入当地市场的途径和分销渠道"。[66]这些企业间的长期合作协定高于普通市场业务关系，但未达到企业并购的程度。Daniels、Radebaugh 和 Sullivan 定义了以下三种战略联盟[67]：

- 规模联盟（scale alliances）汇聚相似资产，使每个企业都能在自己熟悉的领域进行商业活动。
- 链式联盟（link alliances）结合互补的资源来扩张进入新的领域。
- 纵向联盟和横向联盟（vertical and horizontal alliances）的区别在于价值链上有等级之分（纵向）或所有公司都位于同一个等级（横向）。

战略联盟可以建立在很多不同类型的关系上，并往往涉及少数的股东。在责任商务中联盟关系及其重要，尤其对于跨行业联盟关系而言。例如，企业与非政府组织形成的跨行业联盟，或是企业和政府机构形成的跨行业联盟。这种模式可以为共有的社会、环境、经济或道德目标一起努力。跨行业联盟中包括为了共同目标而一起参与活动的来自不同领域的所有合作伙伴。与跨行业联盟相对的是同行业联盟，其中的合作伙伴都来自一个领域。比起同行业联盟，跨行业联盟的巨大优势在于资源互补与能力汇聚。

想要成功地解决全球社会和环境问题，仅凭一个企业或是一个行业的努力是远远不够的。国际战略联盟的结合方式数不胜数。非政府组织与其他非政府组织形成战略联盟，从而对大型跨国企业带来更强的利益相关者影响。专门针对某个环境问题或针对面向儿童的有害产品或材料，抑或针对某个特定的受到不公正对待的团体的国际利益团体之间可以形成链式联盟，齐心协力来改变政策方针和法律法规。政府机构和正在改革产品包装方式的小规模新兴企业间可以形成纵向联盟。企业之间可以形成纵向联盟，联合双方的研发和技术力量来使某个特定的产品或制造流程实现更好的可持续性。或者企业可以为非营利性组织提供预算服务以开展能够解决社会问题的项目。全球本土化责任商务的一个重要任务就是建立一个在当地和全球层面都非常强大的联盟体系，通过最大效率的合作解决可持续发展问题。

13.6 第四阶段：在全球化商务环境中的责任管理

"另外，这个维度在哲学层面上探及了国际商务伦理尚存争议的核心内容，即国际准则和价值观到底应该根据当地环境和文化环境的需求做出多大程度的调整。"[68]

第三阶段主要关注企业层面的责任商务活动,那么在第四阶段中,我们将会把全球本土化责任商务转化到管理的层面。本阶段的根本问题是:在全球化背景下该怎样进行责任管理? 这个问题可以分解成三个探究方向:

一是我们该怎样负责而包容地管理全球形形色色有着不同信仰、种族和社会经济水平等的劳动力大军?

二是我们该怎样解决文化差异问题,并同时达到主流思想和责任管理的目标?

三是我们公司的道德纲领应该是什么? 是承袭公司母国的道德标准,还是遵从每个东道国各自的道德准则? 我们又该怎样解决不同道德体系间产生的冲突?

在接下来的内容中,我们将会在"跨国多样化管理"(cross-national diversity management)部分详尽地解释第一个问题;第二个问题的答案包含在"跨文化管理"(intercultural management)这一小节中;而第三点中的一系列问题则会在"跨文化伦理道德"(cross-cultural ethics)中讨论。

13.6.1 跨国多样化管理

跨国多样化管理"指管理一个由不同国家的居民或移民组成的劳动力大军"。[69]跨国多样化管理的理想目标是创建一个"多元文化企业",一个深入研究并积极鼓励文化差异和提供平等机会的企业。[70]多样化管理的成功基础是要创建一个重视并鼓励劳动力多样化的全球包容性工作场所(globally inclusive workplace)。我们可以将下面这一系列简单的问题对号入座,来看看这样的工作场所是否存在[71]:

- 所有团体和个人是否都平等地参与企业决策过程?
- 工作场所中做出的重要决策是不是平等地通知到了所有的团体和个人?
- 所有团体和个人是否都平等地被邀请参与正式或非正式的会议和社会活动?

尽管多样化管理通常是属于人力资源部门的任务,但它应该登上每个管理者的议事日程。真正的一体化往往不是由企业政策带来的,而是通过主管、中层经理,或者更多情况下,由团队负责人提出的个人倡议而产生的。全球多样化工作场所的责任管理者可以在员工和主管中建立一个"包容性"理念。国际管理中的包容性意味着来自不同背景(例如文化、宗教和种族)的人们可以一起和谐地工作,在工作场所中树立对个体差异的尊重和对道德标准的宽容。

责任商务中的多样化不仅仅指员工,因为员工只是众多参与决策和商务的利益相关者团体中的一个代表。责任管理者必须将多样化管理的原则和内涵广泛地传达给诸如社区成员、供应商及非政府组织等利益相关各方。管理全球利益相关者的多样性同样是个挑战。社区利益相关者是多样化管理中最突出、最重要的外部利益相关者。

13.6.2 跨文化管理

"入乡随俗"这个俗语包含了很多的责任商务的理念。然而,在全球范围内运营的企业既要尊重当地的文化差异,同时又必须考虑全球通用的标准。尽管非常困难,但我们必须在全球企业文化和本土文化规范之间找到一个平衡。首先,我们将分析企业文化素养,也就是在全球运营企业时的重要文化能力,它对需要解决各种跨文化问题的责任管理者来说至关重要。

责任管理者应该怎样做好有效解决跨文化问题的准备呢? Geert Hofstede 提出了文化特征的六个维度来评估企业和国家文化。[72]这一系列文化特征也已被确立为国际标准。[73]国际企业管理者可以登录 Hofstede 的网站来比较公司母国和东道国的特征。[74] 再结合之前提到过的全球包容性商务,一个管理者也可以比较某个特定的员工团体的本源文化与公司大多数员工的本源文化的文化维度。这六个文化维度是:

(1)个人主义是指个体之间的联系较为松散的文化;与之相反的是集体主义,即个体通常密切立足于强有力的集体中。

(2)权力差距是指一个文化对权力不公平分配的接受度和预期度。

(3)不确定性规避是指个体对未知或不确定情况的担忧程度。

(4)男权化用于形容一个国家中具有非常明确的性别社会角色;相反,女权化用于形容社会角色的部分重叠。

(5)长期取向的目标在于未来回报的最大化;与其相对的短期取向定位于过去、现在或不久的将来。

(6)放纵程度用于形容提倡享受生活和及时享乐的文化;另一方面,约束程度用于形容通过严格的社会规范准则来压抑人类基本需求和自然需求的文化。

通过分析文化的这六个维度,管理者可以对责任管理的实施方法有一个了解。比如说,如果一个管理者与一群来自高度男权化文化的员工共事,女权主义者和平等就业方案将可能遇到阻碍。在一个短期取向的国家中,要让人们接受可持续发展的概念可能会比在一个长期取向的国家中更困难。比起去寻找阻碍责任商务实施的本土文化维度,最好的解决方法可能是创建一个独特的企业文化。有学者认为,国家文化的改变速度比企业文化慢得多。[75] 企业应该在内部树立一个文化典范,然后以此来慢慢影响国家文化的转变。文化素养可以帮助企业更好地适应当地文化。

责任管理实践
责任管理实施中的跨文化技能

想象一下,有一个亚洲国家,它的经济对世界经济的影响很大,在这个国家里有一个制造工厂,里面有一个大型生产中心,主要组装电子设备部件和生产某些其他的产品。假设一个西方跨国公司将业务外包给这个工厂。

这个工厂有一个经营法则,它符合西方的可持续标准,针对工作条件树立了一系列严格的规则,包括员工的最低年龄、公平薪资和每周最多的工作时间。空气质量、通风情况和光照条件也都有明确的规定。然而,东道国的劳动法中却没有这些标准,生产线主管也往往疏于严格执行这些规定。工厂的总监来自西方母公司的母国,而工厂内其他所有的员工,包括楼层主管都是东道国的国民。尽管该工厂有着责任运营标准,但生产楼层主管总会收到来自整条生产线上的关于工作条件和人权的投诉。

某天一个通风条件欠佳的区域发生了一起事故,出现了人员伤亡。这起事故登上了当地新闻,并通过社交媒体在全球疯狂传播,很快便人尽皆知。这个公司受到了国际媒体和非政府组织的强烈批判,遭到了负面宣传和公众批评。母公司一位德高望重的公司经理前去视察这个基地,召集主管们开了现场会,重新评估了管理规范。最终这位经理认为该事故发生的根本原因在于基地总监缺乏文化素养,跨文化管理不力,以及在领导权威、遵守纪律和跨文化监管中存在伦理道德问题。

这起事故反映了责任管理者在海外运营商务的过程中会遇到的众多跨文化问题。员工对权威的尊重、对他人权利的尊重、对政策和规定的遵守等深厚的文化价值都在员工的思想中根深蒂固,也对他们与别人的交流影响深远。责任管理者每天都要面对跨文化问题。我们应该遵守什么样的伦理道德规范呢?当员工在遵守全球规定方面发生分歧时,我们该遵从哪个国家的管理理念呢?

通常责任管理者会被要求在国际商务领域中展示他们的文化素养。然而将责任商务管理的全部内涵和文化素养相结合到底有多重要?我们中的大部分人都明白,在境外子公司或部门工作需要出色的文化技能。国际工作环境带来了我们在本国不会遇到的特殊的文化挑战和文化背景,因此我们必须将文化素养视为管理素养的一部分。这一点对全球本土化责任管理至关重要。

我们采用国际商务对文化素养的定义:"一个个体在国内或境外利用一系列知识、技能和个人特质,来顺利地与不同国家文化背景的人们共事的能力。"[76]责任管理者一旦对他们的文化能力做出了评估,就可以更好地在全球化商务中管理可持续发展绩效。这里有几个符合该定义的文化特质:

- 知识既具有特定文化的内涵,又拥有相当的文化普世性。[77]一个责任管理者必须学习关于文化、语言、适合这个文化的交互规则的知识,以及有关某个特定习俗的信息。[78]责任管理者应该接受有针对性的培训来获得有关这个文化的可持续标准和伦理规范的知识。
- 技能的定义是一个人完成某件特定事务。"态度"决定了一个管理者在未来绩效中的表现,"能力"是指管理者已有的完成某项任务的能力,而"技能"则拥有一些不同的含义。技能包括"外语能力、适应不同文化环境的行为规范、高效压力管理,或是解决跨文化冲突"。[79]
- 个人特质是文化素质的第三个主要维度。主要包括个人特点、领导能力、工作方式和歧义容忍。责任管理者应该培养符合文化特征,避免歧视和偏袒,发展当地的社交网络,以及防止种族优越感的品质。

责任管理者必须能够管理可持续发展绩效、利益相关者关系及不同文化背景间的伦理规范,以及在国内或境外顺利地与不同文化背景的人们共事。如果缺乏文化素质,责任管理者将无法在全球本土化责任商务中进行高效管理。在下一小节关于跨文化伦理道德的内容中,我们将会提到跨文化管理中一个至关重要的部分,即面临文化差异导致的道德困境时该如何进行选择。

13.6.3 跨文化伦理道德

跨文化伦理道德是指在不同文化价值影响之下做出的道德决策。跨文化伦理道德已经是一个成熟的领域,因此我们的讨论将专注于伦理实践中的管理措施。我们不会在哲学层面上解决伦理道德问题,而会尝试找出不同文化的伦理道德的发展进程和共同点,以便高效地解决跨文化道德困境。责任管理者会面临什么类型的伦理问题?贪污腐败(包括受贿、回扣和特殊待遇等)就是一个典型的跨文化道德困境。[80]虽然在西方和全球责任标准中,贪污腐败都被视为不合道德的,但是在许多本土文化中贿赂却是一种能够接受的行为,甚至是商务活动中天经地义的花费。在面对贪污腐败的问题时,哪种道德标准才是对的呢?在遇到其他文化道德标准相矛盾的问题时该怎样做出决定?

国际责任管理者经常遇到与他们自己的文化中非常不同的情况和规范。他们该怎样判断对错?在定义良好管理方式的通用标准时,Bailey和Spicer[81]区别了全国规范,也就是一个在跨文化环境中使用的国家标准,以及有着当地特色的社区规范。管理者会发现一个国家的文化不是一个统一的、"内部逻辑清晰的价值和信仰体系"[82],而是一个碎片化的文化信仰和一系列繁杂的准则和规范。这个发现让决策问题变得更加复杂。对于这些两难问题,一个解决方法是寻找一系列普遍接受的伦理道德"基本准则",来作为做出决策的通用基础,使其能被所有文化接受。

利用种族多元化优化决策

Afrilan First银行是位于喀麦隆的一家全球性银行。它在刚果民主共和国、赤道几内亚共和国、圣多美和普林西比等邻国运营,同时在刚果(布)、法国和中国也设有办事处。Afrilan的理念在于将非洲文化价值融入现代化企业管理。喀麦隆是非洲多样化的一个缩影,有200多个部落生活在其中。Afrilan第一银行的使命是通过在乡村地区发展小微银行来消除贫困。实现成功的一个关键是理解多样性及其给银行带来不同价值。一位经理指出:"自从进入银行以来,我从不需要讨论跨民族问题,但在会议中当人们发言时,你会发现他们深受自己所接受的文化教育的影响。在北方会有一个较大的阶级等级体系,人们则根据自身在该体系中的阶级等级来做事。来自西方的人们也与之类似。而在中部和东部地区并不存在这样的等级制度……我们主要属于巴马勒克文化,因此我们欢迎来自其他民族的人们为我们带来更多的多样性文化和其他思想。向一个来自其他民族的人咨询问题,你可能会得到一个完全不同的观点,并且因此得出一个更好的答案。"

资料来源:Jackson, T., &Nzepa, O. N. (2002). *Afriland First Bank: Promoting a class of entrepreneurs in Africa*. Centre for Cross Cultural Management Research, p. Case; IFC. (2007). *eBanking on sustainability: Financing environmental and social opportunities in emerging markets*. Washington, DC: International Finance Corporation; AFBG. (2012). *The pact with success*. Cameroon: Afriland First Bank Group.

公司建立道德架构或面对不同文化间的伦理问题时,可以参考两个基本学派的思想。[83]其中一个学派假定不同的文化道德标准间没有共同点,正因如此它们要完全区分开来,相互独立地被研究和管理。另一个学派则认为不同文化之间确实存在一系列核心的、共有的价值观和道德标准,只是各文化在落实这些价值观念的过程中产生了差异。

共有的伦理道德存在吗?这样的"世界道德观"理念意在强调普世的全球伦理中的核心元素和共同点。根本的理念是,不管我们来自什么样的文化和宗教背景,我们都能在一系列共同的伦理价值和原则上达成一致意见。[84]一个由穆斯林、犹太教徒和基督徒学者组成的团体起草了跨宗教宣言,其中列举了这些世界宗教中的共同点,并说明了这些共同因素该怎样被应用于商务中。宣言中提到的四个共有元素是[85]：公平正义（公正合理）、互相尊重（关爱体谅）、管理工作（托管制度）、诚实守信（坦率真诚）。

当然，上面提到的这些价值观并不是文化间唯一有关联的元素，但是学会在共同原则和价值观的基础上做出道德决策这个理念可以被提炼出来，作为我们对解决跨文化分歧的重要参考。

在管理过程中会出现什么文化道德分歧？Hendry[86]把基于文化差异的道德分歧划分成了三大类。这个分类方案将会帮助责任管理者们理解他们在国际文化中遇到的不同伦理道德问题类型，并引导他们找出合适的解决方案。

一是两种文化的价值观指向相反的结论导致道德分歧。也就是说，一种文化认为正确，而另一种认为是错误的。这种情况非常棘手，因为两种文化完全处于对立的立场。Hendry[87]举了一个例子，一次基于性别或者社会地位而不是技术能力的招聘决定，在一种文化中也许并没有什么不合理，而在另一种文化中却是人们无法接受甚至是违法的。

二是一个规定或标准对于一种文化来说至关重要，而对另一种文化来说无足轻重或无关紧要，进而导致了道德分歧。也就是说，在这个标准上并没有产生对错之分。比如，一种文化可能认为给上司或重要利益相关者送礼在道德上是错误的，但另一种文化认为这是一个可以接受的行为，然而这却不是因为这个行为在道德上是正确的，而是因为它本身并没有显著的道德重要性。工作场所中的关系、性道德观或是酒精和毒品的使用也可以划入这一类分歧。

三是两种文化都认同一个相同的道德价值观，但实际情况使得双方能够接受的落实方案产生了差异。比如，可能两种文化都认同工业污染会带来环境破坏，但工业发展和建设等国情的不同也许会导致其中一种文化产生了比另一种文化更宽松的空气质量和环境保护标准。员工的工作条件、最低招工年龄和每周工作时间等也可以划入这一类分歧。

在面临道德分歧的时候，责任管理者必须积极地与另一方文化进行密切交流，来判断出他们面对的分歧属于哪一种类型，然后制订出一个切实可行的折中方案。否则双方将会陷入互相猜忌和怀疑，从而招致更严重的分歧。

先锋人物专访　吉尔特·霍夫施泰德（Geert Hofstede）

吉尔特·霍夫施泰德是商业和管理在文化维度方面的先驱。他的许多理念都有对责任管理的独到见解，因此他的著作为那些跨文化责任管理者提供了一个优秀的导向。

2011 年，您写了一篇名为《世界新秩序下的商业目标：增值、需求和季度业绩》（Business Goals for a New World Order：Beyond Growth，Greed and Quarterly Results）的文章。2002 年您做过一个调查，采访了来自 17 个国家的 1900 个受访对象，结果显示，大部分国家的公司领导重视公司的短期利益（例如当年的利润增长）或其个人得失（例如权力和个人财富）。然而大体上他们对遵守伦理道德标准和承担对社会的责任却并不热衷。那么，我们该如何改变这种现状来实现企业目标，从而促成一个"新的世界格局"呢？改变目标真的可行吗？具体又该如何去做呢？

我的文章中提到，不同国家的企业管理者关注的目标差异很大。你上面的这些说法太简单了。在比较看重权力的国家里，遵守法律就显得不那么重要；在比较看重个人财富的国家里，对员工的责任就显得比较次要；在强调创新精神的国家里，爱国主义并不被看重；而当年的利益与十年后的利益则又不可得兼；同样的,对增长率的追求也不尽相同,而过多追求发展势必影响企业承担社会责任,即和我所说的可持续性背道而驰。我的文章所说的并不是怎样改变这些现状,而是各个国家不断变化的经济实力会怎样影响全球经济格局。

您在1993年强调了"管理理念中的文化约束",并解释了管理实践与基本观念如何在不同国家之间分化。那么,这个发现该如何应用在责任管理上,又怎样使管理者理解并落实可持续性、责任管理和伦理道德呢?

我1993年的文章并不是关于管理实践,而是关于管理理念的。我主要想通过它来说明,管理学书籍是建立在美国的价值观和管理方式上的,因此与许多国家的社会文化并不兼容。有些管理实践甚至在美国本土都没有被真正应用。

在不同的文化背景下,您认为哪些伦理道德和价值观分歧是最最严重的呢?责任管理者该如何协调并解决文化间的道德分歧呢?

请见我对第一个问题的回答和我2009年的文章,我对这些问题已经做出过具体的解答。在进行跨文化管理时,责任管理者应该了解双方的文化差异。在本土运营时,也应向其他社会学习。而美国也已不再是整个世界效仿的对象了。商学院应该给学生们传授有关文化的知识,管理学学生也应该具备国际化视野。

有没有一些文化本身就注重责任管理和可持续发展?比如说,注重长期取向会不会帮助一个文化获得长久而跨代传承的可持续发展思维方式?纵容和约束的尺度对一个国家接受可持续发展的生活方式影响大吗?这样说对吗?

不同文化对责任管理的理解不同。长期的取向肯定能起到积极作用。我不确定纵容和约束尺度的差异与可持续性是否有关,要证明这一点我们还需进行更多的研究。

您还想与我们分享些什么吗?

管理学是植根在经济学思维里的,然而经济学本身需要被重塑。经济学不应建立在理性选择的基础上,因为并不存在一个绝对正确的理性思维方式;同时经济学也不是一门严格意义上的科学,而是一个社会意义上,甚至是道德意义上的科学。值得庆幸的是,越来越多的经济学人认识到了这一点。比如说,一位名叫 Tomás Sedlácek 的捷克青年经济学家2009年在捷克出版了一本著作,名为《善恶经济学——从吉尔伽美什到华尔街的经济学意义探求》(*Economics of Good and Evil:The Quest for Economic Meaning from Gilgamesh to Wall Street*)。两个荷兰经济学专家也撰写过有关经济与文化的著作,并在其中援引我提出的文化维度,分别是 Eelke de Jong 的《经济和文化:论价值观、经济学和国际商务》(*Culture and Economics:On Values,Economics and International Business*) 和 Sjoerd Beugelsdijk 与 Robbert Maseland 合著的《经济学中的文化现象:历史回顾、方法论反思及其当代应用》(*Culture in Economics:History,Methodological Reflections,and Contemporary Applications*)。当然相关著作远不止这些。

思考题

1 归纳与整理

1.1 给出"本土化责任商务"的定义。

1.2 给出三种类型的责任贸易的定义,并比较其异同。

1.3 各大洲企业社会责任面对不同的机遇与挑战,选择与你最为相关的三大洲,分析其责任商务环境的基本状况,最为迫切的任务,以及发展趋势。

1.4 什么是"金字塔底层国家采购"?描述其对于跨国企业各个业务领域的重要性。

1.5 描述企业在构建国际业务时会采用的五种商务模式。

2 应用与体验

2.1 基于对一家企业国际业务的研究,分析该企业属于以下哪种类型:全球采购公司、出口企业、国际市场理念型企业、跨国运营企业、国际公司,或者本土化的跨国公司?

2.2 举出两个根据不同的文化价值观得出截然相反的结论的例子;两种不同文化重视或者不重视遵守规章制度或标准的例子;两个不同文化认同一项伦理价值观,但情境差异导致实际解读差别的例子。

3 分析与讨论

3.1 联合利华是一家全球采购巨头。仔细研读该公司的"责任与可持续采购指南""可持续农业规范"及"规章制度"。这些文件的目的是什么?

3.2 研究卡夫食品公司的全球采购规范。指出该公司是如何在农产品方面促进可持续发展以及节能环保的?

4 改变和创造

4.1 你可以如何提高自身的跨文化管理能力,并提升与跨文化相关的知识、技能及性格。

4.2 分析一家跨国公司的可持续发展报告,并根据本章的知识点提出一个改进方案,并通过电子邮件发送给公司,相互交流。

责任管理实践
特别视角:全球化国家特点以及责任管理政治环境

中	国
公共政策理念 ● 提升国际经济竞争力 ● 解决社会经济一体化面临的挑战	**公共政策行动** ● 强制执行:企业治理,劳动法,环境影响 ● 合作解决:与国家企业联合会以及其他国际组织一起解决企业社会责任相关问题 ● 建立指导框架,鼓励企业参与
公共政策主体 ● 商务部 ● 发改委 ● 环境保护部 ● 人力资源和社会保障部	**企业社会责任相关因素** ● 处于计划经济到外向型市场经济的过渡中;中小型企业与跨国公司存在差距 ● 得到广泛支持的社会主义国家 ● 利益团体与非政府组织的干预力量正在增强 ● 活动的协调有待提高
印	度
公共政策理念 ● 提升国际经济竞争力 ● 解决社会经济一体化面临的挑战	**公共政策行动** ● 强制执行:企业治理法与消费者保护法,社会责任报告,环境标准 ● 增强意识:鼓励认证项目,认可 ISO 14000/9000,提供一定的培训费用 ● 合作解决:促进平权行动委员会

续表

公共政策主体	企业社会责任相关因素
• 企业治理国家基金会 • 国家劳动与就业部 • 国家公司事务部	• 经济的全球化程度有所提升,中小企业与跨国公司存在差距 • 政府的执法能力较弱,腐败严重 • 贫富差距大 • 社会团体的政治参与度高,对不同政见的容忍度高

德　国

公共政策理念	公共政策行动
• 建立跨部门的协同效应,合力达成国内政策目标 • 提升国际声誉与影响力	强制执行:环境保护、就业、社会政策、公司治理 合作解决:建立许多联盟、发起动议、联邦机构、公私合作模式
公共政策主体	社会责任相关因素
• 联邦劳动与社会事务部 • 联邦家庭事务、老年人口、妇女儿童部 • 联邦经济与发展部	• 经济高度全球化,全球出口领导者 • 高度法制,执法能力强,社会福利降低,保守福利国家"危机" • 高度发达的公民社会,但存在不少问题 • 传统的合作机制,呼吁的渠道较少,通过合作解决全球性挑战

美　国

公共政策理念	公共政策行动
• 提升国际竞争力 • 弥补政府执政能力缺陷	• 强制执行:没有专门的企业社会责任法案,某些问题的强制报告制度 • 合作解决:联邦政府层面的合作,州与地方层面的公私合作模式 • 激励机制:税务激励、奖励机制
公共政策主体	社会责任相关因素
• 联邦层面:美国国家环境保护局、国务院 • 州层面:如加州公共雇员退休系统	• 经济高度全球化,众多具有国际影响力的企业 • 联邦政府体系多样化的政策,联邦政府层面较少干预社会福利与相关规定 • 高度自治的公民社会,企业对政治具有很大影响力 • 多样化的社会交流,从合作到对抗一应俱全

参考文献

1. Lacey, P., et al. (2010). *A new era of sustainability: UN global compact-accenture CEO study 2010*. New York: Accenture Institute for High Performance.
2. Lacey, P., et al. (2010). *A new era of sustainability: UN global compact-accenture CEO study 2010*. New York: Accenture Institute for High Performance.
3. Lacey, P., et al. (2010). *A new era of sustainability: UN global compact-accenture CEO study 2010*. New York: Accenture Institute for High Performance.
4. Matten, D., & Moon, J. (2008). "Implicit" and "explicit" CSR: A conceptual framework for a comparative understanding of corporate social responsibility. *Academy of Management Review, 33*(2), 404–424, p. 404.
5. Friedman, T., & Mandelbaum, M. (2011). *That used to be US*. New York: Picador/Farrar, Straus and Giroux.
6. Friedman, T., & Mandelbaum, M. (2011). *That used to be US* (p. 19). New York: Picador/Farrar, Straus and Giroux.
7. OECD. (2008). *OECD guidelines for multinational enterprises* (p. 8). Paris: OECD.
8. Husted, B. W., & Allen, D. B. (2006). Corporate social responsibility in the multinational enterprise: Strategic and institutional approaches. *Journal of International Business Studies, 37*, 838–849.
9. Robertson, R. (1995). Glocalization: Time-space and homogenisation-heterogenization. In M. Featherstone, S. Lash, & R. Robertson, *Global modernities* (pp. 25–44). Thousand Oaks: Sage.
10. Scholte, J. A. (2005). *Globalization: A critical Introduction* (pp. 65–77). Basingstoke: Palgrave Macmillan.
11. Daniels, J. D., Radebaugh, L. H., & Sullivan, D. P. (2013). *International business: Environments & operations* (p. 5). Upper Saddle River, NJ: Pearson Education.
12. Carvalho, G. O. (2001). Sustainable development: Is it achievable within the existing international political economy context? *Sustainable Development, 9*, 61–73.
13. Fontenelle, I. A. (2010). Global responsibility through consumption? Resistance and assimilation in the anti-brand movement. *Critical Perspectives on International Business, 6*(4), 256–272.
14. Doh, J., et al. (2010). Ahoy There! Toward greater congruence and synergy between international business and business ethics theory and research. *Business Ethics Quarterly, 20*(3), 481–502.
15. Doh, J., et al. (2010). Ahoy There! Toward greater congruence and synergy between international business and business ethics theory and research. *Business Ethics Quarterly, 20*(3), 481–502, p. 483.
16. Carroll, A. B. (2004). Managing ethically with global stakeholders: A present and future challenge. *Academy of Management Executive, 18*(2), 114–120.
17. Visser, W. A. M., & Tolhurst, N. (2010). *The world guide to CSR: A country-by-country analysis of corporate sustainability and responsibility*. Chichester: Wiley.
18. Bertelsmann Stiftung; GTZ. (2007). *The CSR navigator: Public policies in Africa, the Americas, Asia and Europe*. Eschborn: GTZ.
19. Matten, D., & Moon, J. (2008). "Implicit" and "explicit" CSR: A conceptual framework for a comparative understanding of corporate social responsibility. *Academy of Management Review, 33*(2), 404–424.
20. Porter, M. (1990, March/April). The competitive advantage of nations. *Harvard Business Review*, 73–93, p. 77.
21. Porter, M., & Kramer, M. (2006). Strategy and society: The link between competitive advantage and corporate social responsibility. *Harvard Business Review, 84*(12), 78–92, p. 85.
22. Moon, H. C., Rugman, A. M., & Verbeke, A. (1998). A generalized double diamond approach to the global competitiveness of Korea and Singapore. *International Business Review, 7*(2), 135–150.
23. D'Amato, A., et al. (2010). Leadership practices for corporate global responsibility. *Journal of Global Responsibility, 1*(2), 225–249, p. 226.
24. Daniels, J. D., Radebaugh, L. H., & Sullivan, D. P. (2013). *International business: Environments & operations* (p. 5). Upper Saddle River, NJ: Pearson Education.
25. Carroll, A. B. (2004). Managing ethically with global stakeholders: A present and future challenge. *Academy of Management Executive, 18*(2), 114–120.
26. Daniels, J. D., Radebaugh, L. H., & Sullivan, D. P. (2013). *International business: Environments & operations* (p. 406). Upper Saddle River, NJ: Pearson Education.
27. Bartlett, C., Ghoshal, S., & Beamish, P. (2008). *Transnational management: Text, cases, and readings in cross-border management*, 5th ed. (pp. 10–12). London: McGraw-Hill.
28. Bartlett, C., Ghoshal, S., & Beamish, P. (2008). *Transnational management: Text, cases, and readings in cross-border management*, 5th ed. (p. 11). London: McGraw-Hill.
29. Bartlett, C., Ghoshal, S., & Beamish, P. (2008). *Transnational management: Text, cases, and readings in crossborder management*, 5th ed. (p. 11). London: McGraw-Hill.
30. Arthaud-Day, M. L. (2005). Transnational corporate social responsibility: A tri-dimensional approach to international CSR research. *Business Ethics Quarterly, 15*(1), 1–22.
31. Bartlett, C., Ghoshal, S., & Beamish, P. (2008). *Transnational management: Text, cases, and readings in crossborder management*, 5th ed. (p. 12). London: McGraw-Hill.
32. Bartlett, C., Ghoshal, S., & Beamish, P. (2008). *Transnational management: Text, cases, and readings in cross-border management*, 5th ed. (p. 13). London: McGraw-Hill.
33. Carroll, A. B. (2004). Managing ethically with global stakeholders: A present and future challenge. *Academy of Management Executive, 18*(2), 114–120.
34. Carroll, A. B. (2004). Managing ethically with global stakeholders: A present and future challenge. *Academy of Management Executive, 18*(2), 114–120.
35. Gabbatt, Adam. (2012, October). Foxconn workers on iPhone 5 line strike in China, rights group says. Retrieved November 27, 2012, from *The Guardian*: www.guardian.co.uk/technology/2012/oct/05/foxconn-apple-iphone-china-strike

36. Carroll, A. B. (2004). Managing ethically with global stakeholders: A present and future challenge. *Academy of Management Executive*, 18(2), 114–120, p. 117.
37. Carroll, A. B. (2004). Managing ethically with global stakeholders: A present and future challenge. *Academy of Management Executive*, 18(2), 114–120, p. 118.
38. Caux Roundtable. (2002). *Draft principles for responsible globalization*. Saint Paul: Caux Roundtable.
39. Kolk, A., & Van Tulder, R. (2010). International business, corporate social responsibility and sustainable development. *International Business Review*, 19(1), 1–14, p. 1.
40. Prahalad, C. K. (2006). *The fortune at the bottom of the pyramid: Eradicating poverty through profits*. Upper Saddle River, NJ: Pearson Education.
41. Choi, C. J., Kim, S. W., & Kim, J. B. (2010). Globalizing business ethics research and the ethical need to include the bottom-of-the-pyramid countries: Redefining the global triad as business systems and institutions. *Journal of Business Ethics*, 94, 299–306.
42. World Economic Forum. (2009, January). *The next billions: Business strategies to enhance food value chains and empower the poor* (p. 2). Retrieved November 13, 2012, from https://members.weforum.org/pdf/BSSFP/ExecutiveSummariesBusinessStrategies.pdf
43. IISD. (1994). *Trade and sustainable development principles*. Winnipeg: IISD.
44. Tisdell, C. (2001). The Winnipeg Principles, WTO and sustainable development: Proposed policies for reconciling trade and the environment. *Sustainable Development*, 9(4), 204–212.
45. Fairtrade. (2012, November 23). *Fair trade system*. Retrieved November 12, 2012, from www.fairtrade.net/fileadmin/user_upload/content/2009/about_fairtrade/Fair_Trade_Glossary.pdf
46. Smith, S., & Barrientos, S. (2005). Fair trade and ethical trade: Are there moves toward convergence? *Sustainable Development*, 13, 190–198.
47. Foundation, Fair Trade. (2012, November 23). *FAQs*. Retrieved from www.fairtrade.org.uk/what_is_fairtrade/faqs.aspx
48. Huybrechts, B., & Reed, D. (2010, April). Fair trade in different national contexts. *Journal of Business Ethics*, 92, 147–150.
49. Smith, S., & Barrientos, S. (2005). Fair trade and ethical trade: Are there moves toward convergence? *Sustainable Development*, 13, 190–198.
50. ETI. (2012). *ETI base code*. Retrieved December 14, 2012, from Ethical Trading Initiative:www.ethicaltrade.org/eti-base-code
51. Redell, C. (2011, September 8). *Grocers embrace local, organic to try to drive growth in tough times*. Retrieved November 15, 2012, from Greenbiz.com: www.greenbiz.com/news/2011/09/08/grocers-embrace-local-organic-try-drive-growth-tough-times
52. Beckett, P., Agarwal, V., & Jargon, J. (2011, January 14). Starbucks brews plan to enter India. *The Wall Street Journal*, p. B8.
53. Prahalad, C. K. (2006). *The fortune at the bottom of the pyramid: Eradicating poverty through profits* (p. 1). Upper Saddle River, NJ: Pearson Education.
54. Prahalad, C. K. (2006). *The fortune at the bottom of the pyramid: Eradicating poverty through profits*. Upper Saddle River, NJ: Pearson Education.
55. World Economic Forum. (2009, January). *The next billions: Business strategies to enhance food value chains and empower the poor*. Retrieved November 13, 2012, from https://members.weforum.org/pdf/BSSFP/ExecutiveSummariesBusinessStrategies.pdf
56. UN Millennium Development Goals. (2012). Retrieved from http://www.un.org/millenniumgoals/
57. Harzing, A.-W. (2002). Acquisitions versus greenfield investments: International strategy and management of entry modes. *Strategic Management Journal*, 23, 211–227.
58. Laasch, O., & Yang, J. (2011). Rebuilding dynamics between corporate social responsibility and international development on the search for shared value. *KSCE Journal of Civil Engineering*, 15(2), 231–238.
59. Guardian, The. (2006, March 17). *L'Oréal buys Body Shop for £652m*. Retrieved November 17, 2012, from The Guardian:www.guardian.co.uk/business/2006/mar/17/retail.money
60. Sejersted, F. (1996). Managers and consultants as manipulators: Reflections on the suspension of ethics. *Business Ethics Quarterly*, 6(1), 67–86.
61. Sejersted, F. (1996). Managers and consultants as manipulators: Reflections on the suspension of ethics. *Business Ethics Quarterly*, 6(1), 67–86, pp. 67–68.
62. Carbaugh, R. J. (2010). *International economics*, 12th ed. Mason, OH: Thompson South-Western.
63. OECD. (2012, November 28). *Transfer pricing: About transfer pricing*. Retrieved November 28, 2012, from OECD—Better policies for better lives: www.oecd.org/ctp/transferpricing/abouttransferpricing.htm
64. Hansen, D. R., Crosser, R. L., & Laufer, D. (1992). Moral ethics v. tax ethics: The case of transfer pricing among multinational corporations. *Journal of Business Ethics*, 11(9), 679–686.
65. Hansen, D. R., Crosser, R. L., & Laufer, D. (1992). Moral ethics v. tax ethics: The case of transfer pricing among multinational corporations. *Journal of Business Ethics*, 11(9), 679–686, p. 684.
66. Porter, M. (1980). *Competitive strategy: Techniques for analyzing industries and competitors*. New York: The Free Press, available at: http://books.google.com/books?id=QN0kyeHXtJMC&pg=PR10&dq=porter+1980+competitive+strategy&hl=es&ei=OD_iTdW0IOXq0gHh4aCjBw&sa=X&oi=book_result&ct=result&resnum=1&ved=0CCkQ6AEwAA#v=onepage&q=porter%201980%20competitive%20strategy&f=false
67. Daniels, J. D., Radebaugh, L. H., & Sullivan, D. P. (2013). *International business: Environments & operations*. Upper Saddle River, NJ: Pearson Education.
68. Arthaud-Day, M. L. (2005). Transnational corporate social responsibility: A tri-dimensional approach to international CSR research. *Business Ethics Quarterly*, 15(1), 1–22, p. 18.
69. Mor Barak, M. E. (2011). *Managing diversity: Toward a globally-inclusive workforce* (p. 236). Thousand Oaks, CA: Sage.

70. Cox, T. (2001). *Creating the multicultural organization: A strategy for capturing the power of diversity.* San Francisco: Jossey-Bass.
71. Mor Barak, M. E. (2011). *Managing diversity: Toward a globally-inclusive workforce.* Thousand Oaks, CA: Sage.
72. Hofstede originally derived a set of four cultural dimensions. The fifth and sixth dimensions of *long-term orientation* and *indulgence versus restraint* are later additions.
73. Hofstede, G. (1980). *Culture's consequences: International differences in work-related differences.* Thousand Oaks, CA: Sage.
74. The Hofstede Centre. (2012). *Dimensions.* Retrieved December 17, 2012, from The Hofstede Centre: http://geert-hofstede.com/dimensions.html
75. Hofstede, G., & Fink, G. (2007). Culture: Organisations, personalities and nations: Gerhard Fink interviews Geert Hofstede. *European Journal of International Management, 1*(1/2), 14–22.
76. Johnson, J. P., Lenartowicz, T., & Apud, S. (2006). Cross-cultural competence in international business: Toward a definition and a model. *Journal of International Business Studies, 37*(4), 525–543, p. 530.
77. Hofstede, G. (2001). *Culture's consequences: Comparing values, behaviors, institutions, and organizations.* Thousand Oaks, CA: Sage.
78. Lustig, M. W., & Koester, J.(2003). *Intercultural competence: Interpersonal communication across cultures,* 4th ed. Boston: Allyn and Bacon.
79. Johnson, J. P., Lenartowicz, T., & Apud, S. (2006). Cross-cultural competence in international business: Toward a definition and a model. *Journal of International Business Studies, 37*(4), 525–543, p. 531.
80. Mahoney, J. F. (2012). Aspects of international business ethics. *Advances in Management, 5*(3), 11–16.
81. Bailey, W., & Spicer, A. (2007). When does national identity matter? Convergence and divergence in international business ethics. *Academy of Management Journal, 50*(6), 1462–1480.
82. Bailey, W., & Spicer, A. (2007). When does national identity matter? Convergence and divergence in international business ethics. *Academy of Management Journal, 50*(6), 1462–1480, p. 1475.
83. Tsalikis, J., & Seaton, B. (2007). The International Business Ethics Index: European Union. *Journal of Business Ethics, 75,* 229–238.
84. Küng, H. (1997). A global ethic in an age of globalization. *Business Ethics Quarterly, 7*(3), 17–32;Küng, H. (1991). *Global responsibility: In search of a new world ethic.* London: Continuum.
85. Interfaith Declaration. (1993). *An interfaith declaration: A code of ethics on international business for Christians, Muslims, and Jews.* London: The Interfaith Foundation; Webley, S. (1996). The interfaith declaration: Constructing a code of ethics for international business. *Business Ethics: A European Review, 5*(1), 52–54.
86. Hendry, J. (1999). Universalizability and reciprocity in international business ethics. *Business Ethics Quarterly, 9*(3), 405–420.
87. Hendry, J. (1999). Universalizability and reciprocity in international business ethics. *Business Ethics Quarterly, 9*(3), 405–420.

第6部分

控 制

第 14 章　会计控制:利益相关者责任
第 15 章　财务管理:负责任的投资回报

第 14 章 会计控制:利益相关者责任

> **学习目标**
> - 将可持续发展、企业责任及商业伦理融入财务体系,对利益相关者负责
> - 以量化指标的方式反映组织在社会、环境、伦理等方面的绩效,并作为责任管理的基础
> - 向组织内、外部报告责任管理活动与绩效

引言

标准普尔500(S&P 500)成分股企业的市值组成是19%的有形资产与81%的无形资产。其中,只有一些无形资产在财务报表上有所反映,而大部分无形资产并未出现在报表上。[1]

2010年,采用GRI框架编制的1913份报告中,有13%将可持续发展报告与传统的财务报表融合在了一起;在Bloomberg数据终端上有超过5300家企业发布了可持续发展的相关数据;参阅这些数据的股票分析师人数在2011年上升了50%,检索的可持续发展数据量翻了一番。[2]

责任管理实践
中电公司的社会与环境报告

中电控股有限公司是一家在香港上市、业务遍及亚太地区(中国香港、中国台湾、中国大陆、澳大利亚、印度及东南亚)的能源公司。公司的使命是在生产和供应能源的同时,致力于把负面影响减至最低,为股东、雇员及社会创造价值。中电公司为亚太地区的发达国家与发展中国家提供电力,而供电在很大程度上属于公共部门的事务。在2011年,公司将可持续报告以及传统的财

务报告在内的所有信息融入了公司年报,上传至公司官网,以供查阅。公司在年报中这样写道:"这些信息不仅能反映中电公司的全貌,而且展示了公司目前及未来创造价值的能力。"为了帮助年报的使用者阅读,相关的内容被标上了标识并做了注释,提醒读者详尽的信息可以在可持续发展报告中找到。这些标识贯穿了年报的各个部分:主席致辞、首席执行官战略评估、资产/伙伴图表、绩效与业务展望、资源、流程,以及财务指标等。

年报以名为"5分钟看懂年报"的综述开篇,内容涵盖了主要的反映企业财务、社会以及环境绩效的指标。在报告公司超过60项资产与投资活动时,年报覆盖了重要的投资项目,其中包括风能、水利能、生物能及太阳能。

在绩效部分,环境与社会绩效指标与财务以及运营指标融合在了一起,并以公司运营的地域进行了划分。重要的可持续发展指标出现在了财务报告的末尾,反映了整个集团公司5年的绩效指标,内容包括资源使用与排放、温室气体排放、用水量、有害废弃物生成量、有害废弃物循环利用率等方面。报告明确了公司在未来40年的中长期环保目标。社会指标被细分为三个类别:员工、安全及治理。在每个类别中,报告以全球报告倡议组织的标准进行了对比说明,展示了与全球标准的一致性。

中电控股公司向世人展示了综合性的社会、环境及经济绩效报告,全面汇报了企业的多重责任。

资料来源:CLP Holdings, Ltd. (2011). *Annual Report*. Retrieved from:www.clpgroup.com.

14.1 会计与责任管理

"任何组织都必须为以下各方面负责:自己做出的决策以及行为对社会、环境与经济造成的影响,尤其是负面影响,以及为避免再犯同样的造成非故意的负面影响的错误而采取的行动。"[3]

如果没有有效的会计制度反映有关公司的三重绩效、利益相关者以及商业伦理等情况,责任管理也就无从说起。如同其他管理方式,责任管理信奉质量管理专家 William Edwards 的理念,即"倘若无法衡量,也就无从管理"。在责任管理领域,管理者有必要养成衡量责任管理活动与绩效的习惯。其次,该理念的深层次含义可以理解为"倘若无法衡量,也就无从进步"。我们只有学会了衡量并管理好可持续发展、行为责任及商业伦理,我们才能履行真正意义上的责任。本章目标是建立衡量、管理、改善责任管理绩效的理论知识与实践活动的基础。

预备阶段即会计基础,我们会学习基本的会计概念,为之后的深入分析打好基础。我们会列举基本理念和质量标准,并将其与质量管理相结合。第一阶段:数据收集,我们会确认需要采集的数据,例如环境、社会、伦理及利益相关者信息,并将其按照重要性原则排序。第二阶段:数据分析,我们会讨论如何衡量当前与未来的社会和环境影响。第三阶段:会计报告,我们关注通过什么途径向企业内部与外部的利益相关者披露信息。最后,第四阶段:管理控制,我们会着重说明如何在公司内部使用会计信息实施管控,改善提高绩效。整个责任会计流程的核心理念在于对利益相关者负责,对三重绩效、行为影响、商业伦理负责(见图14.1)。

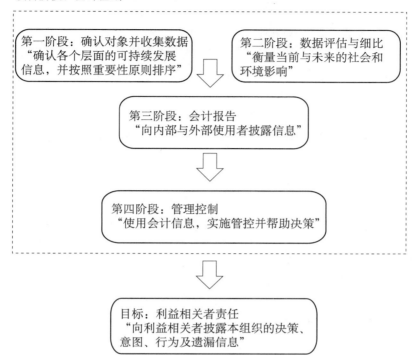

图 14.1 责任会计流程

14.2 目标：利益相关者责任

"企业在成长的同时,对内对外需要承担的责任也在增加。前者包括风险控制、投资决策及运营效率,后者包括回应利益相关者针对企业可持续发展目标承诺与绩效的关切。"[4]

利益相关者责任,即对利益相关者负责,意味着企业向利益相关者提供相关的信息,使其能够监督企业的活动与绩效。利益相关者责任这一理念认可每个个体,不管权力大小,都有参与涉及自身利益的决策的权利。这是一个担负全方位责任的理念,倡导个体的权利。也就是说,任何受到决策影响的个体,无论其权势大小都有参与决策的权利。[5]

会计流程与其他管理工具的作用是为了披露组织在可持续发展、企业责任及商业伦理方面的绩效,并监督企业目标的达成情况。责任会计信息必须涵盖定量与定性两方面的指标。相关的定量数据可供管理决策使用,而定性指标则可帮助利益相关者评估环境与社会效益。[6]

会计信息的功能源自责任体系,即提供完整记录(不仅限于财务账目),或者反映需要承担的责任。会计信息既汇总了需要承担的全部责任,又为权利人提供具体信息。[7]组织责任是指一个组织应该能够随时应对利益相关者对于组织决策、意图、行为、遗漏信息的质疑。[8]

利益相关者既是可持续发展会计信息的提供者,同时又是信息的使用者。前者反映了组织希望从利益相关方获取何种信息,后者体现了利益相关者需要了解组织的何种信息。考虑到信息的双向流动性,组织有必要邀请利益相关者参与利益相关者责任的相关事宜。[9]为了达到最终的责任会计目标,利益相关者责任一定要考虑信息获取与披露这个双向流动过程。

除了提供会计信息,可信度框架还要求赋予会计信息使用者"追究会计责任的权力"。[10]因此,除了提供完整的记录,企业必要时还需向利益相关者解读相关情况。担负责任意味着利益相关者必须被赋予监督的权力[11],即企业不仅要提供信息,而且要为信息解读"提供便利"。[12]因此,责任管理所关心的不仅仅是利益相关者是否能与企业沟通对话,而且还包括了企业是否能为利益相关者提供解读环境与社会效益信息的工具。

非政府组织通常会使用一个"全面责任"的概念,即该组织的行为对其他组织、个人及环境所产生的所有影响,组织都要负责。[13]在全面责任体系中,除了重要的利益相关者以外,这个组织所代表的利益方,以及所有直接或者间接受到该非政府组织活动影响的个人,社区或者地区都包括在利益相关者的范畴内。[14]

如果将"全面责任"的理念应用到企业之中,那么企业就必须做到既能向上负责,又能向下负责。向上意味着企业对管理层公司治理的要求负责,向下意味着企业对受到企业活动影响的相关各方负责[15]。Dwyer 和 Unerman 指出[16],全面管理将传统的等级责任系统内的绩效概念扩大到了定量与定性信息相结合的机制,旨在达成企业的长期目标与宗旨。全面责任的倡导者倾向于认可每个个体都有做出与自身相关的决策的权利,无论其权势的大小。[17]

14.3 预备阶段:会计基础

"……编制一个关于企业在社会、环境、员工、社区、客户及其他利益相关者方面所做的工作以及所取得的成绩的账目。该社会账目可能会包含一些财务信息,但更多的是质性非财务信息与描述性文字的结合。编制社会账目有着多重目的,其中最主要的是体现企业对利益相关者的责任,并披露评判企业是否尽责的各项指标。"[18]

企业普遍采用的传统会计制度是对财务数据进行确认、收集、衡量、总结、分析的过程。[19]有关企业经营活动的财务报表是企业与企业内部与外部利益相关者沟通的"商业语言",其对象包括股东、债权人、所有者、经理人及政府监管机构等。会计信息通常以财务报表的形式、以货币计价的方式来传达经济资源的管理状况。虽然国际上存在着不同的会计体系,但会计信息的重要性与可靠性主要来自选取哪些数据反映相关性、可靠性与可比性(见图 14.2)。可以说,公司提供的相关信息越多,其他企业与利益相关者对它就越有信心。

我们有没有遗漏了什么?

家用纸品生产商 Marcal 公司从 20 世纪 50 年代就已引入循环利用的再生纸概念,但是公司并没有宣传这一做法。直到 2000 年,Marcal 公司终于意识到了营销宣传的重要性,公司遂从破产的边缘一举成为美国最大的再生纸生产商。所以说,"不要雪藏环保努力"。通过沟通,让他人知晓公司的环保成果非常重要。

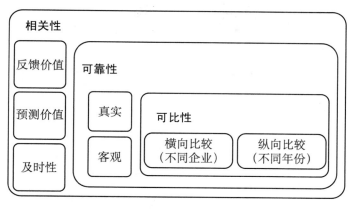

图 14.2　会计信息的质性特征

会计信息必须清晰地反映企业的现状,并使管理者可以对未来进行预判,因此会计信息必须是真实可靠的。即使不同的公司使用了不同的会计准则,信息的可比性与一致性也是不可或缺的,从而使管理者与利益相关者可进行跨企业、跨行业、跨地域、跨时空的比较分析。图 14.3 反映了四个重要的会计原则。

实体类型	永续原则	度量单位	会计期间
实体的类型会影响法律与商务状况(公司制、合伙制、个体经营)	假定公司能够持续经营,并承担债务责任	必须用通用单位度量,比如货币计量	会计期间可以是年报、季报或是月报

图 14.3　四个重要的会计原则

需要指出的是会计与审计是有区别的。前者的目的是为公司提供有关其经济活动的准确信息,而后者是由第三方专业人士对年报或是其他特定项目提供的独立审核评估。换言之,会计为信息使用者提供具有连续性的相关信息,而审计是为了确保信息的可靠性与合规性。

会计通常被分为财务会计与管理会计两大领域。财务会计涉及营业收入、利润、资产等项目,反映了企业资产与经营状况(见图 14.4);管理会计涉及更多企业内部的"簿记信息",涉及成本、预算、净现值等项目。从财务会计角度出发,企业有多种测算流入、流出及财务状况变化的方法(见图 14.5)。财务会计必须精确地反映每笔交易的实质信息,因为财务会计信息的使用者通常不用怀疑信息的可靠性与真实性。假如一家企业把所有者的缴入资本录入成营业收入,这就有悖于营业收入应当来自经营活动这一常理,因此就会使信息的使用者无法判断企业的经营情况与未来前景。

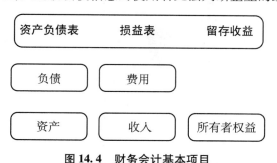

图 14.4　财务会计基本项目

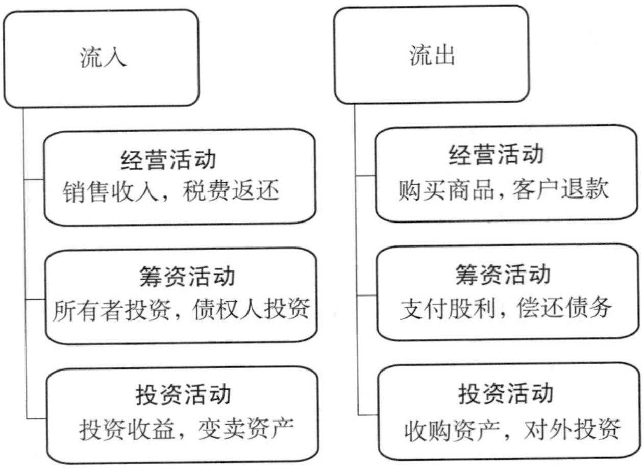

```
         流入                    流出
    ┌─────────────┐         ┌─────────────┐
    │   经营活动   │         │   经营活动   │
    │销售收入，税费返还│      │购买商品，客户退款│
    └─────────────┘         └─────────────┘
    ┌─────────────┐         ┌─────────────┐
    │   筹资活动   │         │   筹资活动   │
    │所有者投资，债权人投资│   │支付股利，偿还债务│
    └─────────────┘         └─────────────┘
    ┌─────────────┐         ┌─────────────┐
    │   投资活动   │         │   投资活动   │
    │投资收益，变卖资产│       │收购资产，对外投资│
    └─────────────┘         └─────────────┘
```

图 14.5　主要流入与流出项目

正是因为会计工作在财务数据的录入与编制过程中起到的决定性作用，一旦会计出错，后果将是极其严重的。因此，会计职能有着比其他部门更高的商业伦理要求。财务报表为企业内外部的利益相关者提供了重要信息。以外部利益相关者为例，企业的财务报表应该为潜在投资者、债权人、政府机构等对象提供了如实反映企业状况的信息。但实际情况是，外部使用者对企业的财务报表越发持有怀疑态度，这是令人忧虑的，因为信任是市场经济的基石。大力推广符合商业伦理的会计是解决问题的出路，广大会计工作者应该本着对自身、对职业、对企业、对公众负责的态度，在工作中全盘考虑规章制度、价值取向及道德准则之间的关联性。[20]

可持续发展会计的兴起及其起到的责任会计作用

我们有必要将责任管理的三个要素，即可持续性发展、社会责任及商业伦理与传统会计相结合，形成一个综合性的责任会计与控制手段。本小节将着重讨论可持续发展会计的内容。可持续发展与三重绩效是数据确认的重要原则，以确保财务数据兼顾社会、环境、与经济三个层面。坚持商业伦理可以确保会计工作符合最高的道德标准，并确保会计信息能够反映企业在伦理道德方面的绩效。

可持续发展会计是一个会计分录，录入①环境与社会问题的经济影响；②企业或是企业的生产设施对生态与社会的影响；③综合衡量可持续发展的三大组成，即社会、环境与经济。倡导可持续发展与环境会计（审计）的呼声源自责任管理，因为财务部门与其他职能部门同样有着落实责任管理与可持续发展的要求。[21]随着利益相关者重要性的提升，以及对于传统会计无法全面覆盖企业责任这个问题所取得的共识，实践中开展可持续发展会计的要求变得日益迫切，并对企业评估自身绩效的传统模式提出了挑战。这项变革始于20世纪70年代的社会思想解放运动。

在第一波社会思想解放浪潮中，西方的一些企业率先采用了社会责任会计，用于"确认、衡量、监督、报告企业的社会效益与经济效益……供企业的内部与外部使用者"。[22]在经历了80年代自由市场经济抬头，社会责任会计衰退后[23]，90年代的第二波社会思想解放浪潮重新将环境问题推上了风口浪尖。挪威的 Norsk Hydro 公司于1989年最先发布了环境报告。此后，越来越多的企业发布了类似的环境报告。是什么推动了这波发布环境报告的浪潮呢？图14.6汇总了主要的动因。虽然和企业的其他职能有部分重合,有诸多力量推动了环境会计的实施。

企业	政府	社会
• 获取更加复杂和更加精确的管理信息的需要 • 经济、社会、环境因素的衡量与披露	• 监管政策变革的前奏 • 企业日益增加的法律责任 • 全球/全国经济外部效应评估	• 日益增强的社会力量与游说团体 • 日益增强的事务关联性意识,企业与社会的公德意识

图 14.6 可持续发展会计实施的驱动力

也就是说,相比社会与环境会计,采用责任会计的企业常被视为过于纠结一些非核心事务,比如爱心助人、市场营销、企业形象等,因而未能突出"善举"的核心内容。虽然很难用量化诸如"运营执照"对处在自然资源日渐匮乏环境中的责任企业的影响,社会与环境会计至少可以在数据上反映企业的资源使用状况,并且帮助企业、政府及社会等各个层面的利益相关者做出分析、说明与调整。

虽然可持续发展会计报表的编制过程与传统会计有些类似(见图 14.6),但是可持续发展会计有以下特点:注重伦理、社会及环境数据;信息使用者包括股东以及其他利益相关者;秉承自愿的原则,企业在法律上没有发布可持续发展会计报表的义务。

Adam 指出[24],"可持续发展会计的采用反映了企业在财务指标和利润状况之外,对伦理、社会、和环境责任的重视程度,而这些信息同时也反映了企业在这些方面所取得的绩效"。[25]

减少碳排放

在 2012 年,有 51% 的企业已经制定了明确的减少碳排放的目标;31% 的企业承诺在今后 5 年内制定出目标;只有 18% 的企业没有任何减排的打算。

资料来源:Ernst & Young LLP. (2012). *Six growing trends in corporate sustainability*. GreenBiz Group:Study.

因此,可持续发展会计涵盖了社会、环境与伦理等方面,体现了企业在上述这些方面的表现。Schaltegger 和 Burrit[27]将可持续发展会计的编制视为一个目标导向、利益相关者集体参与的过程,衡量企业在可持续发展方面所取得的成绩。

14.4 第一阶段:确认对象并收集数据

"在选择具体的可持续发展的数据与指标问题上存在一定难度,但是,有关企业运营对我们以及子孙后代生活产生影响的数据必须公布于众。"[28]

在第一阶段,企业首先要确定一个反映企业战略、行业背景、地域特征及其他因素的模型。这个模型与责任会计的动因有很大关联性。例如,在传统会计领域,大部分的指标都与经济效益(销售额、利润率、投资回报等)与市场态势(市场渗透等)有关。而在责任会计领域,企业要关注更多指标,从而帮助会计信息的使用者了解并预测企业所面临的机遇与挑战。这些指标主要反映环境因素(能源和水资源的使用情况、废水循环利用率、二氧化碳排放量等)、人事因素(员工多样性、员工培训、健康安全等)、社会因素(产品安全、社区融合等)。图14.7归纳了与各个利益相关者有关的可持续发展议题。

在这个阶段,企业有必要借鉴利益相关者责任汇总(见图14.7)首先确认利益相关各方;然后将利益相关各方的议题按照重要性排序。企业选择的可持续发展信息披露等级直接决定了披露信息的范围。可持续发展信息披露也叫ESG(环境、社会、治理)披露,它反映了企业在上述三大领域的绩效。[29]

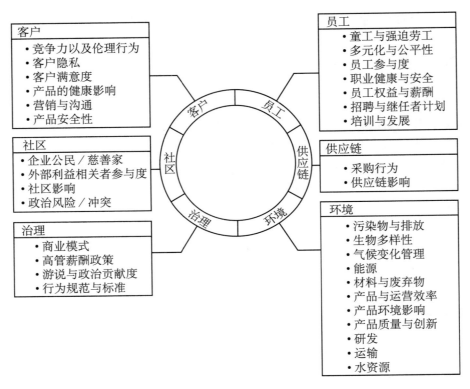

图14.7　与利益相关者有密切关联的责任管理议题

资料来源:Adapted from Lydenberg. S., Rogers, J. & Wood, D. (2010, May). *From Transparency to Performance*:*Industry-based Sustainability Reporting on Key Issues*.

解释重要性排序的原则是责任会计的重要工作之一。[30]由于受到地域特征、行业背景、伦理道德、文化素养等因素的影响,每家企业的重要性排序方式都不尽相同。此外,由于责任会计并非强制措施,其会计标准也尚未统一。然而,方法的选择与企业的可持续发展信息披露等级相互影响。在过去的几十年中,企业披露的社会与环境指标数量与质量都呈显著上升的态势。这一点可以得到国际研究的证实[34],即使还存在着一些国别[31]与行业[32]差异及与时俱进的披露范围差异。[33]"企业不是在真空环境中运营的,而是在由商业、环境和社会组成的三重环境中。传统的财务报表无法使利益相关者评估企业在可持续性发展方面所做出的努力。因此,需要增加公司治理以及社会环境影响的相关信息。所以说,ESG(环境、社会、治理)相关信息的披露是非常有必要的。"[35]

考虑到指标选择的复杂性,企业可以使用图 14.8 所示的三步法,将各个责任管理的指标编制到财务报表之中。

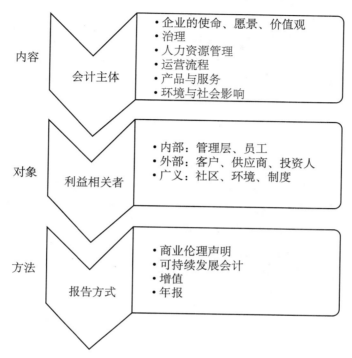

图 14.8　数据指标的特征

首先,明确会计主体,即会计覆盖的具体范围是什么。只有明确了会计主体会计信息的使用者,才能了解企业利用资源的情况[36],评估企业的运营状况,并着手收集相关的数据。

可持续烹饪的三重绩效

Tayo Akinyede 是一位尼日利亚职业妇女,销售厨具。她的目标是既能赚到利润又能推广可再生能源的使用。公司的厨具具有很高的烹饪效率。产品的推广源自一个联合国发起的活动。整套厨具包括两个锅子和一个"神奇盒子",总价 17 000 奈拉(当地货币)。公司的厨具可以减少室内污染,减少森林砍伐,降低碳排放,缩短烹饪时间,这样人们就能有更多时间从事其他事务。公司非常出色地取得了三重绩效的成功:经济性(给用户省钱的同时保证分销商的一定利润)、社会性(用户可以在烹调的同时做其他事情,赢得了时间),以及环保性(减少了森林砍伐)。为了让低收入人群都能买得起,公司规定整套厨具的售价不得超过 17 000 奈拉。如果量大,价格则更加优惠。如果请你为公司建立会计体系,你需要收集哪些数据?

资料来源:Adejo, T. (2012). Save 80 stove: Curbing desertification, carbon emission. Retrieved February 2, 2013, from Environews Nigeria.

其次，确认潜在的会计信息使用者，问自己以下这个问题：谁是企业责任经营会计信息的使用者？区分内部、外部及全部利益相关者对于规划哪些数据有着重要的意义。编制完成的会计信息必须便于相应的信息使用者理解。

最后，数据的呈现要能够体现其本质规律。最后这个步骤用量化的方法表现各个数值，例如员工人数、生产过程碳排放量、各种资源的消耗量等。[37] 当然，不是所有的社会环境与商业伦理指标都可以被量化。此时，诸如反映企业社会环境影响的文字表述之类的质性工具就成为责任会计不可或缺的组成部分。[38]

重要性原则

重要性（materiality）原则对于鉴别责任会计数据的质量至关重要。重要性原则决定了企业选择将哪些数据披露给利益相关者。在国际上有不少监管者以及标准制定者对非财务信息的重要性做了定义，并发布了操作指南。总体而言，非财务信息与财务信息的重要性评判的相似之处在于，两者都必须遵循"对于决策的相关性，与其他信息的关联性，以及质性或定量数据对于其他信息与决策的重要性"。[39] 然而，两者的差异在于，考虑非财务信息的重要性还必须明确信息的使用者，因为在通常情况下公司股东不是责任会计信息的唯一使用者。此外，责任会计还必须评估不披露信息可能带来的后果。

可持续发展会计标准委员会

成立于2011年7月的可持续发展会计标准委员会（Sustainability Accounting Standards Board，SASB）致力于向上市公司建立并推广可持续发展会计准则。采纳该标准的企业必须从投资者与公众的利益出发，披露重大的可持续发展问题。

资料来源：Sustainability Accounting Standards Board，www. sasb. org.

SASB提出了一整套评估责任会计信息的重要性的方法。该委员会明确了5大类、超过40个可持续发展指标。这些指标很可能对企业的财务状况产生影响，因此对于会计信息使用者来说是非常重要的。该方法对不同利益相关者的利益出发点以及经济影响做出评估：

- 利益出发点是通过关键词检索得出的。研究人员用反映社会环境问题的关键词检索某一行业的各家公司的年度报表（10-K表）、法律新闻、企业社会责任报告、股东决议、媒体报道及行业期刊等。特定单词出现的频率可以反映这个行业所集中关心的问题。
- 经济影响是通过评估以往的报告以及进行定量研究来确定某一问题的处理结果是否对企业传统的估值参数（利润/收入/成本、资产/负债、资本成本等）产生了影响。
- 前瞻性调整是指对于尚未列入测试指标但已经出现的新问题进行评估。一旦明确了新问题会对其他利益相关者、行业、后代产生正面或是负面的系统性的影响，SASB就会进行前瞻性调整。当然，调整的前提是两者有直接关联，并且会产生重要影响。

研究人员用上述三个维度给每个可持续发展问题打分,然后经过特定的算法就可以得出"重要性数值"(materiality score, MS)。该数值介于 0.5 到 5 之间,一旦超过 2.25,该项目就可以被视为重要问题。图 14.9 是 SASB 重要性图谱在健康卫生领域的应用实例。

问题	健康					
	生物技术	制药	医疗器械	健康服务	分销商	关怀
气候变化与自然灾害风险	7	7	11	2	3	4
环境灾害与应对措施	4	8	12	3	5	1
水资源使用与管理	4	7	10	3	4	3
能源管理	6	6	10	7	4	6
燃料管理与运输	0	3	1	0	6	0
GHG 排放与空气污染	4	6	9	3	4	4
废弃物管理与排放	10	10	13			
生物多样性影响	4	3	5			
沟通与参与	5	5	3			
社区发展	0	1	1			
工厂影响	0	5	7			
员工多元化	7	8	8			
培训与发展	10	10	13			
招聘与保留	4	5	5	10	5	3
薪酬福利	9	8	8	8	8	4
劳资关系与工会工作	8	10	10	7	7	7

医疗器械废弃物管理与排放
利益出发点证据: ☑
经济影响度证据: ☑
前瞻性调整: ☐
重要性分值:13

图 14.9 可持续发展会计标准委员会(SASB)重要性图谱摘录

资料来源:SASB. (2012). Sustainability Accounting Standards Board. Retrieved December 19, 2012, from http://www.sasb.org. Commercial use of the SASB Materiality Map™ is restricted to those parties that have entered into commercial terms and use agreements with SASB™. Interested parties who would like to use the Map for commercial purposes may contact Tyler Peterson(tyler.peterson@sasb.org)for terms of use.

虽然这并不是一种全面透明的评估方法,但是重要性数值确实能够起到一定的揭示作用。该方法能够帮助利益相关者确认主要议题,协助企业以问题的相关性为依据有效地分配资源。[40]企业明确可持续发展信息披露达到哪个等级是第一阶段的最后一项工作。

14.5　第二阶段:数据评估与细化

"可以根据可持续发展战略的具体执行情况来评估企业主要的绩效指标(资源投入与生产流程),并检验可持续发展战略是否取得了应有的成果(产出水平),以及是否有利于企业的长期发展(最终结果)。"[41]

可持续发展数据可以清晰地显示投入与产出的关系以及中间的制造过程。此外,数据也能够用于评估企业是否达到了既定目标。[42]

在责任会计的第二阶段,企业需要衡量一系列社会环境投入与产出指标,以及企业运营所产生的经济效益与社会效益。相关的投入与产出必须只与现在或是未来的效益挂钩,因此与过去的商业活动相关的当期成本就不在考虑范畴内。所有模型与度量以及执行系统都可以帮助管理者做出更加周密的决策,在提升传统的财务绩效的同时更好地履行社会责任。

责任会计数据的评估流程与传统财务数据评估的相似之处在于,两者都包含了货币计量,即以货币为单位编写资产负债表与损益表。[43]但是传统的财务数据不一定能够反映企业的社会环境效益,因此就需要多管齐下,用不同的工具来体现环境多样性与社会公平性。[44]指标的可度量性是指该指标是否可以用数据来度量,而不是度量的难易程度。[45]责任会计数据收集的难度在于,许多貌似不会在市场上产生副作用或者影响企业财务指标的因素会随着时间的推移显现其社会环境影响,即相关的外部性有可能会在未来某个时点对企业内部运营产生影响,并拖累企业的绩效。此外,许多责任管理的效益通常被视为是无形的,因此也就难以度量。

以此,目前的发展趋势是责任会计在货币计量的同时使用其他工具来度量企业的社会环境效益,全面评估可持续发展的三个维度。[46]许多可持续发展的问题具有多面性,虽然无法直接度量,但是可以通过一系列指标来反映其绩效。在这里我们将介绍以下可持续发展数据评估与细化的方法:成本模型、可持续发展绩效度量、可持续发展指标、增值模型与社会投资回报。

14.5.1 成本模型

虽然我们难以精确地度量可持续发展绩效,但是学界与业界都提出了一些财务分析的方法,用于合理地估算企业的社会环境绩效。许多组织开始使用先进的社会与环境成本法,并将理论用于实践。

- 完全成本法:归集所有的直接成本与间接成本以供存货估值、盈利能力分析及定价决策。诸如 Mathew 提出的企业影响全覆盖之类的完全成本法[47]致力于汇总与企业经济活动相关的所有成本,其中包括社会与环境成本[48],并用会计的方式来全面度量企业所产生的影响。
- 作业成本法(activity-based costing,ABC):计算产品、服务及客户相关活动带来的成本。作业成本法首先将成本分配到企业运营的各个环节(直接人工、员工培训、合法合规等),然后再根据因果关系将成本归结到产品、服务及客户。[49]
- 生命周期成本法:属于环保理念,可以尽力减少产品、技术、材料、流程、体系、活动及服务造成的环境影响。[50]生命周期成本法将产品的生产、使用、废弃视为一个完整的周期,然后逐年摊销每个年度的成本。
- 自然资本存货盘点法:记录所有自然资本,并显示(不断减少的)存量变化。自然资本存货包括水体、物种、森林、鱼类等项目。自然资本存货盘点可以体现各类自然资源消耗或者增加的情况。[51]

14.5.2 可持续发展绩效度量

在评估了企业为可持续发展所付出的努力之后,管理者需要用合适的指标来度量责任管理的成果。根据 Epstein 提出的模型[52](见图 14.10),管理层的行动是可持续发展绩效与利益相关者反馈的基础(产出),因此会影响到公司长期的财务绩效(成果)。在责任会计的第二阶段,管理者需要用指标反映产出与成果。

箭头 1 代表已有的投入及其对企业长期财务绩效的影响。我们在上一小结中已经讨论过了量度方法。箭头 2 表示的是各种投入如何经过公司流程影响责任管理绩效。箭头 3 指出了利益相关者的

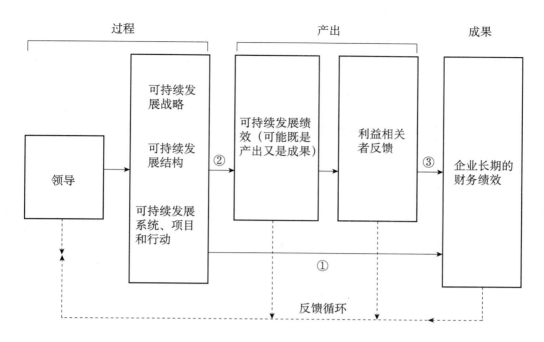

图 14.10 可持续发展行动对绩效的影响

① 公司的投入产出比;② 社会影响;③ 可持续发展绩效带来的财务影响

资料来源：Part of the sustainability model proposed by Epstain, M. J. (2008). Implementing corporate sustainability: Measuring and managing social and environmental impacts. *Strategic Finance*, 89(7), 24-31.

回应对于企业长期财务绩效的影响。可以使用不同的方法与工具量度责任管理绩效的各个方面。

从人力资本到财务绩效

可以让上市公司尝试扩充联合国责任投资原则(UNPRI)所涵盖的内容,加入人力资本价值。虽然资本市场的监管非常严格,但是监管者还是应该努力将人力资本项目融入现有的投资框架,将其作为环境、社会、治理框架中社会因素的补充。

资料来源：O'Donnell, L., & Royal, C. (2012). Investment and sustainability: The importance of the "S" in ESG principles of responsible investment. In G. Jones, *Research handbook in sustainability*. Melbourne: Tilde University Press.

Bell 和 Morse 指出[53],可持续发展评估可以被分为全面覆盖型(强式)与范围限定型(弱式)两类。全面覆盖型划定了更大的范围以及更长的时间跨度,并能够减少系统内不同利益相关者之间的利益调和。然而,更大的范围与更长的时间跨度意味着需要考虑更多的因素以及更复杂的度量模型。在责任会计的第二阶段,编撰归类信息非常重要,而且详尽的信息必须能让信息使用者理解。[54]编撰归类是信息传递的基础,也是选择何种信息传递工具的依据。

14.5.3 可持续发展指标

确定指标是会计的一项重要工作。指标可以帮助树立绩效目标,并明确目前的运营状况。[55]责任会计的重中之重就是使用一系列指标来度量环境、社会与经济绩效。在环境科学领域[56],科学家使用特定指标来反映无法度量的变量的做法由来已久,前提是该变量异常复杂且无法直接观察。GRI 在其可持续发展报告指导意见中提供了各种用于度量可持续发展绩效的指标。

GRI 可持续发展报告指导意见的第三部分(G3.1 版本)将各类指标分为经济、环境与社会三大类。每个大类包含了核心指标与附加指标两个部分。GRI 多个利益相关者指标确定流程表明了指标选择的原则与思路。这个流程可以帮助确定广泛适用于各家组织的重要指标。发布 GRI 可持续发展报告的企业原则上必须披露指南中规定的各项核心指标,除非企业可以证明某个指标在本单位的运营环境下不具有重要性。除此之外,组织可以决定使用哪些附加指标来反映可持续发展绩效。

全球报告倡议组织(GRI)

在 1997 年建立于美国波士顿的 GRI 如今落户荷兰阿姆斯特丹。这是一个基于关系网络的非营利组织,致力于推广可持续发展报告指导方针,建立可持续的全球经济体系。该组织也是国际综合报告委员会的发起者之一。

资料来源:Global Reporting Initiative (GRI). www.globalreporting.org.

首先,经济指标用于反映组织对利益相关者经济状况的影响,以及对本地、本国、全球经济体系的影响、这个经济绩效指标大类包含 7 组核心指标与 2 组附加指标。气候变化对企业运营活动的影响、政府财政补贴、为公众提供基础设施投资等情况都在核心指标之列。

其次,社会绩效指标分为员工、人权、社会和责任四个指标类别。

- 在员工这个组别,企业必须披露雇佣情况、劳资关系、健康安全、教育培训及员工多样性与公平机会等方面的指标。而其中的健康安全指标包含了工伤事故、职业病、病假天数、缺勤天数等数据。

惠普:社会创业家指标

惠普创业家启动项目(HP Life)是一个全球性的将创业培训与信息技术相结合的公益活动。在中国,该项目通过中国就业促进会在三个城市开展,并受到当地政府的支持。在湖北省十堰市,该项目与当地的创业需求相结合,政府提供贴息贷款以及 3 年的免税期。项目还特别向失业妇女倾斜。到 2010 年，总共有 1707 名学员完成了惠普创业家启动项目的培训，其中 609 人创立了自己的企业，创造了 1650 个就业岗位。

资料来源：ProSPER. Net.（2011）. Integrating sustainability in business school curricula project，*Final Report*. Bangkok：Asian Institute of Technology.

- 人权绩效指标用于评估企业在投资与供应商选择的过程中在多大程度上保障了人权。
- 社会指标度量企业对社会的影响，即企业对社会中的其他企事业单位带来了哪些风险，以及企业如何防范这些风险。这个大类包含了社区、腐败、公益、合规等组别。不正当竞争行为被归为附加指标，由不正当竞争诉讼、反托拉斯法与垄断行为及其后果等指标构成。
- 产品责任评估是社会绩效指标的第四个类别，目的是评估产品直接对用户产生的影响。产品责任评估涉及健康安全、信息与标签、营销传播及客户隐私等方面。例如，信息与标签这个指标的算法是产品实际披露的信息量与规定要求披露的信息量之比。

最后，环境大类指标涉及企业的投入与产出、生物多样性、环境合规、环保支出、企业产品或服务产生的影响等方面的内容。这个大类的核心与附加指标都要求具体数据以及环保行动与绩效的相关信息，如原材料使用量、循环使用的材料比例、直接能源消耗、用水总量、减少产品的环境影响举措等。

图 14.11 展示了经济、社会及环境指标的应用实例，分别涉及了 NH 宾馆、费列罗和 Votorantim 这三家企业。

这个部分罗列的可持续发展指标和三重绩效不仅反映了企业可持续发展的状况，而且反映了企业对利益相关者履行的责任以及商业伦理问题。因此，一个优秀的责任会计体系必须平衡四个方面的指标，即三重绩效、利益相关者、商业伦理及机遇挑战。

标准化信息披露第三部分：绩效指标									
绩效指标	描述	毕马威鉴证	范围	相互参考	未报告事项	未报告原因	解释	将在哪个部分报告
				经济绩效				
EC1 原则	产生并分配直接经济价值，其中包括销售收入、运营成本、员工薪酬、捐助与社区投资、留存收益、支付投资者以及政府	●	完全	第 13 页 NH 酒店数据				
EC2 原则		●	部分	第 36—38 页，防止气候变化承诺		无	公司没有进行独立的与气候变化相关的财务影响测算。整个能源有效性投资合并报表见第 54 页	

				续图
社会绩效指标				
劳动保障与体面劳动				
DMA LA	管理政策与体系	6.3 企业治理 6.4 劳动保障 6.3.10 基本原则与权益	T	2—3；18—19；50； 52；54；57—62； 64；67—69；71—72； 124—125；130；132
聘用				
LAI	以雇佣类别、合同、地区，以及性别细分劳动力	6.4 劳动保障 6.4.3 聘用与劳资关系	T	11；52；54—56；124；129

排放、废弃物、残留物				
EN16 - 直接或间接排放的温室气体	页数		137	
	状态		完成	
直接排放的温室气体	2008	2009	2010	2011
锅炉	7 545 773	7 201 925	8 491 052	9 663 864
汽车	501 863	472 154	486 613	567 797
过程	9 620 342	9 861 348	10 569 319	13 339 980
废弃物处理	0	0	0	0
土壤 - 石灰石	28 289	>3 923	27 172	24 913
土壤 - 氮肥	44 236	>8.099	26 262	37 725
总计	17 740 503	17 617 499	19 651 389	23 701 829
间接排放的温室气体	2008	2009	2010	2011
电能	962 641	608 010	1 177 481	907 802
总计	962 641	608 010	1 177 481	907 802

图14.11　NH宾馆、费列罗、巴西工业集团的GRI可持续发展报告

资料来源：GRI economic performance indicators：NH Hotels. (2011). *Corporate Responsibility Report*；GRI social performance indicators：Ferrero. (2011). *Sharing values to creat value. CSR Report*；GRI environmental performance indicators：Votorantim. (2011). *Zntegrated report*；www. ferrero. com/social-responsibility/code-business-conduct/；www. ferrero. com/social-responsibility/code-of-ethics.

14.5.4　增值模型

Waino Suojanen 在1954年首次提出增值表(value-added statement，VAS)的概念。他建议将VAS设定为附加的财务报表，用于分析生产制造过程中价值增加，以及增值部分的来源与去向。[57]Suojanen提议将增值表添加进利润表之中，丰富利润表的内容并履行企业对各类利益团体的财会责任。

所谓增值是指企业在运营过程中创造的价值。例如,一家制造业企业计算销售收入与制造成本的差额。增值表汇总了价值的增值部分,以及利益相关各方的获益情况。增值表里的信息与利润表没有大的差异(工资项目曾经是唯一的区别),但是增值表呈现信息的方式更加直观。图14.12是三星电子可持续发展报告中的增值表部分。增值表将增值部分分配到了利益相关各方,而利润表则仅仅将增值部分记到了所有者名下。[58]因此,增值表比利润表涉及面更广,更能反映企业的经营活动对于利润以外的科目产生的影响。[59]

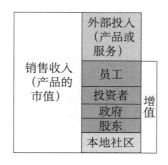

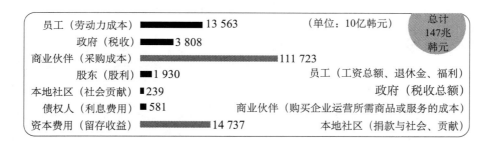

图14.12 增值的构成(理论与实践)

资料来源:Adapted from Samsung(2011). *Distributions of direct economic value in Samsung*. Sustainability Report.

事实上,企业的正常运营不仅为投资者和债权人提供了投资回报,而且为劳动力市场提供了就业岗位,为社会缴纳了税金,并为社区做出贡献。企业一旦倒闭,投资者无法收回投资,员工失业,社区无法享受企业带来的红利。

我们假设以一个蜡烛厂为例,进行增值测算。首先将销售收入减去原材料成本(石蜡、香料、灯芯等)。假设蜡烛的单价是每支10元,总计100支。原材料成本总计每支5元,那么增加的价值就等于1000减去500,等于500元。增价意味着将原材料变为另一种形式的物品所增加的价值。蜡烛的制造过程将原材料的价值提升了500元。这500元的增值部分将会被分配到公司的利益相关者,即员工、债权人、政府(税收)及股东等。

增值表以利益相关者为对象对增值部分做了细分,因此比利润表的涉及面更广。然而,它的缺陷在于传统的增值表只关注财务项目,而忽略了非财务价值、无形价值、未向市场转移的价值,以及企业经营活动造成的间接影响。[60]

为了解决上述缺陷,扩展增值表(expanded value-added statement,EVAS)在传统财务报表的基础上加以改进扩充,以适应非营利组织披露绩效的需要。[61]非营利组织的工作绩效很难用财务指标来考核,因为其经费主要来自不求资金回报的捐助款项。[62]扩展增值表将财务绩效与社会效益相结合,突出了经济、社会、环境之间的相互依存关系。[63]简而言之,扩展增值表包含增值测算和利益相关者分配两大部分。

14.5.5 社会投资回报

社会投资回报(social return on investment,SROI)反映了更加宽泛的价值理念,目的是消除社会不公与环境退化,提升全社会的福祉。[64]社会投资回报将社会、环境、经济这三个方面的成本与效益融合在一起,观察指标的变化与趋势。社会投资回报以货币计量的方式对比计划与实际的社会、环境、经济效益,并计算社会投资回报率。回报率以财务数据的形式反映组织的社会环境效益。社会投资回报的计算方法以及其他详细内容属于财务管理的范畴。

在会计流程中,社会投资回报以会计计量的方式计算组织的投入及其在社会、环境、经济方面的产出。组织可以透过社会投资回报率了解价值创造的相关情况,因此数据的解读与数据比率本身有着同等的重要性。[65]

数据解读不仅有助于确认并度量重要的驱动因素,而且可以提升会计报告的质量,促进组织的执行力。有关社会投资回报的详情,可以参考财务管理的相关内容与应用实例。

14.6 第三阶段:会计报告

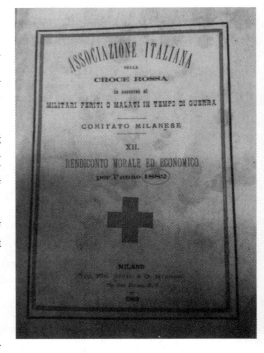

可持续发展报告的雏形

意大利红十字会于1883发布的"道德与经济报告"是最早的一批社会报告

"在会计报告中披露可持续发展与社会环境治理绩效的相关信息是迈向良性发展的市场的重要里程碑,促进可持续发展与社会安康的努力理应得到市场的回报。"[66]

在之前的两个步骤中,责任企业的主要议题与指标度量都已经明确,并为责任会计报告的编制铺平了道路。这个以目标为导向的务实做法再次验证了责任会计报告与责任战略和管理运营密不可分。[67]

一旦会计信息都已完备,接下去的步骤就是编制会计报告,即向会计信息的内部或者外部使用者披露详情。这个步骤建立在三个核心问题之上:

一是责任会计信息的质性(定性)标准是什么?

二是责任会计报告采用何种框架?

三是责任会计信息采用哪些方法或工具解读?

为了解答上述重要问题,不少权威组织发布了具有指导意义的标准与方针,这些全球性或者全国性的组织都有各自推崇的会计报告框架。图14.13汇总了常用的标准及其主要特点。

适用范围	指导方针
全球	全球报告倡议 G3 版本(GRI G3) AA1000 标准 ISO 26000 联合国气候变化框架公约(COP of the United Nations Global Compact)
全国	三重绩效报告(Triple Bottom Line Reporting)(澳大利亚) 社会报告指南(Social Reporting Guideline)(意大利) 环境报告指南(Environmental Reporting Guidelines)(日本) 可持续发展报告指南(Sustainability Reporting Guideline)(荷兰) 治理规章(Code of Governance),金氏报告(King Report)(南非) 可持续发展报告指南(Sustainability Management Report Guidelines)(韩国) 可持续发展报告(Sustainability Report)(葡萄牙) 可持续发展报告编撰指南(Guide for Preparing Sustainability Reports)(智利) 财务报告法案(Finanicial Statement Act)(要求规模企业披露社会责任)(丹麦) 环境报告指导意见(Environmental Reporting Guideline)(英国)

图 14.13　会计报告标准与框架

14.6.1　全球报告倡议组织(GRI)

在所有的全球性责任会计报告指南中,以流程为导向的 GRI 提出的指导意见无疑是最为广泛使用的。毕马威会计事务所 2011 年的全球企业社会责任调查显示,80% 的 G250 企业(指《财富》世界 500 强中的前 250 强企业),以及 69% 的 N100 企业(指 34 个国家年收入排名前 100 的企业)都遵循了 GRI 报告标准。

可持续发展报告指导意见(G3.1)由报告方针与原则(规定报告的内容、质量与范围)以及披露标准两个部分构成,而两者具有同等的地位与重要性。根据 G3.1 的定义,"可持续发展报告涉及数据、信息的度量与披露,其作用是向组织内部或外部的信息使用者报告企业可持续发展绩效与目标达成情况"。[68] 可持续发展报告指导意见指出,可持续发展报告等同于经济、社会、环境报告与企业社会影响报告(三重绩效、企业社会责任报告)。企业首先必须界定报告所覆盖的范围,即受到企业实际控制或重要影响的实体都属于应该报告的范围。

GRI 在原则上规定了可持续发展报告标准,目的是确保报告的质量,并保证全球使用 GRI 报告的各个企业之间具有可比性。遵循 GRI 报告原则可以明确报告的目标,在报告编撰过程中帮助决策,并演示如何处理相关问题与指标以确保报告的透明度(GRI G3.1 指导意见)。实际上,透明度是贯穿整个可持续报告编撰过程的最基本原则,包括前期确立的披露流程、程序与前提。

如图 14.14 所示,GRI 指导意见分为三个部分:第一部分确定报告的内容,第二部分明确报告的质量,第三部分设定报告的范围。第一部分的内容我们已经在会计流程的第一步中讨论过(确定利益相关方、重要性、完整性、可持续性),因此我们在本小结重点讨论其他两个部分。

GRI 指导意见的第二部分关注报告的质量。其指导原则会对编撰过程的决策产生影响。平衡性、可比性、精确性、及时性、简要性和可靠性构成了指导意见的重要原则。

组织的可持续发展报告应当平衡正面与负面信息,以帮助信息使用者对组织的可持续发展绩

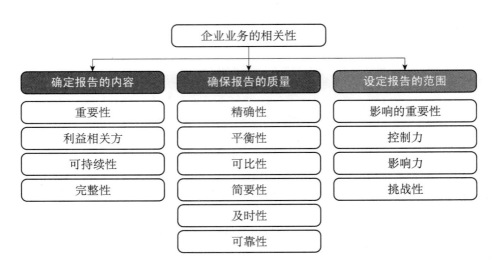

图 14.14　GRI 报告原则

效做出合理的评估。可比性意味着会计信息使用者可以比较同一家企业不同时期的绩效或者在不同企业间进行横向比较。精确性关注信息的准确与否。及时性与简要性主要是指信息的可利用程度。及时性侧重组织是否遵循既定的时间安排及时披露相关信息以供利益相关者决策。简要性突出信息是否通俗易懂。最后,信息及其编撰过程都被一一记录,确保质量并符合重要性原则,以备检查。

GRI 指导意见对适用于大多数组织,并满足大部分利益相关者需求的标准化信息披露做了规定。标准化披露分为三个类别:首先,组织必须披露企业战略、企业概况及企业治理的相关情况;其次,组织必须披露其管理手段与解决特定问题的方法,以便信息使用者在评估绩效时能够做到前后呼应;最后,组织必须披露具有可比性的反映企业可持续发展绩效的指标。

除此之外,GRI 还要求可持续发展报告包含以下部分:行业背景,陈述某个特定行业面临的可持续发展问题(如通信、汽车、矿业);技术条款,详细的定义、度量方法、核心指标的报告程序(如能源指标);国别特点,所在国的可持续发展特征、背景、问题及影响;以及指导文件,包括多样性与生产率等议题。

14.6.2　综合报告

责任管理报告可以被分为两大类。第一类是补充报告(在传统的财务报告以外附加),其内容包括质性与定量数据,适用于更加宽泛的利益相关者群体。[69]然而,其缺陷在于评估社会与环境指标的重要性存在一定困难,因为这些指标游离于经济绩效之外。

第二类责任管理报告采用综合报告的形式,涵盖了社会、环境、伦理及传统的财务信息,因此责任管理的绩效不再游离于经济绩效之外,而是与之融合。国际综合报告(international integrated reporting,IIR)是综合报告的一种形式,GRI 是国际综合报告的发起机构。该组织认为,综合报告将引领责任报告进入新阶段。图 14.15 展示了在采用全球报告的机构中,发布综合报告的组织百分比。有理由相信,在不久的将来发布综合报告的机构数量将超过发布传统形式责任管理报告的企业数量。

国际综合报告委员会

国际综合报告委员会(International Integrated Reporting Council, IIRC)成立于2010年,由可持续性会计项目(Prince's Accounting for Sustainability Project)以及GRI发起。IIRC的成员来自全球多个行业,其中包括公司、投资、会计、证券、监管、学术、民间团体及标准制定等部门。

资料来源:International Integrated Reporting Council (IIRC). www.theiirc.org.

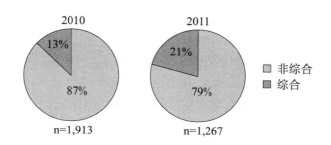

图 14.15　综合 GRI 报告

资料来源:GRI. (2012, February 1). Data from the *Sustainability disclosure database.*

根据IIRC制定的框架[70],综合报告将组织的战略、治理、绩效及前景等方面的重要相关信息综合在一起,反映该组织所处的商业、社会、环境状况。综合报告简明扼要地概括了企业在可持续发展方面所做的努力,以及在当前与未来创造的价值。综合报告将传统上相互独立的各个报告中的重要信息(财务、评价、治理、薪酬及可持续发展)汇总在一起,成为一个有机的整体。综合报告可以反映出各部分之间的关联性,以及各部分会如何影响企业短期、中期、长期创造价值的能力。

相比传统报告,综合报告体现了更加宽泛的企业绩效,生动地反映了组织依赖并利用各种资源(资本)的情况,与外部因素的关联性,以及对各种资源的产生的影响。IIRC框架认定了以下六类财务或非财务资源:

- 财务资本:组织获得的各类资金;
- 成品资本:制造完成的产成品,以区别于原材料;
- 人力资本:雇员的技能与经验,以及创新驱动力;
- 知识资本:可以化为竞争优势的一种无形资本;
- 自然资本:包括水、土地、矿藏、森林、生物多样性,以及生态平衡;
- 社会资本:社区、利益相关者、各个关系网络内部以及相互之间的关系与制度是否能促进个人与集体的福祉,包括了企业赖以生存的"社会运营执照"。[71]

报告上述信息将有助于:

- 对企业的商业模式和经营战略的可持续性进行合理的评估;
- 满足投资者及其他利益相关者的信息需求;
- 有效利用稀缺资源。

14.6.3 审计与鉴证

审计与鉴证已经成为责任会计的重要组成部分。"约有45%的G250企业通过鉴证业务核实其社会责任报告的信息。其中有不少企业相信鉴证业务改进了报告流程。"[72]越来越多的企业自发地公布可持续发展报告,这一现象说明了企业与利益相关者对报告非常重视。然而,人们对公司发布的社会、伦理、环境绩效信息及其透明度缺乏信心。[73]因此,由有资质的审计师或审计事务所提供的鉴定业务很好地弥合了两者间的可信度鸿沟。[74]

审计可以被视为是验证会计信息质量的工具,其服务对象是企业内部或者外部的利益相关者。审计的目的在于调查并审查相关责任人的行为、决策、绩效、报表和报告,并对照规范的要求,通过调查、审查与比较等手段得出结论并出具意见。[75]在企业内部,审计可以被视为一种审核并落实价值观的工具,维系着组织与利益相关者。因此,所谓的"社会审计"正是以两者之间的这种动态关系为出发点,通过计划、会计、审计、植根社会、融合利益相关者等步骤汇报并提升组织的绩效。[76]社会审计为决策者提供了一个评估所处环境、商业伦理、社会责任的机制,帮助管理者进行符合社会、环境和伦理要求的决策。内部社会审计与外部可持续发展审计都可以帮助企业拓宽视野,关注更大范围的利益相关者,并将其融入责任会计流程。

实施外部鉴证主要是为了迎合供应商、利益相关者及其他外部团体或个人。鉴证的过程必须严格遵循既定的鉴证标准,确保系统性与常规性的记录归档。鉴证师的主要工作是以既定的可持续发展标准与目标为依据,对企业与个人的相关绩效进行评估。目前,主要有两大可持续发展报告外部鉴证国际标准:ISAE3000及AA1000AS。前者是由国际审计与鉴证准则委员会(International Auditing and Assurance Standards Board, IAASB)制定[77],该委员会是国际会计师联合会(International Federation of Accountants, IFAC)的上级部门;后者是由一个英国的非营利性的社会与伦理责任协会(Institute of Social and Ethical Account Ability, ISEA)于2003年发布,并在2008年修订,针对所有外部鉴证服务的提供者。[78]AA10000框架主要包含了以下三条原则:

- 完整性:要求鉴证服务提供者评估可持续发展报告是否全面汇总了组织的工作、绩效与影响。
- 重要性:要求鉴证服务提供者评估可持续发展报告是否汇总了符合重要性以及及时性原则的相关信息。
- 回应性:要求鉴证服务提供者评估可持续发展报告是否对回应了利益相关者关切的问题,并解释了制定应对措施的理由。[79]

ISEA

ISEA是一家全球知名的智库,致力于解决企业责任以及可持续发展方面的问题与挑战。协会发布了外部鉴证国际标准AA1000AS系列:AA1000APS(2008)责任原则、AA1000AS(2008)鉴证标准、AA1000SES(2011)利益相关者参与标准

资料来源:AccountAbility. www.accountability.Org; Institute of Social and Ethical AccountAbility (ISEA). (2003). *AA1000 assurance standard*. London: ISEA.

此外，GRI 框架建议除了外部鉴证，企业还需动用一切可以动用的内部资源进行可持续发展报告的内部稽核与控制，并完善内部体系。企业必须自查报告是否符合相应的披露等级。GRI 框架规定了三个信息披露等级：A 级、B 级和 C 级。各个等级对应的信息披露要求如下：

● C 级适用于新近发布可持续发展报告的入门级组织。有关组织概况的信息披露量可以酌情减少，同时组织也无须披露管理方法。发布 C 级可持续发展报告的组织必须详尽地披露至少 10 个绩效指标，必须涉及经济、环境、社会 3 个绩效维度。

● B 级适用于已有发布可持续发展报告经验的组织。发布 B 级可持续发展报告的组织必须披露组织概况的各个项目。此外，组织还必须披露管理方法，以及详尽地披露至少 20 个绩效指标，必须涉及 6 个绩效维度——经济、环境、劳动保障措施、人权、社会和产品责任。

● A 级适用于已经完成由利益相关者参与的可持续发展报告重要性评估的组织。发布 A 级可持续发展报告的组织必须披露组织概况各个项目，披露管理方法，以及披露所有的核心指标。

GRI 框架对外部鉴证也提出了质性要求。可持续发展报告只有经过了外部鉴证才能被评定为相应的 C＋、B＋或 A＋等级。可持续发展报告的等级情况披露在报告的末尾，以帮助报告的使用者了解其质量。[80]

对组织的可持续发展工作与报告进行审核可以带来多方面的好处，如增加报告的可信度，提高报告内容与编撰流程的质量等。

新西兰：经过审计的社会会计

Trade Aid 是新西兰的一个支持公平贸易的非营利性组织。该机构每年在发布传统年报的同时，每三年发布一次经过审计的社会会计报告，目的在于避免过度依赖单一的财务指标，同时增加公司全方位绩效的透明度。

资料来源：Trade Aid. (2013). Retrieved February 2, 2013, from Trade Aid：www.tradeaid.org.nz.

14.6.4 会计伦理

现代会计之父 Luca Pacioli 于 1494 年在其发表的著作《算术、几何、比与比例概要》（*Summa de Arithmetica, Geometria, Proportioni et Proportionalita*）中介绍了复式簿记，以及资本、负债、收入、费用之间的关联性。同时，他也详细记录了会计伦理的要求。[81]

编制真实准确的会计报表是会计职业的主要职责之一。会计伦理同样适用于审核其他会计编制的报表的审计人员。唯有如此，会计从业人员才能履行他们的职责，即"满足客户或者他们就职的组织的需要，以维护股东与利益相关者的利益为目的，使他们可以了解组织真实的财务状况"。[82]

会计伦理也体现在会计信息的基本质性特征。根据国际会计准则理事会（International Accounting Standards Board，IASB）的会计框架，财务信息在具有实用性的同时，还必须准确地反映企业的状况。因此，财务信息必须完整、客观、准确。[83]企业必须将商业伦理作为各项工作的准则，其财务信息才能真正体现其作用：承担企业责任，帮助管理者决策，协助利益相关者了解组织的状况，并保持经济活动在时间与空间上的可持续性。

14.7 第四阶段:管理控制

"可持续发展绩效管理需要建立在一个有效的框架之上,既能将企业管理与社会环境管理相结合,又能将经济信息与社会环境信息融入可持续发展报告之中。"[84]

会计报告在组织内、外部治理中起到了重要作用。尤其是在组织内部,会计信息主要发挥度量与控制,以及帮助决策的功能。

根据 Epstein 提出的企业可持续发展模型[85],公司战略、组织结构、管理体系及绩效度量的有机结合是实施可持续发展战略的基础。可持续发展绩效管理与量度(sustainability performance management and measurement)是指"衡量企业、社会及环境三者之间的互动"。[86]

组织务必将社会与环境问题,以及利益相关者的期望与传统的财务指标与经济目标相结合,开发出多维度平衡式的绩效度量体系。这样,才能保证全面并且平衡地考核可持续发展绩效,指导管理者制定决策并采取行动。责任管理战略可以有效地提升企业的竞争力与经济绩效,因此,企业务必落实相应的体系,从经济、社会与环境三个方面管理、度量、监督战略目标的全面达成。

管理控制的实质是比较实际与预期的过程(见图 14.16)。这是一个重要的评估步骤,有助于管理者找到缺陷、认识不足、规划新的目标。

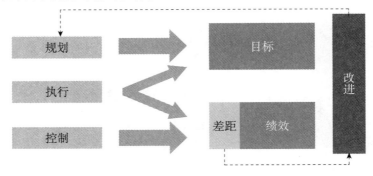

图 14.16 管理控制流程

会计从业人员在本阶段中的作用是:协助管理层改进责任管理绩效;审核绩效、流程及投入;支持或是挑战管理层的责任管理手段;促进沟通并审核报告内容。[87]

这些通过管理控制流程所获取的信息可以被细化到某个度量产品或服务的指标(见图 14.17)

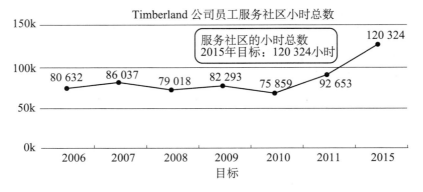

图 14.17 对于单个产品的可持续发展度量

资料来源:Adapted from Timberland,May 11,2012:www.timberland.com

责任管理控制中心

责任会计为管理控制服务,并通过使用相应的信息管理工具,帮助企业达成目标。管理控制中心(responsible management dashboard)是一个全面的、简洁的、实时的信息管理工具。控制中心可以将责任管理的相关信息转化为详细的即时信息。

控制中心可以自动地根据既定要求梳理信息,并使用不同的图标显示某个领域的指标(见图14.18)。控制中心所显示的信息既能用于管理绩效的质性评估,又能用于实时定量数据的解读。

主要目标	类别	2011年绩效		未来目标		主要度量
		实际:	目标:	2012	2015	时间利用率
气候	温室气体库存	16,482	15,870	15,870	12,775	时间利用率(HUR)
	可再生能源	15%	15%	19%	30%	
	供应链	13.30%	20%	40%	100%	
产品	绿色指数	5%	—	100%	—	实际:
	化学品	61.68	64.0	54.0	42.0	42%↑
	皮革	2.7%	100%	100%	100%	目标:
	原材料	25.4%	23.3%	35.2%	50.6%	42%
工厂	工厂环境	33%	30%	待定		
	高度危险	0.05%	0%	待定		
	环境绩效	6%	20%	40%	100%	时间利用率是指 Timberland 公司员工的公益活动时间使用率
	补救效果	59%	70%	待定		
	责任采购	47%	48%	待定		
服务	时间利用率	42%	42%	45%	60%	
	员工参与度	79%	80%	81%	84%	

图 14.18 可持续发展控制中心

资料来源:Timberland Q4 2011 Dashboard. Retrieved May 11,2012,from Timberland:www.timberland.com.

组织可以根据会计流程与可持续发展模型选择相应的信息系统与工具,然而,选用合适的与会计流程相匹配的可持续发展框架至今仍然具有挑战性。

思考题

1 归纳与整理

1.1 列举可持续会计的三大动因,并解释它们如何影响会计流程。

1.2 解释会计工作的四个步骤,并举出每个步骤所对应的例子。

1.3 名词解释,并比较三者的异同:全球报告倡议、综合报告、AA1000 标准。

2 应用与体验

2.1 研读一家责任企业的报告目录,将社会、环境及伦理因素融入其中,并指出相应的数据来源。

2.2 基于社会、环境及伦理视角,设计一个管理控制框架。可以参考图 14.17 所示的管理控制流程。

3 分析与讨论

3.1 研读 GRI 列出的绩效指标(www.globalreporting.org)。你认为哪些指标容易量化,哪些不容易量化?

3.2 研读一家中国企业的按GRI要求编撰的GRI报告,并回答下列问题:①公司有哪些首要的利益相关者?②公司最重要的行动是什么?③公司的三重绩效完成情况如何?④公司如何报告商业伦理的相关议题?基于上述分析,你认为这家公司可以算责任企业吗?

4 改变和创造

4.1 设计一个未来的会计体系。15年后注重可持续发展、利益相关者价值及商业伦理的会计会是什么样子?(参考本章"第三阶段:会计报告"部分提出的标准)

先锋人物专访　迈克尔·布朗加特

迈克尔·布朗加特是"从摇篮到摇篮"(C2C)以及三重顶线原则的联合开创者,也是生命周期评估法的先驱者。而这些,都是可持续发展会计与管理的重要工具。

约翰·埃尔金顿的三重绩效与你推崇的三重顶线概念有什么区别?

首先,我非常不能理解,当人们面对可持续发展与环境问题时,为什么会有如此严重的逻辑问题。他们想促进经济发展,想对社会有益,但当面对环境、生物多样化,以及支持其他物种时,他们能想到的只是缓解负面影响。像汉堡或哥本哈根这样以零排放为目标的城市,尝试达到碳中和或气候中和。这很神奇,因为我从来没见过一棵气候中和的树木。

我们应该把自己当成这颗星球的原住民,这意味着我们应当制造有利于经济、有利于社会的产品,应当支持其他物种的生存。这就是为什么三重绩效在现实中应该成为三重顶线原则。应用相同的原则,我们能设计更好的产品。这些产品既能带来大量利润,又能造福社会,同时有益其他物种。

将生命周期评估法用作会计工具遭遇了何种挑战?

首先,我是20世纪80年代末、90年代初问世的生命周期评估法的创始人之一。但由于一项基本假设存在问题,这个概念终究只是属于过渡性质。

产品本身并无生命,洗衣机、地毯、皮鞋都没有生命。因此,当我们赋予一个产品生命的时候,我们希望这条生命能得到永生,因为我们自己想要长寿。然而,我们的产品不应该永生,否则那就意味着我们要么有计划地怂恿消费者购买新一代产品,或是错失产品创新的机会。

因而这基本的假设完全是错误的。相反,我们应该测算诸如材料、能耗等产品制造数据,有了数据才有意义。单纯提倡增加一个无生命产品的存在时长可以说是一种误导,这并不科学。

你如何看待社会或环境的投资回报?

我们都会思考在哪儿花钱可以取得最显著的效果,我觉得这种想法很正常。但是在日常操作中我们的做法又难免被异化。比如,企业通常不是把员工称为"人",而是"人力资源"。这本身很诡异,因为人并不是一种资源或原材料。否则,管理者就会很自然地将人与效率挂钩,并联想到"最小化""缩减""规避"。事实上,人的尊严是不能被压缩或削减的。因而,提高效率这个概念必须适度,必须有底线。

所以,应该将人力资源部改称为人力关系部,简称可以保留HR不变。因为人力资源的提法会将每个人标准化和同质化。我们每个人,每种文化都有不同的需求,因此不能仅仅用货币来计量。"人力资源"这个提法使我们失去了尊严,这个字眼必须消失,现状必须得以改变。

责任管理是否是解决可持续发展问题与危机的正确途径?

解决问题靠的不是责任管理,因为"责任"这个词蕴藏了太多道德伦理的内涵,而人们在压力下首先摒弃的就是道德习惯。所以,当你将可持续发展看作一件有关道德的事,它在你最需要的时候往往不会奏效。以"从摇篮到摇篮"的概念(C2C)来看,可持续发展意味着美好与优质。

例如,当可持续发展与童工联系起来时,它就变得不美好;当产品因为质量问题被废弃,或者产品的制造过程破坏环境,可持续发展就面临了质量问题。质量视角既关注了品质又兼顾了创新,因为我们现在能通过创新提升质量。

这就是为什么 C2C 的概念更可靠，毕竟在危机中，人们会立刻忘记伦理道德。但是，即使是在危机时，在质量上的投入也能被轻易地转化为更加丰厚的利润。因此，即使仅仅从经济利益出发，这个纯经济决策也能成为创新的动力。我对此表示非常乐观。

践行者速写　丹尼尔·埃特（Daniel Ette）

就职企业：

Hansgrohe 是全球卫浴专家，有超过 3 300 名雇员。这是一间总部设在德国的欧洲私人股份有限公司，非上市公司。

职位描述：

可持续发展总监

教育背景：

获拜斯大学责任管理专业研究生学位；曾在巴登符腾堡大学学习商科管理，专业是财务与会计，以及物流与生产。

实际经验

您的主要职责是什么？

我作为可持续发展总监的主要职责是将可持续发展的理念引入管理会计及财务控制中。总监的管理思维必须从单一的财务视角拓展到对于经济、生态及社会议题的全面关注。这样，我们的工作才能给所有企业高管们带来帮助。

为了达到以上目的，我的职责包括以下内容：建立一个有效的数据库并与管理层共同制定关键绩效指标（KPI）；帮助同事、管理层及雇员认识到责任管理思维的重要性。总而言之，作为可持续发展总监，我的职责是尽力改变整个公司的思维方式。

您每天工作的典型事务有哪些？

对我来说，成为一名可持续发展总监意味着建立一套旨在提升可持续性的控制体系。我们设计出一个基于信息技术的控制模型，监控与三重绩效相关的各项数据。目前，我们利用 SAP 工具已经可以像报告财务数据一样呈现可持续发展的指标。也就是说，我们的报表中包含了基于相关数据自动生成的可持续发展指标，公司将其命名为"Hansgrohe 可持续发展关键绩效指标"。

在日常工作中，我会对偏离目标的指标做出评估，这有助于实施有效的整改措施。这样就能系统地、有效地将环境、社会及经济指标全部纳入企业运营。

其次，由于我们已经实施了可持续发展投资标准，因此投资评估不再是仅仅考虑经济回报，而是加入了社会及环境指标。最后，现在有越来越多的针对产品对环境影响的评估，这也需要可持续发展部门的工作支持。

可持续发展、责任和伦理在您的工作中扮演什么角色？

将监督控制与可持续性、责任管理及商业伦理相结合是一个非常有趣且十分复杂的领域。对我而言，作为一名可持续发展总监，以上这些在我的工作中至关重要。可持续发展总监的工作目标是在保持公司长期发展的生命力的同时，关注我们的社会及环境。这并不等同于做慈善。其实我的工作职责是平衡公司股东与诸如雇员和社区在内的其他相关者的利益，使大家都能满意。随着投资评估标准更加全面，三重绩效就开始发挥作用了。监督控制与责任及诚信有很大关联。可持续发展总监必须将对人的尊重放在首位，而不是仅仅将个体转化为经济指标。因此，可持续发展总监不仅要关注数据，而且要维护好管理层、员工及其他利益相关者之间的相互关系。

除了本章讨论的主题，你认为还有什么理念、工具或是话题对你的工作至关重要？这些又如何影响你的工作？

可持续发展总监的工作其实是将本章讨论的所有内容联系起来。我本人致力于收集可靠的数据，并加以评估。首先，我们必须梳理出哪些是有助于公司管理的重要指标。关注做什么、谁来做、怎么做等问题使我们不会在纷繁复杂的可持续发展监管领域迷失方向。也就是说，坚持重要性原则是极其重要的。对于有力的监管以及管理会计而言，关注密切相关的事务是一项重要原则。例如，全球报告倡议中的可持续性指标具有十分重要的地位。全球报告倡议构成了可持续发展监管的基础。当然，在涉及选择哪些关键绩效指标以及如何评估的问题上，可持续发展总监还是有必要协调外部利益相关者与公司管理层的需求。

和所有监督控制一样,可持续发展总监关注差异分析并协助管理层推出改进方案。从我的角度出发,改进方案需要建立在尊重社会、尊重环境、尊重效益的基础上。

经验分享

您会给您的同行什么样的建议?

当面临如何将可持续发展引入公司运营时,监督控制与管理会计的相关内容是极其重要的。由于监督控制涉及跨部门联系与协调,因此它可以推动一个企业走上可持续发展的道路。正如本书指出的,为了企业的可持续发展,我们必须首先掌握正确的方法与步骤。建立可靠的数据库是监督控制的重中之重,否则我们就无法设立目标,无法评估偏差,无法采取措施。

当然,我们也必须清醒地认识到管理者不可能仅凭数据来推行责任管理。管理需要改变自身的思维方式,并循序渐进地引导管理层与员工以全方位的视角思考责任管理以及可持续发展问题。因此,可持续发展的监督控制并不是单纯的数据处理,而是以责任为核心确保公司做出负责的行为。

您工作中的主要挑战是什么?

最大的挑战之一就是要使管理层与员工相信环境和社会其实与企业效益同等重要。此外,作为一名可持续发展总监,我必须平衡好公司管理者与可持续发展推动者的双重身份。

您还有什么其他的想法和我们分享?

当实施可持续发展、责任管理及商业伦理时,监督控制与管理会计的重要性不容小觑。

参考文献

1. Flint, D. (1988). *Philosophy and principles of auditing: An introduction.* Oxford: Macmillan Education.
2. Ernst & Young. (2012). *Six growing trends in corporate sustainability.* Ernst & Young; Ernst & Young LLP. (2012). *Six growing trends in corporate sustainability.* GreenBiz Group Study.
3. ISO. (2012). *ISO 26000—Social responsibility* (p. 10). Retrieved January 15, 2012, from International Organization for Standardization: www.iso.org/iso/iso_catalogue/management_and_leadership_standards/social_responsibility/sr_iso26000_overview.htm#sr-7
4. Ernst & Young. (2012). *Six growing trends in corporate sustainability.* Ernst & Young; Ernst & Young LLP. (2012). *Six growing trends in corporate sustainability* (p. 7). GreenBiz Group Study.
5. Unerman, J., & Bennett, M. (2004). Increased stakeholder dialogue and the Internet: Towards greater corporate accountability or reinforcing capitalist hegemony? *Accounting, Organizations and Society, 29*(7), 685–707.
6. Lamberton, G. (2005). Sustainability accounting—A brief history and conceptual framework. *Accounting Forum, 29*(1), 7–26.
7. Gray, R., Owen, D. L., & Adams, C. (1996). *Accounting and accountability: Social and environmental accounting in a changing world.* Harlow, England, and New York: Financial Times/Prentice Hall.
8. Crane, A., Matten, D., & Moon, J. (2004). Stakeholders as citizens? Rethinking rights, participation, and democracy. *Journal of Business Ethics, 53*(1), 107–122.
9. Cooper, S. M., & Owen, D. L. (2007). Corporate social reporting and stakeholder accountability: The missing link. *Accounting, Organizations and Society, 32*(7), 649–667.
10. Stewart, J. D. (1984). The role of information in public accountability. In A. Hopwood & C. Tomkins (Eds.), *Issues in public sector accounting.* Oxford: Philip Allen.
11. Cooper, S. M., & Owen, D. L. (2007). Corporate social reporting and stakeholder accountability: The missing link. *Accounting, Organizations and Society, 32*(7), 649–667.
12. Bailey, D., Harte, G., & Sugden, R. (2000). Corporate disclosure and the deregulation of international investment. *Accounting, Auditing & Accountability Journal, 13*(2), 197–218.
13. Edwards, M., & Hulme, D. (1995). *Non-governmental organisations: Performance and accountability beyond the magic bullet.* Earthscan/James & James; Najam, A. (1996). NGO accountability: A conceptual framework. *Development Policy Review, 14*(4), 339–354.
14. Ebrahim, A. (2003). Making sense of accountability: Conceptual perspectives for northern and southern nonprofits. *Nonprofit Management and Leadership, 14*(2), 191–212.
15. Dixon, R., Ritchie, J., & Siwale, J. (2006). Microfinance: Accountability from the grassroots. *Accounting, Auditing & Accountability Journal, 19*(3), 405–427.
16. O'Dwyer, B., & Unerman, J. (2008). The paradox of greater NGO accountability: A case study of Amnesty Ireland. *Accounting, Organizations and Society, 33*(7), 801–824.
17. Unerman, J., & Bennett, M. (2004). Increased stakeholder dialogue and the Internet: Towards greater corporate accountability or reinforcing capitalist hegemony? *Accounting, Organizations and Society, 29*(7), 685–707.
18. Gray R. H. (2000). Current developments and trends in social and environmental auditing, reporting and attestation: A review and comment. *International Journal of Auditing, 4*(3), 247–268.
19. American Accounting Association, http://aaahq.org/
20. Melé, D. (2005). Ethical education in accounting: Integrating rules, values and virtues. *Journal of Business Ethics, 57*(1), 97–109.
21. Schaltegger, S., & Wagner, M. (2006). Integrative management of

22. Epstein, M., Flamholtz, E., & McDonough, J. J. (1976). Corporate social accounting in the United States of America: State of the art and future prospects. *Accounting, Organizations and Society*, 1(1), 23–42.
23. Dierkes, M., & Antal, A. B. (1985). The usefulness and use of social reporting information. *Accounting, Organizations and Society*, 10(1), 29–34.
24. Adams, C. A. (2004). The ethical, social and environmental reporting–performance portrayal gap. *Accounting, Auditing & Accountability Journal*, 17(5), 731–757.
25. Adams, C. A. (2004). The ethical, social and environmental reporting–performance portrayal gap. *Accounting, Auditing & Accountability Journal*, 17(5), 731–757, p. 732.
26. Gray, R., & Milne, M. (2002). Sustainability reporting: Who's kidding whom? *Chartered Accountants Journal of New Zealand*, 81(6), 66–70; Schaltegger, S., Bennett, M., & Burritt, R. (2006). Sustainability accounting and reporting: Development, linkages and reflection. An Introduction. *Sustainability Accounting and Reporting*, 1–33.
27. Schaltegger, S., & Burritt, R. L. (2006). Corporate sustainability accounting. In S. Schaltegger, M. Epstein, M. J. (2008). *Making sustainability work: Best practices in managing and measuring corporate social, environmental, and economic impacts*. San Francisco: Berrett-Koehler.
28. Lydenberg, S., Rogers, J., & Wood, D. (2010, May). *From transparency to performance: Industry-based sustainability reporting on key issues* (p. IV). Retrieved September 2012 from The Hauser Center for Nonprofit Organizations, Initiative for Responsible Investment: http://hauser-center.org/iri/wp-content/uploads/2010/05/IRI_Transparency-to-Performance.pdf
29. Deloitte. *Deloitte Debate. Disclosure of long-term business value. What matters?* Retrieved April 2012 from: www.deloitte.com/assets/Dcom-UnitedStates/Local%20Assets/Documents/us_scc_materialitypov_032812.pdf
30. Lamberton, G. (2005). Sustainability accounting—A brief history and conceptual framework. *Accounting Forum*, 29(1), 7–26.
31. Michelon, G., & Parbonetti, A. (2012). The effect of corporate governance on sustainability disclosure. *Journal of Management and Governance*, 1–33.
32. Toppinen, A., Li, N., Tuppura, A., & Xiong, Y. (2012). Corporate responsibility and strategic groups in the forest–based industry: Exploratory analysis based on the Global Reporting Initiative (GRI) framework. *Corporate Social Responsibility and Environmental Management*.
33. Reverte, C. (2009). Determinants of corporate social responsibility disclosure ratings by Spanish listed firms. *Journal of Business Ethics*, 88(2), 351–366.
34. Gray, R., Javad, M., Power, D. M., & Sinclair, C. D. (2001). Social and environmental disclosure and corporate characteristics: A research note and extension. *Journal of Business Finance & Accounting*, 28(3–4), 327–356.
35. Prof. Mervyn King, GRI Honorary Chairman, as quoted in GRI. (2012). *Report or explain: A policy proposal for sustainability reporting to be adopted as a common practice for the advancement of a Green Economy*. Retrieved July 9, 2013, from Rio+20: United Nations Conference on Sustainable Development: www.uncsd2012.org/content/documents/ReportOrExplain.pdf
36. Adapted from the definition provided by the International Accounting Standards Board: International Accounting Standards Board (IASB). (2010). *The conceptual framework for financial reporting 2010*. London: IASB.
37. Crane, A., Matten, D., & Moon, J. (2004). Stakeholders as citizens? Rethinking rights, participation, and democracy. *Journal of Business Ethics*, 53(1), 107–122.
38. Lehman, G. (1999). Disclosing new worlds: A role for social and environmental accounting and auditing. *Accounting, Organizations and Society*, 24(3), 217–241.
39. Eccles, R. G., Krzus, M. P., & Watson, L. A. (2012). Integrated reporting requires integrated assurance. In J. Oringel (ed.), *Effective auditing for corporates: Key developments in practice and procedures* (pp. 161–177, p. 166). Bloomsbury Information Limited.
40. Lydenberg, S., Rogers, J., & Wood, D. (2010, May). *From transparency to performance: Industry-based sustainability reporting on key issues*. Retrieved September 2012 from The Hauser Center for Nonprofit Organizations, Initiative for Responsible Investment: http://hauser-center.org/iri/wp-content/uploads/2010/05/IRI_Transparency-to-Performance.pdf
41. Epstein, M. (2008). *Making sustainability work: Best practices in managing and measuring corporate social, environmental, and economic impacts* (p. 165). Sheffield: Greenleaf.
42. Epstein, M. (2008). *Making sustainability work: Best practices in managing and measuring corporate social, environmental, and economic impacts*. Sheffield: Greenleaf.
43. International Accounting Standards Board (IASB). (2010). *The conceptual framework for financial reporting 2010* (p. 37). London: IASB.
44. Cooper, C. (1992). The non and nom of accounting for (M)other Nature. *Accounting, Auditing & Accountability Journal*, 5(3), 16–39.
45. The SROI Network. (2012). *A guide to social return on investment*. Liverpool, UK: SROI.
46. Lamberton, G. (2005). Sustainability accounting—A brief history and conceptual framework. *Accounting Forum*, 29(1), 7–26.
47. Mathews, M. R. (1993). *Socially responsible accounting*. London: Chapman & Hall.
48. Deegan, C., & Newson, M. (1996). *Environmental performance evaluation and reporting for private and public organisations*. Sydney: Environmental Protection Authority.
49. Epstein, M. (2008). *Making sustainability work: Best practices in managing and measuring corporate social, environmental, and economic impacts*. Sheffield: Greenleaf.
50. Klöpffer, W. (2003). Life-cycle based methods for sustainable product development. *International Journal of Life Cycle Assessment*, 8(3), 157–159.
51. Gray, R. H. (1994). Corporate reporting for sustainable development: Accounting for sustainability

in 2000AD. *Environmental Values*, 17–45.
52. Epstein, M. J. (2008). Implementing corporate sustainability: Measuring and managing social and environmental impacts. *Strategic Finance*, 89(7), 24–31.
53. Bell, S., & Morse, S. (2003). *Measuring sustainability: Learning from doing*. London: Earthscan.
54. Zavani M. (2000). *Il valore della comunicazione aziendale. Rilevanza e caratteri dell'informativa sociale e ambientale*. Torino, Giappichelli.
55. Rasche, A., & Esser, D. E. (2006). From stakeholder management to stakeholder accountability. *Journal of Business Ethics*, 65(3), 251–267.
56. Moldan, B., Billharz, S., & Matravers, R. (1997). *Sustainability indicators: A report on the project on indicators of sustainable development* (Vol. 58). Chichester: Wiley.
57. Suojanen, W. W. (1954). Accounting theory and the large corporation. *Accounting Review*, 391–398.
58. Burchell, S., Clubb, C., & Hopwood, A. G. (1985). Accounting in its social context: Towards a history of value added in the United Kingdom. *Accounting, Organizations and Society*, 10(4), 381–413.
59. Meek, G. K., & Gray, S. J. (1988). The value-added statement: An innovation for U.S. companies? *Accounting Horizons*, 2(2), 73–81.
60. Van Staden, C. J. (2000). *The value added statement: Bastion of social reporting or dinosaur of financial reporting*. Working paper. Massey University, Palmerston North, New Zealand.
61. Mook, L., Quarter, J., & Richmond, B. J. (2007). *What counts: Social accounting for nonprofits and cooperatives*. London: Sigel Press.
62. Razek, J., Hosch, G., & Ives, M. (2000). *Introduction to governmental and not-for-profit organizations*. Englewood Cliffs, NJ: Prentice Hall.
63. Mook, L., Quarter, J., & Richmond, B. J. (2007). *What counts: Social accounting for nonprofits and cooperatives*. London: Sigel Press.
64. The SROI Network. (2012). *A guide to social return on investment*. Liverpool, UK: SROI.
65. New Economics Foundation. (2004). *Measuring social impact: The foundations of social return on investment (SROI)*. London: New Economics Foundation.
66. Lydenberg, S., Rogers, J., & Wood, D. (2010, May). *From transparency to performance: Industry-based sustainability reporting on key issues* (p. 10). Retrieved September 2012 from The Hauser Center for Nonprofit Organizations, Initiative for Responsible Investment: http://hauser-center.org/iri/wp-content/uploads/2010/05/IRI_Transparency-to-Performance.pdf
67. Schaltegger, S., & Burritt, R. L. (2010). Sustainability accounting for companies: Catchphrase or decision support for business leaders? *Journal of World Business*, 45(4), 375–384.
68. Bailey, D., Harte, G., & Sugden, R. (2000). Corporate disclosure and the deregulation of international investment. *Accounting, Auditing & Accountability Journal*, 13(2), 197–218.
69. Coupland, C. (2006). Corporate social and environmental responsibility in Web-based reports: Currency in the banking sector? *Critical Perspectives on Accounting*, 17(7), 865–881.
70. International Integrated Reporting Committee (IIRC). (2011). *Towards integrated reporting: Communicating value in the 21st century*. Retrieved April 2012 from IIRC: www.theiirc.org
71. International Integrated Reporting Committee (IIRC). (2011). *Towards integrated reporting: Communicating value in the 21st century*. Retrieved April 2012 from IIRC: www.theiirc.org
72. *KPMG international survey of corporate social responsibility reporting 2011*. Available at: www.kpmg.com/PT/pt/IssuesAndInsights/Documents/corporate-responsibility2011.pdf
73. Doane, D. (2000). *Corporate spin: The troubled teenage years of social reporting*. London: New Economics Foundation.
74. Milne, M. J., & Adler, R. W. (1999). Exploring the reliability of social and environmental disclosures content analysis. *Accounting, Auditing & Accountability Journal*, 12(2), 237–256.
75. Flint, D. (1988). *Philosophy and principles of auditing: An introduction*. Basingstoke: Macmillan Education.
76. Gao, S. S., & Zhang, J. J. (2006). Stakeholder engagement, social auditing and corporate sustainability. *Business Process Management Journal*, 12(6), 722–740.
77. International Auditing and Assurance Standard Board (IAASB). (2004). *International standard on assurance engagement 3000. Assurance engagement other than audits or reviews of historical information*. New York: International Auditing and Assurance Standards Board.
78. Dando, N., & Swift, T. (2003). Transparency and assurance: Minding the credibility gap. *Journal of Business Ethics*, 44(2–3), 195–200.
79. AccountAbility. *AA1000 AccountAbility Principles Standard 2008*. Retrieved March 2012 from: www.accountability.org/standards/aa1000aps.html
80. https://www.globalreporting.org/information/FAQs/Pages/Application-Levels.aspx
81. Pacioli, L. (1494). *Summa de arithmetica, geometria, proportioni et proportionalita*. Venica.
82. Duska, R. F., & Duska, B. S. (2003). *Accounting ethics* (p. 74). Malden, MA: Blackwell.
83. International Accounting Standards Board (IASB). (2010). *The conceptual framework for financial reporting 2010*. London: IASB.
84. Schaltegger, S., & Burritt, R. L. (2006). Corporate sustainability accounting. In S. Schaltegger, M. Epstein, M. J. (2008). *Making sustainability work: Best practices in managing and measuring corporate social, environmental, and economic impacts*. San Francisco: Berrett-Koehler.
85. Epstein, M. J. (2008). Implementing corporate sustainability: Measuring and managing social and environmental impacts. *Strategic Finance*, 89(7), 24–31.
86. Schaltegger, S., & Wagner, M. (2006). Integrative management of sustainability performance, measurement and reporting. *International Journal of Accounting, Auditing and Performance Evaluation*, 3(1), 1–19, p. 3.
87. Schaltegger, S., & Burritt, R. L. (2010). Sustainability accounting for companies: Catchphrase or decision support for business leaders? *Journal of World Business*, 45(4), 375–384.

第15章 财务管理:负责任的投资回报

> **学习目标**
> - 将财务管理用于责任管理实践
> - 运用可持续、责任、伦理的理念进行资本预算
> - 使公司更好地为相关者的利益服务
> - 获得责任投资回报率

引言

调查显示,65%的CFO关注可持续发展问题。约六分之一(13%)的受访者表示他们公司的CFO"非常积极地参与"可持续发展,同时有52%的受访者认为他们的CFO"在某种程度上"参与了可持续发展。[1]

众多企业预计其可持续发展预算会持上升态势。53%的受访者表示公司在今后3年内会增加可持续发展预算;39%的受访者表示预算将持平;仅有5%的受访者认为预算会降低。[2]

受访的CFO认为削减成本(74%)与风险管理(61%)是公司可持续发展的重要议题,而且两者都属于财务管理的范畴。[3]

责任管理实践
Vodacom 的责任型财务管理

财务管理现在逐步成为责任管理的中心环节。总部位于南非、业务覆盖非洲大陆众多国家的 Vodacom 公司就是一个很好的例证。

在2011年,Vodacom 不仅收获了可喜的财务业绩(现金流上升了24.3%,股东回报上升了

45%),而且还通过"访谈调查"度量了利益相关者回报。公司在调查中向利益相关者问询了Vodacom是否给他们的工作生活增加了价值。Vodacom公司通过全面考虑包括股东在内的利益相关者的"短期、中期及长期"的价值回报,避免短视的不可持续的企业行为。

为了取得这种全面平衡的利益相关者回报,企业在财务管理过程中通过内部资本分配决策来决定哪些项目可以获得财力支持。决策过程充分考虑到了环境、社会、伦理及治理风险(简称ESG风险与回报)。

公司开发的"手机电子货币"产品充分反映了上述理念。通过手机终端传输的电子货币有着巨大的社会投资回报,它使边缘人群,特别是贫困人群,可以用上银行服务,获得财富积累,并在需要的时候申请小微贷款。手机电子货币的案例充分体现了财务管理是如何成为责任管理的创新手段,同时责任管理又能给企业带来额外的资金,因为手机电子货币一直是政府补贴项目。

分配收益与企业治理是两项重要的为利益相关者服务的责任管理措施。Vodacom在合并报表中披露了公司2012年收益再分配情况。公司的留存收益约占31%,政府税收占20%,员工分红占17%,债权人与股东占32%。这就是所谓的利益相关者经济增值。通过诸如董事会、高管薪酬机制、风险管理计划等全方位的公司治理与内部控制,Vodacom不遗余力地为股东(债权人)和其他利益相关者创造价值。

资料来源:Vodacom. (2012). *Vodacom Group Limited integrated report*; Jack, W., &Suri, T. (2010). *The economics of M-PESA*. Nairobi: Unpublished paper.

15.1 负责任的财务管理

"财务资金是经济的润滑剂,影响着企业社会责任以及可持续的经济发展,因此有必要研究财务与可持续发展的传导机制。"[4]

有几个原因使得财务管理与可持续发展、企业社会责任以及商业伦理有机地结合在一起:首先,财务管理与财务资金是企业运营的根本,因此同样适用于责任管理。有了资金的支持,责任管理的各项工作才能落到实处。其次,财务部门是责任管理的重要推手,传统的财务管理越来越依赖公司的社会、环境及伦理绩效。[5]可持续发展、企业责任、商业伦理已经成为财务总监关注的工作内容。[6]外界特别是投资者,对公司责任管理的评价,直接影响到了企业对外发布报告、财务控制及风险管理。调查显示,65%的财务总监参与了可持续发展工作。[7]最后,传统的财务控制存在诸多缺陷,追逐短期收益造成了企业的短视行为以及不可持续的发展模式。安然、世通等公司爆出丑闻,其财务工作上的疏漏难逃干系。此外,金融行业也一直饱受外界诟病,成了"占领华尔街"(Occupy Wall Street)运动的焦点。

这就是为什么财务管理部门需要反思的原因。[8]财务部门贯彻可持续发展、社会责任、商业伦理的理念,对于整个企业的责任管理意义重大。图15.1展示了如何在财务管理的各个阶段落实责任管理。

在预备阶段,责任管理者必须了解财务管理工作的各项职能,以及财务管理范式中的缺陷与漏洞。在第一阶段,管理者审视财务管理的融资职能,研究各路资金在责任财务管理中的作用。

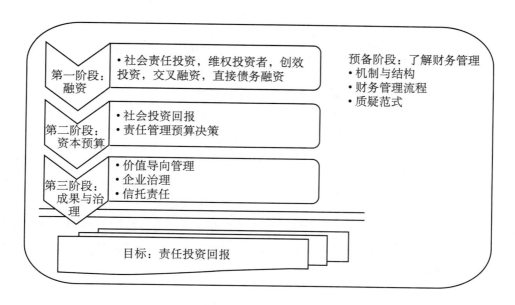

图 15.1　责任财务管理流程

责任企业可以有众多资金来源,例如社会责任投资、可持续发展绩效指标投资及小额贷款等。在第二阶段,管理者在研究资本预算决策可以带来怎样的社会投资回报的基础上,做出资金分配决定。在第三阶段,管理者进行财务绩效管理。其核心议题是:财务管理为谁服务?如何使总体利益最大化?第三阶段反映了财务管理中的企业治理思路。

15.2　目标:负责任的投资回报

"财务领域需要立体化的思维方式,而不是仅仅盯住单个风险与回报。"[9]

传统的财务管理目标通常是利润最大化。这种以利润论英雄的思维模式到底错在哪里?其实,利润最大化本身并没有错,问题是利润只是众多度量企业绩效的指标之一,所以不能以偏概全。其次,短期的利润最大化有可能危及企业可持续发展、社会责任、商业伦理的长期目标。利润优先的思维模式反映了企业在关注股东利益的同时忽略了其他利益相关者的权益。

因此,责任财务管理必须考虑责任投资回报(responsible return on investment,RROI(ROI_{Res}))。责任投资回报的算法要比短期利润最大化复杂得多,企业必须达到长期的三重绩效标准(可持续发展),然后才能创造出利益相关者价值最优(责任),并在最大程度上降低伦理失范带来的经济损失。

公式(1)显示了责任投资回报(ROI_{Res})的三个组成部分:三重绩效投资回报(triple bottom line return on investment,ROI_{TBL})、利益相关者价值投资回报(stakeholder value return on investment,ROI_{SHV}),以及商业伦理投资回报(ethical return on investment,ROI_{ETH})。

$$ROI_{Res} = ROI_{TBL} + ROI_{SHV} + ROI_{ETH} \qquad (1)$$

公式(2)显示了三重绩效投资回报的组成部分:经济(V_{Econ})、社会(V_{Soc}),以及环境价值(V_{Env}),即投入每单位货币所产生的价值;为所有利益相关者创造的价值总和($\sum_{i=0}^{n} SHV_n$);商业伦理回报是所有伦理失范的损失总额：

$$\sum_{i=0}^{n} EM_n = \frac{V_{Econ} + V_{Soc} + V_{Env}}{\$\,1} + \frac{\sum_{i=0}^{n} SHV_n}{\$\,1} + \frac{\sum_{i=0}^{n} EM_n}{\$\,1} \quad (2)$$

为了达到责任投资回报最优，企业必须取得三重绩效最优化（$opt\,TBL$），利益相关者价值总额最优化（$opt\sum SHV$），以及伦理失范损失最小化（$min\sum EM$）：

$$\rightarrow ROI_{Res}^{MAX} = opt\,TBL + opt\sum SHV - min\sum EM \quad (3)$$

与传统的利润最大化不同，责任投资回报注重最优化。这也就意味着在三重绩效的组成部分以及在不同的利益相关者之间有时需要权衡取舍。例如，公司面临利润最大化与创造社会价值两个截然不同的行动方案。或者，公司的两个方案竞争同一资源，一个方案能使员工获益，而另一个方案则偏向社区安康。关于"最优化"而不是"最大化"的讨论意味着我们考虑到了各个成员之间的自然权衡。虽然最优化不能像最大化一样用线性方式表示，但是我们还是能够经过通盘考虑并权衡取舍，得到最优解。

Elevyn 的利益相关者投资回报管理

Elevyn 是一个在线艺术品交易平台，帮助马来西亚、柬埔寨和菲律宾的艺术家们出售他们的艺术作品。网站除了起到牵线搭桥的作用之外，还帮助培训艺术家们，教会他们处理订单、包装商品和发送货物等。通过这种网络直销模式，艺术家们最终可以获得将近85%的销售额。剩余15%当中，10%用于交易费用以及网络平台维护费用，最后的5%被纳入一个支持当地社区的基金项目，用于为当地学校购买书籍之类的活动。除了协助当地社区发展之外，这个社会企业还通过艺术品交易振兴了当地传统艺术。

资料来源：ProSPER. Net. (2011). *Integrating sustainability in business school curricula project*：*Final report*. Bangkok：Asian Institute of Technology.

实践中的责任投资回报计算恐怕要比公式所显示的更加复杂。将不同成分放入同一个公式首先需要用货币计量各项内容，即使用财务价值度量非财务因素。这项工作的难度显而易见，特别是度量伦理失范造成的经济损失以及企业造成的环境问题。目前我们只是在公式上进行演示，如果有朝一日在算法上取得重大突破，理想就能变成现实。

15.3　预备阶段：了解财务管理

"我们的目的是反思传统财务管理理念与可持续发展之间的关系。"[10]

我们是否能够重塑财务管理？是否可以解决本章开篇提到的那些传统财务管理存在的缺陷？是否可以使财务管理成为责任管理与责任企业的平台？为了回答上述问题，我们首先有必要了解传统的财务管理及其问题所在。在预备阶段，我们首先讨论财务管理的基本结构与机制，掌握财务管理与社会结构和金融市场之间的相互关联。

15.3.1 财务管理的机制与结构

财务管理包含以下职能:计划、组织、预算、领导、控制、治理(资金筹措与利用)。总体而言,财务管理是管理的基本原理在财务领域的实践。财务管理在管理企业资金的同时起到了度量、评估、比对企业绩效的作用。财务犹如企业的血液,一旦失去财务资金与财务管理记录,资金筹措与资金使用的所有环节都将失控。组织的财务管理与外部大环境有着紧密的联系,特别是与公有部门和金融市场的联系。图 15.2 显示了企业、市场及政府间的基本关系。

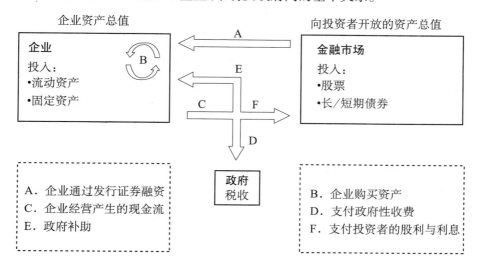

图 15.2　财务与环境的关系

功能、决策、目标与职责

财务管理的三个重要职能与财务管理流程的三个阶段相匹配(见图 15.1)。财务经理需要做出哪些决策呢?人们或许会认为财务经理会依赖高端的定量分析做出理性的决策。事实上,研究发现,财务决定大多基于质性非财务指标,因为财务经理在很大程度上受到企业内外部利益相关者的预期的影响。财务经理同样会考虑可持续发展与商业伦理的因素。[11] 从总体而言,财务经理们的决策过程符合责任管理的要求。

财务经理做哪些方面的决策?如图 15.3 所示,决策主要涉及三个方面并与财务管理的三个阶段对接:

一是资金筹措,也叫融资决策(第一阶段:融资)。决策主要涉及从哪些渠道筹措资金,如何规划资本结构,如何控制资金成本等。

二是内部投资决策(第二阶段:预算)。决策主要涉及资本预算,也就是将筹措来的资金分配给哪类资产,用于何种活动,如何在固定资产与流动资产之间分配资金,如何管理流动资金(流动资产减去流动负债),以及如何控制财务绩效并制定各个业务领域的预算等。

三是财务业绩,也叫分红决策或者股利决策(第三阶段:业绩)。决策主要涉及如何分配财务业绩,其中包括如何分配净利润(派发现金股利还是留存收益扩大生产)等。利润分配的具体情况

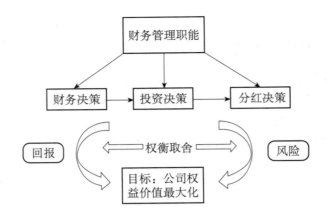

图 15.3　财务管理的决策领域与目标

反映在公司年报与资产负债表上。

上述三个领域的决策对应了企业五个财务目标：

- 资金筹措，增加固定资产与流动资产，管理流动资金（流动资产减去流动负债）；
- 投资优化，确保每笔资金都能被最有效地使用；
- 投资安全，确保投入的资金具有安全性并能保证最佳的长期收益；
- 资本结构，确保债务与权益结构健康可持续；
- 股东回报，基于利润率、股价及股东期望值给予合理的回报。

日本：无法出售的食品

　　Alishan 有机食品中心是日本的一家食品进口商。公司把无法出售的食品（标签错误、短暂的保质期、包装错误等原因）但仍然在保质期内的食品通过 Second Harvest 食品银行发放给生活困难的群众。Second Harvest 食品银行非常有效地使用着当地的捐款，可以将每 1 美元的捐款转变为价值 20 美元的食品。此外，食品的提供者通过捐助可以省去每吨 1000 美元的废弃物处理费。该食品银行在 2012 年总计发放了 3100 吨食品。在这个案例中，你可以识别出哪些财务管理职能？

　　资料来源：Alishan. (2013). *About Alishan*. Retrieved January 28, 2013, from：www.alishan-organics.com/.

　　股东回报与企业价值最大化相辅相成，后者也是大部分企业财务管理的主要目标。企业价值最大化可以转化为所有者权益价值的提升，即股东回报的增加。提升所有者权益价值是这个传统模式的核心内容。图 15.3 的第三个步骤展示如何通过公司治理机制协调组织与股东的关系。

15.3.2　财务管理范式的缺陷

　　我们在前文提到传统的财务管理与责任管理并非是水火不交融。然而，确实有不少传统财务管理的范式阻碍了企业实施责任管理、三重绩效、利益相关者价值最优化，并且容易引发商业伦理

问题。以下是饱受诟病的传统财务管理突出问题一览表:

(1) 利润范式:把寻求利润最大化作为企业的终极目标是对现实世界的歪曲。企业在向社会提供所需的产品和服务时,没有必要做到利润最大化。因此,财务管理不应该以利润最大化为目标,而是应该寻求利润最优化,因为利润范式与相关者的利益以及三重绩效的价值观会产生冲突。

(2) 增长范式:如果以可持续发展作为出发点,企业消耗的资源及造成的环境影响必须在地球可承载的范围内,因此企业有必要停止扩张,甚至缩小规模。传统的财务模式具有内在的增长机制:更多销售收入,更大市场,以及更多消费。责任财务管理会用"最佳规模"替代"持续增长"的理念。企业到底该扩大、保持还是缩小规模,取决于企业与社会和环境的最佳匹配。责任财务管理能够帮助企业一方面产生积极影响,例如使用可再生能源或者实践有机农业;另一方面减少消极影响,例如促使石油或者烟草公司缩小规模或者消除负面影响。

(3) 短期范式:更容易诱导企业关注短期影响。短期影响比长期影响更好判断,同时短期影响与财务人员当前自身的处境息息相关。然而,可持续发展是一个长期的命题。只有把决策的长期影响纳入管理者的视野,企业才能真正将社会、环境及经济可持续发展融合在一起。

(4) 金钱范式:财务因素主导了决策,社会、环境、伦理等非财务因素遭遇冷落。责任财务管理将社会、环境、伦理指标的重要性等同于财务指标,或者将非财务指标转化为货币计量的财务指标,使两者具有可比性。

(5) 股东范式:责任财务管理顾及所有利益相关者的利益。这并不是要存心忽略企业的所有者,特别是股东。责任财务管理的目标是将股东视为利益相关者中的一员,股东的利益必须与其他利益相关者的利益放在一起综合考虑。

(6) 内部范式:传统的财务管理工具过度关注企业的内部因素。积极的内部因素包括增加股东价值与提升利润。消极的内部因素是指内部成本,比如制造成本。过度关注内部因素通常导致企业忽略了外部的积极与消极影响。外部成本即外部性,可以是生产制造过程中的污染或者产品对使用者健康造成的损害。外部效益可以是企业通过社会营销促使消费者养成了可持续的消费模式,或者企业的薪酬给员工家庭带来了社会福利。财务经理们有必要将外部成本与外部效益纳入决策因素。财务经理们的思维模式必须从内部导向转变为全方位覆盖,即综合考虑所有的内、外部成本与效益。在本章中我们将会展示社会投资回报(social return on investment, SROI)是如何通过计算内部现金流动(内部性)与外部现金流动(外部性)将所有因素纳入决策分析的。

以上六项范式都深深扎根于传统的财务管理者的思维模式中,并与财务管理的概念与结构密不可分。要解决上述问题需要类似破坏性创新式的巨变,可惜目前尚无可以借鉴的解决方案。在接下去的第一到第三阶段中,我们会介绍一些责任财务管理的雏形以及潜在的责任管理动因。

15.4 第一阶段:负责任的企业融资

"2007年,全美国使用社会责任投资战略(socially responsible investing, SRI)管理的资产数额已经达到2.7万亿美元,占到了资产管理总值的10%,是20年前的50倍。"[12]

责任财务管理的第一阶段是责任企业的融资。无论是非政府组织、社会企业,还是公司都需要有充足的资金来运营业务并扩大规模。责任企业的融资行为也可能是一次外部的资金募集活动。大型企业的融资职能通常由投资者关系部承担,非政府组织通常依靠募捐活动,而社会企业则主要依靠创始人自己的努力。责任企业的融资渠道与普通的企业融资渠道有所不同,因为责任企业有机会获得低于平均成本的,有时甚至是零利率的资金。责任企业的融资渠道可以是期望获得更大社会投资回报的慈善组织,也可以是传统的以风险与回报为依据的投资机构。

传统慈善机构	慈善风投机构	社区债务融资	社区发展基金
● 寻求社会回报最大化	● 成为创新型社会或经济项目的种子基金	● 财务回报(固定收益)	● 高风险
● 大部分资金并非用于投资目的	● 不谈市场化的投资回报	● 积极的社会效益	● 没有流动性的项目
● 有可能参与一些投资项目	● 记录社会投资回报	● 低于市场平均的财务回报	● 财务回报最小化
● 通常将资金存放在传统的金融机构	● 在慈善领域尝试风投操作	● 包括社区金融发展基金	● 不谈资金退出机制,如何计算风险/回报

社会投资者←

天使投资与社会风投	社会责任投资基金	传统金融机构(银行、公募基金等)
● 初创企业的种子资金 ● 寻求市场化的投资回报 ● "质性"或者定性式的社会效益评估 ● 筛查"罪恶"项目,或许会资助某种形式的社会正能量项目	● 寻求市场化的投资回报 ● 使负面的社会、环境影响最小化 ● 竭力筛选能够产生社会、环境效益的项目 ● 参与社会审计以及"全程"跟踪 ● 股东积极参与	● 不计算社会投资回报 ● 寻求财务回报最大化 ● 或许会参与社会责任项目的投资,但不是公司的宗旨 ● 分析师仅仅"观察"项目的社会绩效,不会主动对借款人施加影响 ● 或许会参与传统的慈善活动,捐助给非营利机构 ● 不考虑社会投资回报

→私人投资者

图 15.4 投资机构一览表

资料来源:Emerson, J. (2003). The blended value proposition: Integrating social and financial returns. *California Management Review*. 45(4), 35—51.

新西兰:责任金融

Prometheus 金融有限公司是一家崇尚商业伦理的金融企业。公司为环境可持续发展以及社会责任企业或项目提供资金。公司发放住房贷款与建筑业贷款,前提是房屋必须节能环保或者能够产生环境效益。

资料来源:Prometheus. (2013). *Responsible investing is about awareness, choice and action*. Retrieved February 2, 2013, from Prometheus: www.prometheus.co.nz/.

责任企业不仅考虑"从哪里筹措资金"的问题,而且会思量"让谁加入所有者的行列",因为大多数的融资方式都会带来新的所有者与新的管控。这会在很大程度上影响责任管理措施的落实情况。以下是不同形式的所有者对责任管理的影响一览：

- 由机构投资者掌控的组织取得良好社会绩效的可能性较大。当然,这与公司的所在地不无关系。[13]
- 由管理层收购的组织通常与社会绩效背道而驰。[14]
- 在发展中国家,外资企业通常能够达成相对较好的社会绩效。
- 国有企业的社会绩效与所在国息息相关,不是很好,就是很差。[15]
- 上市公司受到更多的公众关注度,因此能够达成较好的社会绩效。[16]
- 所有权比较分散的私人企业通常能够取得更好的社会绩效。[17]

在责任财务管理领域,近年来又涌现出不少新的模式,从全球数以亿计的社会责任投资(SRI)到小微金融,从大规模的创效投资到基于互联网的众筹平台。图15.5汇总了与责任管理相关的各种融资机制。

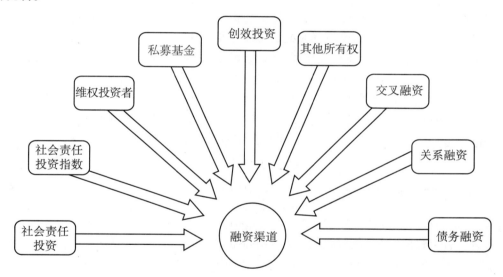

图 15.5　责任企业融资渠道

在以下的篇章,我们将详细地讨论这些融资机制是如何鼓励企业落实责任管理并限制不负责任行为的。责任管理的实践者有必要了解他们的行为会对企业的筹资产生什么影响。

15.4.1　社会责任投资

投资领域对可持续发展、责任及伦理的关注最终成就了社会责任投资。社会责任投资被定义为投资者经过对投资项目的评估,全面考察其社会、环境及伦理情况,从而筛选出符合条件的项目进行投资。

社会责任投资在近20年中成为人们耳熟能详的名词,事实上,社会责任投资的概念在历史上早就出现并极具规模。例如,在人类金融史上,基督教贵格派教徒从不参与奴隶贸易的资金往来;基督教卫理公会教徒遵循"好邻居"准则,强调其投资的项目不得危害健康,不得危害工人的生命,不得危害本地社区。这种做法被称为负面筛选(negative screening),即在选择投资项目的过程中剔除那些不符合社会、环境及伦理标准的投资。那些从事诸如赌博、军火、烟草、"成人娱乐"产业的企业会无一例外地产生负面影响,因此这些企业股份被称为"罪恶股票"。

责任投资者一旦在投资组合中发现了"罪恶股票",通常的做法就是撤资(divestment)。撤资是基于社会、环境及伦理考虑将不良投资从投资组合中剔除的过程。公募基金、养老金、社保金等特别注重此类筛查与撤资。社会责任投资的政治影响及其重要性在20世纪80年代抵制南非种族歧视的活动中尤为突出。考虑到社会责任投资的宗教与政治背景,该手段长久以来依靠负面筛选,因此较为被动。

正面筛选(positive screening)是选择模范企业进行投资的过程。在过去20年间,积极筛选越来越为人们所接受。原因是多方面的。首先,日益富裕并具有责任意识的消费者逐渐培养出责任消费的习惯,并将消费产品普及到金融领域。其次,社会责任投资基金以及伦理基金的运作水平日益专业,其投资回报率甚至有赶超传统基金的势头。

近年来,社会责任投资不仅成了主流,而且其基金收益丝毫不逊于其他投资模式。事实上,成立于1990年并具有最悠久历史的社会责任投资基金多米诺400(Domino 400)长期跑赢了标普500指数(S&P 500)。虽然没有数据表明具有较高社会责任投资评级的企业绩效要优于其他企业,但是获得较高社会责任投资评级的企业确实能够募集到更多资金。从"坏公司"撤离并用于投资"好公司"的资金在不断壮大。社会责任投资基金规模增长率是传统基金增长规模的10倍,其总量在2010年达到了3万亿美元,因此产生了更大的累积效应。社会责任投资在金融市场的份额日益增大,足以影响总体的投资行为。[18]

随着社会责任投资的"主流化",正面筛选专业运作的模式越来越多地取代了早先的负面筛选模式,因此也对更加精良的工具与指数提出了新的要求。各种指数最终可以被融入具有横向可比性的责任企业指数。

15.4.2 社会责任投资指数

随着社会责任投资总额的爆发式增长,不少机构开始发布社会责任投资指数(SRI index),其中包括道·琼斯可持续发展指数(Dow Jones Sustainability Index, DJSI)、富时可持续发展指数(FTSE4Good)。这些指数为投资者提供了企业可持续发展绩效状况,成为投资者决策的依据。在所有指数中,业界一致公认DJSI最具权威性。安永会计师事务所的一项调查显示,33%的受访者认为DJSI最具影响力,26%的受访者选择了碳披露项目(carbon disclosure project),而其他指数的支持率在5%—10%不等,其中包括财富杂志最受尊重企业榜(Fortune's Most Admired Companies)、企业责任100家最佳企业公民榜(Corporate Responsibility's 100 best corporate citizens)、全球100家最具可持续发展企业榜(Global 100 Most Sustainable Corporations)、FTSE4 Good,以及彭博社会责任投资指数(Bloomberg SRI)。[19]企业进入到可持续发展指数意味着企业的知名度增加并能够获得更多的正面筛选的机会,因此有可能获得更多的外部投资。

世界之窗

责任投资原则

- 我们会将环境、社会、公司治理等问题纳入投资分析与决策过程。

- 我们是积极的投资活动家,会将社会与环境议题纳入我们投资的企业的政策与实务之中。
- 我们会促进所投资的企业恰如其分地披露社会与环境问题。
- 我们会督促投资企业的所属行业认可并执行责任投资原则。
- 我们会努力提升我们执行责任投资原则的效率。
- 我们会报告责任投资原则的执行情况与进展。

资料来源:United Nations Environment Programme (UNEP) and the Global Impact.

社会责任投资者基于社会责任指数以及其他信息进行投资决策。投资者通常对社会责任指数或榜单的内容了如指掌。图 15.6 汇总了 DJSI 评估的经济、环境、社会指标,最终的满分为 100。

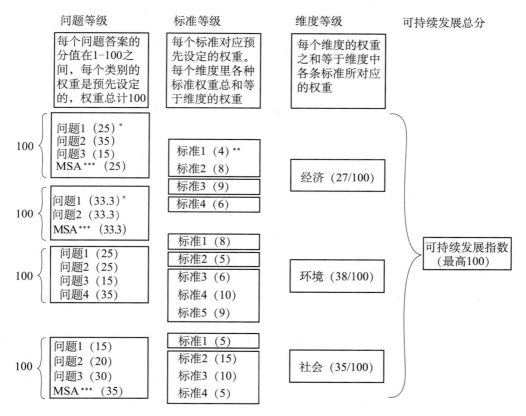

图 15.6　道琼斯可持续发展指数算法

注:* 为预先设定的问题权重,** 为预先设定的标准权重,*** 为媒体与利益相关者分析;问题、标准和维度权重仅仅用于示范,真实情况需要参考企业所属行业。

资料来源:RobecoSAM. (2012). *Measuring intangibles:RobecoSAM's corporate sustainability assessment methodology*. Zurich:RobecoSAM Sustainable Asset Management AG.

若是想进入 FTSE4 Good,企业必须满足三个方面的标准:环境、社会、利益相关者与人权。其核心问题是:

- 公司采取什么措施保护环境并且减少对环境的影响?

- 公司采取什么措施保护社会的利益以及利益相关者的利益(员工、供应商、客户)?
- 公司在遵守人权相关的法律方面取得了怎样的成果?

FTSE4 Good 的具体标准非常详细,主要包含了下列主题:

- 具有挑战性但又能够实现的标准,这些标准并非静态而是处于持续提升的状态,涉及公司政策、管理及报告的相关内容。
- 一个周密的覆盖企业各个部门的环境政策。对于那些对环境可能产生很大影响的行业(如化工行业或者农业),标准会更加严格。
- 报告必须提供社会与环境指数,并汇报相关的管理体系。

除了社会环境指数以外,社会企业交易平台(social venture exchange)为责任投资者与责任企业提供了一个类似证券交易的场所。平台为双方牵线搭桥,投资者以获得股票或是债券的形式向责任企业提供资金,前提是企业必须达到财务、社会、环境等方面的标准。

可持续发展指数可以被视为"投资者关系"的延伸,即投资者以标准化的定量数据为依据进行投资决策。数据同样也是企业长期责任管理绩效与利益相关者需求的综合反映。

15.4.3 维权投资者

维权投资者(activist shareholder)是指通过购买企业股票获得股东参与权,进而对企业施加影响的投资者。维权投资者通常并不进行大额投资,而是购买"坏"公司的少量股票并获得股东参与权,比如在年会上发言、参与股东决议,或者与企业高层管理者直接对话等。

维权投资者的角色通常由机构投资者扮演,起到了推动责任管理的作用。维权投资的做法已有相当长的历史,对企业的治理机制与绩效产生了很大的影响。[20] 近年来,维权投资延伸到社会、环境、伦理领域。研究表明,维权投资推进了企业责任管理的具体落实,但对公司股价与整体绩效方面的影响比较有限。[21]

维权投资通过持股参与企业事务,彻底改变了负面筛选以及抵制策略的被动性。虽然在理论上来说,维权投资者作为少数股东很难获得可观的权力,但是他们对股东、利益相关者及媒体的影响力不可小觑,因此已经成为投资者关系的重要环节。维权投资未来的发展方向有可能是"社会对冲基金",即为了解决某个问题,通过做空企业股票来施压并获利。最近正在发酵中的一个比较极端的案例是 Karma Banque(一个有金融媒体投资背景的对冲基金)做空可口可乐股票的事件。

上述的各种维权投资行为促进了企业加快整合财务报告与责任管理报告的步伐。事实上,在很多方面,这两个报告内容已经很难界定,例如环境负债、类似碳交易与排放权力的资产度量等。两个报告的整合能够更好地反映企业资源分配的情况。与此同时,传统的社会责任投资与维权组织的界限也变得越来越模糊,因为社会责任投资不再是简单地通过筛选方式决定投资,而是积极地挑战并促进企业的经营战略。

15.4.4 直接融资:私募基金与创效投资

直接融资(direct financing)是指不经过中间环节的融资手段。投资者越来越多地选择直接将资金投入符合社会、环境、伦理标准的企业。直接投资最典型的两个形式是私募基金(private equity)与创效投资(impact investing)。

私募基金通常以风险投资的形式为社会企业投入资金。风投资本家为初创企业提供资金并提供包括财务指导在内的一系列辅导。²²"天使投资"或者叫"创业天使"是非常普遍的一种风投形式。天使投资一般指乐意为初创企业提供资金的富翁或者团体。²³天使投资者现在越来越看重企业的社会与环境绩效,他们通常愿意给予有着良好社会与环境绩效的创业者或是中小企业更大的资金支持力度与更多融资途径。

创效投资是另一种直接融资的手段。创效投资在追求投资回报的同时造福社会并产生社会投资回报。²⁴创效投资的目的是通过投资解决特定的棘手问题。投资项目的范围很宽泛,从基础设施与扶贫到可再生能源与教育。²⁵与社会责任投资针对的上市规模企业不同,创效投资通常面向具有变革或是影响潜力的中小企业、非上市公司,甚至是非政府组织。²⁶创效投资通常关注能够给社区带来积极变革的项目,因此创效投资也经常被称为"社区投资"。²⁷Monitor集团2009年的一个报告预测,在未来10年创效投资的资金总额将从现在的500亿美元飙升至5000亿美元。²⁸创效投资者通常属于以下类别:

- 高净值人士可能将自己的资金以私募的形式投向创效投资。第二次世界大战后出生的婴儿潮一代极具投资动力。他们希望在自己的投资中看到社会效益并反映自己的责任意识,体现自身的社会价值。
- 机构投资者会贯彻机构领导的意志,投资最具影响力的项目。
- 企业通常会通过投资基础设施,战略性并且可持续性地改良社区,而不是一味参与慈善活动。
- 基金会现在越来越多地投资于可以带来更大社会回报的项目,不再是单纯的捐赠。

无论是社会企业、责任型营利性企业,还是非政府组织,创效投资都是一个具有吸引力的能够帮助提升积极影响的外部资金来源。

牵线搭桥

总部设在伦敦的社会投资天使公司 ClearlySo 为社会企业家募集资金。公司在其主页上表示"要促进社会投资市场的茁壮成长,并帮助建立一个更加社会化的经济体系"。公司建立了一个投资社会改进项目的天使投资人网络,并为社会企业家与天使投资人牵线搭桥。

资料来源:ClearlySo. (2013). ClearlySo. Retrieved February 2, 2013, from: www.clearlyso.com/about.html.

15.4.5 其他所有权模式

组织的所有者到底是谁?诸如家族企业这类的私人企业通常是由若干个人所拥有,而上市公司则属于大量股东。此外,机构投资者大量持有某家企业的股份也是另一种常见的所有权模式。²⁹然而,近年来兴起的由无数个人集资的所有权模式成了新的风尚。接下去,我们将会讨论责任企业如何通过"众筹"(crowdfunding)与合作社(cooperatives)的形式募集资金。

众筹是指从"众多个人募集外部资金",而每个人所占的出资份额都很小。³⁰众筹一般是通过社交网站或是相关线上媒体向众多个人发出筹资信息。[31] 众筹这种形式对于社会与环境企业、社会团体及带有强烈情感因素的企业宣传活动卓有成效。[32] 越是煽情,众筹的效果就越好。[33] 个人出资的形式可以是捐赠、贷款或是成为共同所有者(与合作制十分类似)。美国的婴儿用品生产商 Munchkin 推出的一个活动成为非常成功的众筹案例。这是一个简洁众筹的模式;公司提出"发送一只鸭子,抚养一只鸭子"。[34] 也就是说,网民在网上每一次向亲朋好友发送一只虚拟的鸭子,麦肯锡公司就会向癌症基金会捐出一定数量的善款。[35]

合作社是指"企业由其员工共同所有并经营"。[36] 合作社的成员可以是任何利益相关者。[37] 通常客户、员工、供应商会一起出资成立并经营合作社。[38] 为了了解合作社的融资与责任管理情况,我们首先关注合作社的主要特点。图 15.7 展示了合作社的基本结构、运作原理及资金状况。

结构与控制	运营原则	成员财务
• 合作社成员共同所有 • 投票方式民主决策 • 收益被用于再投资或者直接派发给成员	• 自愿开放的成员资格 • 民主方式控制 • 成员参与经济投入 • 独立自主 • 教育、培训及信息 • 合作制 • 关心社区	• 直接投资:成员集体做出投资决定 • 留存收益:盈余被留存,用于再投资,收益不做分配 • 每单位资本留存:按照一定比例或者固定的数额投资"每单位"资本*

图 15.7　合作社的结构、原则、与财务

注:* 指这里的"单位"是指每件产品、每个客户、每张合同,或者每个员工等。

资料来源: Adapted from OCDC. (2007). *Differences between co-operatives, corporations and non-profit organizations*. Retrieved December 11, 2012, from The International Co-operative Alliance.

合作社与传统的上市公司模式存在不少相似之处。例如,两者都有经过选举产生的董事会,以及两者都由众多成员持股。合作社模式虽然也经历过不少变迁[39],但总体而言,合作社的鲜明特点在于其开放式的成员资格、内在的共享价值观、非营利性思维模式,以及对社区与居民的关心。

合作社在全球范围内已经成为重要的所有权模式之一。根据国际合作社联盟(International Co-operative Alliance)发布的数据,全球目前有将近 10 亿名合作社成员。[40] 有关合作社模式对管理的影响可以参考创业相关的书籍或论文。

15.4.6　交叉融资与关系融资

融资不一定都要依赖外部投资者。许多责任企业的业务与项目可以依靠组织内部产生的资金。这种融资模式通常被称为交叉融资(cross-financing)或"现收现付"(pay-as-you-go financing)。除此之外,责任企业的另一种融资渠道是凭借公司与利益相关者的良好关系,获得利益相关者的捐赠或者补贴。

交叉融资机制是利用企业当前的现金流入支付费用,即企业用一些业务产生的现金流入支付另一些业务发生的现金流出。交叉融资对于责任企业来说可能更有深意。以下介绍责任企业的三种交叉融资机制:

• 削减的成本:前文我们讨论过,责任企业具有巨大的削减运营成本的潜力。如果企业能从节能项目中获益,削减环境影响与运营成本,那么企业就可以利用这部分节省下来的资金支持其他责任管理业务或项目。
- 销售收入：越是注重社会与环境效益的产品越有市场潜力。企业可以将这些产品的销售收入用于开发其他可持续发展项目。
- 公司基金会：许多公司都已成立了用于慈善事业的基金会。公司是否可以考虑成立一个内部基金会，专门资助公司内部的可持续发展呢？

责任企业交叉融资的重中之重是建立起更多的能够产生净现金流入的业务，同时提升效益，使其支出的每一分钱都能够发挥最大的社会效益。收入支出对照法可以平衡组织的收入与支出。在财务管理的第二阶段，我们会仔细讨论如何评估收入支出项目，以及如何评估社会投资回报。

以色列：解决残障人士就业

Yachol 电话呼叫中心是全球独一无二的社会企业。公司为客户提供电话呼叫中心的外包服务，其员工大部分是残障人士。公司解决了普通呼叫中心所面临的两大难题：缺乏工作积极性，以及过高的人员流动率。公司通过营造温馨的工作环境（为各类残障人士正常工作提供技术上的解决方案，弹性工作时间，以及职业发展支持等），以及雇佣低于平均流动率的就业人群，有效地降低了成本，提升了敬业精神，并提高了服务质量。

资料来源：Call Yachol. (2013). *Call Yachol*. Retrieved January 28, 2013, from：www.callyachol.co.il/.

一个组织创造的社会效益越多，就越能与获益的利益相关者建立更加紧密的关系。这些利益相关者通常也会愿意为组织承担社会责任出一份力。例如，非政府组织会收到慈善家的现金或实物捐赠。这些慈善家的捐赠很大程度上也是出于对组织的信任与好感。以下是三种典型的关系融资（goodwill financing）途径：
- 志愿者：企业员工或是外部利益相关者愿意为志愿者活动贡献自己宝贵的时间与精力。
- 善因营销：通过善因营销，企业将一定比例的销售收入用于支持某项慈善事业。客户出于对企业的好感，购买其产品，实质上是间接地捐助了慈善活动。
- 补贴、拨款、减税：政府通常会鼓励企业创造社会效益，并奖励那些在承担社会责任方面成绩斐然的企业。

然而，对于关系融资的批评通常源自有些企业打着慈善的旗号，鼓励利益相关者一起做贡献，但最后将所有成绩记在了自己名下。

15.4.7 债务融资

债务融资并非本章重点。但是，有必要强调两个与责任企业特别相关的债务融资模式：第一个模式是特殊信贷，即政府、开发机构、公益组织、银行出于对社会与环境的关切特别提供的一种贷款。第二个模式是小微金融，或者叫小微贷款，小微金融一方面可以为小微企业提供资金支持，另一方面可以为责任企业特定的公益项目提供帮助，本章开篇的案例就是一个很好的例证。

15.5 第二阶段:资本预算与内部规划

"事实上,投资活动与投资回报并非是要在社会效益与资本回报之间做权衡取舍,而是可以同时达成这两项目标。"[41]

之前我们在责任财务管理的第一阶段讨论了"外部融资",在第二阶段我们关注资本预算(capital budgeting),即研究分析哪些项目与业务可以获得预算资金的支持。[42]资本预算是企业内部投资决策的过程,其依据通常是比较各个备选方案的内部投资回报(internal return on investment)。

对于责任管理来说,资本预算主要有两个方面的重要性。首先,责任经理人必须使决策者信服可持续发展业务或者项目在财务方面的可行性。如果可持续发展项目的回报率可以赶上或超过备选方案中的传统项目,那么责任经理人的说服力就能得到显著提升。当然,不是所有的可持续发展项目都能带来高回报,如果仅用传统的投资回报做决策,势必会失去许多有意义的项目。[43]超高回报率的项目要么是可持续发展的责任项目,要么是不可持续的不负责任项目。[44]这就引向了责任管理资本预算的第二大功能。因此,除了投资回报率,我们还需分析反映投资项目社会效益的指标,即社会投资回报。

强制性企业社会责任预算

印度尼西亚的第40条最高法(2007年)规定了作为企业义务的企业社会责任活动要覆盖自然资源或其他相关领域。企业必须制定履行社会责任的预算,并将履行社会责任的措施落到实处。法律同时规定企业必须在年报中披露社会责任的执行情况。

资料来源:BKPM. (2007). *Law concerning limited liability*. Law of the Republic of Indonesia: Law No. 40 of 2007.

上述两个指标是实施责任管理的前提。[45]调查显示,如今有39%的财务总监支持可持续发展相关的预算,36%为可持续发展团队提供咨询建议,34%愿意用传统财务工具作为依据支持可持续发展,20%与可持续发展团队合作完成使用多重指标衡量绩效的可持续发展案例。在企业中,财务管理部门深度参与了财务、社会及环境这三个方面的价值创造。财务管理的最后一个目标是建立一套全方位评估的思维模式,即公司首先考察项目的社会、环境与经济效益,其次与项目团队共同努力完成以三重绩效为标准的绩效考核。[46]

由此可见,企业"利润率"的度量不仅要考虑经济效益,也要考虑更加宽泛的社会效益。因此,企业有必要引入混合价值(blended value)的概念,即包含多重价值的指标。对于责任财务管理来说,本章开头部分讨论的责任投资回报(RROI)就是一个混合价值的指标,包含了三重绩效、利益相关者价值及商业伦理价值。混合价值的计算通常会用到三种方法[47]:

一是通过质性(定性)方法,将三重绩效、利益相关者价值及商业伦理价值视为一个额外的无形价值的指标,协助传统的财务工具提供决策依据。例如,在考虑到底与军火商还是与电动汽车生产商建立合资企业的时候,公司可以将这个无形价值的质性指标作为决策依据之一。

二是通过定量方法,将社会、环境及伦理价值转化为社会、环境及伦理投资回报。这些投资回报和传统的投资回报具有可比性。例如,有两个方案可供企业选择,第一个方案用传统方法削减成本,而第二个方案用环保方法,在达到同样的节约成本的效果的同时,降低了二氧化碳的排放。成本节约与气体减排的数据都是可以量化的数据。

三是通过货币计量的方法,将传统上的无形价值转化为财务价值,使其具有可比性。例如,企业开展志愿者项目,鼓励员工为社区里的孩子上课。使用货币计量的方式,可以计算出员工授课的单位小时成本,学生获得教育的货币价值,甚至还可以包含员工社会公益服务后的满足感。

在下面的章节,我们将介绍社会投资回报率(SROI)的计算方法,其原理是使用货币计量的方法处理所有质性或定量的元素,具有一定的先进性。

15.5.1　计算社会投资回报率

如果希望度量所有的经济、社会、环境、伦理投入与产出,我们就必须量化所有的数据,这就是社会投资回报的初衷。社会投资回报是用一个指标涵盖所有重要利益相关者的成本与效益。社会投资回报的概念最初是用在度量教育的投入与产出上的。[48] 后来,在公有部门,社会投资回报被用来度量更加宽泛的可持续发展效益。[49] 如今,非政府组织普遍使用社会投资回报来衡量项目的成效[50],在私有企业中也开始普及。[51]

可持续发展预算不断增加

"企业将继续在可持续发展方面的投入资金。53%受访的企业表示在今后 3 年将加大可持续发展的投入;39%表示将维持现有水平;只有 5%预计将减少投入。"

资料来源:Ernst& Yong. (2012). *Six growing trends in corporate sustainability*. Ernst & Yong.

虽然社会投资回报的方法尚不完美,但是出于它所具有的潜力,我们将详细说明其算法。社会投资回报的优势在于它使不同类别的项目具有了可比性,不管是主营业务还是一项非主营的可持续发展业务。例如,将一个社会投资回报率35%的志愿者项目,与一个社会投资回报率40%的节能环保项目比较,或者和一个社会投资回报率20%的善因营销活动比较。只要社会回报率的计算中包含的项目是相同的,而且都是以货币计量,最后转化生成的社会投资回报率就具有可比性的,并能成为责任财务管理者的重要决策工具。在计算了社会投资回报率之后,责任财务管理者就可以得出许多衍生指标。例如,财务管理者可以计算出投资回收期,即需要花多长时间可以收回投资成本。为了确保社会投资回报率的精确计算,图 15.8 汇总了计算社会投资回报率的十条准则。[52]

社会投资回报率的计算过程分为三个步骤。首先,责任财务经理评估社会投资回报率的基本参数;其次,将所有成本与收益用量化的方式表示;最后,实际运用计算得出的社会投资回报率。

图 15.9 展示了社会投资回报率的计算过程。

编制	1. 评估时必须统计所有正面与负面影响 2. 首先,汇总所有利益相关者产生或是受到的影响,包括组织内部的利益相关者;然后,判断哪些属于和评估有关的重要影响 3. 将肯定是公司经营活动产生的影响纳入评估范围;遵循稳健性原则,不要包括不切实际的影响 4. 避免重复计算(财务与社会)价值,避免将非完全成本法得出的成本与价值纳入评估体系
内容	5. 不要将与企业活动无关的影响纳入评估范围,社会投资回报反映的是本企业与行业标准的差异 6. 将符合逻辑判断的影响用货币进行计量 7. 将指标进行比较,数值才能有意义(例如,当前财务年度与上个财务年度比较,本公司与其他相似企业比较)
确定性	8. 分析社会投资回报计算中的假设条件,仔细考虑社会现金流的贴现率 9. 进行敏感性分析,确认影响预测结果的主要因素
连续性	10. 持续跟踪社会影响

图 15.8 社会投资回报指南

资料来源: Lingane, A. & Olsen, S. (2004). Guidelines for social return on investment. *California Management Review.* 46(3), 116 – 135.

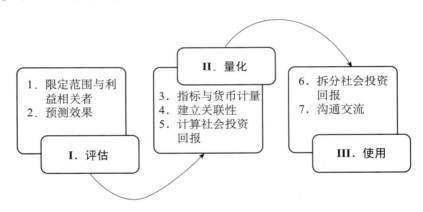

图 15.9 社会投资回报率的计算步骤

资料来源: Based on the SROI Network. (2012). *A guide to social return on investment.* Liverpool, UK: SROI.

我们结合一个虚拟的节能减排案例(称为 GreenO)来详细说明社会投资回报率的计算过程。公司希望通过"节能减排"项目减少纸张的使用量,进而达到降低二氧化碳排放的目的。项目有两个主要措施:一是淘汰旧式打印机,取而代之的新型打印机更加节能,并能有效减少卡纸的发生概率;二是公司将聘请具有办公室节能培训专长的外部培训师,在周末开设一堂两小时的节能减排培训课。

I. 限定范围并预测效果

计算社会投资回报率的第一步是划定参数的范围,其中包含了两个方面的工作:

(1)限定范围:需要明确具体的范围。包括哪些数值?以某一次活动还是整个项目为对象?包含一个地点还是所有开展项目的地点?只考虑本企业还是供应链上的所有企业?简要地描述需要评估的项目的范围可以使之后各个步骤变得流畅。限定了范围之后,需要考虑有多少利益相关者参与了活动或是受到了活动结果的影响。在社会责任投资回报的计算中,利益相关者的重要性不仅在于投入与产出,而且在于信息的来源。因此,在这个初始阶段,企业就必须与利益相关者保持良好的沟通,并在计算过程中鼓励利益相关者的参与。

（2）预测效果:这个步骤的主要目的是更好地了解业务活动的"机理"。首先,汇总并用货币计量所有利益相关者的投入。结合"节能减排"的例子,投入的成本是新的打印机（310欧元）,聘请外部培训师（300欧元）,员工贡献自己的业余时间（2小时×40人×11欧元/小时＝880欧元）。其次,计算短期产出与长期效益。一般短期产出是指可量化的短期成果,而长期效益是指活动的长期效果。案例中的长期效益是参加培训的员工获益,节约的纸张与能耗,以及办公室废弃物的减少。理论上,需要分别计算质性数据与定量数据,而在实践当中,两者的汇总可以同步进行。

II. 量化各项指标

这个步骤决定了度量哪些指标,以及如何度量。

（3）指标与货币计量:指标可以被分为软性指标（soft indicators）与硬性指标（hard indicators）两种。前者通常是质性数据,因此需要转化为定量数据。在我们的案例中,我们首先以货币的方式计量项目节约的纸张以及减排的二氧化碳。假设新打印机节约的能耗相当于减排1吨二氧化碳,节约的纸张相当于减排1.3吨二氧化碳。[53]根据西班牙碳交易平台$SENDECO_2$,[54] 1吨二氧化碳折合7.43欧元,因此2.3吨碳排放总计17.09欧元。需要指出的是,这个碳排放成本低估了二氧化碳排放造成的实际影响,是一个市场失灵的表现。除此之外,接受培训的员工有可能难以改变旧习惯,因此影响了项目的效果,如果每年有25%的员工积习难改,那么4年后的培训效果就等于零。

用货币计量社会效益的难度要远远大于计算经济与环境效益。如何计算一项活动给利益相关者带来的效益呢?答案很简单:直接询问对方。例如,如果想知道员工如何评估企业责任管理的价值,可以问他们:如果有机会到两家类似的企业就职,一家是责任企业,而另一家不是,那么你愿意牺牲多少工资到责任企业工作?在上述情况中,我们就是在借助财务替代指标来用货币计量责任管理的效益。财务指标的数值也可以从企业外部获得。例如,医疗支出减少可以反映趋势向好的健康水平。在我们的案例中,员工周末参加培训课程的社会效益可以通过他们的小时工资来反映。虽然货币计量和财务替代指标的方法目前尚未尽善尽美,但是它们的重要性不可小觑,计算方法在今后也会随着使用量的上升而得到优化。货币计量是将社会、环境及伦理因素融入诸如投资回报率等财务决策工具的重要前提。

（4）建立关联性:第四步是要剔除与责任管理没有直接关联的影响,即由其他因素造成的影响。因此责任管理的影响应当是总体影响减去"本来就会产生的影响"。[55]从总体影响中,我们一般需要剔除以下四种外部影响:

● 无关影响（deadweight）是无论是否实行责任管理都会产生的影响,因此我们要在总体影响中剔除这些由其他因素造成的影响。

● 附带影响（displacement）是指有些责任管理产生的积极影响会附带产生消极影响。例如,企业使用新的打印机节能减排,但是,制造与运输这台打印机的过程会产生碳排放。为了方便起见,我们一般忽略此类影响。

- 外界影响(attribution)是指由其他外部因素造成的影响。在我们的案例中,如果仅仅计算企业的节能减排影响,那么员工贡献周末时间参加培训就可以被视为外界影响。但是如果我们要计算所有利益相关者产生的效益,员工接受的培训就不属于外界影响。如果节能减排的一部分成果是由发电厂改进工艺贡献的,那么我们就必须在计算中剔除这部分外界影响。
- 递减影响(drop-off)是指随着时间的流逝而减少的影响。之前我们讨论过案例中的培训效果可能会随着时间的推移而减弱,直至消失。

在本章的"节能减排"案例中,我们只考虑递减影响,而不考虑无关影响、附带影响及外界影响。

III. 计算社会投资回报

(5)计算社会投资回报:这是最重要的核心环节。我们使用财务管理的主流工具:净现值以及内部收益率(internal rate on investment,IRR)。以下就是围绕我们的虚拟案例"节能减排"来计算成本投入、短期产出及长期效益。

- 成本投入:公司购买一台新的打印机(310 欧元),聘用外部培训师(300 欧元)。40 名员工参加 2 小时的培训(11 欧元/小时,总计 880 欧元)。公司并不补贴员工,所以员工成本不计入公司,而是计入员工这一利益相关者。
- 员工积极性:员工因为"节能减排"项目而欢欣鼓舞。调查显示,员工们宁愿每年少赚 1000 欧元,也要在实施"节能减排"项目的公司工作。当然,他们不是真的少赚 1000 欧元,这笔钱可以看作"节能减排"带给员工的激励效应。然而,激励效应随着时间流逝而递减,到第 1 年年末减半,到第 2 年年末消失。
- 节能减排:新的打印机每年可以减排 1 吨二氧化碳,该打印机的使用寿命为 4 年。员工经过培训在第 1 年可以减排 1.3 吨,但随着时间的推移,培训效果每年下降 25%。公司每年节约纸张 1.36 吨,节电 569 千瓦时。因此,每年节约用纸总计 2 067 欧元(1520 欧元/吨),节约用电总计 61.96 欧元(0.108 9 欧元/度)。

在传统的 NPV 计算中,企业把相关的现金流列示在一起。然而现金流只能反映货币计量的项目,为了涵盖社会效益与环境效益,我们有必要把现金流升级为价值流。表 15.1 汇总了以利益相关者为单位经济、社会、环境效益价值流。

表 15.1 "节能减排"项目价值流 (单位:欧元)

期间		0		1	2	3	4
利益相关者价值流	公司	−310 −300	节能	569kWh × 0.108 9 €/kWh = 61.96	569kWh × 0.108 9 €/kWh = 61.96	569kWh × 0.108 9 €/kWh = 61.96	569kWh × 0.108 9 €/kWh = 61.96
			纸张	1.36t × 1 520 €/t = 2 067	1.15t × 1 520 €/t = 1 748	1.00t × 1 520 €/t = 1 520	0.86t × 1 520 €/t = 1 307
	员工	−880	积极性(等价于工资)	1 000	500	0	0
	环境	0	减排	1.3t × 7.43 €/t = 9.66	0.98t × 7.43 €/t = 7.28	0.73t × 7.43 €/t = 5.42	0.55t × 7.43 €/t = 4.09
当期净价值流		−1 490		3 146.05	2 324.67	1 594.81	1 380.48

这里我们必须考虑货币的时间价值。通常货币的时间价值可以参照市场上的平均贷款利率。因此我们在净现值计算中假定贴现率为5%。

$$\text{NPV} = V_0 + \frac{V_1}{1+r} + \frac{V_n}{(1+r)^n}$$

本案例的净现值计算为：

$$\text{NPV}_S^{GreenO} = -1490 + \frac{3146.05}{1.05} + \frac{2324.6}{1.05^2} + \frac{1594.8}{1.05^3} + \frac{1380.48}{1.05^4} = 6210(欧元)$$

净现值计算公式帮助我们了解并量化责任管理活动的所发生的投入、产出与效益。在社会投资回报计算中我们同样需要用到此公式。计算社会投资回报时，我们会使用到内部收益率。涵盖了经济、社会、环境效益的内部收益率也就是社会投资回报。计算中，我们将变量 r 替代之前计算净现值时用到的5%贴现率。当 r 满足上述贴现率，且净现金流为零时，可以算出内部收益率（内部收益率的算法超越了本书的范围，因此省略）。根据计算结果，内部收益率为1.96，即196%。而社会投资回报率等同于内部收益率。因此，"节能减排"项目的社会价值为每投入1欧元，便可以获得总价值2.96欧元，即每投入1欧元可以增值1.96欧元。

$$\text{SROI} = \text{IRR} = 1.96\% \quad \text{SROI Ratio} = 2.96$$

盈亏平衡（BEP）是另外一个反映投资项目情况的指标，即在未来的什么时候产出可以等于投入。盈亏平衡点（break-even point, BEP）的计算需要考虑投入与产出的数值，也就是产出等于投入达到平衡。在达到盈亏平衡点之前，项目处于亏损状态；而在达到盈亏平衡点之后，项目将处于盈利状态。在盈亏平衡点的计算中，我们也有必要考虑所有社会与环境效益，当达到盈亏平衡点之后，项目就真正可以称得上是"可持续发展的"（产出的价值大于投入的成本）。

（6）拆分社会投资回报：传统的投资回报没有考虑项目的真实成本与收益，然而社会投资回报有可能包含了过多信息，因而影响对数据的解读。因此，在社会投资回报的最后阶段，我们将社会投资回报的各个组成部分进行拆解，以适应各种分析解读的需要。表15.2展示了如何拆分社会投资回报以满足不同的评估目的。

表15.2 拆分社会投资回报

问题1："节能减排"项目是否有益于社会？						
社会价值总额	NPV_S^{GreenO}	6 210 €	IRR_s^{GreenO}	196%	BEP_S	5.4个月
解答1：是的，"节能减排"项目（新打印机与相关培训）带来了极大的社会价值。净现值与内部现金流都很高。所有成本可以在5.4个月的时间内收回。						
问题2：两个行为主体是否有开展项目的积极性？						
公司的投资价值（打印机与培训）	NPV_p^{Comp}	5 553 €	IRR_s^{Comp}	334%	BEP_S^{Comp}	3.4个月
员工的投资价值（培训）	NPV_S^{Emp}	3 868 €	IRR_s^{Emp}	252%	BEP_S^{Emp}	4.1个月
解答2：是的，两者都具有开展项目的积极性，只要他们足够理性且充分了解项目的内容。两者的净现值与内部回报率都很高，收回成本的周期很短。从公司角度出发的数据更加绚丽，因此公司比员工更加具有开展项目的积极性。						

续表

问题3：如果要在打印机和培训这两者之间选择一个项目,应该选择哪个？						
打印机对于公司的投资价值	$NPV_P^{Comp/Print}$	2 598 €	$IRR_P^{Comp/Print}$	263%	$BEP_P^{Comp/Print}$	4.5 个月
培训对于公司的投资价值	$NPV_P^{Comp/Train}$	2 938 €	$IRR_P^{Comp/Train}$	411%	$BEP_P^{Comp/Train}$	2.8 个月
打印机的社会投资价值	NPV_S^{Print}	2 624 €	IRR_S^{Print}	265%	BEP_S^{Print}	4.5 个月
培训的社会投资价值	NPV_S^{Train}	3 568 €	IRR_S^{Train}	172%	BEP_S^{Train}	5.7 个月
解答3：从公司角度出发,培训带来的价值在以上三个指标都胜过打印机带来的价值。从社会角度出发,培训的净现值更高,但是打印机具有更好的内部投资回报率及盈亏平衡点,因此暂时无法判断如何取舍。						

首先,我们需要将成本与收益分为私有与社会两个部分。私有现金流(private cash flows)是行为主体(组织或是个人)贡献的那个部分;而社会现金流(social cash flows)则关系到利益相关者。

营利性机构一般不会仅仅考虑社会投资回报,因此可以把社会投资回报分为私有投资回报以及总体投资回报两个部分。前者可以帮助企业选择至少在不亏本的情况下实施可持续发展(私有部分的净现值)。后者可以帮助企业选择整体净现值更高的可持续发展项目。当然,在实际决策过程中,仅仅考虑上述两个指标是不够的,责任管理者还需考虑其他因素。在我们的案例中,如果企业由于预算限制需要在新的打印机与培训项目中做出取舍,那么我们就可以将新的打印机相关的净现值,社会投资回报,以及社会价值盈亏平衡与培训相关的三组数据进行比较,以供决策分析。

除此之外,我们还可以根据对象不同,计算出每位利益相关者获得的投资回报。如表15.2中的问题2所示,我们将员工的社会投资回报作为主要的利益相关方。如果将此数据与企业的投资回报进行比较,我们就可以看出在不同利益相关者之间的价值分布是否具有公平性。

(7)沟通交流:基于拆分后的社会投资回报,责任经理人可以向不同的利益相关者发布有针对性的指数。沟通的目的既可以是向外部利益相关者传递信息,又可以是内部控制。

15.5.2 资本预算的对象

在前文中,我们主要讨论了与责任管理活动或项目相关的社会投资回报。在实际管理中,社会投资回报几乎可以用于评估任何管理事务。例如：

- 多元化:社会投资回报可以反映企业的结构。Clorox公司基于其环保型清洁产品不断提升的社会投资回报,决定成立独立的环保型清洁产品公司。
- 项目:社会投资回报可以被用来评估责任管理项目。例如,英国的零售商玛莎百货预计公司的可持续发展项目"A计划"在2010/2011年度可以带来7 000万英镑的收益。[56]
- 单个活动:企业通常会制定责任管理活动的预算。根据社会投资回报率,企业可以选择开展具有较高回报率的责任管理活动。例如,玛莎百货举行的为期一天的"整理衣柜"活动为慈善机构Oxfam筹集了220万英镑。[57]这笔善款是该活动社会投资回报的重要构成。
- 项目:项目所具有的固定期限、固定预算、固定产出等特点为社会投资回报的计算打开了方便之门。计算单个项目的社会投资回报要比计算整个企业的社会投资回报方便得多。[58] 例如,在一些墨西哥企业开展的环保节能项目的回收期不到半年。[59]

- 流程:由于流程属于完整的过程,因此比较容易确定其各个参数,社会投资回报的计算也比其他没有固定程序的活动方便。
- 产品(商品与服务):比较备选产品的社会投资回报具有很大的价值,其计算必须基于产品生命周期以及完全成本的概念,另外负面影响的补偿机制也必须纳入考虑范围。
- 部门:成功实施责任管理的首要障碍来自公司不愿意建立一个独立的责任管理部门。社会投资回报可以是一个很有说服力的指标。
- 员工绩效:薪酬激励是一个鼓励员工积极实践责任管理的绝佳手段。由于社会投资回报汇总了员工通过付出为所有利益相关者创造的价值,因此管理者就能更好地从经济效益与社会效益的角度激励员工。

15.6　第三阶段:成果与治理

"针对管理层与董事会的批评之一源自公司治理的视野局限于少量利益相关者以及传统财务数据,其结构组成也通常以企业内部人士为主,因此在缺乏独立性的同时忽略了信托责任与伦理责任。"[60]

财务管理的成果必须符合重要的利益相关者的利益,其中包括股东或者公司所有者。在这个部分,我们将首先讨论通过价值导向管理促进利益相关者价值动因的重要性,其次简明扼要地总结如何通过公司治理结构确保管理者行为与利益相关者需求的一致性。

中东地区:责任财务管理先锋

Aramex 是中东地区首家发布财务与可持续发展综合报告的企业。公司拥有中东地区最符合国际标准的公司治理结构。Aramex 在迪拜和纽约纳斯达克两地上市,是登陆纳斯达克的首家中东企业。

15.6.1　从股东导向到利益相关者导向

主流传统的财务管理的终极目标是实现股东价值最大化。[61] 股东价值管理的目的在于建立所谓的价值动因。[62] 这些价值动因倾向短期的股价、利润及股利而忽略其他因素,因此具有一定的争议性。然而,即使是那些极力推崇股东价值的管理者(如通用电气的前任首席执行官杰克·韦尔奇),也会强调长期财务健康的重要性。传统的股东价值通常由图 15.10 前半部分所示的七个元素组成,即财务的价值动因。[63] 图 15.10 的后半部分展示了如何使责任管理成为经济价值动因。

看过了图 15.10 所示的价值动因,我们不难发现,不是所有的动因都只注重短期价值(即股价)。企业的长期竞争优势同样是企业成功的重要推手。财务经理越来越讲究"创造价值",特别是"创造长期价值"。[64]此外,创造价值的过程日益深入组织的各个层面,因此我们经常会听到类似"研发价值""人力资源价值"等新名词。

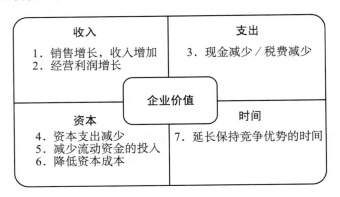

资料来源:Adapted from Bender, R. & Ward, K. (2008). *Corporate financial strategy*. Oxford:Butterworth-Heinemann.

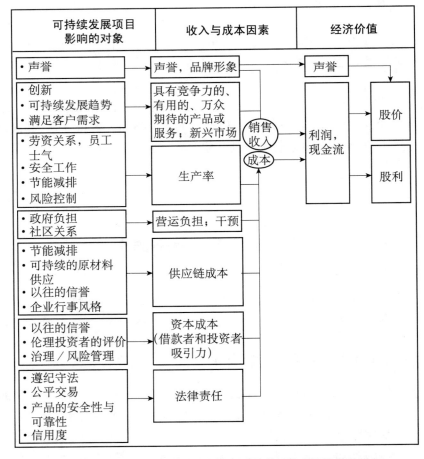

图 15.10　主要的财务管理价值动因以及责任管理经济价值动因

资料来源:Adapted from Blackburn, W. R. (2012). *The Sustainability Handbook*:*"The Complete Management Guide to Achieving Social, Economic, and Environmental Responsibility"*. Routledge.

世界之窗

人员投资回报

投资者愈发意识到诸如人力资源价值在内的一些无形资产同样能为企业创造价值,并与传统的财会数据同等重要,因此必须用同样严谨的方式进行评估。Bassi 与 Murrer 指出,人力资本是一个可以反映企业未来财务绩效的指标,因此有必要将人力资本分析与财务分析等内容一起作为标准的投资分析方法。"人员投资回报"分析中包含了伦理道德的元素。

资料来源:Bassi, L. , &Murrer, D. M. (2007). Maximizing your return on people. *Harvard Business Review*, I, 115-123.

责任企业的相关案例显示责任管理实践可以给企业带来众多有形的收益,例如成本降低,效率提升,以及更具投资吸引力。这些都可以成为责任企业的价值动因。[65]研究者发现,践行企业社会绩效(corporate social performance,CSP)与企业财务绩效(corporate financial performance,CFP)之间成正相关关系。[66]责任财务管理可以也应该与良好的财务实务操作保持一致,这不仅仅反映了"好人有好报"的传统思想,而且与价值动因相呼应,即责任财务管理可以降低资本成本,提高销售收入,将竞争优势保持更长时间。《可持续发展手册》(*The Sustainability Handbook*)的作者 Blackburn 甚至提出了一个"拿钱来"模式,这就是我们在图 15.10 看到的责任财务价值动因。[67]

总而言之,责任管理的视野需要从单一的股东价值转换到多元化的利益相关者价值。

15.6.2 公司治理

企业治理与财务管理有着紧密的关联,在传统上两者都以企业所有者为中心,因此企业治理的目标是确保管理层为股东利益服务。在公司的初创期,所有者通常自己充当管理者,然而当公司发展到一定规模,所有者就必须雇佣职业经理人。当这种委托—代理模式出现的时候,企业治理的需求也就应运而生。管理者与所有者围绕企业目标不是没有发生冲突的可能。管理者有可能利用其参与日常管理的优势,借助信息上的不对称,将公司朝背离所有者意愿的方向引导。这就是人们常说的"道德风险"。如果用更宽泛的社会责任的概念,企业的委托人不仅是所有者,更是所有利益相关者。

企业治理是指把握公司方向,控制公司运作的体系。企业治理包含管理层、董事会、股东及其他利益相关者的多重关系。公司治理的作用是降低或杜绝利益冲突的发生概率,明确各个职位的责任,减少委托—代理问题的产生。

尽管企业治理的标准与规范在不同国家之间存在差异,企业治理原则在近二十年来在很大程度上受到三个文件的影响:坎特伯雷报告(Cadbury Report)[68],OECD 发布的企业治理原则(principles of corporate governance)[69],以及萨班斯—奥克斯利法案(Sarbanes-Oxley Act)。[70]前两份报告侧重企业治理的基本原则,萨班斯—奥克斯利法案则是美国政府在安然和世通等一系列企业做假丑闻曝光后加强对企业监督的措施。企业治理主要遵循了以下五条原则:

- 股东权利与公平准则:组织必须尊重股东的权利,并通过有效地披露信息并鼓励股东参加股东大会来帮助股东行使自己的权利。
- 相关者利益：组织必须自觉维护股东以外的利益相关者的法律、合同、社会、市场等方面的权益。这些利益相关者包括投资者、员工、债权人、供应商、社区居民、客户及政府。
- 董事会职责：董事会必须具备监督管理层的技能与学识，并具有决心与独立性。
- 伦理道德：组织必须注重商业伦理，并制定出高管必须遵循的行为规范，促进责任型、伦理型决策。
- 信息披露的透明度：组织必须向外界阐明董事会与管理层的职责，这是对利益相关者负责的姿态。公司必须保证财务报表的可靠性，并经由第三方机构审计。公司必须及时披露重要信息，并确保所有利益相关者都能获得表述明确、客观公正的信息。

批判性思维

1980年，美国的首席执行官与普通员工收入比是40∶1。到了2008年，这一指标上升到了280∶1。收入比的飙升是否揭示了商业伦理问题？公司是否应该审视这个情况？

资料来源：Boatright, J. R. (2009). Executive compensation: Unjust or just right. In *Oxford Handbook of Business Ethics*. (pp. 161-201).

如图 15.11 所示，公司的管理层不仅受到来自股东与董事会的内部约束，而且受到来自公司外部的个人与组织的监督。由股东选举董事会，然后由董事会任命并监督管理层，管理层向董事会汇报的传统治理模式正在被更加宽泛、更加复杂的约束性与非约束性治理原则所取代。尽管国际化日益盛行（特别是在金融财务领域），公司治理的结构依然带着巨大的国别差异。

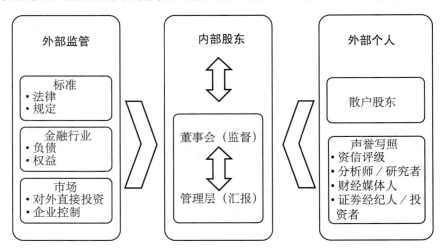

图15.11 企业治理关系一览

董事会可以说是最重要的治理机制。董事会一般由公司内部与外部人士组成，监督企业运营是否符合股东及其他主要利益相关者的利益。公司董事的构成与权力大小直接关系到监督管理层的力度。董事会结构也反映了地域差异。英美体系的董事会通常是单层董事会制,而欧洲大陆的董事会则会采用纵向双会制,分离"监督"与"执行"的职责。图 15.12 反映了 Vodacom 公司的董事会结构,我们在开篇案例中提到过这家企业。

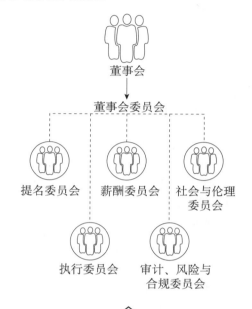

图 15.12　沃达康公司的董事会结构

资料来源:Vodacom. (2012). *Vodacom Group Limited integrated report*.

关于公司治理的其他热议话题包括是否要建立相互竞争的监管机构,以及是否要制定全球统一的公司治理标准。2008 年金融危机以后,针对上述问题的讨论越发热烈。最后,除了强有力的董事会之外,其他公司治理机制还包括[71]薪酬奖金、公开报告、责任意识、审计工作、尽职调查、滥用职权,以及守法合规等。

15.6.3　信托责任

公司治理体现了委托—代理的关系,而信托责任(fiduciary responsibilities)则建立在财务经理受委托管理大量资金并制定会产生重大影响的决策之上(英语中"fiduciary"这个单词源自拉丁文的"fidere",即拉丁语的"信任")。信托责任体现在财务经理慎重地决策,因为每一个决策都涉及大量资金,而决策一旦失误则意味着会产生严重影响。公司治理的目的是要防止道德风险并防止管理者行为不端,而信托责任是要避免由于管理者没有尽职而造成的资金上的重大损失。管理者的资金处置权越大,决策失误造成负面影响的可能性也就越大。

印度:信托责任缺失与腐败

印度的 Xerox-Modi 公司在 2002 年向政府官员进献了 70 万美元的"不妥当支出"(贿赂),目的是"促进业务"。

资料来源:The tribune India. (2002). *Xerox Modicorp faces probe*. Retrieved February 2. 2013, from the Tribune India, Online: www. tribuneindia. com/2002/20020704/biz. html.

对于一些公司高层的职位来说,信托责任的标准已经得到了统一。这些职位包括财务总监、董事及股东。对于公司的中低层,与处置大量资金相关的职位都必须承担信托责任。2008 年的那场次贷危机可以说是银行雇员的委托—代理责任缺失造成的,因为从客户经理到风险经理,他们都忽略了向不具备偿还能力的客户发放贷款可能带来的严重后果。[72]

思考题

1　归纳与整理
1.1　列举传统财务管理与责任财务管理的区别。
1.2　解释财务管理的三大决策领域。
1.3　名词解释,并指出各个概念相互之间的关联:责任投资回报,伦理投资回报,三重绩效投资回报,利益相关者投资回报。
1.4　名词解释,并指出各个概念相互之间的关联:社会投资汇报,货币计量,指标。
2　应用与体验
2.1　研究三家企业的董事会结构,并指出哪家的结构最为合理。
2.2　上网研究社会责任投资机构的筛选标准。指出不同标准之间有哪些区别?你认为哪个体系最先进?
2.3　访问一位在职人员,提出以下问题:"公司应该为股东服务还是为利益相关者服务?"你如何评价对方的观点?
3　分析与讨论
3.1　上网研读一家企业的社会投资回报报告 www. thesroinetwork. org/,从编撰方法入手,提出改进意见。
3.2　复习三重绩效概念。你认为企业会如何确定每个绩效的权重。平均分配权重会对财务管理产生怎样的影响?
3.3　以员工和社区为例,参考图 15.10,列举四条为利益相关者创造价值的途径。
4　改变和创造
4.1　计算一家假想或是真实企业的社会投资回报,并研究是否可以改进算法。

先锋人物专访 罗伯特·科斯坦佐(Robert Costanza)

罗伯特·科斯坦佐是以货币方式计量环境因素的开创者,他使公众熟悉了生态系统的贡献及其财务评估,而用货币来计量非货币指标是责任财务管理的前提。

你认为自然资源在商业活动中有着怎样的重要性?一个对环境负责任的企业应该怎么做?

我们都应该认识到,以下四种基础资产或资本有助于维持人类的康乐和商业活动:

(1)传统的通过"建造"得到的资本,如厂房建筑物,企业对此类资产尤为关切。

(2)人力资本,每个组成社会或公司的个人,以及他们的能力、知识、健康和创造力。

(3)社会资本,将人们联系在一起的社交网络、人际关系、文化元素,以及组织机构。受到地域文化、民族文化乃至全球文化影响的企业文化。

(4)自然资本,产出一系列珍贵的必需品,并为我们经济和社会发展服务的生态系统。

以上资源的结合能使所有人获益,而可持续发展的商业活动必须理解并尊重其中的关联,即使大部分的社会和自然资源都属于公司财务报表外的资产。

企业在他们的会计和财务活动中,应该如何看待自然资源?

我是Trucost咨询委员会的主席,Trucost是一家评估商业活动中外界环境消耗的公司。这种评估基于一个复杂的模拟经济与环境相互作用的模型。Trucost评估企业行为对环境的影响,以及企业整个供应链所产生的间接成本。彪马公司最近请Trucost评估了他们的环境成本,并将结果公布于众。公司可以运用这些信息,来了解并减少他们对环境的影响。这能防止公司混淆外部成本与内部收益,并使他们能去追求真正的可持续发展的社会效益;同时也能让投资者知道公司是否真的在遵循可持续发展战略。

企业可以为自然资源(和生态系统)的修复做些什么,而不是一味消耗资源?

通过认识自然资源的价值,企业可以通过投资来保护并修复这些资源。将这些资源列入财务报表将有助于企业更加便捷地进行相应投资。想象一下将上述四种资产都编制到财务报表的做法。虽然其中大部分的社会环境资产不属于(也不应该属于)公司,这些公共资产对每个人的福祉都至关重要。因此,我们需要协调社会和企业的财务报表,确保我们以可持续的方式利用资源。

你在1997年指出地球生态系统创造的价值是全球经济总量的两倍。这个估值现在还适用吗?有没有发生什么变化?我们应该如何解读?

如果有改变,生态系统的贡献只会增加,不会减少,即使全球GDP总量在这段时间里所增加,生态资源持续被消耗,并且它提供的服务越来越稀缺与珍贵。我们估计,保存与恢复地球自然资源的收益率,至少是100:1。这差不多是收益率最高的投资了。如果我们放眼地球上的所有资源,我们就会将焦点从GDP上移开(GDP存在误导性,从来就不是衡量经济健康程度的指标),从而认真思考如何使地球资产组合最大化。一个融合了社会环境资产的地球股东报告,可以更好地为投资政策提供参考。

践行者速写 弗朗西斯特·阿库纳·门德斯(Francisco Acuña Mendez)

就职企业:

InTrust全球投资公司是一家做可持续发展咨询的投资公司,同时也是INDI基金会的发起人。INDI基金会是第一家拉丁美洲本土基金,致力于当地土地资源保护。

职位描述:

主席及首席执行官

教育背景:

墨西哥伊比利美洲大学法学院,法学士;乔治敦大学法学中心,国际法硕士;哈佛大学肯尼迪政治学院,公共管理硕士;瑞典布莱金厄理工学院,工商管理硕

士,工学士

实践工作:

您的主要职责是什么?

我是 InTrust 公司和 INDI 基金会的创始人。INDI 基金会是覆盖整个拉丁美洲土著与乡村社区的金融中介。我们与社区建立了真正的合作伙伴关系(平等的伙伴关系),通过我们的基金会或其他中介机构为投资者和战略合作伙伴提供一揽子投资项目。与社区建立牢固的关系是基金会的核心工作之一。我们目前"初始阶段"的投资项目主要是清洁能源,如林业、水利、生物燃料、生物柴油、地热及潮汐能等。

您每天工作的典型事务有哪些?

与社区商讨投资项目;与当地政府商谈;与投资者讨论投资项目;进行金融及科技方面的尽职调查;开展可行性研究;与开发商、经营者和承包商协商;确立社会和环境指标;增进与社区间的情感;等等。

可持续发展、责任和伦理在您的工作中扮演什么角色?

这些是我们公司的核心价值所在。我们的基金会以可以量度的经济价值客观反映项目的社会环境效益。我们只关注那些有巨大经济、社会和环境效益的项目。因为我们明白这三项指标并不相互排斥,相反,它们促进项目的实施,并协调利益相关各方的利益。

除了本章讨论的主题,你认为还有什么理念、工具或是话题对你的工作至关重要?这些又如何影响着你的工作?

我们的工作重心是私募基金、项目投资及社会效益。

经验分享:

您会给您的同行什么样的建议?

有许多可营利的投资能带来巨大的社会回报。那些将社会环境效益与经济收益放在同等重要的地位的公司和项目将会获得巨大成功。

您工作中的主要挑战是什么?

有些公司对新兴经济体中的土著与乡村社区依然持有偏见,认为在那里做项目无法兼顾营利性与可持续性,那些项目会成为沉重的负担和艰巨的任务。然而,从我们的项目实施情况来看,事实并非如此。当然,我们非常清楚这种误解源自何方,因此我们致力于向社会展示成功且可持续的投资项目,以正视听。

参考文献

1. Ernst & Young. (2012). *Six growing trends in corporate sustainability.* Ernst & Young.
2. Ernst & Young. (2012). *Six growing trends in corporate sustainability.* Ernst & Young.
3. Ernst & Young. (2012). *Six growing trends in corporate sustainability.* Ernst & Young.
4. Scholtens, B. (2006). Finance as a driver of corporate social responsibility. *Journal of Business Ethics, 68*(1), 19–33.
5. Scholtens, B. (2006). Finance as a driver of corporate social responsibility. *Journal of Business Ethics, 68*(1), 19–33.
6. LeBlanc, B. (2012). Sustainability raises on the CFO's "to-do" list. *Financial Executive, 28*(2), 55–57.
7. Ernst & Young. (2012). *Six growing trends in corporate sustainability.* Ernst & Young.
8. Soppe, A. (2004). Sustainable corporate finance. *Journal of Business Ethics, 53*(1–2), 213–224.
9. Soppe, A. (2004). Sustainable corporate finance. *Journal of Business Ethics, 53*(1–2), 213–224, p. 213.
10. Soppe, A. (2004). Sustainable corporate finance. *Journal of Business Ethics, 53*(1–2), 213–224, p. 53.
11. Coleman, L., Maheswaran, K., & Pinder, S. (2010). Narratives in managers' corporate finance decisions. *Accounting and Finance, 50*(3), 605–633.
12. Capelle-Blancard, G., & Couderc, N. (2009). The impact of socially responsible investing: Evidence from stock index redefinitions. *Journal of Investing, 18*(2), 76–86.
13. Fauzi, H., Mahoney, L., & Rahman, A. A. (2007). Institutional ownership and corporate social performance: Empirical evidence from Indonesian companies. *Issues in Social and Environmental Accounting, 1*(2), 334–347.
14. Oh, W. Y., Chang, Y. K., & Martynov, A. (2011). The effect of ownership structure on corporate social responsibility: Empirical evidence from Korea. *Journal of Business Ethics, 104*(2), 283–297.
15. Oh, W. Y., Chang, Y. K., & Martynov, A. (2011). The effect of ownership structure on corporate social responsibility: Empirical evidence from Korea. *Journal of Business Ethics, 104*(2), 283–297.
16. Min-Dong, P. L. (2009). Does ownership form matter for corporate social responsibility? A longitudinal comparison of environmental performance between public, private, and joint-venture firms. *Business and Society Review, 114*(4), 435–456.
17. Prado-Lorenzo, J. M., Gallego-Alvarez, I., & Garcia-Sanchez, I. M. (2009). Stakeholder engagement and corporate social responsibility reporting: The ownership structure effect. *Corporate Social Responsibility and Environmental Management, 16*(2), 94–107; Li, W., & Zhang, R. (2010). Corporate social responsibility, ownership structure, and political interference: Evidence

from China. *Journal of Business Ethics, 96*(4), 631–645.
18. SIF. (2010). *Report on socially responsible investing trends in the United States.* Washington, DC: Social Investment Forum Foundation.
19. Capelle-Blancard, G., & Couderc, N. (2009). The impact of socially responsible investing: Evidence from stock index redefinitions. *Journal of Investing, 18*(2), 76–86.
20. Gillan, S. L., & Starks, L. T. (2000). Corporate governance proposals and shareholder activism: The role of institutional investors. *Journal of Financial Economics, 57*(2), 275–305; Anabtawi, I., & Stout, L. (2008). Fiduciary duties for activist shareholders. *Stanford Law Review, 60*(5), 1255–1308.
21. Karpoff, J. M. (1998). *The impact of shareholder activism on target companies: A survey of empirical findings.* University of Washington: Working paper; Smith, M. P. (1996). Shareholder activism by institutional investors: Evidence from CalPERS. *Journal of Finance, 51*(1), 227–252.
22. Letts, C. W., Ryan, W., & Grossman, A. (1997). Virtuous capital: What foundations can learn from venture capitalists. *Harvard Business Review, 75*(2), 36–44.
23. Winston, B. (2012). *What is the difference between an angel investor & a venture capitalist?* Retrieved December 27, 2012, from Demand Media, eHow Money: www.ehow.com/about_6311239_difference-angel-investor-venture-capitalist_.html
24. IESE. (2011). *Impact investing. IESE insight,* Fourth Quarter, no. 11, p. 8.
25. IESE. (2011). *Impact investing. IESE insight,* Fourth Quarter, no. 11, p. 8.
26. Cordes, R. (2010, May 1). Impact investment: Capitalism is tackling the world's biggest social and environmental problems—and giving investors a new way to do well by doing good. *Financial Planning Magazine,* 46–48.
27. Stern, G. M. (2011, September 1). Impact investing: Wealthy clients are favoring a different kind of socially responsible investing, focusing on private equity and nonprofit projects. *Financial Planning Magazine,* 66–72.
28. Freireich, J., & Fulton, K. (2009). *Investing for social & environmental impact: A design for catalyzing an emerging industry.* Cambridge, MA: Monitor Institute.
29. Hansmann, H. (1988). Ownership of the firm. *Journal of Law, Economics & Organization, 4*(2), 267–304.
30. Belleflamme, P., Lambert, T., & Schwienbacher, A. (2011). *Crowdfunding: Tapping the right crowd.* Center for Operations Research: Discussion paper series, vol. 32.
31. Belleflamme, P., Lambert, T., & Schwienbacher, A. (2011). *Crowdfunding: Tapping the right crowd.* Center for Operations Research: Discussion paper series, vol. 32.
32. Sullivan, M. (2006). *The crowdfunding wiki.* Retrieved February 28, 2012, from Crowdfunding: http://crowdfunding.pbworks.com/w/page/10402176/Crowdfunding
33. Schwienbacher, A., & Larralde, B. (2010). Crowdfunding of small entrepreneurial ventures. In D. Cumming, *The Oxford handbook of entreprenurial finance* (pp. 369–391). New York: Oxford University Press; Given, K. (2011). *Social entrepreneur funding series: Crowdfunding your startup.* Retrieved February 28, 2012, from Green Marketing: www.greenmarketing.tv/2011/03/16/social-entrepreneur-funding-options-crowdfunding/
34. Keene, A. (2007). *"Email a duck, raise a buck" by Munchkin for Susan G. Komen.* Retrieved March 1, 2012, from Cause Marketing: http://causerelatedmarketing.blogspot.com/2007/10/email-duck-raise-buck-by-munchkin-for.html
35. United Diversity. (2012). *The crowdfunding co-operative.* Retrieved December 3, 2012, from United diversity.com: http://uniteddiversity.com/projects/crowdfunding-cooperative/
36. ICA. (2012). *What is a co-op?* Retrieved December 10, 2012, from The International Co-operative Alliance: http://2012.coop/en/what-co-op
37. ICA. (2012). *What is a co-op?* Retrieved December 10, 2012, from The International Co-operative Alliance: http://2012.coop/en/what-co-op
38. ICA. (2007). *Factsheet: Differences between co-operatives, corporations and non-profit organisations.* Retrieved December 10, 2012, from The International Co-operative Alliance: http://2012.coop/sites/default/files/Factsheet%20-%20Differences%20between%20Coops%20Corps%20and%20NFPs%20-%20US%20OCDC%20-%202007.pdf
39. Chaddad, F. R., & Cook, M. L. (2004). Understanding new cooperative models: An ownership-control rights typology. *Review of Agricultural Economics, 26*(3), 348–360; Chaddad, F. R., & Cook, M. L. (2002). *An ownership rights typology of cooperative models.* Department of Agricultural Economics: Working paper, AEWP 2002-06.
40. ICA. (2012). *Co-operative facts & figures.* Retrieved December 11, 2012, from The International Co-operative Alliance: http://2012.coop/en/ica/co-operative-facts-figures
41. Emerson, J. (2003). The blended value proposition: Integrating social and financial returns. *California Management Review, 45*(4), 35–51.
42. Berk, J., & DeMarzo, P. (2007). *Corporate finance.* Boston: Pearson Addison Wesley.
43. Mansdorf, Z. (2010). Sustainability and return on investment. *EHS Today,* 49–52.
44. Demacarty, P. (2009). Financial returns of corporate social responsibility, and the moral freedom and responsibility of business leaders. *Business and Society Review, 114*(3), 393–433.
45. Scholtens, B. (2006). Finance as a driver of corporate social responsibility. *Journal of Business Ethics, 68*(1), 19–33.
46. Dorfleitner, G., & Utz, S. (2012). Safety first portfolio choice based on financial and sustainability returns. *European Journal of Operational Research, 221*(1), 155–164.
47. Emerson, J. (2003). The blended value proposition: Integrating social and financial returns. *California Management Review, 45*(4), 35–51.
48. Blaug, M. (1967). The private and the social returns on investment in education: Some results for Great Britain. *Journal of Human Resources, 2*(3), 330–346.
49. Williams, J., & Larocque, S. (2009). Calculating a sustainable return on investment. *Journal of Public Works & Infrastructure, 2*(2), 94–105; Roostalu, L., & Kooskora, M. (2010). Budgeting as a means for communicating CSR: The case of the Tallinn city government. *EBS Review, 27*(1), 38–54.

50. Porter, M. E., & Kramer, M. R. (1999). Philanthropy's new agenda: Creating value. *Harvard Business Review, 77*(6), 121–130; Emerson, J., & Cabaj, M. (2000). Social return on investment. *Making Waves, 11*(2), 10–14; Pace, S. U., & Cruz Basso, L. F. (2009). Social return on investment, value added and volunteer work. *Journal of Academy of Business and Economics, 9*(3), 42–58.
51. Lingane, A., & Olsen, S. (2004). Guidelines for social return on investment. *California Management Review, 46*(3), 116–135.
52. Lingane, A., & Olsen, S. (2004). Guidelines for social return on investment. *California Management Review, 46*(3), 116–135.
53. HP. (2012). *HP carbon footprint calculator for printing*. Retrieved December 10, 2012, from Hewlett-Packard Development Company: www.hp.com/large/ipg/ecological-printing-solutions/carbon-footprint-calc.html
54. SENDECO$_2$. (2012, December 13). *CO$_2$ prices*. Retrieved December 17, 2012, from The Exchange of SENDECO$_2$: www.sendeco2.com/index-uk.asp
55. London Business School, NEF & Small Business Service. (2004). *Measuring social impact: The foundation of social return on investment (SROI)*. London: SROI Primer.
56. M&S. (2012). *Annual report and financial statements 2011*. London: Marks and Spencer Group.
57. M&S. (2012). *Annual report and financial statements 2011*. London: Marks and Spencer Group.
58. Keeble, J. J., Topiol, S., & Berkeley, S. (2003). Using indicators to measure sustainability performance at a corporate and project level. *Journal of Business Ethics, 44*(2–3), 149–158.
59. SEMARNAT. (2012, July). *Liderazgo ambiental para la competitividad*. Retrieved December 27, 2012, from Secretaría de Medio Ambiente y Recursos Naturales: http://liderazgoambiental.gob.mx/portel/libreria/pdf/PresentacinLACJulio2012.pdf
60. Doh, J. P., & Stumpf, S. A. (2005). *Handbook on responsible leadership and governance in global business* (p. ix). Cheltenham: Edward Elgar.
61. Rappaport, A. (1998). *Creating shareholder value: A guide for managers and investors*, 2nd ed. New York: Free Press.
62. Brigham, E. F., & Houston, J. F. (2011). *Fundamentals of financial management*, 7th ed. Mason, OH: South-Western, Cengage Learning.
63. Bender, R., & Ward, K. (2008). *Corporate financial strategy*. Oxford: Butterworth-Heinemann.
64. Bender, R., & Ward, K. (2008). *Corporate financial strategy*. Oxford: Butterworth-Heinemann.
65. Laasch, O. (2010). Strategic CSR. In W. Visser, et al., *The a–z of corporate social responsibility*, 2nd ed (pp. 378–380). Chichester: Wiley.
66. Orlitzky, M., Schmidt, F. L., & Rynes, S. L. (2003). Corporate social and financial performance: A meta-analysis. *Organization Studies, 24*(3), 403–441; Waddock, S. A., & Graves, S. B. (1997). The corporate social performance–financial performance link. *Strategic Management Journal, 18*(4), 303–319.
67. Blackburn, W. R. (2012).*The sustainability handbook: The complete management guide to achieving social, economic and environmental responsibility*. New York: Routledge.
68. Cadbury Committee. (1992). *The financial aspects of corporate governance*. London: Gee Professional.
69. OECD. (1998). *OECD principles of corporate governance*. Paris: OECD Publications Service.
70. Sarbanes-Oxley. *Corporate responsibility*. (2002, July 30). 116 Stat. 745, Pub. Law No. 107-204, 15 U.S.C. 7201, note.
71. IMF. (2007, August). *The economics of Islamic finance and securitization*. Retrieved August 9, 2011, from IMF. org: www.imf.org/external/pubs/ft/wp/2007/wp07117.pdf; Hasan, M., & Dridi, J. (2010). *The effect of the global crisis on Islamic and conventional banks: A comparative study*. IMF Working Paper Series, vol. 10, no. 201.
72. Indjejikian, R., & Matejka, M. (2009). CFO fiduciary responsibilities and annual bonus incentives. *Journal of Accounting Research, 47*(4), 1061–1093; Widell, A. D. (2002, February). Fiduciary duties of corporate directors in a financially troubled economy. *Directorship*, 8–15; Anabtawi, I., & Stout, L. (2008). Fiduciary duties for activist shareholders. *Stanford Law Review, 60*(5), 1255–1308; Kaufman, A. (2002). Managers' double fiduciary duty: To stakeholders and to freedom. *Business Ethics Quarterly, 12*(2), 189–214.

教 学 支 持 服 务

圣智学习出版集团（Cengage Learning）作为为终身教育提供全方位信息服务的全球知名教育出版集团，为秉承其在全球对教材产品的一贯教学支持服务，将为采用其教材图书的每位老师提供教学辅助资料。任何一位通过Cengage Learning北京代表处注册的老师都可直接下载所有在线提供的、全球最为丰富的教学辅助资料，包括教师用书、PPT、习题库等。

鉴于部分资源仅适用于老师教学使用，烦请索取的老师配合填写如下情况说明表。

教学辅助资料索取证明

兹证明_____大学_____系/院_____学年（学期）开设的____名学生
☐主修 ☐选修的_____课程，采用如下教材作为☐主要教材 或 ☐参考教材：
书名：_____
作者：_____ ☐英文影印版 ☐中文翻译版
出版社：_____
学生类型：☐本科1/2年级 ☐本科3/4年级 ☐研究生 ☐MBA ☐EMBA ☐在职培训
任课教师姓名：_____
职称／职务：_____
电话：_____
E-mail：_____
通信地址：_____
邮编：_____
对本教材的建议：_____

系/院主任：_____（签字）
（系/院办公室章）
_____年_____月_____日

---

*相关教辅资源事宜敬请联络圣智学习出版集团北京代表处。

经济与管理图书事业部
北京市海淀区成府路205号 100871
联系人： 徐 冰 张 燕
电 话： **010-62767312 / 62767348**
传 真： **010-62556201**
电子邮件： em@pup.cn em_pup@126.com
Q   Q： 552063295
新浪微博：@北京大学出版社经管图书
网 址： http://www.pup.cn

Cengage Learning Beijing Office
圣智学习出版集团北京代表处
北京市海淀区科学院南路2号融科资讯中心C座南楼1201室
Tel: (8610) 8286 2095 / 96 / 97   Fax: (8610) 8286 2089
E-mail: asia.infochina@cengage.com
www.cengageasia.com